3D-Konstruktionen mit
Autodesk Inventor 2016 und LT 2016

Detlef Ridder

3D-Konstruktionen mit Autodesk Inventor 2016 und LT 2016

Praxiseinstieg

mitp

Bibliografische Information der Deutschen Nationalbibliothek
Die Deutsche Nationalbibliothek verzeichnet diese Publikation in der Deutschen Nationalbibliografie; detaillierte bibliografische Daten sind im Internet über <http://dnb.d-nb.de> abrufbar.

Bei der Herstellung des Werkes haben wir uns zukunftsbewusst für umweltverträgliche und wiederverwertbare Materialien entschieden.
Der Inhalt ist auf elementar chlorfreiem Papier gedruckt.

ISBN 978-3-95845-9704-3
1. Auflage 2015

www.mitp.de
E-Mail: mitp-verlag@sigloch.de
Telefon: +49 7953 / 7189 - 079
Telefax: +49 7953 / 7189 - 082

© 2015 mitp Verlags GmbH & Co. KG
Dieses Werk, einschließlich aller seiner Teile, ist urheberrechtlich geschützt. Jede Verwertung außerhalb der engen Grenzen des Urheberrechtsgesetzes ist ohne Zustimmung des Verlages unzulässig und strafbar. Dies gilt insbesondere für Vervielfältigungen, Übersetzungen, Mikroverfilmungen und die Einspeicherung und Verarbeitung in elektronischen Systemen.

Die Wiedergabe von Gebrauchsnamen, Handelsnamen, Warenbezeichnungen usw. in diesem Werk berechtigt auch ohne besondere Kennzeichnung nicht zu der Annahme, dass solche Namen im Sinne der Warenzeichen- und Markenschutz-Gesetzgebung als frei zu betrachten wären und daher von jedermann benutzt werden dürften.

Lektorat: Sabine Schulz
Sprachkorrektorat: Petra Heubach-Erdmann
Cover: © olimanıst@fotolia.com
Satz: III-satz, Husby, www.drei-satz.de
Druck: Medienhaus Plump GmbH, Rheinbreitbach

Inhaltsverzeichnis

	Einleitung	13
1	**Vorbetrachtungen und einfache 3D-Konstruktionen**	17
1.1	Die drei Phasen der Inventorkonstruktion	17
1.2	Wie entsteht ein 3D-Modell?	20
	1.2.1 Grundkörper	20
	1.2.2 Bewegungskörper	21
	1.2.3 Erstellung aus Flächen durch Verdicken	26
	1.2.4 Erstellung aus geschlossenem Flächenverbund	27
1.3	Analyse der Aufgabe vor der Konstruktion	28
	1.3.1 Modellierung aus Grundkörpern und Bewegungskörpern	28
	1.3.2 Modell aus zwei Extrusionen	29
	1.3.3 Aus drei 2D-Darstellungen (Dreitafelbild)	31
1.4	Ergänzungen zum Volumenkörper: Features	33
1.5	Eine einfache Konstruktion mit einem Volumenkörper	34
	1.5.1 Ein neues Projekt anlegen (nicht LT)	36
	1.5.2 Der erste Quader	37
	1.5.3 Speichern	40
	1.5.4 Ansicht schwenken	40
	1.5.5 Zwei nützliche Einstellungen	42
	1.5.6 Hinzufügen eines Zylinders	43
	1.5.7 Halbkugel als Vertiefung	44
	1.5.8 Der Torus	45
1.6	Einfaches Extrusionsteil	46
	1.6.1 Eine Skizze erstellen	46
	1.6.2 Einfaches Rotationsteil	60
1.7	Übungsfragen	62
2	**Installation und Benutzeroberfläche im Detail**	63
2.1	Hard- und Software-Voraussetzungen	64
2.2	Installation	65

2.3		Installierte Programme	69
2.4		Inventor 2016 und Inventor LT 2016	71
2.5		Inventor starten	71
2.6		Die Inventor-Benutzeroberfläche	74
	2.6.1	Programmleiste	74
	2.6.2	Anwendungsmenü	74
	2.6.3	Schnellzugriff-Werkzeugkasten	76
	2.6.4	Kommunizieren und Informieren	78
	2.6.5	Multifunktionsleisten, Register, Gruppen und Flyouts	79
	2.6.6	Dateiregister	83
	2.6.7	Browser	83
	2.6.8	Befehlszeile und Statusleiste	84
	2.6.9	Ansichtssteuerung mit Maus	86
	2.6.10	Ansichtssteuerung mit der Navigationsleiste	86
	2.6.11	ViewCube	87
2.7		Wie kann ich Befehle eingeben?	88
	2.7.1	Multifunktionsleisten	88
	2.7.2	Kontextmenü	90
	2.7.3	Objekte zum Bearbeiten anklicken	91
	2.7.4	Hilfe	92
2.8		Übungsfragen	94
3		**Die Skizzenfunktion**	**95**
3.1		Zeichnungsstart	95
3.2		Funktionen für zweidimensionales Skizzieren	98
	3.2.1	Funktionsübersicht	99
	3.2.2	Linienarten	100
	3.2.3	Punktfänge	101
	3.2.4	Rasterfang	103
	3.2.5	Koordinatentyp	104
	3.2.6	Objektwahl	105
3.3		Abhängigkeiten	106
	3.3.1	Abhängigkeiten-Typen	108
	3.3.2	Lockerung von Abhängigkeiten	111
3.4		2D-Skizzen	112
	3.4.1	Eine erste Kontur	112
	3.4.2	Kontur mit Linien und Bögen	116
	3.4.3	Bögen in der Kontur	118

	3.4.4	Kreise und Ellipsen in der Skizze	119
	3.4.5	Rechtecke in der Kontur	120
	3.4.6	Splines und Brückenkurven in der Kontur	124
	3.4.7	Kurven mit Funktionsbeschreibungen	126
	3.4.8	Rundungen und Fasen in der Skizze	127
	3.4.9	Texte in der Skizze	129
	3.4.10	Punkte in der Skizze	131
	3.4.11	Punkte aus Excel importieren	132
	3.4.12	Skizze aus AutoCAD importieren	133
	3.4.13	Koordinatensystem ändern	136
3.5	3D-Skizzen		137
	3.5.1	3D-Koordinateneingabe	137
	3.5.2	Kurven für 3D-Skizzen	139
3.6	Bearbeitungsbefehle für Skizzen		145
	3.6.1	Geometrie projizieren / Schnittkanten projizieren	145
	3.6.2	Verschieben	146
	3.6.3	Kopieren	147
	3.6.4	Drehen	147
	3.6.5	Stutzen	148
	3.6.6	Dehnen	148
	3.6.7	Trennen	148
	3.6.8	Skalieren	149
	3.6.9	Gestreckt	149
	3.6.10	Versatz	150
	3.6.11	Muster – Rechteckig	151
	3.6.12	Muster – Polar	151
	3.6.13	Muster – Spiegeln	152
3.7	Skizzen-Bemaßung		153
	3.7.1	Bemaßungsarten	153
	3.7.2	Bemaßungsanzeige	155
	3.7.3	Maße übernehmen	158
3.8	Skizzen überprüfen		159
	3.8.1	Freiheitsgrade	160
	3.8.2	Geometrische Abhängigkeiten	161
	3.8.3	Skizzenanalyse	164
	3.8.4	Hilfslinien, Mittellinien	165
3.9	Arbeitselemente		166

	3.9.1	Arbeitsebenen	167
	3.9.2	Arbeitsachsen	176
	3.9.3	Arbeitspunkte	176
3.10		Übungsfragen	177
4		**Volumenkörper modellieren**	179
4.1		Volumenkörper erstellen	179
	4.1.1	Extrusion	180
	4.1.2	Drehung	184
	4.1.3	Erhebung	186
	4.1.4	Sweeping	192
	4.1.5	Spirale	194
	4.1.6	Prägen	196
	4.1.7	Ableiten	197
	4.1.8	Rippe	201
	4.1.9	Aufkleber	204
	4.1.10	Importieren	205
4.2		Grundkörper	207
	4.2.1	Quader	207
	4.2.2	Zylinder	208
	4.2.3	Kugel	210
	4.2.4	Torus	211
4.3		Flächen	212
	4.3.1	Heften	213
	4.3.2	Umgrenzungsfläche	214
	4.3.3	Formen	214
	4.3.4	Regelfläche	215
	4.3.5	Stutzen	216
	4.3.6	Dehnen	216
	4.3.7	Fläche ersetzen	216
	4.3.8	Körper reparieren	217
4.4		Übungsfragen	217
5		**Volumenkörper bearbeiten**	219
5.1		Features	219
	5.1.1	Bohrungen	219
	5.1.2	Rundungen	222
	5.1.3	Fasen	226
	5.1.4	Wandung	226

	5.1.5	Flächenverjüngung	227
	5.1.6	Teilen	229
	5.1.7	Gewinde	232
	5.1.8	Biegungsteil	233
	5.1.9	Verdickung/Versatz	234
5.2	Weitere Ändern-Befehle		234
	5.2.1	Kombinieren	234
	5.2.2	Fläche löschen	235
	5.2.3	Körper verschieben	236
	5.2.4	Objekt kopieren	237
5.3	Direkt bearbeiten		238
	5.3.1	Verschieben	239
	5.3.2	Größe	240
	5.3.3	Maßstab (Skalieren)	240
	5.3.4	Drehen	241
	5.3.5	Löschen	242
5.4	Benutzer-Koordinaten-Systeme		243
5.5	Zwischen Bauteil und Baugruppe		243
5.6	Übungsfragen		246
6	**Baugruppen zusammenstellen (nicht in LT)**		**247**
6.1	Projekt erstellen		247
6.2	Funktionsübersicht Baugruppen		248
6.3	Erster Zusammenbau		250
	6.3.1	Die Bauteile	250
	6.3.2	Das Platzieren	251
	6.3.3	Abhängigkeiten erstellen	254
	6.3.4	Bewegungsanzeige	257
6.4	Baugruppen-Abhängigkeiten		257
	6.4.1	Passend/Fluchtend	257
	6.4.2	Hilfsmittel Freie Verschiebung/Freie Drehung	258
	6.4.3	Winkel	259
	6.4.4	Tangential	260
	6.4.5	Einfügen	261
	6.4.6	Symmetrie	261
	6.4.7	Abhängigkeiten unterdrücken	261
	6.4.8	Passend/Fluchtend-Beispiel	261
	6.4.9	Einfügen-Beispiel	265
	6.4.10	Winkel-Beispiel	267

	6.4.11	Tangential-Beispiel	268
	6.4.12	Symmetrie-Beispiel	269
6.5	Bewegungs-Abhängigkeiten	270
	6.5.1	Beispiel für Drehung	270
	6.5.2	Beispiel für Drehung-Translation	271
	6.5.3	Schraubbewegung	271
	6.5.4	Schraubbewegung über Parametermanager	272
6.6	Adaptive Bauteile	274
	6.6.1	Adaptivität nachrüsten	274
	6.6.2	Bauteil in Baugruppe erstellen	276
6.7	Teile aus dem Inhaltscenter einfügen	279
	6.7.1	Beispiel Kugellager	279
	6.7.2	Beispiel Schrauben	282
6.8	Übungsfragen	285

7 Zeichnungen erstellen 287

7.1	Ansichten erzeugen	288
	7.1.1	Standard-Ansichten	288
	7.1.2	Parallel-Ansicht	290
	7.1.3	Hilfsansicht	291
	7.1.4	Schnittansicht	291
	7.1.5	Detailansicht	294
	7.1.6	Überlagerung	295
7.2	Ansichten bearbeiten	297
	7.2.1	Unterbrochen	298
	7.2.2	Ausschnitt	298
	7.2.3	Aufgeschnitten	299
	7.2.4	Zuschneiden	300
	7.2.5	Ausrichtung	301
7.3	Bemaßungen	302
7.4	Symbole	311
	7.4.1	Gewindekanten	311
	7.4.2	Mittellinien	311
	7.4.3	Bohrungssymbole	313
7.5	Beschriftungen	314
	7.5.1	Form-/Lagetoleranzen	315
	7.5.2	Bohrungstabelle	316
	7.5.3	Stückliste	317
7.6	Übungsfragen	319

8	**Präsentationen, realistische Darstellungen und Rendern**		321
8.1	Präsentationen – Explosionsdarstellung		321
	8.1.1	Funktionsübersicht	321
	8.1.2	Automatisch explodieren	323
	8.1.3	Individuell explodieren	323
	8.1.4	Animieren der Explosion	327
8.2	Darstellungsarten		328
	8.2.1	iProperties einstellen	328
	8.2.2	Die verschiedenen visuellen Stile	329
8.3	Inventor Studio		333
	8.3.1	Beleuchtung und Szene	334
	8.3.2	Kamera einstellen	335
	8.3.3	Rendern	337
8.4	Übungsfragen		338
9	**Umgebungen – Erweiterungen**		339
9.1	Pack and Go		339
9.2	Blechteile		340
	9.2.1	Blechstandards	341
	9.2.2	Blech erstellen	342
	9.2.3	Abwicklungen	351
	9.2.4	Abwicklung und gefaltetes Modell	354
	9.2.5	Zeichnung erstellen	355
	9.2.6	DXF-Ausgabe	356
9.3	Gestellgenerator		358
	9.3.1	Gestell erzeugen	359
	9.3.2	Profile bearbeiten	361
9.4	Wellengenerator		365
9.5	Schweißen		367
	9.5.1	Schweißvorbereitung	368
	9.5.2	Erstellen der Schweißnähte	369
9.6	Übungsfragen		373
A	**Fragen und Antworten**		375
B	**Benutzte Zeichnungen**		387
	Stichwortverzeichnis		419

Einleitung

Neu in Inventor 2016 und Inventor LT 2016

Jedes Jahr im Frühjahr erscheint eine neue Inventor-Version. Sowohl die Vollversion als auch die LT-Version (Light) warten immer wieder mit verbesserten und neuen Funktionen auf.

Bei der Version Inventor 2016 gibt es mehrere Schwerpunkte:

1. Der CAD-Import aus anderen CAD-Systemen ist nun assoziativ und selektiv möglich. Damit gelingt es, die darauf basierenden Inventor-Konstruktionen bei Änderungen der Fremdteile mitzuführen und aktuell zu halten. Auch können die für die Inventor-Konstruktion interessanten Elemente ausgewählt werden.
2. AutoCAD-Zeichnungen im DGW-Format können als Unterlage für Inventor-3D-Modelle auch in assoziativer Weise verwendet werden. Bei AutoCAD-Änderungen geht das Inventor-Modell mit.
3. Eine neue Verknüpfung wurde auch zwischen AutoCAD Electrical und Inventor geschaffen. Hier können die Dateien verknüpft und gegenseitig synchronisiert werden.
4. Die Modellierung von freien Oberflächen für Design-Zwecke wurde erweitert und anwendungsspezifisch optimiert. Freiformflächen können durch Verdicken zu Volumenkörpern komplettiert werden.
5. Eine 3D-Druck-Umgebung wurde neu geschaffen, d.h. ein Zusatzmodul mit zahlreichen Funktionen zur Aufbereitung von Modellen für den 3D-Druck und zur Erstellung der STL-Daten.
6. Die Zeichnungsumgebung wurde verbessert. Das Erstellen von Zeichnungsansichten wurde vereinfacht, Textformatierungen erweitert, Zeichnungssymbole aktualisiert.
7. Die Ausgangsansicht des Programms wurde umgestaltet und die Verwaltung der zuletzt benutzen Konstruktionen optimiert.
8. Für die Darstellung der Konstruktionen mit dem Modul Inventor Studio wurden bildbasierte Beleuchtungen eingeführt, auch als Image Based Lightning (IBL) bezeichnet. Sie ordnen damit für die realistische Darstellung Ihrer Konstruktion ein Hintergrundbild mit zugehöriger Beleuchtung zu. Die Rendering-Software wurde auf RapidRT umgestellt und ist angenehm einfach zu bedienen.

In zahlreichen Einzelfunktionen und Arbeitsabläufen gibt es Verbesserungen, die das Arbeiten mit der Software vereinfachen, angenehmer und logischer machen.

Für wen ist das Buch gedacht?

Dieses Buch wurde in der Hauptsache als Buch zum Lernen und zum Selbststudium konzipiert. Es soll Inventor-Neulingen einen Einstieg und Überblick über die Arbeitsweise der Software geben, unterstützt durch viele Konstruktionsbeispiele. Es wurde absichtlich darauf verzichtet, anhand einer gigantischen Konstruktion nun unbedingt alle Details des Programms vorführen zu können, sondern die Absicht ist es, in die generelle Vorgehensweise vom Entwurf bis zur Fertigstellung von Konstruktionen einschließlich der Zeichnungserstellung einzuführen. Deshalb werden die grundlegenden Bedienelemente schrittweise anhand verschiedener einzelner Beispielkonstruktionen in den Kapiteln erläutert.

Der Leser wird im Laufe des Lesens einerseits die Befehle und Bedienelemente von Inventor in kleinen Schritten erlernen, aber darüber hinaus auch ein Gespür für die vielen Anwendungsmöglichkeiten entwickeln. Wichtig ist es insbesondere, die Funktionsweise der Software unter verschiedenen praxisrelevanten Einsatzbedingungen kennenzulernen.

In zahlreichen Kursen, die ich für die *Handwerkskammer für München und Oberbayern* abhalten durfte, habe ich erfahren, dass gute Beispiele für die Befehle mehr zum Lernen beitragen als die schönste theoretische Erklärung. Erlernen Sie die Befehle und die Vorgehensweisen, indem Sie gleich Hand anlegen und mit dem Buch vor sich jetzt am Computer die ersten Schritte gehen. Sie finden hier zahlreiche Demonstrationsbeispiele, aber auch Aufgaben zum Selberlösen. Wenn darunter einmal etwas zu Schwieriges ist, lassen Sie es zunächst weg. Sie werden sehen, dass Sie etwas später nach weiterer Übung die Lösungen finden. Benutzen Sie das Register am Ende auch immer wieder zum Nachschlagen.

Umfang des Buches

Das Buch ist in 9 Kapitel gegliedert und kann, sofern genügend Zeit (ganztägig) vorhanden ist, vielleicht in zwei bis drei Wochen durchgearbeitet werden. Am Ende jedes Kapitels finden Sie Übungsfragen zum theoretischen Wissen. Die Lösungen finden Sie in einem abschließenden Kapitel, sodass Sie sich kontrollieren können. Nutzen Sie diese Übungen im Selbststudium und lesen Sie ggf. einige Stellen noch mal durch, um auf die Lösungen zu kommen.

Sie werden natürlich feststellen, dass dieses Buch nicht alle Befehle und Optionen von Inventor beschreibt. Sie werden gewiss an der einen oder anderen Stelle tiefer einsteigen wollen. Den Sinn des Buches sehe ich eben darin, Sie für die selbstständige Arbeit mit der Software vorzubereiten. Sie sollen die Grundlinien und Konzepte der Software kennenlernen. Mit dem Studium des Buches haben Sie die wichtigen Vorgehensweisen und Funktionen kennengelernt, sodass Sie sich nach dem Lesen des Buches auch mit den Online-Hilfsmitteln der Software weiterbilden können. Stellen Sie dann weitergehende Fragen an die Online-Hilfe und studieren Sie dort auch Videos.

Für weitergehende Fragen steht Ihnen eine umfangreiche Hilfefunktion in der Software selbst zur Verfügung. Dort können Sie nach weiteren Informationen suchen. Es hat sich gezeigt, dass man ohne eine gewisse Vorbereitung und ohne das Vorführen von Beispielen nur sehr schwer in diese komplexe Software einsteigen kann. Mit etwas Anfangstraining aber können Sie dann leicht Ihr Wissen durch Nachschlagen in der Online-Dokumentation oder über die Online-Hilfen im Internet erweitern, und darauf soll Sie das Buch vorbereiten.

Über die E-Mail-Adresse DRidder@t-online.de erreichen Sie den Autor bei wichtigen Problemen direkt. Auch für Kommentare, Ergänzungen und Hinweise auf eventuelle Mängel bin ich dankbar. Geben Sie als Betreff immer den Buchtitel an.

Downloads zum Buch

Wer neben den Anleitungen und Zeichnungen im Buch noch die kompletten Projekte der 3D-Beispiele inklusive der Bauteile, Baugruppen und Zeichnungen verwenden möchte, kann sich diese kostenlos auf der Webseite der Verlages herunterladen unter www.mitp.de/9704.

Schreibweise für die Befehlsaufrufe

Da die Befehle auf verschiedene Arten eingegeben werden können, die Multifunktionsleisten sich aber wohl als normale Standardeingabe behaupten, wird hier generell die Eingabe für die Multifunktionsleisten beschrieben, sofern nichts anderes erwähnt ist. Ein typischer Befehlsaufruf wäre beispielsweise SKIZZE| ZEICHNEN|LINIE (REGISTER|GRUPPE|FUNKTION).

Oft gibt es in den Befehlsgruppen noch Funktionen mit Untergruppierungen, sogenannte Flyouts, oder weitere Funktionen hinter der Titelleiste der Gruppe. Wenn solche aufzublättern sind, wird das mit dem Zeichen ▼ angedeutet. Oft findet sich auch in der rechten Ecke des Gruppentitels ein spezieller Verweis auf besondere Funktionen, mit denen meist Voreinstellungen vorzunehmen sind. Das Zeichen dafür ist ein kleines Pfeilsymbol nach rechts unten. Es wird im Buch mit ↘ dargestellt.

Sie werden während der Arbeit mit dem Programm auch feststellen, dass es noch weitere Möglichkeiten für Befehlsaufrufe gibt. Auch durch Anklicken von Elementen, die Sie bearbeiten wollen, – im Zeichenbereich oder im Projektbrowser – können Sie viele Befehle wiederfinden, die im Buch zunächst über die Multifunktionsleiste vorgestellt werden. Durch Klick mit der rechten Maustaste auf Elemente werden in modernen Programmen viele nützliche Befehle aktiviert.

Verwendung einer Testversion

Sie können sich über die Autodesk-Homepage www.autodesk.de eine Testversion für 30 Tage herunterladen. Diese dürfen Sie ab Installation 30 aufeinanderfolgende Tage (Kalendertage) zum Testen benutzen. Der 30-Tage-Zeitrahmen für die Testversion gilt strikt. Eine De-Installation und Neu-Installation bringt keine Verlängerung des Zeitlimits, da die Testversion nach einer erstmaligen Installation auf Ihrem PC registriert ist. Für die produktive Arbeit müssen Sie dann eine kostenpflichtige Lizenz bei einem autorisierten Händler erwerben. Adressen erfahren Sie dafür unter www.autodesk.de.

Wie geht's weiter?

Mit einer Inventor-Testversion, dem Buch und den hier gezeigten Beispielkonstruktionen hoffe ich, Ihnen ein effektives Instrumentarium zum Erlernen der Software zu bieten. Benutzen Sie auch den Index zum Nachschlagen und unter Inventor die Hilfefunktion zum Erweitern Ihres Horizonts. Dieses Buch kann bei Weitem nicht erschöpfend sein, was den Befehlsumfang von Inventor betrifft. Probieren Sie daher immer wieder selbst weitere Optionen der Befehle aus, die ich in diesem Rahmen nicht beschreiben konnte. Konsultieren Sie auch die Hilfe-Funktion von Inventor, um tiefer in einzelne Funktionen einzusteigen. Arbeiten Sie viel mit Kontextmenüs und den dynamischen Icons.

Das Buch hat gerade mit der Erstellung der vielen Illustrationen viel Mühe gekostet, und ich hoffe, Ihnen als Leser damit eine gute Hilfe zum Start in das Thema Inventor 2016 zu geben. Ich wünsche Ihnen viel Erfolg und Freude bei der Arbeit mit dem Buch und der Inventor-Software.

Detlef Ridder
Germering, 20.6.2015

Kapitel 1

Vorbetrachtungen und einfache 3D-Konstruktionen

In diesem einleitenden Kapitel wird in die Vorgehensweise des Inventor-Programms und die grundlegende Benutzung eingeführt. Nach prinzipiellen Betrachtungen lernen Sie den Inventor-Bildschirm mit seinen Bedienelementen anhand mehrerer Beispiele kennen. Zuerst geht es darum, dass Sie sich eine Vorgehensweise für das aktuelle Problem überlegen. Hierzu finden Sie am Anfang einige prinzipielle Überlegungen zur Lösung dreidimensionaler Aufgaben mit Inventor. Bitte fangen Sie nicht gleich nach den ersten Schilderungen an, auf der Oberfläche herumzuklicken. Es lohnt sich immer, erst eine Strategie festzulegen, bevor man unnütz viel herumklickt und sein Teil sozusagen zusammenmurkst. Zuerst folgt deshalb eine Präsentation der grundlegenden Konstruktionsprinzipien bei Inventor. Sie erfahren, wie ein Modell aufgebaut werden kann. Diese vorgeschlagenen Wege sind durchaus nicht immer zwingend. Zu einer Konstruktionsaufgabe gibt es immer verschiedene Vorgehensweisen. Was Ihnen dabei als einfacher oder logischer erscheint, müssen Sie dann entscheiden. Aber schauen wir uns zuerst die Möglichkeiten an, die Inventor bietet. Danach folgen einige einfache Konstruktionen, bei denen Sie dann sofort mitmachen können. Dabei werden Sie merken, dass abgesehen vom Grundlagenwissen noch viele weitere Details des Programms beherrscht werden müssen. Diese detaillierteren Themen werden dann in den nachfolgenden Kapiteln erläutert.

1.1 Die drei Phasen der Inventorkonstruktion

In INVENTOR werden dreidimensionale Mechanikteile in folgenden Schritten erstellt:

1. Erstellung der einzelnen *3D-Volumenkörper,*
2. *Zusammensetzen* der Körper zur Baugruppe einschließlich der Bewegungsmöglichkeiten und
3. *Ableiten der Zeichnungsansichten* einzelner Komponenten und/oder des gesamten Mechanismus als Baugruppe.

Kapitel 1
Vorbetrachtungen und einfache 3D-Konstruktionen

Bei der Programmversion INVENTOR LT gibt es *keine Möglichkeit zum Zusammenbau* von Baugruppen. Die Schritte sind dann:

1. Erstellung einzelner *Volumenkörper* und
2. *Ableiten der Zeichnungsansichten* einzelner Körper.

In jedem Schritt des Konstruktionsablaufs entstehen dadurch auch Dateien mit ganz spezifischen Endungen:

1. Die *Volumenkörper* werden in `*.ipt`-Dateien gespeichert. Hinter der Abkürzung steht der Begriff »*Inventor-ParT*«, kurz IPT oder deutsch *Bauteil* (Abbildung 1.1).
2. Für die *Baugruppen* heißen die Dateien `*.iam`, das steht für »*Inventor-AsseMbly*« (Abbildung 1.2).
3. Die abgeleiteten *Zeichnungsdateien* sind `*.dwg`-Dateien, eigentlich das Dateiformat von AutoCAD (DWG steht für »*DraWinG*«), das Format `*.idw` für »*Inventor-DraWing*« ist nicht mehr die Standard-Vorgabe, weil das DWG-Format universeller ist (Abbildung 1.3).

Zunächst soll in den ersten Kapiteln die Erstellung von 3D-Bauteilen geschildert werden. Dann folgt die Zeichnungsableitung und am Ende die Darstellung für den Zusammenbau der Baugruppen.

Abb. 1.1: Ein Bauteil (`*.ipt`-Datei)

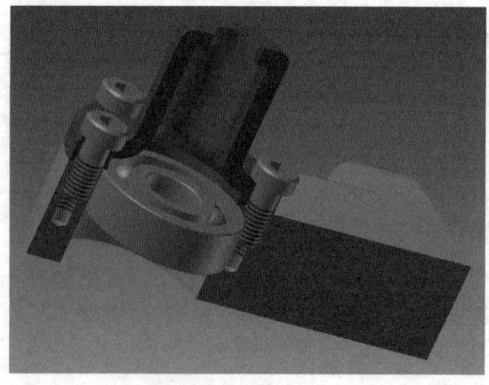

Abb. 1.2: Eine Baugruppe (`*.iam`-Datei) im Halbschnitt (nicht in Inventor LT)

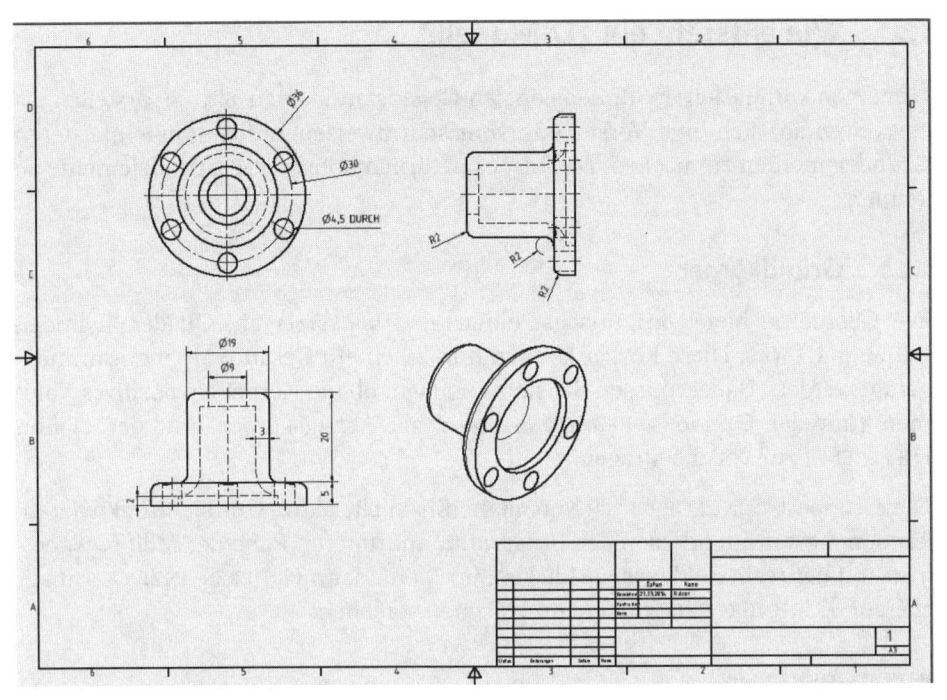

Abb. 1.3: Die technische Zeichnung eines Bauteils (*.dwg-Datei)

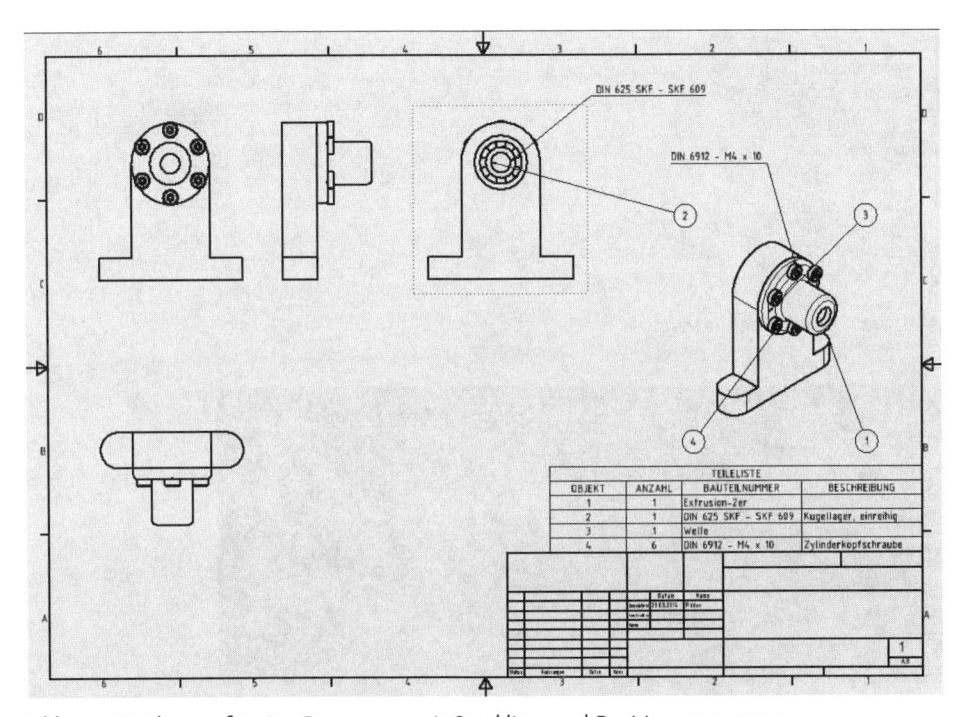

Abb. 1.4: Zeichnung für eine Baugruppe mit Stückliste und Positionsnummern

1.2 Wie entsteht ein 3D-Modell?

Um einen komplexen dreidimensionalen Gegenstand konstruktiv zu erstellen, ist es notwendig, sich eine Vorstellung vom schrittweisen Aufbau aus einfacheren Grundelementen zu machen. Dazu ist es natürlich nötig, diese Grundelemente zu kennen.

1.2.1 Grundkörper

Die Geometrie bietet da zunächst einfache *Grundkörper* an: Quader, Zylinder, Kugel und Torus. Diese Körper können nun zu einem Gesamtkörper zusammengefügt werden. Dabei müssen Sie stets angeben, ob die Körper als positives Volumen (mit der Option VEREINIGUNG) oder als Abzugskörper (mit der Option DIFFERENZ) zur Form beitragen.

Die Gruppe GRUNDKÖRPER ist vorgabemäßig nicht aktiv. Um sie zu aktivieren, können Sie auf irgendeinen der *Gruppentitel* am unteren Rand der *Multifunktionsleiste* mit der rechten Maustaste klicken, im Menü dann GRUPPEN ANZEIGEN anklicken und GRUNDKÖRPER mit einem Häkchen versehen.

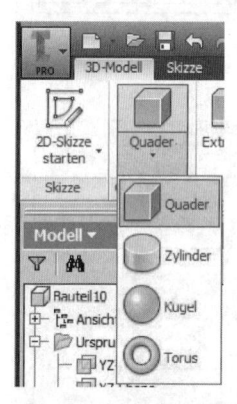

Abb. 1.5: Grundkörper in Inventor

Abb. 1.6: Zusammensetzung eines 3D-Modells aus Grundkörpern

1.2.2 Bewegungskörper

Es gibt aber auch 3D-Teile, die man aus zweidimensionalen geschlossenen Profilen durch *Bewegung* erzeugen kann. Generell nennt man solche Modelle auch *Bewegungskörper*. Eine sehr häufige Möglichkeit besteht in der linearen Bewegung eines Profils. Diese 3D-Modellierung wird als *Extrusion* bezeichnet.

Abb. 1.7: Bewegungskörper in Inventor

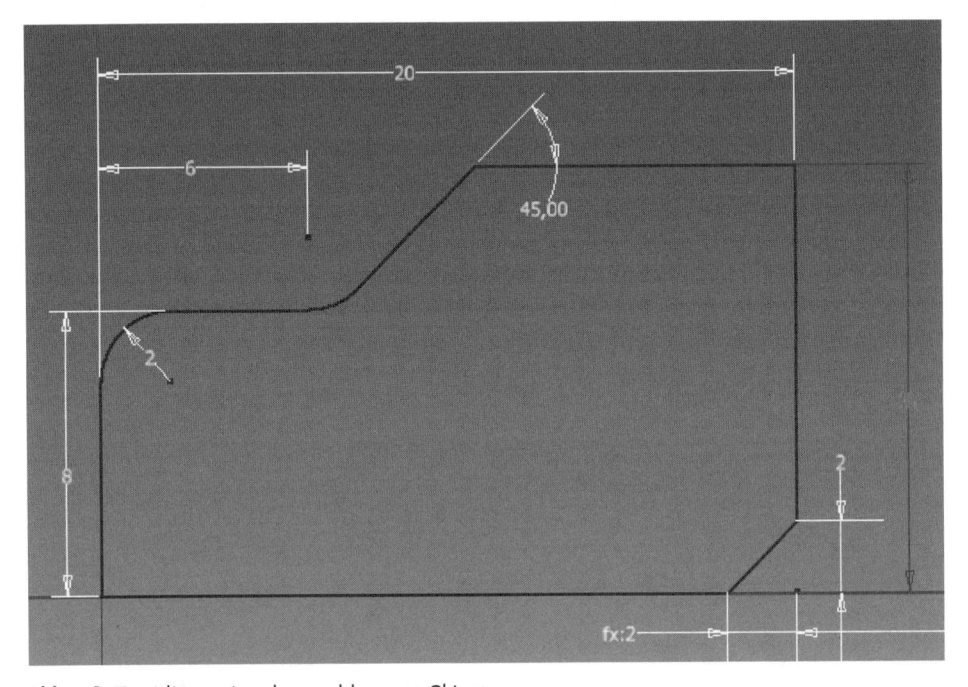

Abb. 1.8: Zweidimensionale geschlossene Skizze

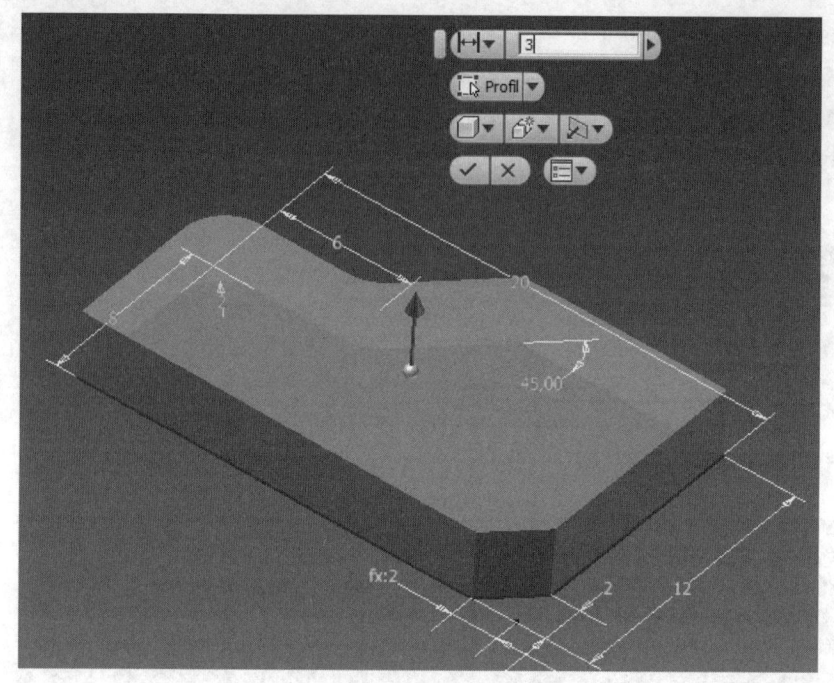

Kapitel 1
Vorbetrachtungen und einfache 3D-Konstruktionen

Abb. 1.9: Extrusion eines 2D-Profils zum 3D-Volumenkörper

Ein zweidimensionales Profil kann aber auch um eine Achse gedreht werden, um einen 3D-Volumenkörper zu erzeugen. Die Achse kann die Begrenzung des Teils bilden oder außerhalb liegen. Die Aktion wird üblicherweise als *Rotation* bezeichnet oder auch einfach als *Drehen*.

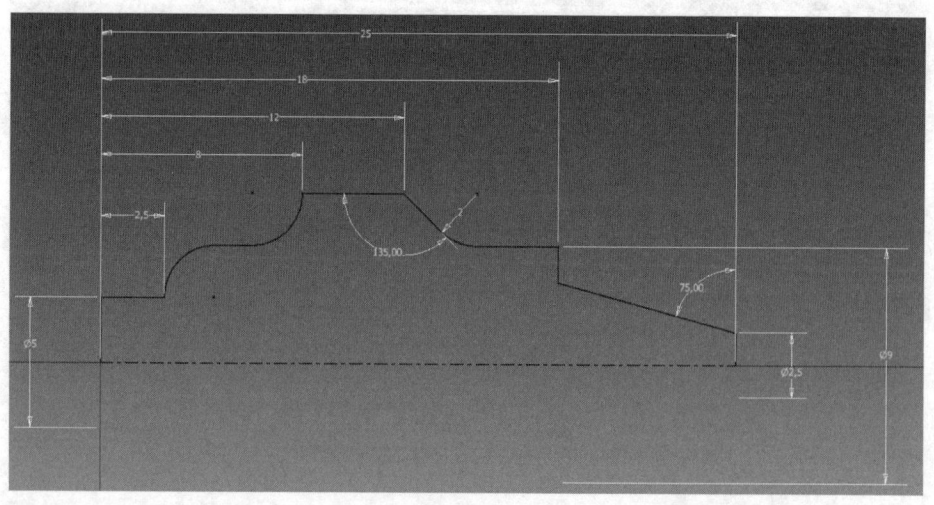

Abb. 1.10: Zweidimensionales Profil mit einer Rotationsachse

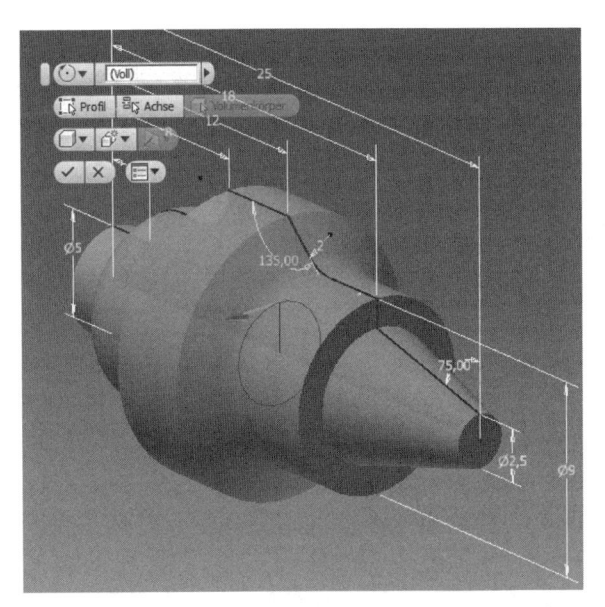

Abb. 1.11: Mit Funktion DREHEN erzeugtes Rotationsteil

Ein komplexerer Volumenkörper kann durch Bewegung eines Profils entlang eines zwei- oder dreidimensionalen Pfads erzeugt werden. Hierfür ist der englische Begriff *Sweep* üblich. Beispielsweise können Rohrleitungen damit leicht aus einem kreisrunden Querschnittsprofil und einer dreidimensionalen Leitkurve erstellt werden. Die Leitkurve wird meist als *Pfad* bezeichnet.

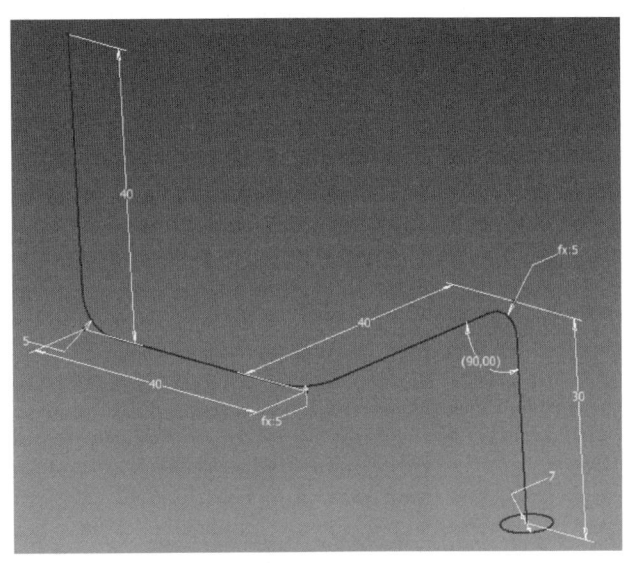

Abb. 1.12: Geschlossene 2D-Skizze (Kreis) für das Profil und 3D-Skizze für den Pfad

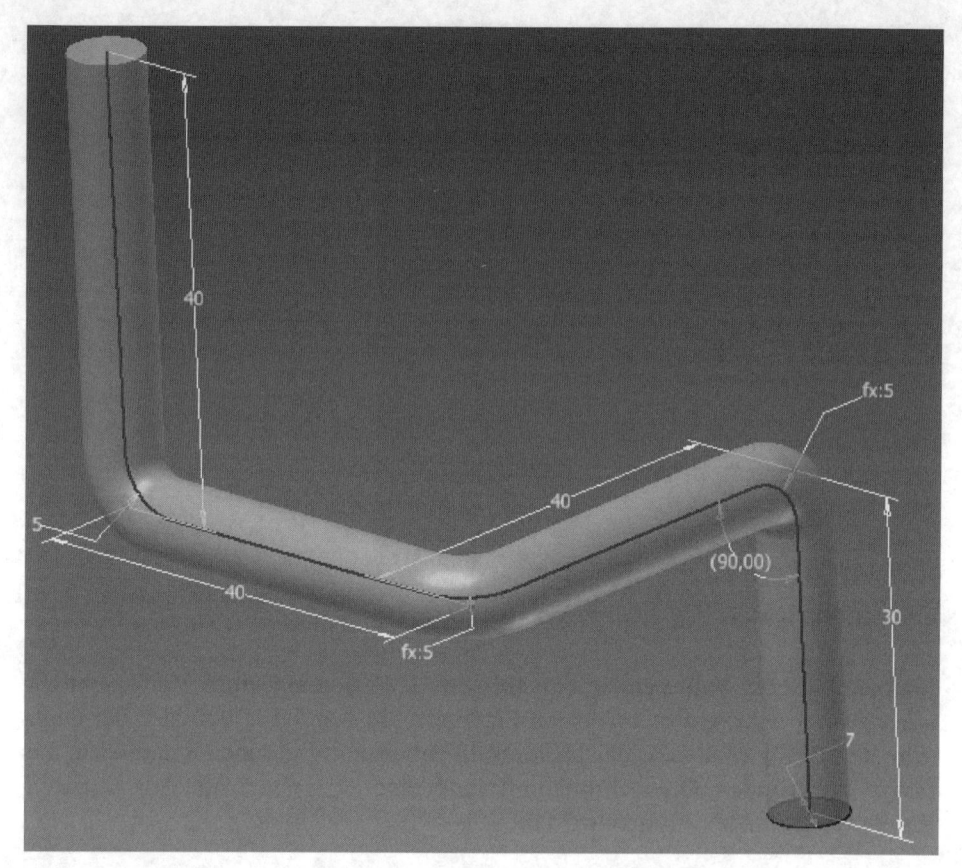

Kapitel 1
Vorbetrachtungen und einfache 3D-Konstruktionen

Abb. 1.13: Rohrleitung erstellt mit der Funktion Sweep aus Profil und Pfad

Aus der konventionellen Konstruktionsweise von Schiffsrümpfen und Flugzeugkomponenten wie Rümpfen oder Tragflächen kommt eine weitere komplexe Formgebung für 3D-Körper, das *Lofting*. Lofting bedeutet die Erzeugung von Volumenkörpern aus vorgegebenen Querschnitten, üblicherweise als *Spanten* bezeichnet. Hierzu sind mehrere geschlossene Profile über- oder hintereinander nötig. Mit der Funktion ERHEBUNG werden diese dann in der richtigen Reihenfolge angewählt, und der Volumenkörper entsteht als geglätteter oder linearer Übergang von Profil zu Profil.

1.2
Wie entsteht ein 3D-Modell?

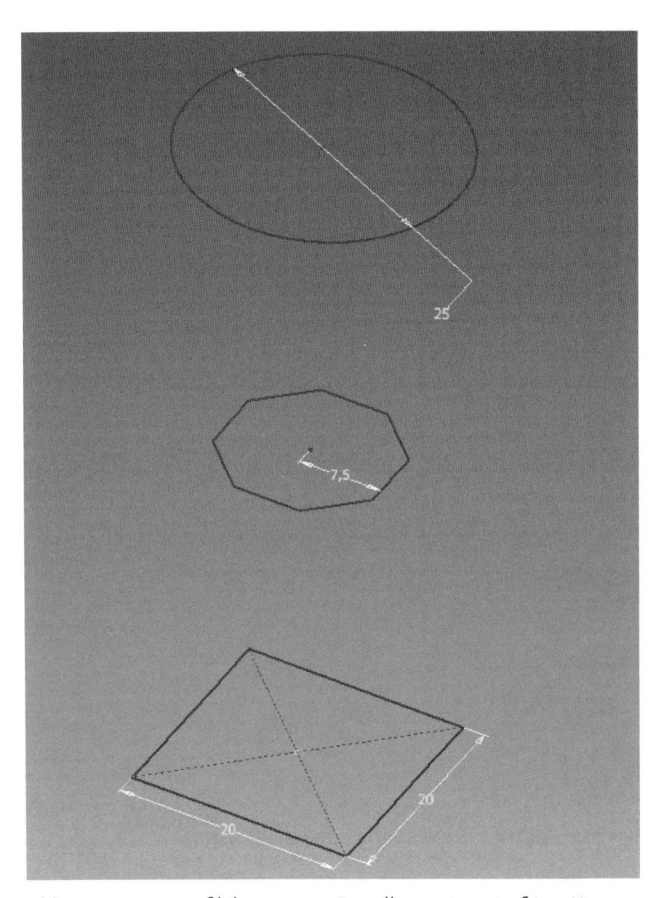

Abb. 1.14: Drei Profilskizzen zur Erstellung eines Lofting-Körpers

Abb. 1.15: Mit Funktion ERHEBEN erstellter Lofting-Körper

Kapitel 1
Vorbetrachtungen und einfache 3D-Konstruktionen

Die bisher beschriebenen Körperformen können miteinander nun auch in verschiedener Weise kombiniert werden. Es gibt dafür drei Arten der Kombination: VEREINIGUNG, DIFFERENZ und SCHNITTMENGE. Man nennt sie auch die *Boole'schen Operationen* nach einem der Väter der Mengenlehre, weil sie wie die gleichnamigen Funktionen der Mengenlehre definiert sind.

Bei der Operation VEREINIGUNG werden die einzelnen Volumenkörper überlagert, sodass ein neuer Gesamtkörper entsteht. Teile der Körper, die überlappen, tragen dabei zum Gesamtvolumen nur einfach bei.

Bei der DIFFERENZ gibt es ein Basisteil, von dem ein zweites Teil, das sogenannte *Arbeitsteil*, abgezogen wird. Vom Basisteil wird also der Überlappungsbereich entfernt.

Bei der SCHNITTMENGE bleibt von den beteiligten Körpern nur der Teil übrig, an dem sie überlappen.

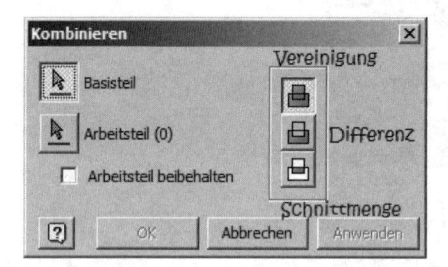

Abb. 1.16: Boole'sche Operationen VEREINIGUNG, DIFFERENZ und SCHNITTMENGE

Um nun also mit den verfügbaren Konstruktionsweisen aus Grundkörpern und Bewegungskörpern praxisrelevante 3D-Teile zu erzeugen, muss der Konstrukteur analysieren, welche dieser Vorgehensweisen jeweils anzuwenden sind, damit mittels der booleschen Operationen die gewünschten Teile daraus zusammengebaut werden können.

1.2.3 Erstellung aus Flächen durch Verdicken

Volumenkörper können auch noch auf andere Arten erstellt werden. Dazu zählt die Generierung aus einer dreidimensionalen Fläche, der eine Dicke zugeordnet wird: VERDICKUNG/VERSATZ.

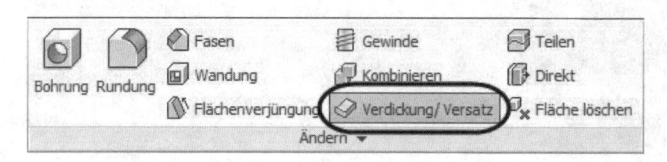

Abb. 1.17: Funktion VERDICKUNG

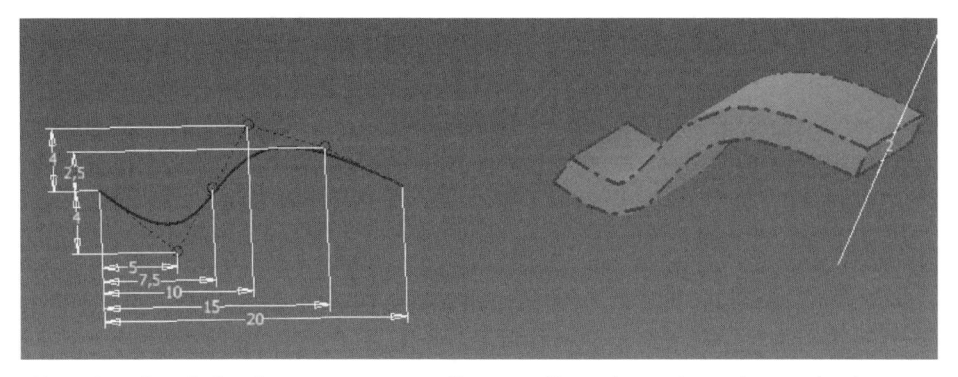

Abb. 1.18: Links: Fläche als Extrusion eines offenen Profils, rechts: Volumenkörper durch Verdicken der Fläche

1.2.4 Erstellung aus geschlossenem Flächenverbund

Auch aus einer Anzahl von Flächen, die einen Volumenbereich wasserdicht einschließen, kann dieses Volumen erzeugt werden mit der Funktion FORMEN.

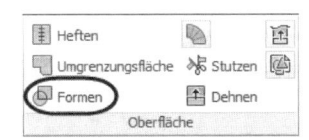

Abb. 1.19: Funktion FORMEN

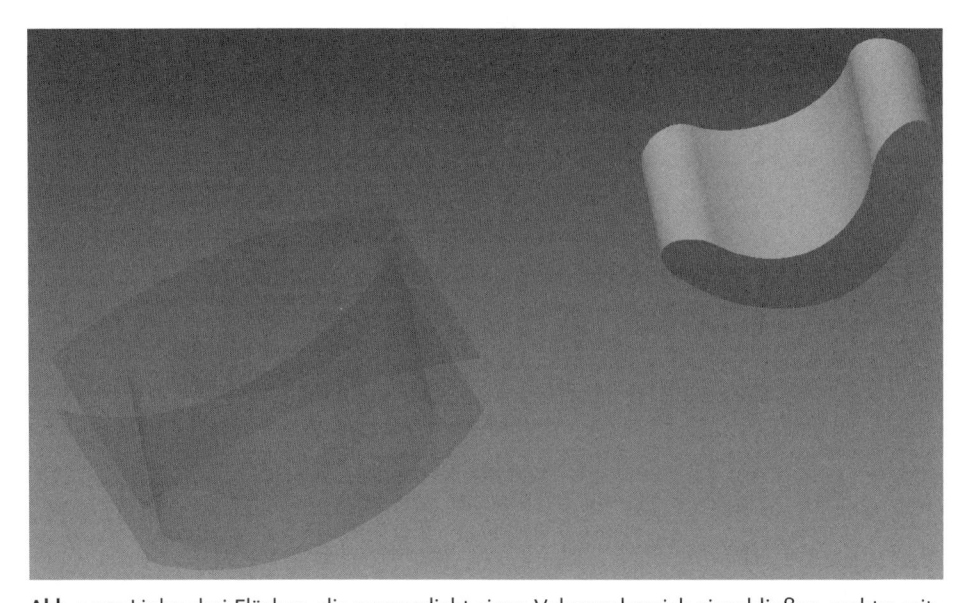

Abb. 1.20: Links: drei Flächen, die wasserdicht einen Volumenbereich einschließen, rechts: mit FORMEN daraus erstelltes Volumen

1.3 Analyse der Aufgabe vor der Konstruktion

Bevor Sie also mit einer 3D-Konstruktion beginnen, sollten Sie überlegen, aus welchen der oben gezeigten Komponenten bzw. mit welchen Verfahren das gewünschte Volumen zusammengesetzt werden kann. Diese Analyse muss nicht bei jedem einzelnen Konstrukteur zum gleichen Ergebnis führen. Es gibt in der Regel oft mehrere Möglichkeiten, einen komplexen Körper zusammenzusetzen. Bevor Sie sich für die eine oder andere Variante entscheiden, sollten Sie an zwei weitere Bedingungen denken. Die Konstruktion sollte so gestaltet sein, dass sie einerseits mit der gewünschten Herstellungsweise wie Drehen, Fräsen, Gießen oder Pressen verträglich ist. Andererseits werden Sie oft Variantenteile haben wollen, sodass später weitere Teile einer Variantenfamilie durch einfaches Verändern der Bemaßungen entstehen können.

1.3.1 Modellierung aus Grundkörpern und Bewegungskörpern

Abbildung 1.21 zeigt ein Teil, das unterschiedlich zusammengesetzt werden kann. Im oberen Bereich werden drei Grundkörper verwendet, alles Zylinder. Einer der Zylinder verlangt allerdings eine Grundebene, die um 90° gedreht ist. Zylinder 1 und 2 werden mit der Operation VEREINIGUNG zusammengefügt, während der dritte Zylinder dann mit Differenz vom Volumen abgezogen wird und zu der Öffnung führt. Als letzte Komponente kommt noch ein extrudiertes Profil hinzu, das auf einer Skizze basiert.

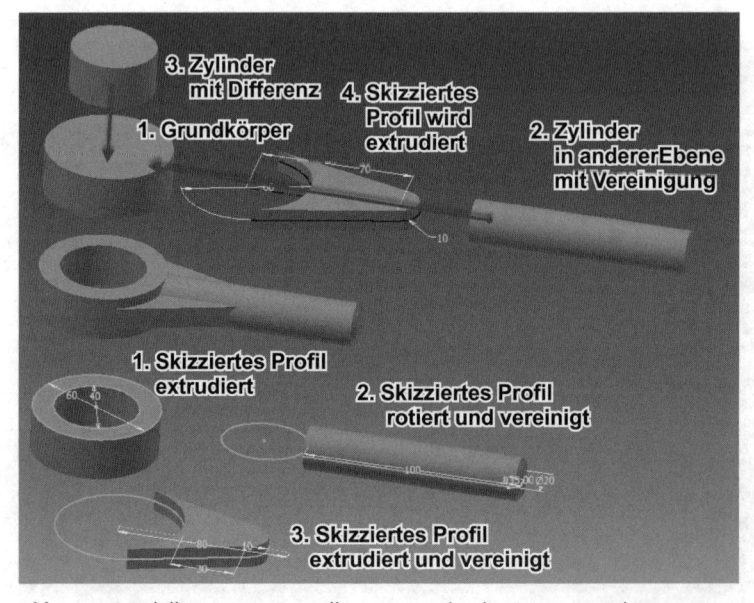

Abb. 1.21: Modellieren mit Grundkörpern und/oder Bewegungskörpern

1.3 Analyse der Aufgabe vor der Konstruktion

In der unteren Hälfte werden alle Komponenten aus skizzierten Profilen heraus erzeugt. Das erste Profil enthält gleich zwei Kreise und daraus entsteht durch Extrusion dann der Ring. Die zweite Skizze wird mit dem Befehl DREHEN rotiert. Das dritte Profil wird in der gleichen Ebene erzeugt, dann extrudiert und wie alles hier mit VEREINIGUNG hinzugefügt. Alle drei Profile können in derselben Ebene liegen, da die Extrusion gleichzeitig nach oben und unten symmetrisch erfolgen kann.

1.3.2 Modell aus zwei Extrusionen

Einfache Teile können beispielsweise aus nur zwei Profilen, die meist senkrecht zueinanderstehen, durch Extrusion erstellt werden. Das erste ovale Profil entsteht in der xy-Ebene und wird in z-Richtung extrudiert. Senkrecht dazu erstellen Sie die zweite Skizze in der xz-Ebene und extrudieren es mit der Option SCHNITTMENGE in y-Richtung. Das fertige Teil zeigt Abbildung 1.26.

Abb. 1.22: Erste Skizze in der Ansicht OBEN

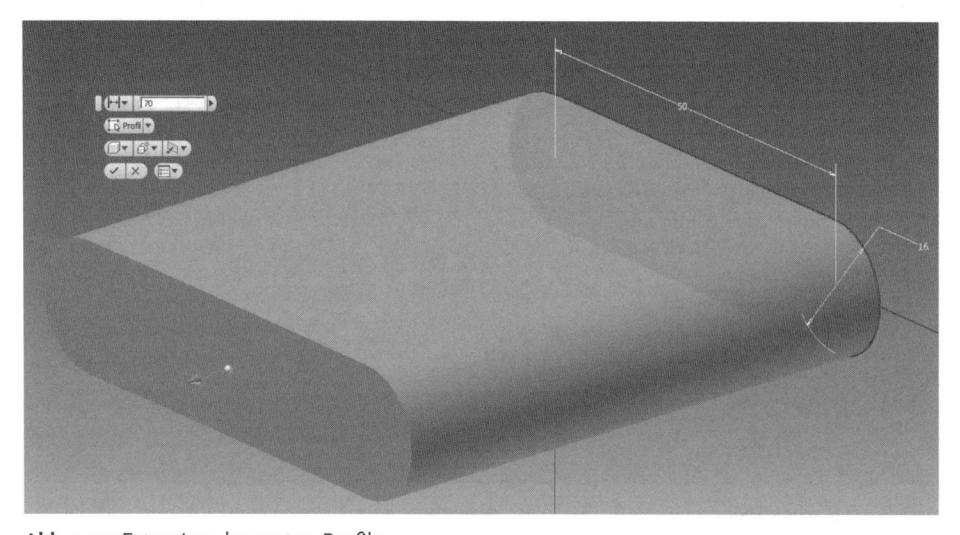

Abb. 1.23: Extrusion des ersten Profils

Kapitel 1
Vorbetrachtungen und einfache 3D-Konstruktionen

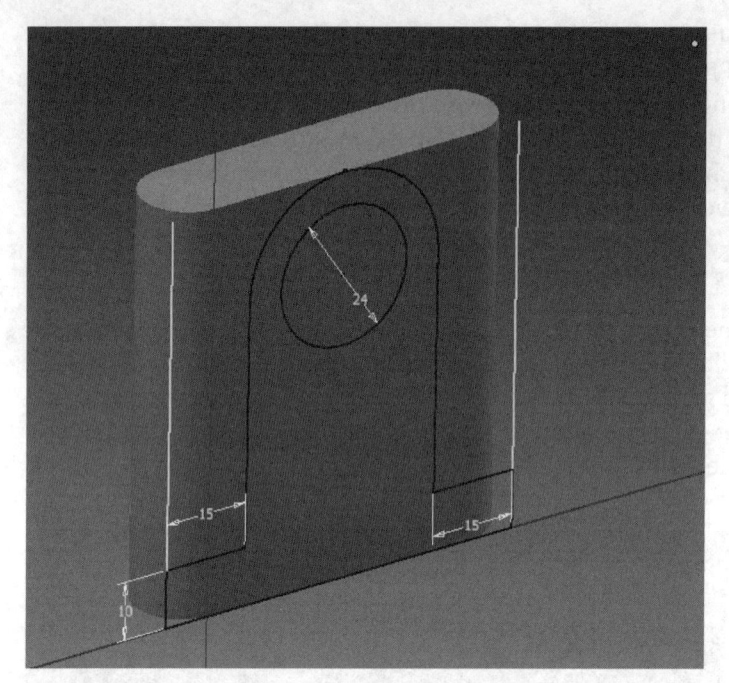

Abb. 1.24: Skizze für zweite Extrusion

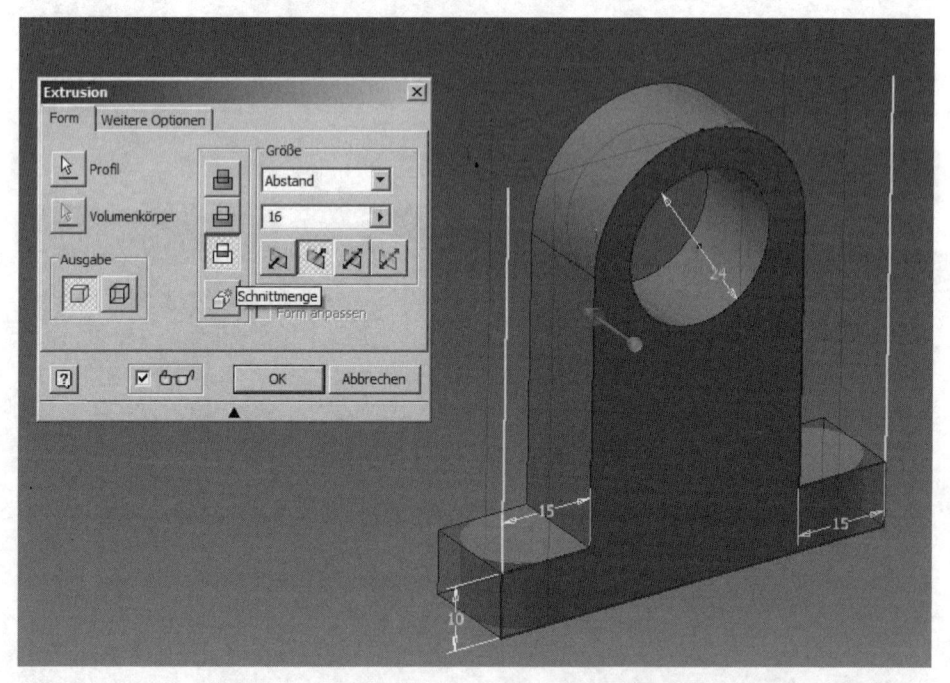

Abb. 1.25: Extrusion des zweiten Profils, Zusammenfügung mit der ersten Extrusion mit der Operation SCHNITTMENGE

Abb. 1.26: Fertiges Bauteil

1.3.3 Aus drei 2D-Darstellungen (Dreitafelbild)

Auch aus einem zweidimensionalen Dreitafelbild (Abbildung 1.27) kann man unter Umständen einen dreidimensionalen Gegenstand erstellen. Die Abbildung zeigt die Ansichten VORNE, OBEN und LINKS für ein Gestell. Im zweiten Schritt wurden die Ansichten in die dazugehörige 3D-Position gedreht.

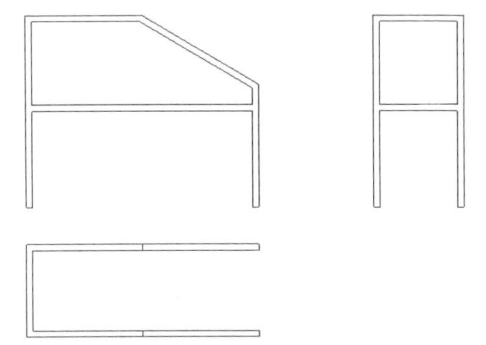

Abb. 1.27: Dreitafelbild der Konstruktion

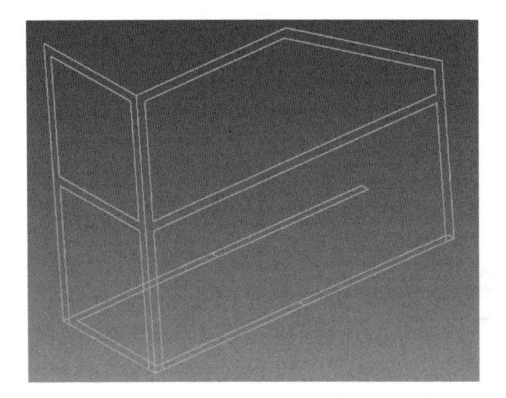

Abb. 1.28: Die drei Ansichten in den korrekten Ebenen gezeichnet

Kapitel 1
Vorbetrachtungen und einfache 3D-Konstruktionen

Dann wurde zuerst die Ansicht OBEN um die nötige Höhe in z-Richtung extrudiert. Ein U-förmiger Extrusionskörper ist entstanden. Dann wurde die Konstruktion aus der Ansicht VORNE in y-Richtung extrudiert, und zwar mit der Operation SCHNITTMENGE, sodass nur diejenigen Volumenteile erhalten bleiben, die beide Extrusionen gemeinsam haben. Am Schluss wird die Kontur der Ansicht LINKS auch mit SCHNITTMENGE extrudiert, sodass das Gestell (Abbildung 1.32) dann fertig ist.

Diese Vorgehensweise wird oft auch als *Stanzmodell* bezeichnet. Sie müssen sich nur vorstellen, dass die betreffenden Konturen nacheinander aus einem großen Quader herausgestanzt werden.

Abb. 1.29: Skizze aus der xy-Ebene (Ansicht OBEN) in z-Richtung extrudiert

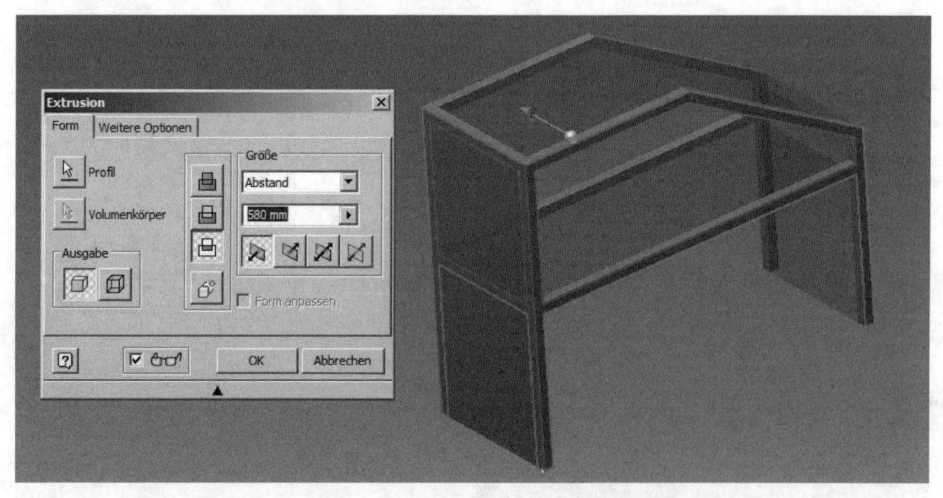

Abb. 1.30: Skizze aus der xz-Ebene (Ansicht VORNE) in y-Richtung extrudiert, mit vorherigem Volumenkörper mit Operation SCHNITTMENGE kombiniert

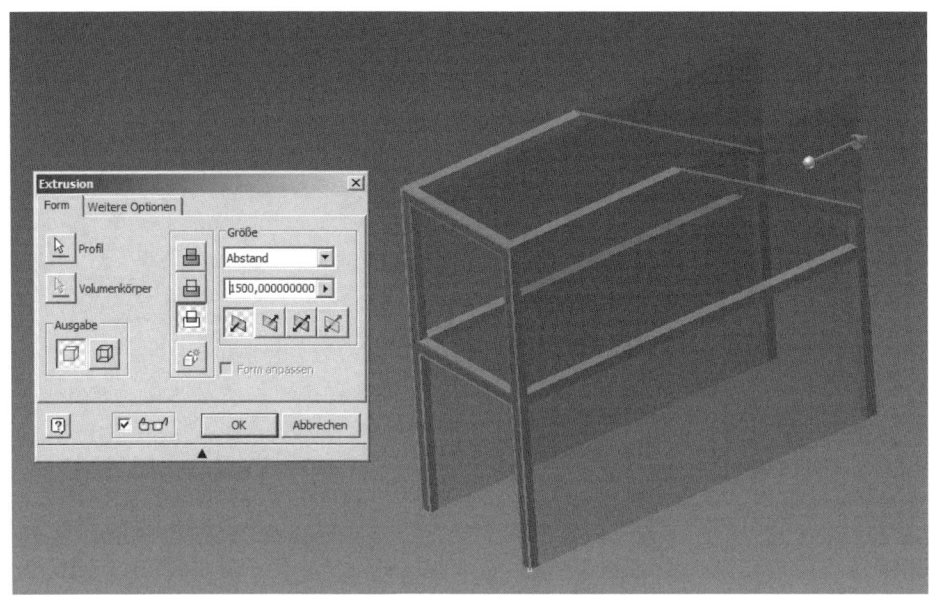

Abb. 1.31: Skizze aus der yz-Ebene (Ansicht LINKS) in x-Richtung extrudiert, mit vorherigem Volumenkörper mit Operation SCHNITTMENGE kombiniert

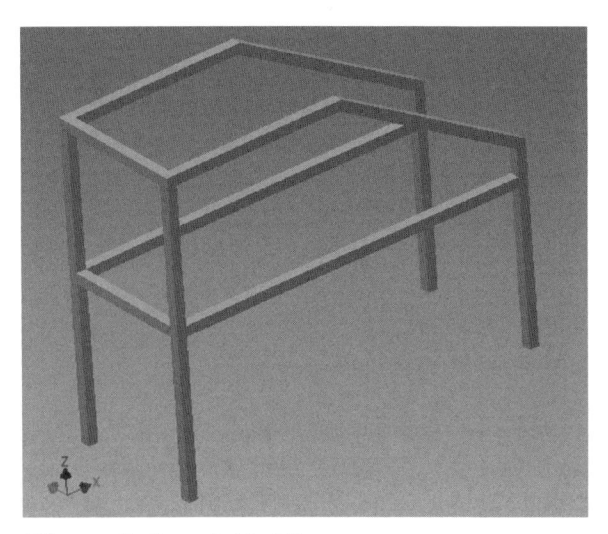

Abb. 1.32: Fertiges 3D-Modell

1.4 Ergänzungen zum Volumenkörper: Features

Die bisher gezeigten Beispiele sind oft noch nicht die beabsichtigten fertigen Konstruktionen, es fehlen noch Details wie BOHRUNGEN, ABRUNDUNGEN oder FASEN. Solche Elemente werden üblicherweise als *Features* bezeichnet, ins Deutsche am besten als »Detailelemente« übersetzt. Die zugehörigen Funktionen liegen unter dem Register MODELLIEREN in der Gruppe ÄNDERN.

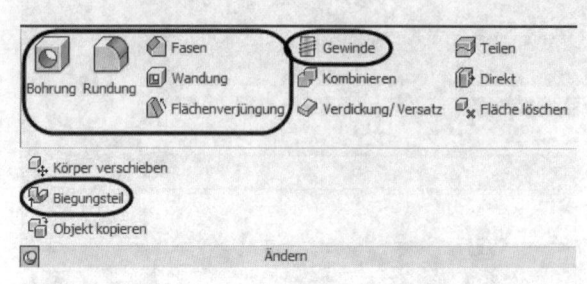

Abb. 1.33: Detailelemente im Register 3D-MODELL

1.5 Eine einfache Konstruktion mit einem Volumenkörper

Sie können alle Konstruktionen des ersten Kapitels sowohl mit Inventor LT als auch mit Inventor Professional erstellen. Beim Start werden Sie Begrüßungsfenster erhalten, die etwas unterschiedlich aussehen. Beim Inventor Professional können Sie nämlich ein Projekt anlegen.

Der Grund ist klar: Da Sie mit diesem Programm in der Regel größere Baugruppen mit vielen Bauteilen und auch abgeleiteten Zeichnungen erstellen werden, sollte man diese unter einem *Projektnamen* zusammenfassen. Das Programm legt dann im Ordner Eigene Dokumente\Inventor ein Unterverzeichnis mit dem Projektnamen an. Darin werden dann alle zum Projekt gehörigen Zeichnungen automatisch gespeichert.

Abb. 1.34: Programmaufrufe für Inventor LT und Inventor Professional

Beim Programm Inventor LT dagegen können Sie keine Baugruppen erstellen, sondern nur einzelne Bauteile und abgeleitete Zeichnungen. Diese werden dann, wenn Sie keinen eigenen Pfad und Ordner unter VERKNÜPFUNGEN angegeben haben, automatisch im Ordner C:/Benutzer/Öffentlich/Öffentliche Dokumente/Autodesk/Inventor LT 2016/Workspace abgelegt. Deshalb müssen Sie bei INVENTOR LT keine Projekte anlegen. Abschnitt 1.5.1, »Ein neues Projekt anlegen (nicht LT)«, können Sie in diesem Fall überspringen.

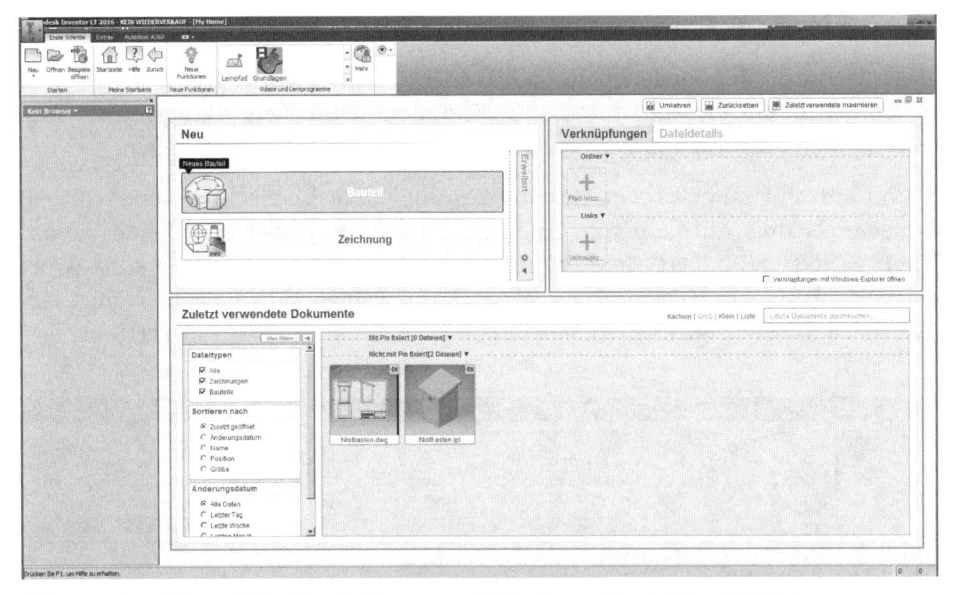

1.5 Eine einfache Konstruktion mit einem Volumenkörper

Abb. 1.35: Begrüßungsbildschirm bei INVENTOR LT. Beginnen Sie gleich mit NEU ein neues Bauteil.

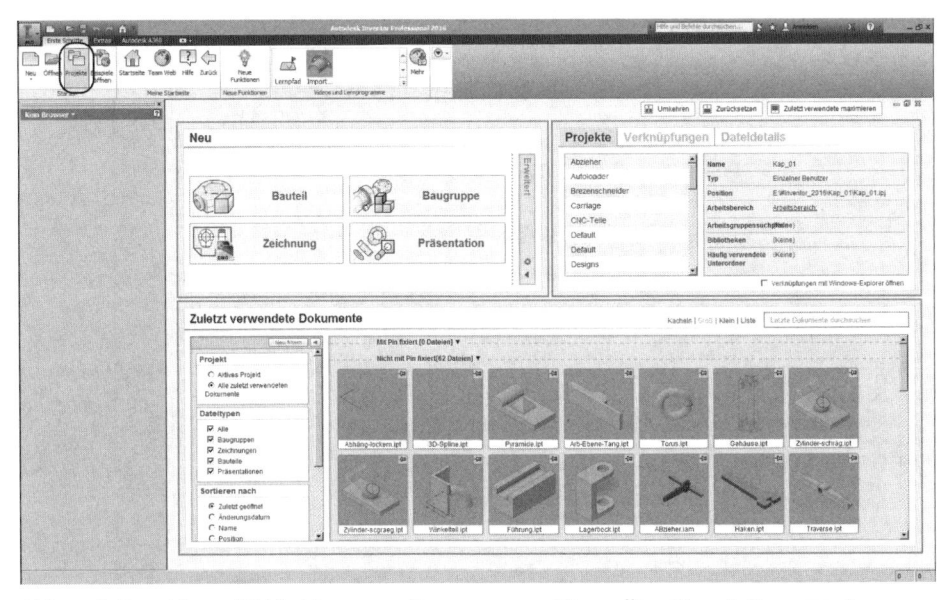

Abb. 1.36: Begrüßungsbild bei INVENTOR PROFESSIONAL. Hier sollten Sie mit PROJEKTE ein neues Projektverzeichnis anlegen.

Kapitel 1
Vorbetrachtungen und einfache 3D-Konstruktionen

1.5.1 Ein neues Projekt anlegen (nicht LT)

Bei Inventor Professional sollten Sie für Ihre Arbeiten sinnvollerweise in einem ersten Schritt ein Projekt anlegen. Dazu können Sie im Begrüßungsfenster Projekte wählen oder wie hier gezeigt das Projekt im Anfangsdialog anlegen.

Damit entsteht unter `Eigene Dokumente` unter dem Verzeichnis `Inventor` ein Unterverzeichnis mit dem von Ihnen gewählten Projektnamen. Gehen Sie auf ERSTE SCHRITTE|PROJEKTE und beantworten Sie die Frage nach der PROJEKT-ART mit der Vorgabe EINZELBENUTZERPROJEKT. Dann wählen Sie NEU, geben einen *Projektnamen* wie etwa **Volumen-Übung** ein und schließen mit FERTIGSTELLEN ab.

Abb. 1.37: Ein Projekt beginnen

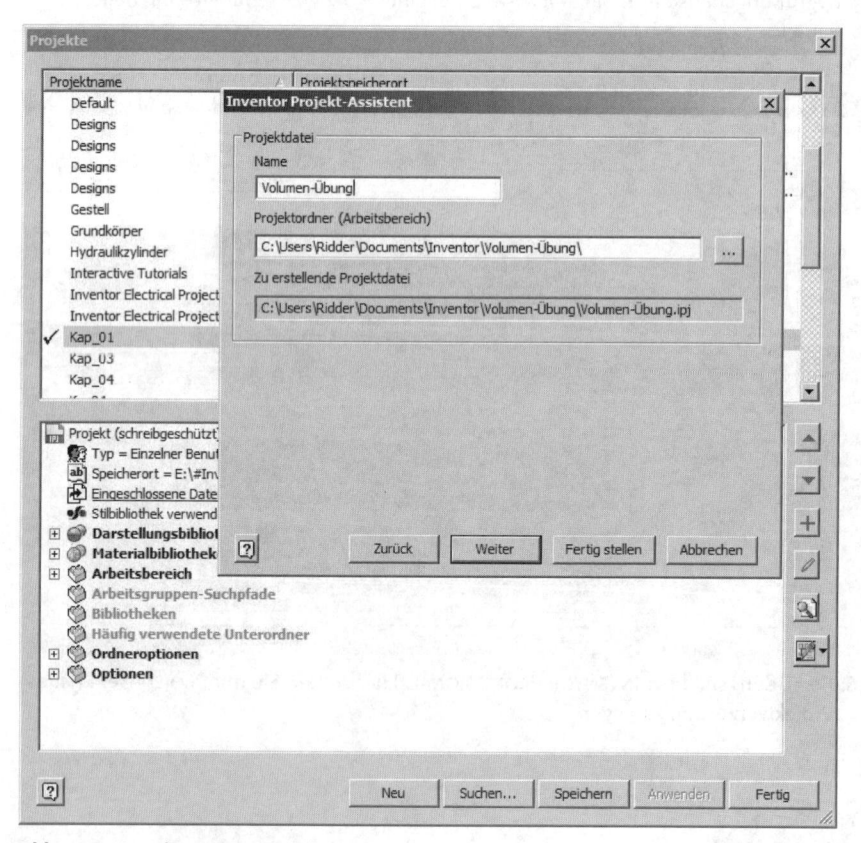

Abb. 1.38: Projektnamen eingeben

1.5.2 Der erste Quader

Zunächst soll nun der Quader erstellt werden, der in Abbildung 1.6 die Basis bildet. Zuerst müssen Sie NEU für das neue Bauteil wählen und eine Vorlage auswählen. Hier wäre TEMPLATES|METRISCH und NORM(DIN).IPT auszuwählen und mit ERSTELLEN zu beginnen.

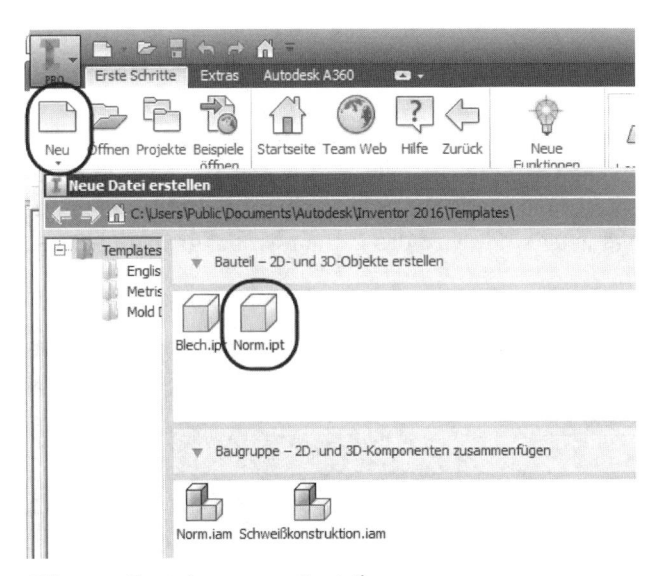

Abb. 1.39: Start eines neuen Bauteils

- Die Multifunktionsleiste 3D-MODELL enthält standardmäßig die Gruppe GRUNDKÖRPER nicht. Deshalb müssen Sie in der Multifunktionsleiste unten zunächst nach Rechtsklick auf einen beliebigen Gruppentitel GRUPPE ANZEIGEN wählen und die Gruppe GRUNDKÖRPER *aktivieren*.
- Dann aktivieren Sie dort die Konstruktionsfunktion 3D-MODELL|QUADER.

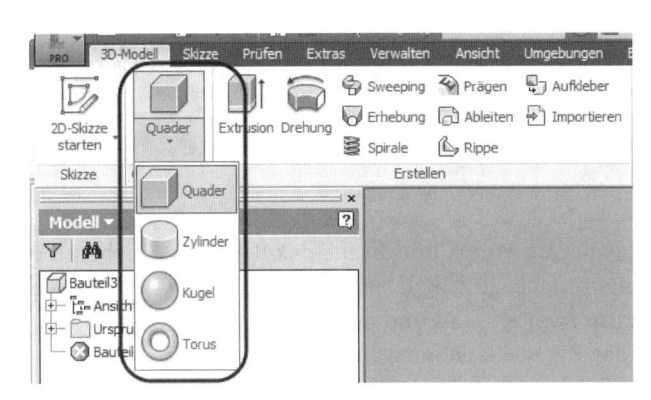

Abb. 1.40: Die Inventor-Volumenkörper

Kapitel 1
Vorbetrachtungen und einfache 3D-Konstruktionen

- Im Prinzip stehen bei INVENTOR am Beginn einer Konstruktion immer erst SKIZZEN. Diese sind meistens 2D-Zeichnungen der zu extrudierenden oder rotierenden Konturen. Auch bei der Konstruktion, die Sie über die Volumenkörper-Funktionen erstellen, wird genauso vorgegangen, allerdings gibt Ihnen hier das Programm diese Schritte dann automatisch vor.
- Diese verlangt zuerst die Auswahl einer *Basisebene* für Ihre Konstruktion. Üblicherweise wählt man hier die xy-Ebene wie in Abbildung 1.41 gezeigt.
- Danach geht Inventor in den *Skizziermodus* und schwenkt die Zeichenebene in die Draufsicht der xy-Ebene
- und Sie befinden sich automatisch in der Funktion RECHTECK und werden nach dem Mittelpunkt für die Grundfläche gefragt. Klicken Sie dabei am besten auf den gelben Nullpunkt der xy-Ebene. Als Zeichen dafür, dass Sie auf dem Nullpunkt exakt eingerastet sind, wird das Cursorsymbol grün angezeigt. Dann können Sie klicken.

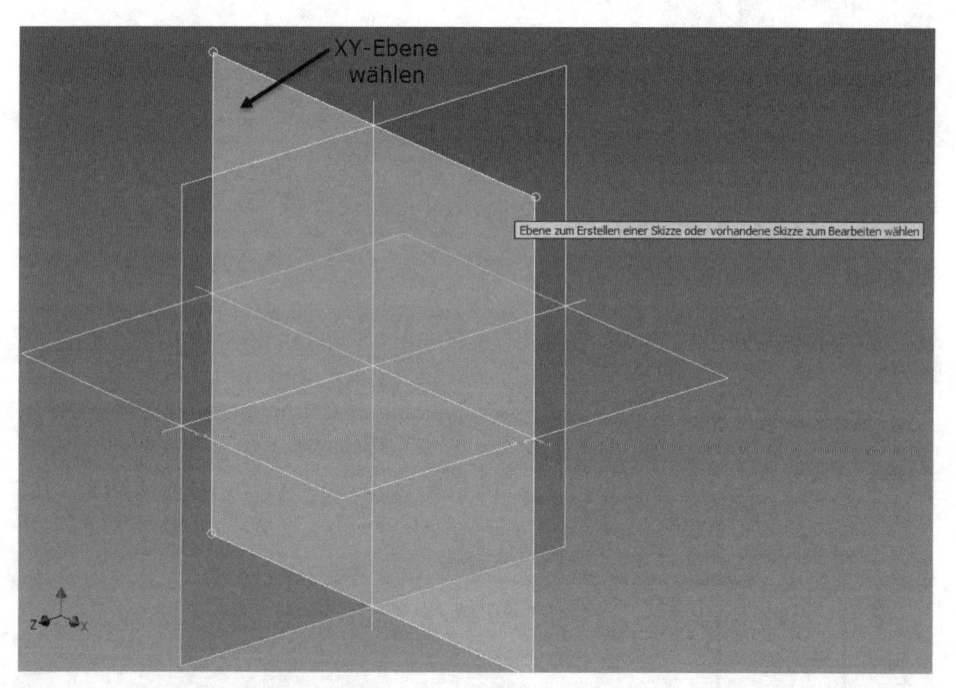

Abb. 1.41: Wahl der Basisebene

- Als Nächstes folgt die Eingabe von Länge und Breite des Rechtecks. Geben Sie bei angezeigter Bemaßung einfach **20** für das erste Maß an, dann gehen Sie mit der ⇥-Taste weiter zum zweiten Maß und geben **13** ein. Schließen Sie die Eingabe mit ⏎ ab, und das Rechteck ist fertig.

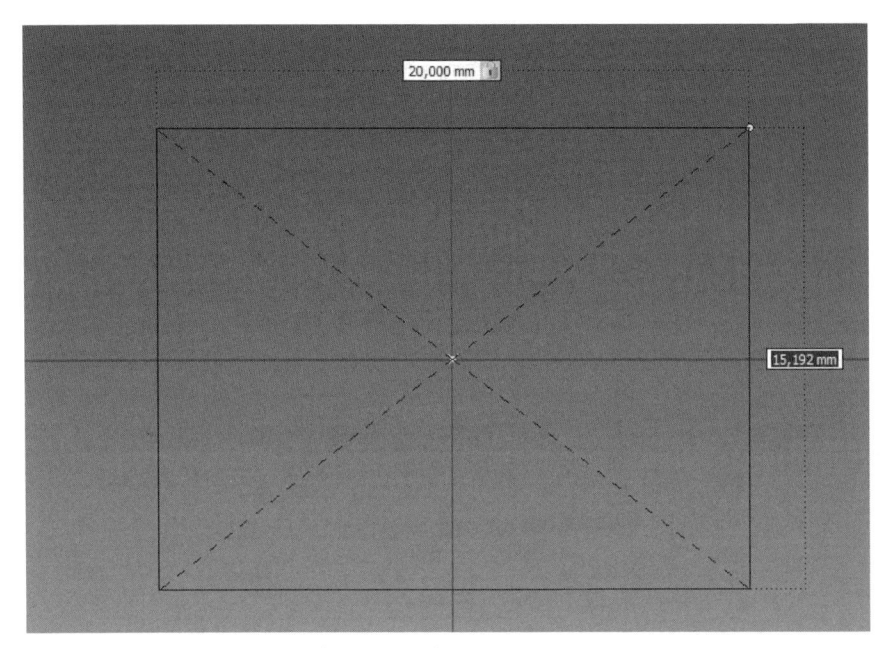

Abb. 1.42: Rechtecklänge und -breite eingeben

- Automatisch wird nun der *Skizzenmodus* verlassen und die Funktion EXTRUSION aktiviert. Hier müssen Sie nur noch die Höhe eingeben. In diesem Beispiel beträgt sie **10 mm**, sodass Sie den Vorgabewert übernehmen können.

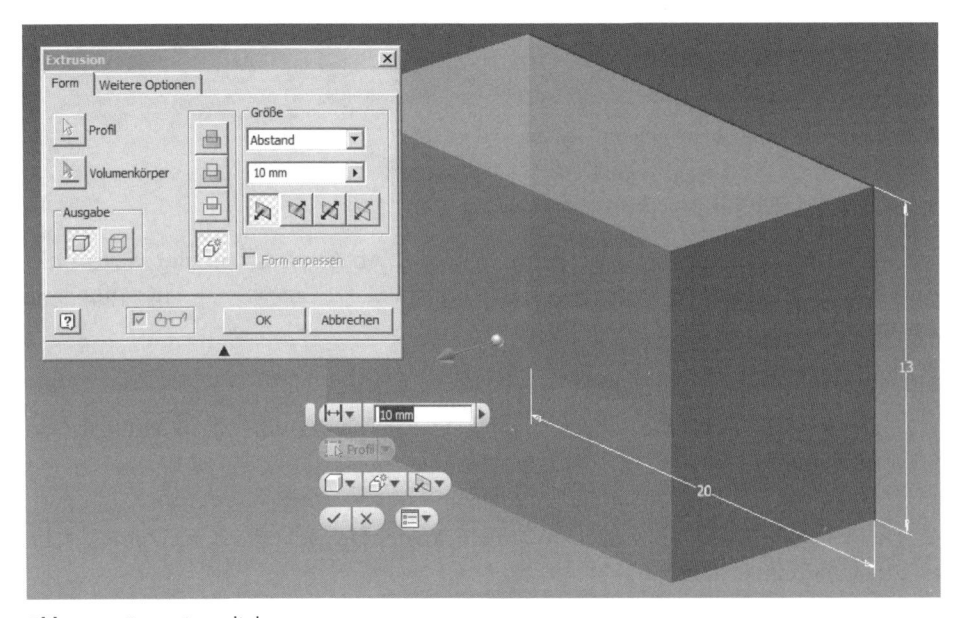

Abb. 1.43: Extrusionsdialog

Kapitel 1
Vorbetrachtungen und einfache 3D-Konstruktionen

- Der Dialog für den EXTRUSIONSBEFEHL kann entweder über das *Dialogfenster* oder über die *Cursordialogfelder* bedient werden. Zum Beenden müssten Sie im Dialogfeld einfach auf OK klicken oder in den kleinen Dialogfeldern das GRÜNE HÄKCHEN anklicken.

1.5.3 Speichern

Bevor die Konstruktion fortgeführt wird, soll nun gespeichert werden. Bisher hat die Konstruktion nur den Namen `Part1`. Erst durch das erste Speichern wird ein benutzerspezifischer Name vergeben, hier `LT-Teil-1.ipt`.

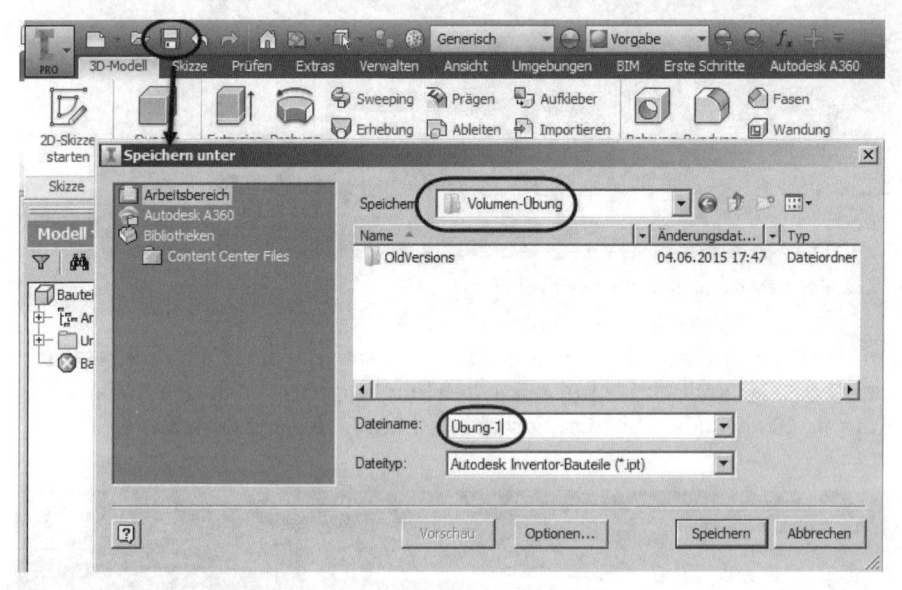

Abb. 1.44: Teilenamen beim ersten Speichern vergeben

1.5.4 Ansicht schwenken

Die Ausrichtung einer Ansicht kann über das Achsenkreuz in der Ecke links unten verfolgt werden. Auch der VIEWCUBE in der Ecke oben rechts gibt eine Information zur Ansichtsausrichtung.

Sie können nun die Ansicht auf viererlei Arten manipulieren:

1. Halten Sie die ⇧-Taste gedrückt und bewegen Sie dazu die Maus mit gedrücktem Mausrad.
2. Klicken Sie auf dem VIEWCUBE die Flächen (OBEN, VORNE, LINKS etc.), die Kanten oder die Ecken an, um orthogonale Ansichten, schräge oder isometrische Ansichten zu erhalten.

3. Gehen Sie auf eine der Positionen am VIEWCUBE, halten Sie die linke Maustaste gedrückt und bewegen Sie die Maus zum Schwenken. Agieren Sie nicht zu heftig.
4. Oder wählen Sie die ORBIT-Funktion aus der Navigationsleiste, um möglichst frei zu schwenken. Solange Sie mit gedrückter Maustaste in dem weißen Kreis bleiben, wird geschwenkt, außerhalb wird um die Sichtachse gedreht.

Abb. 1.45: Ansichtsausrichtung: Achsenkreuz links unten, VIEWCUBE rechts oben

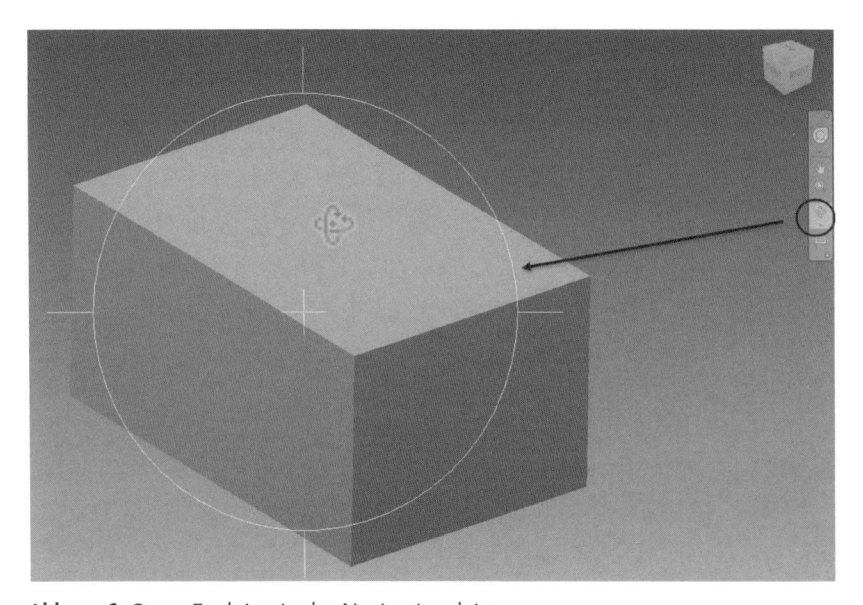

Abb. 1.46: ORBIT-Funktion in der Navigationsleiste

Kapitel 1
Vorbetrachtungen und einfache 3D-Konstruktionen

1.5.5 Zwei nützliche Einstellungen

Unter WERKZEUGE|ANWENDUNGSOPTIONEN sollten Sie im Register SKIZZE die Option SKIZZIEREBENE BEIM SKIZZIEREN AKTIVIEREN herausnehmen. Dadurch verhindern Sie nämlich, dass bei den folgenden Aktionen das Teil ungewollt automatisch verdreht wird.

Außerdem brauchen wir für die nachfolgenden Skizzieraktionen immer die Ränder der vorhergehenden Skizzen als Bezugskanten. Dazu aktivieren Sie die Option AUTOMATISCH KANTEN ZUR SKIZZENERSTELLUNG UND -BEABEITUNG PROJIZIEREN (dies ist nur für die LT-Version einzustellen, bei der Vollversion ist das schon vorgegeben).

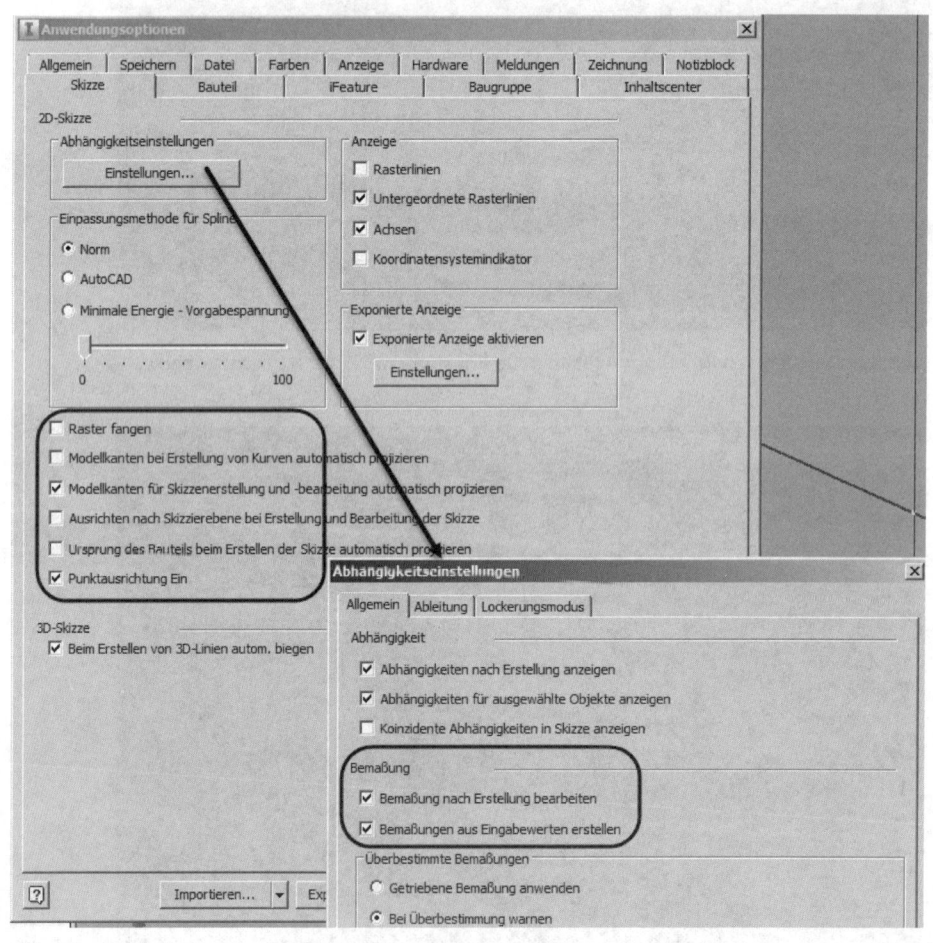

Abb. 1.47: Nicht immer in die Skizzierebene schwenken!

1.5.6 Hinzufügen eines Zylinders

Am rechten Ende des Quaders soll nun ein Zylinder angefügt werden, dessen Durchmesser der Quaderbreite entspricht und dessen Höhe mit dem Quader übereinstimmt. Rufen Sie 3D-MODELLIEREN|ZYLINDER auf und wählen Sie die Skizzierebene. Das ist gar nicht so einfach, weil Sie ja die Bodenfläche des Quaders wählen wollen, aber zunächst nur eine der sichtbaren Flächen oben oder an der Seite wählen können. Wenn Sie aber etwas zögern, erscheint am Cursor 1. FLÄCHE▼. Nun können Sie auf ▼gehen und dann über 2. FLÄCHE eine verdeckte Fläche wählen. Wenn Sie nicht so geduldig sind, über 1. FLÄCHE▼ können Sie auch per Rechtsklick die Auswahl ANDERE AUSWÄHLEN aktivieren.

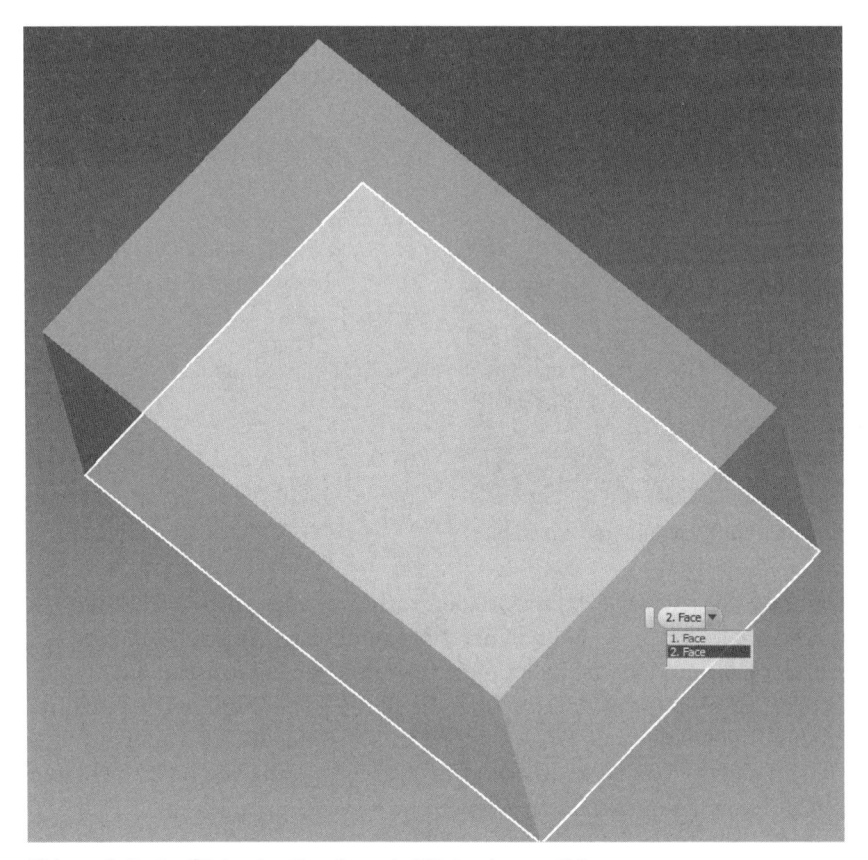

Abb. 1.48: Bodenfläche des Quaders als Skizierebene wählen

Nun sollen Sie den Mittelpunkt für den Grundkreis des Zylinders wählen. Wenn Sie auf die gelbe projizierte Kante fahren, wird der Cursor automatisch dort einrasten. Das erkennen Sie anhand des Farbumschlags auf Grün.

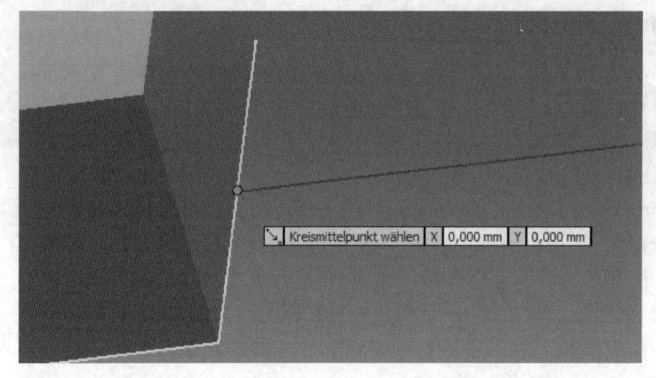

Kapitel 1
Vorbetrachtungen und einfache 3D-Konstruktionen

Abb. 1.49: Automatischer Objektfang auf der projizierten Kante

Danach wählen Sie über einen Eckpunkt den Kreisradius/-durchmesser.

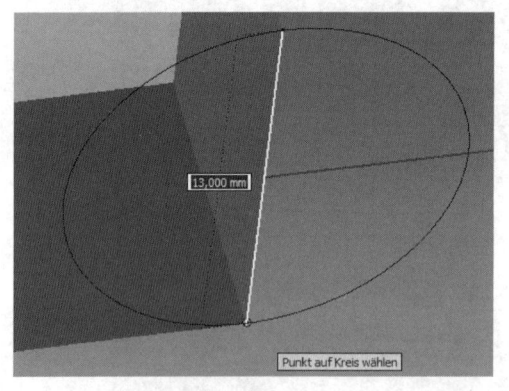

Abb. 1.50: Eckpunkt für Kreisdurchmesser wählen

Danach befinden Sie sich wie beim Quader vorhin wieder in der EXTRUSIONS-FUNKTION. Diesmal wird aber kein neuer Volumenkörper erstellt, sondern der Zylinder mit dem vorhandenen Quader gleich kombiniert. Sie müssen darauf achten, die korrekte EXTRUSIONSRICHTUNG über die Pfeile zu wählen. Die Funktion wird vorgabemäßig die Methode DIFFERENZ anbieten, Sie müssen aber auf VEREINIGUNG umschalten. Die EXTRUSIONSHÖHE ist die gleiche wie für den Quader und braucht nicht neu eingegeben zu werden.

1.5.7 Halbkugel als Vertiefung

Als Nächstes soll in der Deckfläche eine halbkugelförmige Vertiefung angebracht werden. Wählen Sie 3D-MODELLIEREN|KUGEL und klicken Sie einfach auf die Deckfläche der Konstruktion als Skizzierebene. Der Mittelpunkt für die Kugel wird wieder durch Einrasten des Cursors auf dem Bogenzentrum oben bestimmt und dann der Durchmesserwert eingegeben.

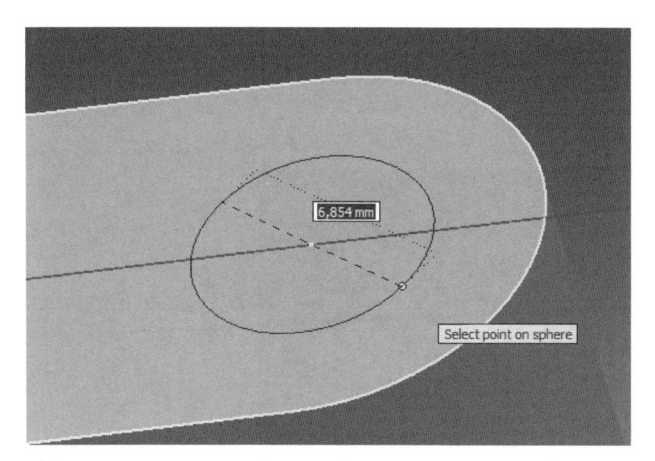

1.5 Eine einfache Konstruktion mit einem Volumenkörper

Abb. 1.51: Das Zentrum der Kugel rastet am Zentrum des Bogens ein.

Danach befinden Sie sich wieder in der ROTATIONSFUNKTION. Sie müssen nur darauf achten, dass die Methode DIFFERENZ 🔒 verwendet wird, und nicht VEREINIGUNG 🔒.

1.5.8 Der Torus

Als Nächstes wird in derselben Ebene die Geometrie für den Torus skizziert.

Wählen Sie MODELLIEREN|TORUS und klicken Sie wieder auf die obere Fläche des Körpers als Skizzierebene. Das Zentrum des Torus ist das Zentrum der Kugel, also klicken Sie darauf, sobald der Cursor grün erscheint. Der nächste Punkt bestimmt nun die Ausrichtung des Torus. Hier müssen Sie darauf achten, dass Sie sich genau in x-Richtung bewegen, wenn Sie den großen Radius des Torus-Rohrs eingeben. Inventor rastet automatisch in x- oder y-Richtung ein, sobald Sie auf 1° genau an 0° oder 90° herankommen. Wählen Sie **5,125** als Radius. Danach wird der kleine Rohrradius erfragt. Dafür wählen Sie **2,5**.

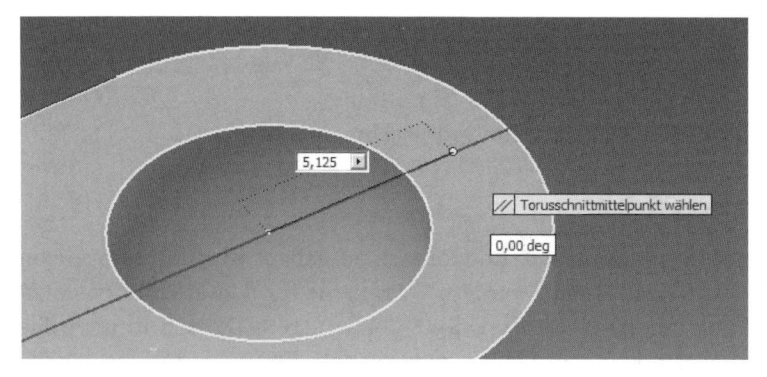

Abb. 1.52: Zentrum und großer Radius für das Torus-Rohr

Kapitel 1
Vorbetrachtungen und einfache 3D-Konstruktionen

Damit ist die Konstruktion nun fertig. Abbildung 1.53 zeigt nun auch, was Sie mit den vier Volumenkörper-Funktionen erstellt haben, nämlich vier Skizzen, von denen zwei extrudiert und zwei rotiert wurden.

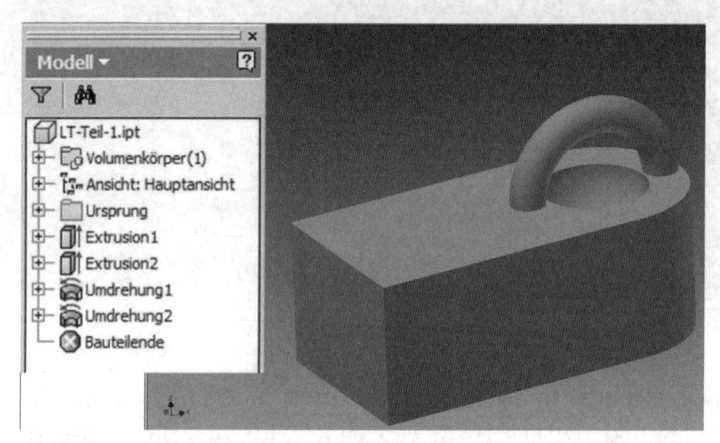

Abb. 1.53: Volumenkörper aus Grundkörpern aufgebaut

1.6 Einfaches Extrusionsteil

Als Nächstes soll das in Abbildung 1.9 gezeigte Extrusionsteil konstruiert werden. Beginnen Sie erneut ein neues Bauteil wie oben mit der metrischen Vorlage NORM(DIN).IPT. Sie können dieselbe Vorlage auch automatisch aktivieren, indem Sie bei NEU im Dropdown-Menü BAUTEIL wählen (Abbildung 1.54).

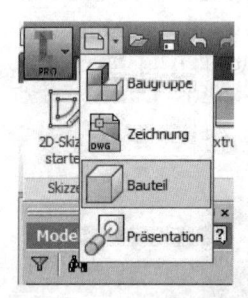

Abb. 1.54: Schneller Bauteil-Start mit der Norm-Vorlage (ohne extra Auswahl)

1.6.1 Eine Skizze erstellen

Weil diese Konstruktion nicht aus Grundkörpern aufgebaut wird, muss nun von Ihnen zunächst eine Skizze erstellt werden. Wählen Sie für den zweidimensionalen Umriss die Funktion 3D-MODELL|2D-SKIZZE ERSTELLEN. Danach müssen Sie sich für eine der drei orthogonalen Ebenen entscheiden. Klicken Sie am besten die xy-Ebene an.

Abb. 1.55: Skizzierfunktion

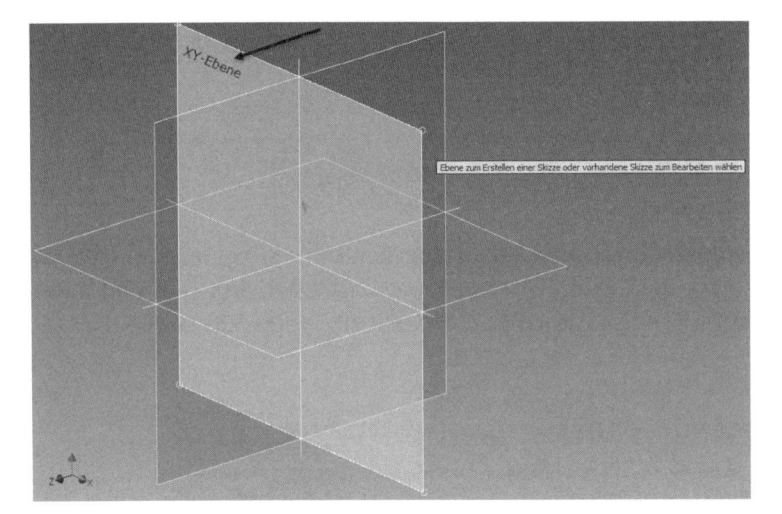

Abb. 1.56: xy-Ebene zum Skizzieren wählen

Ausrichtung der Skizzierebene

Da Sie im vorhergehenden Beispiel unter EXTRAS|ANWENDUNGSOPTIONEN|SKIZZE die Option AUSRICHTEN NACH SKIZZIEREBENE BEI SKIZZENERSTELLUNG deaktiviert hatten, bleibt Ihre Arbeitsebene nun schräg im Raum stehen. Wenn Sie zum Start lieber die Draufsicht hätten, können Sie in der NAVIGATIONSLEISTE am rechten Rand die Funktion AUSRICHTEN NACH wählen und damit im Browser links die SKIZZE1 anklicken. Als weitere Vorbereitung wäre es noch nützlich, wenn der Nullpunkt zum Einrasten der Linien vorhanden wäre. Bei der Inventor-Vollversion ist dieser Nullpunkt als projizierter Punkt bereits vorhanden, in der LT-Version aber nicht. Auch kann es in der Vollversion passieren, dass man diese Position durch eine Löschaktion mal verloren hat. Deshalb wird hier nun der projizierte Nullpunkt noch mal generiert.

Nullpunkt in die Skizzierebene projizieren

Wählen Sie im Register SKIZZE die Funktion GEOMETRIE PROJIZIEREN und klicken Sie im Browser nach Aufblättern der Kategorie URSPRUNG den MITTELPUNKT an. Danach erscheint diese Nullpunktposition als gelber Punkt im Zeichenfenster. Beenden Sie die Aktion mit Rechtsklick und OK.

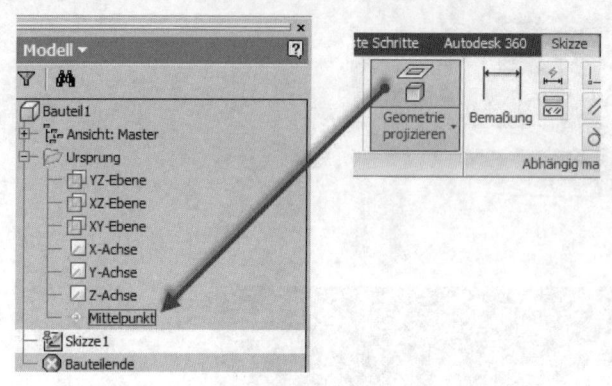

Kapitel 1
Vorbetrachtungen und einfache 3D-Konstruktionen

Abb. 1.57: Nullpunkt ins Zeichenfenster projizieren

Längeneingaben ermöglichen

Damit Sie beim Zeichnen nun schon Längen eingeben können, sollte unter EXTRAS| ANWENDUNGSOPTIONEN die Option EXPONIERTE ANZEIGE aktiviert sein und unter ABHÄNGIGKEITSEINSTELLUNGEN die Option BEMAßUNG NACH ERSTELLUNG BEARBEITEN.

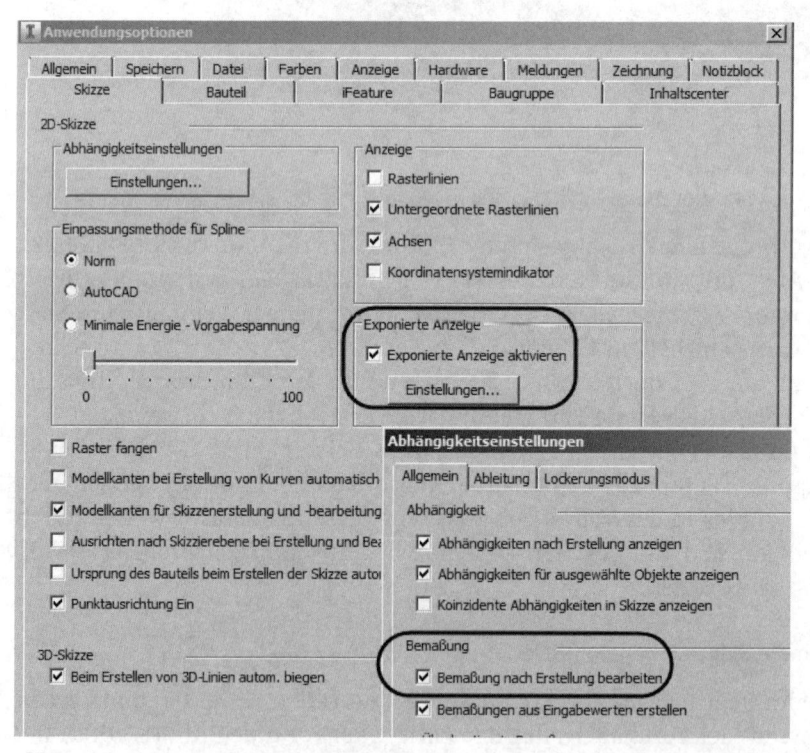

Abb. 1.58: EXPONIERTE ANZEIGE und BEMAßUNG NACH ERSTELLUNG BEARBEITEN ermöglicht die Längeneingabe beim Zeichnen.

1.6 Einfaches Extrusionsteil

Die Zeichenfunktionen

Nach Festlegung des Nullpunkts können Sie mit dem eigentlichen Zeichnen fortfahren. Die möglichen Zeichenfunktionen finden Sie unter SKIZZE|ZEICHNEN (Abbildung 1.59).

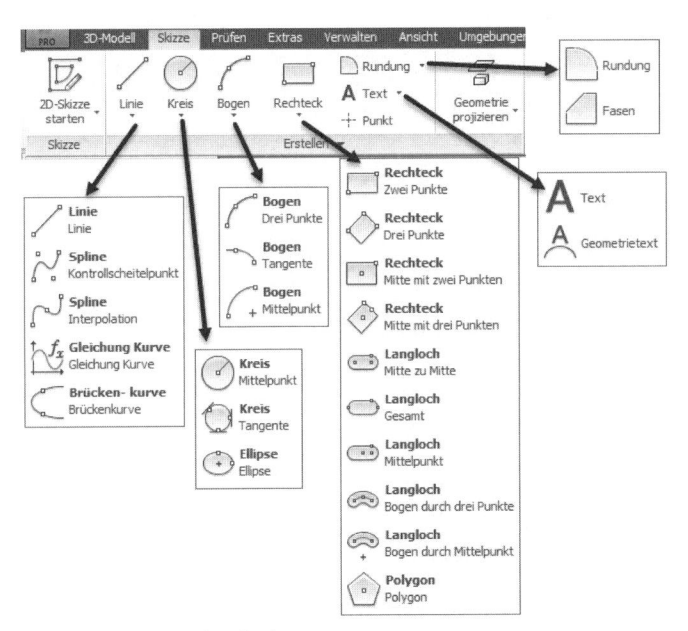

Abb. 1.59: Die Zeichenfunktionen von Inventor

Die universellste Funktion ist die LINIE-Funktion. Damit können Sie für unser Beispiel fast die komplette Konstruktion vornehmen. Den Umriss zeichnen Sie am besten zunächst unter Weglassung von Fasen und Abrundungen. Ferner können Sie bekannte Abmessungen sofort eingeben.

- Beginnen Sie mit LINIE, indem Sie den Nullpunkt anklicken und mit einem grünen Punktsymbol einrasten.
- Fahren Sie dann möglichst waagerecht nach rechts und geben Sie im Eingabefeld die Länge **20** ⏎ ein. Sie erkennen, dass die Linie mit der geometrischen Abhängigkeit HORIZONTAL erstellt wird.

Abb. 1.60: Direkte Maßeingabe nach Positionieren der Bemaßung

Kapitel 1
Vorbetrachtungen und einfache 3D-Konstruktionen

- Fahren Sie nun in Fortsetzung des LINIE-Befehls senkrecht nach oben und geben Sie wieder die Länge ein mit **12** ↵. Sie sehen, dass hier automatisch die geometrische Abhängigkeit LOTRECHT erkannt wird.

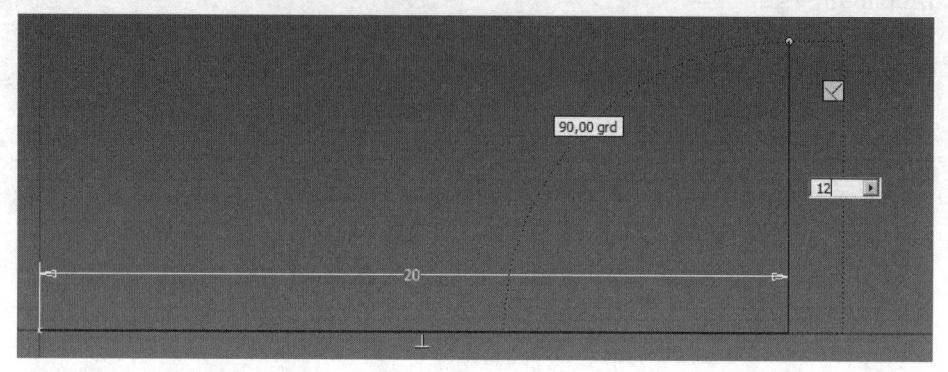

Abb. 1.61: Einrasten in lotrechter Richtung

- Danach setzen Sie den Linienzug waagerecht nach links fort. Diesmal können Sie aber keine Länge eingeben, weil die Skizze anders bemaßt ist. Also klicken Sie in einer Entfernung, die nach Augenmaß passen müsste. Exakt bemaßt wird später.

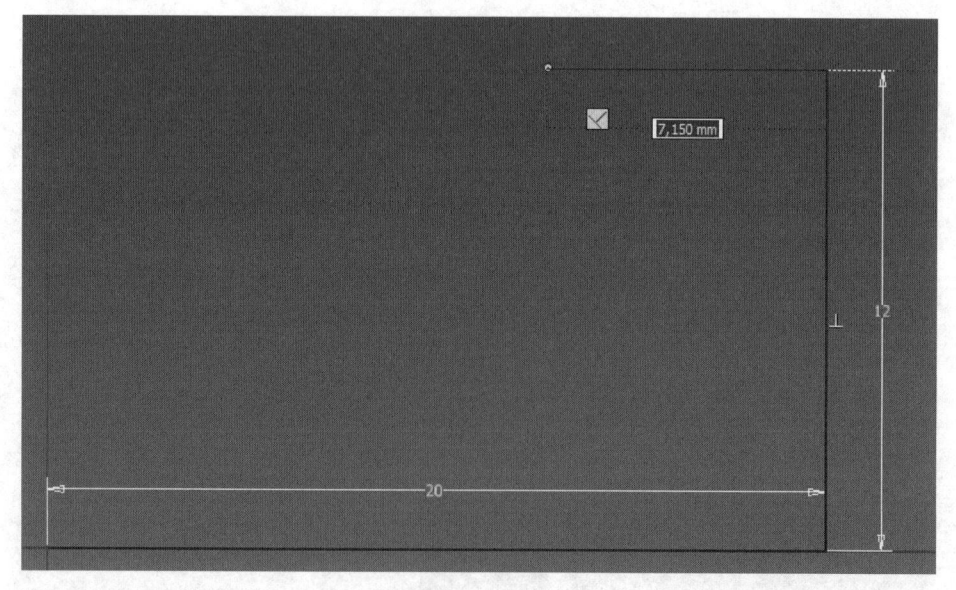

Abb. 1.62: Lotrechte Position nach Augenmaß

1.6 Einfaches Extrusionsteil

- Nun fahren Sie schräg nach unten, wieder nach Augenmaß.

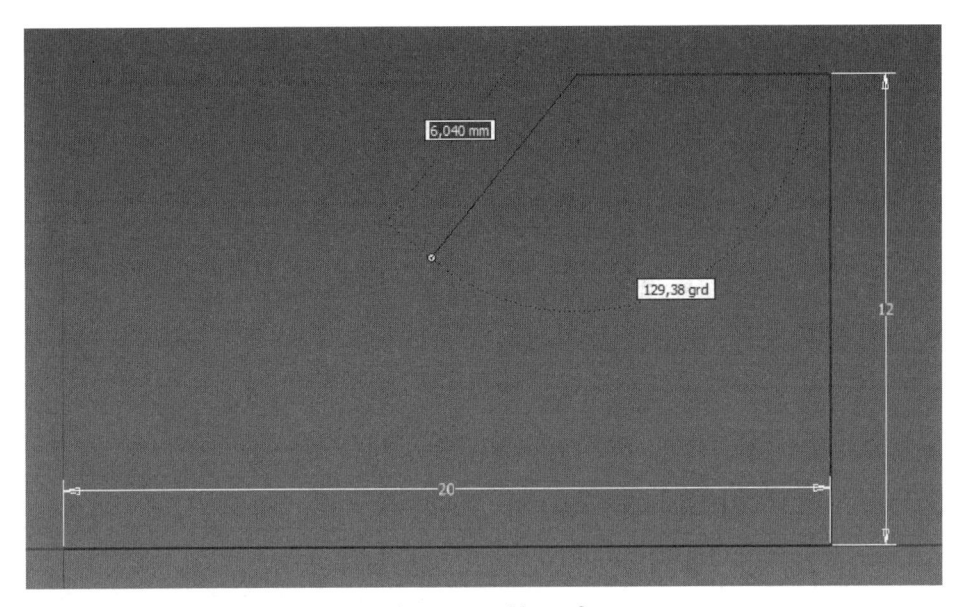

Abb. 1.63: Die freihändige Position wird später nachbemaßt.

- An diese schräge Linie müssen Sie nun tangential einen Bogen anschließen. Dazu müssen Sie aber nicht den BOGEN-Befehl aufrufen, sondern können weiter im Linienzug bleiben. Aber halten Sie ausgehend vom letzten Punkt die Maustaste gedrückt und ziehen Sie in der Linienrichtung nach links unten weg. Es wird nun automatisch in den Bogen-Modus umgeschaltet und dieser tangential angeschlossen. Halten Sie die Maustaste weiter gedrückt und ziehen Sie so weit nach rechts rüber, bis oben der Mittelpunkt auf der Lotlinie liegt und der Bogen-Endpunkt senkrecht darunter mit gepunkteter Linie angedeutet wird. Nun lassen Sie die Maustaste los. Der Bogen endet nun mit waagerechter Tangentenrichtung.

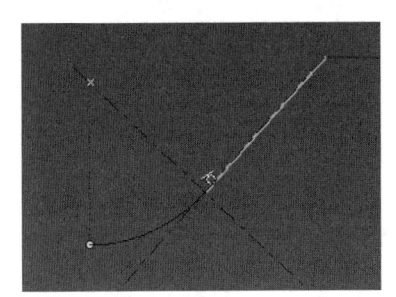

Abb. 1.64: Tangentialer Bogen mit gedrückter Maustaste

Kapitel 1
Vorbetrachtungen und einfache 3D-Konstruktionen

- Nun fahren Sie wieder waagerecht im Linienmodus nach links, bis der Endpunkt mit gepunkteter Lotlinie direkt über dem Nullpunkt liegt. Klicken Sie dort.

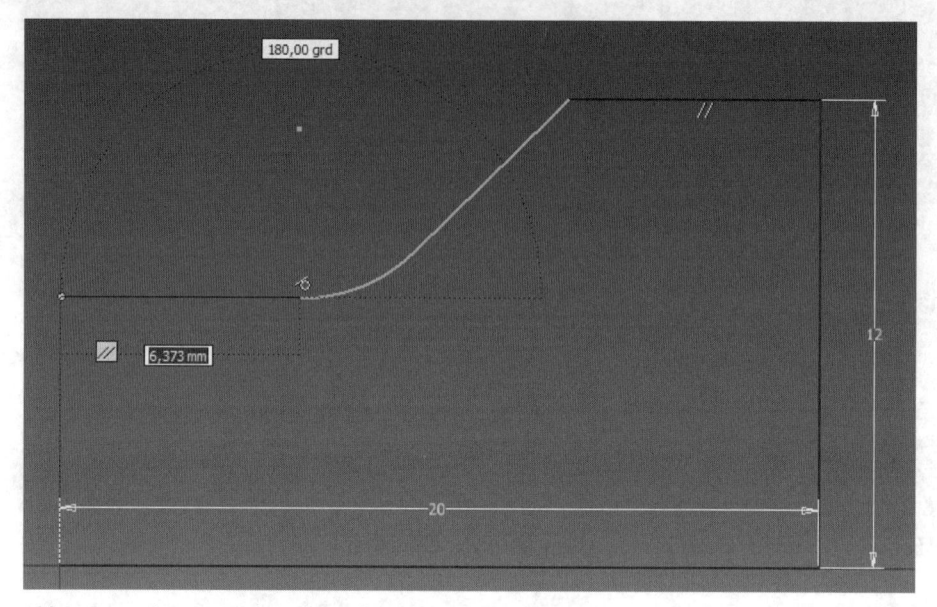

Abb. 1.65: Vorletzter Punkt auf Spurlinie überm Startpunkt

- Schließen Sie die Kontur mit einem letzten Klick auf den Nullpunkt. Dann beenden Sie die Linienkonstruktion mit Rechtsklick und OK.

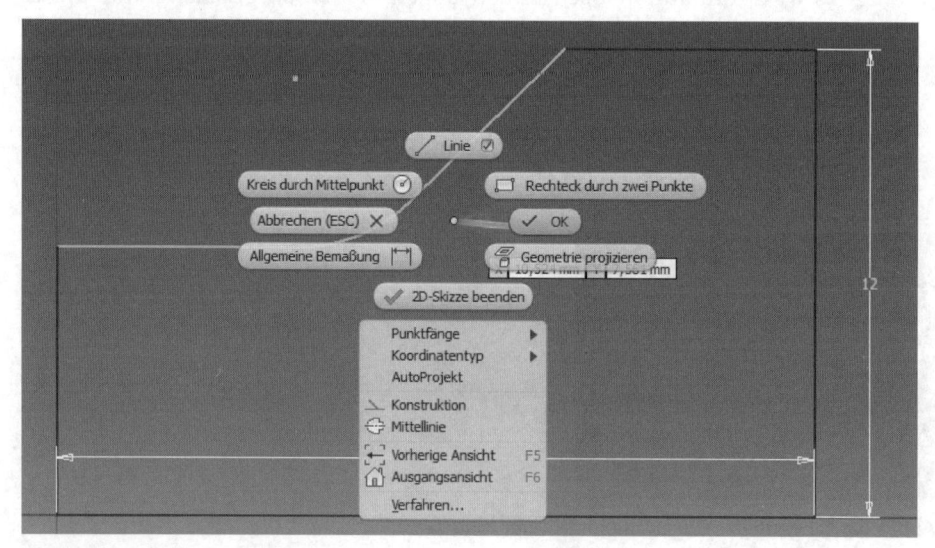

Abb. 1.66: Kontur schließen

1.6 Einfaches Extrusionsteil

Die Kontur ist nun geometrisch fertig, aber es gibt violette (dunkle) und grüne (helle) Konturelemente. Die violetten sind bereits durch geometrische Abhängigkeiten und Bemaßungen vollständig bestimmt. Für die grünen Konturen müssen noch Bemaßungen eingegeben werden.

Die vorhandenen Bemaßungen werden direkt in der Skizze angezeigt. Die automatisch erkannten und etablierten geometrischen Abhängigkeiten können Sie aktivieren mit der Funktionstaste [F8] oder über das Rechtsklick-Menü (Kontextmenü) wie in Abbildung 1.67 gezeigt.

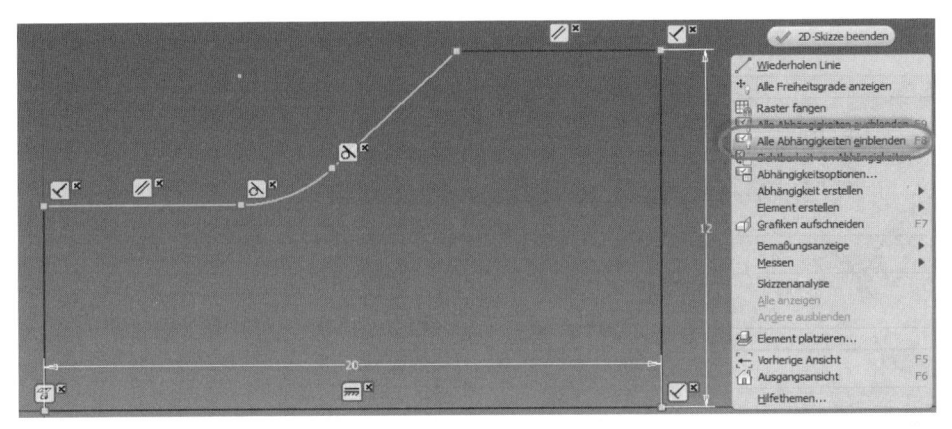

Abb. 1.67: Automatisch erkannte geometrische Abhängigkeiten

Umgekehrt können Sie übers Kontextmenü auch alle noch verbleibenden Freiheitsgrade anzeigen lassen (Abbildung 1.68). Diese müssen nun durch weitere geometrische Abhängigkeiten und/oder Bemaßungen beseitigt werden, bis die Skizze den Zustand erreicht, dass die komplette Geometrie vollständig bestimmt ist.

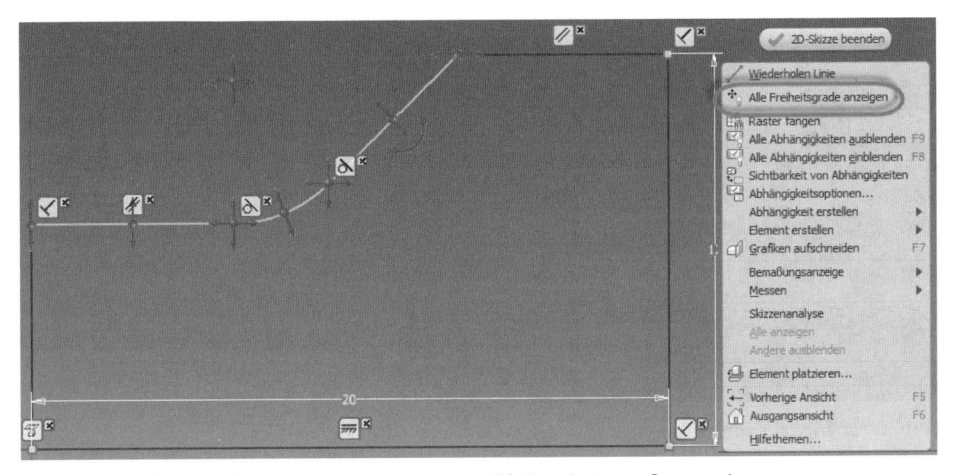

Abb. 1.68: Verbleibende Freiheitsgrade deuten auf fehlende Bemaßungen hin.

Kapitel 1
Vorbetrachtungen und einfache 3D-Konstruktionen

Bemaßungen

Zum Erstellen von Bemaßungen gibt es nur eine Funktion. Anhand der gewählten Objekte erkennt diese die gewünschte Bemaßungsart.

- Wählen Sie nun also SKIZZE|BEMAßUNG und klicken Sie auf die linke senkrechte Linie. Sie können jetzt eine Position für die Maßlinie anklicken und das gewünschte Maß **8** eingeben. Beenden Sie den Dialog mit einem Klick auf das grüne Häkchen. Dadurch ist die Länge dieser Linie bestimmt und die anschließende waagerechte Linie wird violett, ist also in ihrer Lage nicht mehr verschiebbar. Der Freiheitsgrad der Verschiebung fällt dort auch weg.

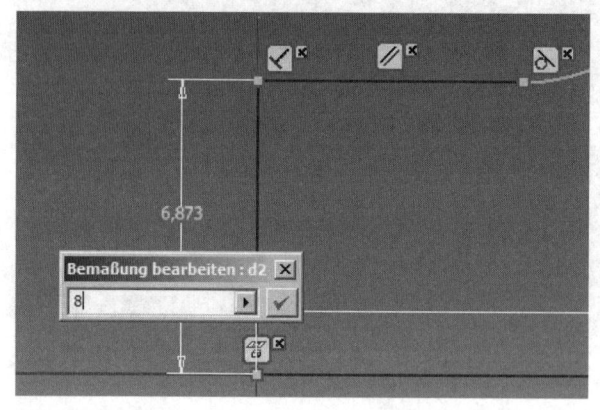

Abb. 1.69: Bemaßung nachbearbeiten

- Als Nächstes bemaßen Sie den Winkel der schrägen Linie. Klicken Sie dazu diese Linie und dann die waagerechte daneben an und klicken Sie auf eine Maßlinienposition. Nun können Sie den Winkel **45** eingeben.

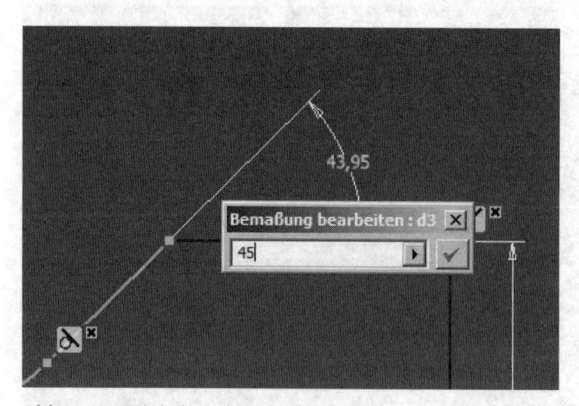

Abb. 1.70: Winkel nachbemaßen

Nun sind alle Freiheitsgrade verschwunden, aber dennoch ist die Geometrie nicht vollständig bestimmt. Unten rechts wird das in der Statusleiste angezeigt. Es fehlen noch eine Radiusbemaßung für den Bogen und eine Bemaßung für den Mittelpunkt.

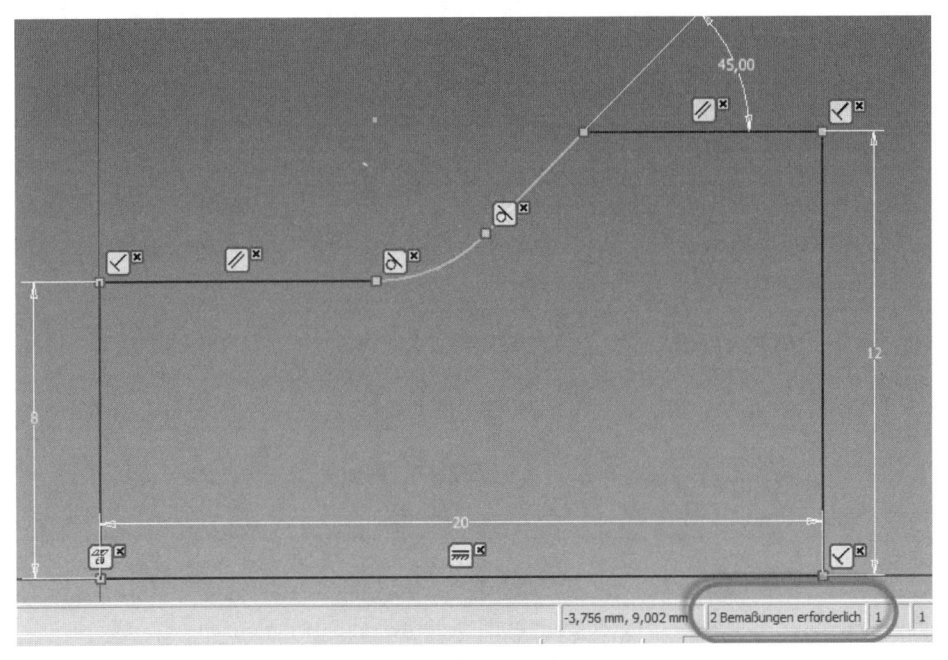

Abb. 1.71: Bemaßungen oder Abhängigkeiten fehlen noch.

Wenn Sie nicht wissen, was noch zu bemaßen ist, können Sie im Register SKIZZE auch die automatische Bemaßung ausprobieren. Dieser Befehl erstellt zwar geometrische Abhängigkeiten und Bemaßungen, damit die Konstruktion vollständig bestimmt wird, aber die Art dieser automatischen Bemaßungen ist meist technologisch nicht sehr sinnvoll. Benutzen Sie diese Funktion also in dem Sinne, dass Sie damit fehlende Bemaßungen überhaupt erst herausfinden, beenden Sie dann die Funktion über die Optionen ENTFERNEN und FERTIG und bemaßen Sie anschließend manuell und sinnvoll selbst.

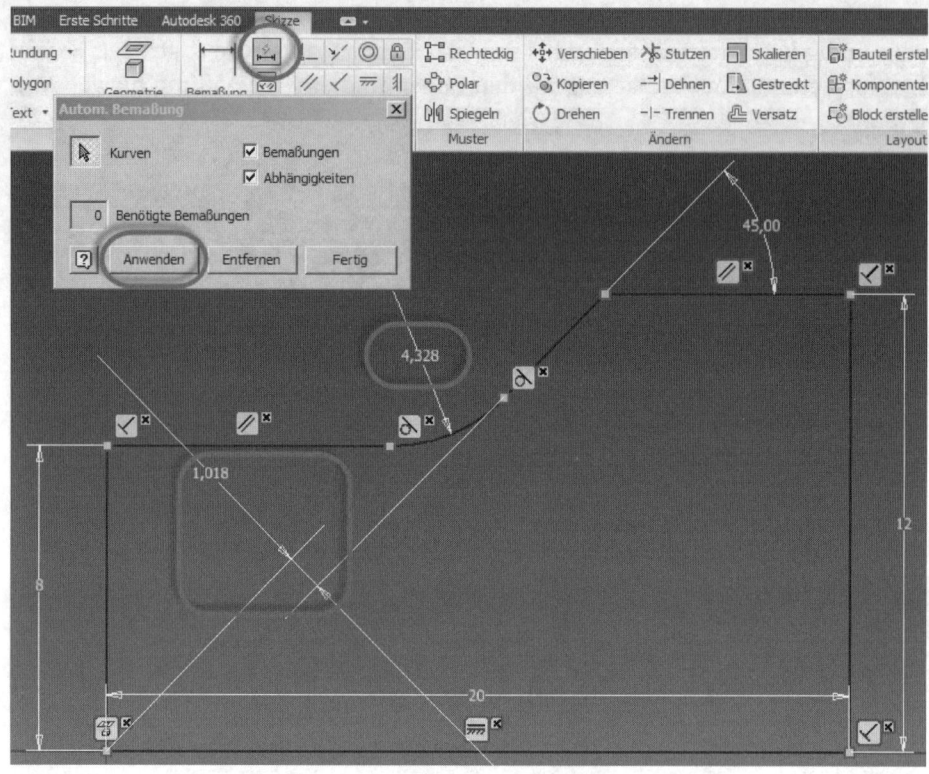

Kapitel 1
Vorbetrachtungen und einfache 3D-Konstruktionen

Abb. 1.72: Automatische Generierung von Abhängigkeiten und Bemaßungen

- Wählen Sie nun also wieder die Bemaßungsfunktion und bemaßen Sie den Radius durch Eingabe von **2**.

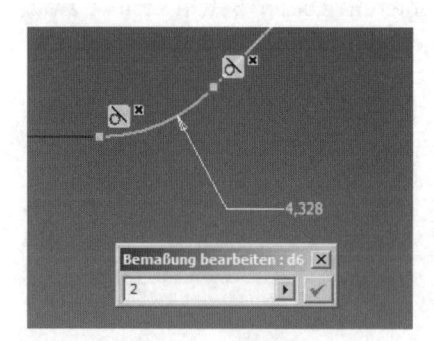

Abb. 1.73: Radius neu bemaßen

- Dann bemaßen Sie den Abstand für den Mittelpunkt, indem Sie den linken Eckpunkt und den Mittelpunkt anklicken und die Zahl **6** eingeben. Damit sind dann alle Konturelemente violett und damit vollständig bestimmt. Auch in der Statusleiste lesen Sie nun: SKIZZE VOLL BESTIMMT.

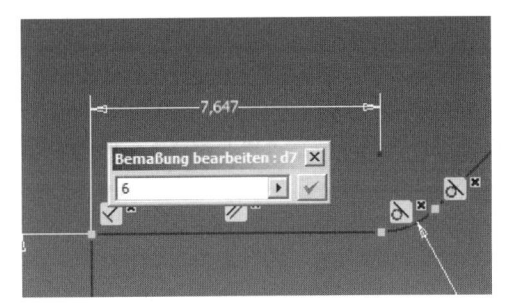

Abb. 1.74: Mittelpunkt bemaßen

Abrundung und Fase

Nun fehlen in der Kontur nur noch eine Abrundung und eine Fase. Die Befehle RUNDUNG und FASEN liegen ebenfalls in der Gruppe ZEICHNEN (siehe ABBILDUNG 1.75).

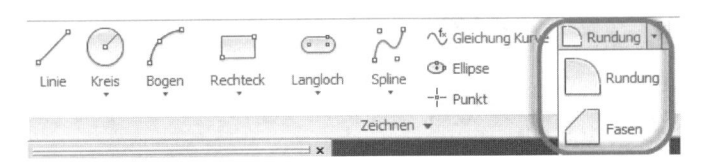

Abb. 1.75: Rundung und Fase

Zuerst rufen Sie den Befehl RUNDUNG auf, akzeptieren den vorgegebenen Radius 2 und klicken die beiden Linien ungefähr an den Berührpunkten der Rundung an. Schon vor dem zweiten Klick wird eine Vorschau in Grün angezeigt.

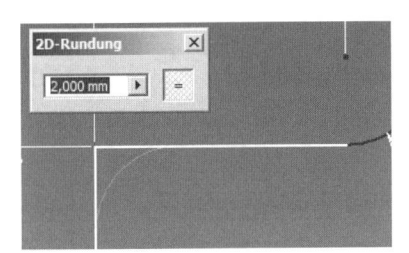

Abb. 1.76: Zum Abrunden die Linien an den Berührpunkten anklicken

Prinzipiell können Sie mit dem Befehl mehrere Abrundungen durchführen. Wenn das *Gleichheitszeichen* im Dialogfenster *aktiviert* ist, dann erhält nur die erste

Abrundung eine Bemaßung und alle weiteren werden dann mit der *geometrischen Abhängigkeit* GLEICH = auf den gleichen Radiuswert gesetzt. Das hat den Vorteil, dass bei einer späteren Änderung des ersten Radiuswerts alle übrigen automatisch in gleicher Weise geändert werden.

Wäre das *Gleichheitszeichen* im Dialog *nicht aktiviert;* erhielte jede einzelne Abrundung eine *eigene Bemaßung* und könnte später einzeln geändert werden. Überlegen Sie sich deshalb schon bei der Konstruktion, in welcher Weise Sie später eventuell einmal die Konstruktion ändern möchten.

Die Fase erstellen Sie mit dem Befehl FASEN. Auch hier gibt ein Gleichheitszeichen an, dass Sie mehrere gleiche Fasen erstellen wollen. Mit ⛏ aktivieren Sie die *automatische Bemaßung*. Dadurch ist diese Konstruktionsänderung auch gleich wieder vollständig bemaßt.

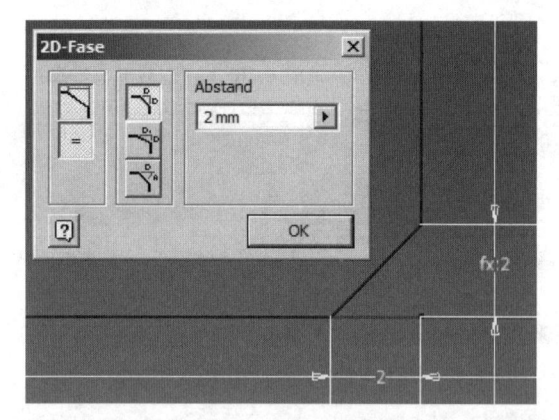

Abb. 1.77: Erstellung einer symmetrischen Fase mit Bemaßung

Die Definition der Fase kann auf drei Arten geschehen:

- ⛏ dient zur Erstellung einer symmetrischen Fase mit zwei gleichen Abständen,
- ⛏ erzeugt eine Fase mit zwei unterschiedlichen Abständen,
- ⛏ erzeugt eine Fase über einen Fasenabstand und den Fasenwinkel zur ersten Kante.

Die Kontur ist damit fertig und auch voll bestimmt. Nun können Sie mit ✓ die Skizze beenden.

Die Extrusion

Zur Erstellung des Volumenkörpers wählen Sie nun 3D-MODELL|EXTRUSION. Der Befehl erscheint einerseits mit einem *Dialogfenster,* parallel dazu auch mit einem

Cursor-Menü. Für den Anfang ist vielleicht das Dialogfenster übersichtlicher und einfacher zu bedienen.

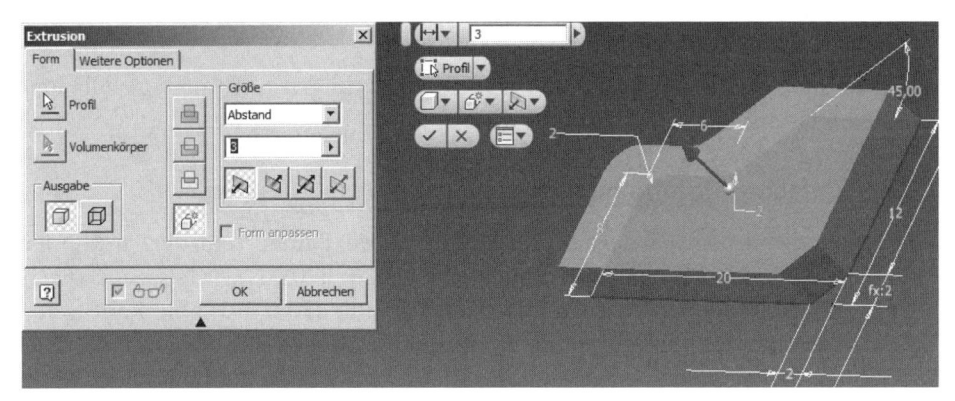

Abb. 1.78: Extrusion mit Abstand 3

Da die aktuelle Konstruktion ein sehr einfacher Fall ist, findet der Befehl automatisch das Profil, das Sie in einem komplexen Fall erst durch Hineinklicken bestimmen müssten. Da in der Konstruktion noch keine weiteren Volumen existieren, erstellt der Befehl auch mit ein neues Volumen. Die einzige Eingabe wäre der Abstand für die Extrusion, der hier **3 mm** beträgt.

Der Befehl EXTRUSION bietet folgende Optionen:

- PROFIL: Klicken Sie in eine geschlossene Kontur hinein, die Sie mit einer Skizze erstellt haben. Wenn in der aktuellen Konstruktion nichts anderes vorhanden ist als eine einfache geschlossene Kontur, dann erkennt Inventor das *automatisch* und wählt sie.
- Ausgabe eines Volumenkörpers (Vorgabe).
- Ausgabe von Flächen, die durch Hochziehen (Austragung) der Konturkurven (Linien, Bögen etc.) entstehen.
- VEREINIGUNG: Wenn schon ein anderes Volumen in der aktuellen Konstruktion existiert, wird das neue mit dem alten zu einem Gesamtkörper vereinigt.
- DIFFERENZ: Wenn schon ein anderes Volumen in der aktuellen Konstruktion existiert, wird das neue von dem alten abgezogen.
- SCHNITTMENGE: Wenn schon ein anderes Volumen in der aktuellen Konstruktion existiert, wird aus dem alten und dem neuen das Überlagerungsvolumen übrig bleiben.
- NEUES VOLUMEN: Das ist die Vorgabe-Einstellung, wenn noch kein anderes Volumen existiert.

Kapitel 1
Vorbetrachtungen und einfache 3D-Konstruktionen

- ▣ Richtung nach oben für die Extrusion.
- ▣ Richtung nach unten.
- ▣ Es soll von der Skizzierebene in beide Richtungen um den gleichen Betrag (symmetrisch) extrudiert werden.
- ▣ Es soll von der Skizzierebene in beide Richtungen mit unterschiedlichen Höhen (asymmetrisch) extrudiert werden.

1.6.2 Einfaches Rotationsteil

Das Rotationsteil beginnt wieder mit einem neuen Bauteil und dort mit einer SKIZZE in der XY-EBENE. Die erste Linie sollte vom Typ MITTELLINIE sein. Danach geht es mit normalen Linien weiter. Denken Sie bitte daran, nur eine Kontur des Teils zu zeichnen, es gibt hier keine Sichtkanten, sondern nur die Außenkontur. Die Sichtkanten entstehen erst, wenn das Profil zum Volumenkörper rotiert wird.

In Abbildung 1.79 wird gezeigt, wie Sie innerhalb der Zeichnungskontur auf andere *Koordinateneingaben* umschalten können. Im Kontextmenü wird der KOORDINATENTYP angeboten und darunter wurde umgeschaltet auf RELATIVE KOORDINATEN und POLARE KOORDINATEN. Für das nächste Segment sollte nämlich die Länge unter ΔL=**30** und der Winkel unter ΔA=**175** eingegeben werden.

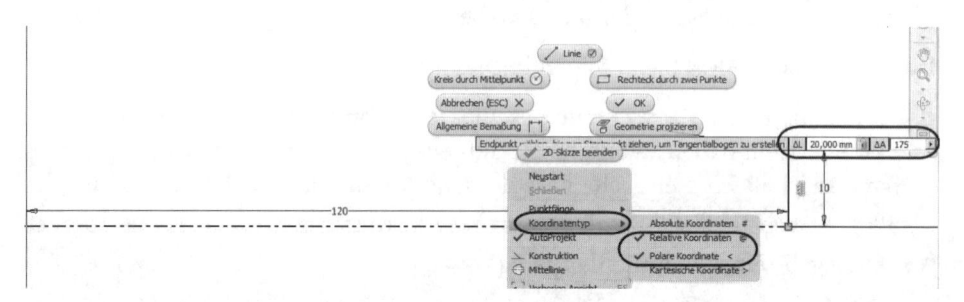

Abb. 1.79: Skizze mit Typ Mittellinie am Nullpunkt begonnen

Im weiteren Verlauf wurde die Kontur nach Augenmaß eingegeben, weil eine exakte Bemaßung dann die Kontur bestimmt. An einer Stelle wurde ein Viertelkreis eingezeichnet. Er wurde wieder wie im vorigen Teil durch Ziehen mit gedrückter Maustaste begonnen und dann so weit herumgezogen, bis die gepunktete Spurlinie zum Zentrumspunkt erscheint. So entsteht der Viertelkreis.

Bei den Bemaßungen sehen Sie, dass die Querschnitte gleich als Durchmesser erkannt werden, wenn Sie von einem Konturelement zur Mittellinie bemaßen. Daran erkannt der Inventor automatisch, dass es sich um ein Drehteil handelt.

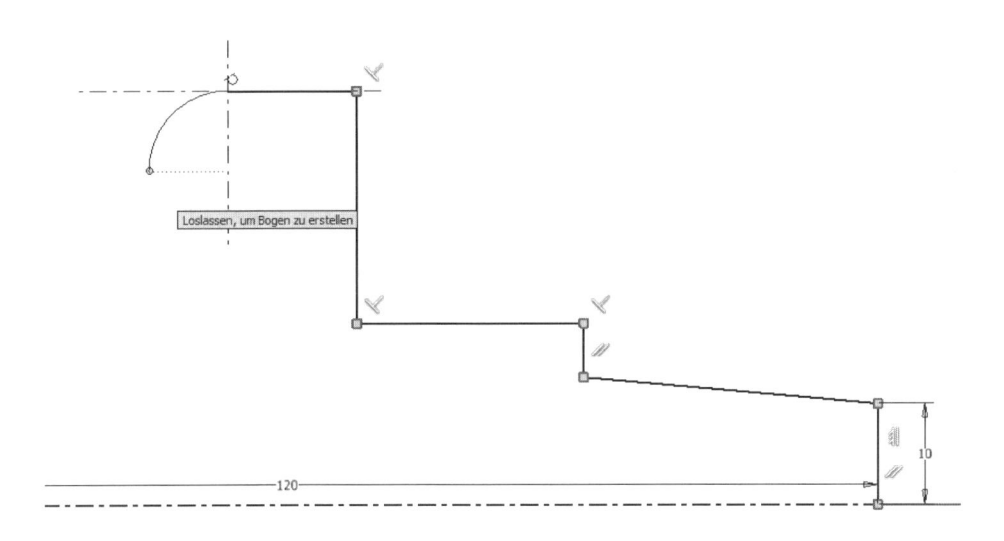

Abb. 1.80: Viertelkreis in Kontur

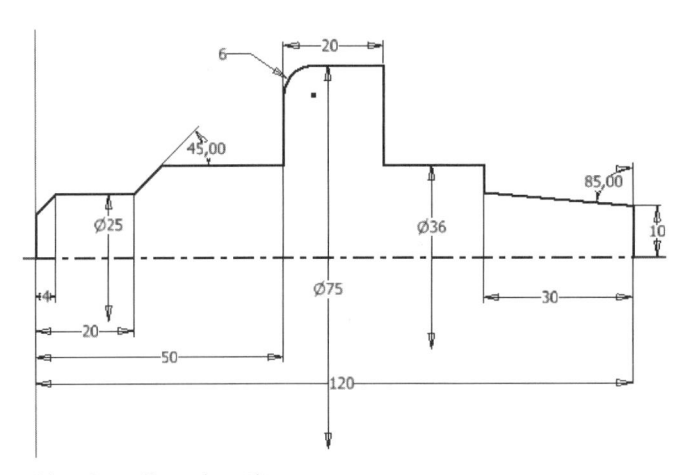

Abb. 1.81: Vollständige Skizze

Sobald die Skizze vollständig bestimmt ist, beenden Sie den Skizzenmodus mit SKIZZE FERTIG STELLEN .

Mit der Funktion 3D-MODELL|ERSTELLEN|DREHUNG wird in diesem Fall die Drehung automatisch ausgeführt. Der Grund liegt darin, dass die Situation eindeutig ist: Es gibt nur ein einziges geschlossenes Profil und auch nur eine einzige Achse. Inventor bietet die Drehung VOLL an, das heißt um 360°. Da noch kein anderer Volumenkörper existiert, mit dem kombiniert werden könnte, wird ein neues Volumen erstellt. Hier brauchen Sie nur noch auf OK zu klicken.

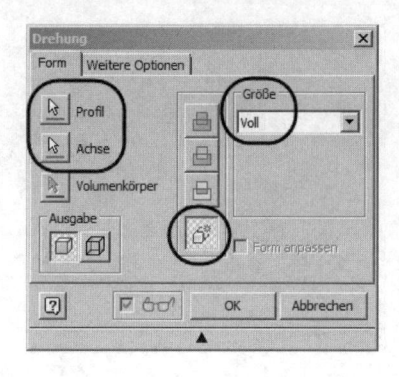

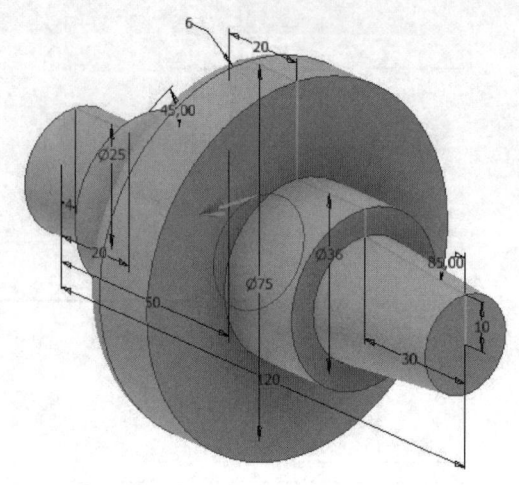

Abb. 1.82: Befehl DREHUNG findet automatisch Profil und Achse.

1.7 Übungsfragen

1. Nennen Sie die Phasen einer typischen Inventor-Konstruktion.
2. Wie lauten die Datei-Endungen der Inventor-Dateien?
3. Welche Grundkörper bietet Inventor an?
4. Welche Befehle für Bewegungskörper gibt es?
5. Mit welchem Befehl erzeugen Sie aus einem geschlossenen Ensemble von Flächen einen Volumenkörper?
6. Wie heißen die booleschen Operationen?
7. Welche Konstruktionselemente nennt man Features?
8. Welche Hilfsmittel zum Schwenken einer Ansicht gibt es?
9. Welchen Vorteil bietet die ORBIT-Funktion gegenüber dem dynamischen Schwenken?
10. Was bedeutet es, wenn eine Skizze vollständig bestimmt ist?

Kapitel 2

Installation und Benutzeroberfläche im Detail

Testversionen von **Inventor 2016** für *32- und 64-Bit-Betriebssysteme* und **Inventor LT 2016** für *64-Bit-Versionen* können von der Autodesk-Homepage im Internet heruntergeladen werden. Sie können 30 Kalendertage (gerechnet ab dem Installationstag) zum Testen benutzt werden. Eine Testversion kann auf einem PC nur ein einziges Mal installiert werden.

Der Pfad für INVENTOR LT 2016 lautet:

- http://www.autodesk.de
- Links unter PRODUKTE ANSEHEN auf KOSTENLOSE TESTVERSIONEN klicken.
- Auf der neuen Seite etwas weiter unten unter ALLE KOSTENLOSEN TESTVERSIONEN zu F-M gehen und INVENTOR LT anklicken.
- Auf der Inventor-LT-Seite klicken Sie auf TESTVERSION HERUNTERLADEN>. Diese Version ist nur für 64-Bit-Betriebssysteme verwendbar.

Zur Vollversion INVENTOR LT 2016 gibt es einen direkteren Pfad:

- http://www.autodesk.de
- Links unter PRODUKTE ANSEHEN auf KOSTENLOSE TESTVERSIONEN klicken.
- Auf der neuen Seite zu KOSTENLOSE TESTVERSIONEN VON CAD-PROGRAMMEN gehen und INVENTOR anklicken.
- Auf der INVENTOR-Seite klicken Sie auf TESTVERSION HERUNTERLADEN>. Diese Version ist für 32- und 64-Bit-Betriebssysteme verwendbar.

Wenn Sie Student sind oder an einer sonstigen Bildungseinrichtung eine Ausbildung erhalten, können Sie eine länger nutzbare Studentenversion herunterladen:

- http://www.autodesk.de
- Klicken Sie dort auf EDUCATION COMMUNITY.

- Auf der neuen Seite gehen Sie zu SCHÜLER, STUDENTEN UND LEHRKRÄFTE und klicken auf LEGEN SIE LOS.
- Auf der EDUCATION COMMUNITY FREE SOFTWARE-Seite suchen Sie sich die gewünschte Software aus.
- Klicken Sie auf GET SOFTWARE.
- Dann müssen Sie sich mit CREATE ACCOUNT anmelden und auch die Daten Ihrer Bildungseinrichtung angeben.
- Danach können Sie die Software-Version und -Sprache auswählen. Sie erhalten dann hier auch Informationen über eine Lizenz- und Produktnummer, die Sie für die Installation brauchen.
- Mit INSTALL NOW beginnt dann der Download, der mehrere Dateien in gepackter Form herunterlädt.
- Nach Ende des Downloads können Sie auf die erste der Dateien doppelklicken, um das Entpacken zu starten.
- Die entpackten Dateien landen in einem AUTODESK-Verzeichnis des Laufwerks C:. In diesem Pfad C:\Autodesk\Inventor_2016_Deu_Win_64bit_dlm finden Sie die Datei Setup.exe, auf die Sie zur Installation doppelklicken.

Um zu erfahren, welche Anforderungen an Hard- und Software gestellt werden, gehen Sie auf die Seite http://knowledge.autodesk.com/support/system-requirements und wählen sich Ihre Software aus.

Hinweis

Bitte beachten Sie, dass der Verlag weder technischen noch inhaltlichen Support für die Inventor-Testversionen übernehmen kann. Bitte wenden Sie sich ggf. an den Hersteller Autodesk: www.autodesk.de.

2.1 Hard- und Software-Voraussetzungen

Inventor 2016 bzw. Inventor LT 2016 läuft unter folgenden Microsoft-Windows-Betriebssystemen:

- Windows 7 mit Service Pack 1, Inventor LT 2016 nur unter 64-Bit-Systemen, Inventor 2016 auch unter 32-Bit-Systemen
- Windows 8.1 (nur 64 Bit)

Zusätzlich ist mindestens Microsoft Internet Explorer 8 oder höher für die Installation und Hilfe nötig.

Bei der Hardware wird mindestens SSE2-Technologie mit folgenden Prozessoren vorausgesetzt:

- Intel® Xeon E3-Prozessor oder Core i7 oder Äquivalente ab 3 GHz
- Mindestens Intel® oder AMD ab 2 GHz

Ferner wird benötigt

- mindestens 8 GB RAM Speicher für Inventor 2016 bzw. 4 GB RAM für Inventor LT 2016, empfohlen wird 16 GB bzw. 8 GB
- Bildschirmauflösung ab 1280 x 1024 Pixel mit True Color, empfohlen werden 1600x1050 Pixel und mehr
- Mindestens 100 GB freier Speicherplatz auf der Festplatte (50 GB für die LT-Version) auf der Festplatte zum Betrieb
- Microsoft-Mouse-kompatibles Zeigegerät mit Mausrad (am besten optische Wheel-Mouse), 3D-Maus (z.B. SpaceMouse) oder Trackball
- DVD-Laufwerk für die Installation
- Die Grafikkarte muss mindestens Direct3D-10®-fähig sein oder höher.
- Für viele Eigenschaften des Programms ist eine volle Installation von Excel 2007, 2010 oder 2013 nötig.

Grafikkarte und Treiber werden beim ersten Start auf ihre Leistung überprüft und die Voreinstellungen für fortgeschrittene 3D-Darstellungen ggf. angepasst. Inventor bietet dann auch die Möglichkeit zum Treiber-Update übers Internet. Wenn die Grafikkarte nicht allen Ansprüchen der Software genügt, können die 3D-Darstellungsfeatures heruntergeschaltet werden.

Sie können anstelle der normalen Maus auch die 3D-Maus von 3D-Connexion verwenden. Diese Maus kann mit ihren Funktionen dann auch in die Navigationsleiste rechts am Bildschirmrand integriert werden.

Wer viel im 3D-Bereich arbeitet und fotorealistische Darstellungen erzeugt, sollte mit RAM-Speicher nicht sparen und vielleicht auf 16 GB aufrüsten, ebenso mindestens 3-GHz-Prozessoren und eine Grafikauflösung ab 1280 x 1024 Pixel verwenden.

2.2 Installation

Obwohl Sie zur Ausführung von Inventor nur einfache Benutzerrechte benötigen, müssen Sie für die Installation Administratorrechte auf dem PC besitzen. Vor der Installation schließen Sie bitte alle Programme.

Kapitel 2
Installation und Benutzeroberfläche im Detail

Da normalerweise heute aus dem Internet heruntergeladen wird, werden Sie zwei oder mehrere Dateien in Ihrem Download-Verzeichnis finden. Die sind dann noch gepackt und müssen entpackt werden. Dazu suchen Sie die erste der Dateien heraus und doppelklicken darauf. Der Name sieht so aus:

- `Inventor_LT_2016_German_Win_64bit_dlm_001_002.sfx.exe` für die Inventor LT 2016-Version oder

- `Inventor_2016_German_Win_64bit_dlm_001_003.sfx.exe` für die Vollversion Inventor 2016

Nach dem Entpacken liegen die installationsfähigen Dateien in einem eigenen Verzeichnis unter `c:\Autodesk\Inventor_2016_German_Win_64bit_dlm`. Dort finden Sie die `setup.exe`-Datei zum Starten der Installation.

Die folgenden Dialogfenster können Sie meist mit Klick auf WEITER durchlaufen:

1. Begrüßungsbild: Wählen Sie INSTALLIEREN (Abbildung 2.1).

Abb. 2.1: Installation starten (hier LT-Version)

2. Auf der zweiten Seite müssen Sie den Lizenzvertrag mit *Ich akzeptiere* annehmen, erst dann kommen Sie weiter (Abbildung 2.2).

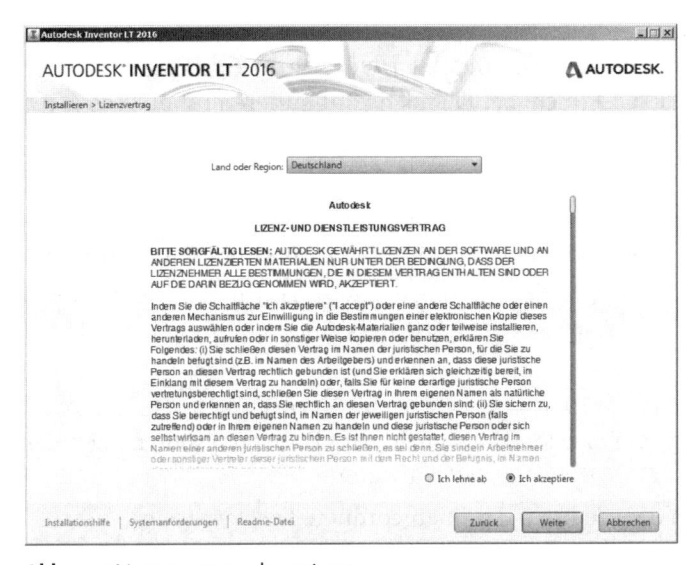

Abb. 2.2: Lizenzvertrag akzeptieren

3. Es folgt eine Seite mit Auswahl des Installationstyps: *Einzelplatz* oder *Netzwerk* (nicht LT). Hier wäre also *Einzelplatz* zu wählen. Dann folgt die Abfrage von Seriennummer und Produktschlüssel (bei einer gekauften Version stehen diese Angaben in den beiliegenden Unterlagen oder auf der Verpackung der DVD). Wenn Sie nur eine Installation für einen 30-Tage-Test machen wollen, wählen Sie ICH MÖCHTE DIESES PRODUKT FÜR 30 TAGE TESTEN. Sie müssen dann weder Seriennummer noch Produktschlüssel eingeben.

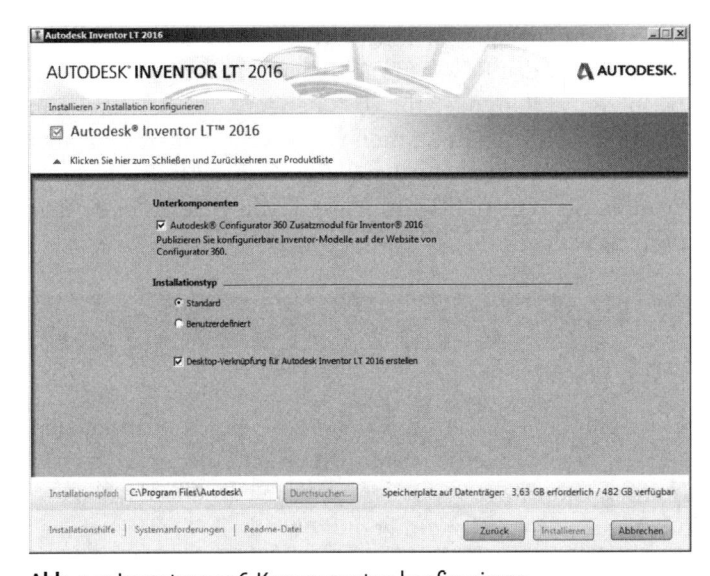

Abb. 2.3: Inventor-2016-Komponenten konfigurieren

4. Das nächste Dialogfenster heißt INSTALLIEREN > INSTALLATION KONFIGURIEREN. Hierüber lassen sich die gewählten Produkte INVENTOR 2016 oder INVENTOR LT 2016 und AUTODESK RECAP (nicht bei LT) noch konfigurieren (Abbildung 2.3).

5. Bei INVENTOR 2016 oder INVENTOR LT 2016 können Sie nach Klick auf ▼ die Installationsdetails einstellen:

   - Das Programm sucht zuerst bei vorhandener Netzwerkverbindung nach den neuesten Service Packs, verarbeitet sie und meldet den aktuellen Stand.
   - Unter UNTERKOMPONENTEN werden *Manager-Werkzeuge* und *Plugin* für Apps angeboten. Da etliche Apps aus dem Autodesk-Shop gratis sind, ist das auf jeden Fall nützlich.
   - Wählen Sie darunter bei INSTALLATIONSTYP im Normalfall die Option STANDARD. Die nützlichen EXPRESS TOOLS (nicht bei LT-Version) sollten Sie unter OPTIONALE WERKZEUGE INSTALLIEREN aktivieren.
   - Über ▲ kommen Sie wieder in das übergeordnete Fenster zurück.

6. In der zweiten Zeile (Abbildung 2.3) wird für die Inventor-Vollversion (nicht für LT) das Zusatzprogramm AUTODESK RECAP (Reality Capture) angeboten. Dies ist eine Zugabe, mit der Sie 3D-Modelle aus mehreren Fotos oder aus Punktewolken eines 3D-Laserscanners erstellen können. Die Software ist ein Blick in die Zukunft zur Erstellung von 3D-Objekten.

7. Nach Abschluss dieser Einstellungen finden Sie unter DURCHSUCHEN den Speicherort und die Speicherplatzanforderungen und können ggf. den Installationspfad auf ein anderes Laufwerk oder einen anderen Pfad umsetzen. Danach klicken Sie auf INSTALLIEREN. Es folgt die Anzeige des Installationsfortschritts. Mit FERTIG STELLEN beenden Sie die Installation (Abbildung 2.4).

Beim ersten Start des Programms mit einem Klick auf das Inventor-Symbol auf dem Desktop können Sie entweder das Programm aktivieren lassen, wenn Sie es als lizenzierte Version benutzen wollen, oder für 30 Kalendertage als Testversion ausführen. In dieser Zeit dürfen Sie die Funktionen von Inventor austesten, aber keine produktiven Arbeiten damit ausführen. Wenn Sie dazu einfach PRODUKT AUSFÜHREN anklicken, werden Sie regelmäßig informiert, wie viele Kalendertage Ihnen noch als Testversion verbleiben.

Tipp

Strikte 30-Kalendertage-Test-Phase!

Bedenken Sie bei der Installation auch, dass die Test-Phase exakt vom Installationstag an in Kalendertagen zählt und eine spätere Neuinstallation zur Verlängerung der Test-Phase keinen Zweck hat. Nach den 30 Tagen ab Erstinstallation kann und darf die Software nur noch nach Kauf benutzt werden! Die Zeitspanne für die 30-Tage-Testperiode lässt sich nicht durch Neuinstallation umgehen!

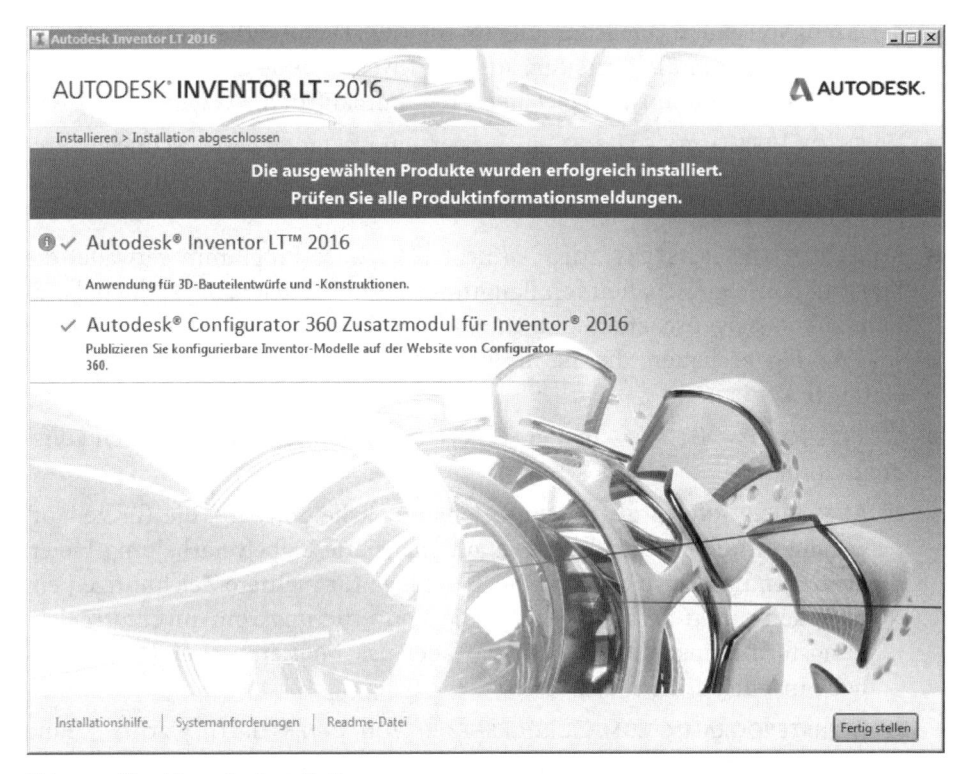

Abb. 2.4: Abschluss der Installation

2.3 Installierte Programme

Nach erfolgter Installation stehen Ihnen neben Inventor oder Inventor LT noch weitere Programme zur Verfügung, die Sie unter START|ALLE PROGRAMME|AUTODESK|INVENTOR 2016 bzw. ...|INVENTOR LT 2016 finden:

- AUTODESK MULTI-SHEET PLOT 2016 – Dieses Programm dient zum automatischen Plotten mehrerer Zeichnungen auf einem großen Blatt. Von einem wählbaren Projekt können mehrere Zeichnungen für einen Plot ausgesucht werden. Dabei kann auch ein Skalierfaktor angegeben werden. Die ausgewählten Zeichnungen werden dann automatisch auf das Ausgabeformat platziert. Wenn nötig werden mehrere Ausgabeplots erzeugt. Jedes Blatt wird jedenfalls automatisch möglichst flächendeckend mit Zeichnungen belegt. Ideal ist das für einen Rollenplotter, auf dem dann viele kleine Formate flächendeckend ausgegeben und später dann auseinandergeschnitten werden.
- DIENSTPROGRAMM ZUR LIZENZÜBERTRAGUNG – Das ist ein Programm, mit dem Sie eine Inventor-Lizenz von einem Rechner auf einen anderen übergeben können. Das Programm benutzt als Transfermedium das Internet. Sie parken also

die Lizenz von einem Quellcomputer im Internet. Damit verliert dieser seine Inventor-Lizenz. Vom Zielcomputer, auf dem Inventor ohne Lizenz installiert ist, holen Sie sich dann mit dem gleichen Programmaufruf die Lizenz ab.

- INVENTOR VIEW 2016 – Das ist ein Viewer, ein unkompliziertes schnelles Programm, mit dem Sie Inventor-Dateien betrachten, Ansichten einstellen und plotten können.

- KONSTRUKTIONSASSISTENT 2016 – (nicht LT) Dieses Programm verwaltet die Konstruktionseigenschaften von Baugruppen und Bauteilen. Sie können damit Konstruktionseigenschaften von einem Bauteil auf andere übertragen. Das sind die Eigenschaften, die Sie in den einzelnen Bauteilen unter iProperties eintragen können.

- WERKZEUGE bzw. EXTRAS – (bei LT) Das ist ein Unterordner mit weiteren Hilfsprogrammen:

  - AUFGABENPLANUNG 2016 – Eine sehr nützliche Software, die für zeitaufwendige Inventor-Aufgaben eine automatisierte Stapelverarbeitung bietet. Sie tragen hier beispielsweise Plot-Ausgaben für mehrere Zeichnungen ein oder Konvertierungsaufgaben für die Konvertierung vom Inventor-Zeichnungsformat ins AutoCAD-Format oder das Migrieren alter Dateien ins neue Inventor-Format etc.

  - DIENSTPROGRAMM ZUM ZURÜCKSETZEN VON INVENTOR (LT) 2016 – Eine sehr nützliche Funktion zum Rücksetzen der Inventor-Einstellungen auf Werkseinstellungen, insbesondere, wenn nichts mehr so recht klappt! Dieses Programm sollten Sie aber nur aufrufen, wenn Inventor oder Inventor LT noch nicht gestartet sind.

  - EXCHANGE APP MANAGER 2016 – (nicht LT) Damit werden Apps, also kleine Zusatzprogramme zu Inventor, heruntergeladen und verwaltet.

  - LIEFERANTEN-INHALTSCENTER 2016 – (nicht LT) Externe Bauteilbibliotheken verschiedener Hersteller sind hier erreichbar. Sie werden von den Portalen PARTSOLUTIONS, 3DMODELSPACE und TRACEPARTS angeboten.

  - PROJEKT-EDITOR 2016 – (nicht LT) Dieses Programm entspricht der internen Projektverwaltung von Inventor.

  - STILBIBLIOTHEKSMANAGER 2016 – Stilbibliotheken können hiermit verglichen werden und neue erstellt und mit Stilen ergänzt werden.

  - ÜBERTRAGUNGSASSISTENT FÜR ZEICHNUNGSRESSOURCEN 2016 – Unter Zeichnungsressourcen sind die Vorgaben von Inventor-Zeichnungen wie Rahmen, Schriftfelder und Skizzensymbole zu verstehen. Sie können hiermit in andere Zeichnungen übertragen werden.

  - ZUSATZMODUL-MANAGER 2016 – Dieses Programm entspricht eigentlich dem entsprechenden Manager für Umgebungen in der Baugruppenumgebung. Sie können hier einstellen, welche Zusatzmodule beim Start automatisch geladen werden sollen.

2.4 Inventor 2016 und Inventor LT 2016

Zwischen der Vollversion von Inventor und der Light-Version gibt es wichtige Unterschiede. Im Buch werden beide Versionen beschrieben. Funktionen, die bei der Light-Version nicht vorhanden sind, werden im Text mit *nicht LT* gekennzeichnet. Die wichtigsten Unterschiede sind folgende:

- Die LT-Version verfügt über *keine Baugruppenumgebung*. Es können also nur Bauteile in 3D erstellt werden mit Parametrik. Die Zeichnungserstellung ist wie in der Vollversion möglich.
- Explosionsdarstellungen oder Präsentationen gibt es auch nicht, weil nichts zu zerlegen ist.

2.5 Inventor starten

Wir wollen hier zunächst Inventor so benutzen, wie es bei der Standard-Installation eingerichtet wird.

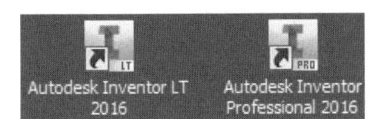

Abb. 2.5: Startsymbole für Inventor 2016 und Inventor LT 2016 auf dem Desktop

Nach der oben beschriebenen Installation finden Sie auf dem Bildschirm das INVENTOR 2016-Symbol bzw. INVENTOR LT 2016-Symbol. Mit einem *Doppelklick* starten Sie nun Inventor.

Beim allerersten Start des Programms wird sich zunächst die Produktaktivierung mit den Optionen AKTIVIEREN und TESTEN melden. Solange Sie die Version nur testweise benutzen, wählen Sie die Option PRODUKT AUSFÜHREN aus. Wenn Sie eine Lizenz erworben haben, gehen Sie auf AKTIVIEREN und folgen den Anweisungen zur Freischaltung über das Internet.

Es folgt ein *Willkommensbildschirm* (nicht LT) mit den Überschriften ARBEITEN, ANFANGEN ZU LERNEN und ANFANGEN ZU ARBEITEN. ANFANGEN ZU LERNEN bietet Videos zu den Neuerungen der Version 2016 und zur Einführung in die Arbeitsweise mit Inventor.

Kapitel 2
Installation und Benutzeroberfläche im Detail

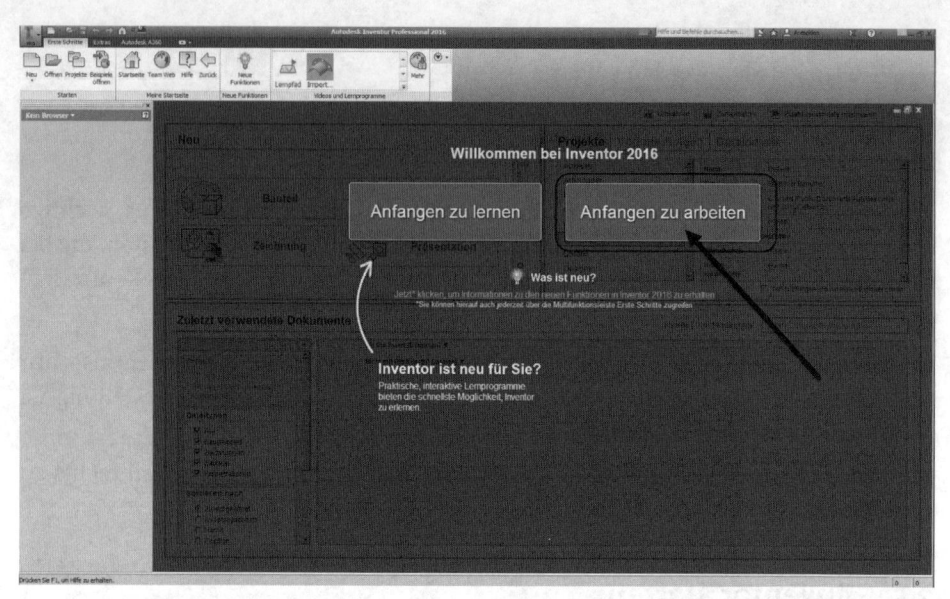

Abb. 2.6: Willkommensbildschirm

Nach Beenden des *Willkommensbildschirms* mit ANFANGEN ZU ARBEITEN sehen Sie die Oberfläche MEINE AUSGANGSANSICHT. Bei Inventor LT 2016 hat diese Oberfläche weniger Detail, weil ja die Bauteile und Präsentationen wegfallen. Der Hauptteil des Bildschirms wird von drei wichtigen Dialogflächen eingenommen:

- NEU – In diesem Bereich starten Sie neue BAUTEILE, später dann neue BAUGRUPPEN (nicht in LT) durch Zusammenbau der Bauteile. Hier werden dann auch die ZEICHNUNGEN davon abgeleitet und ggf. unter PRÄSENTATION (nicht LT) Explosionsdarstellungen generiert.

- PROJEKTE – (nicht in LT) Weil Inventor-Konstruktionen oft aus vielen einzelnen Komponenten und dadurch auch aus vielen Dateien bestehen, ist es sinnvoll, PROJEKTE anzulegen. Ein *Projekt* ist stets mit einem spezifischen Verzeichnis verbunden, in dem dann alle zugehörigen Dateien gespeichert werden. Das Vorgabe-Projekt heißt `Default` und speichert Ihre Dateien in dem allgemeinen Arbeitsverzeichnis `Eigene Dokumente`. Für die ersten Übungen wäre das auch okay. Erst wenn wir größeren Baugruppen planen, die aus mehreren Bauteilen oder sogar Unterbaugruppen zusammengestellt werden, dann sollten wir Projekte anlegen.

- VERKNÜPFUNGEN – Hier können Sie bei der LT-Version anstelle von PROJEKTEN einen Pfad für die Konstruktionen angeben.

- ZULETZT VERWENDETE DOKUMENTE – In diesem Bereich finden Sie dann die im aktuellen Projekt zuletzt bearbeiteten Zeichnungen,

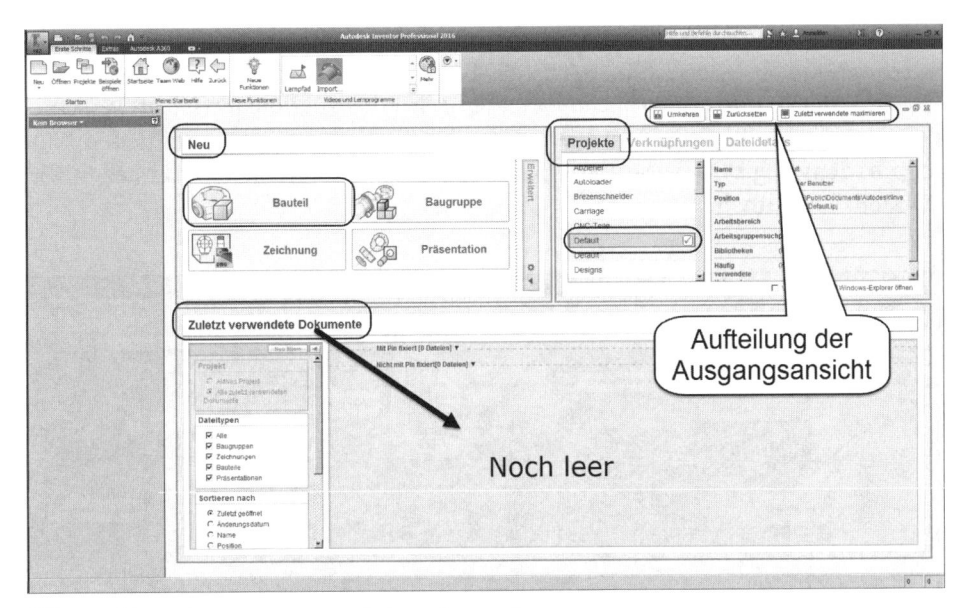

Abb. 2.7: MEINE AUSGANGSANSICHT in Inventor 2016

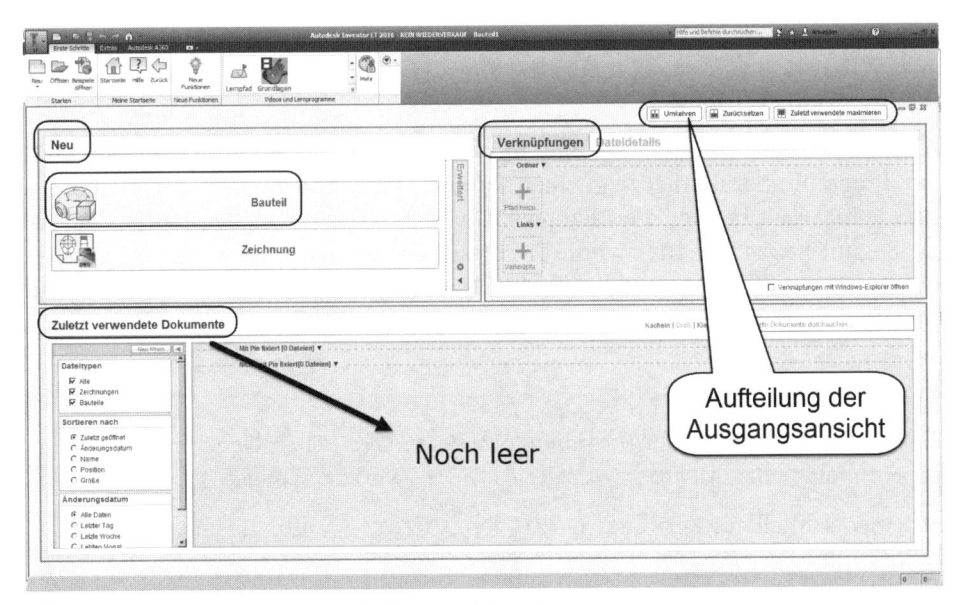

Abb. 2.8: MEINE AUSGANGSANSICHT in Inventor LT 2016

Um die Inventor-Benutzeroberfläche vorzustellen, müssen wir nun unter NEU ein BAUTEIL erstellen.

Kapitel 2
Installation und Benutzeroberfläche im Detail

2.6 Die Inventor-Benutzeroberfläche

Die Inventor-Benutzeroberfläche bietet je nach Konstruktionsfortschritt verschiedene angepasste Register und Werkzeuge. Das Programm startet im neuen Bauteil mit dem Register 3D-MODELL, das die wichtigsten Befehle zum Erstellen von 3D-Modellen enthält.

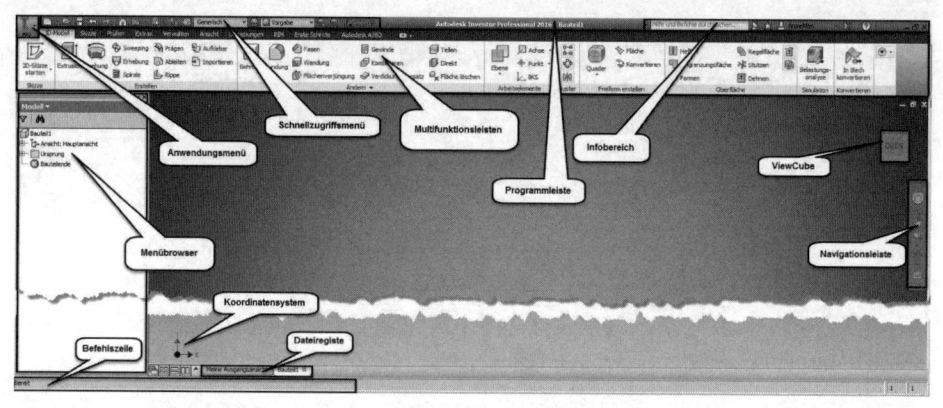

Abb. 2.9: Inventor-Bildschirm der Vollversion im neuen Bauteil

2.6.1 Programmleiste

Als oberste Leiste erkennt man die *Programmleiste*. In dieser Leiste wird einerseits der Programmname angezeigt, hier *Inventor 2016*, andererseits der Name des gerade in Arbeit befindlichen Bauteils. Der Name Ihrer aktuellen Bauteildatei ist zu Beginn `Bauteil1.ipt`. Wenn Sie dieses Bauteil dann erstmalig selbst speichern, können Sie einen individuellen Namen eingeben. Die Dateiendung für Inventor-Bauteile ist stets `*.ipt` (von engl. *Inventor ParT*).

2.6.2 Anwendungsmenü

Ganz links oben neben der *Programmleiste* liegt in der Schaltfläche mit dem Inventor-Symbol »I« das ANWENDUNGSMENÜ. Dieses Werkzeug bietet

- einen schnellen Zugriff auf LETZTE DOKUMENTE, d.h. die zuletzt verwendeten, oder
- GEÖFFNETE DOKUMENTE, d.h. die gerade in der Sitzung offenen,
- die wichtigsten Standard-Dateiverwaltungsbefehle wie NEU, ÖFFNEN, SPEICHERN, SPEICHERN UNTER, EXPORTIEREN und DRUCKEN.
- VERWALTEN – mit Verwaltungswerkzeugen für Projekte, iFeatures (automatisch platzierbare Teile), Konstruktionsassistent (Zusatzdaten aus Excel etc.), Migrieren und Aktualisieren (Umwandlung und Aktualisierung von älteren Inventor-Versionen),

2.6 Die Inventor-Benutzeroberfläche

- TRESORSERVER – Verbindung mit dem Vault-Programm für Team-Projekte,
- SUITE-ARBEITSABLÄUFE – Übergabe und Verwaltung von Dateien für andere Programme innerhalb einer gekauften Suite,
- IPROPERTIES – Verwaltung der Eigenschaften-Daten der aktuellen Konstruktion,
- unter SCHLIESSEN die Möglichkeit zum Schließen der aktuellen oder aller Konstruktionsdateien,
- ganz unten die Schaltfläche OPTIONEN mit Zugriff auf die ANWENDUNGSOPTIONEN mit vielen Grundeinstellungen des Programms
- und ganz rechts unten eine Schaltfläche zum BEENDEN der Inventor-Sitzung.

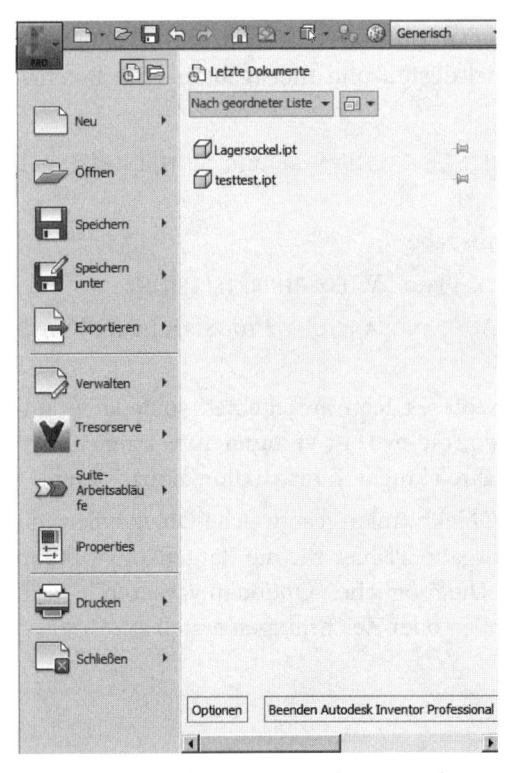

Abb. 2.10: Anwendungsmenü und seine Funktionen

> **Vorsicht**
>
> Wenn Sie versehentlich einen Doppelklick auf dieses Anwendungsmenü »I« machen, wird die unterste Funktion ausgeführt, nämlich SCHLIESSEN, und Inventor umgehend beendet. Falls Sie noch nicht gespeichert hatten, wird Ihnen das aber angeboten.

Sie werden feststellen, dass etliche der Funktionen, die hier im Anwendungsmenü auftauchen, auch in den Multifunktionsleisten des Programms zu finden sind. Durch dieses Anwendungsmenü sollen eben an dieser besonderen Stelle ganz wichtige und zentrale Aufgaben gebündelt angeboten werden. Es gibt für jede Aktion oder jeden Befehl in Inventor immer zahlreiche Möglichkeiten zum Aufruf. Man könnte sich streiten, was wo logischerweise hingehört. Wichtig ist nur, dass jeder Benutzer die Dinge, die er braucht, möglichst schnell und möglichst dort, wo er sie vermutet, auch findet. Weil da jeder oft seine eigene Logik oder auch Unlogik entwickelt, bietet Inventor seine Befehle an verschiedensten Stellen an, damit auch für jeden die passende Stelle dabei ist.

2.6.3 Schnellzugriff-Werkzeugkasten

Gleich rechts neben dem ANWENDUNGSMENÜ finden Sie den SCHNELLZUGRIFF-WERKZEUGKASTEN. Darin liegen die wichtigsten und meistgebrauchten Befehlswerkzeuge wie

- die Dateiwerkzeuge SNEU, ÖFFNEN, SICHERN und SICHALS (Speichern unter neuem Namen),
- der Befehl PLOT zur Zeichnungsausgabe,
- ferner die beiden Werkzeuge ZURÜCK und WIEDERHERSTELLEN.
- STARTSEITE führt Sie auf MEINE AUSGANGSANSICHT zum Start neuer Konstruktionen.
- LOKALE AKTUALISIERUNG – falls dieses Icon aufleuchtet, sollten Sie aufgrund von Konstruktionsänderungen, die evtl. in verbundenen Dateien zwischenzeitlich passiert sind, hiermit Ihre aktuelle Konstruktion aktualisieren.
- AUSWAHLPRIORITÄTEN – legt für Objektwahlen fest, welche Objekttypen mit Priorität gewählt werden sollten. Vorgabe ist hier für die Bauteilkonstruktion FLÄCHEN UND KANTEN AUSWÄHLEN. Die möglichen Optionen variieren je nach Umgebung, ob Sie Bauteil, Baugruppen oder Zeichnungen erstellen.

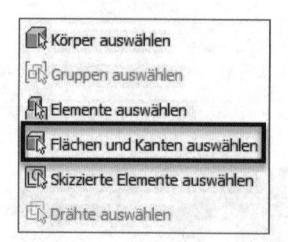

Abb. 2.11: Prioritäten für Objektwahlen in der Bauteilumgebung

- DARSTELLUNG VERFEINERN – mit dem Verzicht auf feinere Darstellung können Sie bei größeren Konstruktionen die Darstellungsoperationen beschleunigen.
- MATERIAL – startet den MATERIALIEN-BROWSER für die Materialzuweisung. Dieses Material wird dann in die IPROPERTIES des Bauteils als *physikalische Eigenschaft* eingetragen.
- MATERIALDARSTELLUNG – um in einer komplexen Baugruppe Teile besser unterscheiden zu können, lassen sich die Teile unabhängig vom physikalischen Material mit *unterschiedlichen Farben darstellen*, die aber nichts mit den physikalisch relevanten IPROPERTIES-Materialeintragungen zu tun haben. Sie können hiermit die Anzeige des *echten Materials überschreiben* oder ganz oben in der Liste ÜBERSCHREIBUNG DEAKTIVIEREN wählen. Diese Überschreibung ist möglich sowohl für den Volumenkörper als auch für einzelne Flächen! Wenn Sie per Rechtsklick die Eigenschaften einer Teilfläche aktivieren, dann können Sie unter Flächendarstellung einstellen:
  - ALS KÖRPER – zeigt die Materialeigenschaft gemäß MATERIALZUWEISUNG bzw. IPROPERTIES an
  - WIE BAUTEIL – zeigt das an, was in der Darstellungsliste gerade aktuell ist,
  - WIE ELEMENT – zeigt das an, was Sie der Einzelfläche als Darstellung einmal zugewiesen haben.
- ANPASSEN DER TEXTURE-MAP – dient zum Bearbeiten des Materials eines aktiven Elements und fügt das veränderte Material der Materialdarstellungs-Bibliothek hinzu.
- LÖSCHEN DER DARSTELLUNGSÜBERSCHREIBUNG – löscht obige Bearbeitungen der Materialdarstellungs-Bibliothek für ein gewähltes Element.
- PARAMETER – zeigt im PARAMETER-MANAGER die Parameter des Teils an, d.h. die Namen und Werte der Bemaßungen u. Ä.
- DESIGN DOCTOR – startet bei Fehlern in Ihrer Konstruktion ein Hilfsprogramm zur Analyse.

Rechts daneben finden Sie die Dropdown-Liste ▼ SCHNELLZUGRIFF-WERKZEUGKASTEN ANPASSEN, um weitere Werkzeuge aufzunehmen. Insbesondere können Sie diese Leiste auch anders positionieren:

- UNTER DER MULTIFUNKTIONSLEISTE ANZEIGEN – legt den SCHNELLZUGRIFF-WERKZEUGKASTEN unter die Multifunktionsleiste.

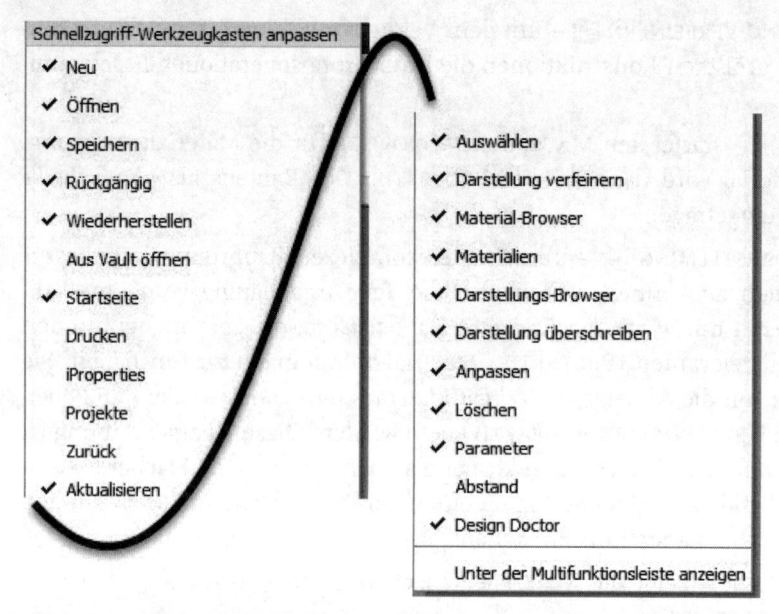

```
Schnellzugriff-Werkzeugkasten anpassen
  ✓ Neu
  ✓ Öffnen
  ✓ Speichern
  ✓ Rückgängig
  ✓ Wiederherstellen
     Aus Vault öffnen
  ✓ Startseite
     Drucken
     iProperties
     Projekte
     Zurück
  ✓ Aktualisieren
                              ✓ Auswählen
                              ✓ Darstellung verfeinern
                              ✓ Material-Browser
                              ✓ Materialien
                              ✓ Darstellungs-Browser
                              ✓ Darstellung überschreiben
                              ✓ Anpassen
                              ✓ Löschen
                              ✓ Parameter
                                 Abstand
                              ✓ Design Doctor
                              Unter der Multifunktionsleiste anzeigen
```

Abb. 2.12: Verfügbare Befehle für den SCHNELLZUGRIFFS-WERKZEUGKASTEN

2.6.4 Kommunizieren und Informieren

Oben rechts in der Programmleiste finden Sie fünf Werkzeuge zum Kommunizieren und Informieren:

- KOMMUNIKATIONS-CENTER – ermöglicht die Suche nach Begriffen in der *Inventor-Hilfe-Dokumentation* und bei *Autodesk-Online* im Internet. Sie können dort einen Begriff eingeben und dann auf das Fernglassymbol klicken. Die Fundstellen werden durchsucht, und Sie können sie zum Nachschlagen anklicken.

- FAVORITEN – Hierhin können Sie Ihre beliebtesten Fundstellen aus dem KOMMUNIKATIONS-CENTER legen, um schneller zuzugreifen.

- AUTODESK A360 – dient zur Anmeldung in der Cloud unter einer Autodesk-Kunden-ID. Sie können dort Konstruktionsdateien hinterlegen, die sich von jedem Ort aus abrufen lassen.

- AUTODESK EXCHANGE APPS (nicht LT) – Über das Werkzeug mit dem »X«-Symbol gelangen Sie in den AUTODESK APPS-STORE, wo Sie zahlreiche Zusatzfunktionen gratis oder gegen Gebühr herunterladen können.

- ? – bietet mit *Hilfe* die übliche Online-Hilfe zur Information über Befehle und Verfahren an. Im Punkt *Info über Inventor 2016* und weiter unter *Produktinformationen* können Sie die Daten Ihrer Installation und Registrierung finden.

2.6.5 Multifunktionsleisten, Register, Gruppen und Flyouts

Unterhalb der Programmleiste erscheint die *Multifunktionsleiste* mit zahlreichen *Registern*. Jedes *Register* enthält thematisch gegliederte *Gruppen* von Befehlen. Diese *Gruppen* können teilweise noch aufgeblättert werden. Das erkennt man dann am kleinen schwarzen Dreieck ▼ im unteren Rand. Das Aufblättern kann über eine Pin-Nadel fixiert werden. Im aufgeblätterten Bereich finden sich üblicherweise die selteneren Befehle der Gruppe.

Auch innerhalb der Gruppe können die Werkzeuge noch in sogenannten *Flyouts* organisiert sein. Das *Flyout* wird wieder durch ein Dreieckssymbol ▼ gekennzeichnet. Klicken Sie darauf, um zum gewünschten Befehl zu navigieren. Danach bleibt der zuletzt benutzte Befehl als sichtbares Symbol stehen.

Sie können auch eine Gruppe aus der Multifunktionsleiste heraus auf die Zeichenfläche bewegen, indem Sie mit gedrückter Maustaste am *Gruppentitel* nach unten ziehen. Dadurch bleibt die Gruppe auch dann erhalten, wenn Sie das Multifunktionsregister wechseln. Mit einem Klick auf das kleine Symbol in der rechten oberen Ecke der Berandung lässt sich die Gruppe später wieder zurückstellen. Diese Berandung erscheint erst, wenn Sie mit dem Cursor die Gruppenfläche berühren.

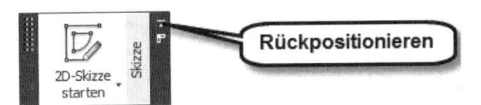

Abb. 2.13: Losgelöste Gruppe kann zurück in die Multifunktionsleiste gelegt werden.

Nicht immer sind alle Gruppen einer Multifunktionsleiste aktiviert. Mit einem Rechtsklick in einen *Gruppentitel* lassen sich weitere unter GRUPPEN ANZEIGEN per Klick aktivieren.

Die Multifunktionsleisten sind unterschiedlich belegt, ja nachdem, in welcher Umgebung bzw. in welchem Stadium der Konstruktion Sie sich befinden. So gibt es unterschiedliche Multifunktionsleistenregister und -belegungen für die BAUTEIL-Konstruktion, für die BAUGRUPPEN-Konstruktion, bei der ZEICHNUNGSerstellung und im PRÄSENTATIONSmodus für die Explosionsdarstellung. Hier sollen zunächst die Multifunktionsleisten für die BAUTEILUMGEBUNG mit einigen wichtigen und immer wieder nützlichen Werkzeugen vorgestellt werden.

In der BAUTEILUMGEBUNG werden folgende Register angeboten:

- 3D-MODELL – enthält die grundlegenden Konstruktionsbefehle zum Erstellen der Skizzen und der Volumenkörper. Auch Flächen können hier erstellt werden. Weiter befinden sich hier Funktionen, um Arbeitsebenen für weitere Skizzen an anderen Positionen zu erstellen.

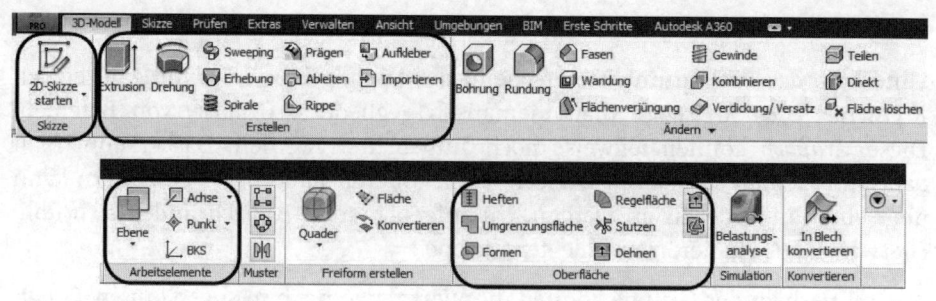

Kapitel 2
Installation und Benutzeroberfläche im Detail

Abb. 2.14: Register 3D-MODELL

- SKIZZE – In dieses Register wird automatisch verzweigt, wenn Sie zu Beginn der Bauteil-Konstruktion eine Skizze erstellen. Hier finden Sie unter ERSTELLEN die Zeichenfunktionen, darunter auch die Möglichkeit GEOMETRIE PROJIZIEREN oder SCHNITTKANTEN mit der Arbeitsebene zu übernehmen. Dann gibt es zwölf Methoden, geometrische Abhängigkeiten zu erstellen, und die Bemaßungsfunktion. Die fertige Skizze schließen Sie mit SKIZZE FERTIG STELLEN ab.

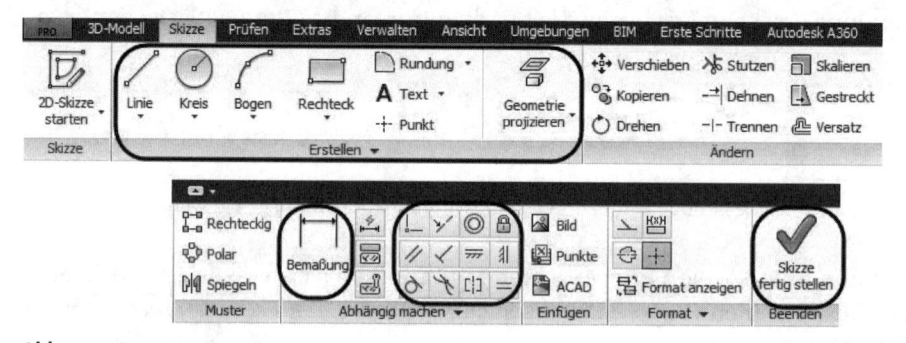

Abb. 2.15: Register SKIZZE

- PRÜFEN – umfasst Befehle zum Abmessen und weitere Prüfbefehle unter ANALYSE, mit denen Oberflächen bzgl. Neigung und Krümmung getestet werden können.

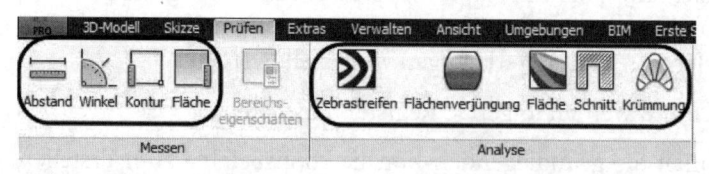

Abb. 2.16: Register PRÜFEN

- EXTRAS – bietet ganz links nochmals Funktionen zum Messen an. Unter OPTIONEN sind die wichtigen Funktionen ANWENDUNGSOPTIONEN und DOKUMENTEINSTELLUNGEN zu finden. Die DOKUMENTEINSTELLUNGEN gelten nur für das jeweils aktuelle Dokument, die ANWENDUNGSOPTIONEN speichern *dauerhafte* Einstellungen.

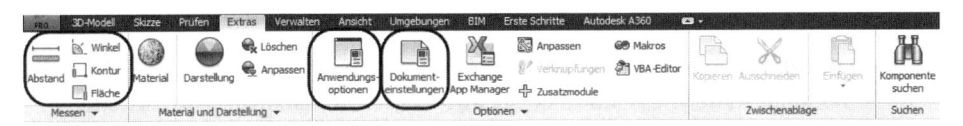

Abb. 2.17: Register EXTRAS

- VERWALTEN – Dieses Register enthält als Erstes die Aktualisierungsfunktion, die nur aktiv ist, wenn durch Änderungen am aktuellen oder verbundenen Dokumenten Aktualisierungen der Darstellung nötig werden. Unter PARAMETER ist der Parameter-Manager verfügbar, der die Parameterwerte für alle Bemaßungen enthält. Im STIL-EDITOR können Sie insbesondere die Stile für Bemaßung und Text oder auch Schraffuren anpassen.

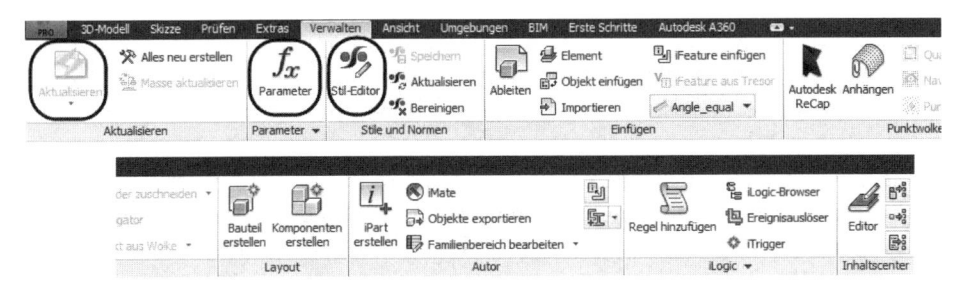

Abb. 2.18: Register VERWALTEN

- ANSICHT
    - Zuerst treffen Sie hier auf den Befehl zur Anzeige des SCHWERPUNKTS und in der BAUGRUPPENUMGEBUNG, später auch auf die Anzeige verbliebener FREIHEITSGRADE.
    - Unter VISUELLER STIL können Sie zwischen verschiedenen Darstellungsarten der aktuellen Konstruktion wählen wie Drahtdarstellung, schattierter Darstellung mit oder ohne verdeckte Kanten u.Ä.
    - Unter VIERTELSCHNITT kann die *Viertel-* oder *Halbschnittdarstellung* aktiviert werden. Das ist für Konstruktionen mit Gehäusen sehr nützlich, um die inneren Teile im Schnitt betrachten zu können.

Kapitel 2
Installation und Benutzeroberfläche im Detail

- Unter BENUTZEROBERFLÄCHE sind die verschiedenen Elemente der Benutzeroberfläche ein- und ausschaltbar. Oft passiert es, dass aus Versehen der BROWSER abgeschaltet wird. Hier können Sie ihn wieder einschalten. Unter BENUTZEROBERFLÄCHE können Sie die wichtigen Werkzeuge zur Ansichtssteuerung VIEWCUBE und die NAVIGATIONSLEISTE aktivieren.

- Dann schließen sich die Befehle für die Gestaltung eines oder mehrerer Ansichtsfenster an.

- Danach folgen weitere Befehle für das Zoomen der Konstruktionen, die Sie aber auch in der Navigationsleiste am rechten Bildschirmrand finden.

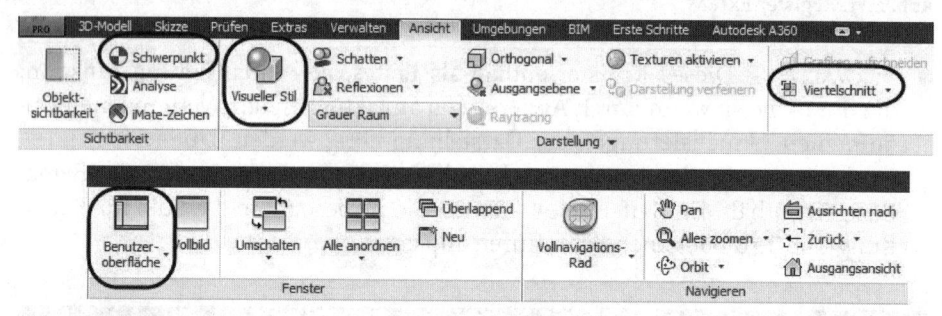

Abb. 2.19: Register ANSICHT

- UMGEBUNGEN – Hierunter finden Sie zahlreiche Zusatzfunktionen zum Inventor-Konstruktionsbereich. Insbesondere die Berechnungsfunktionen für die Festigkeit und Simulationen wäre hier interessant. Die Gesamtheit verfügbarer Zusatzprogramme finden Sie unter ZUSATZMODULE. Dort können Sie auch wählen, was automatisch gestartet werden soll und was nicht.

Abb. 2.20: Register UMGEBUNGEN

- BIM – Zur Kooperation mit dem Programm REVIT (für den Architekturbereich) sind hier einige Funktionen angeboten.

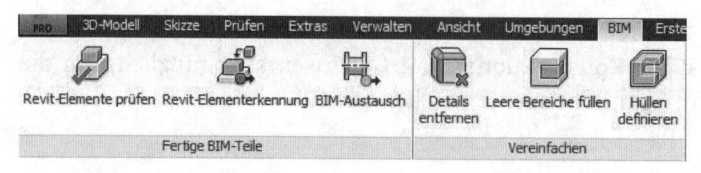

Abb. 2.21: Register BIM

2.6
Die Inventor-Benutzeroberfläche

- ERSTE SCHRITTE – Dieses Register enthält als wichtigsten Punkt unter PROJEKTE die Projektverwaltung. Ansonsten sind dort Videos und Lernprogramme zu Ihrer Information zu erreichen.

Abb. 2.22: Register ERSTE SCHRITTE

- AUTODESK A360 – enthält verschiedene Werkzeuge, um Zeichnungen ins Internet in den Cloud-Bereich AUTODESK A360 zu bringen, zu verwalten und auch wieder herunterzuladen. An diesem Ort können Sie *Konstruktionen auch für andere zur Bearbeitung freigeben.*

Abb. 2.23: Register AUTODESK A360

2.6.6 Dateiregister

Unterhalb des Zeichenfensters erscheinen die *Dateiregister*. Jedes *Register* entspricht einer geöffneten Inventor-Datei. Damit kann schnell zwischen verschiedenen Dateien hin- und hergeschaltet werden.

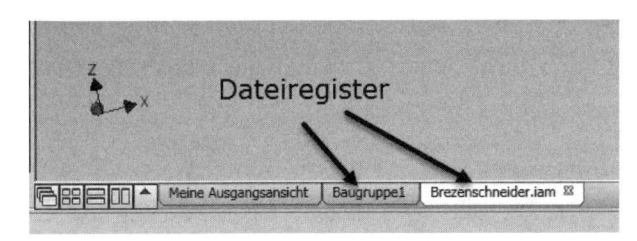

Abb. 2.24: Die Dateiregister, hier zwei geöffnete Dateien

2.6.7 Browser

Der BROWSER liefert Ihnen eine Übersicht über die Struktur Ihrer Bauteile, Baugruppen oder Zeichnungen. Abbildung 2.25 zeigt den BROWSER für eine BAUGRUPPE. Ganz oben steht der Name der BAUGRUPPE: **Brezenschneider**, darunter folgt die gesamte Struktur. Sie zeigt, aus welchen BAUTEILEN die BAUGRUPPE aufgebaut ist. Das erste Bauteil, die **Bodenplatte** ist fixiert, das heißt, sie definiert den Nullpunkt für die ganze Baugruppe. Das ist an dem Pin zu erkennen.

Das BAUTEIL **Bodenplatte** ist hier per Doppelklick geöffnet worden, um die interne Struktur zu sehen. Da zeigt sich, dass sie aus einer EXTRUSION besteht, der eine SKIZZE zugrunde liegt. Neben den rein konstruktiven Kategorien erscheinen noch weitere Strukturelemente wie die jeweils dazugehörigen Koordinatensysteme unter **Ursprung**. Auch verschiedene Ansichten können für jedes Bauteil und jede Baugruppe gespeichert werden.

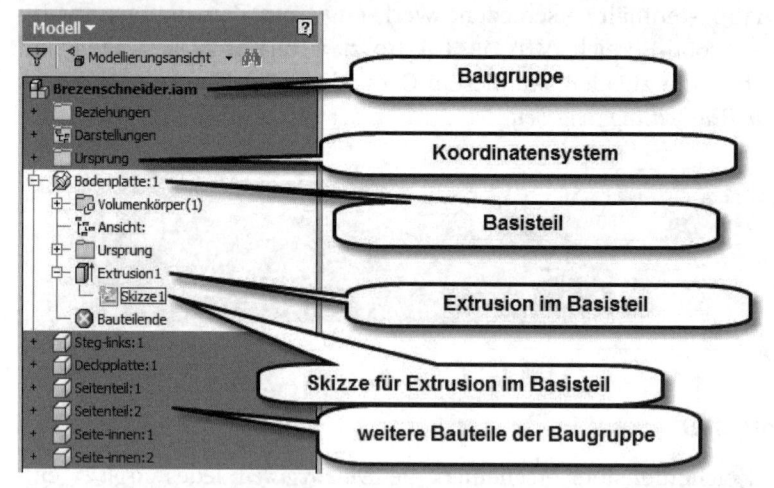

Abb. 2.25: Der BROWSER einer Baugruppe, momentan im Bauteil-Modus des Basisteils BODENPLATTE

2.6.8 Befehlszeile und Statusleiste

Unterhalb der Zeichenfläche finden Sie als letzte schmale Zeile die STATUSLEISTE (siehe Abbildung 2.26).

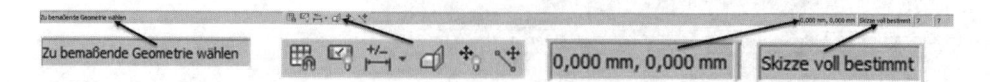

Abb. 2.26: STATUSLEISTE im Skizzenmodus

Im linken Teil erscheinen Anfragen des aktuellen Befehls. Sie können diese gerade für die ersten Einsteiger nützliche *Eingabeaufforderung* aber auch am Cursor anzeigen lassen. Dazu müssen Sie unter EXTRAS|ANWENDUNGSOPTIONEN im Register ALLGEMEIN unter EINGABEAUFFORDERUNG ZUR INTERAKTION die Option BEFEHLSZEILE ANZEIGEN aktivieren.

Unter EXTRAS|ANWENDUNGSOPTIONEN im Register ALLGEMEIN können Sie auch das DIALOGFELD FÜR BEFEHLSALIAS-EINGABE einschalten. Letzteres ermöglicht Ihnen die Eingabe von Befehlsabkürzungen, die aber aus den englischen Anfangsbuchstaben der Befehle hervorgehen. Um die kennenzulernen, können Sie als Abkürzung **Ä** eingeben – das in englischen Begriffen nie vorkommt – und dann die Löschtaste ⌜Backspace⌝ drücken. Sofort erhalten Sie die Liste der Abkürzungen, die situationsbedingt möglich sind.

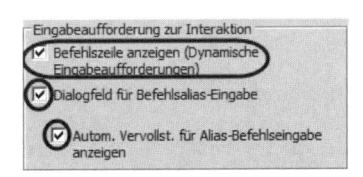

Abb. 2.27: EINGABEAUFFORDERUNG am Cursor über EXTRAS|ANWENDUNGSOPTIONEN|ALLGEMEIN aktivieren

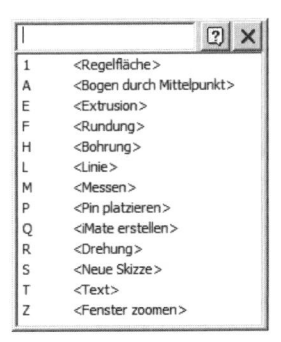

Abb. 2.28: Befehlsaliasse im Bauteilmodus nach Eingabe von **Ä** ⌜Backspace⌝

In der *Mitte der Statusleiste* erscheinen im SKIZZENMODUS einige nützliche Icons (Abbildung 2.26). Diese stehen für folgende Funktionen:

- RASTER FANGEN – der Cursor wird beim Zeichnen standardmäßig auf einem 1-mm-Raster einrasten.
- ALLE ABHÄNGIGKEITEN EINBLENDEN/AUSBLENDEN ⌜F8⌝ – die Icons der geometrischen Abhängigkeiten werden angezeigt/ausgeschaltet.
- ANZEIGETYP FÜR BEMAßUNG – die Art der Bemaßungsanzeige kann sein: *Wert*, *Name*, *beides*, *mit Toleranz* oder *Fertigungsmaß*.
- GRAFIKEN AUFSCHNEIDEN ⌜F7⌝ – zeigt schon vorhandene Volumenkörper an der Skizzierebene geschnitten an.
- ALLE FREIHEITSGRADE ANZEIGEN/AUSBLENDEN – zeigt die möglichen Bewegungen an, die wegen fehlender Abhängigkeiten oder Bemaßungen noch offen sind.

- LOCKERUNGSMODUS – lockert bestimmte geometrische Abhängigkeiten für manuelle Skizzenmodifikationen.

Am *rechten Ende der Statusleiste* sehen Sie im Skizzenmodus noch die KOORDINATENANZEIGE und dann den Hinweis auf den Zeichnungszustand. Hier wird angezeigt, ob noch Bemaßungen fehlen, um die Skizze eindeutig zu machen. Mit SKIZZE VOLL BESTIMMT wird signalisiert, dass die Skizze alle geometrischen Abhängigkeiten und Bemaßungen enthält, um eindeutig bestimmt zu sein.

2.6.9 Ansichtssteuerung mit Maus

Die wichtigsten Aktionen für die Ansichtssteuerung sind durch die Bedienelemente der Maus abgedeckt:

- MAUSRAD ROLLEN – vergrößert und verkleinert den Bildschirmausschnitt. Allerdings machen das verschiedene Programme mit unterschiedlichen Richtungen. Wenn Sie beispielsweise die Mausrad-Benutzung von AutoCAD kennen, dann stellen Sie hier fest, dass die Rollrichtung genau entgegengesetzt wirkt. Das können Sie aber ändern: Unter EXTRAS|ANWENDUNGSOPTIONEN Register ANZEIGE können Sie unter ZOOM-VERHALTEN die Option RICHTUNG UMKEHREN aktivieren.

- MAUS BEI GEDRÜCKTEN MAUSRAD BEWEGEN – verschiebt den Bildschirmausschnitt (PAN-Aktion).

- DOPPELKLICK AUF MAUSRAD – zeigt alle Ihre Objekte mit optimiertem Ausschnitt an (ALLES ZOOMEN).

- ⇧ + MAUS BEI GEDRÜCKTEN MAUSRAD BEWEGEN – schwenkt den Bildschirmausschnitt (ORBIT-Aktion).

2.6.10 Ansichtssteuerung mit der Navigationsleiste

Am rechten Rand befindet sich die Navigationsleiste mit folgenden Werkzeugen:

- VOLL-NAVIGATIONSRAD UND WEITERE NAVIGATIONSRÄDER – bieten verschiedene Optionen zum Schwenken und Variieren der Ansichtsrichtung.

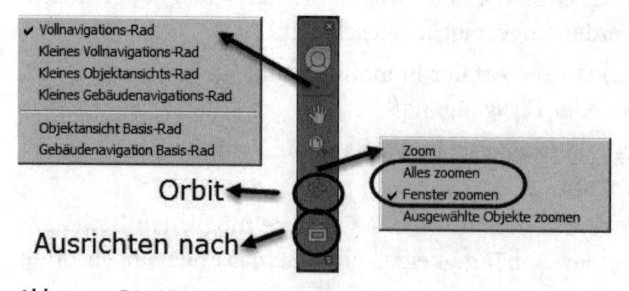

Abb. 2.29: Die NAVIGATIONSLEISTE

- PAN – Mit dieser Funktion können Sie den aktuellen Bildschirmausschnitt verschieben. Sie können das Gleiche aber auch erreichen, indem Sie das Mausrad drücken und mit gedrücktem Mausrad dann die Maus bewegen.
- ZOOM
    - ZOOM – entspricht dem normalen Zoomen hier mit gedrückter linker Maustaste.
    - ALLES ZOOMEN – zoomt die Bildschirmanzeige so, dass alles Konstruierte sichtbar wird.
    - FENSTER ZOOMEN – bedeutet, über zwei Eckpositionen einen Ausschnitt zu vergrößern.
- ORBIT – Diese Funktion ermöglicht das dynamische Schwenken der Ansicht. Es kann auch über die +/-Z-Richtung hinweggeschwenkt werden. Wenn sich der Cursor außerhalb der Orbit-Kugel befindet, können Sie insbesondere auch *um die Sichtachse* drehen.

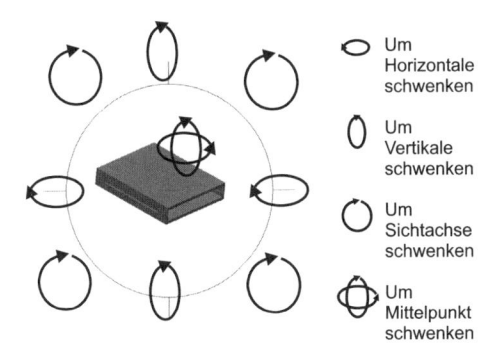

Abb. 2.30: Die ORBIT-Funktion bei verschiedenen Cursor-Positionen

- AUSRICHTEN NACH – bedeutet, dass Sie eine Ebene, z.B. auch eine 2D-Skizze, im BROWSER anklicken können, um danach die Ansicht auszurichten.

> **Tipp**
>
> Im Register ANSICHT können Sie über die Gruppe FENSTER|BENUTZER-OBERFLÄCHE die verschiedenen Bedienelemente VIEWCUBE und NAVIGATIONSLEISTE ein- und ausschalten.

2.6.11 ViewCube

Rechts oben im Zeichenbereich finden Sie den VIEWCUBE, der bei 3D-Konstruktionen zum Schwenken der Ansicht verwendet werden kann. Im 2D-Bereich, z.B. in einer Skizze, sind davon die beiden Schwenkpfeile interessant, um Hoch- oder Queransicht zu wählen.

Kapitel 2
Installation und Benutzeroberfläche im Detail

Für dreidimensionale Objekte sind die Darstellungen mit Projektion PARALLEL und PERSPEKTIVISCH interessant. Die Option PERSPEKTIVE MIT ORTHO-FLÄCHEN bedeutet grundsätzlich eine perspektivische Darstellung, nur wird automatisch in Parallelprojektion umgeschaltet, wenn Sie über den VIEWCUBE eine der orthogonalen Richtungen wie OBEN, LINKS etc. aktivieren.

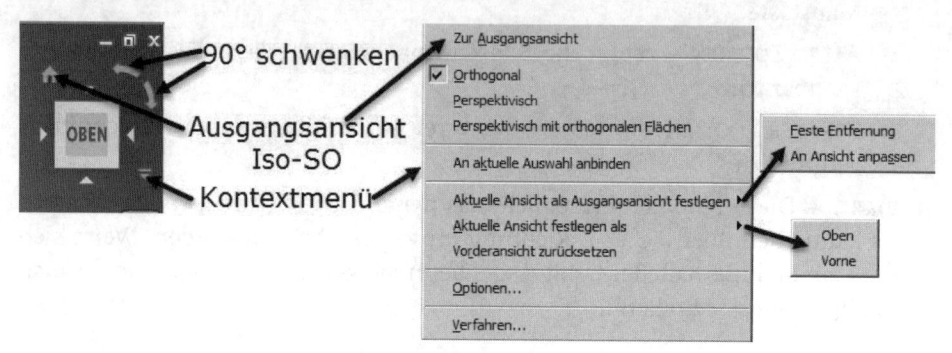

Abb. 2.31: VIEWCUBE mit Bedienelementen

2.7 Wie kann ich Befehle eingeben?

2.7.1 Multifunktionsleisten

Die normale Befehlseingabe geschieht durch Anklicken der Befehls-Icons in den Multifunktionsleisten. Einen typischen Dialog zeigt Abbildung 2.32:

1. Sie klicken ein Werkzeug-Icon an,
2. Inventor antwortet mit einer Eingabeaufforderung (Achtung: Dieser Text erscheint standardmäßig unten am Bildschirm und ist nur dann am Cursor sichtbar, wenn Sie dies gemäß Abbildung 2.27 aktiviert haben.),
3. Sie klicken als Antwort auf die gewünschte Skizzierebene etc.

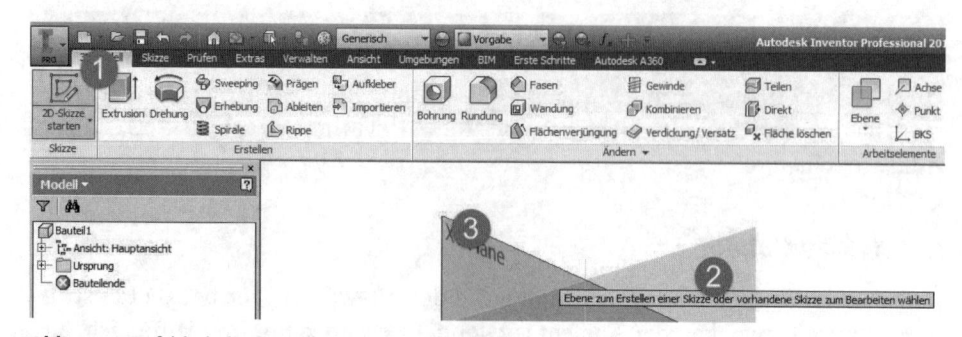

Abb. 2.32: Befehlsdialog zur Skizzenerstellung

2.7 Wie kann ich Befehle eingeben?

Der Dialog, der sich aus jedem Befehl ergibt, ist unterschiedlich. Wichtig ist bei einigen Befehlen das Beenden, weil einige Befehle endlos laufen.

Als Befehlsende kann immer die Abbruchtaste [ESC] verwendet werden. Alternativ können Sie aber auch per Rechtsklick in das Kontext- und Mini-Menü schalten. Dort können Sie den Befehl mit OK beenden oder mit [ESC] abbrechen oder einfach einen *anderen Befehl* aufrufen. Wenn Sie [ESC] zu früh wählen, wird der ganze Befehl abgebrochen und die bisherigen Eingaben gehen verloren.

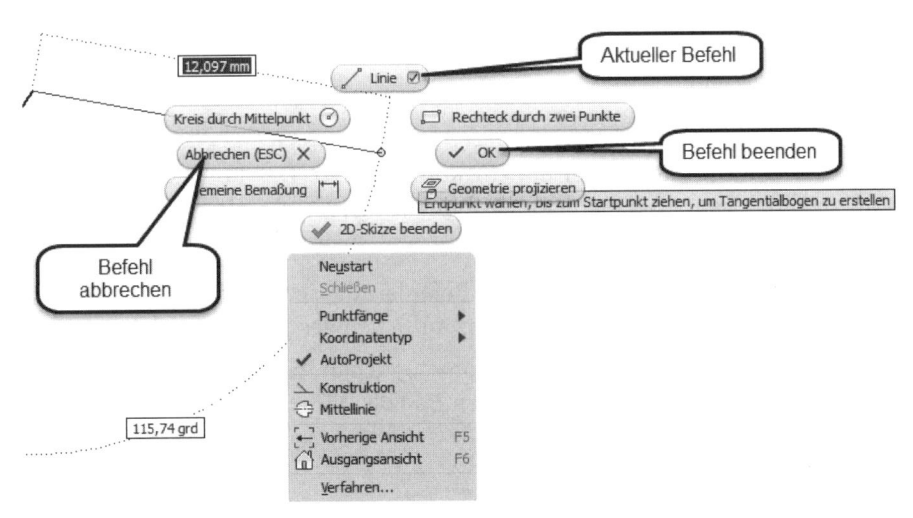

Abb. 2.33: Befehl beenden

Es gibt auch Befehle mit Dialogfeldern. Diese können aber auch zugeklappt erscheinen, und Sie sehen nur einen kleinen MINI-DIALOG. Das große Dialogfeld würde ich auf jeden Fall zum Erlernen des Programms aktivieren und benutzen. Der Mini-Dialog ist dann für den Profi-Anwender interessant.

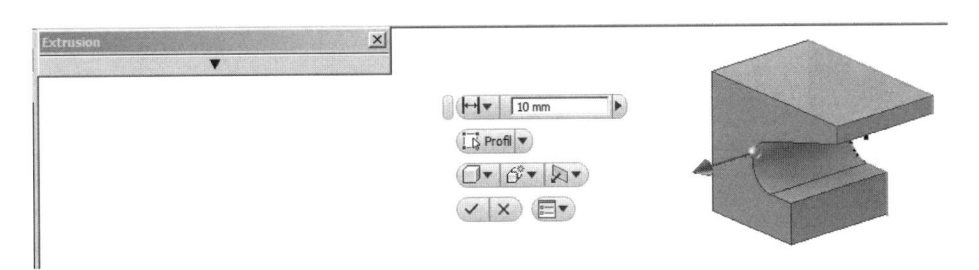

Abb. 2.34: Befehl mit zusammengeklapptem Dialogfeld links und Mini-Dialog in der Mitte

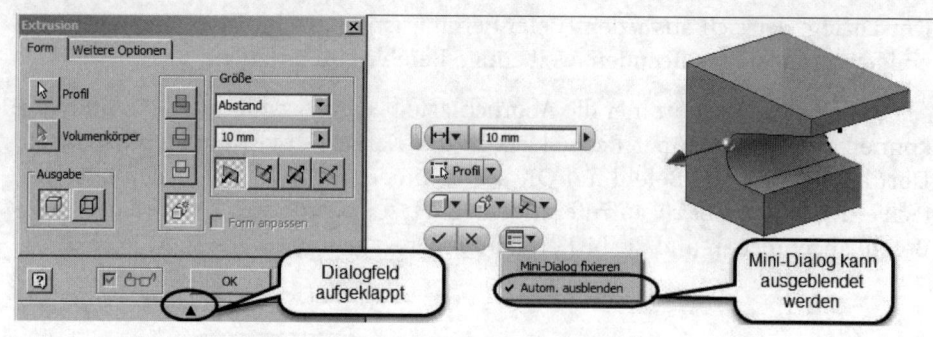

Kapitel 2
Installation und Benutzeroberfläche im Detail

Abb. 2.35: Befehl mit aufgeklapptem Dialogfeld

2.7.2 Kontextmenü

Mit einem Rechtsklick aktivieren Sie ein Kontextmenü. Das Kontextmenü bietet situationsbedingt immer diejenigen Befehle an, die am sinnvollsten sind. Es besteht aus zwei Teilen:

- Oben finden Sie die naheliegendsten Befehle mit Icons in kreisförmiger Anordnung, dabei auch RÜCKGÄNGIG zum Aufheben des letzten Befehls,
- darunter eine klassische Anordnung von möglichen Aktionen. Darin erscheint als oberste die Wiederholung des letzten Befehls, hier EXTRUSION.

Abb. 2.36: Kontextmenü

Auch im laufenden Befehl können Sie mit Rechtsklick ein Kontextmenü aufrufen, um beispielsweise den Befehl schnell zu beenden. In Abbildung 2.37 wurde im Befehl RUNDUNG (1) nach Wahl der Kante (2) mit Rechtsklick (3) das Kontextmenü aktiviert. Es erscheint mit wenigen Optionen im kreisförmigen Cursor-Menü und darunter mit einigen Optionen in klassischer Anordnung.

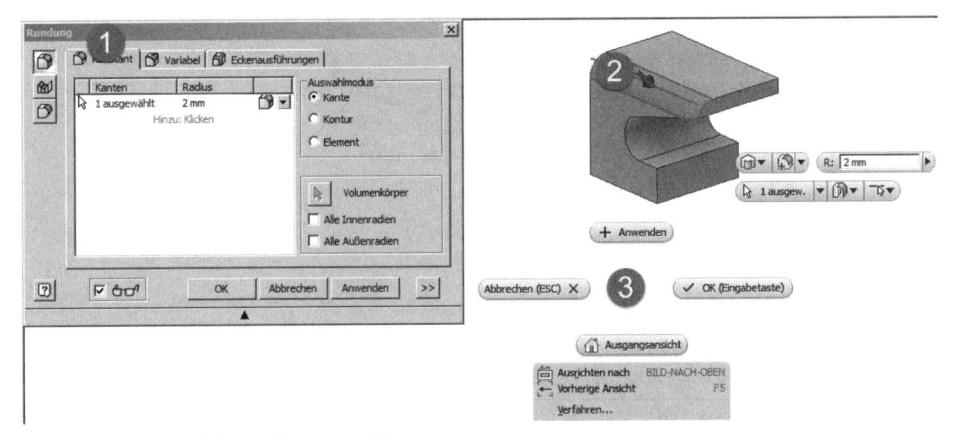

Abb. 2.37: Rechtsklick im aktiven Befehl

2.7.3 Objekte zum Bearbeiten anklicken

Um Objekte zu bearbeiten, müssen Sie nicht immer unbedingt Befehlsaliasse eintippen oder Werkzeuge anklicken, oft genügt ein Klick auf das betreffende Objekt. Es erscheinen dann immer diejenigen Bearbeitungsbefehle, die für das betreffende Element oder das ganze Objekt sinnvoll wären (Abbildung 2.38).

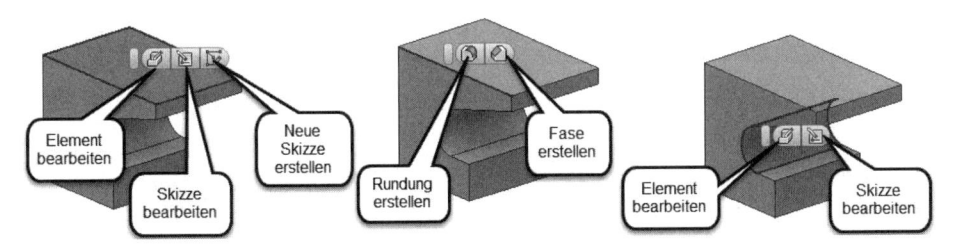

Abb. 2.38: Bearbeitungsfunktionen durch Anklicken aktivieren

Alternativ können Sie auch im Browser auf Elemente rechtsklicken, um die Bearbeitungsfunktionen zu aktivieren.

Kapitel 2
Installation und Benutzeroberfläche im Detail

Abb. 2.39: Bearbeitungen mit Rechtsklick aufrufen

2.7.4 Hilfe

Hilfe zu allen Inventor-Befehlen können Sie erhalten, wenn Sie das Menü HILFE oder oben rechts im Info-Bereich bei HILFE UND BEFEHLE DURCHSUCHEN den gesuchten Befehl oder Begriff eintippen. Sofern Sie eine Internetverbindung haben, erscheinen sofort zahlreiche Suchergebnisse zu diesem Begriff (Abbildung 2.40).

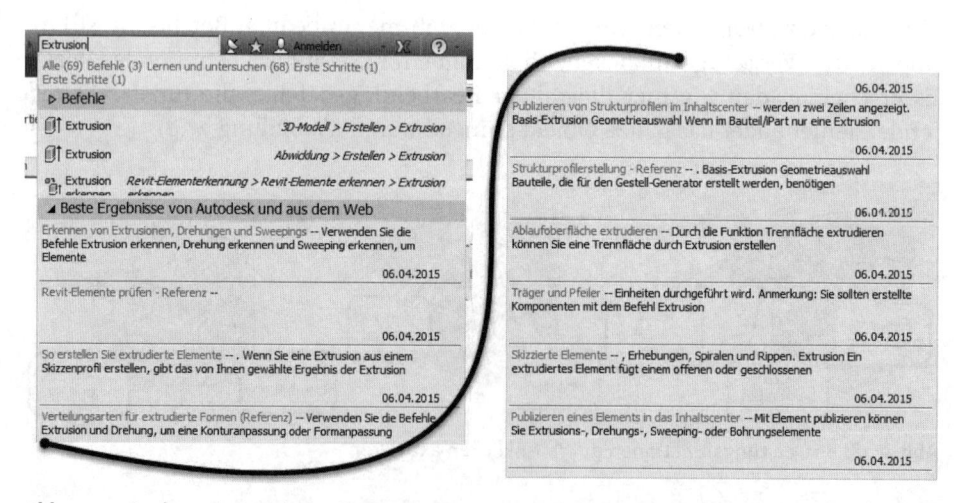

Abb. 2.40: Suchergebnisse beim Eintippen ins INFO-CENTER

Auch mit der [F1]-Taste erhalten Sie schnell zu jedem laufenden Befehl die aktuelle Information. Mit der Funktion ? oder ?▼|HILFE können Sie in der ONLINE-

HILFE nach jedem Thema suchen. Das entspricht auch der traditionellen Befehlsreferenz.

Die ONLINE-HILFE können Sie auch als OFFLINE-HILFE auf Ihrem Computer installieren, um vom Internet unabhängig zu sein. Dazu starten Sie die ONLINE-HILFE mit ? und wählen auf der Willkommensseite der HILFE ZU INVENTOR unter DOWNLOADS die Zeile OFFLINE HILFE an. Dann werden Ihnen zahlreiche Sprachversionen der Offline-Hilfe zum Herunterladen angeboten.

Ein traditionelles Benutzerhandbuch gibt es nicht mehr, aber über die HILFE-Seite finden Sie viel Material zum Einarbeiten und Tutorials zum Erlernen der Vorgehensweisen.

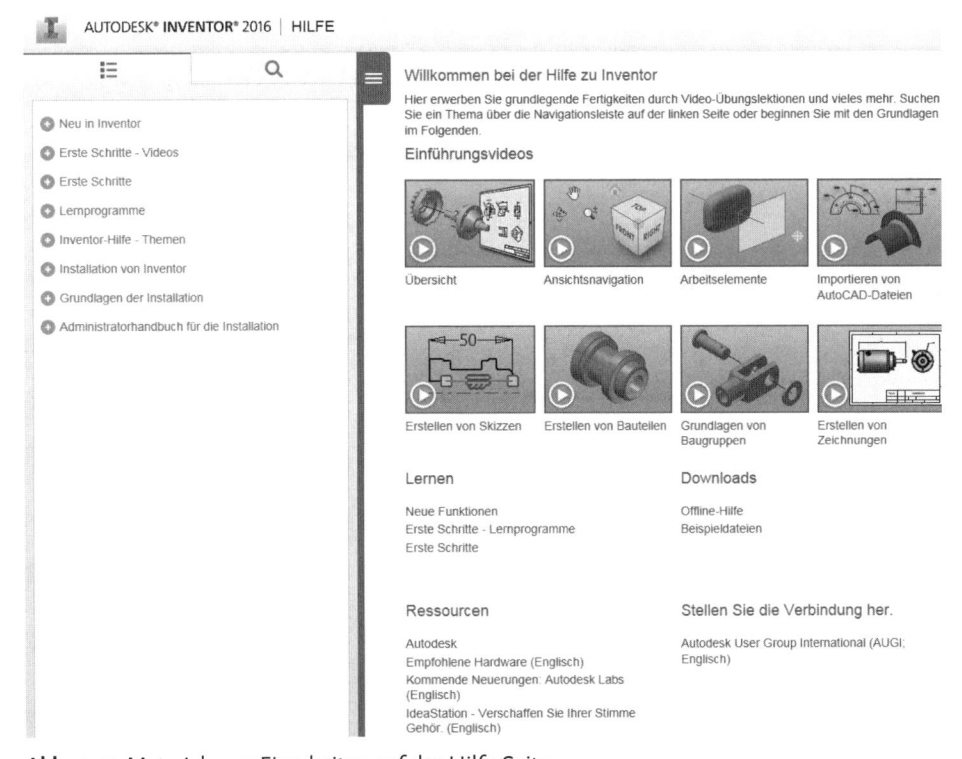

Abb. 2.41: Material zum Einarbeiten auf der Hilfe-Seite

Die Informationen über neue Features der Version 2016 finden Sie im Register ERSTE SCHRITTE unter NEUE FUNKTIONEN als Videos.

2.8 Übungsfragen

1. Welche Windows-Versionen können für Inventor benutzt werden?
2. Welche Bereiche fallen bei Inventor LT weg?
3. Welche Dateiextensionen bzw. -erweiterungen (*.xxx) sind wichtig für die Inventor-Dateien?
4. Wie aktivieren Sie den Browser, wenn er ausgeschaltet wurde?
5. Wie schwenken Sie 3D-Darstellungen mit der Maus?
6. Was kann die ORBIT-Funktion mehr verglichen mit dem Schwenken mit der Maus?
7. Wo finden Sie eine Funktion, um Inventor auf Werkseinstellungen zurückzusetzen?
8. Wie rufen Sie am schnellsten elementspezifische Funktionen auf?
9. Wie beenden Sie Befehle?
10. Wo können Sie die Befehlszeile an den Cursor heften?

Kapitel 3

Die Skizzenfunktion

In diesem Kapitel wird grundlegend in die Skizzenerstellung eingeführt. Sie lernen zuerst die Zeichenbefehle kennen. Eine Skizze kann zwei- oder dreidimensional sein. Dann folgen die möglichen geometrischen Abhängigkeiten zwischen den Skizzenelementen. Abschließend wird die Konstruktion über die parametrische Bemaßung festgelegt. Wichtig sind auch die Analysefunktionen, um die Konsistenz einer Skizze zu prüfen. Da die meisten Skizzen zweidimensional sind, ist es wichtig, die dafür nötigen Ebenen festzulegen. Deshalb wird das Kapitel mit dem Thema Arbeitselemente abgeschlossen.

3.1 Zeichnungsstart

Es gibt mehrere Möglichkeiten, ein neues Bauteil zu beginnen. Nach dem Programmstart befinden Sie sich auf der Oberfläche MEINE AUSGANGSANSICHT, wo Sie neben dem Start von neuen Konstruktionen (rechteckige Markierung in Abbildung 3.1) auch die zuletzt bearbeiteten Konstruktionen schnell öffnen können. Alternativ können Sie neue Konstruktionen über das Anwendungsmenü I|NEU|BAUTEIL (Abbildung 3.2) oder über den SCHNELLZUGRIFF-WERKZEUGKASTEN|NEU|BAUTEIL (Abbildung 3.3) beginnen. In all diesen Fällen wird mit der standardmäßig vorgegebenen Vorlage begonnen.

Kapitel 3
Die Skizzenfunktion

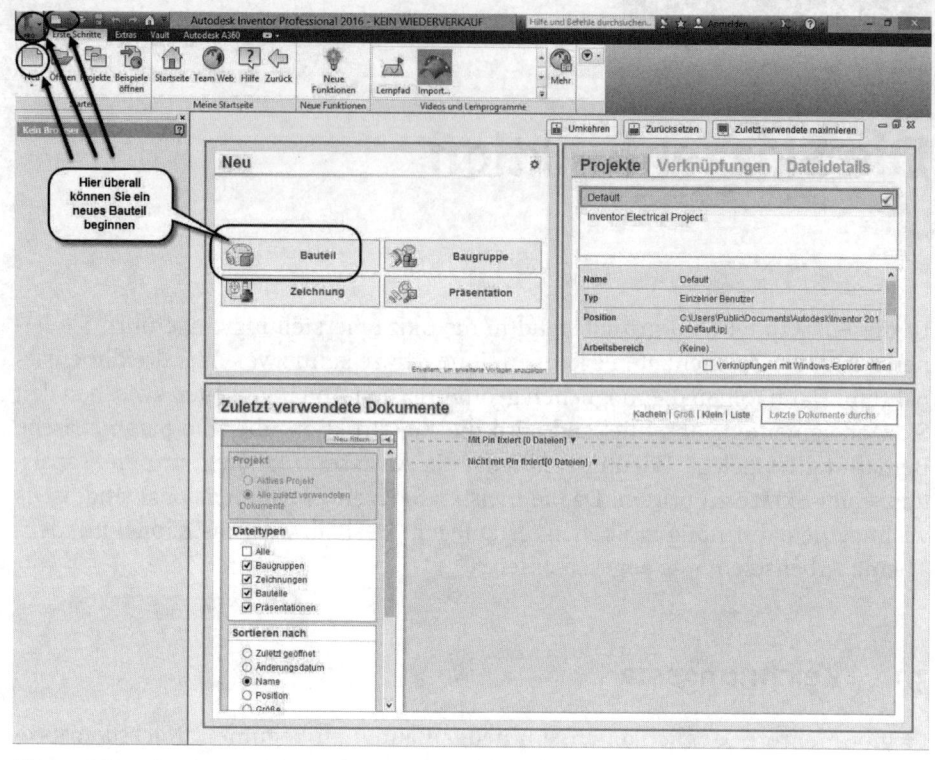

Abb. 3.1: Start für ein neues Bauteil

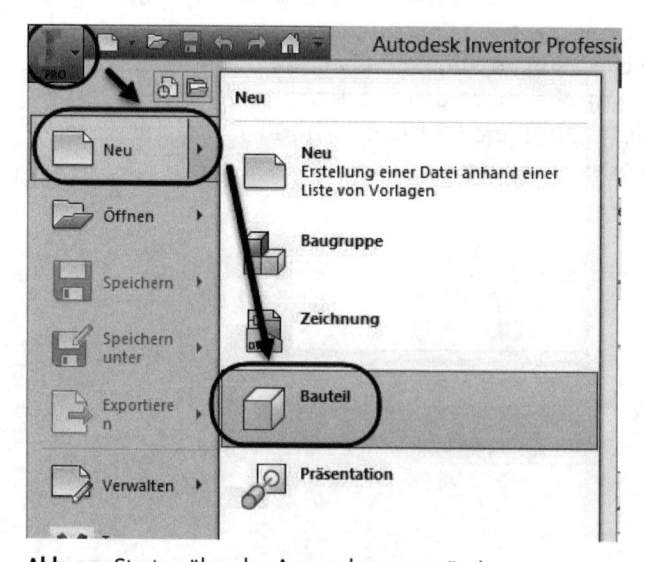

Abb. 3.2: Starten über das Anwendungsmenü »I«

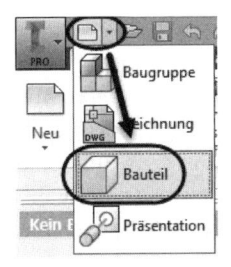

Abb. 3.3: Starten über den SCHNELLZUGRIFF-WERKZEUGKASTEN

Wenn Sie *spezielle Vorlagen* benötigen, wie später für *Blech-* oder *Schweißkonstruktionen*, dann können Sie mit expliziter Vorlagenwahl starten über Register ERSTE SCHRITTE|NEU (Abbildung 3.4) oder Anwendungsmenü I|NEU|NEU (Abbildung 3.2). Die wählbaren Vorlagen zeigt Abbildung 3.5.

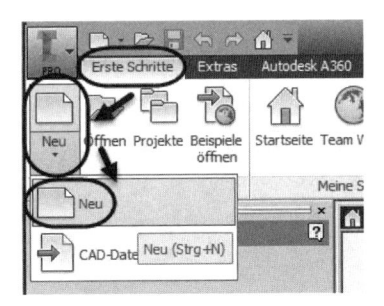

Abb. 3.4: Starten über das Register ERSTE SCHRITTE

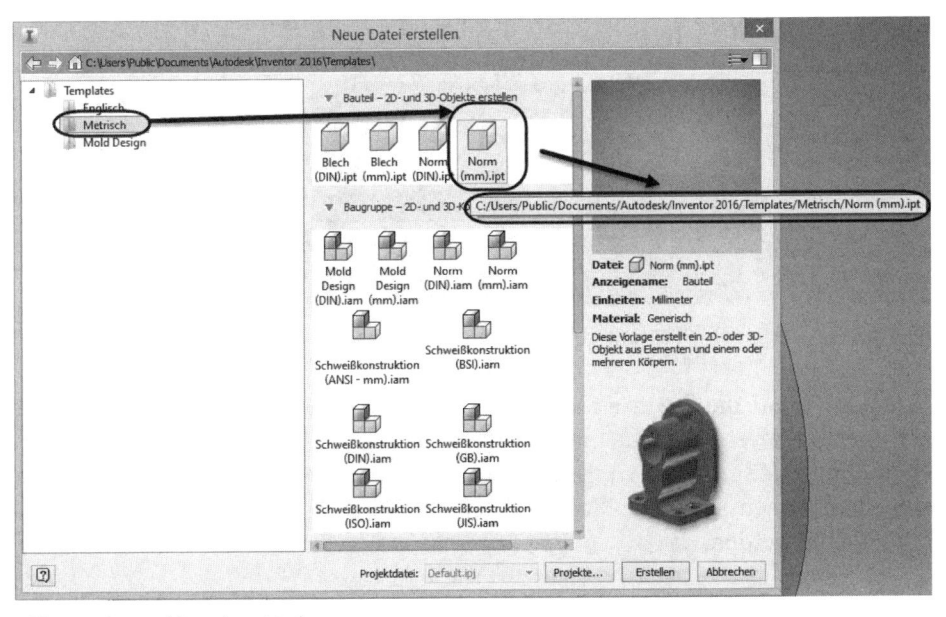

Abb. 3.5: Auswählen einer Vorlage

3.2 Funktionen für zweidimensionales Skizzieren

Sobald Sie das neue Bauteil gestartet haben, können Sie über die Register 3D-MODELL oder SKIZZE die Skizzierfunktionen starten, es gibt 2D-SKIZZE STARTEN und 3D-SKIZZE starten (Abbildung 3.6). Wählen Sie hier für die ersten Beispiele 2D-SKIZZE STARTEN. Automatisch erscheint dann eine Grafik mit den verschiedenen Skizzierebenen (Abbildung 3.7), auf der Sie normalerweise die XY-EBENE auswählen.

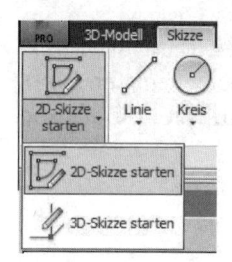

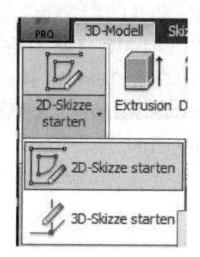

Abb. 3.6: Starten des Skizzen-Modus, hier als 2D-Skizze

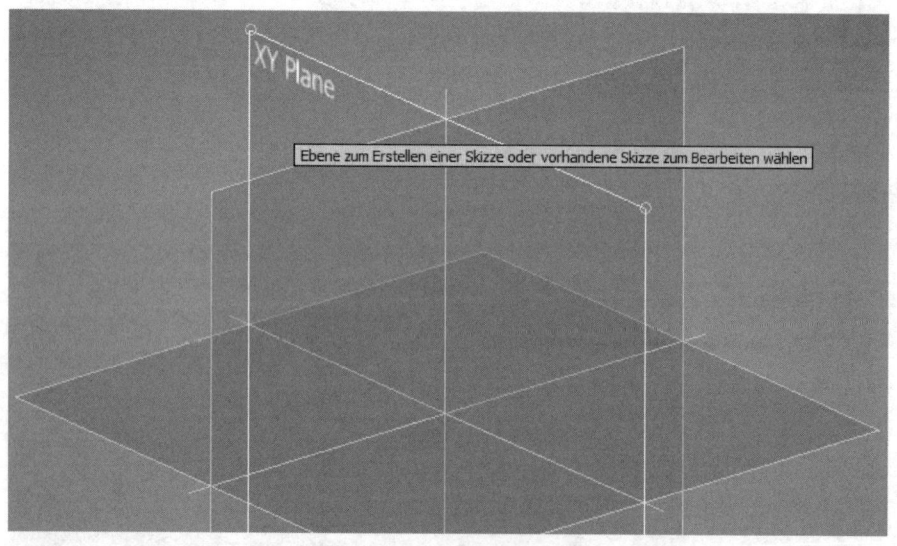

Abb. 3.7: Auswahl der XY-EBENE zum Skizzieren per Klick

Nun können Sie die für Ihre Konstruktion nötigen zweidimensionalen Konturen zeichnen. Skizzieren bedeutet noch nicht unbedingt das exakte Zeichnen mit den endgültigen Maßen, sondern mehr ein Entwerfen mit Maßen, soweit Sie sie direkt eingeben können. Fehlende Maße können nachträglich mit der Bemaßungsfunktion ergänzt werden.

3.2.1 Funktionsübersicht

Fürs Zeichnen stehen Ihnen zahlreiche Funktionen auch komplexerer Art zur Verfügung (Abbildung 3.8). Natürlich finden Sie im Register SKIZZE auch Bearbeitungsfunktionen in der Gruppe ÄNDERN. Zum Vervollständigen der Konstruktion sollten Sie dann insbesondere die nötigen geometrischen Abhängigkeiten verwenden und schließlich die Bemaßungen erstellen. In der rechten unteren Ecke des Zeichenfensters wird Ihnen stets der Zustand der Geometrie angezeigt, nämlich ob noch BEMAßUNGEN ERFORDERLICH sind oder die ZEICHNUNG VOLLSTÄNDIG BESTIMMT ist. Erst wenn die ZEICHNUNG VOLLSTÄNDIG BESTIMMT ist, wissen Sie, dass die Konstruktion logisch korrekt und vollständig ist. Erst dann sollten Sie mit dem Button SKIZZE FERTIG STELLEN rechts in der Gruppe BEENDEN den Skizziermodus verlassen, um aus der 2D-Skizze mit Modellierfunktionen wie EXTRUSION oder DREHUNG oder Ähnlichen dann dreidimensionale Volumenkörper zu generieren.

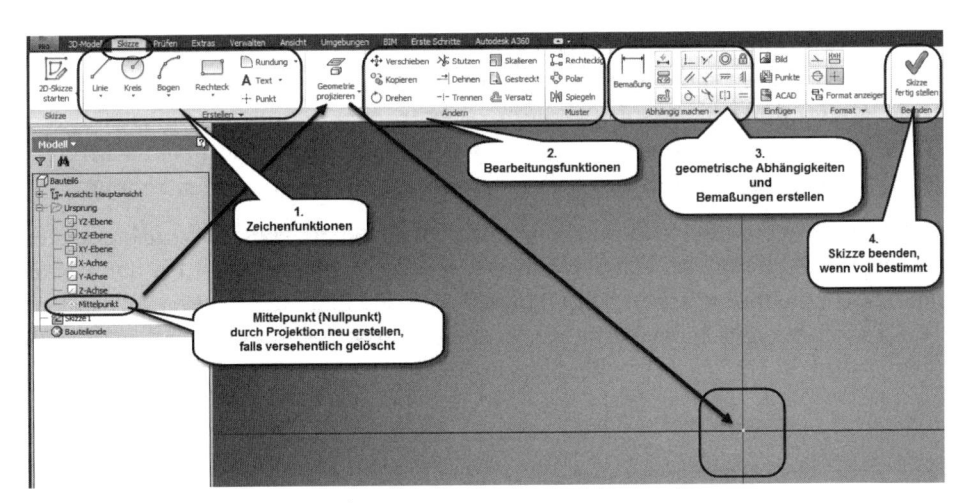

Abb. 3.8: Funktionsleiste im 2D-Skizzieren

Wenn Sie jetzt erst mal den Skizzenmodus gestartet haben, dann schwenkt die Bildschirmdarstellung in die Skizzierebene und es erscheint auf dem Bildschirm ein einziger gelber Punkt, der *Nullpunkt* eines vorgegebenen *Koordinatensystems*. Auf der linken Seite finden Sie im *Browser* unter MODELL▼ das fast leere Schema Ihrer Konstruktionsschritte mit dem Namen **Bauteil1**.

Den spezifischen Namen für Ihr Teil können Sie durch Speichern festlegen. Gehen Sie dazu in den SCHNELLZUGRIFF-WERKZEUGKASTEN auf SPEICHERN (oder tippen Sie [Strg]+[S]) und geben Sie beispielsweise **Übung01** ein. Die Konstruktion wird dann als **Übung01.ipt** gesichert.

Wenn Sie im Browser den Knoten URSPRUNG aufblättern (auf + klicken), dann werden Ihnen die *Koordinatenebenen, -achsen* und der *Nullpunkt* angezeigt. Der *Nullpunkt* wird hier als MITTELPUNKT bezeichnet. An den Achsen und am Nullpunkt werden sich die geometrischen Abhängigkeiten und Bemaßungen der Konstruktion orientieren. Deshalb ist die Sichtbarkeit dieses kleinen gelben Punkts in der Skizze sehr wichtig.

> **Tipp**
>
> *Nullpunktanzeige*: Sollte diese Position einmal durch Löschen verloren gehen, dann können Sie sich diese immer wieder beschaffen (Abbildung 3.8), indem Sie im Browser MITTELPUNKT anklicken und in der Gruppe ERSTELLEN die Funktion GEOMETRIE PROJIZIEREN anklicken.

3.2.2 Linienarten

Bevor Sie nun einen ersten Umriss zeichnen, wären noch die verschiedenen Linienarten zu erklären. Rechts in der Gruppe FORMAT können Sie die Vorgaben für die Linienarten und Punktstile steuern. Unter den gezeigten Einstellungen (Abbildung 3.9) werden normale *Konturlinien* erstellt und die Punkte als MITTELPUNKTE, die später für *Bohrungen* automatisch übernommen werden können.

Falls Sie aber eine Linie oder auch einen Kreis/Bogen als *Hilfsgeometrie* brauchen, sollten Sie KONSTRUKTION aktivieren. Wenn MITTELLINIE aktiviert ist, dann wird eine Linie strichpunktiert erstellt und wirkt dann auch beim Bemaßen so, dass ein Maß zwischen einer beliebigen Position und dieser Mittellinie als *Durchmessermaß* erstellt wird.

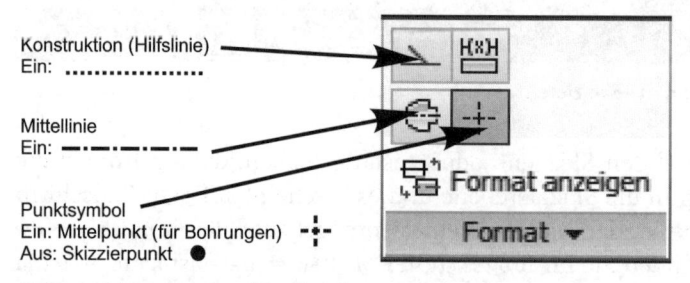

Abb. 3.9: Linienarten und Punktstile

> **Tipp**
>
> *Symmetrielinien*: Wenn Sie eine *Symmetrielinie* brauchen, sollten Sie deshalb nicht den Typ MITTELLINIE verwenden, sondern KONSTRUKTION.

3.2.3 Punktfänge

Beim Skizzieren wird der Cursor für Ihre Eingabepositionen an verschiedenen Punkten einrasten. Automatisch werden die ENDPUNKTE und MITTELPUNKTE von Kurven als Rastpositionen erkannt, auch ZENTRUMSPUNKTE von Kreisen, Bögen und Ellipsen. Das Einrasten wird durch einen kleinen grünen Kreis symbolisiert. Für den *zweiten Punkt* einer Linie greifen dann auch die Objektfänge TANGENTE oder SCHNITTPUNKT mit kleinen temporären Icons. Andere Objektfänge müssen Sie in den Zeichenbefehlen übers Kontextmenü (Rechtsklick) aktivieren (Abbildung 3.10).

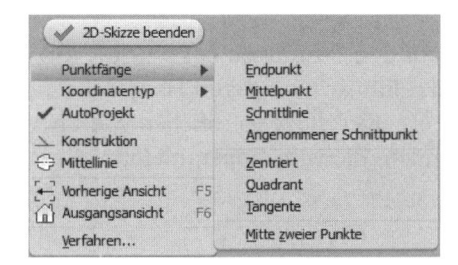

Abb. 3.10: PUNKTFÄNGE werden in den Zeichenbefehlen über Rechtsklick im Kontextmenü aktiviert.

- SCHNITTLINIE – bedeutet *Schnittpunkt* zwischen zwei Kurven (Linie-Linie, Linie-Bogen, Bogen-Bogen, Linie-Kreis usw.).

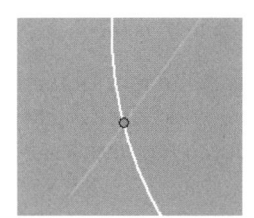

Abb. 3.11: Punktfang SCHNITTLINIE

- ANGENOMMENER SCHNITTPUNKT – ist ein Schnittpunkt, der in der Verlängerung einer oder beider Kurven liegt.

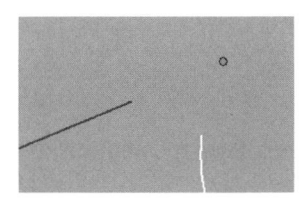

Abb. 3.12: Punktfang ANGENOMMENER SCHNITTPUNKT

- ZENTRIERT – fängt den Mittelpunkt von Kreis, Ellipse oder Bogen.

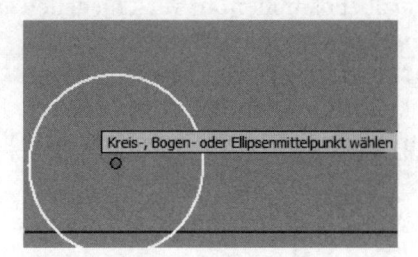

Abb. 3.13: Punktfang ZENTRIERT

- QUADRANT – rastet bei Kreis und Ellipse auf den Positionen bei 0°, 90°, 180° und 270° ein. Der Winkel richtet sich bei der Ellipse nach deren Hauptachsenlage. Die Quadrantenpositionen beim Kreis oder Bogen erreichen Sie aber auch leicht über die automatischen Spurlinien, die vom Kreismittelpunkt aus angeboten werden.

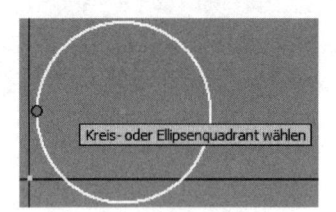

Abb. 3.14: Punktfang QUADRANT

- TANGENTE – fängt für den zweiten Punkt einer Linie die Tangentenposition an Kreis, Bogen oder Ellipse. Auch ohne expliziten Objektfang wirkt der Objektfang TANGENTE und wird an der entsprechenden Position durch ein Icon angedeutet. Dann können Sie einfach klicken.

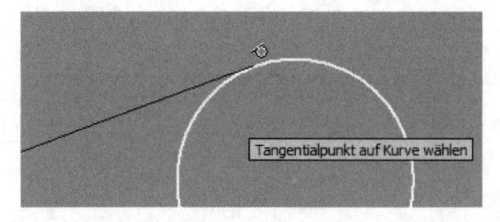

Abb. 3.15: Punktfang TANGENTE

- MITTE ZWEIER PUNKTE – berechnet aus zwei wählbaren Punktpositionen die Mitte.

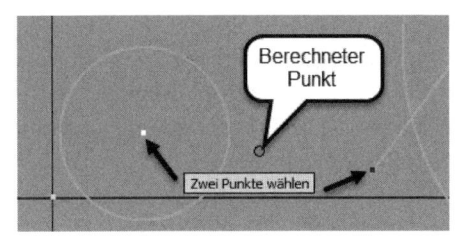

Abb. 3.16: Punktfang MITTE ZWEIER PUNKTE

3.2.4 Rasterfang

Für manche Konstruktionen mag es auch nützlich sein, in der Skizzierphase ein *Rastergitter* zu haben, auf dem der Cursor bei festen Koordinatenwerten einrasten kann. Dazu lassen sich in Inventor RASTERLINIEN einstellen und anzeigen.

Die Anzeige von RASTERLINIEN wird unter EXTRAS|ANWENDUNGSOPTIONEN im Register SKIZZE aktiviert. Dort unter ANZEIGE einfach RASTERLINIEN einschalten. Damit beim Zeichnen dann auch der Cursor einrastet, muss weiter unten noch RASTER FANGEN aktiviert werden. Diese Option kann auch jederzeit mit dem Kontextmenü der Skizzierbefehle ein- und ausgeschaltet werden oder unten in der STATUSLEISTE.

Ein weiteres nützliches Häkchen wäre noch bei KOORDINATENSYSTEMINDIKATOR zu setzen. Damit wird dann das Achsenkreuz am Nullpunkt angezeigt.

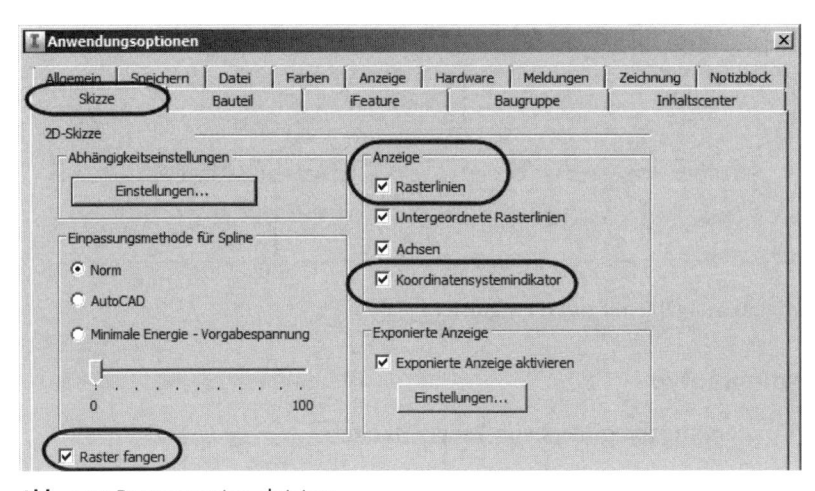

Abb. 3.17: Rasteranzeige aktiviert

Die Rasterabstände sind unter EXTRAS|DOKUMENTEINSTELLUNGEN für jede Datei einzeln einzugeben. Im Register SKIZZE wären da zuerst die FANGABSTÄNDE in X und Y einzustellen. Das sind dann die Schrittweiten, bei denen der Cursor konkret einrasten wird. Bei RASTERANZEIGE heißt es nach Vorgabe **2** FÄNGE PRO NEBENLINIE. Das bedeutet, dass eine Rasterlinie nur alle 2 mm angezeigt wird. Das Einrasten mit einem Klick ist unabhängig davon aber jeden Millimeter möglich. Dann gibt es noch sogenannte HAUPTLINIEN, also etwas dickere Rasterlinien, und die werden alle **10** NEBENLINIEN erzeugt. Also ist jede zehnte Rasterlinie dicker gezeichnet. Bei den aktuellen Einstellungen erscheinen die dicken Linien dann also alle 20 mm. Diese Einstellungen können Sie für jedes Bauteil individuell einstellen, weil es ja DOKUMENTEINSTELLUNGEN sind.

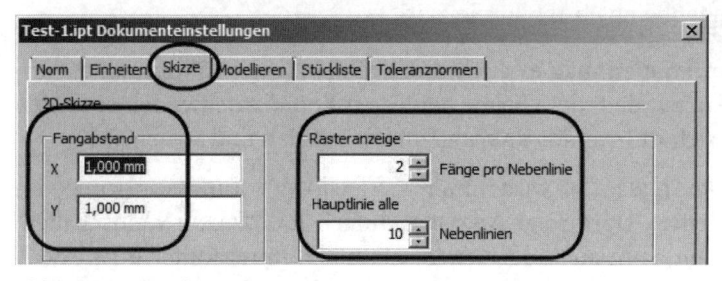

Abb. 3.18: Rasterabstände einstellen

Mit dem Rasterfang können Konstruktionen mit einfachen Maßvorgaben schnell und unkompliziert durch Anklicken der Rasterpositionen erstellt werden (Abbildung 3.19).

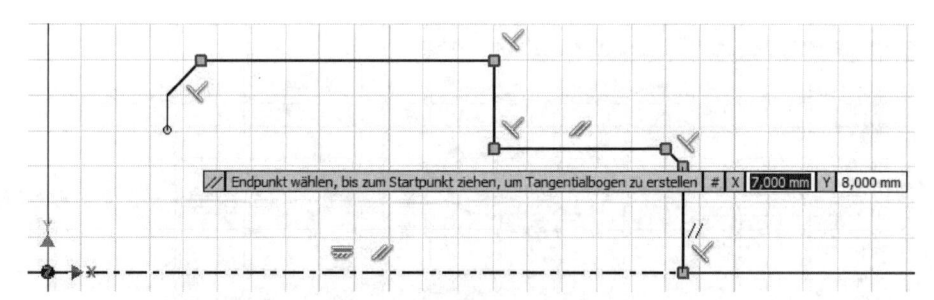

Abb. 3.19: Koordinateneingabe mit 1-mm-Fangraster

3.2.5 Koordinatentyp

Für die Koordinateneingabe gibt es vier Möglichkeiten:

- ABSOLUTE KARTESISCHE KOORDINATEN – Das sind rechtwinklige Koordinaten, die den x-Abstand und y-Abstand vom *Nullpunkt* messen. Für die absolute Angabe steht das Zeichen # vor den Werten (Abbildung 3.20).

- RELATIVE KARTESISCHE KOORDINATEN – Das sind rechtwinklige Koordinaten, die den x-Abstand und y-Abstand vom *letzten Punkt* messen. Die *Relativ*-Eigenschaft wird mit dem @-Zeichen markiert.

- ABSOLUTE POLARE KOORDINATEN – Das sind Koordinaten, die sich aus dem *radialen Abstand vom Nullpunkt* und dem *Winkel zur x-Achse* zusammensetzen. Diese Koordinaten werden nicht mit X und Y, sondern mit L (Length = Länge) und A (Angle = Winkel) gekennzeichnet.
- RELATIVE POLARE KOORDINATEN – Diese Koordinaten setzen sich aus dem *radialen Abstand vom letzten Punkt* und dem *Winkel zur x-Achse* zusammen. Sie werden mit dem @-Zeichen markiert und mit ΔL und ΔA gekennzeichnet.

Die Einstellungen für den jeweils benötigten Typ finden Sie auch wieder im KONTEXTMENÜ der Zeichenbefehle (Abbildung 3.20).

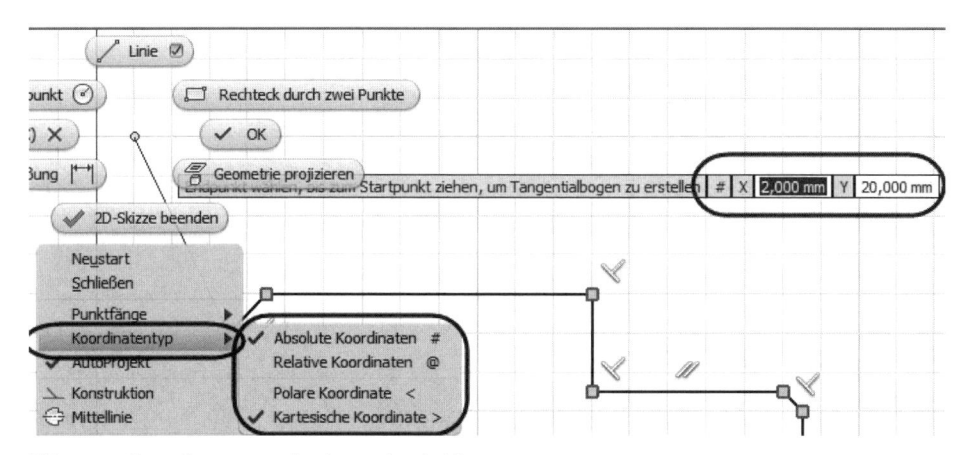

Abb. 3.20: Koordinatentyp absolut rechtwinklig

3.2.6 Objektwahl

Für viele Operationen müssen Sie Objekte wählen, insbesondere fürs Löschen. Sie können Objekte anklicken, und wenn Sie mehrere anklicken wollen, dann können Sie nach dem ersten Objekt weitere Objekte mit der ⇧-Taste oder der Strg-Taste hinzuwählen. Wenn Sie ein bereits gewähltes Objekt mit ⇧-Taste oder der Strg-Taste nochmals anklicken, wird es wieder aus der Auswahl entfernt.

Um leichter mehrere Objekte zu wählen, gibt es die Methoden KREUZEN-WAHL und FENSTER-WAHL. Bei beiden Methoden ziehen Sie eine Auswahlbox über zwei Klicks auf.

- KREUZEN-WAHL – Zur Kreuzen-Wahl müssen Sie die Box von *rechts nach links* aufziehen. Es sind dann alle Objekte gewählt, die entweder vollständig in der Box liegen oder mindestens ein wenig die Box kreuzen (Abbildung 3.21). Der Hintergrund dieser Box erscheint grünlich, der Rand gestrichelt.
- FENSTER-WAHL – Zur Fenster-Wahl müssen Sie die Box von *links nach rechts* aufziehen. Es sind dann nur diejenigen Objekte gewählt, die vollständig in der

Box liegen (Abbildung 3.22). Der Hintergrund dieser Box erscheint rötlich, der Rand durchgezogen.

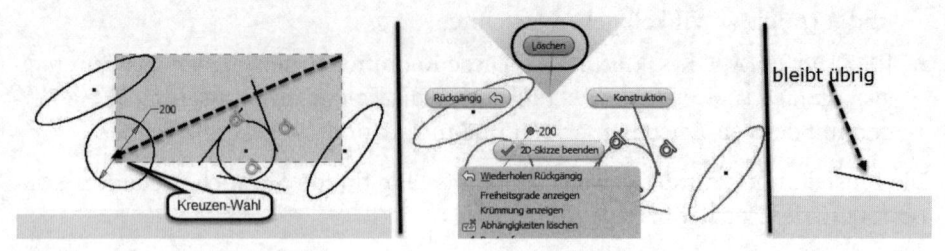

Abb. 3.21: KREUZEN-Objektwahl

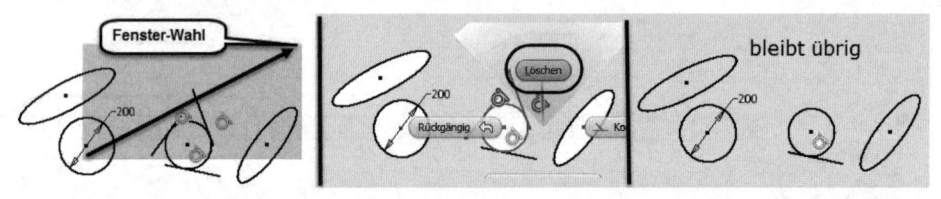

Abb. 3.22: FENSTER-Objektwahl

3.3 Abhängigkeiten

Ein Programm wie Inventor, das parametrische Konstruktionen unterstützt, verwendet zur *Geometriebestimmung* nicht nur die *Bemaßungen*, sondern auch *geometrische Abhängigkeiten*. Allseits bekannte geometrische Abhängigkeiten sind beispielsweise die ABHÄNGIGKEIT PARALLEL oder die ABHÄNGIGKEIT LOTRECHT. Solche Abhängigkeiten definieren die Form einer Konstruktion nur grob, die endgültige Form wird dann durch Hinzufügen der *Bemaßungen* vollständig bestimmt. Bei Standard-Voreinstellungen können Sie bestimmte Bemaßungen auch schon beim Zeichnen einzelner Geometrieobjekte vorab eingeben. Ferner werden auch bestimmte geometrische Abhängigkeiten vom Programm automatisch erkannt. So kann es passieren, dass dann evtl. keine extra Bemaßung mehr einzugeben ist. Streng genommen ist eine Konstruktion dann perfekt, wenn keine zusätzlichen Bemaßungen oder geometrischen Abhängigkeiten mehr nötig sind.

Im Falle einer 2D-Skizze erkennt Inventor stets, ob genügend Abhängigkeiten und Bemaßungen vorhanden sind, um die Geometrie eindeutig zu bestimmen. Diese Anzeige sehen Sie in der Bildschirmecke unten rechts (Abbildung 3.23). Die noch nicht vollständig bestimmten Geometrieelemente werden auch farblich abgesetzt. Während bei Standard-Vorgaben die bereits bestimmten Geometrien in violetter Farbe erscheinen, werden die noch unbestimmten in Grün dargestellt (Abbildung 3.24).

3.3 Abhängigkeiten

Anzeige der noch fehlenden Abhängigkeiten und/oder Maße

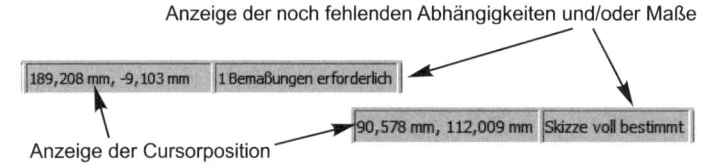

189,208 mm, -9,103 mm   1 Bemaßungen erforderlich

90,578 mm, 112,009 mm   Skizze voll bestimmt

Anzeige der Cursorposition

Abb. 3.23: Anzeige am Bildschirm unten rechts: Bestimmtheitsgrad der Skizze

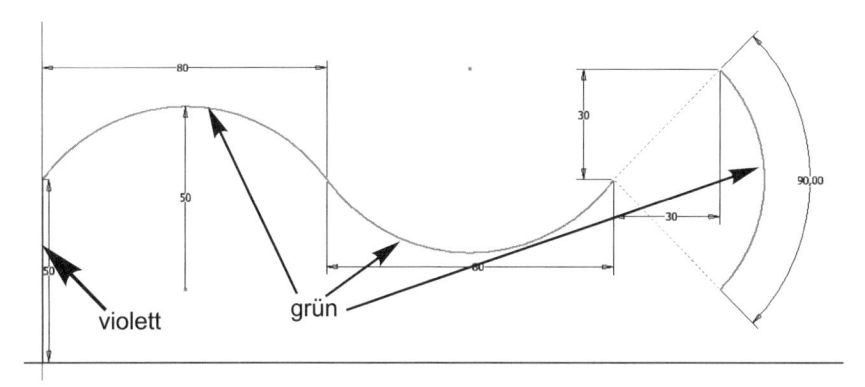

violett
grün

Abb. 3.24: Farbdarstellung bestimmter (violett) und unbestimmter Objekte (grün)

Wenn noch Abhängigkeiten oder Maße fehlen, könnten Sie diese auch mit dem Werkzeug SKIZZE|ABHÄNGIG MACHEN|AUTOMATIC DIMENSIONS AND CONSTRAINTS automatisch erstellen lassen (Abbildung 3.25).

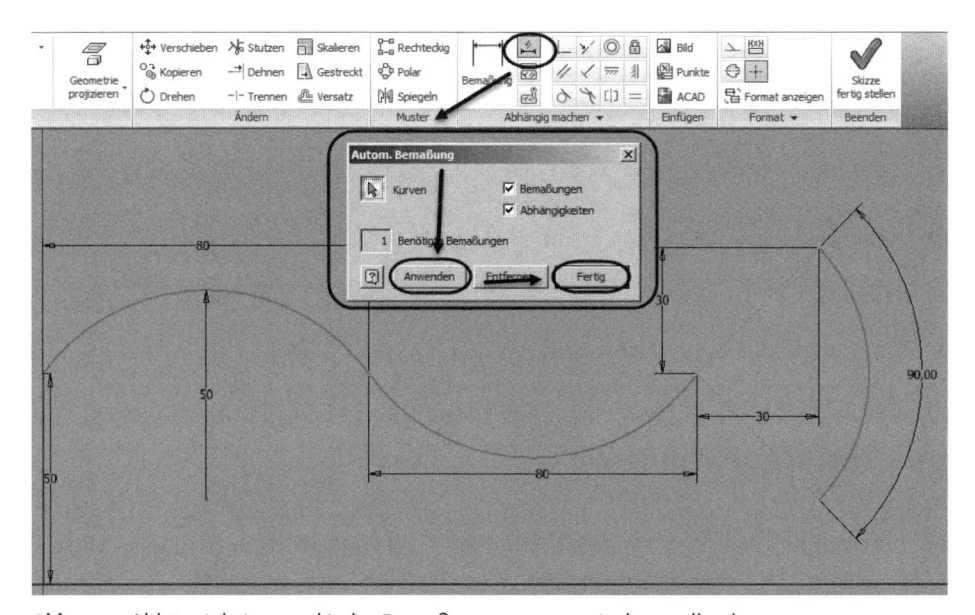

Abb. 3.25: Abhängigkeiten und/oder Bemaßungen automatisch erstellen lassen

Dabei ist allerdings zu bedenken, dass das Programm nicht unbedingt die Bemaßungen oder Abhängigkeiten erkennen wird, die Sie ingenieurmäßig als sinnvoll betrachten würden. Deshalb wenden Sie dieses Werkzeug am besten nur an, um zu verstehen, *wo* noch etwas fehlt, beenden die Funktion dann mit ENTFERNEN und fügen mit Ihrem Sachverstand die richtigen Maße oder Abhängigkeiten *manuell* ein. Sie werden dann auch sehen, dass oft anstelle eines zusätzlichen Maßes eine Abhängigkeit viel sinnvoller ist (Abbildung 3.26). Auch sollten Sie natürlich beim Setzen von Bemaßungen und Abhängigkeiten immer darauf achten, dass Sie später die beabsichtigten Konstruktionsvarianten durch einfache Maßänderungen erhalten können. Hier sollte also immer etwas vorausschauend konstruiert werden.

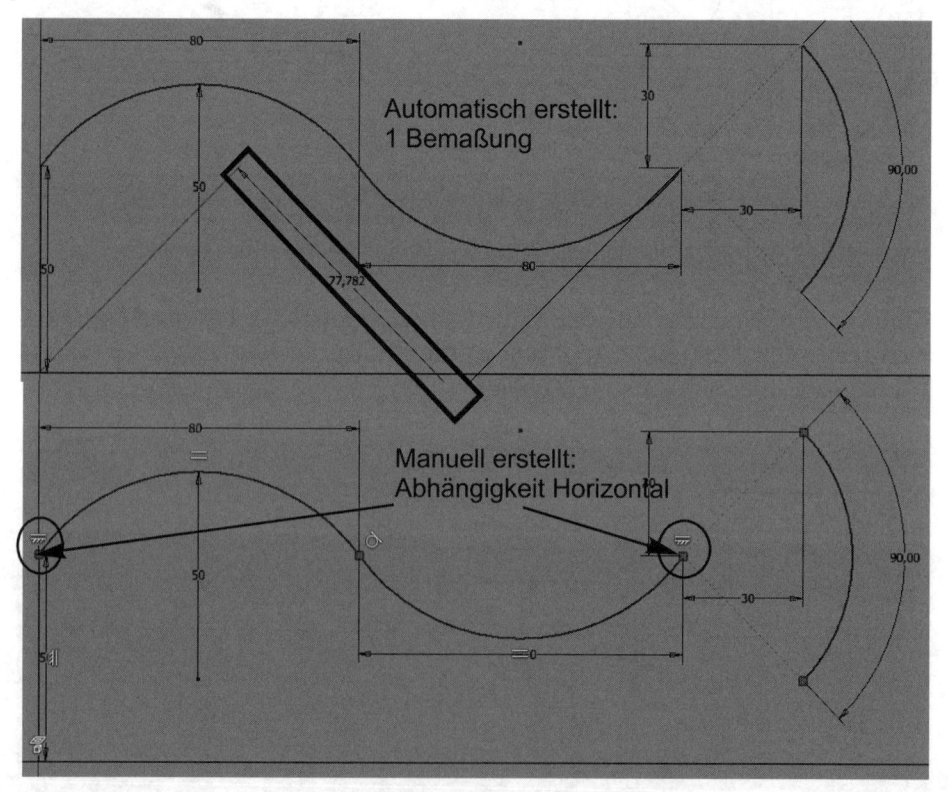

Abb. 3.26: Automatisches und manuelles Vorgehen bei fehlenden Abhängigkeiten/Maßen

3.3.1 Abhängigkeiten-Typen

Obwohl viele der geometrischen Abhängigkeiten automatisch beim Skizzieren erkannt werden, soll hier nun eine Übersicht über alle auch individuell aktivierbare Abhängigkeiten gegeben werden:

3.3 Abhängigkeiten

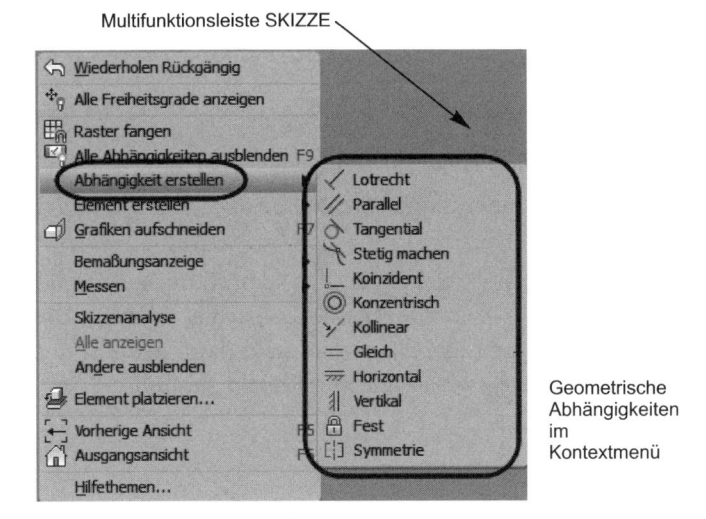

Abb. 3.27: Geometrische Abhängigkeiten

- LOTRECHT – Hiermit kann man zwei Linien senkrecht zueinander ausrichten, aber auch ein Linien- und ein Bogenende zueinander oder Ellipsenachsen anstelle von Linien wählen.
- PARALLEL – Hiermit kann man zwei Linien parallel zueinander ausrichten, aber auch Ellipsenachsen anstelle von Linien wählen.
- TANGENTIAL – Linien, Bögen, Kreise und Ellipsen können zueinander tangential sein.
- STETIG MACHEN – Hierunter ist die Krümmungsstetigkeit (auch als *G2-Stetigkeit* bezeichnet) zu verstehen. Das bedeutet, dass die Kurven am Anschlusspunkt den gleichen Krümmungsradius haben. Diese Abhängigkeit kann nur zwischen einer Splinekurve und einer anderen Kurve erstellt werden, weil nur die Splinekurve in der Krümmung variiert werden kann.
- KOINZIDENT – Das bedeutet, dass Punkte zusammenfallen, entweder ein Endpunkt auf einen anderen Endpunkt oder ein Endpunkt auf eine Kurve. Wenn Sie beispielsweise mit der ABHÄNGIGKEIT TANGENTIAL eine Linie nachträglich zu einem Kreis tangential legen, dann bedeutet es noch nicht, dass der Endpunkt der Linie auch tatsächlich auf dem Kreis liegt. Dazu muss zusätzlich noch die ABHÄNGIGKEIT KOINZIDENT zwischen Linienende und Kreis angewendet werden.
- KONZENTRISCH – Macht die Mittelpunkte (Zentrumspunkte) von zwei Kreisen oder Bögen deckungsgleich.
- KOLLINEAR – Richtet zwei Linien fluchtend aus.
- GLEICH – Damit können zwei Linien gleich lang gemacht werden oder zwei Kreise oder Bögen den gleichen Radius bekommen.

Kapitel 3
Die Skizzenfunktion

- HORIZONTAL – Hiermit kann eine Linie parallel zur x-Achse ausgerichtet werden. Dies kann auch angewendet werden, um zwei Punktpositionen horizontal auszurichten.
- VERTIKAL – Hiermit kann eine Linie parallel zur y-Achse ausgerichtet werden. Dies kann ebenfalls zwei Punktpositionen vertikal ausrichten.
- FEST – Diese Abhängigkeit legt einen Punkt mit seinen aktuellen Koordinaten absolut fest.
- SYMMETRIE – Diese Funktion bringt zwei Objekte in symmetrische Lage bezüglich einer Symmetrieachse. Die Auswahlreihenfolge ist hier wichtig. Das zuerst gewählte Objekt bestimmt die Lage, das zweite wird dann gedreht und oder verschoben. Die Symmetrieachse wird als drittes Objekt gewählt.

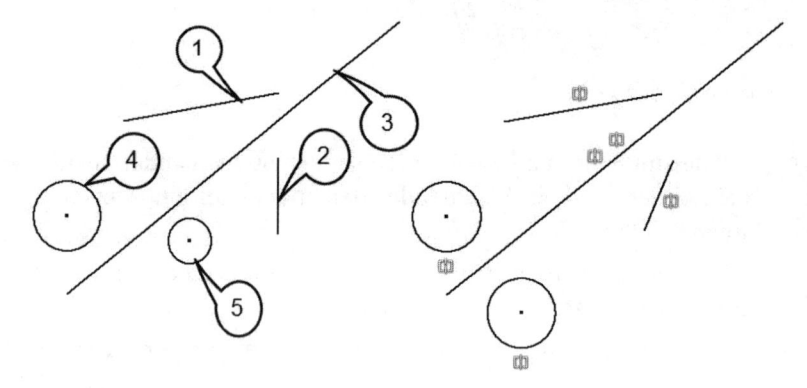

Abb. 3.28: Beispiel für ABHÄNGIGKEIT SYMMETRIE

Nicht alle Abhängigkeiten werden automatisch erkannt. Fehlende geometrische Abhängigkeiten müssen mit den Werkzeugen aus der Gruppe ABHÄNGIG MACHEN nachträglich erstellt werden. Auch über ⌃ + Rechtsklick kann ein Kontextmenü mit Abhängigkeitswerkzeugen aufgerufen werden.

Abb. 3.29: Menü mit Abhängigkeitswerkzeugen über ⌃ + Rechtsklick

Wenn Sie mehr Abhängigkeiten anwenden wollen als zur eindeutigen Bestimmung nötig, werden Sie gewarnt und die Abhängigkeit wird verweigert.

3.3.2 Lockerung von Abhängigkeiten

Nachdem Sie Abhängigkeiten händisch oder automatisch vergeben haben, lässt sich oft die Geometrie nicht mehr manuell korrigieren. Dann kann es sehr mühsam werden, wenn nach den Abhängigkeiten gesucht werden muss, durch deren Entfernen die Konstruktion wieder flexibel wird. Deshalb gibt es den Lockerungsmodus, unter dem bestimmte Abhängigkeiten beim manuellen Verschieben aufgegeben werden: SKIZZE|ABHÄNGIG MACHEN|ABHÄNGIGKEITSEINSTELLUNGEN Register LOCKERUNGSMODUS.

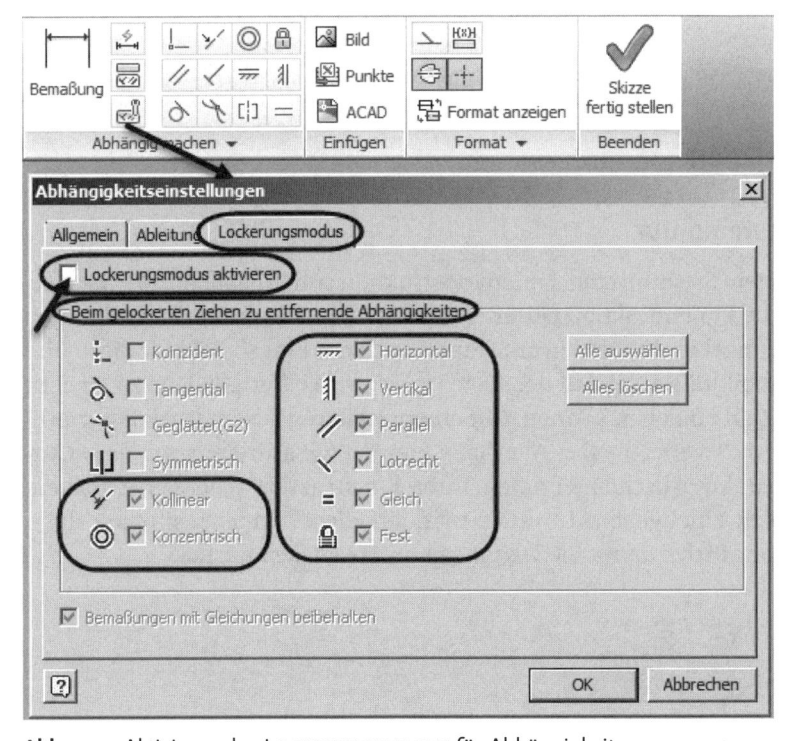

Abb. 3.30: Aktivieren des LOCKERUNGSMODUS für Abhängigkeiten

Wenn Sie dann im Lockerungsmodus arbeiten, um Geometrien zu verschieben, werden Ihnen die von der Lockerung betroffenen Abhängigkeiten markiert angezeigt.

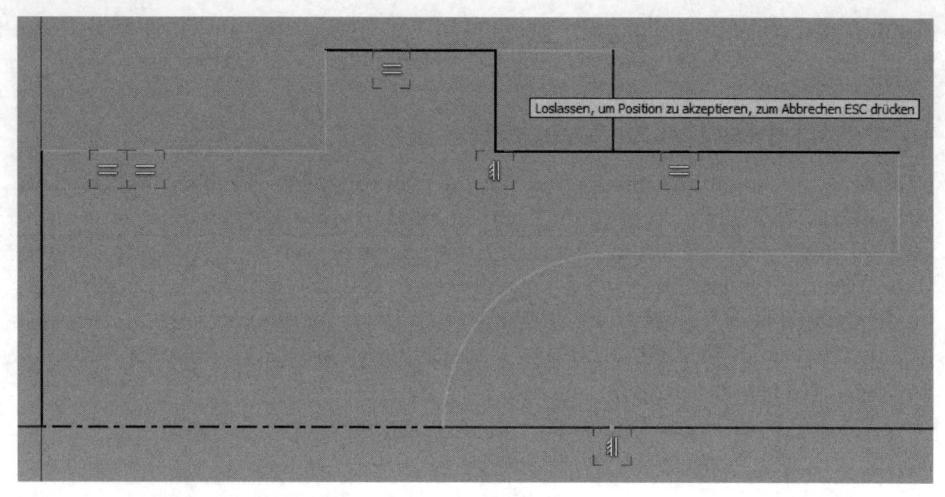

Abb. 3.31: Modifizieren von Geometrie im Lockerungsmodus

3.4 2D-Skizzen

3.4.1 Eine erste Kontur

Als Übung starten Sie nun eine Linienkonstruktion am *Nullpunkt*. Mit ERSTELLEN|LINIE wird die Linienfunktion gestartet und mit dem Kreuz am Cursor können Sie die Position angeben. Sie finden am Cursor auch ein Eingabefeld für die x- und y-Koordinate (Abbildung 3.32). Mit der Taste wird das Wertefeld für X aktiviert, damit Sie eine Zahl eingeben können. Mit einem weiteren Tastendruck wechseln Sie dann zur Y-Werteeingabe. Alternativ können Sie aber auch mit dem Cursorkreuz an charakteristischen Punkten Ihrer Konstruktion jederzeit einrasten, ohne Koordinaten einzugeben. Inventor markiert diese Einrastpositionen dann immer mit grüner Farbe, damit Sie wissen, wann Sie klicken dürfen.

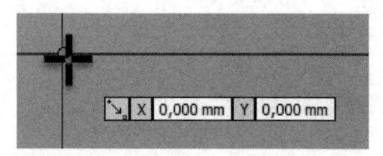

Abb. 3.32: Cursor-Eingabefeld mit aktivieren oder bei grüner Markierung einrasten

Im aktuellen Fall klicken Sie, wenn die Nullpunktposition in *Grün* erscheint. Danach erscheint der Cursor mit einem Eingabefeld für den *Abstand* und einem zweiten für den *Winkel* (Abbildung 3.33). Wenn Sie nun ungefähr senkrecht nach oben fahren, wird die Linie einrasten und es erscheint auch die Anzeige für die

ABHÄNGIGKEIT VERTIKAL. Um eine senkrechte Linie zu erstellen, geben Sie nach dem Einrasten die Länge mit **50** ein.

> **Tipp**
>
> Schreibweise von *Dezimalzahlen*
>
> Dezimalzahlen dürfen Sie hier normal mit *Dezimalkomma* schreiben, aber wenn Sie von Programmen wie AutoCAD den *Dezimalpunkt* der amerikanischen Schreibweise gewohnt sind, dürfen Sie den auch verwenden.

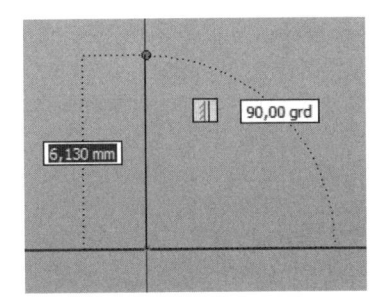

Abb. 3.33: Senkrechte Linie zeichnen

Nach dieser ersten Linie skaliert Inventor automatisch die Anzeige so, dass diese Linie vollständig angezeigt werden kann. Deshalb ist es sinnvoll, Ihre Zeichnung möglichst mit dem größten Geometrieteil zu beginnen. Dann brauchen Sie nicht mehr zu zoomen.

Weiter geht es mit einer waagerechten Linie (Abbildung 3.34), für die Sie auf der Lotrechten zur letzten Linie einrasten und dann die Länge mit **20** eingeben. Sie merken, dass Sie automatisch auf den orthogonalen Richtungen 0°, 90°, 180° und 270° einrasten, sobald Sie nicht mehr als 2° davon abweichen. Wenn Sie mehrere Liniensegmente nacheinander zeichnen, wirkt dieses Einrasten auch bezogen auf die letzte Linie. Der LINIE-Befehl arbeitet hier im endlosen Modus. Daher können Sie jetzt weitere Liniensegmente über neue Positionseingaben anfügen.

Die Vorgabe für die Koordinateneingabe sieht vor, dass außer dem Startpunkt alle weiteren Positionen über *Abstand und Winkel* eingegeben werden sollen. Im aktuellen Fall soll die Konstruktion symmetrisch zur 45°-Linie werden, der nächste Punkt hätte also den x-Abstand 80 und den y-Abstand -85, aber das ist momentan nicht einzugeben. Deshalb positionieren Sie den nächsten Klick per Augenmaß. Es entsteht eine Linie in *grüner Farbe*, d.h. eine *nicht vollständig bestimmte* Linie. Die vorhergehenden Linien sind alle in *Violett* entstanden, was für *vollständig bestimmte Objekte* gilt.

Kapitel 3
Die Skizzenfunktion

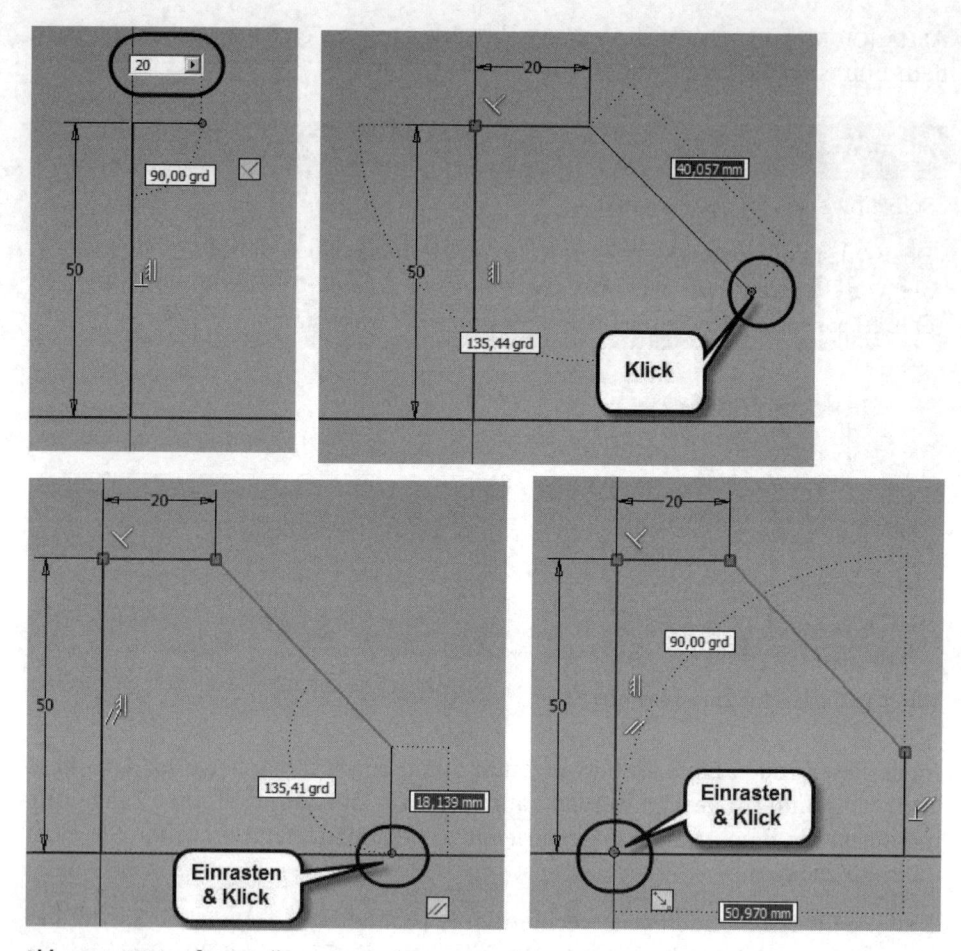

Abb. 3.34: Kontur fertigstellen

Die nächste Linie soll nun lotrecht bis zur x-Achse laufen. Hier lassen Sie die Linie wieder lotrecht einrasten und beachten, dass der Endpunkt auf einer kaum sichtbaren, aber spürbaren Spurlinie (dünn gepunktet) ausgehend vom Nullpunkt einrastet. Dann klicken Sie. Die Linie erhält die ABHÄNGIGKEIT PARALLEL zur allerersten Linie, bleibt aber grün, weil die Länge noch nicht definiert ist.

Zuletzt lassen Sie den Cursor am Nullpunkt einrasten und klicken. Diese Linie wird violett.

Nach Einrasten auf dem ersten Punkt ist der Linienzug zwar beendet, aber der LINIE-Befehl ist weiter aktiv. Den Befehl können Sie nun mit [ESC] beenden oder mit Rechtsklick und OK. Wenn Sie nur mit [↵] beenden, dann wird ein Linienzug zwar beendet, aber Sie können sofort mit einem weiteren Linienzug starten, sind also noch im Befehl LINIE.

3.4 2D-Skizzen

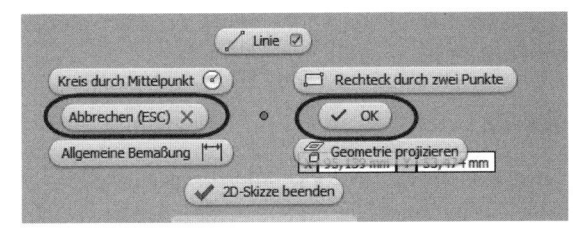

Abb. 3.35: LINIE-Befehl mit [ESC] oder OK beenden

Zum Vollenden der Konstruktion können Sie nun noch Abhängigkeiten einstellen, damit die beabsichtigte Symmetrie entsteht. Mit der ABHÄNGIGKEIT GLEICH = klicken Sie die beiden kurzen Linien an, damit sie gleich lang werden. Genauso machen Sie die erste und letzte Linie gleich lang. Um alle Abhängigkeiten der Konstruktion zu sehen (Abbildung 3.36), wählen Sie nach Rechtsklick ALLE ABHÄNGIGKEITEN EINBLENDEN oder benutzen die Funktionstaste [F8]. Mit [F7] lassen sie sich wieder abschalten.

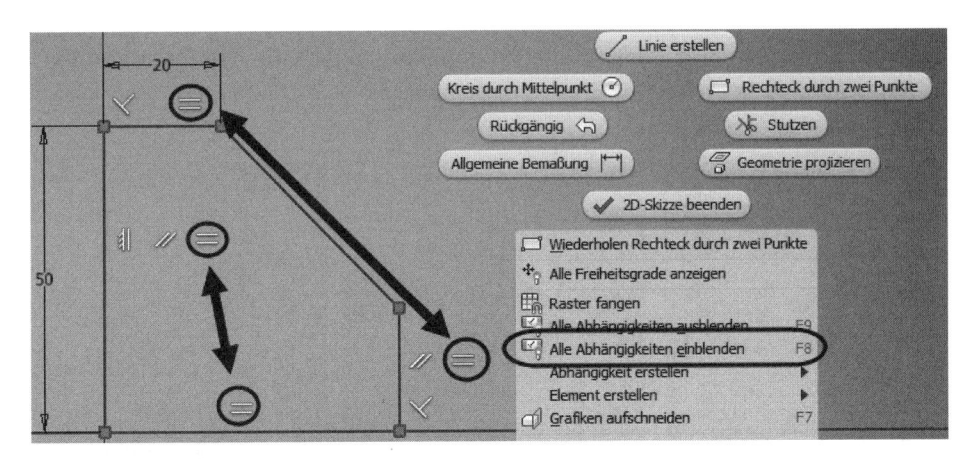

Abb. 3.36: Abhängigkeiten anzeigen

Nun werden Sie auch in der Ecke rechts unten am Bildschirm die Anmerkung SKIZZE VOLL BESTIMMT finden. Damit können Sie in der Multifunktionsleiste rechts oben in der Gruppe BEENDEN auf SKIZZE FERTIG STELLEN klicken.

Um aus dieser Kontur nun einen einfachen Volumenkörper zu erzeugen, reicht es aus, im Register MODELLIEREN unter ERSTELLEN die EXTRUSION zu wählen. Aus der ebenen Kontur soll durch Hochziehen (= Extrusion) in die dritte Dimension ein Körper werden. Da die Konstruktion nur eine einzige Skizze enthält, weiß Inventor automatisch, was extrudiert werden soll. Die Voreinstellungen sehen vor, dass in positiver z-Richtung um **10 mm** extrudiert wird. Zur Bedienung des Befehls steht einerseits das *Dialogfeld* zur Verfügung, andererseits das *Cursormenü*. Sie finden in beiden ähnliche bis identische Icons. Da die Dialogfelder etwas übersichtlicher wirken, werden im Buch vorzugsweise diese vorgestellt.

3.4.2 Kontur mit Linien und Bögen

Nun soll eine ähnliche Kontur wie oben erstellt werden, allerdings anstelle der schrägen Kante mit einem Bogen im Linienzug. Die ersten beiden Linien zeichnen Sie wie im vorigen Beispiel.

Dann folgt ein Bogensegment. Dazu ist es nicht nötig, in den BOGEN-Befehl zu wechseln, sondern Sie bleiben im LINIE-Befehl und starten das Bogensegment, indem Sie dort, wo der Bogen beginnen soll, mit *gedrückter* Maustaste in der gewünschten *Startrichtung* des Bogens ziehen. In diesem Moment erscheint ein großes Markierungskreuz (Abbildung 3.37 links). Lassen Sie die Maustaste nun so lange gedrückt, bis Sie die Position für den Endpunkt des Bogens erreicht haben. Die Position für den Endpunkt dieses Viertelkreises liegt nun genau waagerecht neben dem Kreiszentrum. Wenn diese Position erreicht ist (Abbildung 3.37 Mitte), erscheint eine waagerechte Spurlinie, und Sie können nun die Maustaste loslassen.

Inventor wird bei dieser Bogen-Konstruktion automatisch die ABHÄNGIGKEIT TANGENTIAL an beiden Enden des Bogens einsetzen.

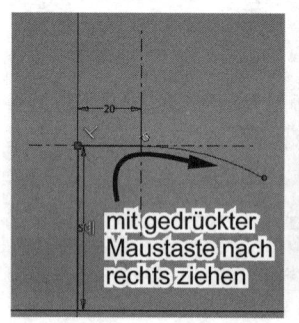

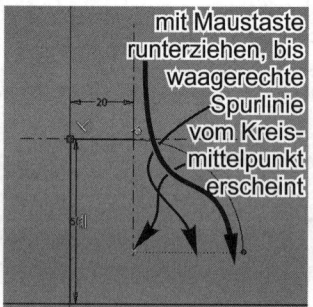

Abb. 3.37: Linie-Bogen-Übergang

Dann gehen Sie mit dem Cursor senkrecht nach unten, bis sich eine waagerechte Spurlinie ausgehend vom Konturstart zeigt, und klicken darauf (Abbildung 3.37 rechts). Die Kontur wird geschlossen, indem Sie am Schluss direkt auf den Konturstart klicken und dabei darauf achten, dass ein grüner Punkt als Signal für das Einrasten erscheint.

Nachdem Sie die beiden 20 mm langen Linien mit der ABHÄNGIGKEIT GLEICH versehen haben, ist diese Kontur auch vollständig bestimmt.

In einem zweiten Beispiel soll nun ein Bogen mit einem Knick von 90° eingebaut werden. Sie zeichnen in einer weiteren Skizze nun wieder die beiden Linien wie im vorhergehenden Beispiel.

Den Bogen starten Sie dann wieder mit gedrückter Maustaste, ziehen diesmal aber nicht waagerecht, sondern senkrecht weg. Die Maustaste lassen Sie auch erst wieder los, wenn Sie die Position senkrecht unter dem Bogen-Zentrum erreicht haben. So entsteht auch hier wieder ein Viertelkreis.

Dann geht die Zeichnung mit den beiden abschließenden Linien in gewohnter Weise weiter.

Sie versehen auch wieder die beiden kurzen Linien mit der ABHÄNGIGKEIT GLEICH. Sie werden sehen, dass das nicht ausreicht, die Zeichnung vollständig zu bestimmen. Es gibt nun verschiedene Möglichkeiten, eine vollständig bestimmte Zeichnung zu erreichen. Zunächst sollten Sie sich anzeigen lassen, welche Freiheitsgrade die Skizze noch enthält. Aktivieren Sie dazu im Kontextmenü ALLE FREIHEITSGRADE ANZEIGEN.

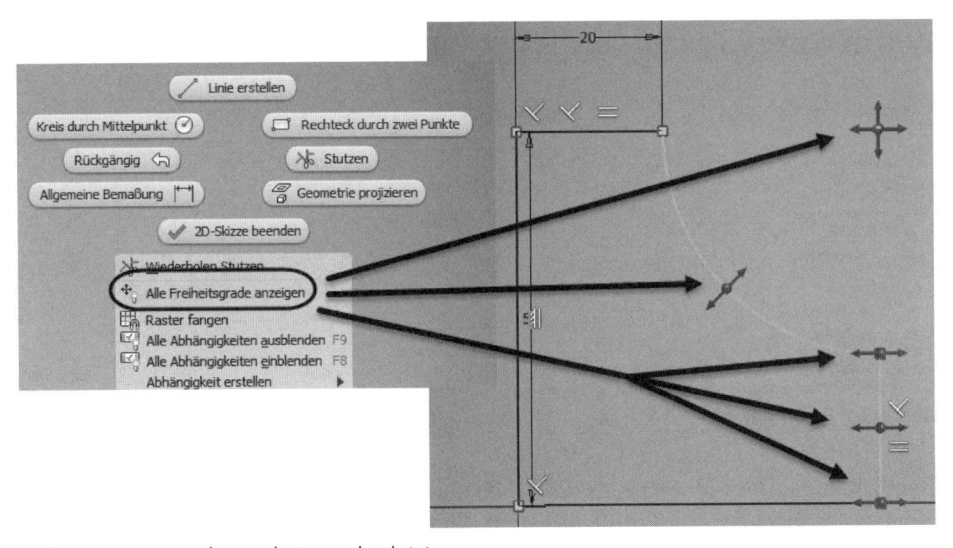

Abb. 3.38: Anzeige der Freiheitsgrade aktivieren

Im letzten Beispiel war durch die automatische ABHÄNGIGKEIT TANGENTIAL an beiden Bogenenden die Skizze dann schon vollständig bestimmt. In der aktuellen Skizze sind solche automatischen Abhängigkeiten nicht entstanden. Um nun den Kreisbogen mit seinen Freiheitsgraden weiter festzulegen, könnten Sie die ABHÄNGIGKEIT HORIZONTAL zwischen Kreiszentrum und Linienendpunkt links und die ABHÄNGIGKEIT VERTIKAL zwischen Kreiszentrum und Linienendpunkt rechts erstellen (Abbildung 3.39 links). Alternativ könnten Sie aber auch an beiden Bogenenden die ABHÄNGIGKEIT LOT zwischen Bogen und Linie wählen (Abbildung 3.39 Mitte). Wenn Sie die beiden langen Linien gleich setzen (Abbildung 3.39 rechts), bleiben immer noch Bogenradius und Mittelpunkt unbestimmt. Dann wäre noch eine der vorgenannten Abhängigkeiten zusätzlich zu aktivieren.

Kapitel 3
Die Skizzenfunktion

Abb. 3.39: Möglichkeiten für Abhängigkeiten zwischen Linie und Bogen

3.4.3 Bögen in der Kontur

Zur Konstruktion von Bögen gibt es drei verschiedene Funktionen: BOGEN – DREI PUNKTE, BOGEN – TANGENTE und BOGEN – MITTELPUNKT.

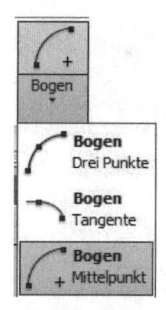

Abb. 3.40: Bogenbefehle

Bei BOGEN – DREI PUNKTE werden Startpunkt und Endpunkt des Bogens und zuletzt dazwischen ein Punkt *auf* dem Bogen angegeben. Wie Abbildung 3.41 zeigt, wird der dritte Punkt über den Radius des Bogens bestimmt.

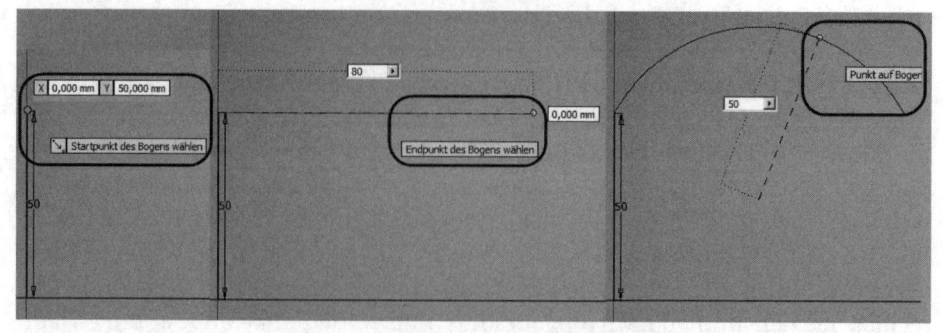

Abb. 3.41: Bogen über Startpunkt, Endpunkt und Punkt auf Bogen

Der BOGEN – TANGENTE übernimmt vom ersten Punkt, der ein Endpunkt einer bestehenden Geometrie sein muss, die Position und die Tangentenrichtung. Dann braucht er als dritten Bestimmungspunkt nur noch einen zweiten Endpunkt.

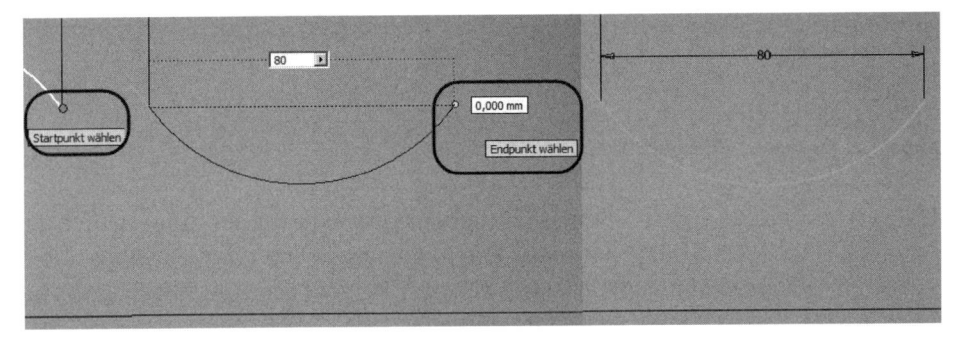

Abb. 3.42: Tangentialer Bogen

Die Option BOGEN – MITTELPUNKT verlangt zuerst den Mittelpunkt des neuen Bogens, und dann die beiden Endpunkte.

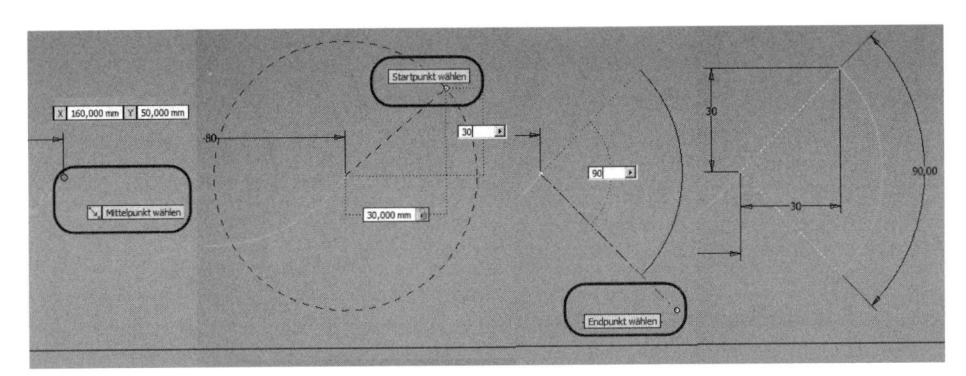

Abb. 3.43: Bogen über Mittelpunkt, Startpunkt und Endpunkt

3.4.4 Kreise und Ellipsen in der Skizze

Unter SKIZZE|ERSTELLEN|KREIS finden sich die Befehle KREIS – MITTELPUNKT, KREIS – TANGENTE und ELLIPSE. Bei KREIS – MITTELPUNKT sind Mittelpunkt und Durchmesser anzugeben. Die Option KREIS – TANGENTE verlangt zur Definition drei Linien. Die Linien müssen den Kreis nicht direkt berühren, es reicht auch aus, wenn die Verlängerungen der Linien die Kreise berühren würden. Sie müssen nur die drei Linien anklicken.

Kapitel 3
Die Skizzenfunktion

Abb. 3.44: Kreis- und Ellipsenbefehle

Die ELLIPSE wird über den Mittelpunkt und eine Position für die Länge und Richtung der ersten Achse definiert sowie einem weiteren Punkt *auf* der Ellipse. Die Achsen der Ellipse können bei ABHÄNGIGKEITEN PARALLEL, LOTRECHT, KOLLINEAR, HORIZONTAL und VERTIKAL verwendet werden.

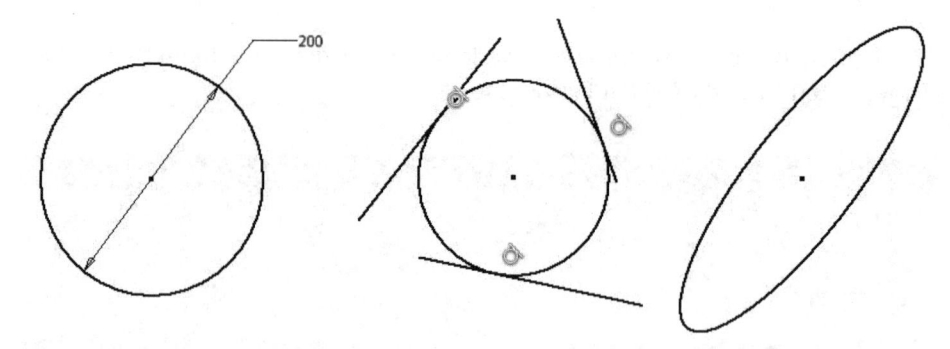

Abb. 3.45: KREIS – MITTELPUNKT, KREIS – TANGENTE und ELLIPSE

3.4.5 Rechtecke in der Kontur

Für die Rechtecke gibt es besonders viele Funktionen.

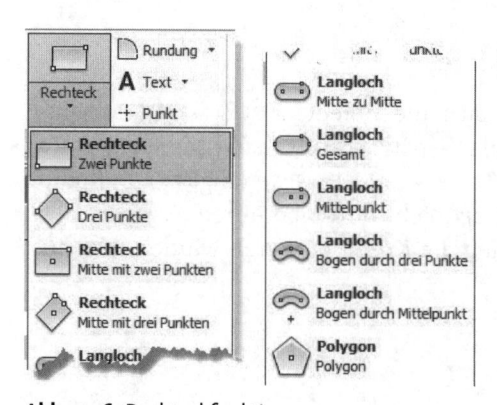

Abb. 3.46: Rechteckfunktionen

Die vier reinen Rechteckfunktionen werden in Abbildung 3.47 demonstriert.

- RECHTECK – ZWEI PUNKTE
    - Erste Ecke: am Nullpunkt einrasten ❶
    - Gegenüberliegende Ecke: **100**[⇥] **50** ❷
- RECHTECK – DREI PUNKTE
    - Erste Ecke: [⇥] **15**[⇥] **10** ❸
    - Zweite Ecke: **50**[⇥] **30** ❹
    - Dritte Ecke: **20** ❺
- RECHTECK – MITTE MIT ZWEI PUNKTEN
    - Mittelpunkt wählen: [⇥] **75**[⇥] **60** ❻
    - Ecke wählen: **20**[⇥] **10** ❼
- RECHTECK – MITTE MIT DREI PUNKTEN
    - Mittelpunkt wählen: [⇥] **70**[⇥] **20** ❽
    - Zweiter Punkt: **20**[⇥] **30** ❾
    - Dritter Punkt: **15** ❿

Die Winkel werden immer positiv eingegeben und zählen je nach Cursor-Position von der Null-Grad-Richtung nach oben oder nach unten.

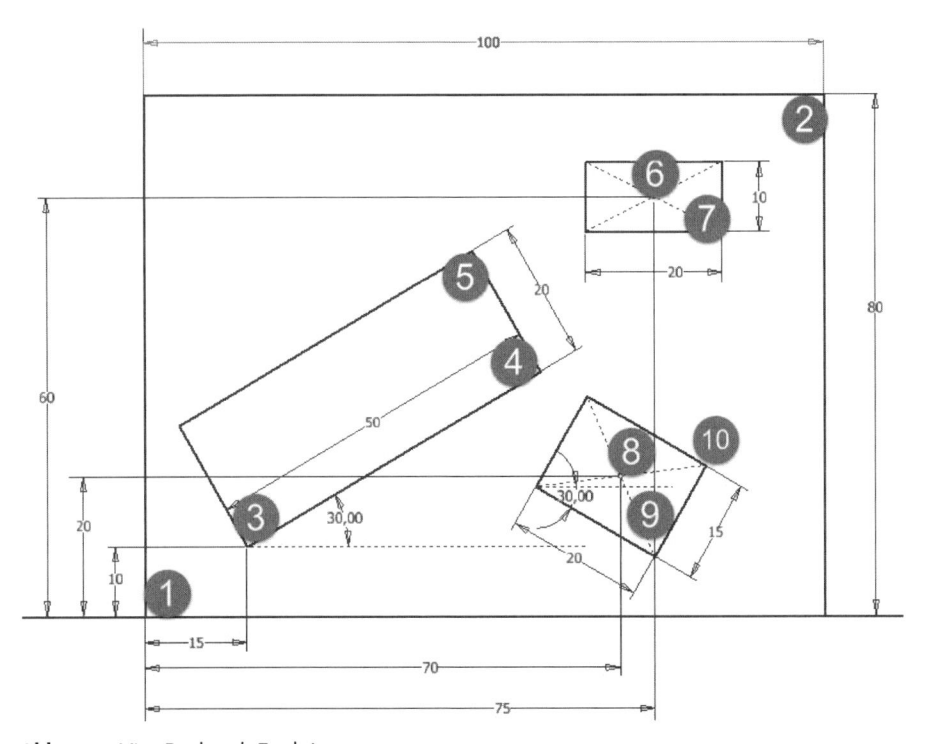

Abb. 3.47: Vier Rechteck-Funktionen

Kapitel 3
Die Skizzenfunktion

- LANGLOCH – MITTE ZU MITTE
    - Startmittelpunkt: ⇥ 20 ⇥ 20 ❶
    - Endmittelpunkt: 30 ⇥ 45. ❷
    - Punkt auf Langloch: 10 ❸
- LANGLOCH – GESAMT
    - Startpunkt: ⇥ 15 ⇥ 10 ❹
    - Endpunkt: 30 ⇥ 10 ❺
    - Punkt auf Langloch: 10 ❻
- LANGLOCH – MITTELPUNKTE
    - Mittelpunkt: ⇥ 60 ⇥ 25 ❼
    - Zweiten Punkt auswählen: 15 ⇥ 30 ❽
    - Punkt auf Langloch: 10 ❾

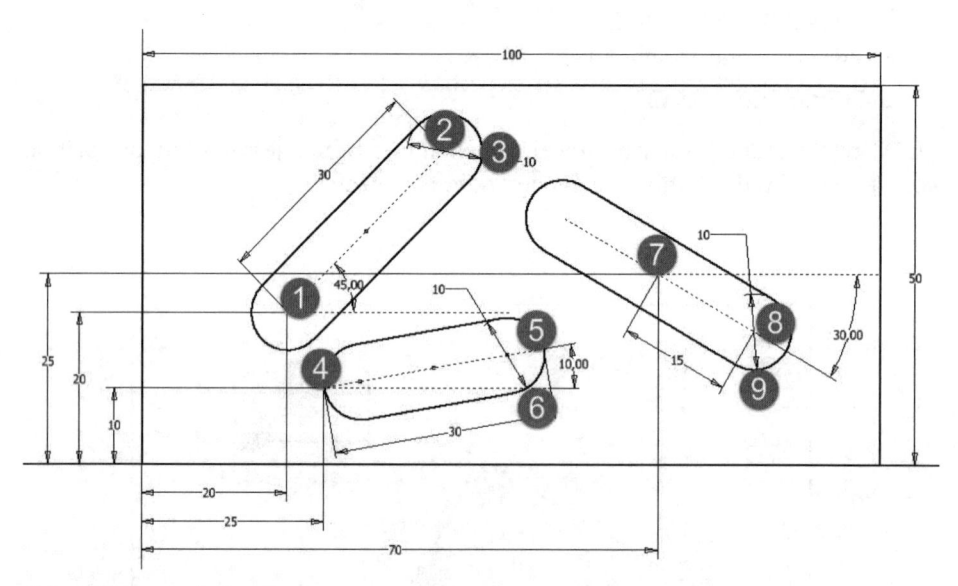

Abb. 3.48: Langloch-Funktionen

Die letzten Funktionen beim Thema RECHTECK lassen sogar gebogene Langlochkonstruktionen zu und regelmäßige Polygone.

Die Koordinaten-Eingabe muss nicht immer gleich mit exakten Werten erfolgen, sondern im Skizzenmodus ist es oft bequemer, Positionen mit Augenmaß und mit einem Klick zu bestimmen, um später dann einfach durch Ändern oder Erstellen einer Bemaßung die korrekten Werte zu bestimmen. Das ist oft wesentlich einfacher, als gleich die Werte einzugeben.

Beim Befehl POLYGON beispielsweise erscheint bei der Festlegung des Mittelpunkts keine Koordinateneingabe. Sie könnten an dieser Stelle unter SKIZZE|ERSTELLEN|▼ die PRÄZISE EINGABE aktivieren, um Koordinaten angeben zu können (Abbildung 3.49 oben).

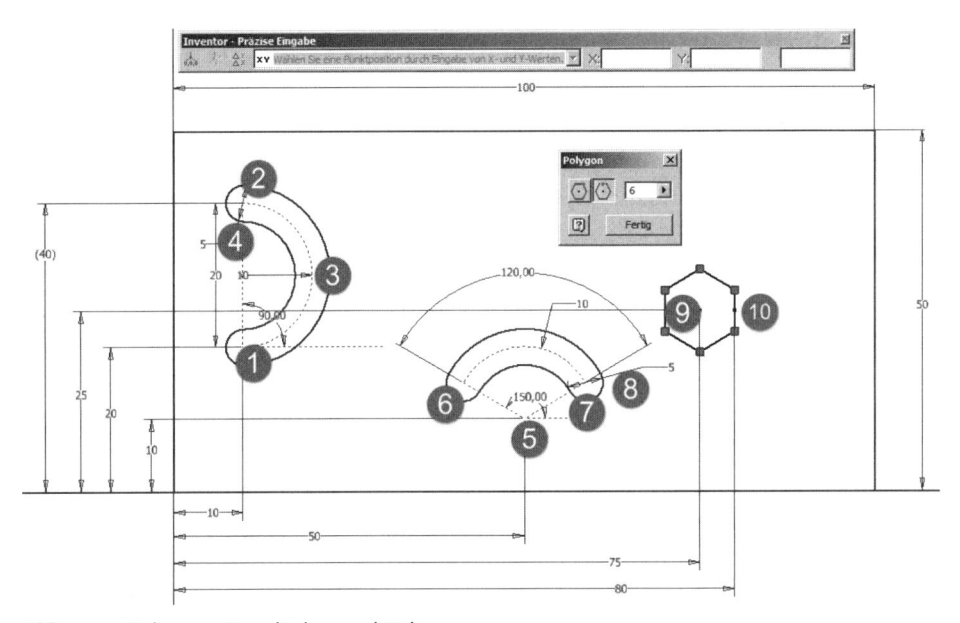

Abb. 3.49: Gebogene Langlöcher und Polygon

- LANGLOCH – BOGEN DURCH DREI PUNKTE
  - Mittelpunktbogenstart: 10 20 ❶
  - Mittelpunktbogenende: 20 90 ❷
  - Punkt auf Mittelpunktbogen: **10** ❸
  - Punkt auf Langloch: **5** ❹
- LANGLOCH – BOGEN DURCH MITTELPUNKT
  - Mittelpunkt des Mittelpunktbogens: 50 10 ❺
  - Startpunkt für Mittelpunktbogen: 10 150 ❻
  - Endpunkt für Mittelpunktbogen: **120** ❼
  - Punkt auf Langloch: **5** ❽
- POLYGON – POLYGON (ggf. mit PRÄZISE EINGABE)
  - In einem Dialogfeld können Sie wählen, ob der zweite Punkt des Polygons auf einer Ecke (Umkreis) oder einer Seitenmitte (Inkreis) liegen soll und die Anzahl der Polygonseiten angeben.
  - Mittelpunkt des Polygons: X **60** Y **25** ❾
  - Punkt auf Polygon: X **80** Y **25** ❿

Beim Polygon werden Sie feststellen, dass die Konstruktion mit diesen Eingaben noch nicht vollständig bestimmt ist. Es wäre noch eine Richtung für eine der Polygonseiten zu definieren. Dafür können Sie beispielsweise die ABHÄNGIGKEIT VERTIKAL verwenden.

3.4.6 Splines und Brückenkurven in der Kontur

Splines sind Freiformkurven, die sich wie ein biegsames Kurvenlineal an beliebig vorgegebene Positionen anpassen. Sie können durch Punkte auf der Kurve definiert werden, die sogenannten *Anpassungspunkte*, oder durch das außerhalb der Kurvenbahn liegende *Stützpunktpolygon*. Zum *Erstellen* einer Splinekurve sind oft die *Anpassungspunkte* der bequemste Weg. Wenn die Splinekurve noch *modelliert* werden soll, sind oft die *Stützpunkte* angenehmer, weil damit die Kurve oft *glatter deformiert* wird.

Die BRÜCKENKURVE ist eine Verrundung, bei der zwei Kurven durch eine Splinekurve so verbunden werden, dass *Tangente und Krümmung* an beiden Seiten angepasst werden. Damit wird ein möglichst glatter Übergang erzeugt. Während sich bei einer normalen Abrundung die Krümmung abrupt ändert, geht bei der Brückenkurve die Krümmung allmählich von der Krümmung der einen zur anderen Kurve über. Beim Erstellen der Brückenkurve wird deshalb an beiden Enden automatisch die Abhängigkeit STETIG (G2) erstellt.

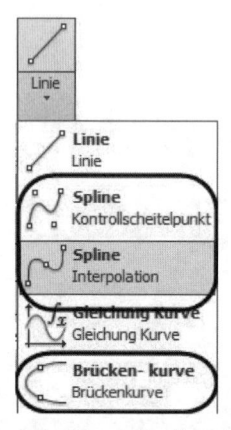

Abb. 3.50: Splinekurven für Skizzen

Für die SPLINE – INTERPOLATION geben Sie die Anpassungspunkte ein, die auf der Kurve liegen sollen.

Im Fall von SPLINE – KONTROLLSCHEITELPUNKTE definieren Sie die Stützpunkte, die ein Polygon bilden, dem die Kurve dann mit Abstand und in glatter Weise folgt. Erster und letzter Stützpunkt sind gleichzeitig Start- und Endpunkt der

Kurve. Die ersten und letzten beiden Punkte definieren jeweils die *Tangenten* im Start- und Endpunkt. Die ersten und letzten drei Punkte legen die *Krümmungen* an den Enden fest.

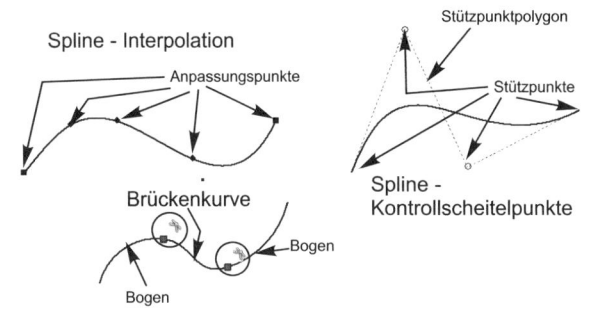

Abb. 3.51: Splinekurven für Skizzen

Für die Brückenkurve müssen Sie nur die zu verbindenden Kurvenenden anklicken. Es wird dann automatisch eine Splinekurve mit 6 Stützpunkten erzeugt, damit die Krümmung an beiden Enden angepasst werden kann.

Splinekurven können nach Erstellung noch in verschiedenster Weise manipuliert werden. Dazu können Sie die Splinekurve anklicken und das Kontextmenü aufrufen:

- GRIFF AKTIVIEREN – damit werden an den benachbarten Punkten die Tangenten zum Bearbeiten bzgl. Länge und Richtung aktiviert.
- KRÜMMUNG – zeigt in den benachbarten Punkten die Krümmung in Form eines angeschmiegten Bogens für Modifikationen an.
- FLACH – ersetzt im nächstliegenden Punkt die Krümmung durch den Wert Null.
- IN KS-SPLINE KONVERTIEREN/ IN INTERPOLATION KONVERTIEREN – wandelt die Splinedarstellung von Anpassungspunkten in Stützpunktpolygon um und umgekehrt.
- EINPASSUNGSMETHODE – bietet verschiedene Glättungsverfahren der Splines an (Abbildung 3.52).
- PUNKT EINFÜGEN – erlaubt das Einfügen weiterer Anpassungspunkte und macht damit den Spline flexibler.
- SPLINE SCHLIEßEN – schließt den Spline bis zum Startpunkt zur geschlossenen Kontur.
- SPLINE-SPANNUNG – variiert mit einer Vorschaufunktion einen Spannungsparameter für die Splinefunktion, damit die Kurve sich ähnlich wie eine metallene Feder unter verschiedenen Spannungszuständen deformiert.

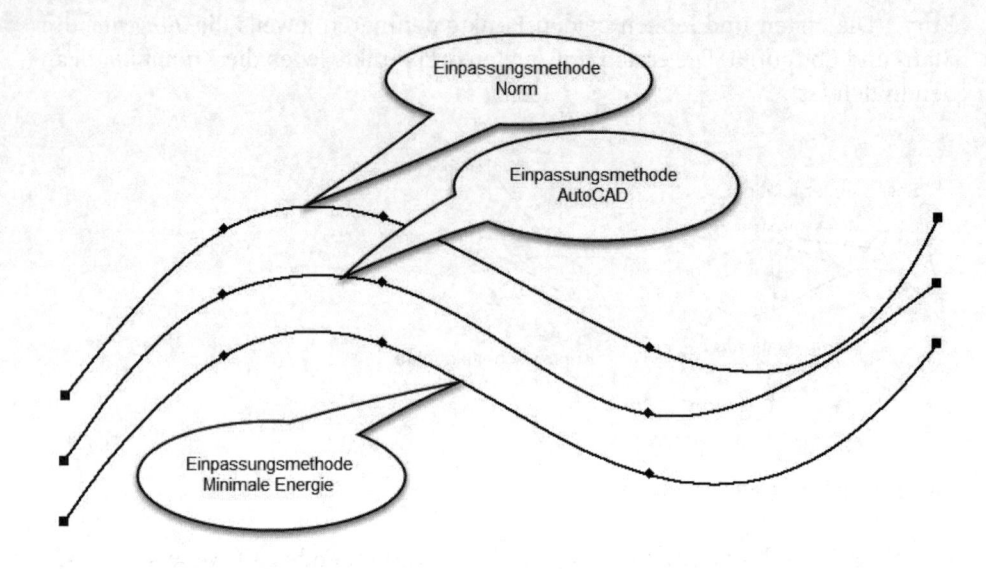

Abb. 3.52: Verschiedene Glättungsmethoden der Splines

3.4.7 Kurven mit Funktionsbeschreibungen

Eine Kurve, deren Form durch eine Gleichung bestimmt ist wie beispielsweise die Parabel **y=x²**, kann mit der Funktion GLEICHUNG KURVE erzeugt werden. Die Funktion GLEICHUNG KURVE verlangt zunächst die Eingabe der *Formel(n)* und des *Wertebereichs*. Vorgabemäßig wird die Formel in *Parameterform* erwartet, das heißt, die Koordinatenwerte *x* und *y* müssen in Abhängigkeit eines *Parameters t* angegeben werden. Das führt hier zu den beiden Gleichungen

- x(t) = t
- y(t) = t^2

Das Zeichen ^ steht für das Potenzieren. Dieses Zeichen erscheint erst, wenn das nachfolgende Zeichen, also die 2, getippt wird. Als Wertebereich wurde für t der Bereich von **0** bis **2** eingegeben.

Die Konstruktion zeigt, dass die Parabel noch durch eine Mittellinie ⊖ und zwei Konturlinien ergänzt wurde, um nach Beenden der Skizze daraus mit der Funktion DREHUNG einen Rotationskörper zu erzeugen. Da die Konstruktion nur eine einzige Skizze und eine einzige Mittellinie enthält, erkennt der Befehl DREHUNG das automatisch und benötigt keine weiteren Eingaben mehr außer einem **OK**.

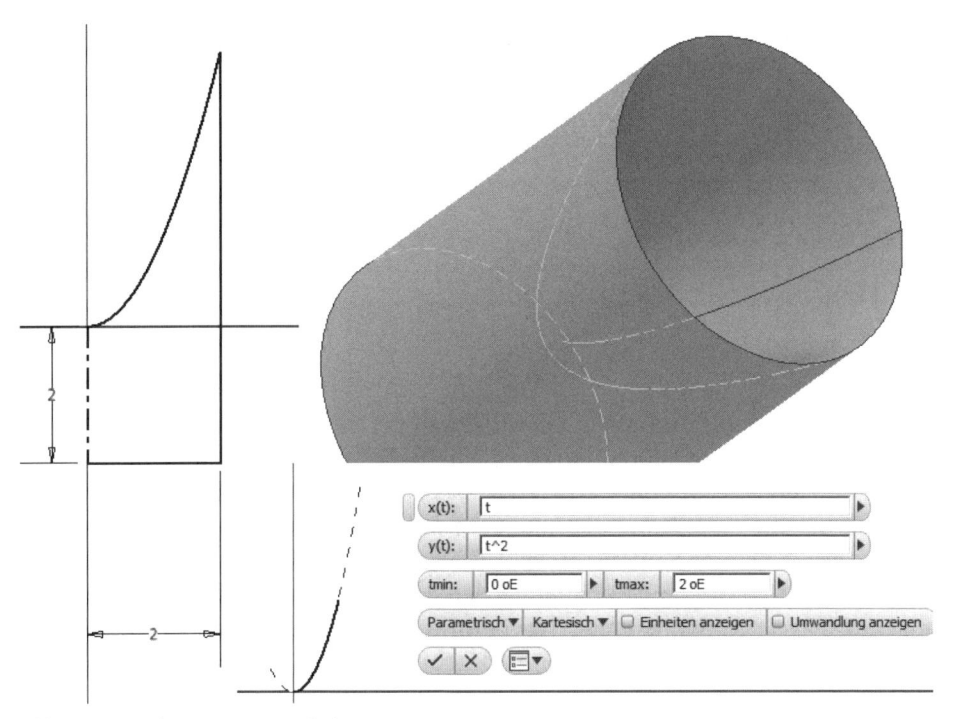

Abb. 3.53: Zeichnen einer Parabel

Alternativ kann die Parabel aber auch durch die explizite Form y=x² eingegeben werden. Hierbei ist aber zu beachten, dass Inventor auf die Einheiten achtet. Die Einheit für x sind mm und die Einheit für y wäre auch mm, aber durch das Quadrieren entsteht nun mm². Damit sich wieder mm für y ergeben, muss hier durch mm dividiert werden. Deshalb kommt der Ausdruck **/1 mm** noch dazu.

Abb. 3.54: Explizite Darstellung der Parabel unter Berücksichtigung der Einheiten

3.4.8 Rundungen und Fasen in der Skizze

Bei den Operationen RUNDUNG und FASE sollte man sich vorher überlegen, ob das in der Skizze Sinn macht oder erst später beim Volumenkörper. Wenn nämlich mehrere oder gar alle Kanten eines Volumenkörpers gerundet oder gefast werden

Kapitel 3
Die Skizzenfunktion

sollen, dann ist das beim Volumenkörper später in einer einzigen Operation möglich und damit sinnvoller.

Abb. 3.55: Erstellen von Rundungen und Fasen

Auch bei mehreren Rundungen oder Fasen in der Skizze sollten Sie sich überlegen, ob alle gleich sind oder unterschiedlich. Im Fall der Gleichheit können Sie bei beiden Befehlen die Option = aktivieren. Das ist auch die Vorgabe. In solchen Fällen wird nur die erste Rundung bzw. Fase mit einer Bemaßung erstellt und die übrigen durch Referenz auf das erste Maß bestimmt. Bei den Rundungen wird die ABHÄNGIGKEIT GLEICH angewendet. Bei den Fasen werden Parameterabhängigkeiten zur Gleichsetzung verwendet. Das bewirkt dann, dass sich später beim Ändern der ersten Rundung/Fase alle anderen identisch durch die Referenz ändern.

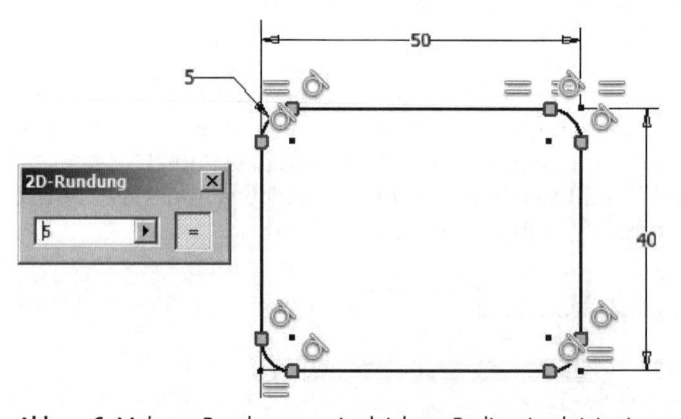

Abb. 3.56: Mehrere Rundungen mit gleichem Radius (= aktiviert)

Fasen können auf dreierlei Art definiert werden:

- mit gleichem Fasenabstand auf beiden Linien,
- mit zwei unterschiedlichen Fasenabständen,
- über einen Fasenabstand und einen Winkel.

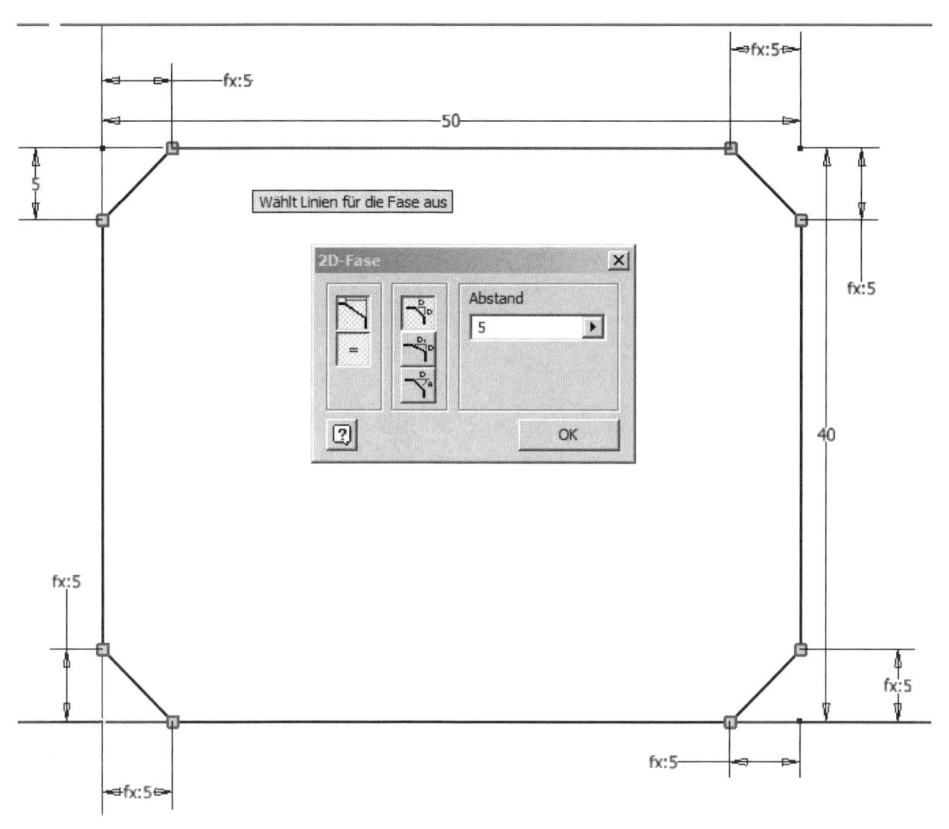

Abb. 3.57: Mehrere Fasen mit gleichem Fasenabstand (= aktiviert)

3.4.9 Texte in der Skizze

Auch TEXT-Objekte können in Skizzen erzeugt und später zum Modellieren von Volumenkörpern verwendet werden. Es gibt zwei Textbefehle: einen normalen TEXT und einen Text, der sich an Geometrie ausrichtet, GEOMETRIETEXT genannt (Abbildung 3.58).

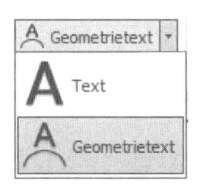

Abb. 3.58: Textbefehle

Der normale TEXT wird parallel zur x-Achse am spezifischen Punkt geschrieben. Verschiedenste Einstellungen zur Gestaltung des Textstils können über das Dialogfeld eingestellt werden (Abbildung 3.59).

Kapitel 3
Die Skizzenfunktion

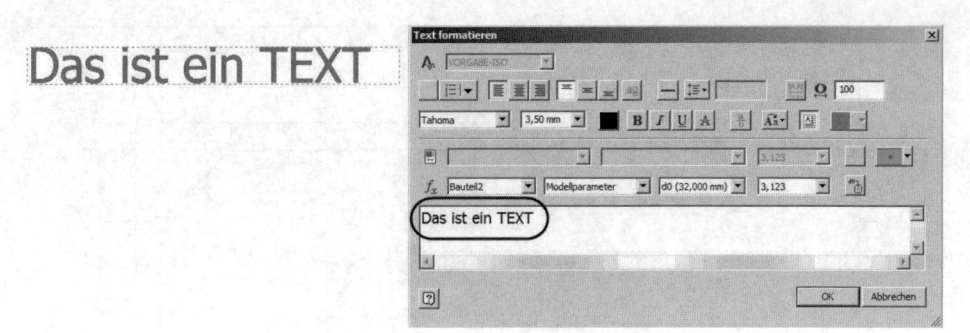

Abb. 3.59: Text

Der GEOMETRIETEXT orientiert sich an einer wählbaren Kurve wie beispielsweise an einem Bogen. Die möglichen Einstellungen zeigt das Dialogfeld (Abbildung 3.60).

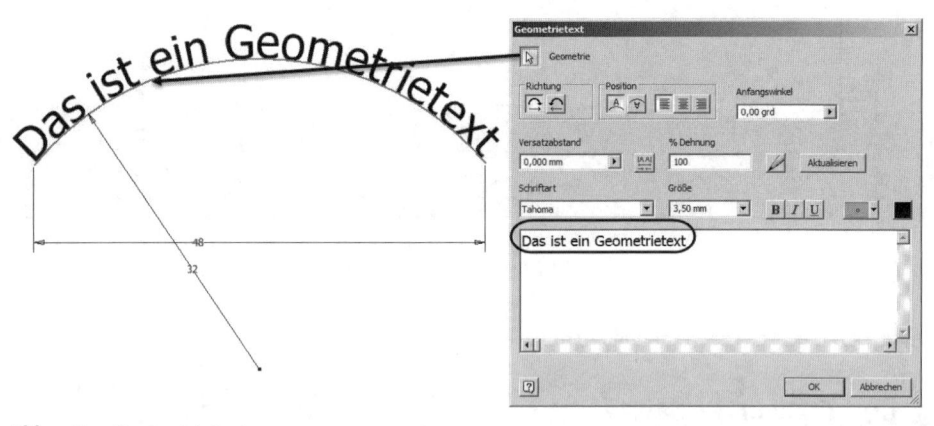

Abb. 3.60: Geometrietext

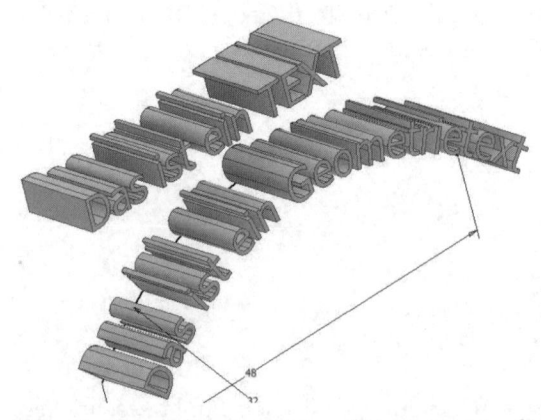

Abb. 3.61: Verwendung von TEXT und GEOMETRIETEXT für EXTRUSIONEN

3.4.10 Punkte in der Skizze

Punkte werden in der Skizze üblicherweise als Positionen für Bohrungen verwendet. Dazu ist unter FORMAT auch vorgabemäßig die Option MITTELPUNKT aktiviert. Diese Art von Punkten wird dann mit dem BOHRUNG-Feature automatisch als Bohrungsposition verwendet. Diese Punkte sind durch *Kreuze* gekennzeichnet.

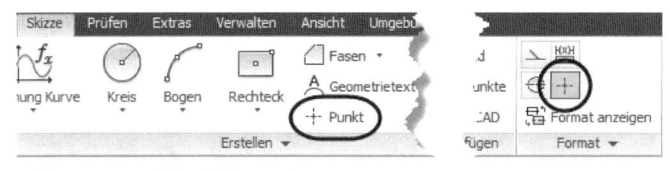

Abb. 3.62: Punktbefehl mit aktivierter Option MITTELPUNKT unter FORMAT

Im Beispiel wird eine rechteckige Platte mit einem passenden Bohrungsmuster versehen. Dazu wird ein Hilfs-Rechteck aus Konstruktionslinien gezeichnet und über die ABHÄNGIGKEITEN VERTIKAL und HORIZONTAL an den Mittelpunkten des äußeren Rechtecks aufgehängt. Auf die Eckpunkte werden die Mittelpunkte gesetzt. Diese Konstruktion stellt sicher, dass bei Änderungen der Bemaßungen die Punktpositionen symmetrisch in der Platte liegen bleiben.

Nach Beenden des Skizziermodus wird die Platte durch Extrusion erzeugt und danach werden mit dem BOHRUNG-Feature die Positionen automatisch anhand der Mittelpunkte lokalisiert.

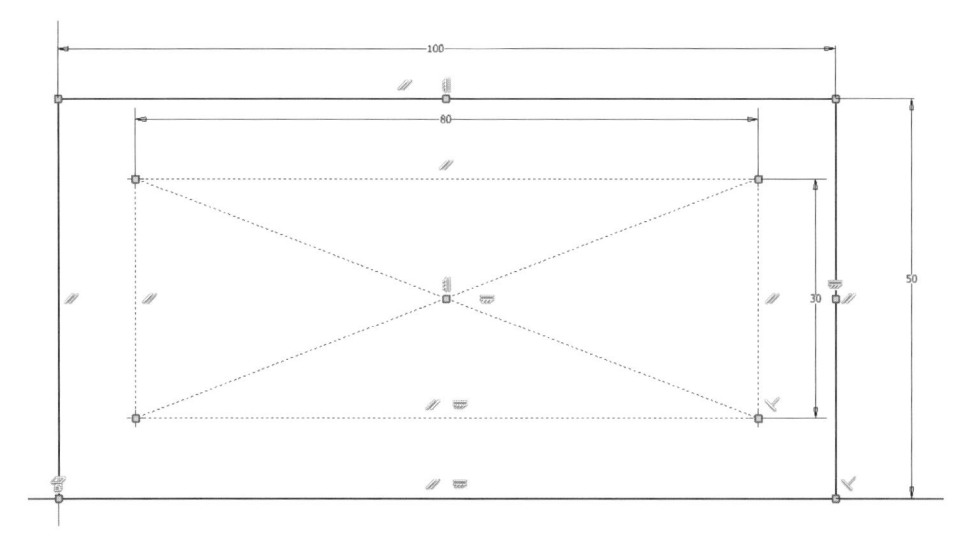

Abb. 3.63: Vier Mittelpunkte für Bohrungsmuster

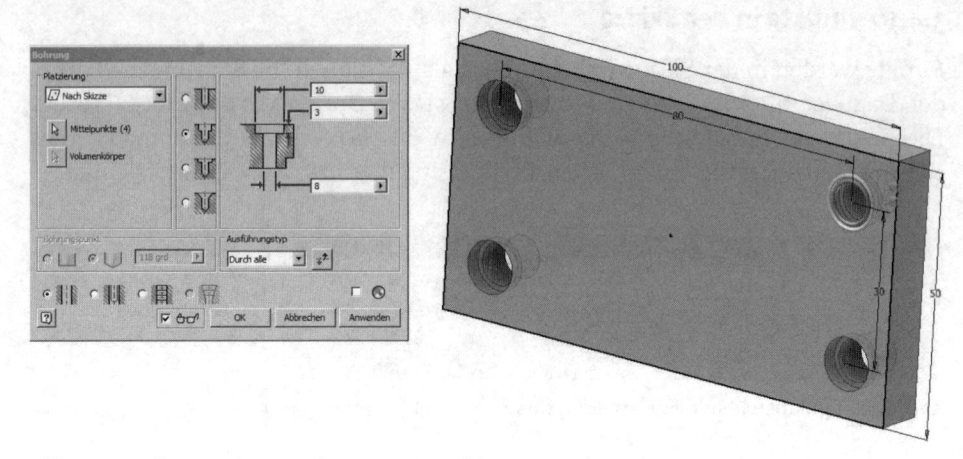

Abb. 3.64: Bohrungsplatte nach Extrusion und bei Anwendung des BOHRUNG-Features

Wenn Sie Punkte ohne die Option MITTELPUNKT erstellen, erhalten Sie *Skizzierpunkte*, die durch ein *Punktsymbol* gekennzeichnet sind. Diese Punkte können beim weiteren Skizzieren als Ausgangspositionen verwendet werden oder im Modellierungsmodus zum Erstellen von Arbeitselementen wie beispielsweise dem FIXIERTEN PUNKT.

3.4.11 Punkte aus Excel importieren

Punkte lassen sich auch aus einer Excel-Tabelle importieren. Beim Import in eine 2D-Skizze werden evtl. vorhandene Z-Koordinaten ignoriert. Die Excel-Datei sollte in der ersten Zeile und Spalte die Einheiten haben, also **mm**. In der nächsten Zeile stehen die Überschriften für die Spalten mit den Koordinaten, als **x** und **y** (und ggf. **z**) (Abbildung 3.65).

	A	B	C	D
1	mm			
2	x	y	z	
3	10	10	0	
4	12	10	0	
5	15	20	0	
6	20	20	10	
7	20	30	10	
8	25	30	15	
9	25	35	15	
10	30	30	20	
11				

Abb. 3.65: Excel-Punkte-Datei

Die Funktion SKIZZE|EINFÜGEN|PUNKTE importiert die Punktkoordinaten, erstellt aber *keine Assoziativität* zur Excel-Datei. Nach einer späteren Änderung der Excel-Daten ändern sich die Positionen in der Skizze *nicht*. Wenn beim Import in eine 2D-Skizze auch z-Koordinaten vorhanden sind, erhalten Sie eine Meldung, dass diese ignoriert werden. Die Punkte müssen dann auch von Ihnen einzeln bemaßt werden.

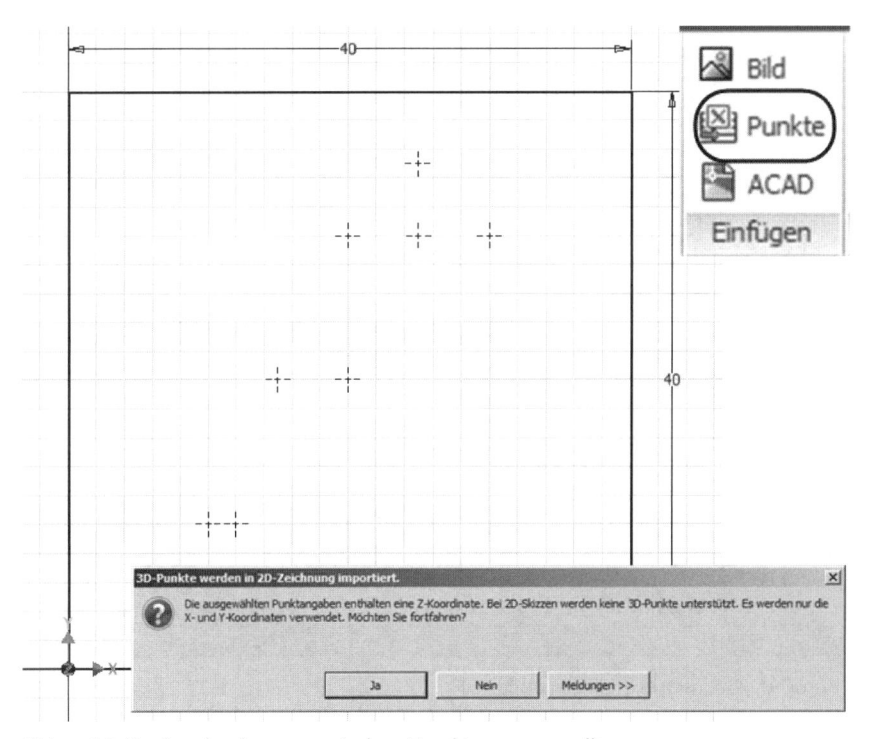

Abb. 3.66: Punkte durch automatischen Excel-Import erstellt

3.4.12 Skizze aus AutoCAD importieren

Um AutoCAD-Zeichnungen in Inventor zu nutzen, gibt es zwei Möglichkeiten, die auch methodisch unterschiedlich vorgehen.

- Sie können hier im SKIZZENMODUS die Geometrie aus einer AutoCAD-Zeichnung kopieren und für Extrusion und ähnliche Volumenkörper nutzen. In diesem Fall besteht nach Import der AutoCAD-Geometrie *kein Zusammenhang mit der AutoCAD-Zeichnung* mehr.
- Andererseits können Sie in der BAUTEILUMGEBUNG mit der Funktion 3D-MODELL|ERSTELLEN|IMPORT eine assoziative Verbindung zu einer AutoCAD-Zeichnung herstellen, deren Konturen Sie dann in eine Skizze projizieren kön-

Kapitel 3
Die Skizzenfunktion

nen. Mit dieser Skizze erzeugen Sie wieder Volumenkörper. In diesem Fall besteht *eine dauerhafte assoziative Verbindung von der AutoCAD-Zeichnung bis hin zum 3D-Modell*. Bei Änderungen der AutoCAD-Zeichnung wird sich Ihr Inventor-Teil anpassen. Dies wird in Abschnitt 4.1.10, »Importieren« vorgestellt.

Im Skizzenmodus beginnt der Import in die Skizze mit der Auswahl der AutoCAD-Zeichnung (Abbildung 3.67).

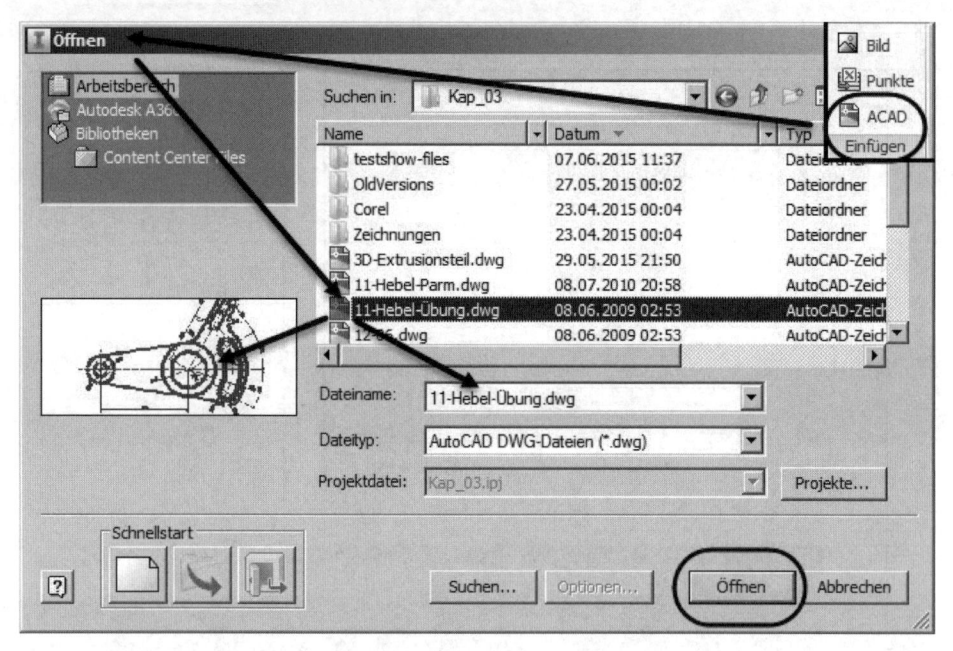

Abb. 3.67: AutoCAD-Geometrie in Skizze einfügen

Die geöffnete AutoCAD-Datei wird einige Sekunden von Inventor analysiert. Dann meldet sich der IMPORTDIALOG (Abbildung 3.68). Zuerst wählen Sie die *Layer* aus. Wenn nicht die komplette Zeichnungsgeometrie importiert werden soll, nehmen Sie die Aktivierung von ALLE heraus und wählen die *nutzbare* Geometrie im Fenster rechts mit üblichen Auswahlmethoden aus. Mit WEITER kommen Sie zu weiteren Optionen. Überprüfen Sie hier, ob die korrekten *Einheiten* der AutoCAD-Zeichnung verwendet werden. Waren Ihre Angaben in AutoCAD falsch, dann können Sie hier noch die Einheiten korrigieren. Auf jeden Fall sollten Sie dann die ENDPUNKTE MIT ABHÄNGIGKEITEN VERSEHEN lassen und alle erkennbaren ABHÄNGIGKEITEN automatisch erstellen lassen. Nach FERTIGSTELLEN dauert der Import noch eine Weile. Inventor zoomt leider nicht auf das Ergebnis. Wenn der Prozess beendet ist, sollten Sie selbst ALLES ZOOMEN aufrufen.

3.4
2D-Skizzen

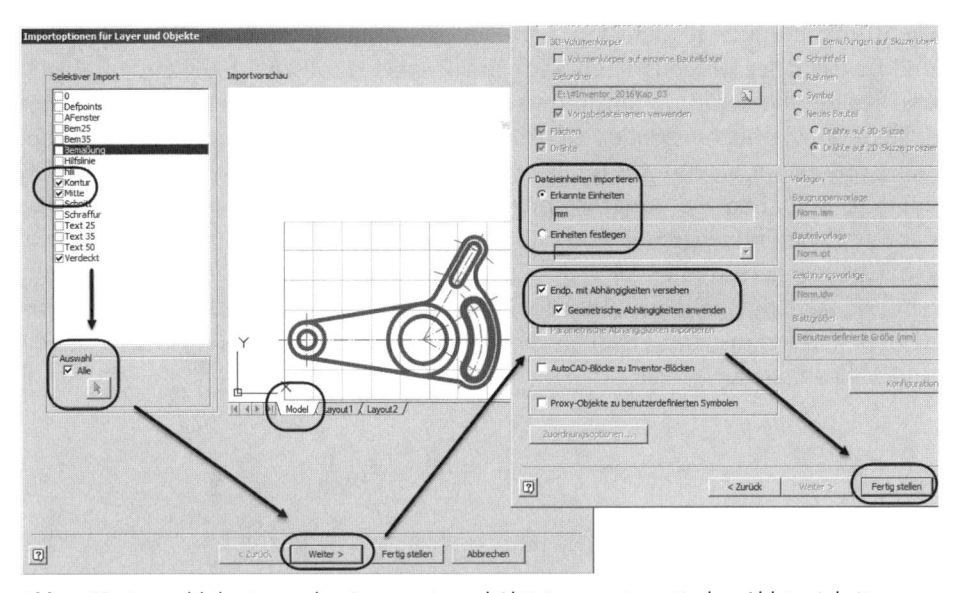

Abb. 3.68: Auswahl der Layer, der Geometrie und Aktivieren automatischer Abhängigkeiten

Wenn die Zeichnung in AutoCAD nicht am Nullpunkt lag, dann sollten Sie es hier im Inventor mit VERSCHIEBEN auf den Nullpunkt schieben. Auch können Sie nun die Linientypen und Farben an Inventor anpassen, indem Sie die komplette Geometrie wählen und im Kontextmenü EIGENSCHAFTEN wählen. Setzen Sie dort die LINIENFARBE, LINIENTYP und LINIENSTÄRKE auf **Vorgabe**.

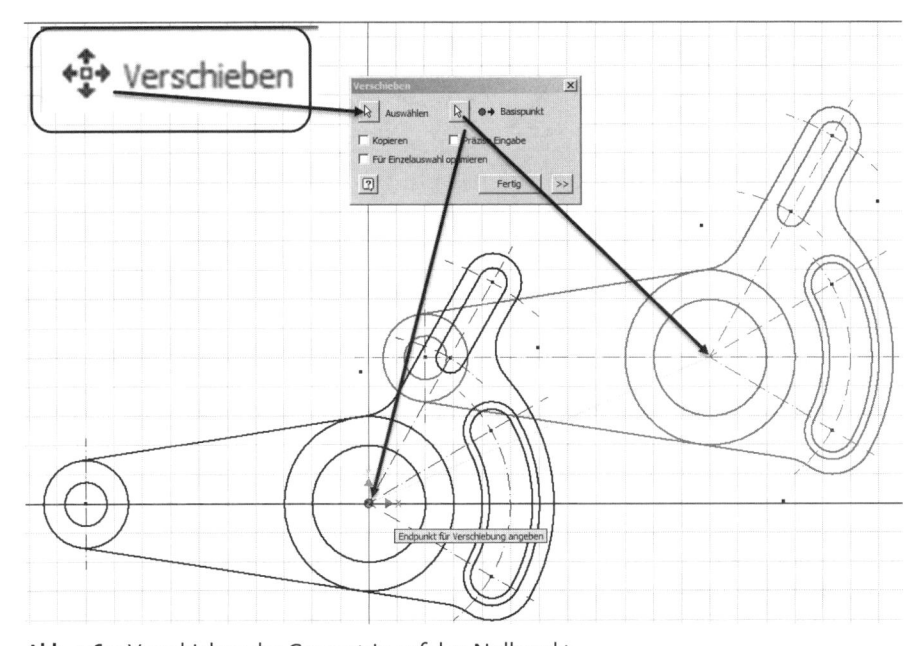

Abb. 3.69: Verschieben der Geometrie auf den Nullpunkt

Dann folgt der schwierigste Teil, nämlich Ergänzen der nötigen Abhängigkeiten und Erstellen der fehlenden Bemaßungen. Zunächst sollten Sie alle Linien, Bögen und Kreise, die keine Konturlinien sind, zu Konstruktionslinien machen. Dann sollten Sie alle überstehenden Konstruktionslinien so weit wie möglich stutzen. Dann prüfen Sie, wo ABHÄNGIGKEITEN GLEICH und TANGENTIAL eingesetzt werden können. Bemaßen Sie zunächst nur die relevantesten Geometrien. Prüfen Sie dann, welche Freiheitsgrade noch übrig bleiben. Durch AUTOMATIC DIMENSIONS AND CONSTRAINTS können Sie sich zeigen lassen, wo Inventor noch mit Bemaßungen und Abhängigkeiten ergänzen würde. Gehen Sie mit ENTFERNEN wieder aus dem Befehl heraus und erstellen Sie die zeichnerisch sinnvollen Bemaßungen und Abhängigkeiten selbst.

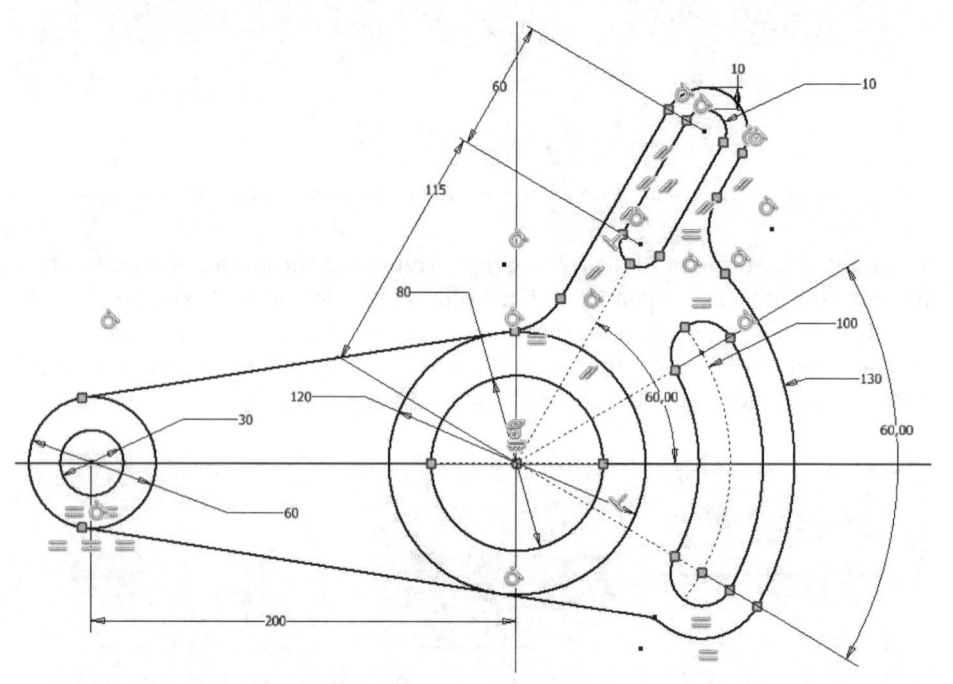

Abb. 3.70: Unnötige Geometrie gelöscht, gestutzt, restliche Geometrie mit Abhängigkeiten versehen und bemaßt

3.4.13 Koordinatensystem ändern

Wenn es für Ihre Arbeit günstiger ist, dann können Sie nach der ersten Skizze in den darauffolgenden Skizzen das Koordinatensystem drehen und verschieben. Die Funktion erreichen Sie unter SKIZZE|ABHÄNGIG MACHEN ▾ KOORDINATENSYSTEM BEARBEITEN.

Wenn Sie den *Ursprung* des bestehenden Koordinatensystems anklicken, dann können Sie ihn auf einen anderen *Punkt verschieben*, wie beispielsweise auf den

Skizzenpunkt einer anderen (sichtbaren) Skizze. Es ergibt sich ein parallel verschobenes Koordinatensystem (siehe durchgezogener Pfeil in Abbildung 3.71). Als Ziel für die Verschiebung sind auch Arbeitspunkte und kreisförmige Kanten von Volumenkörpern möglich.

Wenn Sie die *X- oder Y-Achse* des bestehenden Systems anklicken, dann können Sie es *drehen*, sodass diese Achse *parallel zu einer Linie* in einer anderen Skizze liegt (siehe die gestrichelten Pfeile in Abbildung 3.71). Alternativ können Sie auch eine Arbeitsachse oder lineare Kante eines Volumenkörpers als Ziel verwenden.

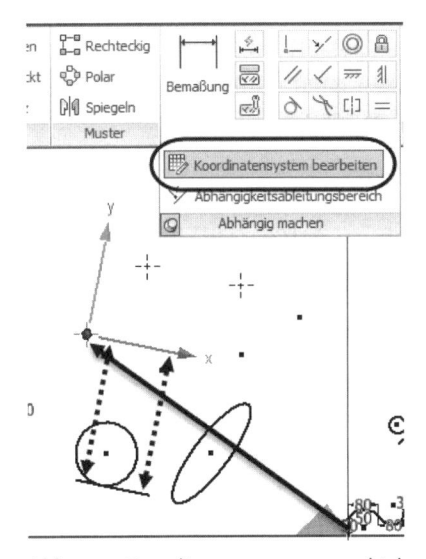

Abb. 3.71: Koordinatensystem verschieben und drehen

3.5 3D-Skizzen

3D-Skizzen werden vor allem für die Modellierfunktion SWEEP benötigt, bei der ein Profil an einem Pfad entlangbewegt wird, um einen Volumenkörper zu erstellen.

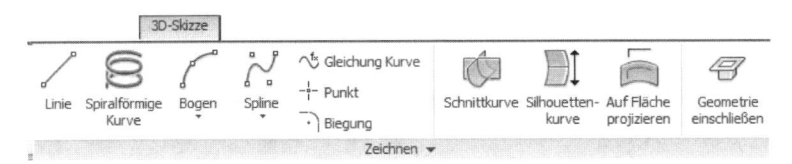

Abb. 3.72: 3D-Skizzen-Funktionen

3.5.1 3D-Koordinateneingabe

Meist müssen für 3D-Skizzen dreidimensionale Koordinaten mit exakten Werten eingegeben werden. Dazu können Sie in den 3D-Zeichenfunktionen die PRÄZISE EINGABE aktivieren, um x-, y- und z-Werte einzugeben.

Kapitel 3
Die Skizzenfunktion

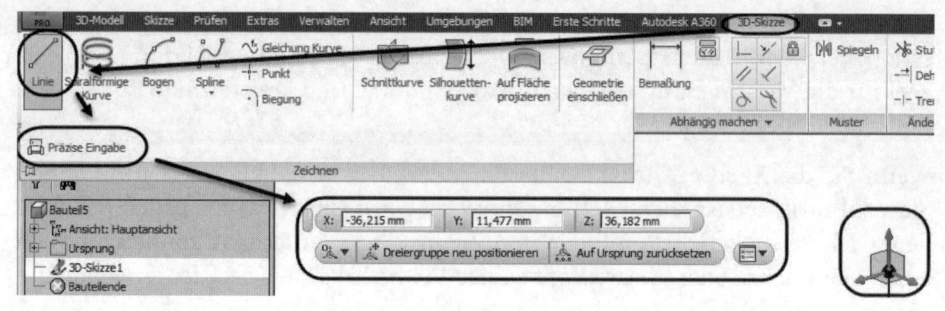

Abb. 3.73: Präzise Eingabe für x, y und z

Die Eingabe der Koordinaten kann durch Anklicken einer der gelben Flächen am mobilen Achsenkreuz auf eine Ebene beschränkt werden.

Punkte aus Excel-Datei

Wie für 2D-Skizzen, so können Punkte auch für 3D-Skizzen aus Excel-Dateien übernommen werden. Sie können z.B. für Splinekurven als Stützpunkte verwendet werden.

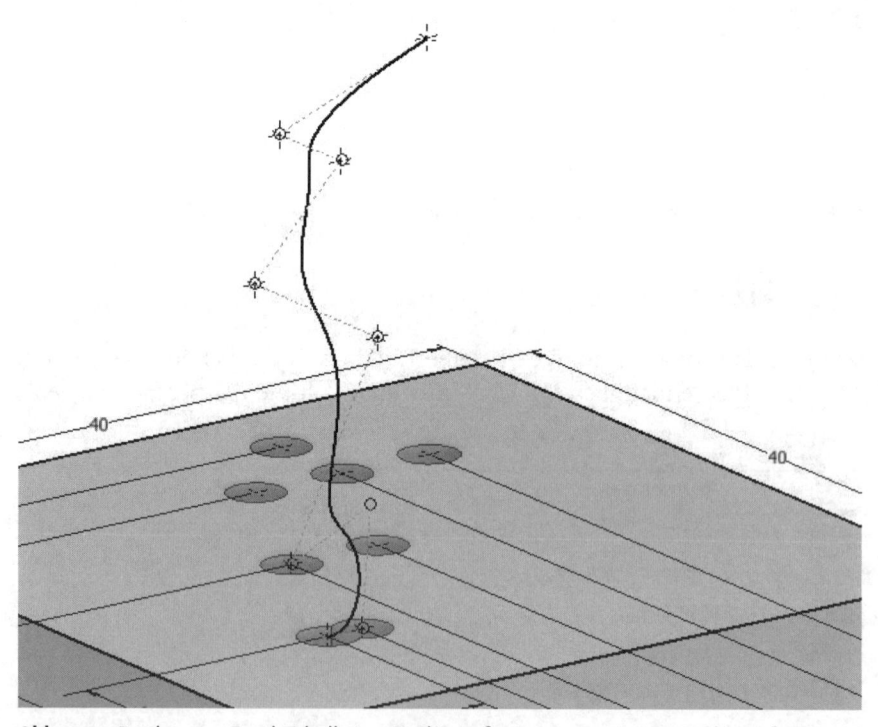

Abb. 3.74: Punkte aus Excel-Tabelle in 2D-Skizze für BOHRUNGEN, in 3D-Skizze für SPLINE verwendet

3.5.2 Kurven für 3D-Skizzen

Linie

Mit LINIE und mit der PRÄZISEN EINGABE können dreidimensionale Linien punktweise konstruiert werden (Abbildung 3.75). Da solche Linien oft für Rohrleitungen und Ähnliches verwendet werden, kann Inventor so eingestellt werden, dass automatisch verrundet wird.

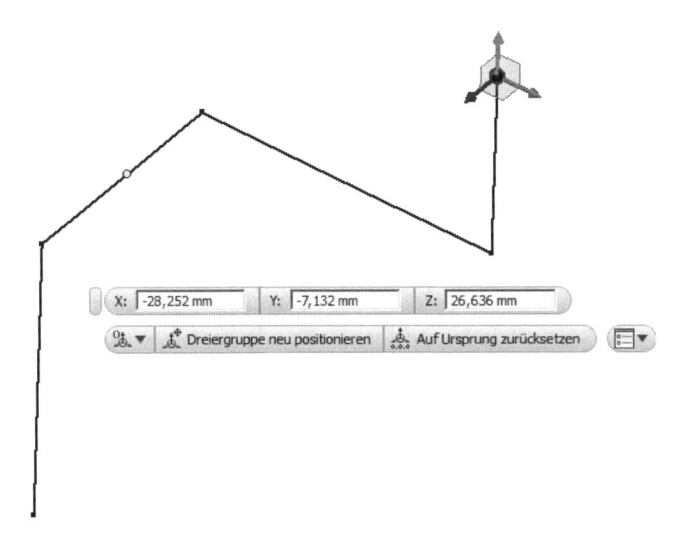

Abb. 3.75: 3D-Linie in orthogonalen Richtungen

Zum automatischen Verrunden von 3D-Linien sind zwei Einstellungen wichtig. Unter EXTRAS|DOKUMENTEINSTELLUNGEN|SKIZZE können Sie unter dem Titel 3D-SKIZZE den RADIUS DER AUTOMATISCHEN BIEGUNG eingeben (Vorgabe **5**). Unter EXTRAS|ANWENDUNGSOPTIONEN|SKIZZE müssen Sie dann noch unter 3D-SKIZZE die Option BEIM ERSTELLEN VON 3D-LINIEN AUTOMATISCH BIEGEN aktivieren.

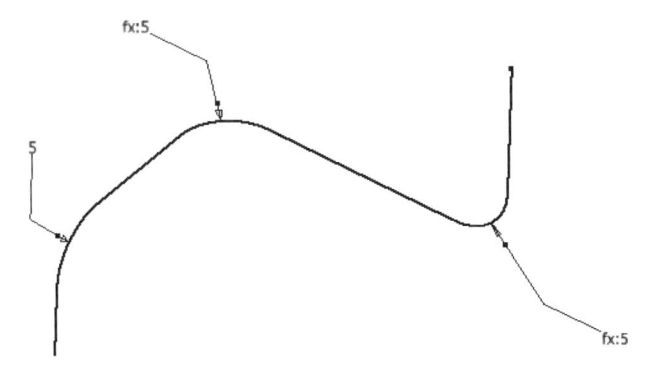

Abb. 3.76: Automatisch verrundete 3D-Linie

Spiralförmige Kurve

Die SPIRALFÖRMIGE KURVE verlangt als erste Eingabe einen Start- und einen Endpunkt für die Spiralachse. Dazu wäre es sinnvoll, vor dem Befehl eine passende 3D-Linie zu konstruieren. Zusätzlich erscheint ein Eingabedialog für die Spiralparameter wie DURCHMESSER, STEIGUNG, ANZAHL UMDREHUNGEN und ggf. eine VERJÜNGUNG für konischen Verlauf. VERJÜNGUNG bedeutet hier, dass die Spirale bei positivem Verjüngungswinkel vom Start zum Ende hin breiter wird.

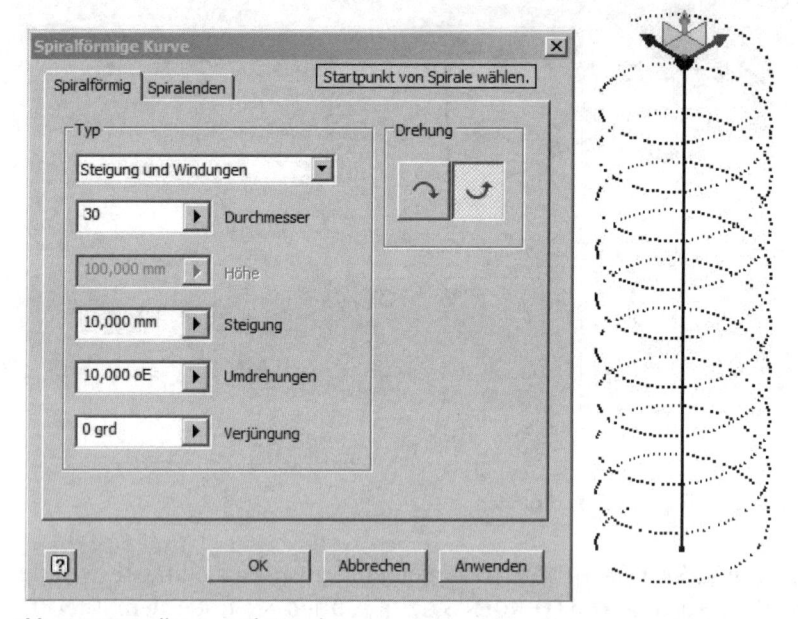

Abb. 3.77: Spiralkurve und Eingabeparameter

Bogen

Beim BOGEN-Befehl gibt es zwei Optionen: DREI PUNKTE und MITTELPUNKT. Die Eingaben entsprechen denen bei der 2D-Skizze, nur dass hier die Punkte beliebige dreidimensionale Positionen sein können.

Spline

Die SPLINE-Kurve hat auch wie im zweidimensionalen Fall die Optionen KONTROLLSCHEITELPUNKT und INTERPOLATION. Der Unterschied zum 2D-Fall besteht wieder darin, dass hier beliebige 3D-Positionen gewählt werden dürfen.

Gleichung Kurve

Mit GLEICHUNG KURVE können dreidimensionale Kurven parametrisch durch Gleichungen bestimmt werden. Sie können hier zwischen kartesischen Koordinaten, Zylinderkoordinaten und Kugelkoordinaten wählen.

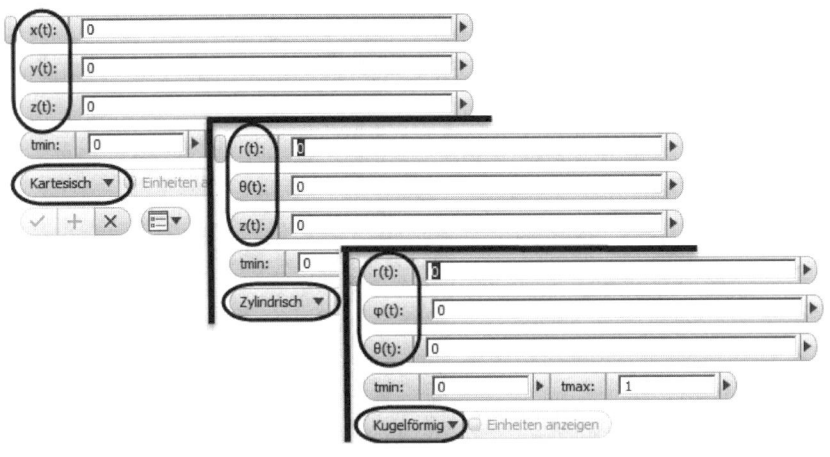

Abb. 3.78: Verschiedene Koordinatensysteme für 3D-Kurven

Punkt

Erzeugt einen Punkt durch Eingabe von x-, y- und z-Koordinaten.

Biegung

Biegung erzeugt eine Abrundung zwischen zwei 3D-Kurven, ähnlich zur 2D-Biegung.

Schnittkurve

Mit dieser Funktion kann eine Kurve durch den Schnitt zweier Flächen erzeugt werden. Um das zu demonstrieren, ist ein kleiner Vorgriff zum Thema *Flächen* nötig. Das soll hier geschehen.

Eine Fläche lässt sich leicht aus einer 2D-SKIZZE z.B. mit der Funktion 3D-MODELL|EXTRUSION erzeugen (Abbildung 3.79). Für eine Schnittkurve ist eine zweite Fläche nötig. Deshalb wurde in der YZ-EBENE eine zweite Kurve gezeichnet und ebenfalls extrudiert. Beide Flächen wurden dann mit 3D-SKIZZE|ZEICHNEN|SCHNITTKURVE zum Schnitt gebracht (Abbildung 3.80)

Kapitel 3
Die Skizzenfunktion

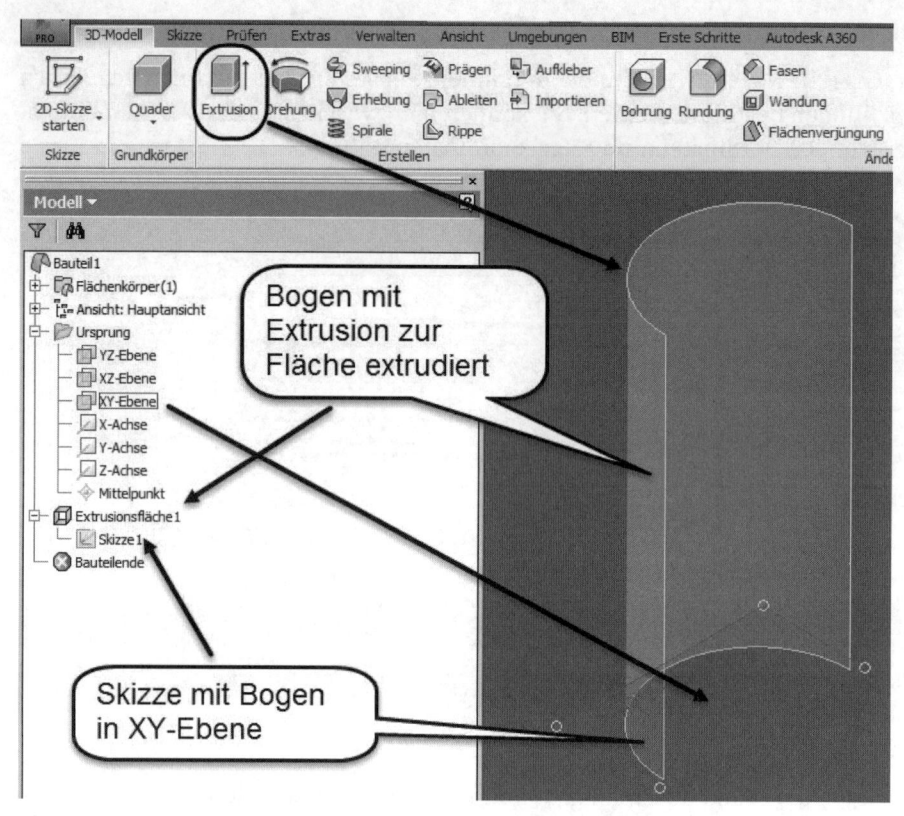

Abb. 3.79: Fläche durch EXTRUSION einer 2D-SKIZZE erzeugt

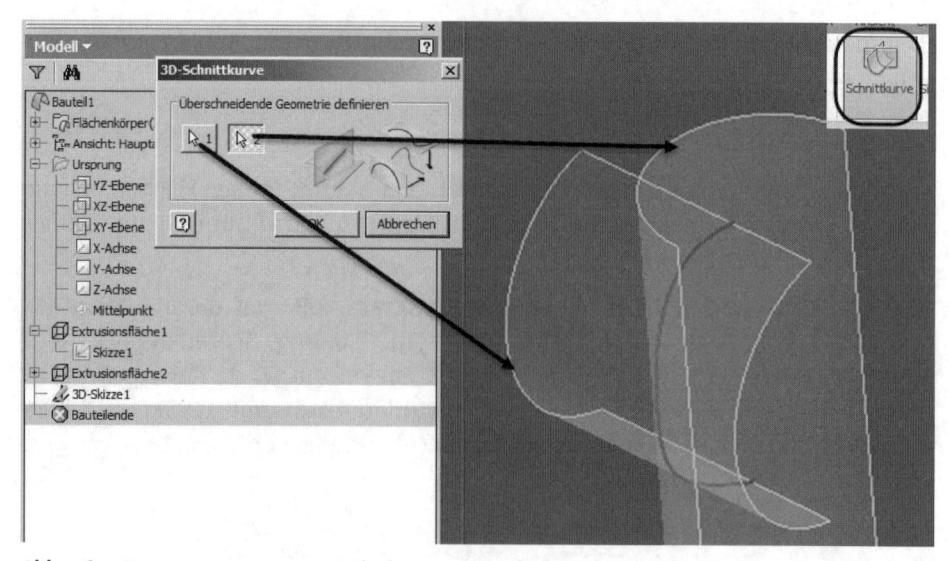

Abb. 3.80: SCHNITTKURVE von zwei Flächen

Silhouettenkurve

Diese Funktion erzeugt eine Kurve als Silhouette einer Fläche. Damit diese Kurve interessant demonstriert werden kann, ist eine etwas kompliziertere Vorbereitung nötig. Die Fläche wurde diesmal durch DREHUNG einer kreisförmigen 2D-SKIZZE erzeugt. Außerdem ist eine Richtung für die Generierung der Silhouette nötig. Deshalb wurde eine Linie in einer 3D-Skizze (Abbildung 3.81) gezeichnet und eine ARBEITSACHSE mit 3D-MODELL|ARBEITSELEMENT|ACHSE▼ AUF LINIE ODER KANTE daraufgelegt.

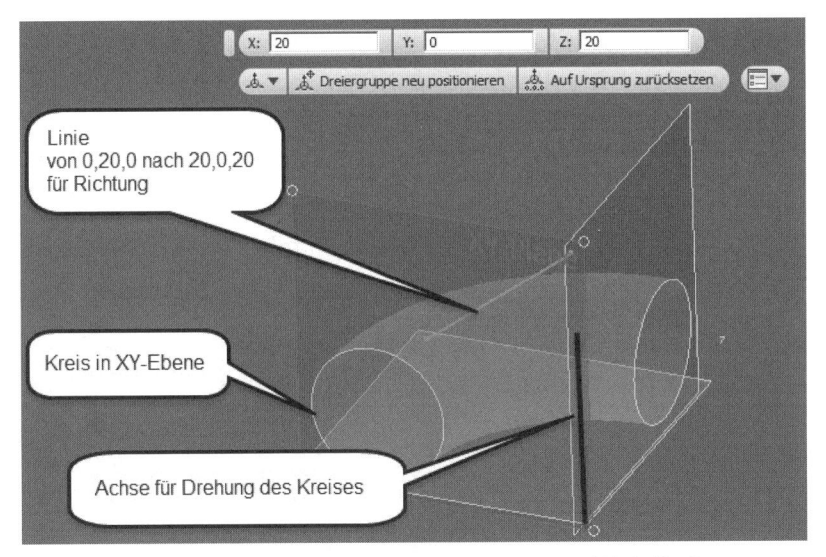

Abb. 3.81: Fläche durch DREHUNG eines Kreises um 90° und Linie für RICHTUNG

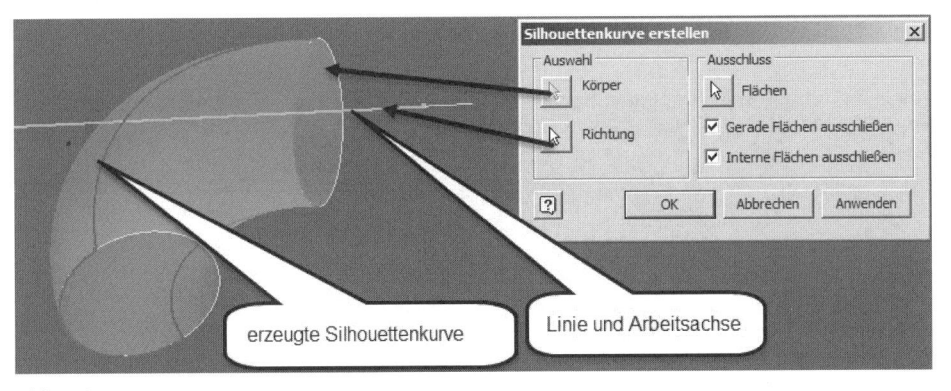

Abb. 3.82: SILHOUETTENKURVE

Auf Fläche projizieren

Diese Funktion erzeugt eine 3D-Kurve durch Projektion einer Kurve auf eine Fläche. Bei dieser Funktion gibt es drei Möglichkeiten der Projektion:

- ENTLANG DES VEKTORS – Sie wählen die Zielfläche, die zu projizierende Kurve und für die Richtung eine Linie, Arbeitsachse o.Ä. Wenn Sie eine 2D-Kurve wählen, wird als Richtung die Normale dazu mit einem Doppelpfeilsymbol als Vorgabe angeboten (Abbildung 3.83).

- AUF DEN NÄCHSTEN PUNKT PROJIZIEREN – Sie wählen nur die Zielfläche und die zu projizierende Kurve. Es wird praktisch punktweise das Lot auf die Zielfläche gefällt (Abbildung 3.84).

- AUF FLÄCHE AUFBRINGEN – Diese Funktion ist nur auf abwickelbare Flächen anwendbar, also auf Flächen, die nicht doppelt gekrümmt sind. Hier wird die Kurve praktisch wie ein Abziehbild als Abwicklung aufgebracht (Abbildung 3.85).

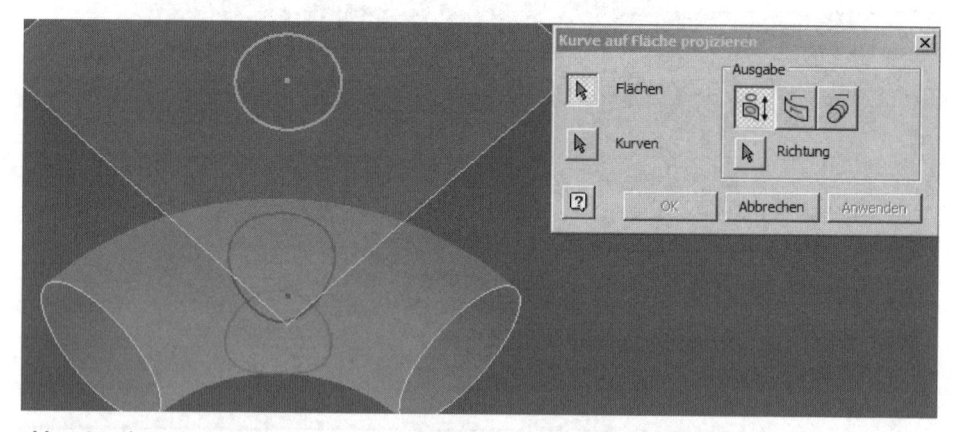

Abb. 3.83: Skizze in Vektorrichtung (hier senkrecht zum Kreis) projizieren

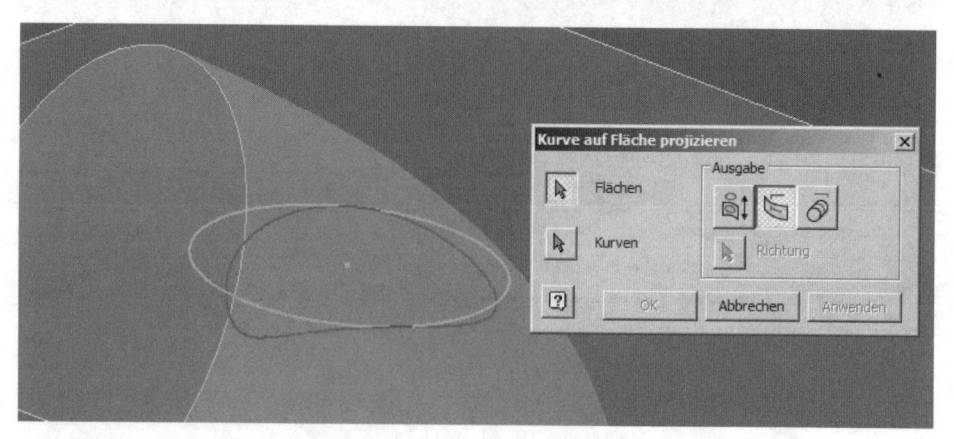

Abb. 3.84: Kurve mit punktweise lotrechter Projektion aufbringen

3.6
Bearbeitungsbefehle für Skizzen

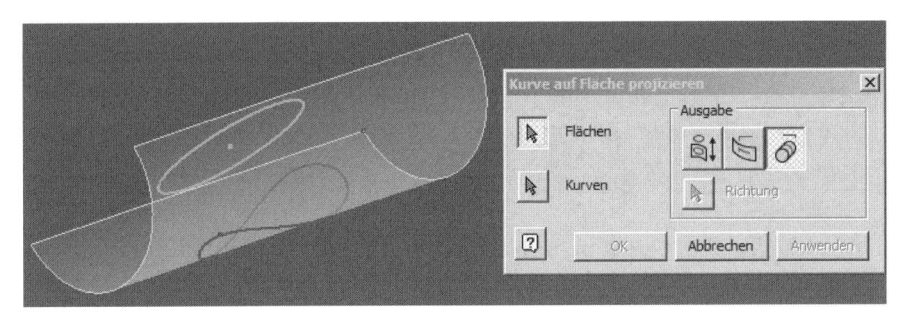

Abb. 3.85: Skizze als Abwicklung aufbringen

3.6 Bearbeitungsbefehle für Skizzen

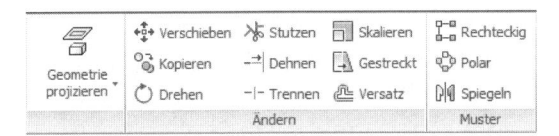

Abb. 3.86: Bearbeitungsfunktionen im Skizzenmodus

3.6.1 Geometrie projizieren / Schnittkanten projizieren

Sobald in einem Bauteil andere Geometrie vorhanden ist, seien es andere Skizzen, Flächen oder Volumenkörper, können Sie diese in die aktuelle Skizzierebene projizieren (Abbildung 3.87). Die Kanten eines Volumenkörpers oder einer Fläche können einzeln projiziert werden. Die Projektion einer Linie, die senkrecht zur aktuellen Skizzierebene liegt, ergibt einen Punkt.

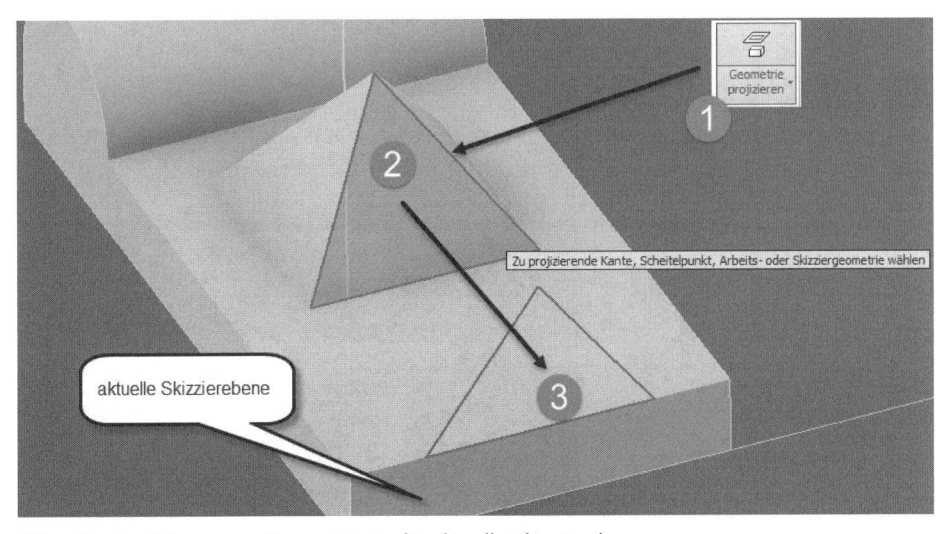

Abb. 3.87: Projizieren von Geometrie in die aktuelle Skizzierebene

> **Tipp**
>
> Oft wird die projizierte Geometrie nur als Hilfsgeometrie gebraucht. Dann sollte man vorher den Linientyp auf KONSTRUKTIONSLINIE umstellen, damit diese Kurven bei späteren 3D-Modellierungen nicht als Konturen benutzt werden.

Wenn die aktuelle Skizzierebene innerhalb eines vorhandenen Volumenkörpers liegt, benötigt man oft die Schnittkontur der Ebene mit dem Körper. Mit der Funktion SCHNITTEBENE PROJIZIEREN erhalten Sie die komplette Schnittkontur (Abbildung 3.88).

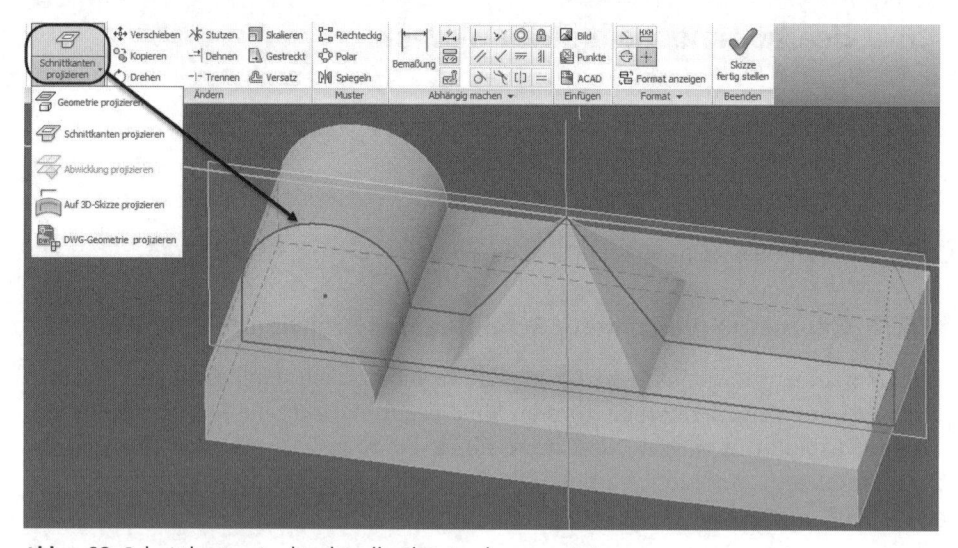

Abb. 3.88: Schnittkanten in die aktuelle Skizzierebene projiziert

3.6.2 Verschieben

Das VERSCHIEBEN von Teilen einer Skizze erfolgt nach der Objektwahl und Eingabe eines Basispunkts sowie eines Endpunkts für die Verschiebung.

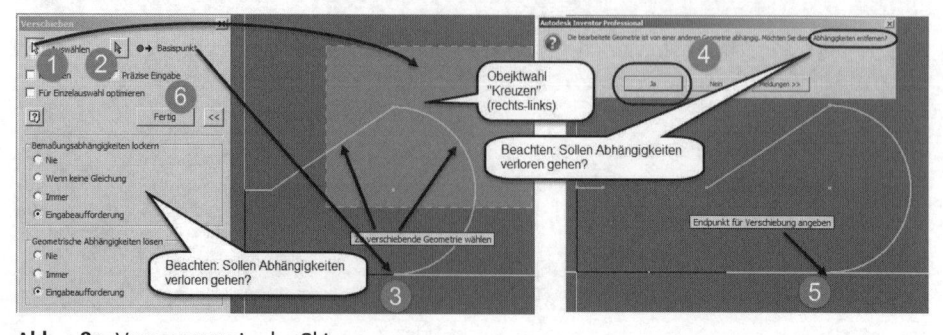

Abb. 3.89: VERSCHIEBEN in der Skizze

Wenn die Geometrie schon Bemaßungen und/oder Abhängigkeiten enthält, können Sie im erweiterten Dialogfeld entscheiden, wie weit diese eingehalten werden sollen. Dieses Dialogfeld ist auch bei den nachfolgenden Befehlen verfügbar.

Im aktuellen Beispiel erscheint eine Anfrage wegen der Abhängigkeiten und Bemaßungen, deren Änderung hier erlaubt wurde. Wenn Sie versuchen, Elemente einfach nach Anklicken mit dem Cursor zu verschieben, werden Sie merken, dass Sie dabei keine Abhängigkeiten abschalten können und andere Geometrien mit modifiziert werden.

3.6.3 Kopieren

Das KOPIEREN von Elementen in der Skizze läuft eigentlich ab wie das VERSCHIEBEN, nur bleibt hier das Original an der Ursprungsposition erhalten und Sie können mehrere Kopien nacheinander erzeugen.

> **Tipp**
>
> Sie können die Geometrie auch in die ZWISCHENABLAGE kopieren. Mit [Strg]+[C] lässt sie sich dann auch in ein anderes Bauteil wieder einfügen.

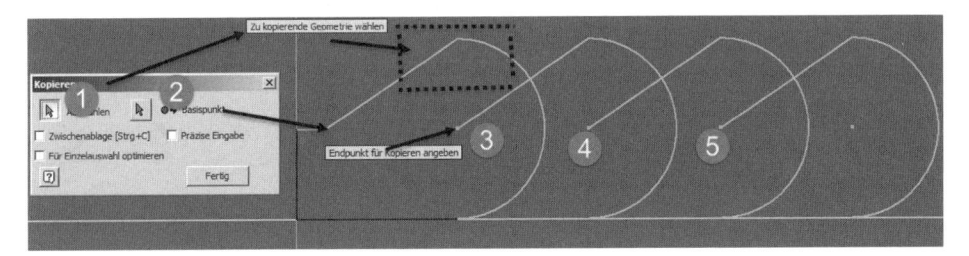

Abb. 3.90: Mehrfaches KOPIEREN von Teilen der Geometrie

3.6.4 Drehen

Beim DREHEN von Elementen in einer Skizze sind ein MITTELPUNKT und ein WINKEL einzugeben. Mit der Option KOPIEREN bleibt das Original erhalten.

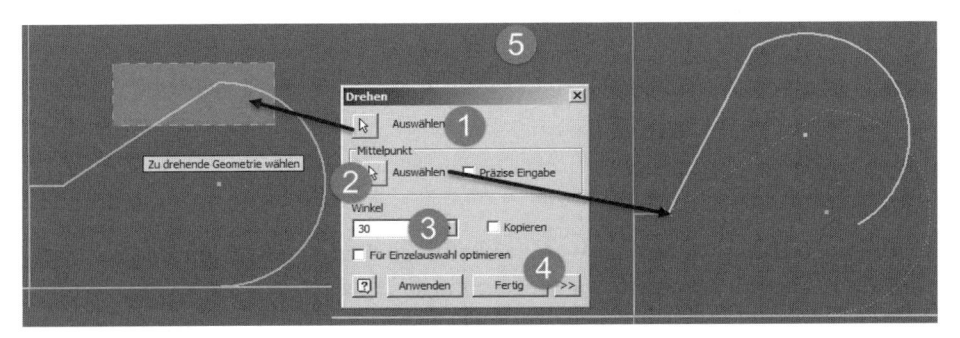

Abb. 3.91: DREHEN von zwei Geometrieelementen

3.6.5 Stutzen

STUTZEN bedeutet Abschneiden von Partien der Geometrie und wird in anderer Software meist als *Trimmen* bezeichnet. Beim STUTZEN in der Skizze wird nur angeklickt, was weggenommen werden soll. Es wird dann automatisch bis zur nächsten Kante oder bis zur gedachten Verlängerung einer Kante gestutzt, aber stets nur bis zur nächsten von diesen Möglichkeiten.

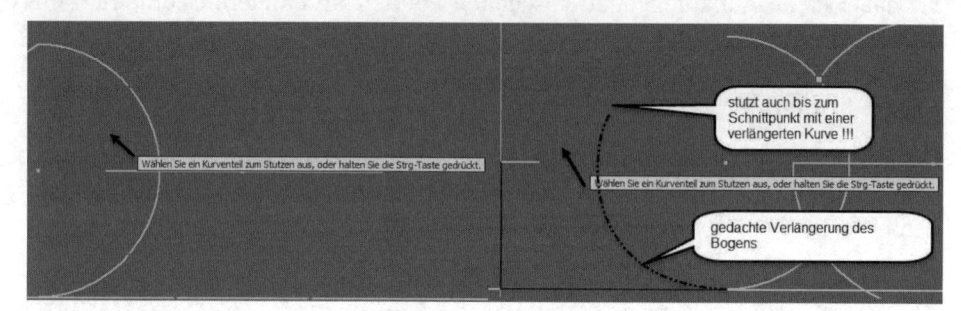

Abb. 3.92: STUTZEN von Geometrie an Kanten oder verlängerten Kanten

3.6.6 Dehnen

Beim DEHNEN wird das angeklickte Ende einer Kurve verlängert. Es kann aber immer nur auf eine wirklich existierende Kante gedehnt werden. Gedachte Verlängerungen spielen hier keine Rolle.

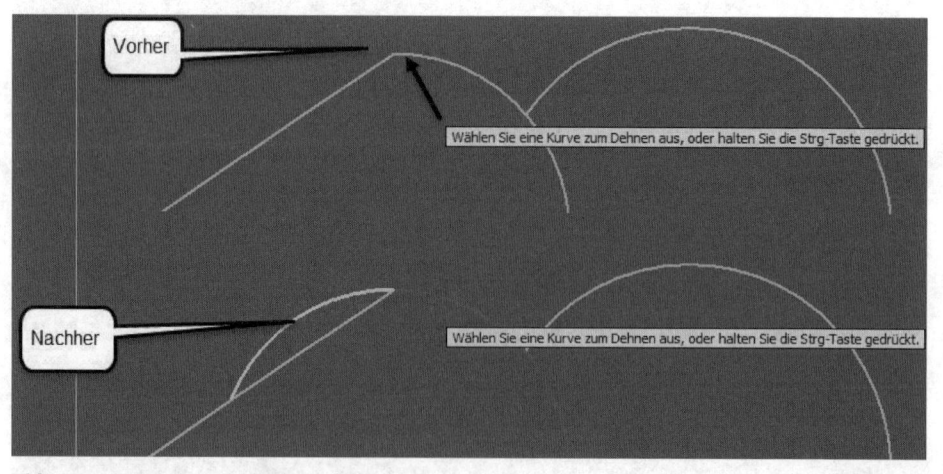

Abb. 3.93: DEHNEN von Kurven auf Kanten

3.6.7 Trennen

TRENNEN dient dazu, eine Kurve am nächstmöglichen Kreuzungspunkt mit einer anderen Kurve zu unterteilen. Es wird die Position verwendet, die der angeklickten

Position am nächsten ist. Das ist nützlich, wenn beispielsweise ein Teil der Kurve als Konstruktionslinie, der andere aber als Konturlinie gebraucht wird.

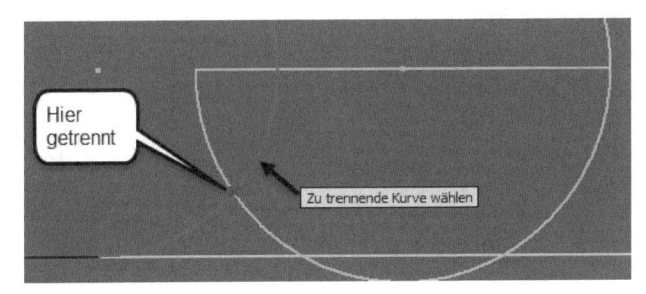

Abb. 3.94: TRENNEN einer Kurve an der nächsten Kante

3.6.8 Skalieren

Mit SKALIEREN werden Teile der Geometrie vergrößert oder verkleinert. Der Basispunkt bleibt als Fixpunkt bei der Aktion liegen, die restliche gewählte Geometrie wird entsprechend dem Skalierfaktor skaliert.

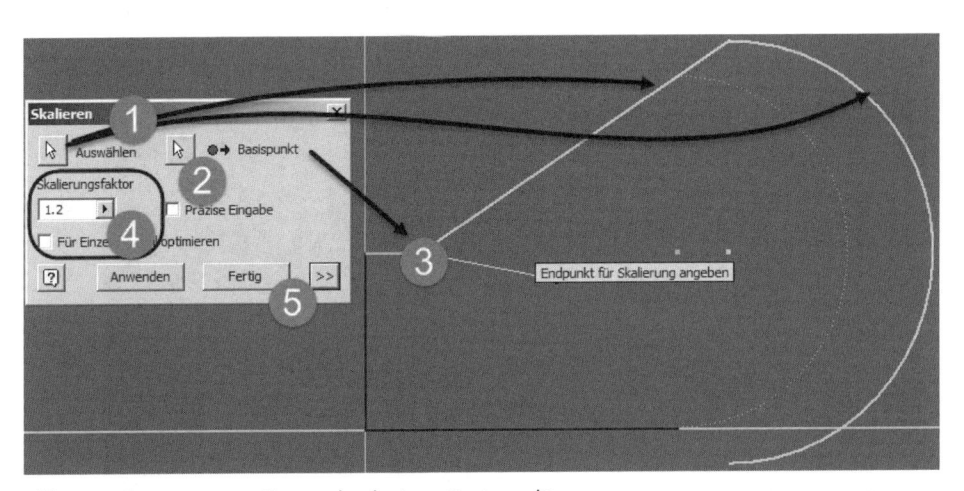

Abb. 3.95: SKALIEREN von Kurven bzgl. eines Basispunkts

3.6.9 Gestreckt

Die Funktion GESTRECKT bzw. STRECKEN ist eine komplexere Operation. Die gewählten Teile der Geometrie werden verschoben, die übrigen bleiben liegen, aber der Zusammenhang der Kontur wird erhalten. Dadurch entstehen Abhängigkeiten, die bei komplexen Konturen nicht einfach zu durchschauen sind.

Kapitel 3
Die Skizzenfunktion

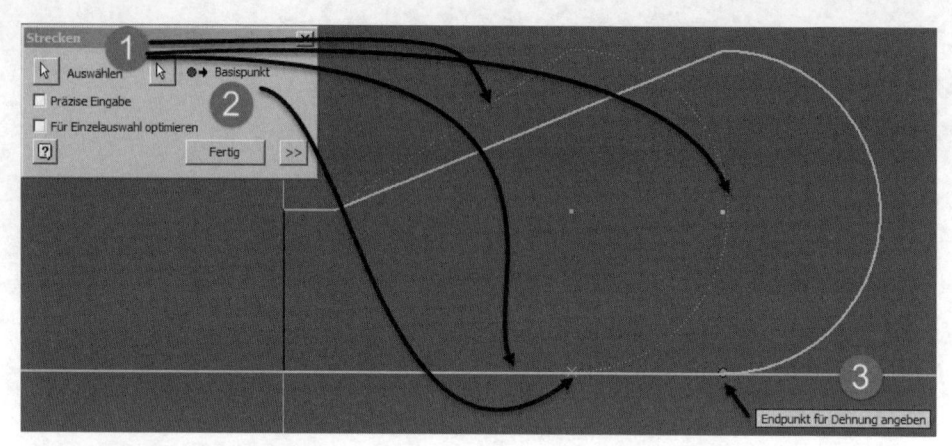

Abb. 3.96: STRECKEN von Geometrie

3.6.10 Versatz

Die Funktion VERSATZ wählt mit einem Klick eine komplette Kontur und erscheint dann mit einer Abstandsanfrage. Danach wird die gesamte Kontur um diesen Wert versetzt und auch bemaßt. Der Abstand lässt sich auch nachträglich noch für die gesamte Kontur ändern.

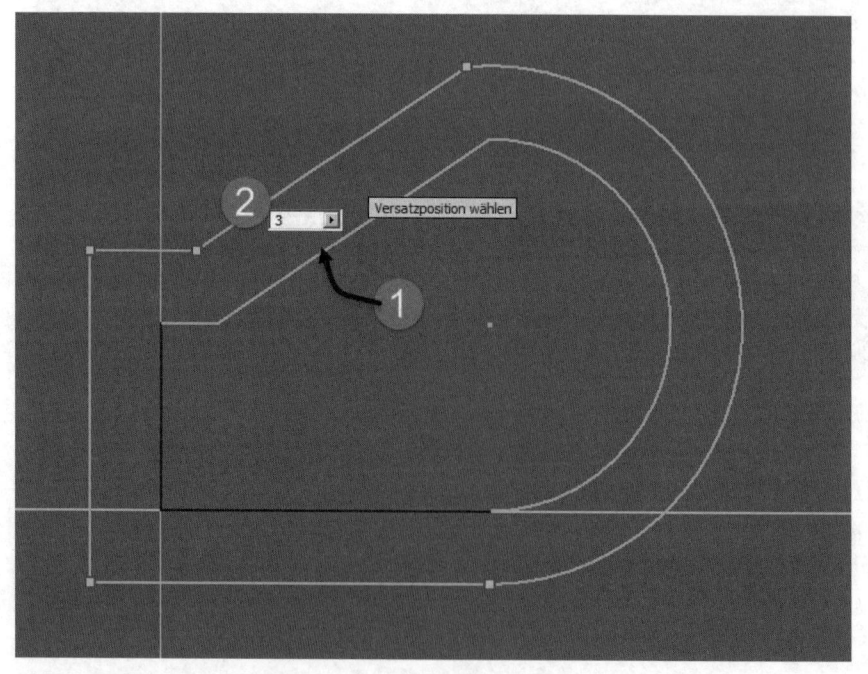

Abb. 3.97: VERSATZ einer Kontur

3.6.11 Muster – Rechteckig

Die MUSTER-Funktion RECHTECKIG erzeugt eine regelmäßige Anordnung der gewählten Elemente mit Vervielfachung in zwei Richtungen. Die beiden gewählten Richtungen müssen nicht orthogonal zueinander sein. Die Richtungen können über die Werkzeuge zum Richtungswechsel auch umgedreht werden. Sie geben noch die Anzahl der Vervielfachung für jede Richtung an und die Abstände für die neuen Elemente.

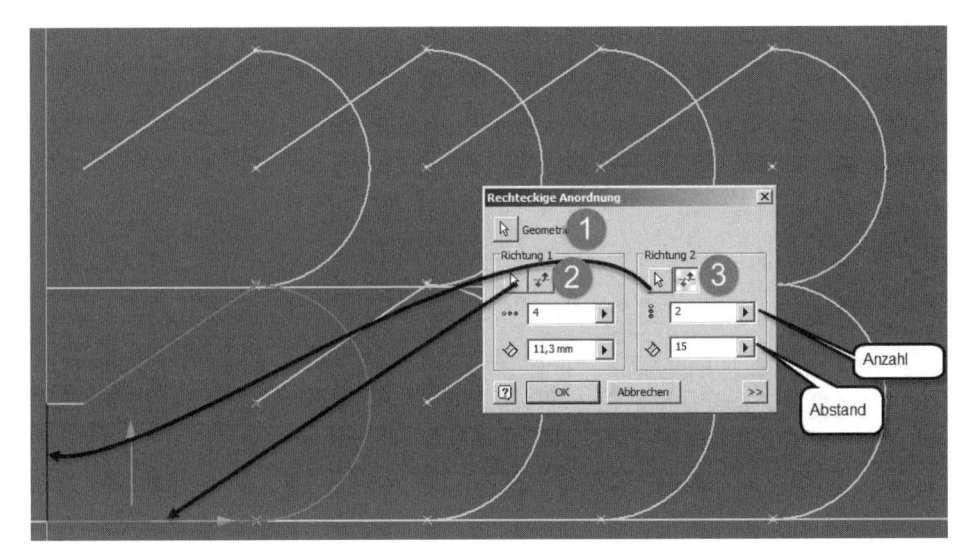

Abb. 3.98: Rechteckiges Muster

Im erweiterten Dialogfeld unter >> können Sie mit der Option ASSOZIATIV bewirken, dass die gesamte Anordnung auch später noch über diese Spezifikationen angepasst werden kann. Dazu ist dann nur ein Rechtsklick auf eines der Elemente nötig. Wenn Sie ASSOZIATIV nicht aktiviert haben, wird lediglich nach den Musterangaben kopiert, ohne dass Sie später noch auf die Musterangaben zugreifen können, weil alles dann Einzelkopien sind.

Die Option EINGEPAẞT ändert die Interpretation der oben angegebenen Abstände. Sie gelten dann als *Gesamtabstände*. Die Einzelabstände ergeben sich in dem Fall durch Division der angegebenen Abstände durch die Anzahl.

3.6.12 Muster – Polar

Die MUSTER-Funktion POLAR erzeugt eine mehrfache Drehung der gewählten Objekte um eine Achse oder einen Punkt. Sie geben noch die Anzahl der gewünschten Kopien und den auszufüllenden Winkel ein. Der Drehwinkel kann auch umgekehrt werden.

Kapitel 3
Die Skizzenfunktion

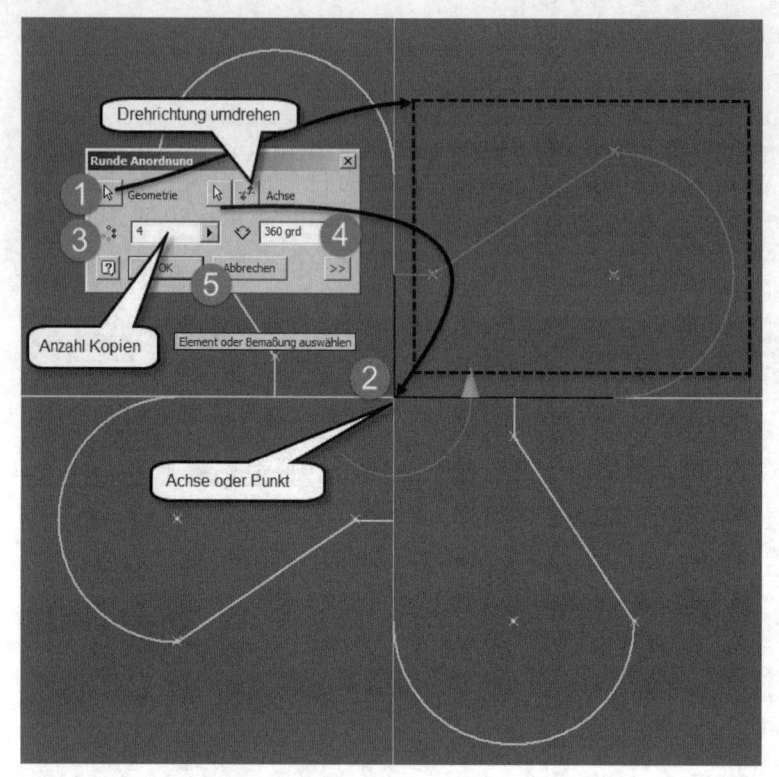

Abb. 3.99: Polares Muster

3.6.13 Muster – Spiegeln

Die letzte MUSTER-Funktion lautet SPIEGELN. Neben der Objektwahl benötigt sie eine *Spiegelachse*. Alle gespiegelten Elemente werden mit der Abhängigkeit SYM-METRISCH bzgl. der Spiegelachse versehen.

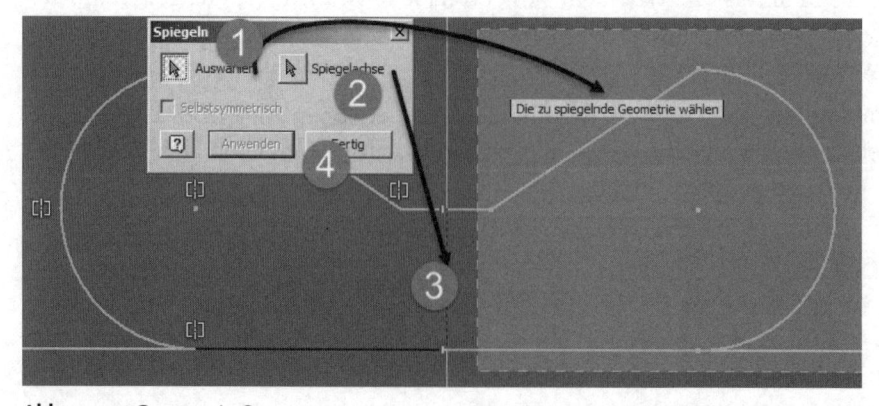

Abb. 3.100: Geometrie SPIEGELN

3.7 Skizzen-Bemaßung

Nach der prinzipiellen Bestimmung der geometrischen Form über die geometrischen Abhängigkeiten dienen die Bemaßungen nun zur exakten Geometriebestimmung.

3.7.1 Bemaßungsarten

Es gibt einen einzigen Bemaßungsbefehl SKIZZE|ABHÄNGIG MACHEN|BEMAßUNG ⊓, der je nach Wahl der Objekte die verschiedenen Bemaßungen erstellt.

- Wenn Sie eine Linie anklicken, wird linear bemaßt.
- Bei einer *schrägen* Linie oder zwei Punkten können Sie nach Anklicken im Kontextmenü wählen zwischen
    - AUSGERICHTET,
    - HORIZONTAL und
    - VERTIKAL.
- Bei Kreisen können Sie nach Rechtsklick unter BEMAßUNGSTYP wählen zwischen
    - DURCHMESSER und
    - RADIUS.
- Wenn Sie zwei Linien anklicken, entsteht eine Winkelbemaßung.
- Alternativ können Sie auch drei Punkte für eine Winkelbemaßung anklicken. Hier ist die Reihenfolge zu beachten, die von anderen CAD-Systemen wie etwa AutoCAD abweicht:
    - ersten *Winkelendpunkt*,
    - *Scheitelpunkt* und
    - zweiten *Winkelendpunkt*.
- Wenn zwischen einer normalen Linie und einer Mittellinie bemaßt wird, entsteht automatisch eine *Durchmesserbemaßung* (Abbildung 3.101).

Im Bemaßungsbefehl wird nach der Objektwahl die Maßzahl angezeigt. Sie können diese Zahl überschreiben, wenn Sie einen anderen Wert brauchen. Da die Bemaßung parametrisch ist, wird dadurch die Geometrie dann entsprechend beeinflusst, verschoben, gedehnt oder gestreckt. Unter den Anwendungsoptionen (EXTRAS|ANWENDUNGSOPTIONEN) ist die direkte Bearbeitungsmöglichkeit eingestellt (Abbildung 3.102).

Kapitel 3
Die Skizzenfunktion

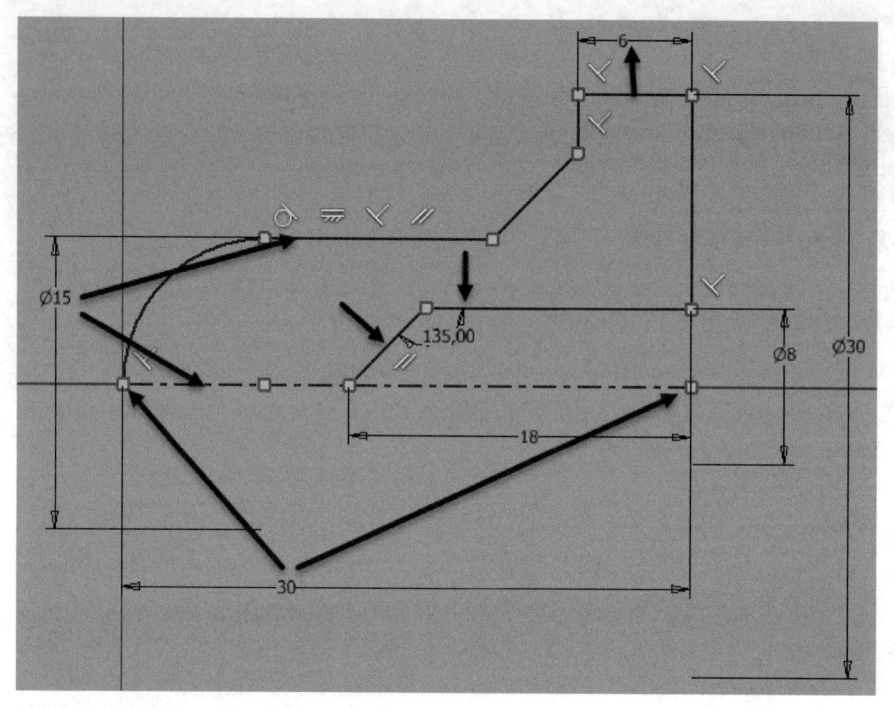

Abb. 3.101: Bemaßungsvarianten

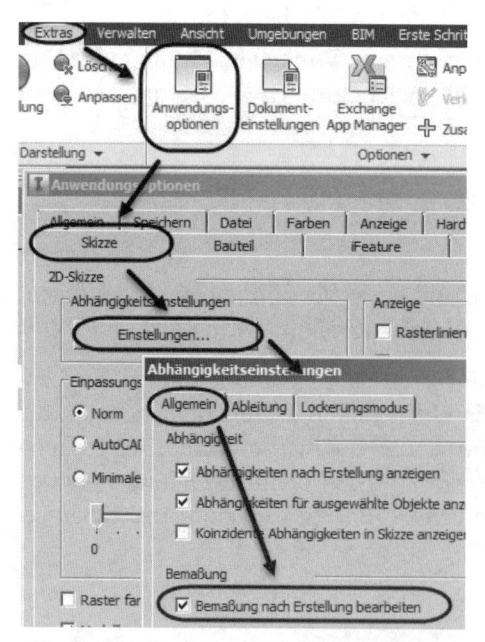

Abb. 3.102: Einstellung für direktes Bearbeiten der Bemaßung

Wenn Sie mehr Bemaßungen eingeben, als zur eindeutigen Bestimmung der Geometrie nötig sind, werden Sie gewarnt. Sie können dann die Bemaßung abbrechen oder eine GETRIEBENE BEMAßUNG erstellen. Die getriebene Bemaßung wird dann im Klammern angezeigt.

3.7.2 Bemaßungsanzeige

Mit jeder Maßzahl ist ein Parameter verbunden. Die Parameter können Sie sich auch in einer Tabelle unter VERWALTEN|PARAMETER|PARAMETER anzeigen lassen und auch bearbeiten (Abbildung 3.105). Im Kontextmenü können Sie die Form der Bemaßungsanzeige steuern (Abbildung 3.103):

- WERT – Vorgabemäßig wird der reine Wert der Maßzahl angezeigt.
- NAME – Es wird der Name des Parameters angezeigt.
- AUSDRUCK – Name und Wert für die Bemaßung werden angezeigt (Abbildung 3.104).
- TOLERANZ – Für Maße mit Toleranzen oder Passungsangaben werden diese angezeigt.
- GENAUER WERT – Für Maße mit Toleranzen oder Passungsangaben werden je nach Einstellung angezeigt (Abbildung 3.106):
  - NENNWERT,
  - OBERES ABMAß,
  - UNTERES ABMAß oder
  - MITTELWERT.

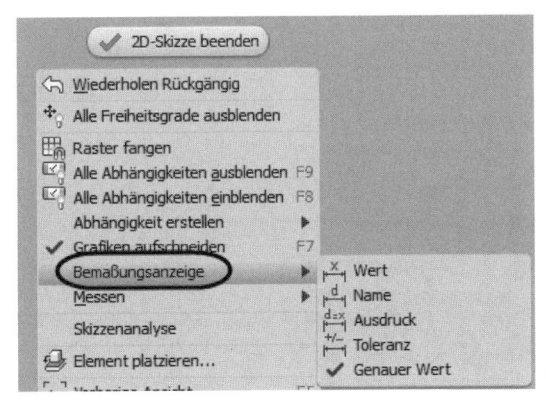

Abb. 3.103: Anzeige der Bemaßung steuern

Kapitel 3
Die Skizzenfunktion

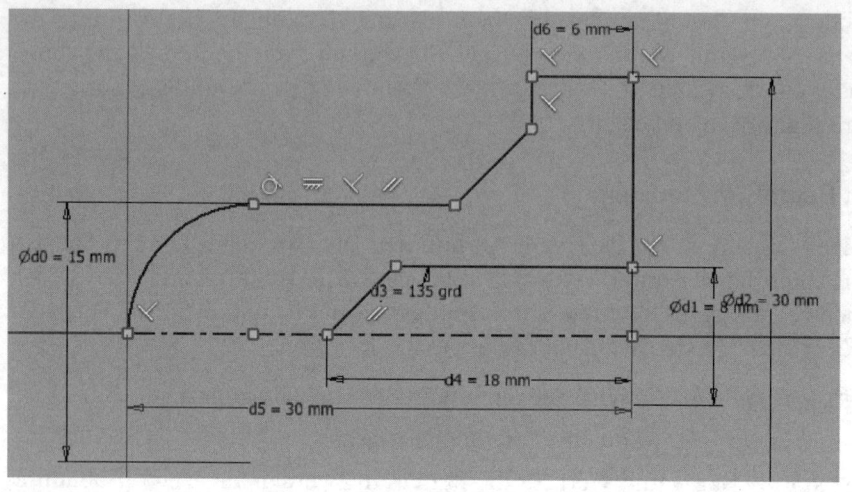

Abb. 3.104: Bemaßungen als vollständiger Ausdruck

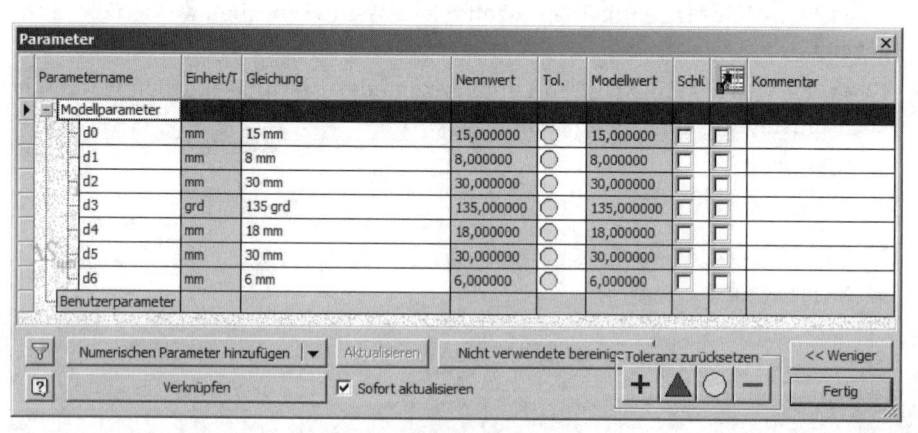

Abb. 3.105: Liste der Maß-Parameter

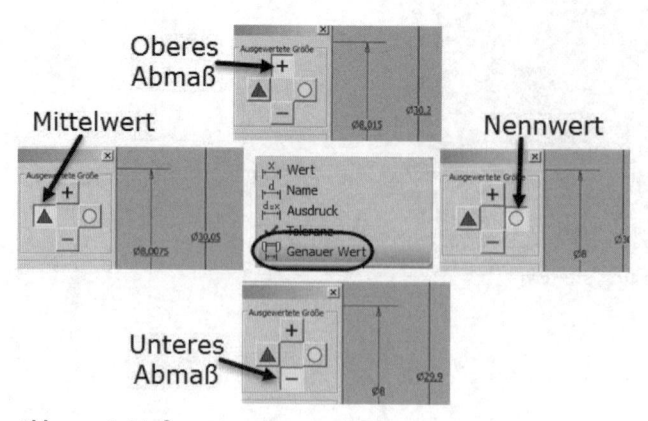

Abb. 3.106: Maßanzeige GENAUER WERT

Die Toleranzangaben für Bemaßungen können Sie nach Eingabe der Maßzahl und Klick auf ▸ spezifizieren. In einem umfangreichen Dialogfenster TOLERANZ können Sie Toleranzwerte und Passungsangaben einstellen. Diese Toleranzwerte sind dann später auch für die Bemaßung der Zeichnungsansichten abrufbar.

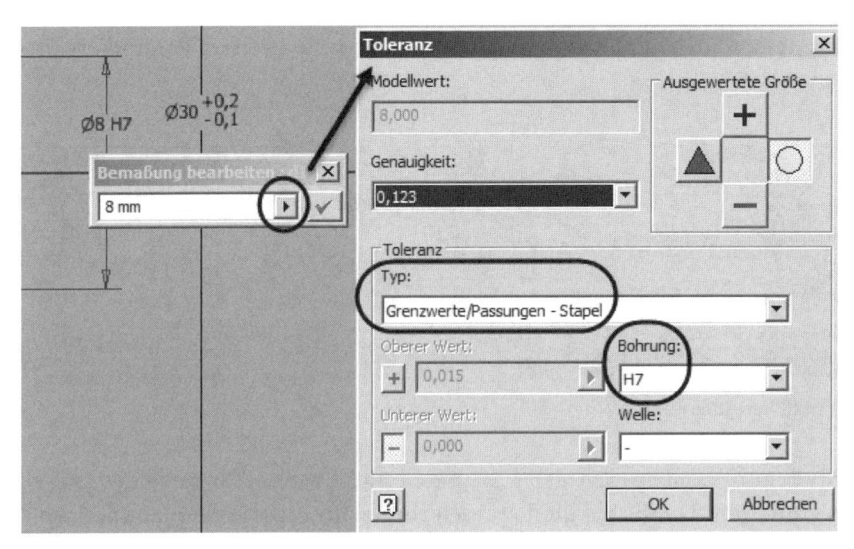

Abb. 3.107: Passungsangabe für Bemaßung

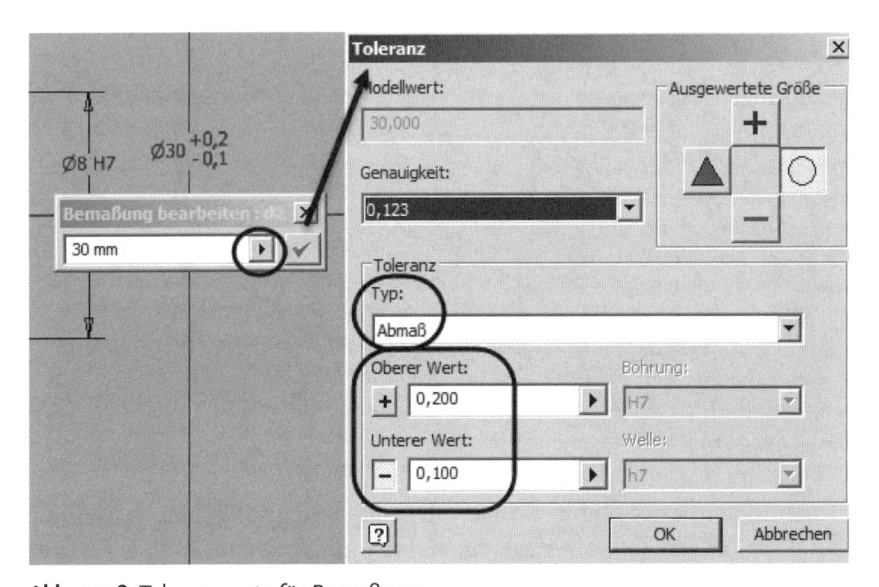

Abb. 3.108: Toleranzwerte für Bemaßung

3.7.3 Maße übernehmen

Sie können Maßwerte von anderen Bemaßungen sehr einfach übernehmen, indem Sie statt einen Wert einzugeben einfach eine andere Bemaßung anfahren. Dann erscheint ein kleines Hand-Symbol, und mit einem Klick wird der Parameterwert dieser Bemaßung übernommen. Der endgültige Maßwert hat dann die Form **fx:15**. Das deutet auf ein abhängiges Maß hin, das mittels eines Parameterwerts übernommen wird.

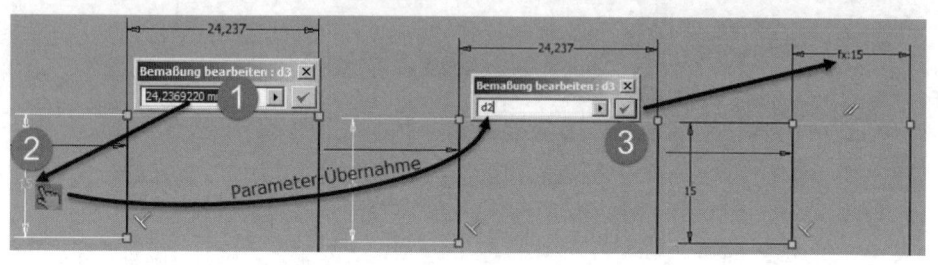

Abb. 3.109: Maßwert übernehmen

Alternativ können Sie natürlich den Parameter auch manuell anstelle des aktuellen Werts eintragen. Damit Sie die Parameterbezeichnungen sehen können, sollten Sie vorher über das Kontextmenü im Skizzenmodus die BEMAßUNGSANZEIGE auf AUSDRUCK umgeschaltet haben.

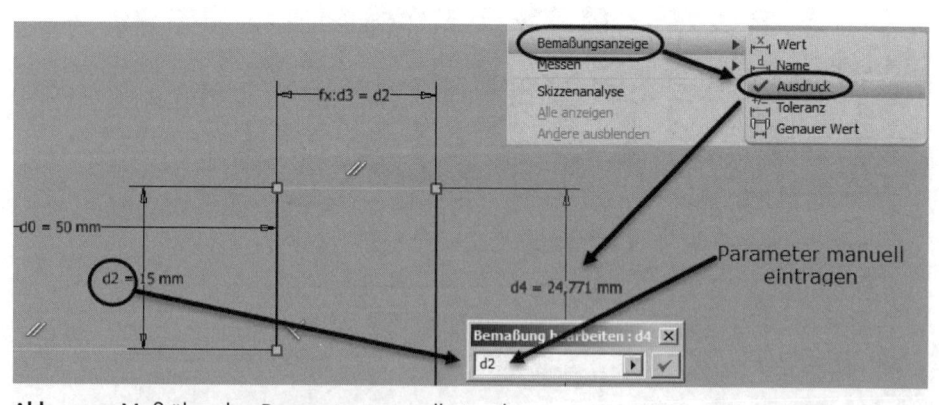

Abb. 3.110: Maß über den Parameter manuell eingeben

Falls Sie einen Parameter schon einmal für eine Bemaßung benutzt haben, erscheint er auch bei der Bemaßungseingabe im Aufklappmenü hinter ▸. Dort könnten Sie auch den Parameter **d2** übernehmen. Es erscheinen aber nur die Parameter, die schon in Zuweisungen wie oben einmal benutzt wurden.

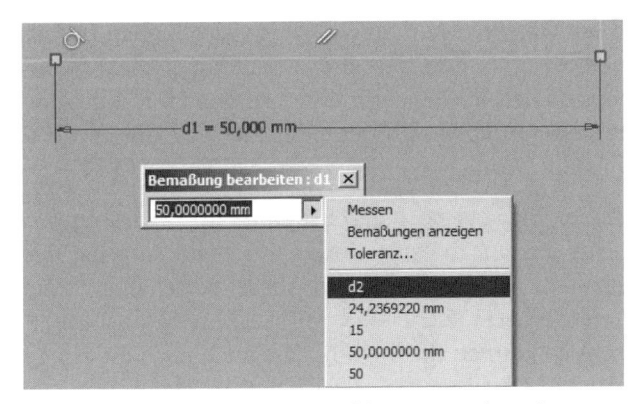

Abb. 3.111: Parameter aus dem Aufklappmenü übernehmen

Eine weitere Möglichkeit zur Übernahme von Maßen wäre die Option MESSEN im Aufklappmenü, damit könnten Sie die Längen von Linien oder den Abstand zweier Punkte direkt als Zahl abgreifen.

3.8 Skizzen überprüfen

Wenn eine Skizze noch nicht vollständig bestimmt ist, helfen verschiedene Funktionen, die Ursachen dafür zu finden. Im Prinzip würde es auch ausreichen, an einer nicht vollständig bestimmten Skizze an verschiedenen Punkten einfach zu probieren, ob sich noch etwas bewegen lässt. Als Beispiel ist hier die erste Konstruktion des Kapitels gezeigt, bevor die langen und kurzen Linien mit der ABHÄNGIGKEIT GLEICH versehen worden sind. Die dann noch nicht bestimmten Linien erscheinen in grüner Farbe (Abbildung 3.112 rechts oben).

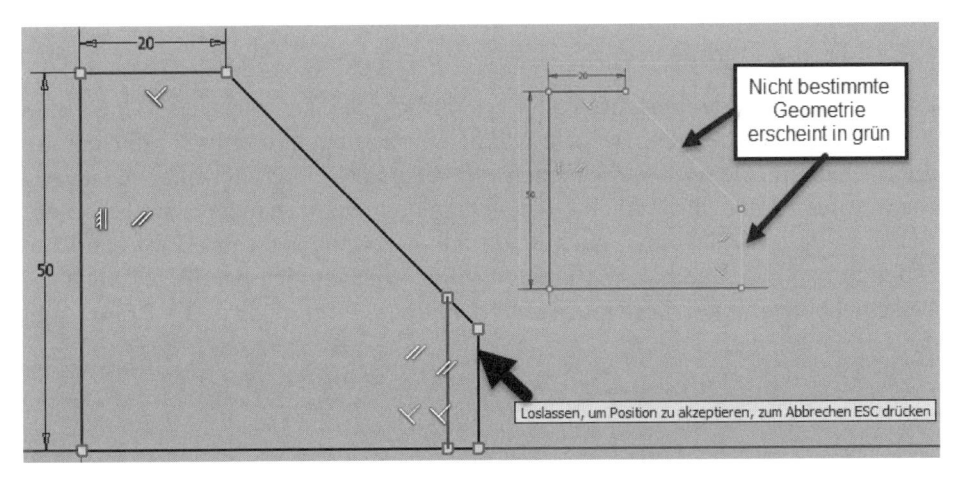

Abb. 3.112: Test der Konstruktion durch Verschieben von Elementen

Sie können nun versuchen, diese Objekte mit dem Cursor zu verschieben (Abbildung 3.112 unten). Hier können Sie erkennen, dass die kurze Linie noch verschoben werden kann. Also müsste eine Bemaßung der unteren langen Linie oder eine Gleichsetzung mit der anderen langen Linie dafür sorgen, dass das ausgeschlossen wird.

Wenn Sie das getan haben, können Sie aber noch den Eckpunkt in y-Richtung verschieben (Abbildung 3.113). Um das auszutesten, müssen Sie die Anzeige der Abhängigkeitssymbole ausschalten, da Sie sonst nur diese verschieben. Die Abhängigkeitssymbole schalten Sie nach Rechtsklick mit ALLE ABHÄNGIGKEITEN AUSBLENDEN oder mit F9 aus. Also können Sie folgern, dass auch noch die Länge für die kurze Linie durch Gleichheit oder Bemaßung festgelegt werden muss.

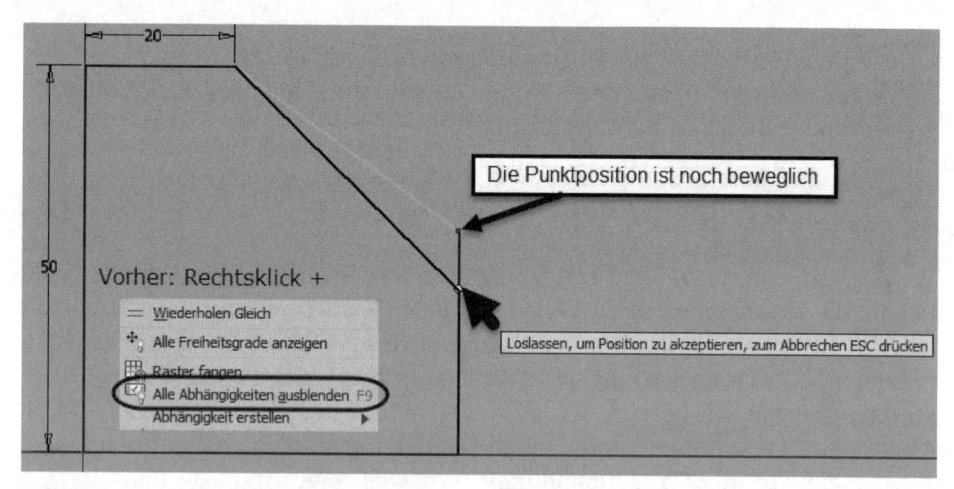

Abb. 3.113: Test der kurzen Linie durch Verschieben des Eckpunkts

3.8.1 Freiheitsgrade

Das oben erläuterte Verfahren stößt natürlich bei komplexeren Geometrien schnell an seine Grenzen. Deshalb gibt es eine Funktion, die für sämtliche Geometrieelemente die noch verbliebenen *Freiheitsgrade* anzeigt. Bei einer vollständig bestimmten Skizze dürften keine Freiheitsgrade mehr vorhanden sein. Hier zeigt sich aber, dass ein Eckpunkt noch in x- und y-Richtung verschoben werden kann (Abbildung 3.114). Die übrigen Freiheitsgrade ergeben sich daraus, nämlich die Verschiebbarkeit eines Mittelpunkts und Endpunkts in x sowie die Drehbarkeit der schrägen Linie.

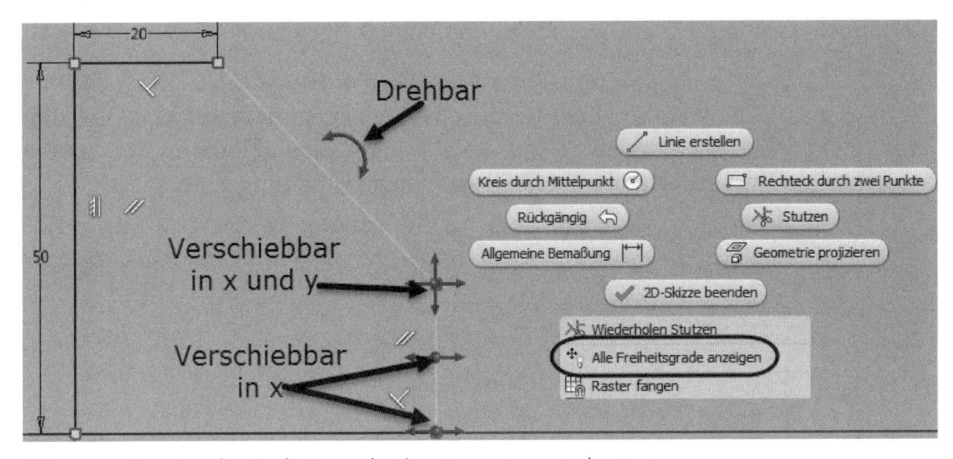

Abb. 3.114: Anzeige der Freiheitsgrade über Kontextmenü aktiviert

Diese Freiheitsgradanzeige hilft auch bei komplexen Geometrien weiter. Sie können dann leicht versuchen, durch weitere Abhängigkeiten oder Bemaßungen die Freiheitsgrade zu reduzieren.

3.8.2 Geometrische Abhängigkeiten

Die vergebenen Abhängigkeiten der Geometrieelemente werden standardmäßig immer angezeigt. Falls sie fehlen, können sie mit dem Kontextmenü ebenfalls ein- oder ausgeschaltet werden:

- ALLE ABHÄNGIGKEITEN EINBLENDEN oder [F8]
- ALLE ABHÄNGIGKEITEN AUSBLENDEN oder [F9]

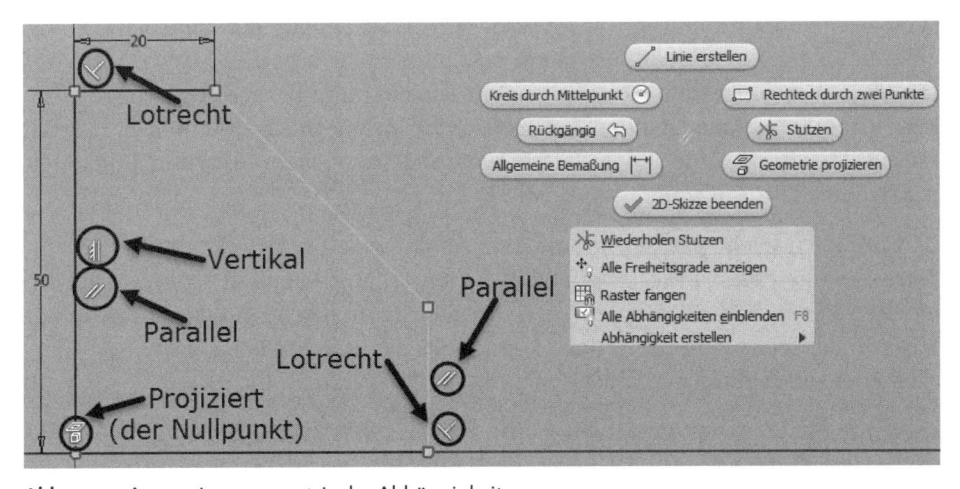

Abb. 3.115: Angezeigte geometrische Abhängigkeiten

Kapitel 3
Die Skizzenfunktion

Sie können nun versuchen, aus diesen Abhängigkeiten zu schließen, wo noch etwas fehlt.

Oft ist es auch nützlich, zu sehen, welche Abhängigkeiten mit welchen Objekten verbunden sind. Dazu müssen Sie nur eine Abhängigkeit anklicken, um das/die betroffene(n) Geometrieelement(e) hervorzuheben (Abbildung 3.116).

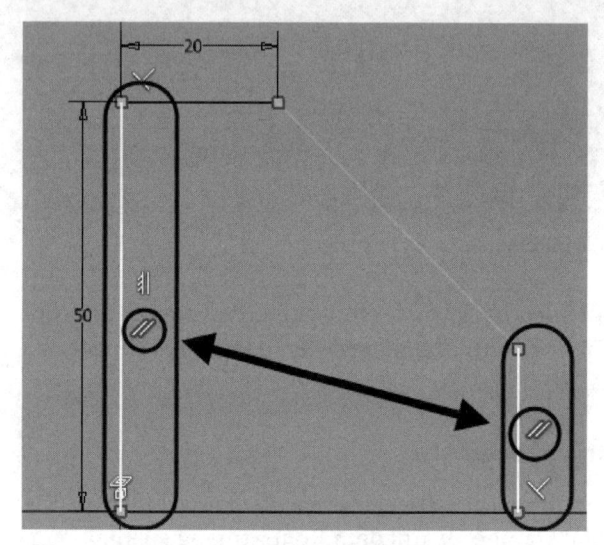

Abb. 3.116: Markieren der ABHÄNGIGKEIT PARALLEL für zwei betroffene Linien

Weil die ABHÄNGIGKEIT KOINZIDENT sehr häufig vorkommt, wird sie nicht durch die üblichen Icons visualisiert, sondern durch ein besonders kräftiges *gelbes Punktsymbol*. Die Icons dafür werden erst sichtbar, wenn Sie auf dieses Punktsymbol zeigen (Abbildung 3.117 oben). Wenn Sie länger mit dem Cursor auf einem abhängigen Objekt verweilen, erscheint sogar eine Drop-down-Liste mit sämtlichen verbundenen Abhängigkeiten, die auch die Bemaßung einschließen kann (Abbildung 3.117 rechts). Die Icons oder Listeneinträge können Sie anfahren, um die zugehörigen Elemente hervorzuheben oder um die Abhängigkeiten per Rechtsklick zu löschen.

Es kann auch leicht passieren, dass eine Abhängigkeit ungewollt entsteht, wenn beispielsweise eine Linie fast senkrecht stehen soll und sie dann senkrecht einrastet. In solchen Fällen müssen Sie dann die automatische Abhängigkeit durch Löschen des Icons entfernen. Dazu können Sie das Icon anklicken und [Entf] drücken oder rechtsklicken und die Option LÖSCHEN wählen.

Fehlende Abhängigkeiten wählen Sie im Register SKIZZE aus der Gruppe ABHÄNGIG MACHEN oder mit [Strg] + Rechtsklick (Abbildung 3.118).

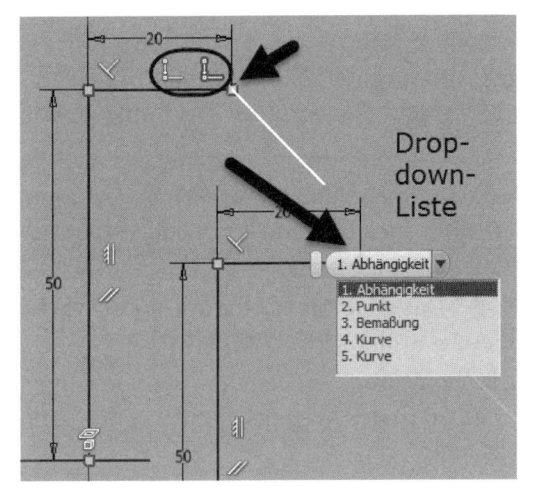

Abb. 3.117: Icon für ABHÄNGIGKEIT KOINZIDENT und Liste

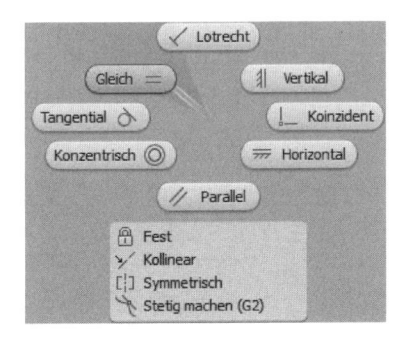

Abb. 3.118: ABHÄNGIGKEITEN über [Strg] + Rechtsklick

Sie können auch mit dem Werkzeug AUTOMATIC DIMENSIONS AND CONSTRAINTS versuchen, nachträglich Abhängigkeiten automatisch zu erzeugen. Damit nur Abhängigkeiten neu erzeugt werden, müssen Sie die Option BEMASSUNGEN dann aber abschalten (Abbildung 3.119). Inventor kann aber nicht alle Abhängigkeiten automatisch erkennen. Die Gleichheit der Linien, die im obigen Beispiel benötigt wird, wird hier nicht erkannt, sondern muss manuell hinzugefügt werden.

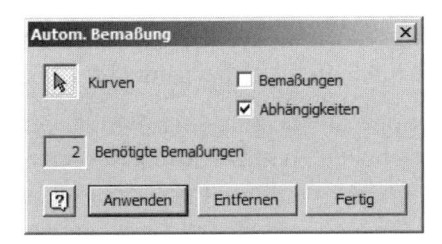

Abb. 3.119: Abhängigkeiten automatisch erstellen

3.8.3 Skizzenanalyse

Falls die Skizze trotz aller Bemühungen unbestimmt bleibt, kann als ultimatives Hilfsmittel die SKIZZENANALYSE bemüht werden. Sie wird über das Kontextmenü aufgerufen. Die Funktion sucht nach:

- REDUNDANTE PUNKTE – Das sind Kurvenpunkte, die zwar übereinanderliegen, aber nicht mit Koinzident gebunden sind. Dies ist schnell mit der ABHÄNGIGKEIT KOINZIDENT repariert.

- FEHLENDE ANHÄNGIGKEIT KOINZIDENT – Das sind Punkte, die auf einer zweiten Kurve liegen, wobei auch wieder die ABHÄNGIGKEIT KOINZIDENT fehlt.

- ÜBERLAPPENDE KURVEN – Kurven, die teilweise übereinanderliegen, erzeugen diesen Fehler. Das ist oft schwer visuell zu finden. Versuchen Sie, an den kritischen Stellen einzelne Kurven zu löschen.

- OFFENE KONTUREN – Nicht geschlossene Konturen können später nicht zur Erstellung von Volumenkörpern benutzt werden. Vielleicht fehlt auch hier nur die ABHÄNGIGKEIT KOINZIDENT.

- SICH SELBST SCHNEIDENDE KONTUREN – Kurven, die sich ähnlich einer Figur Acht überschneiden. Auch so etwas ist für die Generierung von Volumenkörpern unbrauchbar.

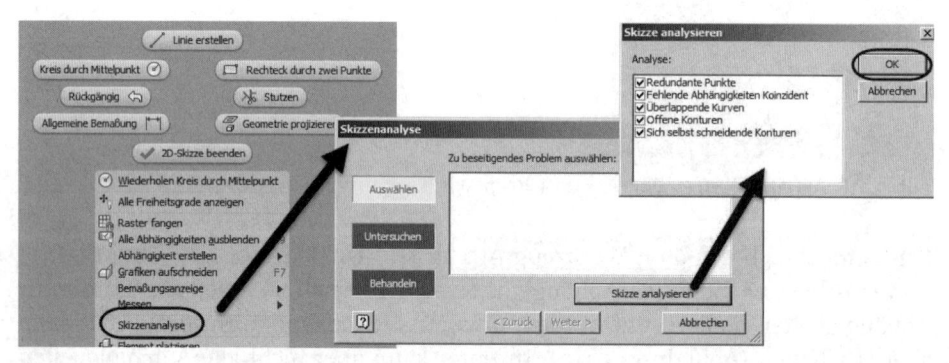

Abb. 3.120: Aufruf der SKIZZENANALYSE

Um einige der Fehler zu demonstrieren, wurde die Konstruktion mit Fehlern versehen (Abbildung 3.121). Über die schräge Linie wurde in der oberen Hälfte eine zweite gezeichnet. Die ABHÄNGIGKEIT KOINZIDENT wurde auf der rechten Seite entfernt. Es wurde eine Splinekurve dazugezeichnet, die sich überschneidet.

Nach Analyse der Fehler (Abbildung 3.121) können Sie die einzelnen Punkte der Liste anklicken, um die Probleme weiß hervorgehoben zu sehen. Um alle Fehleranzeigen darzustellen, wurde zur Demonstration hier die Kontur noch einmal in Weiß händisch eingezeichnet.

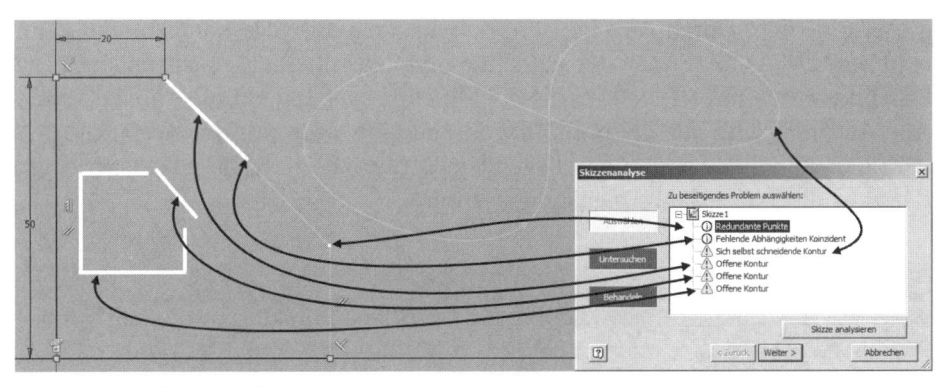

Abb. 3.121: Analysierte Fehler

Nach der Analyse können Sie im Dialogfeld auf WEITER klicken und erhalten auch oft die Probleme automatisch repariert (Abbildung 3.122). Besonders leicht lassen sich die fehlenden ABHÄNGIGKEITEN KOINZIDENT beheben. Sehr schwierig sind die Probleme, die von übereinanderliegenden Kurven verursacht werden. In allen CAD-Systemen sollten Sie generell vermeiden, Kurven übereinander zu zeichnen. Wenn Sie einen Fehler repariert haben, müssen Sie dann die SKIZZENANALYSE erneut starten, um die restlichen Fehler beheben zu können.

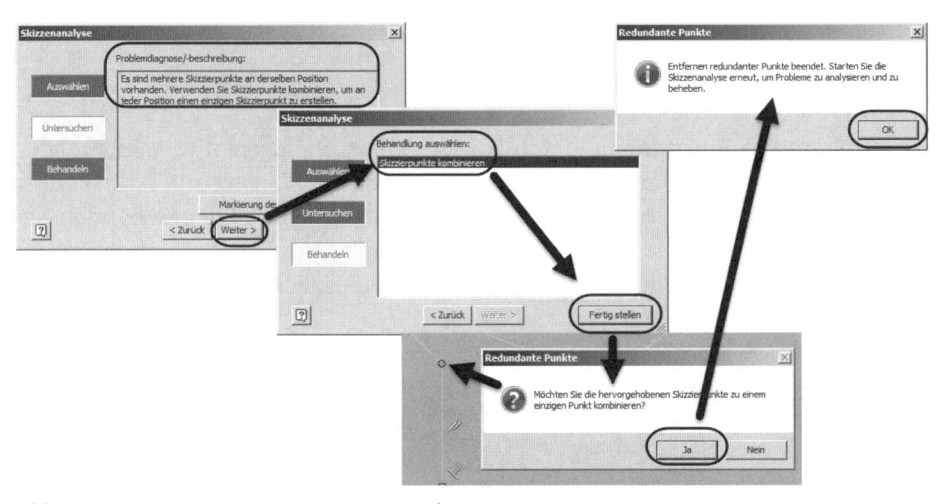

Abb. 3.122: SKIZZENANALYSE mit Reparaturschritten

3.8.4 Hilfslinien, Mittellinien

Oft werden trotz kompletter Bemaßung der Skizzenkontur noch fehlende Maße gemeldet. Das liegt dann evtl. daran, dass Hilfs- und/oder Mittellinien in der Skizze vorhanden sind, die genauso durch Bemaßungen und Abhängigkeiten bestimmt sein müssen. Im Beispiel (Abbildung 3.123) sind noch zwei Bemaßungen erforderlich. Durch Anzeige der Freiheitsgrade über das Kontextmenü kann man sehen, dass die Enden der Hilfslinie und der Mittellinie noch frei sind. Die Hilfslinie wurde mit DEHNEN bis zur Mittellinie verlängert und erhielt dadurch eine Abhängigkeit. Der Endpunkt der Mittellinie wurde mit der ABHÄNGIGKEIT VERTIKAL mit dem darüber liegenden Konturpunkt fluchtend ausgerichtet. Damit ist die Skizze dann vollständig bestimmt.

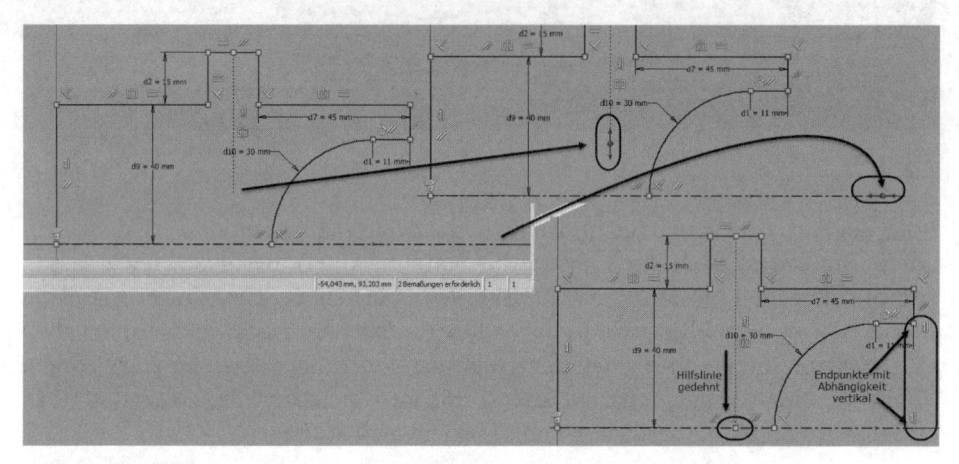

Abb. 3.123: Hilfslinien und Mittellinien erfordern Bemaßungen oder Abhängigkeiten.

3.9 Arbeitselemente

Für 2D-Skizzen können Sie in einem Bauteil *vorhandene* Ebenen verwenden oder neue erstellen. Vorhandene Ebenen sind zunächst die Ebenen unter URSPRUNG im BROWSER. Mit Rechtsklick auf eine der drei orthogonalen Ebenen können Sie diese für eine weitere Skizze auswählen (Abbildung 3.124). Ebenso können Sie *jede ebene Fläche* eines Volumenkörpers mit einem Rechtsklick als Skizzenebene verwenden (Abbildung 3.125).

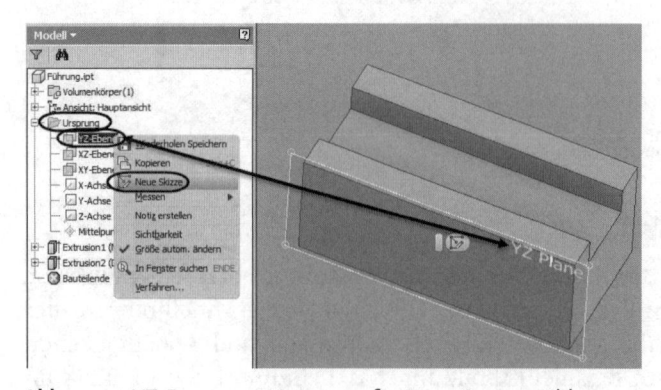

Abb. 3.124: YZ-EBENE aus URSPRUNG für NEUE SKIZZE wählen

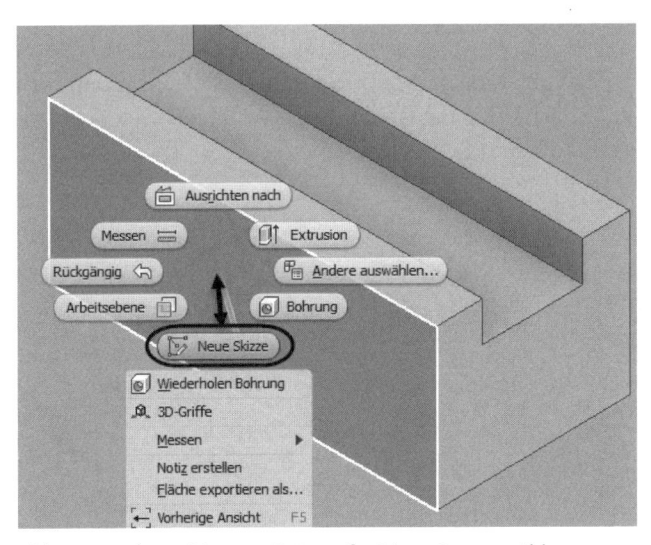

Abb. 3.125: Ebene MODELL-FLÄCHE für NEUE SKIZZE wählen

3.9.1 Arbeitsebenen

Es gibt insgesamt zwölf Methoden, um Arbeitsebenen zu definieren. Dafür folgen nun konkrete Beispiele. Sie müssen nicht unbedingt aus der Drop-down-Liste immer vorher die gewünschte Option auswählen. Die Optionen sind durch die gewählten Geometrien auch eindeutig bestimmt. Sie können also das Icon EBENE anklicken und müssen dann nur noch *die richtigen Geometrieelemente wählen*, um die passende Arbeitsebene zu erhalten.

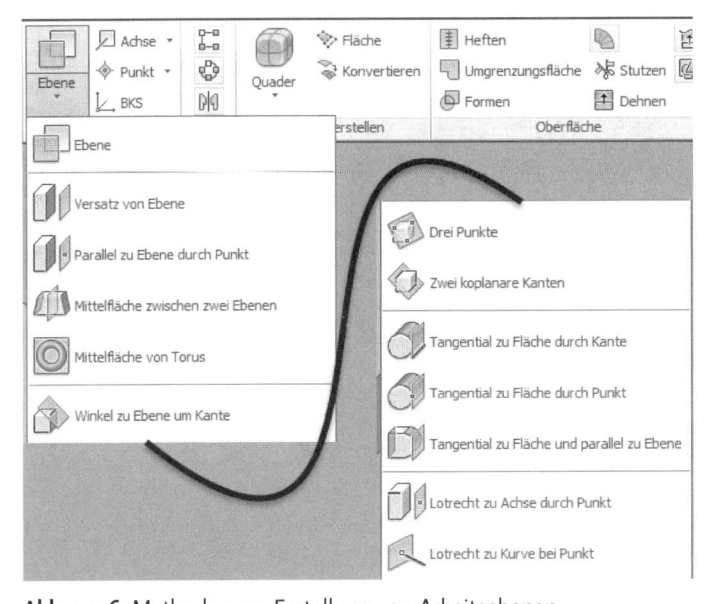

Abb. 3.126: Methoden zur Erstellung von Arbeitsebenen

Versatz von Ebene

Für die in Abbildung 3.127 gezeigte Konstruktion benötigen Sie eine Ebene im Abstand 50 mm von der Seitenfläche des Basisteils. Nach Anklicken der Bezugsfläche (1) geben Sie den Abstand **50** ein (2).

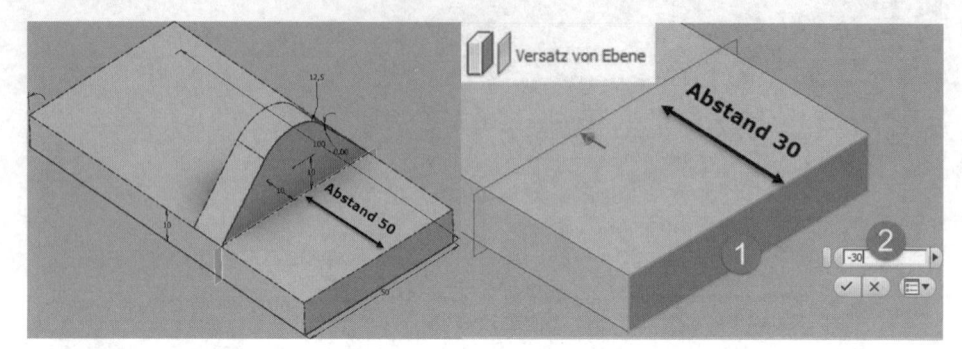

Abb. 3.127: Arbeitsebene im wählbaren Abstand zu vorhandener Ebene

Wenn Sie diese Funktion *implizit* über das Icon EBENE aktivieren wollen, klicken Sie damit einfach eine Ebene an und bewegen sie dann mit gedrückter Maustaste. Sofort erscheint die Abstandseingabe.

Parallel zu Ebene durch Punkt

Wenn Sie für Ihre Konstruktion eine Ebene brauchen, die durch den Mittelpunkt auf einer Kante geht, wäre PARALLEL ZU EBENE DURCH PUNKT eine Option. Als Punkte können alle Arten von Punkten gewählt werden:

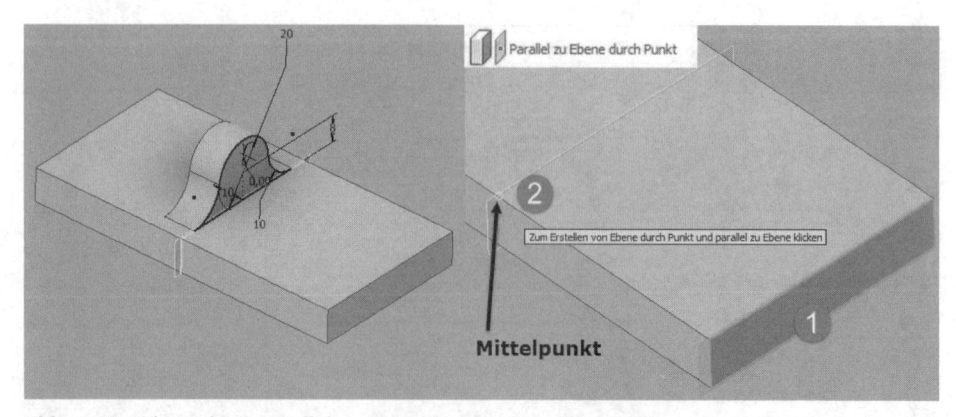

Abb. 3.128: Arbeitsebene parallel zu einer Fläche durch einen Punkt

Mittelfläche zwischen zwei Ebenen

Für die obige Aufgabenstellung wäre alternativ auch die Mittelfläche nützlich. So eine Mittelebene kann auch zum Spiegeln ganzer Anordnungen sehr nützlich sein.

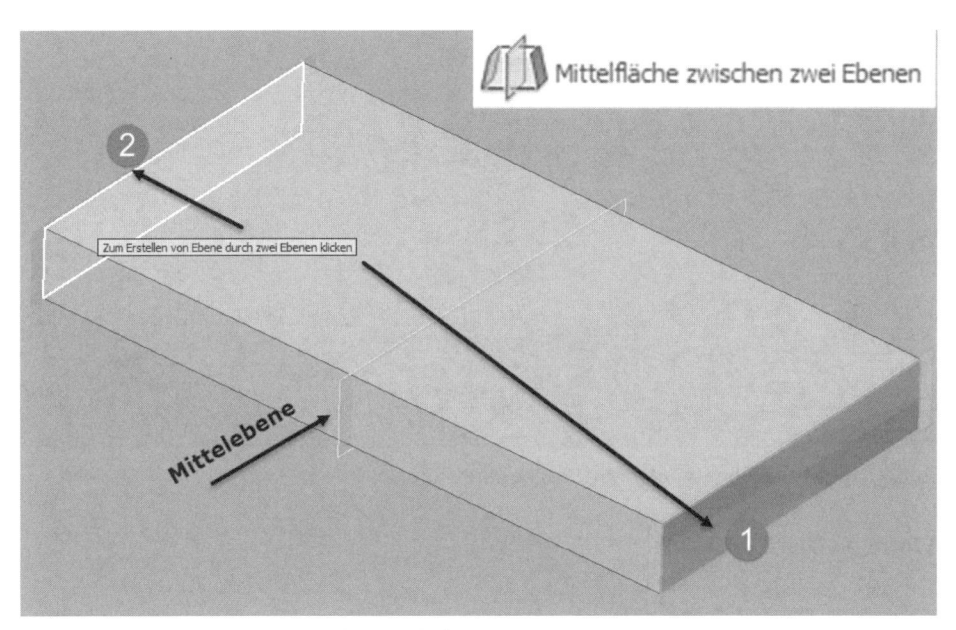

Abb. 3.129: Mittelebene zu zwei ebenen Flächen

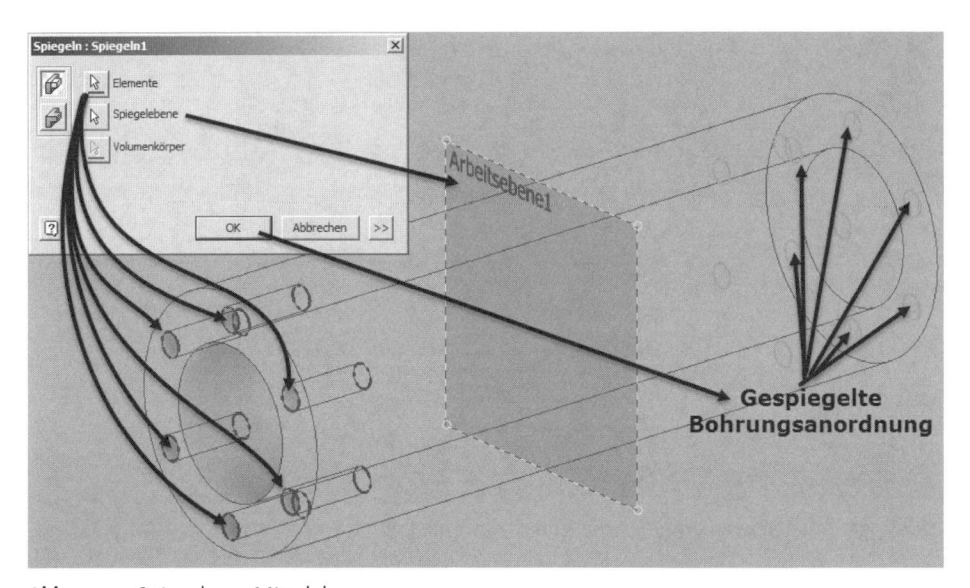

Abb. 3.130: Spiegeln an Mittelebene

Mittelfläche von Torus

Eine eher selten benötigte Option ist die Mittelfläche zum Torus, die in der Ringebene erstellt wird.

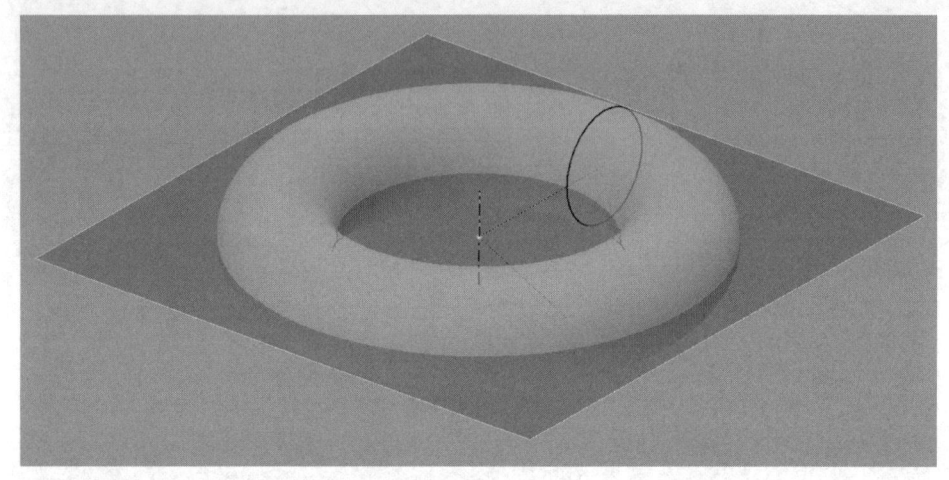

Abb. 3.131: Arbeitsebene auf der Mittelfläche eines Torus

Winkel zu Ebene um Kante

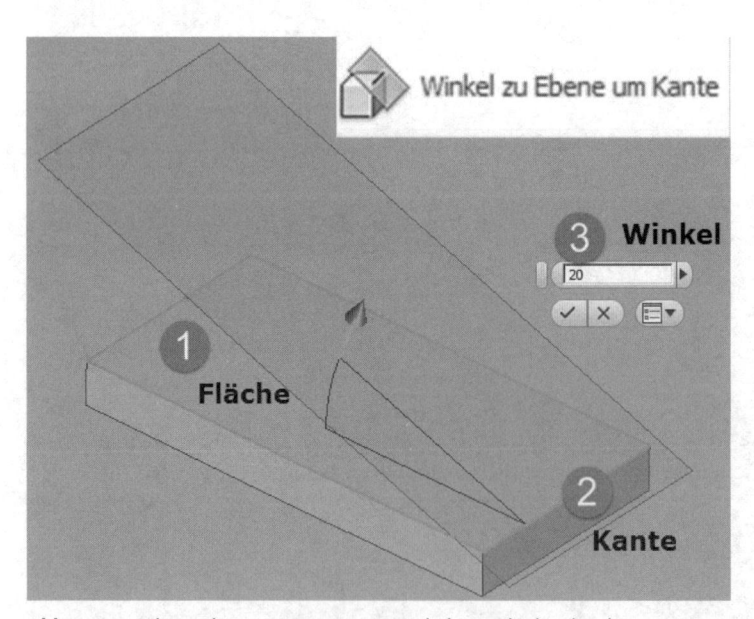

Abb. 3.132: Arbeitsebene unter einem Winkel zur Fläche durch eine Kante

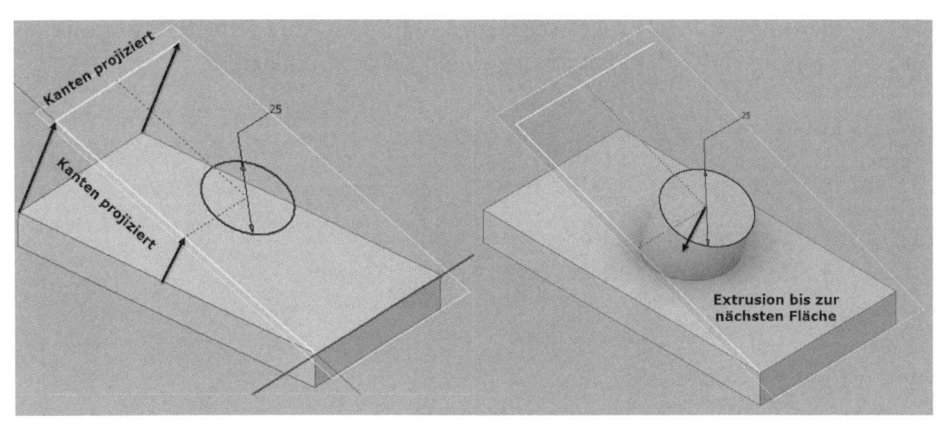

Abb. 3.133: Schräg stehender Zylinder auf dem Mittelpunkt der Platte

Drei Punkte

Die ersten beiden Punkte definieren die Richtung der ersten Kante der Arbeitsebene. Als Punkte können wieder alle Punktobjekte und End- oder Mittelpunkte von Kanten gewählt werden.

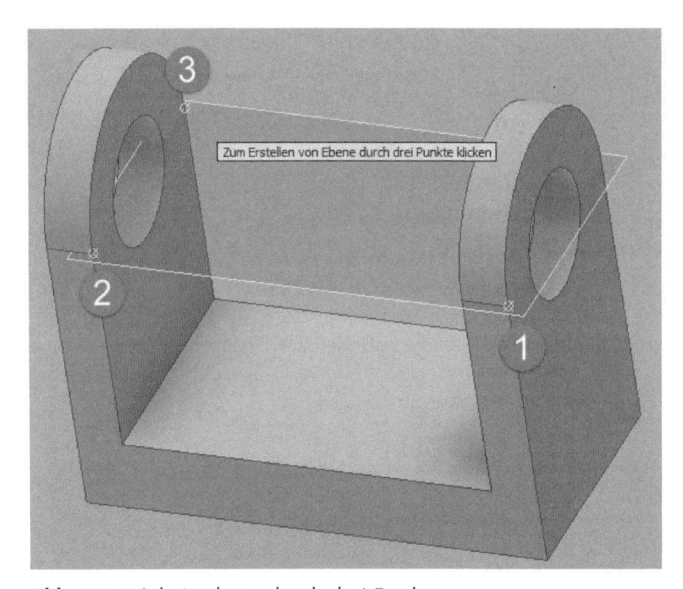

Abb. 3.134: Arbeitsebene durch drei Punkte

Zwei koplanare Kanten

Die Arbeitsebene wird hier durch zwei Kanten erstellt, die so liegen, dass sie in einer Ebene liegen. Die Kanten müssen nicht parallel laufen, aber sie dürfen nicht

Kapitel 3
Die Skizzenfunktion

»windschief« liegen, das heißt, wenn man sie durch eine Regelfläche Kante zu Kante geradlinig verbindet, darf keine gewölbte Fläche entstehen.

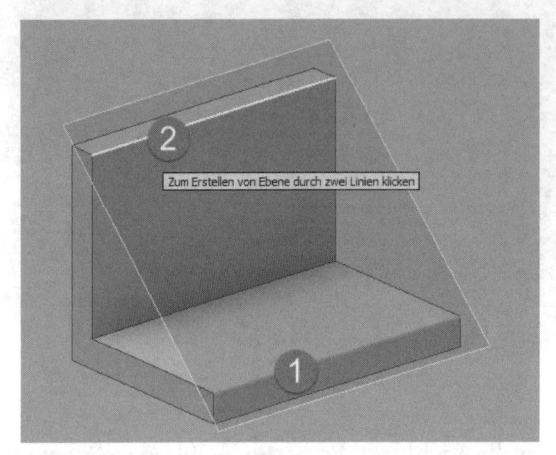

Abb. 3.135: Ebene durch zwei koplanare Kanten

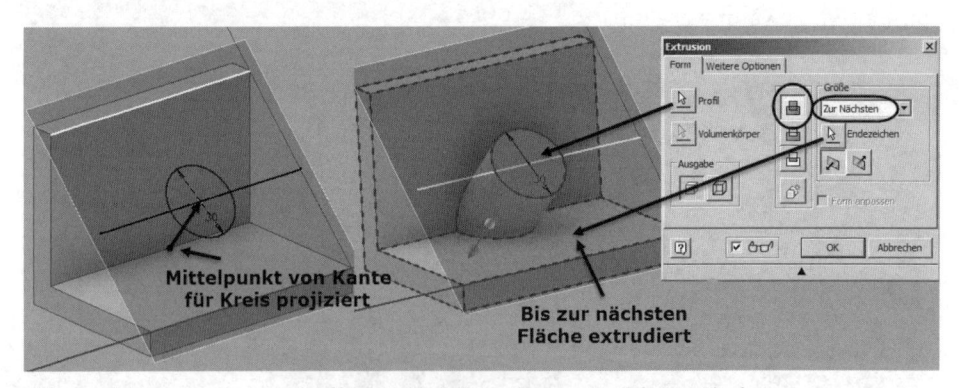

Abb. 3.136: EXTRUSION eines Profils aus der Arbeitsebene zur nächsten Fläche

Tangential zu Fläche durch Kante

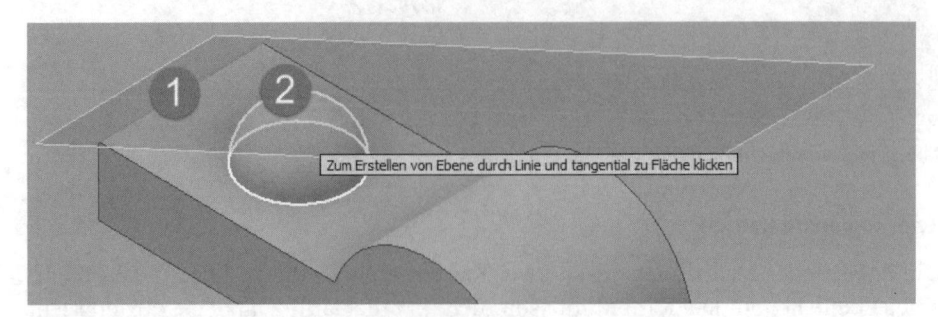

Abb. 3.137: Arbeitsebene tangential zu Kugel durch Kante

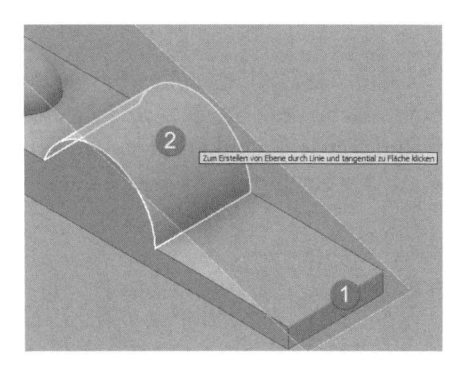

Abb. 3.138: Arbeitsebene tangential zu Fläche durch Kante

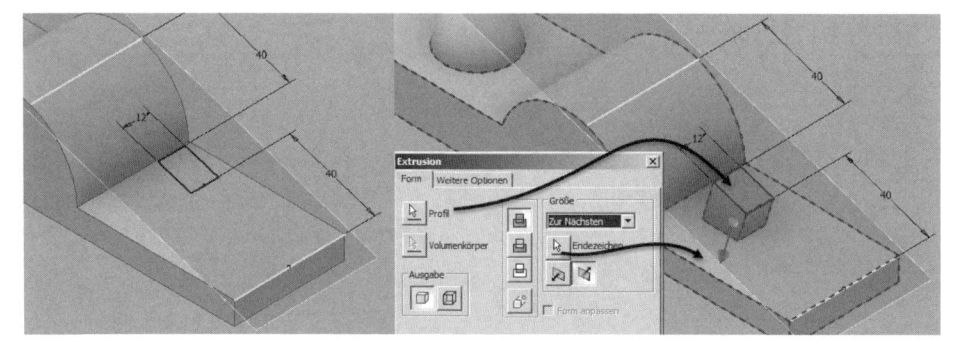

Abb. 3.139: Stützenkonstruktion mit tangentialer Arbeitsebene

Tangential zu Fläche durch Punkt

Sie wählen eine Fläche und einen Punkt *darauf*. Im vorliegenden Beispiel ist zu beachten, dass der Punkt der Mittelpunkt des Kanten-Profils ist und damit nicht der oberste Punkt des Bogens. Deshalb liegt die Ebene schräg (siehe Seitenansicht).

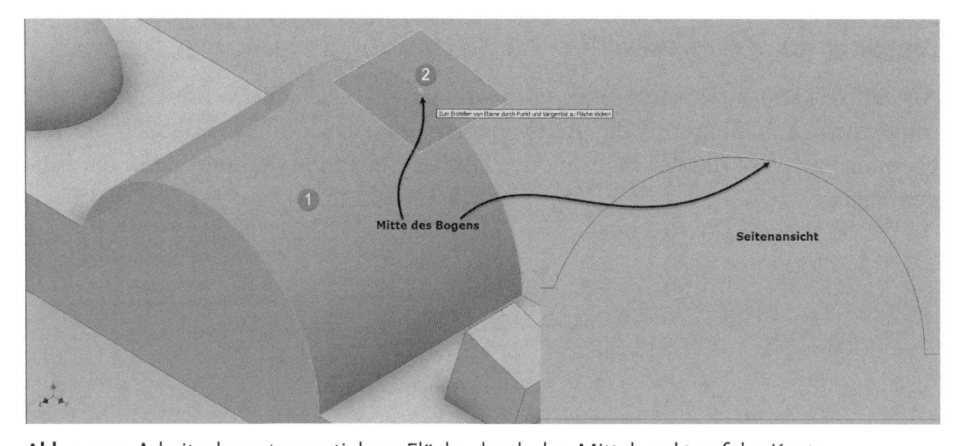

Abb. 3.140: Arbeitsebene tangential zur Fläche durch den Mittelpunkt auf der Kante

Tangential zu Fläche und parallel zu Ebene

Wählen Sie am besten zuerst die Ebene und danach die Fläche, weil es bei vielen Flächen zwei Lösungen gibt: die obere Tangentenfläche oder die untere. Inventor nimmt die gewölbte Fläche hier als endlos an und würde auch die unter dem Teil liegende Tangentenfläche ermitteln, wenn Sie auf der gewölbten Fläche zu tief klicken.

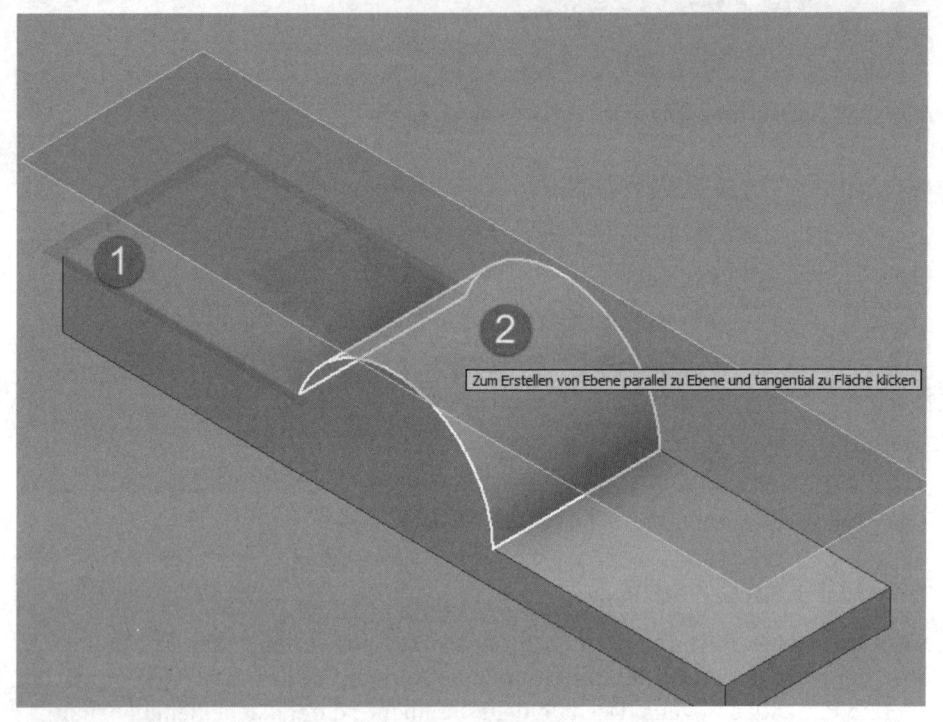

Abb. 3.141: Arbeitsebene parallel zu Ebene und tangential zu Fläche

Lotrecht zu Achse durch Punkt

Als Achse kann eine Kante oder eine Arbeitsachse gewählt werden. Der Punkt muss nicht unbedingt auf der Achse liegen. Die Achse bildet praktisch die Flächennormale, also die Ausrichtung der Fläche. Der Punkt definiert dann die Lage der Fläche.

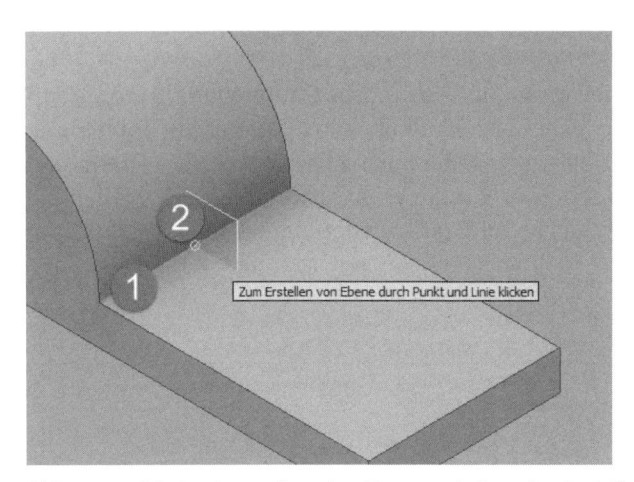

Abb. 3.142: Arbeitsebene über eine Kante und einen Punkt definiert

Lotrecht zu Kurve durch Punkt

Für *Sweeping*-Konstruktionen (siehe Abschnitt 4.1.4, »Sweeping«) brauchen Sie oft eine ebene Skizze, die senkrecht zu einer gegebenen Kurve am Start- oder Endpunkt liegt. Dafür ist LOTRECHT ZU KURVE DURCH PUNKT zu benutzen.

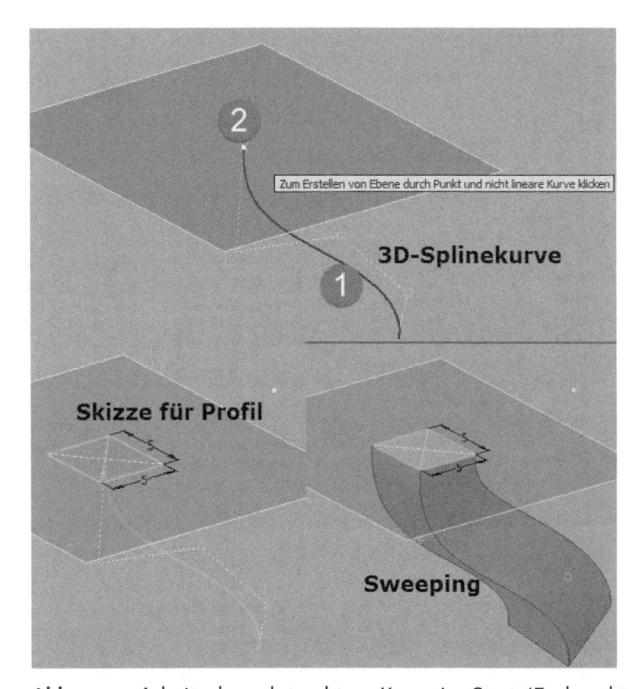

Abb. 3.143: Arbeitsebene lotrecht zu Kurve im Start-/Endpunkt

3.9.2 Arbeitsachsen

ARBEITSACHSEN können beispielsweise für Drehungsoperationen nötig sein, wenn sich keine Drehachse aus der bisherigen Bauteilkonstruktion ergibt (Abbildung 3.144). Ein Beispiel für eine DREHUNG (siehe auch Abschnitt 4.1.2, »Drehung«) mithilfe einer Arbeitsachse durch zwei Punkte zeigt Abbildung 3.145. Manchmal ist es nicht möglich, die Arbeitsachse im Grafikfenster anzuklicken, dann klappt es aber im BROWSER.

Abb. 3.144: Optionen für Arbeitsachsen

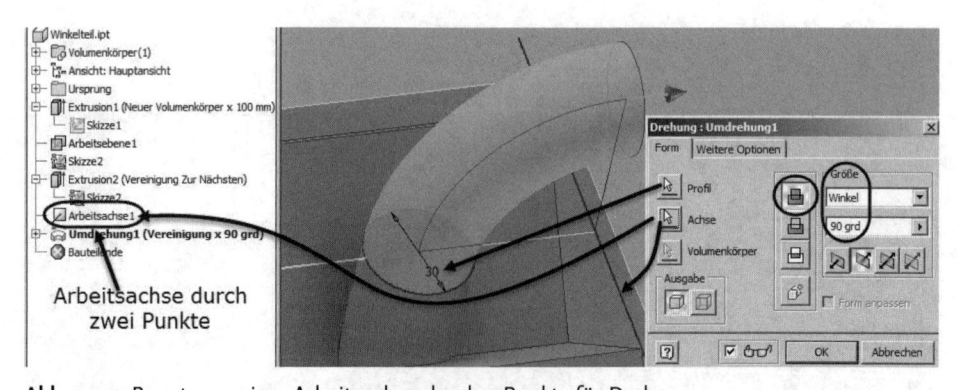

Abb. 3.145: Benutzung einer Arbeitsachse durch 2 Punkte für Drehung

3.9.3 Arbeitspunkte

Es gibt zwei Arten von Arbeitspunkten, die *fixierten Arbeitspunkte* hängen nicht an den Geometrieelementen, über die sie erzeugt wurden, sondern bleiben bei Änderungen der Referenzgeometrien unverändert. Sie sind über die *absoluten Koordina-*

ten definiert und können nur darüber verändert werden. *Nicht fixierte Arbeitspunkte* können über verschiedene Methoden geometrisch abgeleitet werden.

Abb. 3.146: Methoden für Arbeitspunkte

3.10 Übungsfragen

1. Nennen und erklären Sie die möglichen geometrischen Abhängigkeiten.
2. Was ist der Unterschied zwischen ABHÄNGIGKEIT HORIZONTAL und PARALLEL?
3. Wie wirkt sich der Linientyp MITTELLINIE auf Bemaßungen aus?
4. Wie sieht die Konstruktionslinie aus?
5. Welche Zeichen kennzeichnen absolute und relative Koordinaten?
6. Wie fügen Sie Objekte bei der Objektwahl hinzu?
7. Wozu kann man Abhängigkeiten lockern?
8. Was bedeutet bei der Koordinatenanzeige AUSDRUCK?
9. Wie ist die Excel-Punkte-Tabelle gestaltet?
10. Welche Konturen sind unter der RECHTECK-Funktion zu finden?

Kapitel 4

Volumenkörper modellieren

Beim Erstellen von Volumenkörpern gibt es verschiedene Vorgehensweisen. Im einfachsten Fall wird aus einer zweidimensionalen Skizze durch Bewegen des Profils ein *neuer* Volumenkörper erstellt.

Es kann aber auch *in einem bestehenden Volumenkörper* mithilfe einer weiteren Skizze *ein neuer* Volumenkörper erstellt werden, der im Normalfall mit dem bestehenden sofort kombiniert wird. Dafür gibt es drei Verfahren:

- VEREINIGUNG – Der neue Volumenkörper wird zum bestehenden hinzugefügt. Dabei sind Überlappungen der beiden Körper problemlos möglich.
- DIFFERENZ – Das Volumen des neuen Körpers wird vom bestehenden abgezogen.
- SCHNITTMENGE – Aus beiden Volumina wird nur der Überlappungsbereich behalten.

Alternativ kann aber auch aus einer zweiten Skizze *ein zweiter Volumenkörper* erstellt werden. Eine solche Konstruktion, die aus mehreren Volumenkörpern besteht, wird als *Multipart*-Konstruktion bezeichnet. Man kann später dann noch diese Volumina kombinieren.

Üblicherweise werden Konstruktionen, die aus mehreren Bauteilen bestehen, in einem nächsten Schritt in Baugruppendateien mit geeigneten Hilfsmitteln zur Kombination zusammengefasst.

4.1 Volumenkörper erstellen

Die Funktionen zum Erstellen von 3D-Volumenkörpern finden Sie unter MODELLIEREN|ERSTELLEN. Damit hier Volumenkörper entstehen können, müssen die Profile, die Sie nutzen wollen, geschlossen sein. Sie können die nachfolgenden Funktionen auch auf offene Profile anwenden, erhalten dann aber anstelle von Volumenkörpern nur Flächen. Achten Sie also stets auf diese Einstellung. Leicht kann es passieren, dass Sie eine Kontur nicht korrekt geschlossen haben und das erst merken, wenn Sie den Volumenkörper erzeugen wollen. Die *Flächen*, die dann entstehen, haben als Vorgabe *orange* Färbung, die *Volumenkörper graue*.

Kapitel 4
Volumenkörper modellieren

Abb. 4.1: 3D-Modellierfunktionen

- EXTRUSION – Aus einer ebenen Skizzenkontur wird durch Ausdehnung in z-Richtung das Volumen erzeugt.
- DREHUNG – Hierzu wird eine 2D-Skizze mit einer Drehachse benötigt. Der Volumenkörper entsteht durch Rotieren der Kontur um die Achse.
- SWEEPING – Eine ebene Kontur kann an einer Pfadkurve entlanggeführt werden.
- ERHEBUNG – Die Funktion wird üblicherweise *Lofting* genannt. Sie erzeugt aus mehreren Querschnitten durch Verbinden mit einer Hüllfläche einen Volumenkörper.
- SPIRALE – Das ist ein Spezialfall des Sweeping. Hier wird eine ebene Kontur auf einer Spiralkurve um eine wählbare Achse geführt.
- PRÄGEN – Dies ist eigentlich eine Volumenkörper-Modifikation. Ein Profil wird benutzt, um zu einer Fläche eines Volumenkörpers eine Vertiefung oder Erhöhung hinzuzufügen.
- ABLEITEN – Die Funktion erlaubt es, externe Volumenkörper mit dem aktuellen zu kombinieren. Wenn der externe Volumenkörper später geändert wird, wird dies auch in der aktuellen Zeichnung wirksam.
- RIPPE – Dies ist auch wieder mehr eine Modifikation. Anhand einfacher Kurven, meist Linien, können Verstrebungen in Volumenkörper eingebaut werden.
- AUFKLEBER – Bilder, also Rasterdateien, können hiermit wie ein Abziehbild auf eine Oberfläche projiziert werden.
- IMPORTIEREN – Diese Funktion erlaubt den Import fremder Formate, um Volumenkörper zu erhalten. Sie kann auch benutzt werden, um 2D-Geometrien aus AutoCAD zu importieren, die dann in Inventor-Skizzen projiziert werden können.

4.1.1 Extrusion

Die Extrusion benutzt ein 2D-Profil und bewegt es senkrecht zu dessen Ebene. Zuerst wählen Sie das Profil (Abbildung 4.2). Wenn es in Ihrem Bauteil nur ein einziges Profil gibt, wird es automatisch gewählt. Wenn das Profil geschlossen ist, wird automatisch auf VOLUMENKÖRPER geschaltet, sonst auf FLÄCHE. Sie können aber auch aus geschlossenen Profilen wahlweise Flächen erstellen wenn nötig.

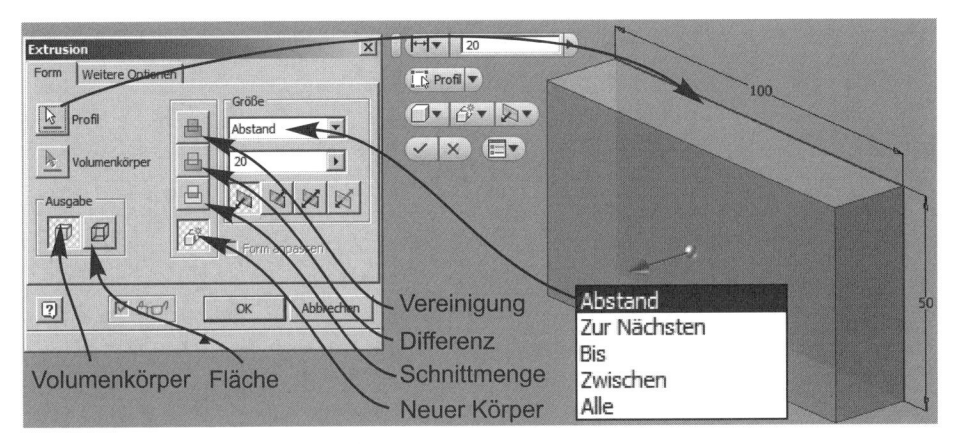

Abb. 4.2: Einfache EXTRUSION erstellen

Sofern im Bauteil noch keine anderen Volumenkörper existieren, ist zwangsläufig die Vorgabe NEUER KÖRPER.

Als Nächstes wären ABSTAND und RICHTUNG der Extrusion einzugeben. Bei den Extrusionsrichtungen gibt es die durch Pfeile auch eindeutig angezeigten Richtungen RICHTUNG 1 und RICHTUNG 2 sowie SYMMETRISCH und ASYMMETRISCH. Bei SYMMETRISCH wird in beide Richtungen gleich extrudiert und Sie geben den *Gesamtabstand* nach hinten und vorne an, für ASYMMETRISCH werden *zwei Abstände* für die beiden Richtungen einzeln angegeben.

Um die verschiedenen Abstandsoptionen der EXTRUSION zu demonstrieren, wurde ein gestuftes Teil entworfen (Abbildung 4.3) und dann auf der Fläche der untersten Stufe eine Skizze mit einem Kreis gezeichnet. Nachdem die erste Kontur normal mit ABSTAND **30** extrudiert wurde, wurde mit Rechtsklick auf die unterste Stufe über die Kontext-Funktion NEUE SKIZZE ERSTELLEN eine neue Skizze begonnen. Da die Skizzierebene immer in Draufsicht dargestellt wird, ist sie durch den Schwenk in den Skizzenmodus zunächst durch die darüber liegenden Teile verdeckt. In solch einem Fall können Sie im Kontextmenü GRAFIKEN AUFSCHNEIDEN wählen oder F7. Damit wird das Bauteil in der Skizzenebene geschnitten dargestellt. Der Kreis wurde dann gezeichnet und mit ABHÄNGIGKEIT KOINZIDENT an den Seitenmitten der Kanten aufgehängt und das Kreiszentrum vertikal zur Seitenmitte. Damit ist er ohne Bemaßung vollständig bestimmt.

Kapitel 4
Volumenkörper modellieren

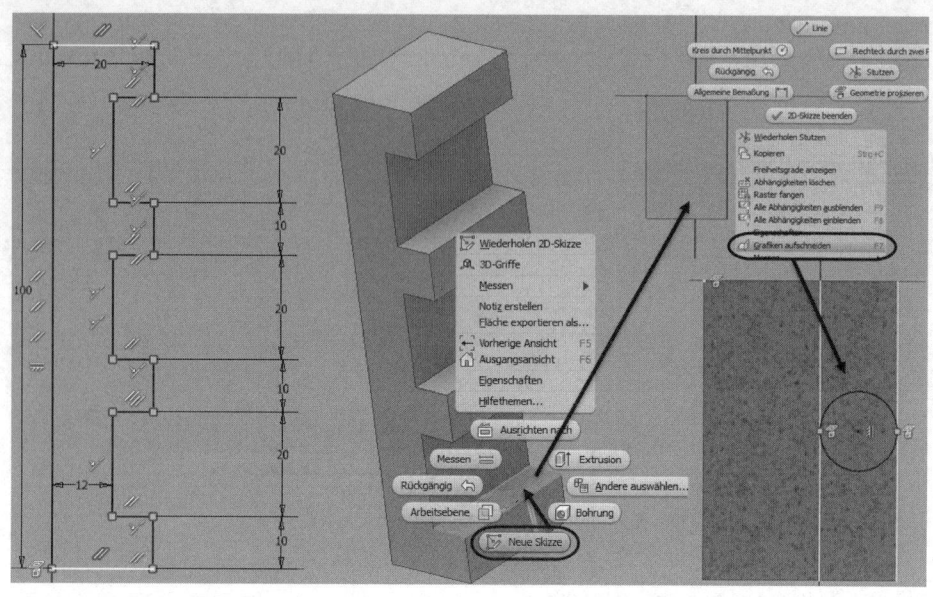

Abb. 4.3: Testteil für EXTRUSION

An diesem Testteil sollen nun die verschiedenen Abstandsvarianten demonstriert werden. Abbildung 4.4 zeigt in der Mitte die normale Angabe mit ABSTAND und Wert **10**. Rechts davon sehen Sie die Option ZUR NÄCHSTEN, wobei dann eine *Zielfläche* zu wählen ist. Es könnte auch eine Fläche auf einem anderen Volumenkörper sein.

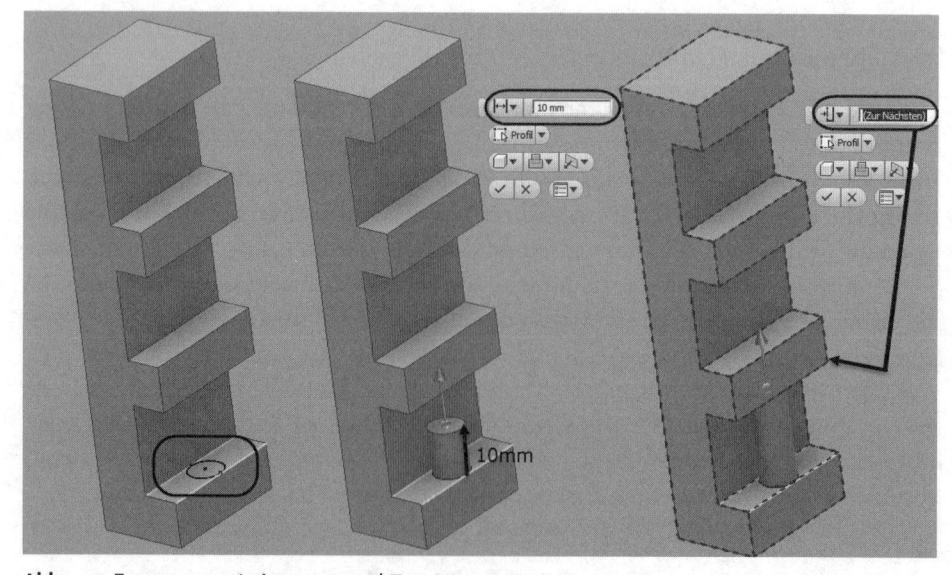

Abb. 4.4: EXTRUSION mit ABSTAND und ZUR NÄCHSTEN

Bei der Option ZWISCHEN müssten Sie zwei Flächen wählen, zwischen denen der Volumenkörper erzeugt wird. Bei der Option ALLE wird schließlich durch das gesamte Teil hindurch bis zur letzten Fläche extrudiert.

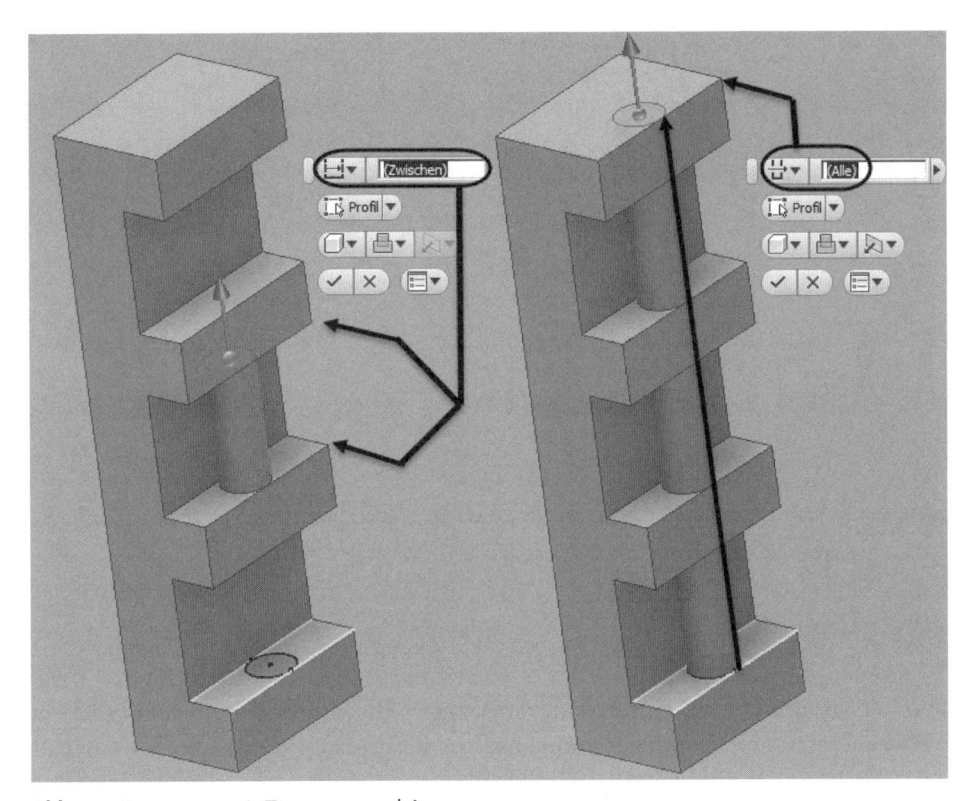

Abb. 4.5: EXTRUSION mit ZWISCHEN und ALLE

Im nächsten Beispiel (Abbildung 4.6) sollen die Einstellungen für konische Extrusion, also mit schräg stehenden Extrusionsflächen gezeigt werden. Es wurde eine Skizze *asymmetrisch* extrudiert mit Abständen **10** und **5**. Auf der zweiten Registerkarte WEITERE OPTIONEN wurden für die *Verjüngung* (Konik) verschiedene Winkel gewählt. Man beachte, dass *negative Winkel* eine Verjüngung der Kontur in Zugrichtung bedeuten.

Kapitel 4
Volumenkörper modellieren

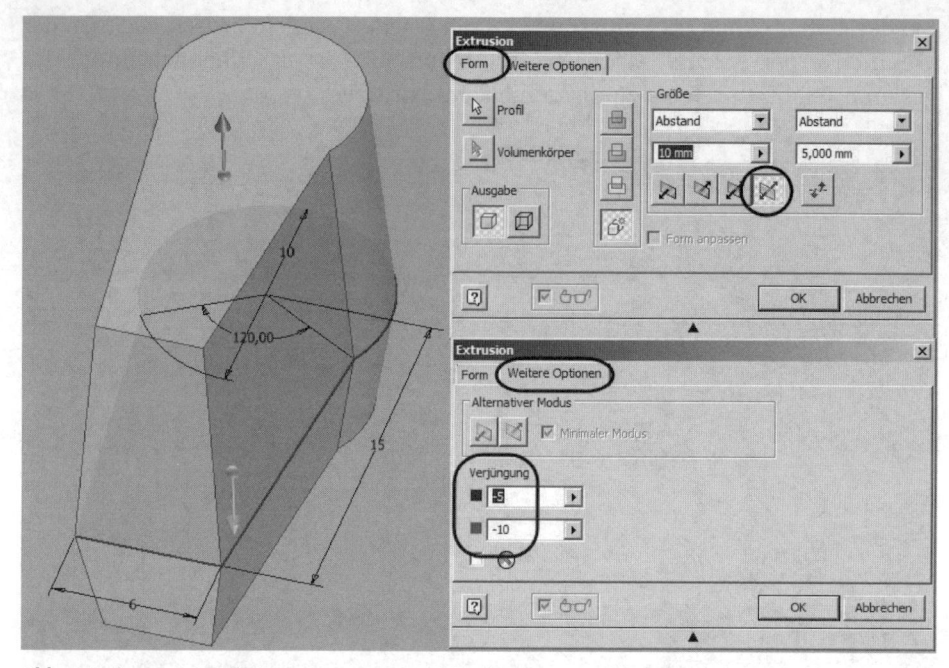

Abb. 4.6: Asymmetrische Extrusion mit verschiedenen Verjüngungswinkeln

4.1.2 Drehung

Rotationssymmetrische Teile können leicht und einfach über ein 2D-Profil mit einer Achse und über die Funktion DREHUNG erstellt werden. Die Achse muss nicht Teil der Kontur sein. Damit sie automatisch erkannt wird, sollte sie das Format MITTELLINIE haben (Abbildung 4.7). Beachten Sie, dass bei der Skizzenbemaßung zwischen Konturelement und Mittellinie automatisch eine Durchmesserbemaßung entsteht.

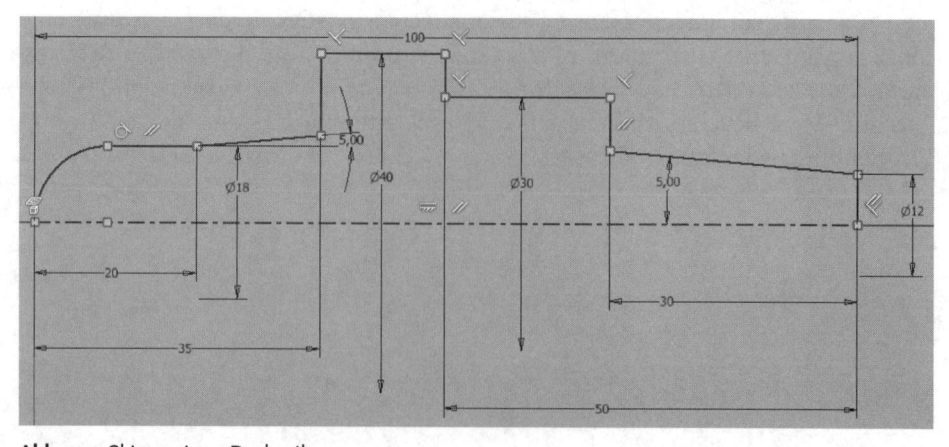

Abb. 4.7: Skizze eines Drehteils

4.1 Volumenkörper erstellen

Wenn Sie solch eine einfache Skizze für DREHEN verwenden, werden Kontur und Achse automatisch erkannt, und Sie müssen für eine volle Rotation um 360° nur noch OK anklicken (Abbildung 4.8).

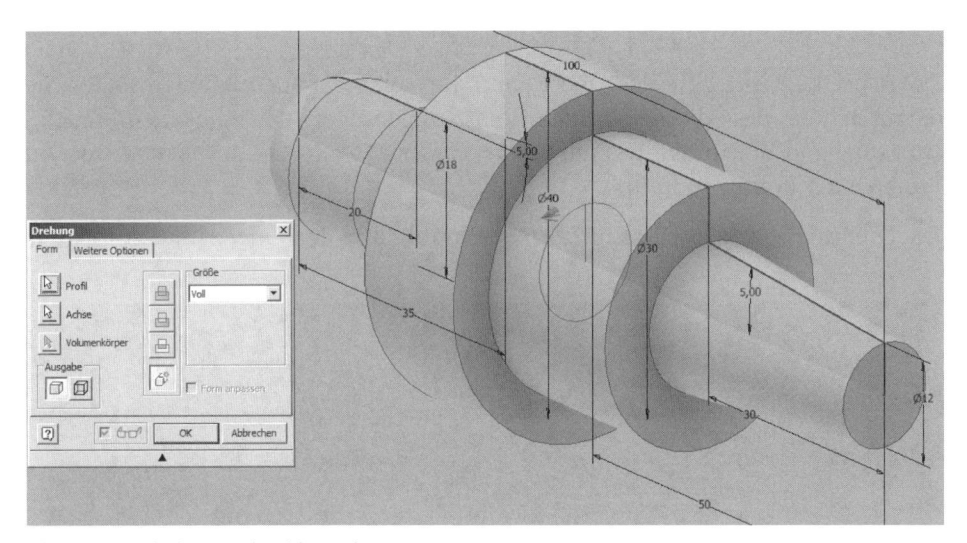

Abb. 4.8: Einfaches Drehteil komplett

Ein Drehteil mit Achse außerhalb der Kontur zeigt Abbildung 4.9.

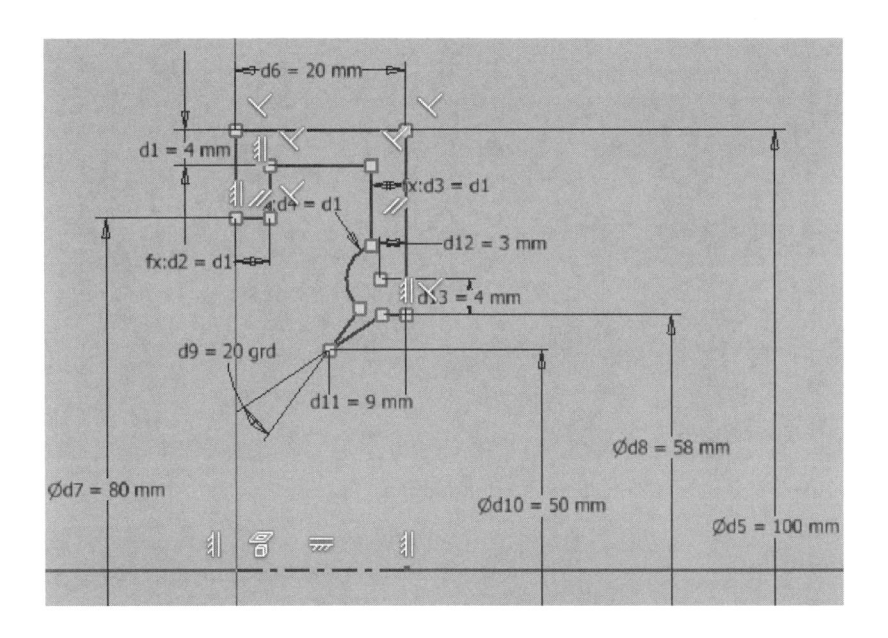

Abb. 4.9: Skizze für Drehteil mit Achse außerhalb der Kontur

In der Skizze wurden einige Maße für Abstände d1, d2 und d3 gleichgesetzt, indem beim Bemaßen von d2 und d3 keine Zahl eingegeben wurde, sondern der Parameter d1, der beim ersten Abstand auf den Wert 4 gesetzt wurde. Sie können auch bei der Dialogeingabe für das Maß d2 beispielsweise einfach die zu übernehmende Bemaßung d1 in der Skizze anklicken.

Die Achse liegt hier außerhalb der Kontur. Bei solchen Konstruktionen sollten Sie darauf achten, dass die Achse auch Bemaßungen oder Abhängigkeiten braucht. Im aktuellen Fall wurden die Endpunkte mit der ABHÄNGIGKEIT VERTIKAL mit den Punkten der Kontur verknüpft.

Die Drehung wurde diesmal auf 180° beschränkt, um den Querschnitt zu zeigen.

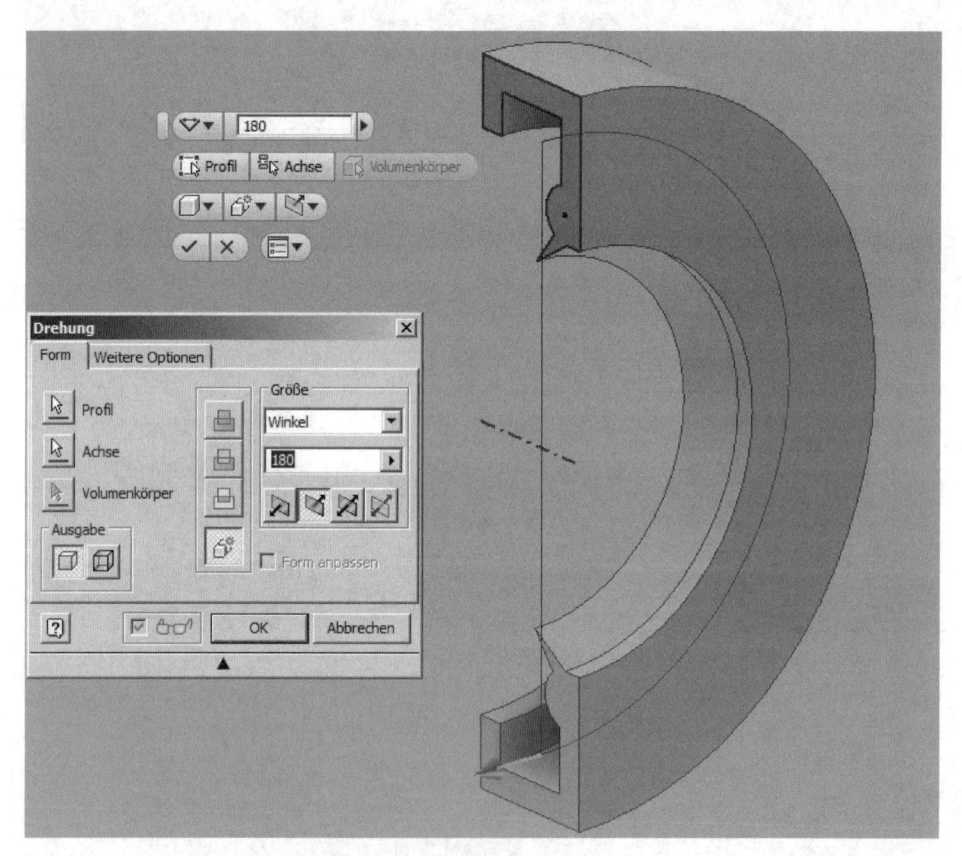

Abb. 4.10: Drehteil mit Achse außerhalb der Kontur und 180°

4.1.3 Erhebung

Der Begriff *Erhebung* ist nicht ganz glücklich gewählt, weil in der Technik eigentlich schon lange der englische Begriff *Lofting* dafür üblich ist. Man versteht darunter die Definition von Flächen und Volumenkörpern durch eine Reihe von

4.1 Volumenkörper erstellen

Querschnitten. In der Fertigung bestimmter Objekte ist dieses Verfahren schon lange eingeführt wie beispielsweise bei Flugzeugrümpfen, -tragflächen oder Schiffsrümpfen.

ERHEBUNG setzt mindestens zwei Profile voraus, die dann zu einem Volumenkörper verbunden werden. Im Beispiel wird eine rechteckige Skizze mit einer kreisförmigen verbunden.

Die Konstruktionsschritte in Kürze:

- In der xy-Ebene wird ein Rechteck 50x50 gezeichnet und mit R=5 abgerundet und die Skizze beendet.
- Für die zweite Skizze muss zuerst eine Arbeitsebene erstellt werden mit 3D-MODELL|ARBEITSELEMENTE|EBENE ▼ VERSATZ VON EBENE.
- Klicken Sie im BROWSER unter URSPRUNG die XY-EBENE an und tippen Sie den Abstand **100** ein (Abbildung 4.11).

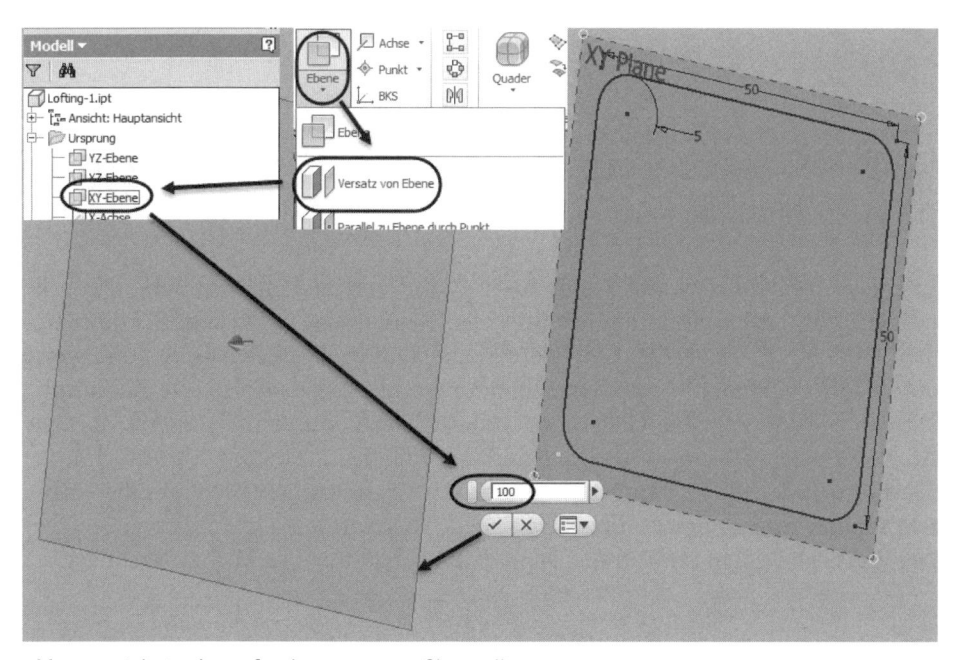

Abb. 4.11: Arbeitsebene für das zweite Profil erstellen

- Mit Rechtsklick auf diese neue Arbeitsebene wählen Sie NEUE SKIZZE ERSTELLEN.
- Zeichnen Sie einen Kreis mit Radius **30** ungefähr mittig.
- Mit GEOMETRIE PROJIZIEREN sollten Sie zwei orthogonale Rechteckseiten projizieren.

Kapitel 4
Volumenkörper modellieren

- Richten Sie nun den Kreismittelpunkt mit den ABHÄNGIGKEITEN HORIZONTAL und VERTIKAL an den Mittelpunkten der Projektionen aus und beenden Sie die Skizze.
- Wählen Sie jetzt die Funktion ERHEBEN und klicken Sie die beiden Konturen an (Abbildung 4.12).

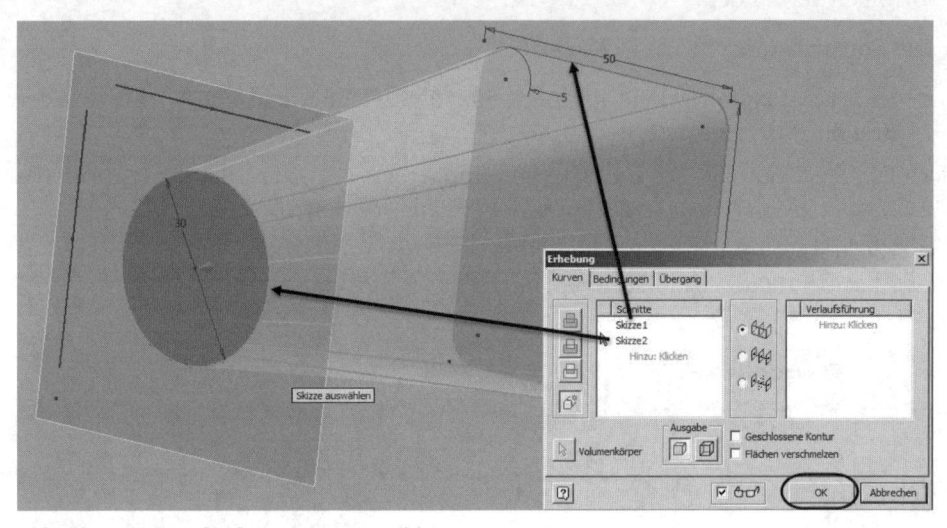

Abb. 4.12: Zwei Profile für ERHEBEN gewählt

Interessanter wird es, wenn Sie mehrere Profile verwenden (Abbildung 4.13). Sie müssen nur die Profile in der gewünschten Reihenfolge anklicken. Bei der Standard-Option VERLAUFSFÜHRUNG werden die Konturen automatisch punktweise durch Führungslinien verbunden (Abbildung 4.14). Diese punktweise Zuordnung können Sie im Register ÜBERGANG ändern. Dazu müssen Sie zuerst dort die AUTOMATISCHE ZUORDNUNG deaktivieren. Unter SATZ AUSGEW. PUNKTE wählen Sie die zu ändernde Führungslinie und in der Grafik können Sie dann die einzelnen Punkte entlang der Profile verschieben. Hier wurden alle Punkte so verschoben, dass das Design etwas mehr Pep erhält (Abbildung 4.14 Vorher-Nachher).

4.1
Volumenkörper erstellen

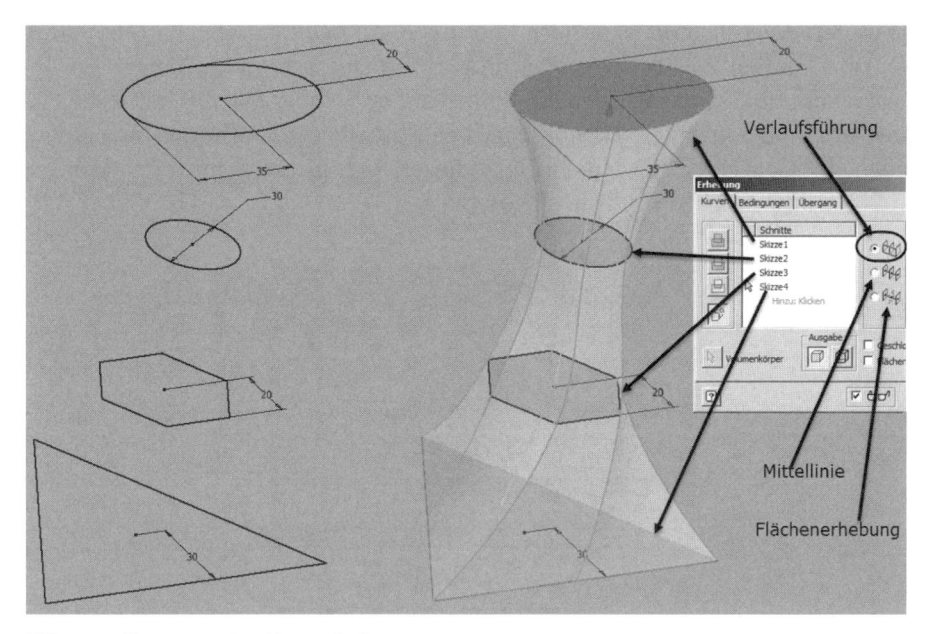

Abb. 4.13: ERHEBEN mit 4 Querschnitten

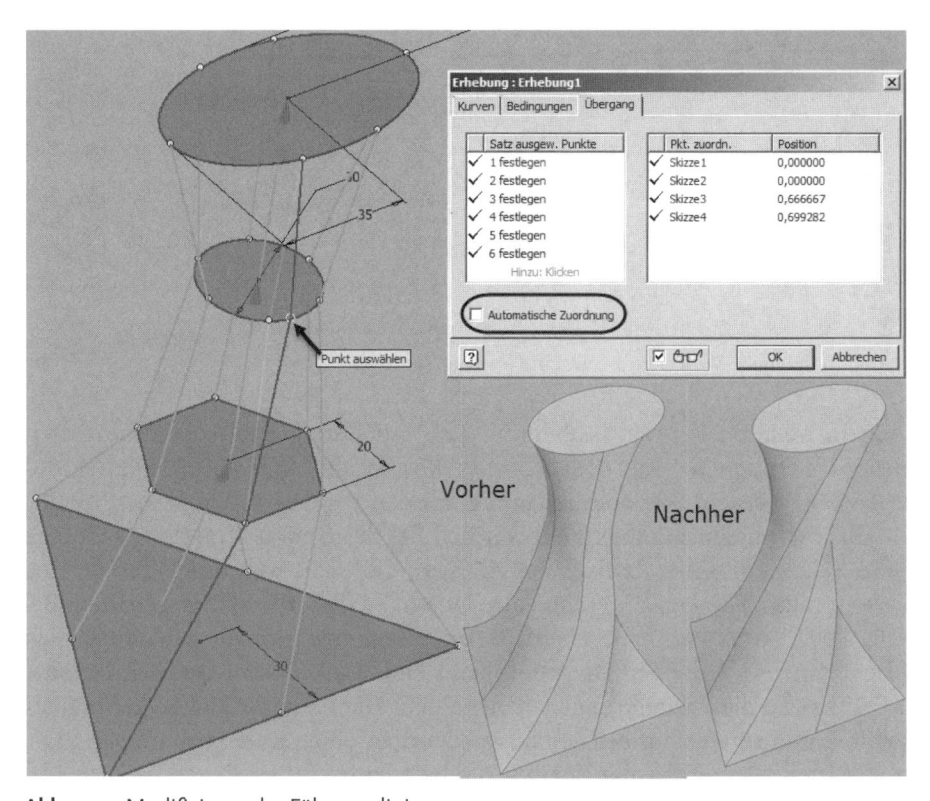

Abb. 4.14: Modifizieren der Führungslinien

Eine weitere Modifikation wäre noch über die BEDINGUNGEN möglich (Abbildung 4.15). Dort können Sie für den ersten und letzten Querschnitt die Tangentenwinkel vorgeben. Im Beispiel wurden die Winkel auf **90°** eingestellt, das heißt, die Flächen starten in lotrechter Richtung bezogen auf die Querschnitte. Außerdem wurden die Gewichte, die den Einfluss dieser Richtungsvorschrift bestimmen, vom Standardwert **1** auf **5** sehr hoch gesetzt.

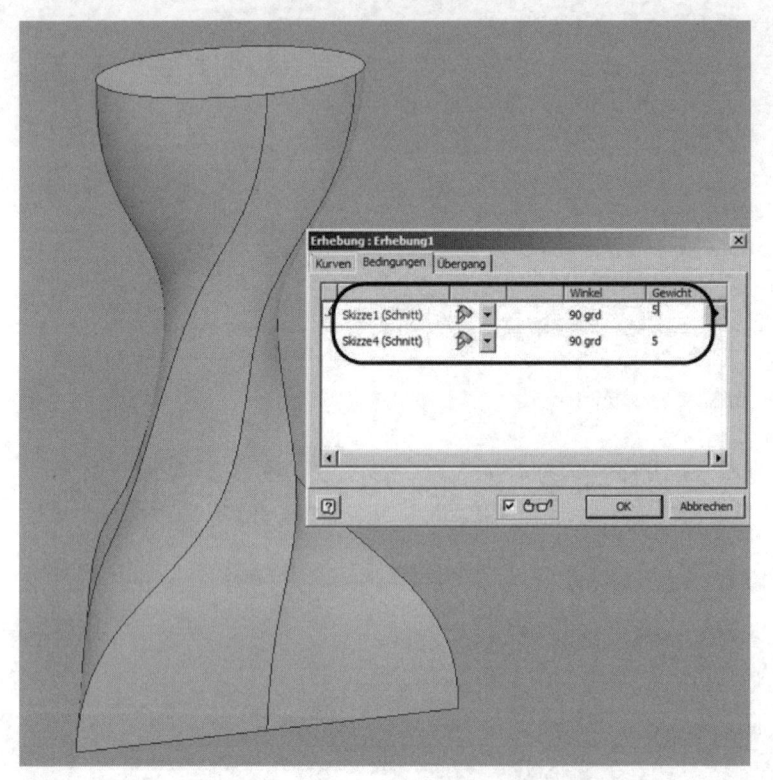

Abb. 4.15: Individuelle Winkel und Gewichte an Querschnitten

An einem weiteren Beispiel (Abbildung 4.16, Abbildung 4.17) sollen die Unterschiede der Optionen VERLAUFSFÜHRUNG, MITTELLINIE und FLÄCHENERHEBUNG demonstriert werden. Wie oben erläutert, können bei der Option VERLAUFSFÜHRUNG die *Führungslinien* modifiziert werden. Bei der Option MITTELLINIE ist eine weitere Skizze mit einer *Leitkurve* zu wählen, die nicht unbedingt immer eine Linie sein muss. Die *Profile* werden dann *lotrecht* zu dieser Leitkurve gehalten. Bei der FLÄCHENERHEBUNG wird ebenfalls eine *Leitkurve* gewählt und zusätzlich *Punkte* darauf. An jeder Punktposition kann eine Zahl für den Querschnitt oder den Umfang an dieser Stelle angegeben werden. Die Punktpositionen können als absolute Entfernungen auf der Leitkurve oder über einen Kurvenparameter angegeben werden, der entlang der Kurve von 0 bis 1 läuft.

4.1 Volumenkörper erstellen

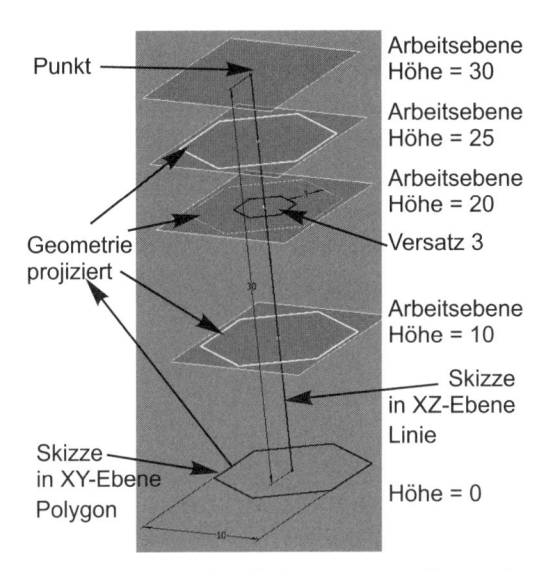

Abb. 4.16: Skizzen für Erhebung mit 4 Profilen und einem Punkt

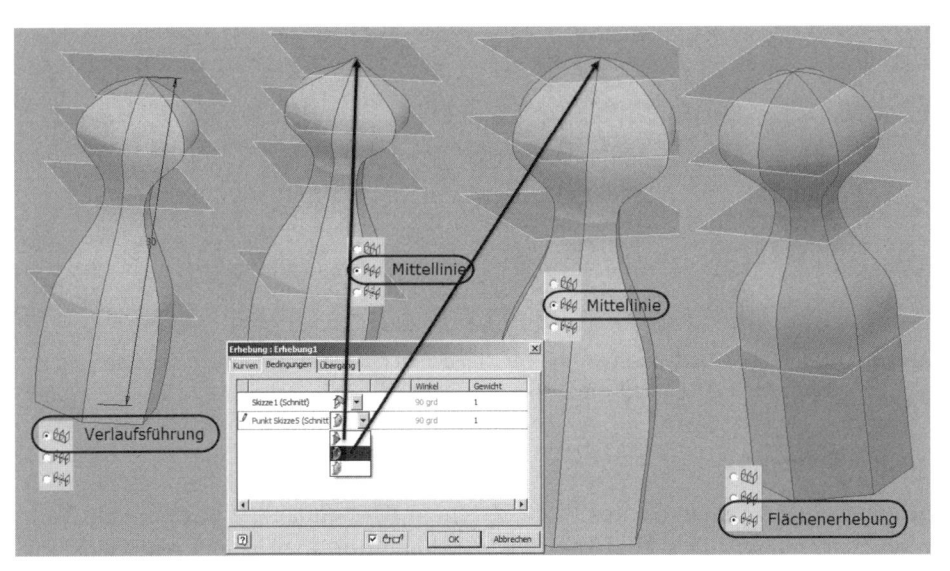

Abb. 4.17: Die Optionen VERLAUFSFÜHRUNG, MITTELLINIE und FLÄCHENERHEBUNG sowie Punkt-Optionen

Im vorliegenden Fall sollte das Profil im unteren Bereich der Konstruktion parallel laufen. Deshalb wurde beispielsweise bei **Punkt5** mit dem Parameter **0,21** dieselbe Querschnittfläche eingestellt wie beim Parameter **0**, nämlich **86 mm²**. Auf diese Weise wurde hier das Profil an mehreren Stellen zwischen den bestimmenden Skizzen modifiziert, um die endgültige Form zu erhalten.

Kapitel 4
Volumenkörper modellieren

Sie geben diese Positionen ein, indem Sie im Dialogfeld PLATZIERTE PROFILE aktivieren und dann auf die Leitkurve an der gewünschten Position klicken. Im Eingabefeld können Sie die Punktposition noch genau per Parameterwert oder Abstand spezifizieren und dann den Wert für die Querschnittsfläche oder den Umfang eingeben. Nur mit diesem Hilfsmittel ist es gelungen, die Konturflächen im unteren Bereich parallel zu halten.

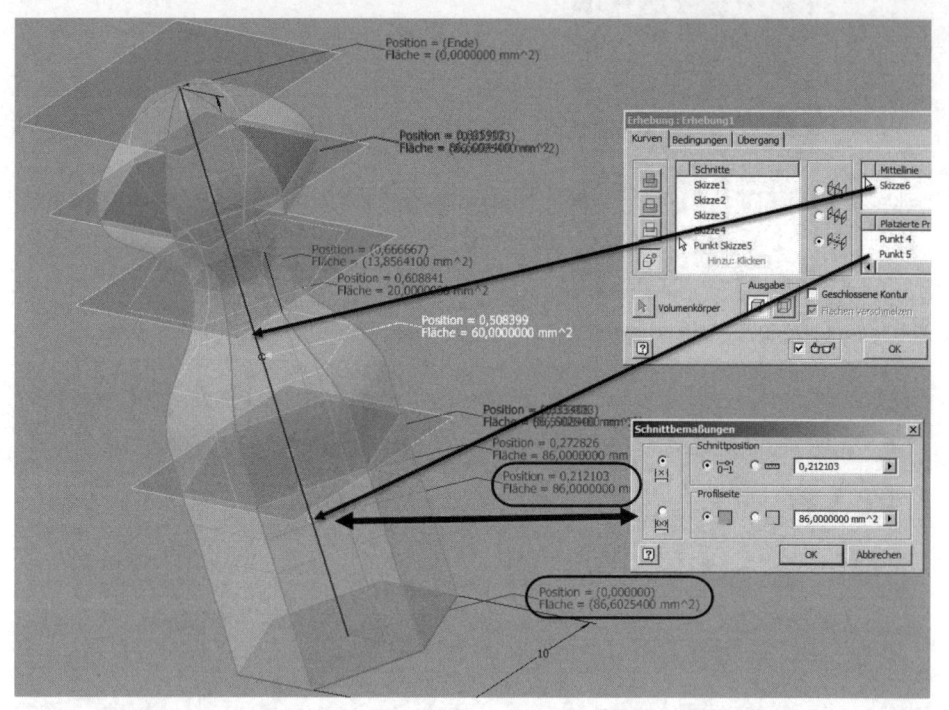

Abb. 4.18: Option FLÄCHENERHEBUNG mit verschiedenen Querschnitts-Skalierungen an verschiedenen Punktpositionen

4.1.4 Sweeping

Mit SWEEPING wird ein ebenes Profil an einem Pfad entlanggeführt, um ein Volumen zu erzeugen. Der Pfad kann eben (Abbildung 4.19) oder dreidimensional (Abbildung 4.21) sein. Im ersten Fall liegt der Pfad in der XY-EBENE und das Profil in der XZ-EBENE. Beim Befehlsaufruf wird das Profil automatisch gefunden, sofern keine weiteren Skizzen vorhanden sind. Den Pfad müssen Sie dann noch wählen. Unter ANORDNUNG wählen Sie, ob das Profil stets lotrecht zum Pfad gehalten werden soll (Vorgabe) oder parallel zur Ursprungslage am Pfad entlangläuft.

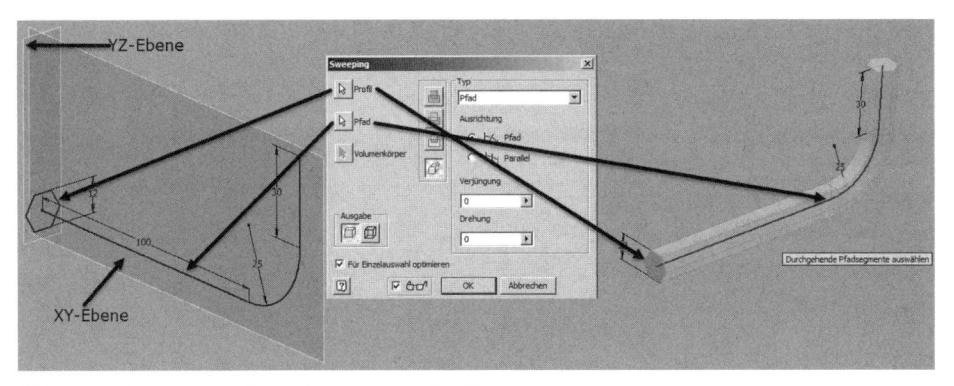

Abb. 4.19: SWEEPING entlang eines ebenen Profils

Zusätzlich kann noch eine Verjüngung eingestellt werden. Bei **-1°** Verjüngung wird das Profil entlang des Pfads enger. Eine Drehung kann dazu führen, dass das Profil während des Pfadverlaufs um seine Normale gedreht wird (Abbildung 4.20).

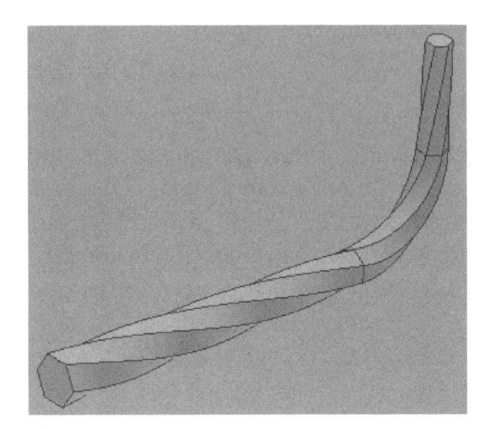

Abb. 4.20: SWEEPING mit **1°** Verjüngung und **360°** Drehung

Um einen dreidimensionalen Pfad zu zeichnen, beginnen Sie eine 3D-SKIZZE. Im Befehl LINIE können Sie nach Aufklappen der Gruppe ZEICHNEN die PRÄZISE EINGABE aktivieren. Mit kommen Sie dort in die Koordinateneingabe und geben jeweils X, Y und Z ein. Damit Sie automatische Verrundungen an den Knickstellen der Linien erhalten, sollten Sie unter EXTRAS|ANWENDUNGSOPTIONEN|SKIZZE|3D-SKIZZE die Option BEIM ERSTELLEN VON 3D-LINIEN AUTOMATISCH BIEGEN aktivieren. Der RADIUS DER AUTOMATISCHEN BIEGUNG ist unter EXTRAS| DOKUMENTEINSTELLUNGEN|SKIZZE|3D-SKIZZE mit 5 mm vorgegeben. Das Profil wird dann wieder im Start- oder Endpunkt des Pfads senkrecht zur 3D-Skizze erstellt. Wenn dafür keine der Standard-Ebenen benutzt werden kann, können Sie sich eine Arbeitsebene senkrecht zum Pfad mit der Funktion 3D-MODELL|ARBEITS-ELEMENTE|EBENE ▼ LOTRECHT ZU KURVE BEI PUNKT ERZEUGEN.

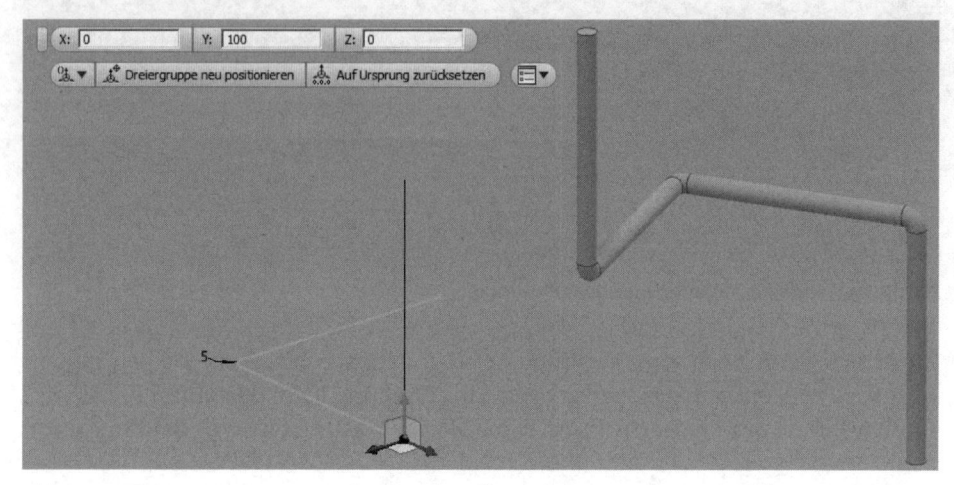

Abb. 4.21: 3D-Linie mit automatischer Rundung für Rohrleitung mit Kreisprofil

4.1.5 Spirale

Die *Spirale* ist eigentlich ein Spezialfall des SWEEPING. Die Pfadkurve ist hier eine Spiralkurve, genauer ausgedrückt je nach eingestelltem Typ eine Wendel oder eine ebene Spirale, die über Dialogangaben erzeugt wird. Als Vorgaben sind hier nur eine *Achse* für die Spirale und das *Profil* nötig. Beides kann in einer Ebene konstruiert werden. Bei einfachen Skizzen wird das Profil automatisch gefunden, die Achse müssen Sie wählen. Sie können diese auch umkehren. Im Register SPIRALFORM wählen Sie noch die *Drehrichtung*. Im Register SPIRALGRÖSSE können Sie den TYP wählen und Folgendes eingeben:

- STEIGUNG UND WINDUNG – STEIGUNG für eine Umdrehung und Anzahl der WINDUNGEN der Wendel, die Höhe wird daraus berechnet.
- WINDUNG UND HÖHE – Anzahl WINDUNGEN und Gesamt-HÖHE der Wendel, die Steigung der Windung wird daraus berechnet.
- STEIGUNG UND HÖHE – STEIGUNG für eine Umdrehung und Gesamt-HÖHE der Wendel, die Anzahl Windungen wird daraus berechnet.
- SPIRALE – Ebene Spirale mit STEIGUNG pro Umdrehung und Anzahl UMDREHUNGEN wird erzeugt.

Diese Wendel für ein M10-Gewinde kann nützlich sein, wenn Sie solch ein Gewinde einmal als 3D-Druck nachbauen wollen. Dann brauchen Sie das Gewinde nämlich als echtes Volumenmodell, nicht nur als Gewinde-Feature aus dem Menü 3D-MODELL|ÄNDERN|GEWINDE. Das ist ja nur eine aufgeklebte Imitation. Die Spirale ist natürlich auch für Federn interessant. Dabei sind aber dann kleine Formänderungen nötig, weil bei Federn die Enden typischerweise abgeflacht werden. Die Wendel für das Gewinde hat die Endbedingung NATÜRLICH (Abbildung 4.23). In der Seitenansicht ergibt sich die Kontur einer Sinus- oder Cosinus-Kurve.

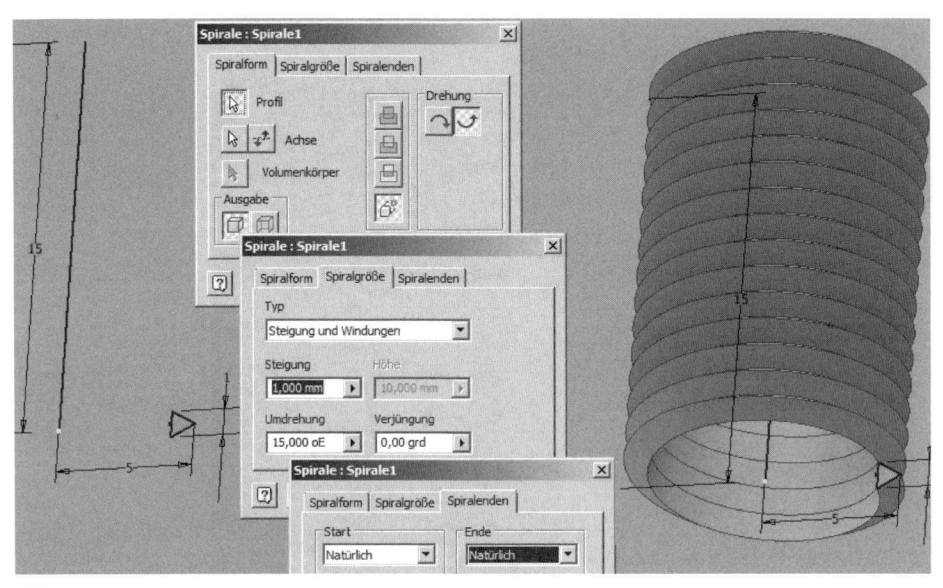

Abb. 4.22: Spirale

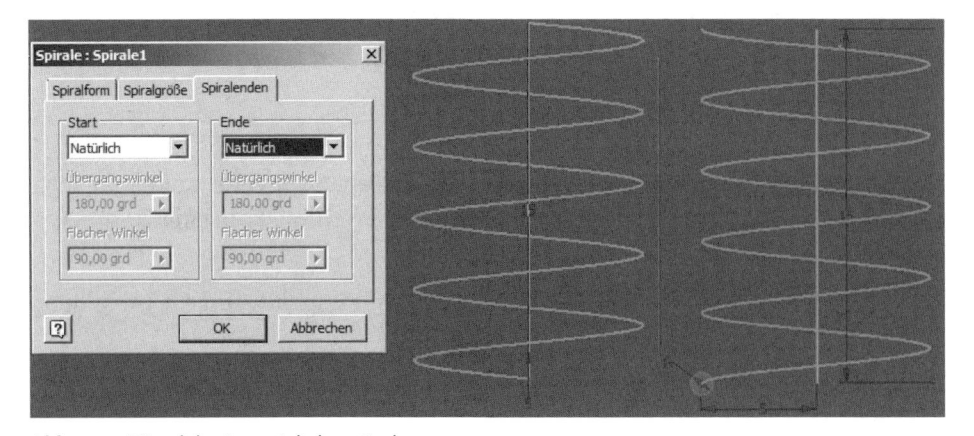

Abb. 4.23: Wendel mit natürlichen Enden

Eine Federspirale muss dagegen flache Enden haben wie in Abbildung 4.24 gezeigt. Dabei kann man die Länge des flachen Endes noch über den Winkel (in Draufsicht gemessen) bestimmen. Je nach Dicke und Steigung der Feder ist das flache Ende beschränkt. Ein Winkel von 360° kommt nicht infrage, weil sich dann

Kapitel 4
Volumenkörper modellieren

die Feder mit Ihrer Drahtstärke selbst berührt. Das wird von der Software nicht unterstützt. Die Länge des flachen Endes wurde im Beispiel auf **180°** gesetzt und genauso groß auch der Übergangswinkel, über den die Feder von ihrer normalen Steigung von **5 mm** pro Windung auf die Steigung **0 mm** gebracht wird.

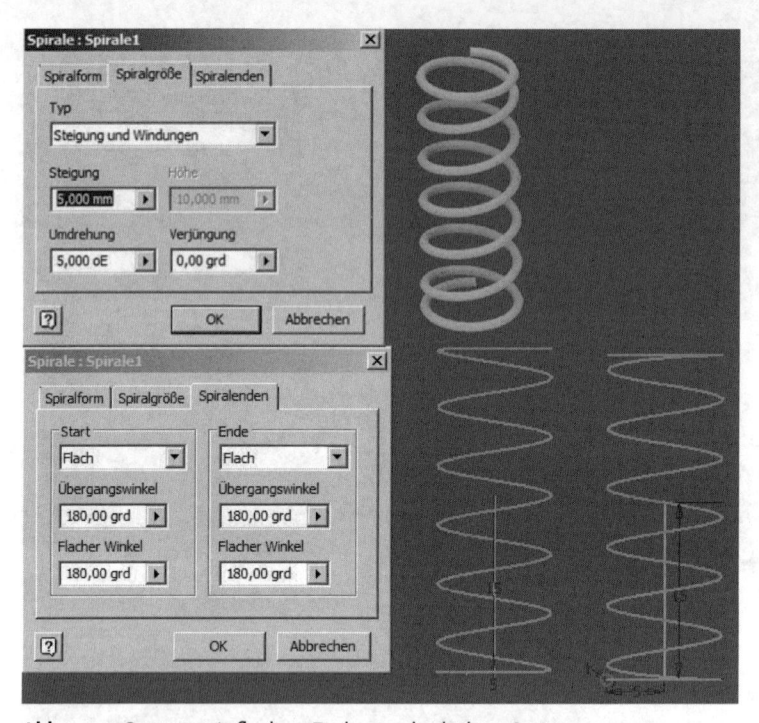

Abb. 4.24: SPIRALE mit flachen Enden und erhöhter Steigung

4.1.6 Prägen

Mit PRÄGEN können geschlossene Profile aus Skizzen, auch Texte, auf einen Volumenkörper als Auftragung oder Gravur aufgebracht werden. Dabei gibt es drei verschiedene Verfahren:

- VON FLÄCHE PRÄGEN – Das Profil wird als Erhöhung aufgebracht (Abbildung 4.25 links).
- VON FLÄCHE GRAVIEREN – Das Profil wird als Vertiefung aufgebracht (Abbildung 4.25 Mitte).
- VON EBENE PRÄGEN/GRAVIEREN – Das Profil wird von der Skizzenebene aus als Erhöhung aufgebracht, wenn die Ebene über der Zielfläche liegt, es wird aber graviert, sobald die Skizzenebene in das Volumen eintaucht (Abbildung 4.25 rechts).

In den beiden ersten Fällen ist unter TIEFE der Betrag für die Erhöhung oder Vertiefung anzugeben.

Die Option AUF FLÄCHE AUFBRINGEN bewirkt, dass das Profil nur nach Vorgabe einer *einzigen* Fläche projiziert wird und angrenzende Flächen von ihrer Form her ignoriert werden. Wäre im Beispiel die Zielfläche der zylindrische Bereich, dann geht die Aufprägung über deren Rand hinaus, folgt aber nicht der Abrundung, sondern setzt sich auf der gedachten Verlängerung der Zylinderfläche fort.

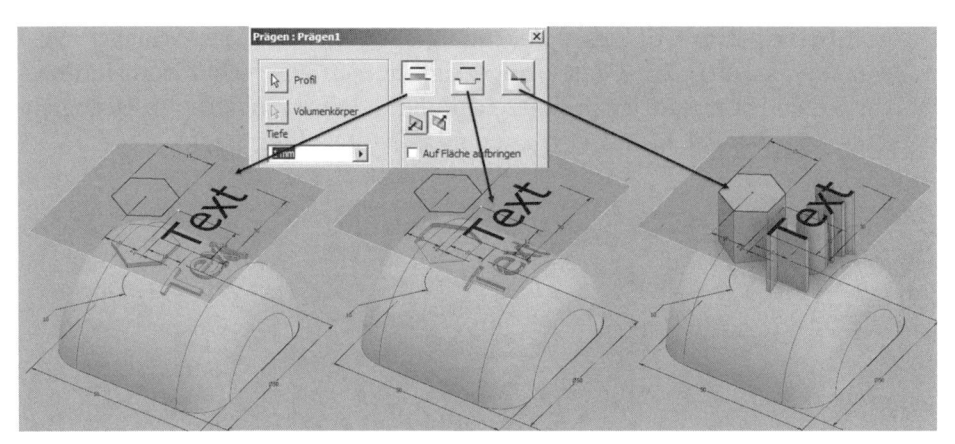

Abb. 4.25: Optionen beim Prägen

4.1.7 Ableiten

Der Befehl ABLEITEN dient dazu, andere Bauteile (*.ipt-Datei) in das eigene Bauteil einzufügen. Es wird als Referenz eingefügt, das heißt, Änderungen an der anderen Datei werden später automatisch in meinem Bauteil wirksam.

In einem Beispiel soll in das Teil **Ableiten-1.ipt** das Bauteil **Ableiten-2.ipt** mittig mit Differenz eingefügt werden. Das geschieht in mehreren Schritten:

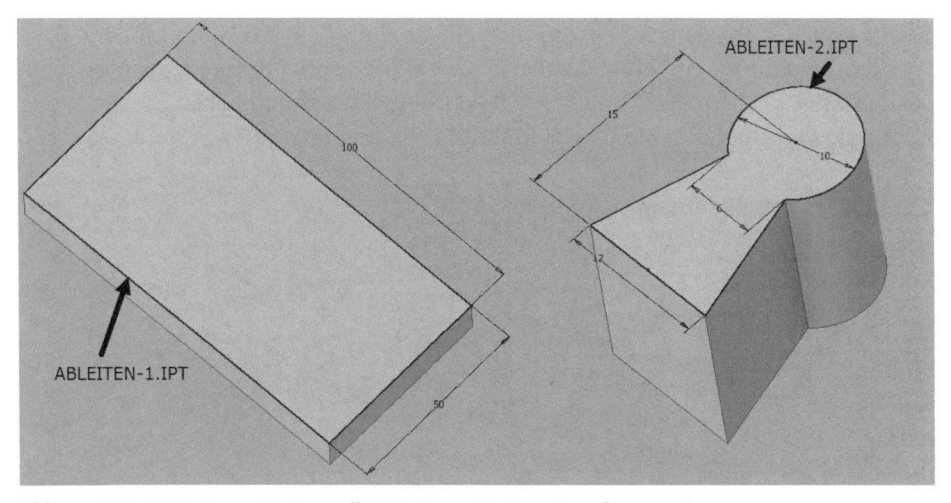

Abb. 4.26: In **Ableiten-1.ipt** soll **Ableiten-2.ipt** eingefügt werden.

Kapitel 4
Volumenkörper modellieren

1. ABLEITEN aufrufen und das Bauteil **Ableiten-2.ipt** wählen. Das Bauteil darf dafür nicht mehr in Inventor geöffnet sein. Es muss gespeichert und geschlossen sein, sonst könnte eine zyklische Referenz entstehen.
2. In einem Dialogfeld können Sie mit + markieren, was Sie außer der schon aktivierten Geometrie noch übernehmen wollen. Hier könnte man beispielsweise noch die PARAMETER aktivieren. Dann werden die PARAMETER der Bemaßungen in **Ableiten-2.ipt** in dieser Zeichnung auch im Parameter-Manager (VERWALTEN|PARAMETER|PARAMETER) angezeigt, können aber nicht modifiziert werden. Sie sind nur in der Ursprungszeichnung änderbar. Im ABLEITEN-Dialogfeld können Sie das Teil noch *skalieren* und *spiegeln* (Abbildung 4.27).

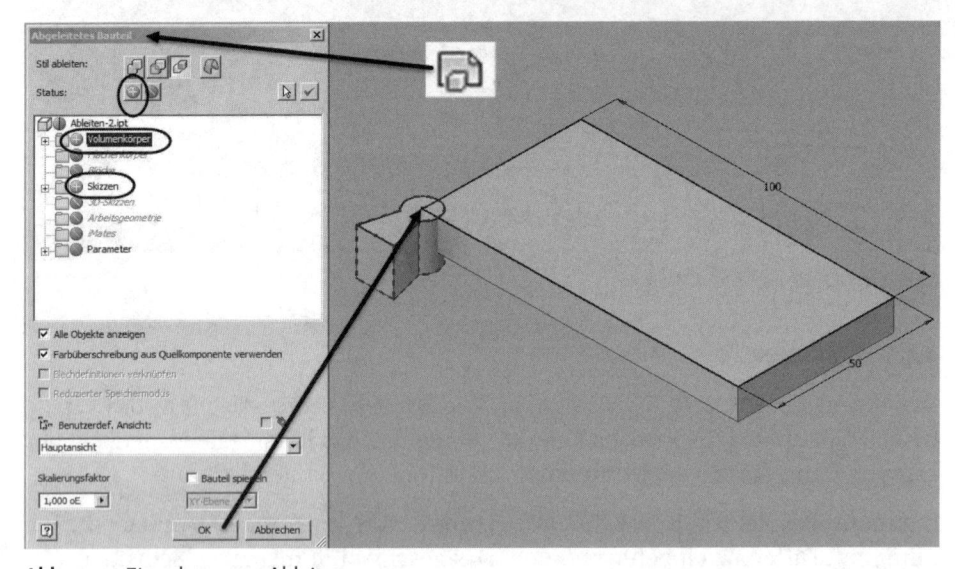

Abb. 4.27: Eingaben zum Ableiten

3. Nun soll das abgeleitete Teil, das mit seinem Nullpunkt am Nullpunkt der aktuellen Zeichnung eingefügt wurde, in die Mitte der Platte verschoben werden. Rufen Sie 3D-MODELL|ÄNDERN ▼ VERSCHIEBEN auf und geben Sie die Werte für die Verschiebung in x- und y-Richtung ein, hier **50** und **25** (Abbildung 4.28).

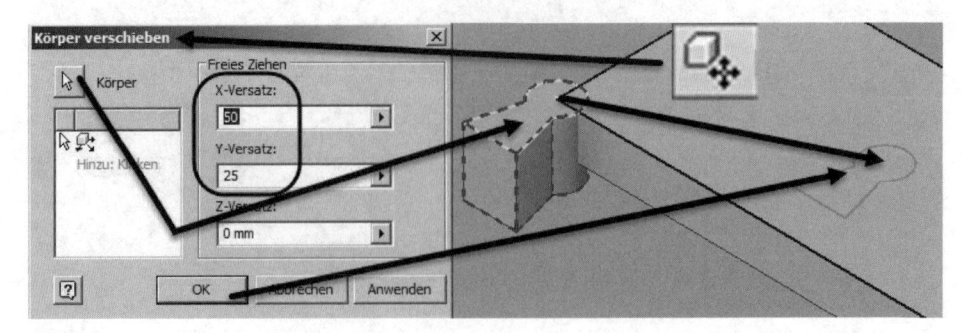

Abb. 4.28: Verschieben des abgeleiteten Teils

4.1 Volumenkörper erstellen

4. Momentan haben wir hier eine Multiparts-Konstruktion, d.h. ein Bauteil, das aus zwei Teilen besteht. Das eingefügte Volumen sollte eigentlich von der Platte abgezogen werden. Das wird mit 3D-MODELL|ÄNDERN|KOMBINIEREN durchgeführt. Wählen Sie die Platte als Basisteil, das abgeleitete Teil als Arbeitsteil und aktivieren Sie die Option DIFFERENZ. Nun wird die abgeleitete Komponente volumenmäßig von der Platte abgezogen (Abbildung 4.29).

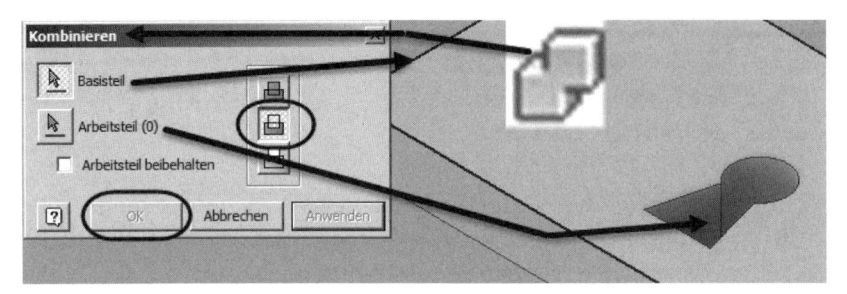

Abb. 4.29: Abgeleitetes Bauteil mit DIFFERENZ kombinieren

Der Wert der Funktion ABLEITEN wird klar, wenn das Teil **Ableiten-2.ipt** geändert wird. In Abbildung 4.30 wurden mit 3D-MODELLIEREN|RUNDUNG mehrere Kanten mit **2 mm** abgerundet. Wenn Sie diese Konstruktionsänderung speichern und in **Ableiten-1.ipt** nachsehen, werden Sie dort an zwei Stellen ein Blitzsymbol finden, das auf die Notwendigkeit zur Aktualisierung hinweist. Sie brauchen nun nur auf das Symbol im SCHNELLZUGRIFF-WERKZEUGKASTEN zu klicken, um die Aktualisierung zu erreichen. Die neue Geometrie von **Ableiten-2.ipt** wird nun auch hier wirksam (Abbildung 4.31).

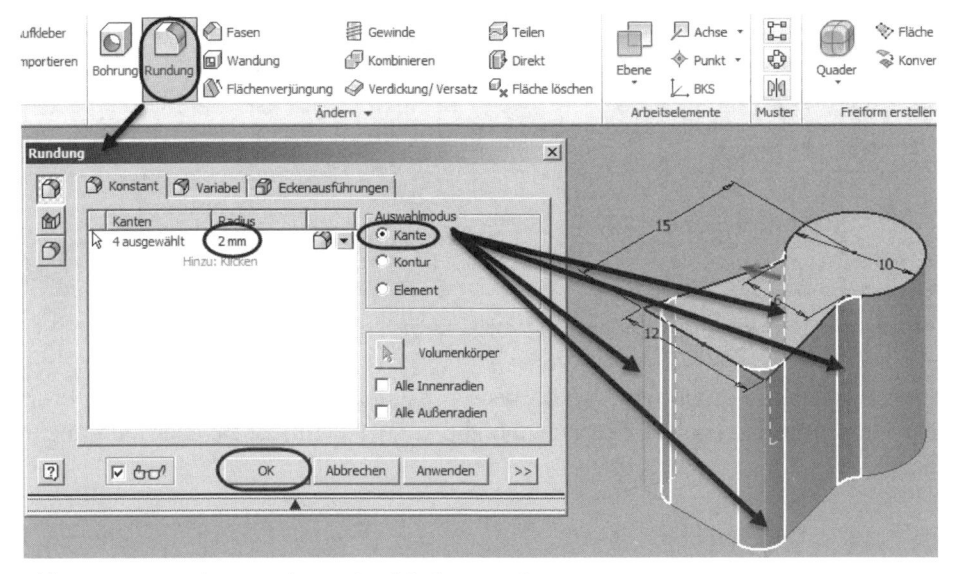

Abb. 4.30: Konstruktionsänderung in **Ableiten-2.ipt**

Kapitel 4
Volumenkörper modellieren

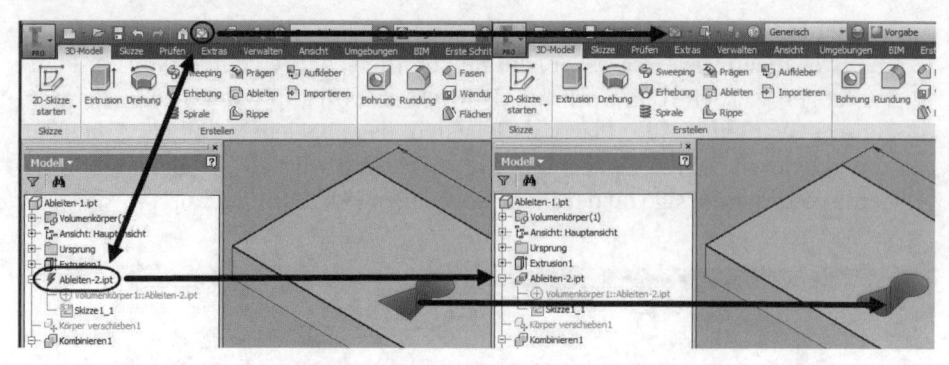

Abb. 4.31: Aktualisierung in `Ableiten-1.ipt`

Der Parameter-Manager zeigt die Parameter der aktuellen Zeichnung an, über die alle Maße beliebig geändert werden können. Wenn Sie beim ABLEITEN-Befehl die Parameter noch aktiviert haben, finden Sie diese hier auch, aber sie sind nicht änderbar, nur im Originalteil.

Parametername	Einheit/	Gleichung	Nennwert	Tol.	Modellwert	Schlüssel	Kommentar
Modellparameter							
d0	mm	100 mm	100,000000		100,000000		
d1	mm	50 mm	50,000000		50,000000		
d2	mm	10 mm	10,000000		10,000000		
d3	grd	0,0 grd	0,000000		0,000000		
d4	oE	1,000 oE	1,000000		1,000000		
d6	mm	50 mm	50,000000		50,000000		
d7	mm	25 mm	25,000000		25,000000		
d8	mm	0 mm	0,000000		0,000000		
Benutzerparameter							
E:\#Inventor_2016...							
d0_1	mm	10,000 mm	10,000000		10,000000		
d1_1	mm	15,000 mm	15,000000		15,000000		
d2_1	mm	12,000 mm	12,000000		12,000000		
d3_1	mm	6,000 mm	6,000000		6,000000		
d4_1	mm	15,000 mm	15,000000		15,000000		
d5	grd	0,00 grd	0,000000		0,000000		

Abb. 4.32: Anzeige der Parameter nach Parameterübernahme

Eine abgeleitete Komponente kann über das Kontextmenü im BROWSER auch von der Ursprungsdatei gelöst werden (Abbildung 4.33). Dann ist sie aber nicht mehr bearbeitbar.

4.1
Volumenkörper erstellen

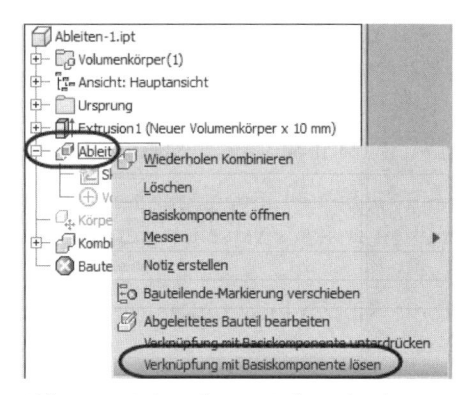

Abb. 4.33: Verknüpfung mit dem abgeleiteten Teil lösen

4.1.8 Rippe

Mit der Funktion RIPPE können *Verstrebungen* in Teile eingebaut werden. Die Formen sind sehr vielfältig und sollen an einigen Beispielen demonstriert werden.

Als Demonstrationsobjekt wurde ein L-förmiges Teil mit EXTRUSION erstellt und mit zwei Arbeitsebenen versehen. Die linke Arbeitsebene entstand mit der Ebenen-Funktion VERSATZ VON EBENE im Abstand von **50 mm** von der hinteren L-förmigen Fläche, die vordere durch ZWEI KOPLANARE KANTEN. In beiden Ebenen wurden je eine Linie und ein Bogen gezeichnet.

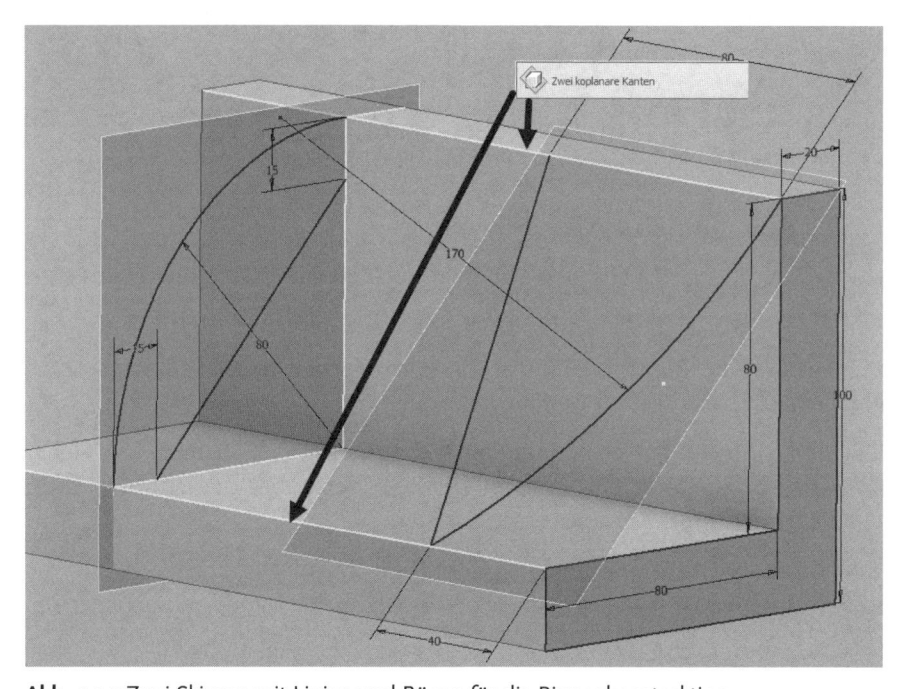

Abb. 4.34: Zwei Skizzen mit Linien und Bögen für die Rippenkonstruktion

Kapitel 4
Volumenkörper modellieren

Die Funktion RIPPE kann auf der Basis der gezeigten Linien und Bögen die Verstrebungen konstruieren, die sich dann bis zu den Flächen des Volumenkörpers ausdehnen können.

Zuerst wählen Sie im Dialogfeld links zwischen den Rippen-Ausrichtungen:

- LOTRECHT ZUR SKIZZIEREBENE – Das werden die beiden Rippen auf der rechten Seite. Diese Rippen können auch noch mit einer *Konik* versehen werden und *Schraublöcher* erhalten.
- PARALLEL ZUR SKIZZIEREBENE – Das sind die Rippen links hinten (Abbildung 4.35).

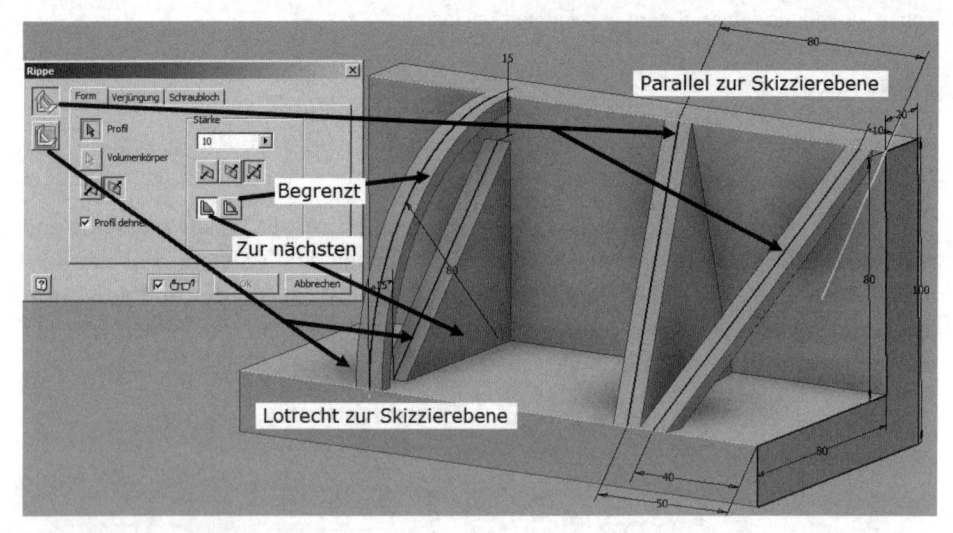

Abb. 4.35: Formen der Rippen

Dann wählen Sie zwischen den Ausdehnungen:

- BEGRENZT – Es entsteht ein Steg mit einer noch zu spezifizierenden Stärke.
- ZUR NÄCHSTEN – Die Rippe wird bis zur nächsten Fläche ausgedehnt.

Unter STÄRKE ist die *Breite* der Rippen/Stege anzugeben und darunter die Lage bezüglich der Skizzenkurve zu wählen.

Mit den Pfeilsymbolen auf der linken Seite kann man noch steuern, in welcher Richtung die nächsten Flächen gesucht werden. Wenn hier die Richtung nicht passt, gibt's keine Rippe. Also probieren Sie hier.

Die Option PROFIL DEHNEN bedeutet, dass im Falle eines Stegs die Unterkante, die ja eine Versatzkurve ist, eventuell von der Wand abhebt. Damit dann wieder ein

4.1 Volumenkörper erstellen

Steg entstehen kann, muss diese unsichtbare Versatzkurve eben bis zur Wand *gedehnt* werden. Im aktuellen Fall müsste bei dem linken Steg, der ja einen Viertelbogen beschreibt, die Versatzkurve exakt die Wand treffen. Dennoch muss PROFIL DEHNEN gewählt werden. Das ist eventuell ein Genauigkeitsproblem.

Die Ausformung der Rippen mit Konik und Schraublöchern zeigt Abbildung 4.36.

Im Register VERJÜNGUNG geben Sie für eine Verbreiterung der Rippen nach unten einen positiven Verjüngungswinkel an. Sie können hier wählen, ob die angegebene Breite für die Ober- oder Unterkante gelten soll.

Im Register SCHRAUBLOCH müssen Sie für die Positionen Punkte wählen, die Sie vorher in der Skizze eingezeichnet haben. ALLE AUSWÄHLEN wählt eben alle Punkte, die in der Skizze enthalten sind. Es müssen die kreuzförmigen Mittelpunkte sein. Dann geben Sie die geometrischen Daten für die Schraubloch-Verstärkung an. Bei geometrisch inkompatiblen Angaben gibt's kein Schraubloch!

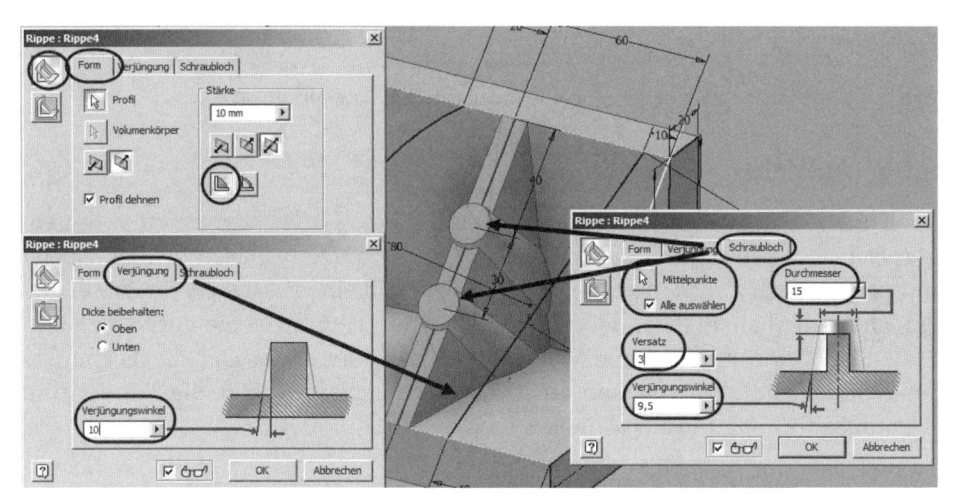

Abb. 4.36: RIPPE mit VERJÜNGUNG und SCHRAUBLOCH

Wenn Sie nun noch die Gewindebohrung für das Schraubloch anbringen wollen, benutzen Sie den Bohrungsmanager 3D-MODELL|ÄNDERN|BOHRUNG. Normalerweise würde man für Bohrungen die Mittelpunkte aus der Skizze verwenden. Die liegen im aktuellen Fall aber 3 mm unter der Oberkante der Verstärkungen. Man müsste also eine neue Skizze mit passend projizierten Mittelpunkten erzeugen. Alternativ kann man hier die Bohrungs-Option KONZENTRISCH nutzen und nach Anklicken der jeweiligen FLÄCHE und der kreisförmigen Kante als KONZENTRISCHER REFERENZ die Bohrungen erstellen. Die Angaben für Gewindetyp, Größe und Gewindeabmessungen zeigt Abbildung 4.37.

Kapitel 4
Volumenkörper modellieren

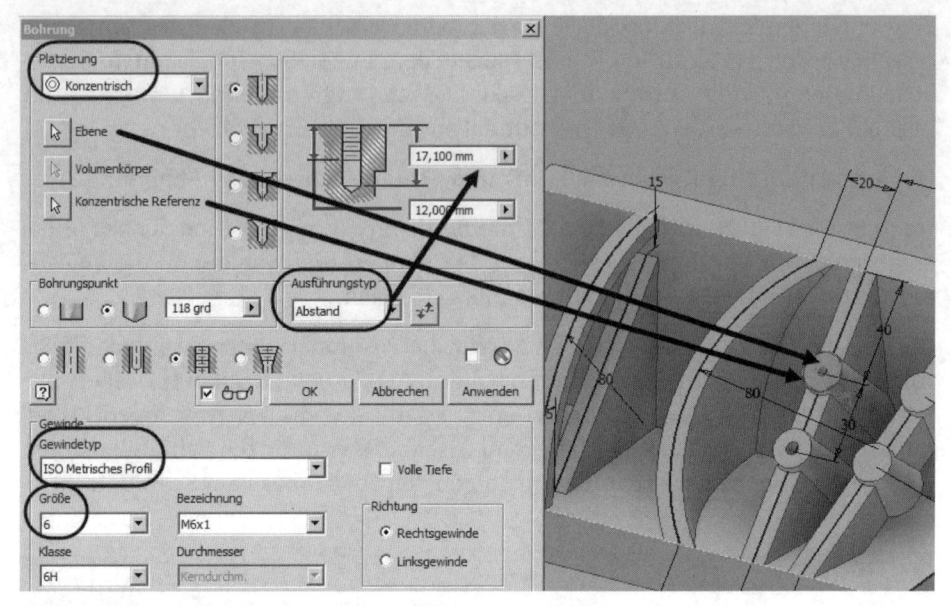

Abb. 4.37: Metrische Gewindebohrung mit konzentrischer Referenz erstellen

4.1.9 Aufkleber

Die Funktion AUFKLEBER setzt voraus, dass Sie eine Fläche oder einen Volumenkörper haben, die Sie mit einem Bild aus einer Skizze bekleben wollen. Zuerst müssten Sie sich also zu dem Volumenkörper noch eine zusätzliche Skizze erstellen, meist oberhalb in einer neuen Skizzierebene. Dann fügen Sie mit SKIZZE|EINFÜGEN|BILD eine Bilddatei ein. Diese Bilddatei können Sie über die Eckpunkte verschieben und skalieren und auch mit Abhängigkeiten über die Ränder und Eckpunkte fixieren und ausrichten.

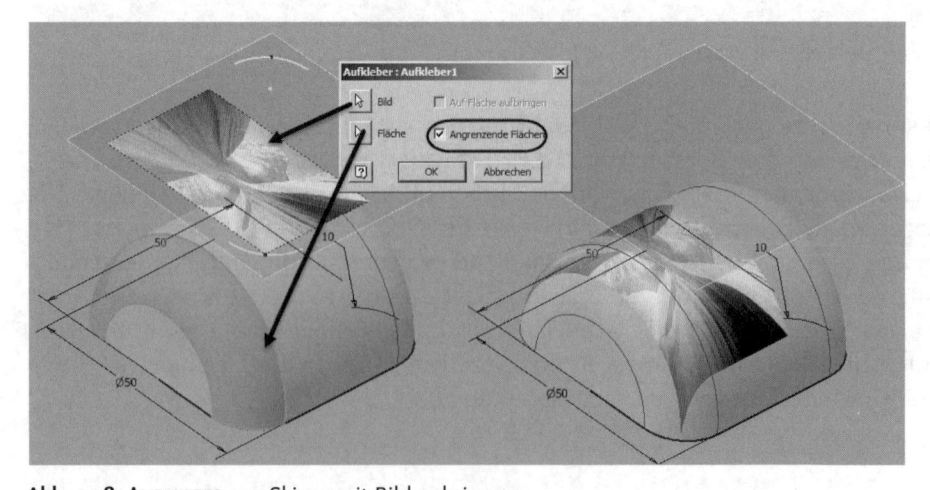

Abb. 4.38: AUFKLEBER aus Skizze mit Bild anbringen

4.1
Volumenkörper erstellen

Für die Art der Projektion gibt es zwei Methoden:

- AUF FLÄCHE AUFBRINGEN – erzeugt eine Abwicklung auf eine einzige Fläche (Abbildung 4.39 rechts).
- ANGRENZENDE FLÄCHEN – projiziert von der Skizze aus in Normalenrichtung flächenübergreifend (Abbildung 4.39 links).

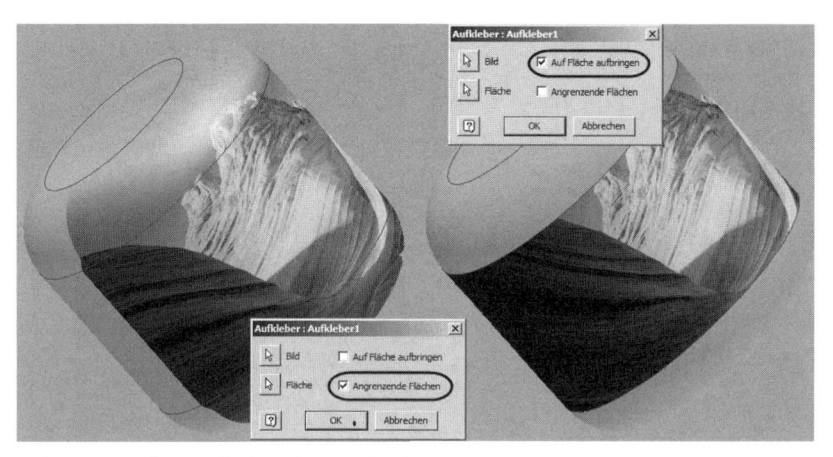

Abb. 4.39: Aufkleber flächenübergreifend projiziert oder auf eine Fläche abgewickelt

4.1.10 Importieren

Mit dieser Funktion können Sie viele Fremdformate (Abbildung 4.40) öffnen und teilweise auch bearbeiten. Im Beispiel soll gezeigt werden, wie Sie AutoCAD-Zeichnungen verwenden können, um in Inventor Bauteile zu erstellen, die dann assoziativ zur AutoCAD-Zeichnung sind. Wenn Sie also die AutoCAD-Zeichnung ändern, können Sie in Inventor die Aktualisierung anklicken, um die Änderungen zu übernehmen:

Abb. 4.40: Formate, die importiert werden können

1. Nach dem IMPORT finden Sie das Logo der DWG im BROWSER. Diese ist aber nicht direkt für eine EXTRUSION o.Ä. nutzbar (Abbildung 4.41).

Kapitel 4
Volumenkörper modellieren

2. Sie müssen dann eine SKIZZE erstellen und mit SKIZZE|ERSTELLEN|DWG-PROJIZIEREN die relevante Geometrie aus der DWG in die Skizze übernehmen.
3. Nach Beenden der SKIZZE kann die Erstellung des Volumenkörpers mit EXTRUSION o.Ä. erfolgen.

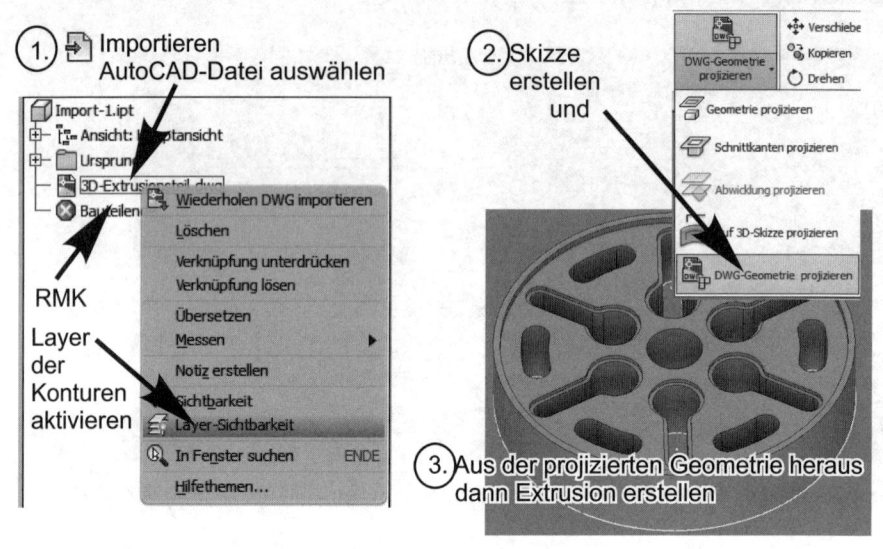

Abb. 4.41: AutoCAD-DWG importieren und dazu SKIZZE und EXTRUSION erstellen

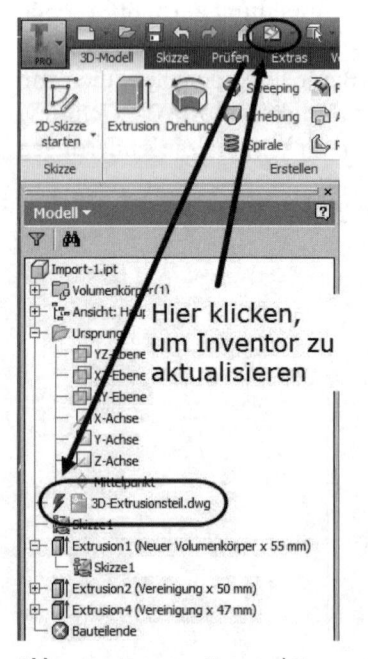

Abb. 4.42: Inventor-Konstruktion nach Änderung in AutoCAD-Zeichnung aktualisieren

Die Inventor-Konstruktion ist über diesen Weg assoziativ an die AutoCAD-Zeichnung gekoppelt. Änderungen an der AutoCAD-Zeichnung werden dadurch von Inventor registriert. In Inventor wird sofort nach Speichern der AutoCAD-Änderung das Aktualisierungslogo am AutoCAD-DWG-Knoten im Browser erscheinen. Sie brauchen nun im Schnellzugriff-Werkzeugkasten nur noch die Aktualisierungs-Funktion anzuklicken, um die Aktualisierung aufzuführen (Abbildung 4.42).

4.2 Grundkörper

In der Gruppe GRUNDKÖRPER werden vier fertige Körperformen angeboten: QUADER, ZYLINDER, KUGEL und TORUS. Die Gruppe ist standardmäßig im Register 3D-MODELL ausgeschaltet. Sie müssten diese Gruppe also erst nach einem Rechtsklick auf die Gruppentitel mit GRUPPEN ANZEIGEN|GRUNDKÖRPER aktivieren.

Wenn Sie diese Grundkörper in einem leeren Bauteil erstellen, werden Sie zuerst nach der Ebene des Koordinatensystems gefragt.

In einem bestehenden Bauteil können Sie beliebige Flächen wählen, auch Flächen eines Volumenkörpers. In diesem Fall können Sie bei der Fertigstellung auch aus den booleschen Operationen (Vereinigung, Differenz, Schnittmenge) auswählen oder einen zweiten Volumenkörper erzeugen.

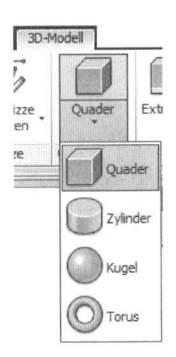

Abb. 4.43: Grundkörperformen

4.2.1 Quader

Der QUADER wird hier mit dem RECHTECK über zwei Punkte als Grundfläche, nämlich symmetrisch mit Mittelpunkt und Eckpunkt erstellt.

Abb. 4.44: QUADER: Auswahl der Skizzenebene

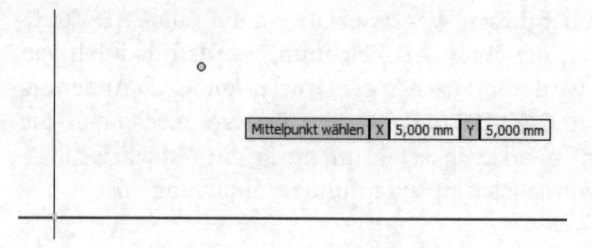

Abb. 4.45: QUADER: Position für Mittelpunkt eingeben

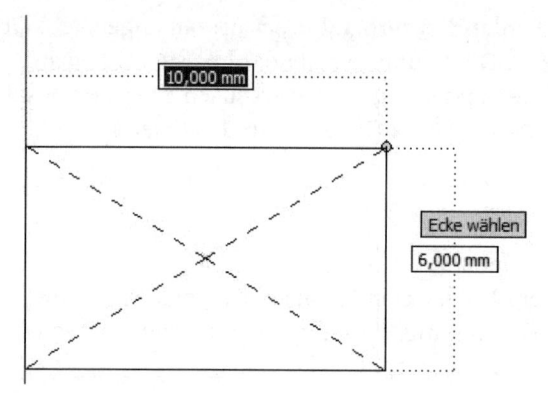

Abb. 4.46: QUADER: Position für eine Ecke eingeben

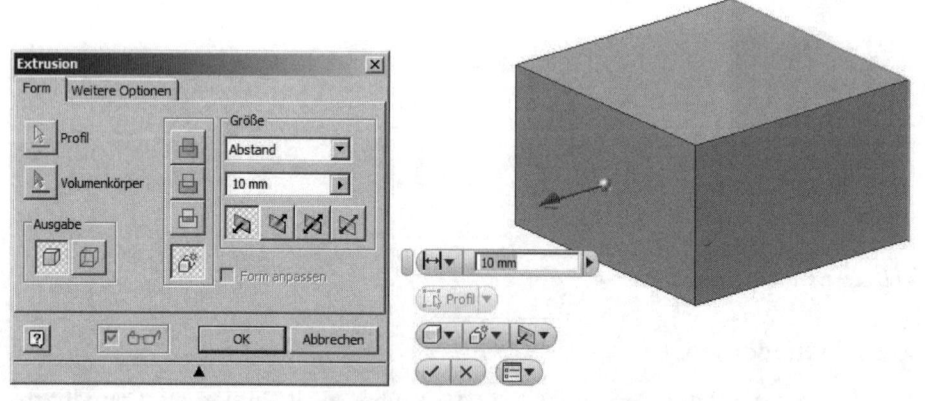

Abb. 4.47: QUADER: Höhe unter ABSTAND eingeben, Richtung, ggf. boolesche Operation

4.2.2 Zylinder

Der ZYLINDER wird mit einem Kreis als Grundfläche durch Eingabe von Mittelpunkt und Durchmesser begonnen. Daraus wird dann eine Extrusion erstellt.

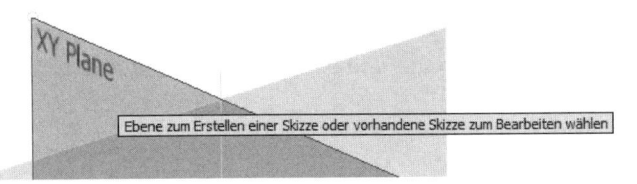

Abb. 4.48: ZYLINDER: Skizzierebene wählen

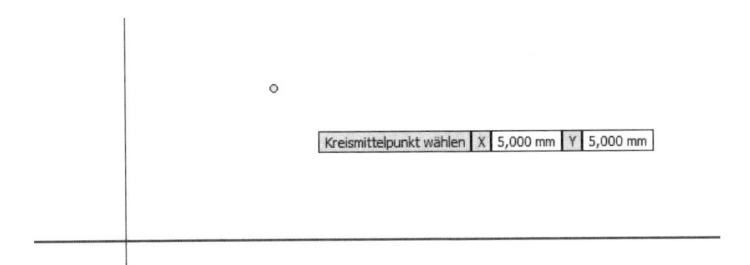

Abb. 4.49: ZYLINDER: Mittelpunkt der Bodenfläche eingeben

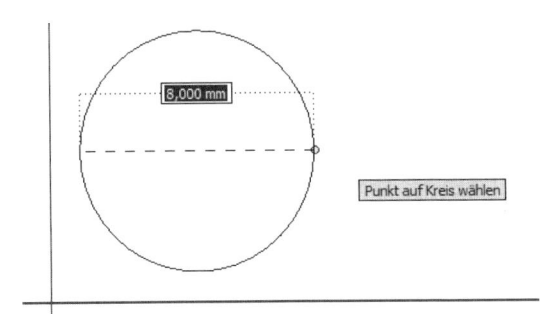

Abb. 4.50: ZYLINDER: Durchmesser eingeben

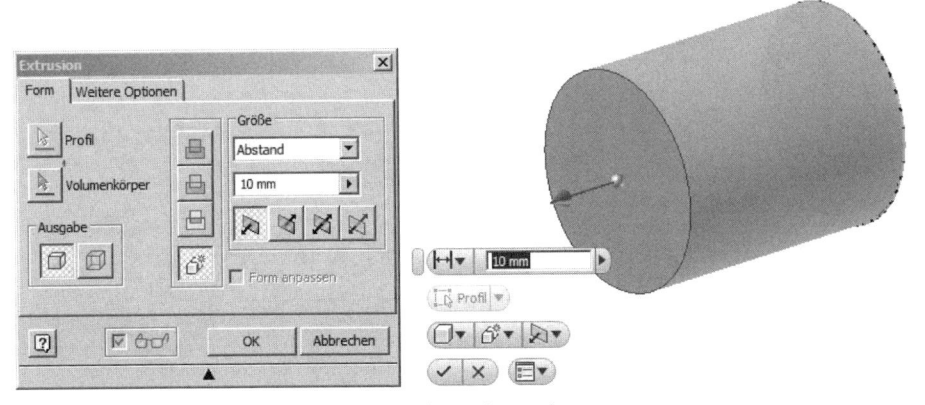

Abb. 4.51: ZYLINDER: Höhe als Extrusions-Abstand eingeben

Kapitel 4
Volumenkörper modellieren

4.2.3 Kugel

Die KUGEL entsteht durch DREHUNG eines Vollkreises, in den automatisch eine Mittellinie gelegt wird.

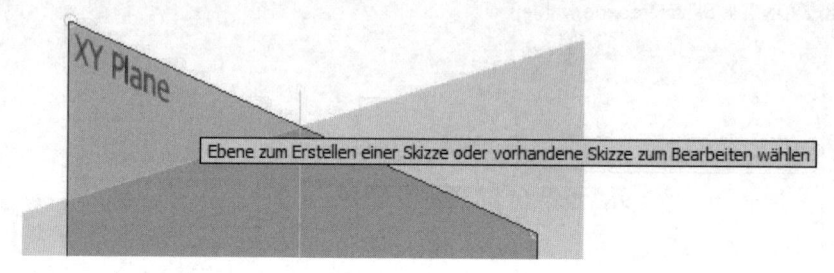

Abb. 4.52: KUGEL: Ebene wählen

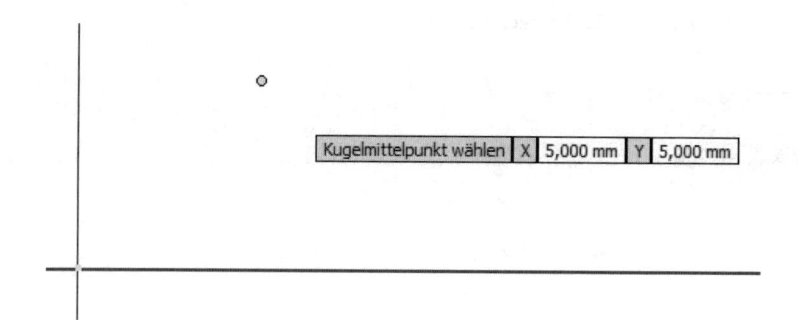

Abb. 4.53: KUGEL: Mittelpunkt für Kreis wählen

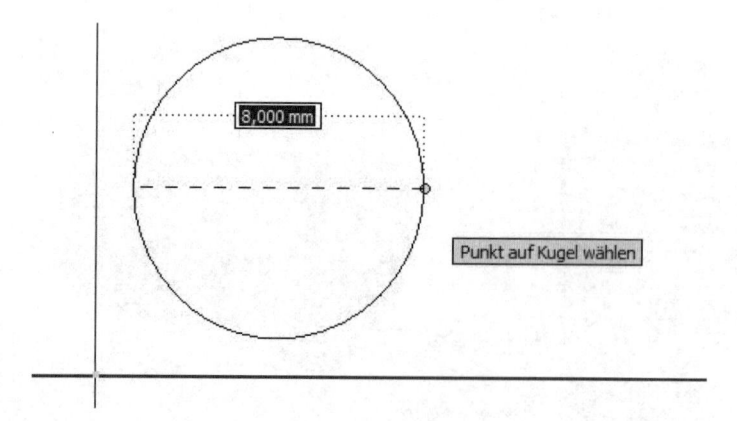

Abb. 4.54: KUGEL: Durchmesser wählen

4.2
Grundkörper

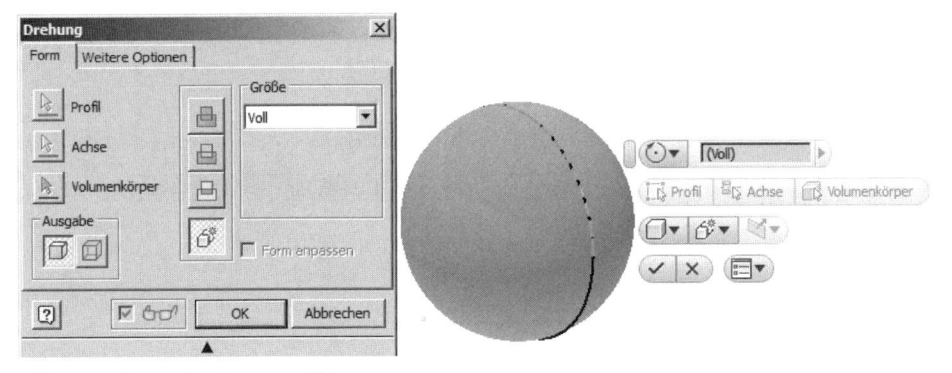

Abb. 4.55: KUGEL: Drehung ausführen

4.2.4 Torus

Der TORUS entsteht durch DREHUNG eines KREISES um eine Achse. Die gewählte Ebene ist die für Achse und Rohrquerschnitt. Der TORUS selbst liegt dann in einer Ebene senkrecht dazu. Zuerst ist der Mittelpunkt der Achse einzugeben, dann der Mittelpunkt des Kreises für das Torus-Rohr und schließlich der Durchmesser des Rohrs.

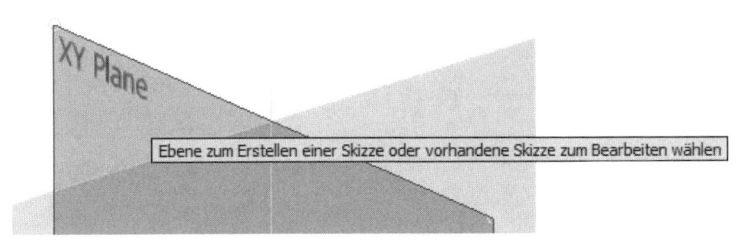

Abb. 4.56: TORUS: Skizzierebene für Achse und Rohr-Kreis wählen

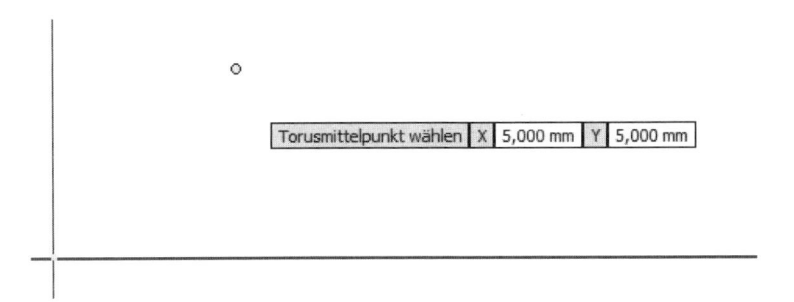

Abb. 4.57: TORUS: Mittelpunkt für Achse

Kapitel 4
Volumenkörper modellieren

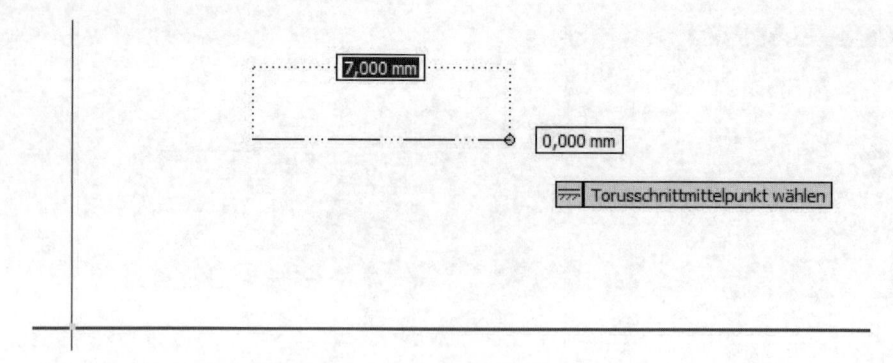

Abb. 4.58: TORUS: Mittelpunkt für Torus-Rohr eingeben

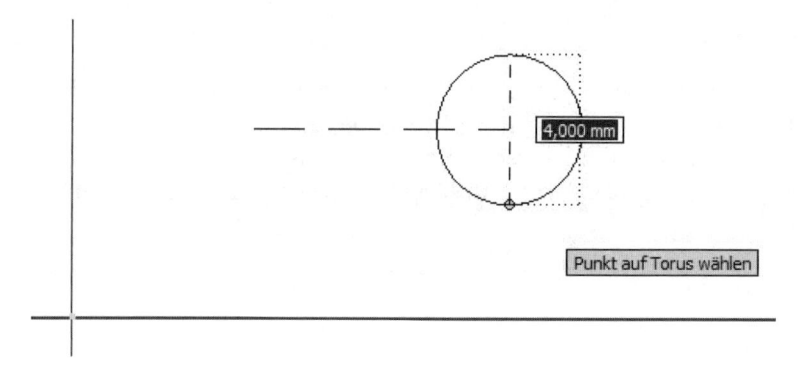

Abb. 4.59: TORUS: Durchmesser des Rohrs angeben

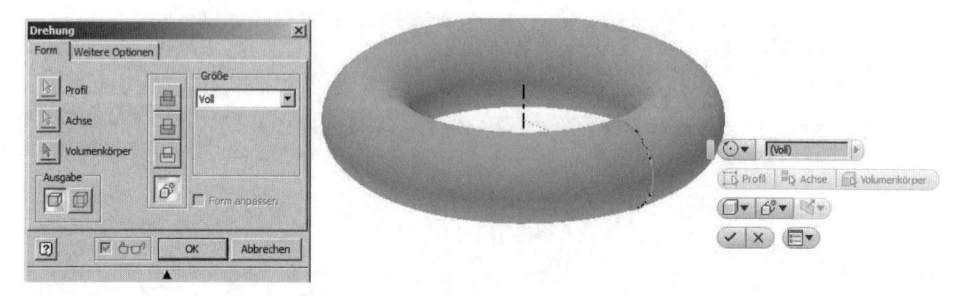

Abb. 4.60: TORUS: DREHUNG ausführen

4.3 Flächen

Flächen können mit denselben Funktionen erstellt werden, die auch Körper erzeugen. Der Unterschied ist nur, dass Sie bei Erstellung unter AUSGABE die Flächenoption anwählen. Wenn Sie zur Erzeugung keine geschlossenen Skizzen-

Konturen verwenden, sondern offene, dann ist automatisch nur die Flächenoption aktivierbar und damit vorgegeben.

All diese Befehle können Flächen erstellen: EXTRUSION, DREHUNG, SWEEPING, ERHEBUNG und SPIRALE.

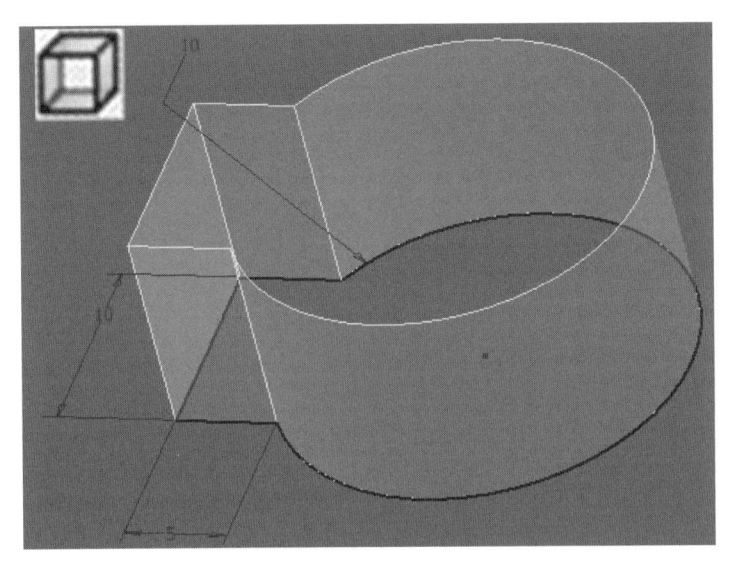

Abb. 4.61: Fläche durch EXTRUSION eines Profils

Weitere Flächenfunktionen sind unter 3D-MODELL|OBERFLÄCHE zu finden:

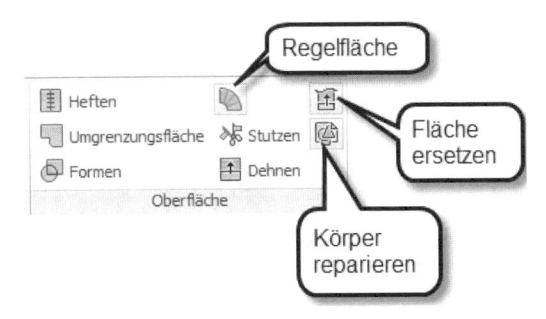

Abb. 4.62: Flächenfunktionen

4.3.1 Heften

Mit HEFTEN können Sie zwei Flächen innerhalb gewisser Toleranzen zu einer einzigen Fläche verbinden.

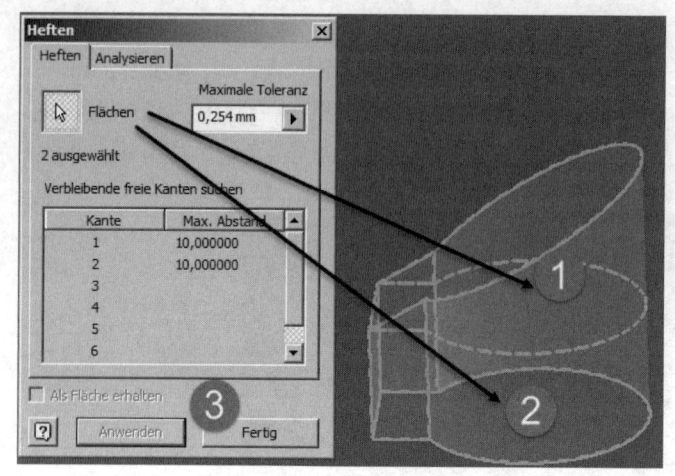

Abb. 4.63: Flächen werden mit HEFTEN verbunden

4.3.2 Umgrenzungsfläche

UMGRENZUNGSFLÄCHE erstellt eine Abschlussfläche zu einer Öffnung in einer Fläche. Die neue Fläche kann zu den übrigen Flächen tangential gestaltet werden. Über Angabe von Gewichten kann der Einfluss der Tangenten gesteuert werden. Durch ein hohes Gewicht an der bogenförmigen Kante wird hier die Aufwölbung der neuen Fläche erreicht.

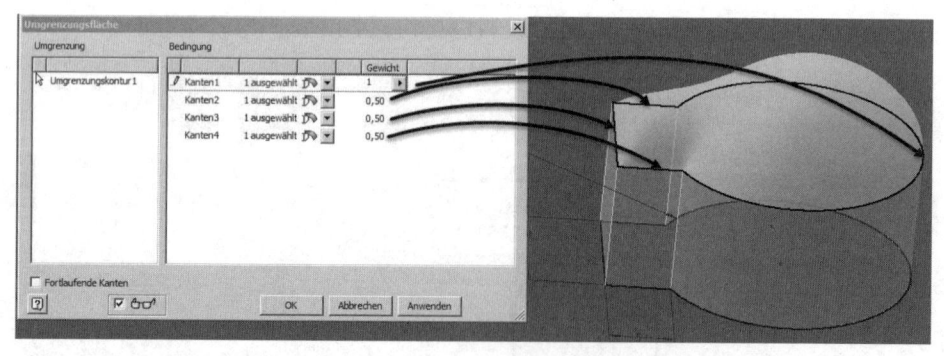

Abb. 4.64: Umgrenzungsfläche an die Extrusionsfläche angeschlossen

4.3.3 Formen

Mit FORMEN wird für mehrere Flächen ein Volumenkörper generiert. Voraussetzung ist, dass die Flächen wasserdicht ein Volumen einschließen. Außerdem müssen Sie die Flächennormalen so einstellen, dass sie nach innen zeigen. Dazu werden die Normalen zunächst mit Pfeilen in beiden Richtungen angezeigt.

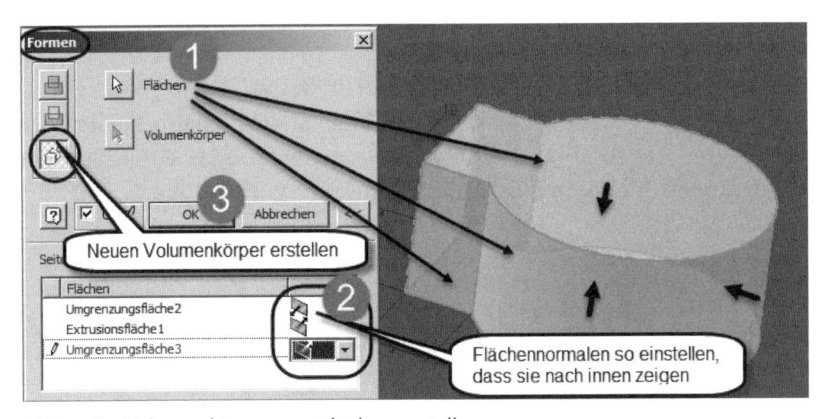

Abb. 4.65: Volumenkörper aus Flächen erstellen

4.3.4 Regelfläche

Das Werkzeug REGELFLÄCHE bietet verschiedene Möglichkeiten, um an den Kanten vorhandener Flächen neue anzuschließen.

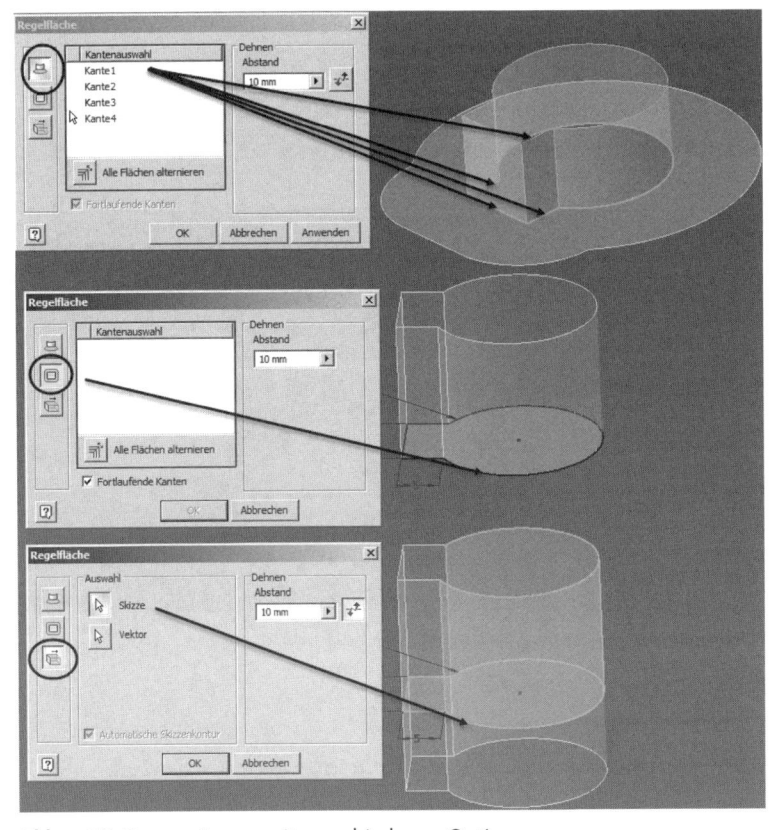

Abb. 4.66: REGELFLÄCHEN mit verschiedenen Optionen

4.3.5 Stutzen

Flächen können an anderen Flächen oder Arbeitsebenen gestutzt werden. Zuerst wählen Sie das Stutzwerkzeug, im Beispiel eine Arbeitsfläche. Dann klicken Sie den zu entfernenden Flächenteil an. Mit dem Button neben ENTFERNEN können Sie zwischen den zu entfernenden Flächenteilen hin- und herschalten.

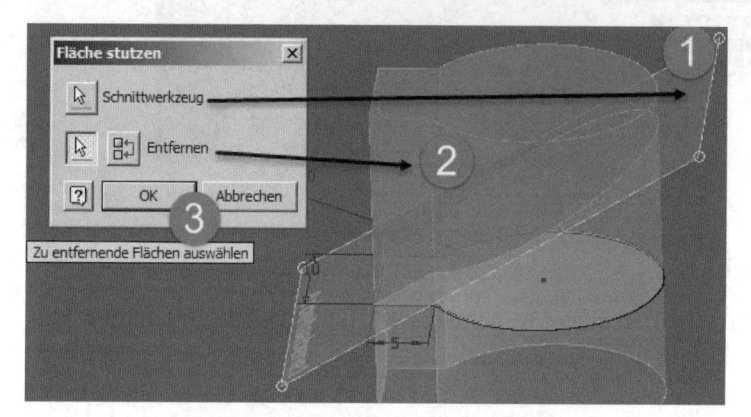

Abb. 4.67: STUTZEN der Extrusionsfläche mit einer Arbeitsebene

4.3.6 Dehnen

Mit DEHNEN werden Flächen an den Kanten gedehnt.

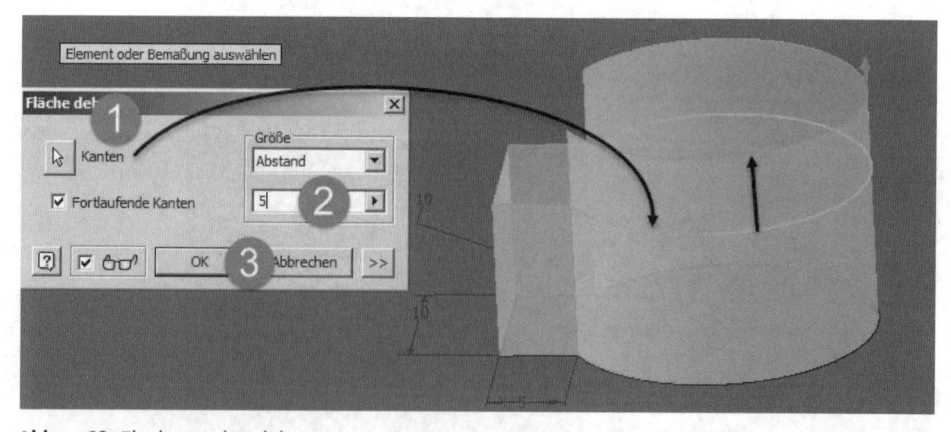

Abb. 4.68: Fläche wird gedehnt

4.3.7 Fläche ersetzen

Mit FLÄCHE ERSETZEN können Sie eine Fläche durch eine andere ersetzen.

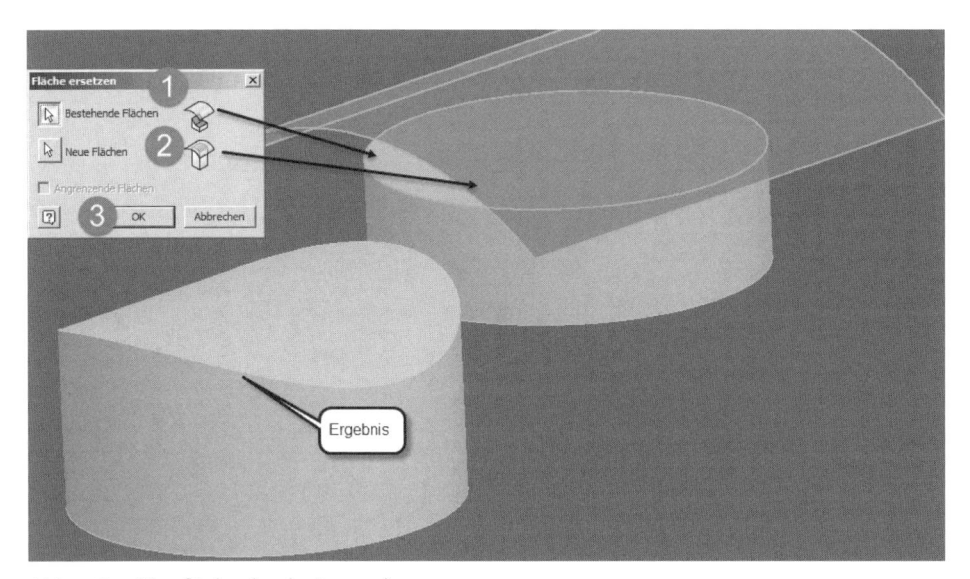

Abb. 4.69: Oberfläche durch eine andere ersetzen

4.3.8 Körper reparieren

Körper mit Modellierungsfehlern können hiermit flächenmäßig bearbeitet und wieder neu als Körper erstellt werden.

4.4 Übungsfragen

1. Wie können Sie in der Skizze eine Linienkonstruktion mit einem Bogen fortsetzen?
2. Welcher Punkt aus einer Skizze wird automatisch vom Bohrungsmanager verwendet, MITTELPUNKT oder SKIZZIERPUNKT? Beschreiben Sie das Aussehen beider Objekte.
3. Was ist der Unterschied zwischen den Abhängigkeiten VERTIKAL und LOTRECHT?
4. Was ist der Unterschied zwischen den Abhängigkeiten PARALLEL und KOLLINEAR?
5. Welche Möglichkeiten zur Überprüfung gibt es bei einer nicht voll bestimmten Skizze?
6. Worin ähneln sich die Volumenkörper-Erstellungen EXTRUSION und SWEEPING?
7. Welche Abhängigkeit ist für ein POLYGON noch nötig, wenn Mittelpunkt und ein Punkt auf In- oder Umkreis schon bestimmt sind?
8. Was bedeutet FLÄCHENVERJÜNGUNG?
9. Können Sie in einem Bauteil *mehrere Volumenkörper* erstellen?

Kapitel 5

Volumenkörper bearbeiten

5.1 Features

Features werden auch mit *Platzierte Elemente* übersetzt. Das sind nach Erstellung von Volumenkörpern die für die Detaillierung wichtigsten Funktionen.

5.1.1 Bohrungen

Ein Teil mit Bohrungen bereitet man normalerweise derart vor, dass man eine Skizze mit Mittelpunkten erzeugt. Der Bohrungsmanager 3D-MODELLIEREN |ÄNDERN|BOHRUNG wählt mit der Vorgabeeinstellung NACH SKIZZE dann automatisch diese Mittelpunkte und bietet auf allen den zuletzt benutzten Bohrungstyp an.

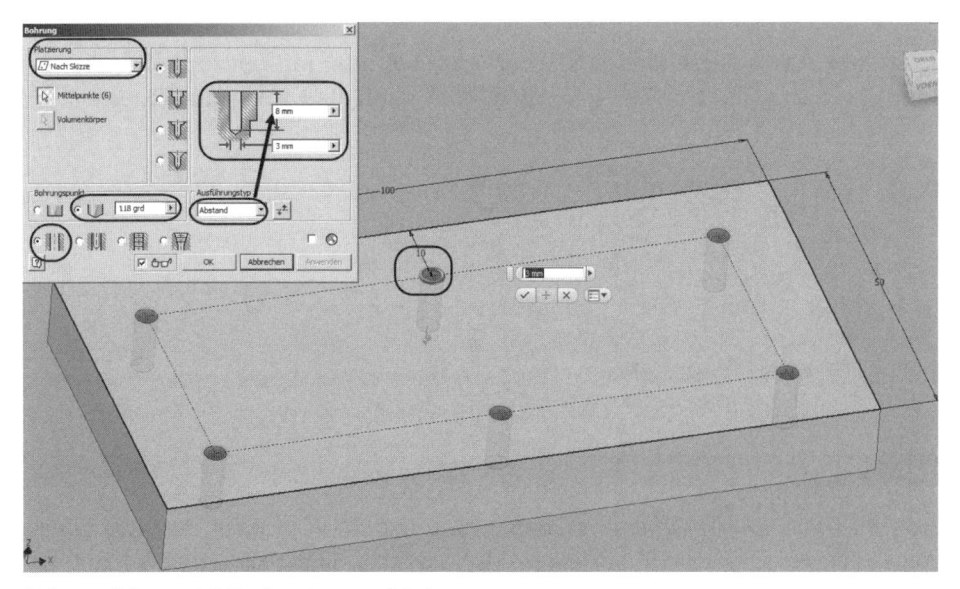

Abb. 5.1: Skizze mit Mittelpunkten und Bohrungsmanager

Es gibt unter PLATZIERUNG vier verschiedene Arten, die BOHRUNG zu definieren:

NACH SKIZZE – Wenn nur *eine* Skizze im Modell sichtbar ist, werden die darin vorhandenen Mittelpunkte automatisch als Positionen für BOHRUNGEN gewählt

(Abbildung 5.2). Wenn Sie nicht alle diese Positionen für BOHRUNGEN brauchen, müssen Sie diese mit [Strg] oder [⇧] anklicken, um sie abzuwählen. Wenn mehrere Skizzen sichtbar sind, gibt es keine automatische Positionswahl, sondern Sie müssen darin die Mittelpunkte oder Skizzenpunkte einzeln als Bohrungspositionen anklicken.

LINEAR – Eine Bohrungsposition wird hier über die Bezugsfläche und zwei Referenzkanten sowie den Abständen von diesen Kanten festgelegt. Die Kanten müssen nicht unbedingt orthogonal stehen, sie können auch einen beliebigen Winkel einschließen, dürfen nur nicht fluchtend sein.

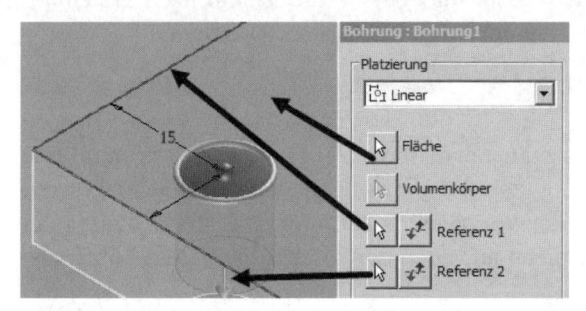

Abb. 5.2: Bohrungsdefinition LINEAR

KONZENTRISCH – Diese Option platziert eine Bohrung im Zentrum einer bogenförmigen Kante. Zuerst wählen Sie die Fläche, dann die Kante (Abbildung 5.3).

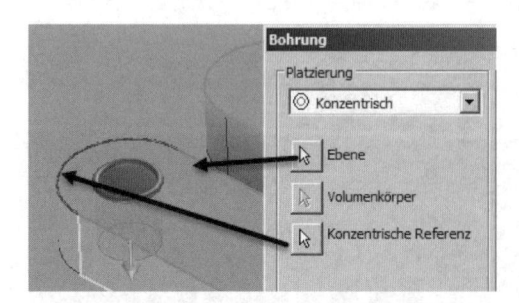

Abb. 5.3: Bohrungsdefinition KONZENTRISCH

AUF PUNKT – Diese Option verlangt einen ARBEITSPUNKT als Position. Einen ARBEITSPUNKT können Sie auf einen MITTELPUNKT oder SKIZZENPUNKT mit 3D-MODELL|ARBEITSELEMENTE|PUNKT setzen. Dort finden Sie auch weitere Möglichkeiten zur Arbeitspunktdefinition. In der Bohrungsoption AUF PUNKT wählen Sie zuerst den ARBEITSPUNKT und dann eine Kante oder Arbeitsachse für die RICHTUNG. So können Sie auch eine Bohrung *schräg* zu einer Fläche erzeugen. Da die Bohrung direkt im Arbeitspunkt beginnt, müssen Sie ggf. zweimal bohren, einmal vom Punkt nach oben und einmal nach unten (Abbildung 5.4).

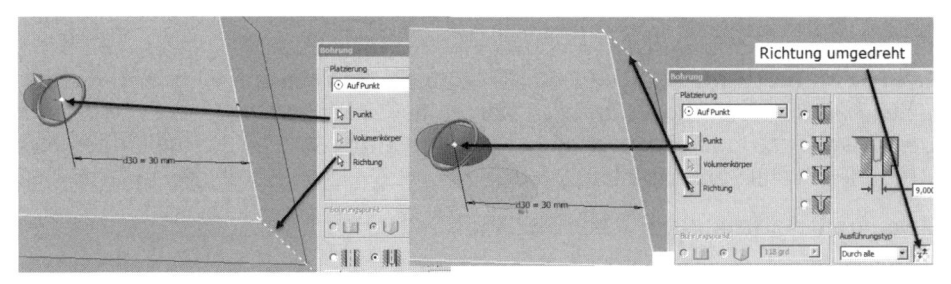

Abb. 5.4: Schräge Bohrung vom Arbeitspunkt in beide Richtungen

Im Bohrungsmanager sind vier verschiedene Formen der Bohrung zu wählen. Es gibt die normale Form BOHREN, dann Formen mit Senkungen: ZYLINDRISCHE SENKUNG, ANFLACHUNG und KONISCHE SENKUNG. Die Abmessungen können Sie in die Darstellung auf der rechten Seite eintragen.

Unter BOHRUNGSPUNKT können Sie für Sacklöcher das Bohrungsende FLACH oder WINKEL wählen und den *Spitzenwinkel* angeben.

Als AUSFÜHRUNGSTYP gibt es ABSTAND für Sacklöcher und DURCH ALLE für Durchgangslöcher. Mit der Option BIS können Sie die Bohrungstiefe auf eine Fläche, auch auf die Verlängerung einer Fläche in Ihrem Teil beschränken.

In der untersten Zeile gibt es vier Bohrungstypen: EINFACHE BOHRUNG, DURCHGANGSBOHRUNG, GEWINDEBOHRUNG und GEWINDEBOHRUNG MIT VERJÜNGUNG. Für DURCHGANGSBOHRUNG und GEWINDEBOHRUNG können Sie noch NORM, SCHRAUBENTYP, GEWINDEGRÖßE und PAßGENAUIGKEIT aussuchen.

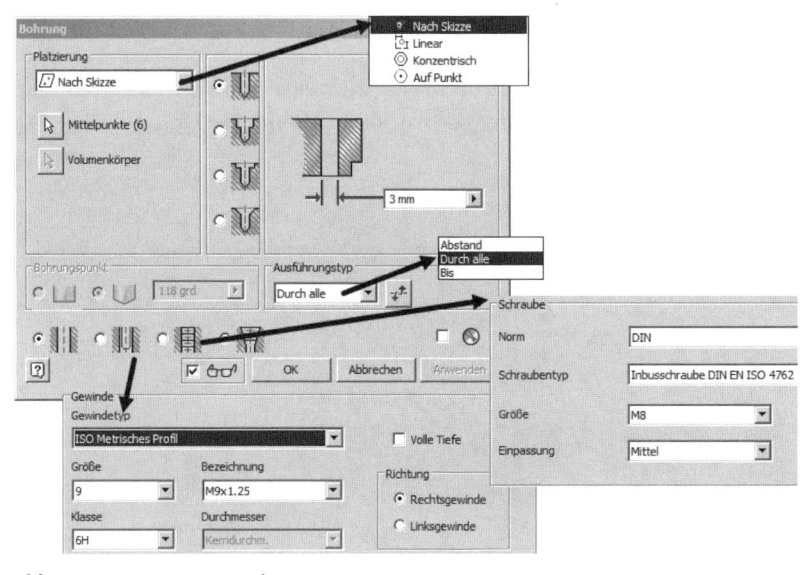

Abb. 5.5: Parameter im Bohrungsmanager

Kapitel 5
Volumenkörper bearbeiten

5.1.2 Rundungen

Mit 3D-MODELL|ÄNDERN|RUNDUNG können Bauteile an *einzelnen* Kanten, *umlaufenden Konturen* oder an *allen* Kanten abgerundet werden. Dies wird über den AUSWAHLMODUS gesteuert. Bei der Option KANTE wählen Sie die Kanten fürs Abrunden einzeln aus (Abbildung 5.6).

Zwei Arten der RUNDUNG stehen zur Wahl:

- TANGENTIALE RUNDUNG – Das ist die normale Abrundung mit bogenförmiger Kontur.
- ABRUNDUNG STETIG MACHEN (G2) – Diese Abrundung ist nicht nur tangential, sondern auch noch krümmungsstetig. Die Rundung startet also an jeder Kante mit derselben Krümmung wie die anschließende Fläche. Dies ist nur möglich durch eine Splinekurve mit variabler Krümmung, die der Rundung zugrunde liegt. Der angegebene Radius entspricht dann dem kleinsten Radius in dieser Krümmung.

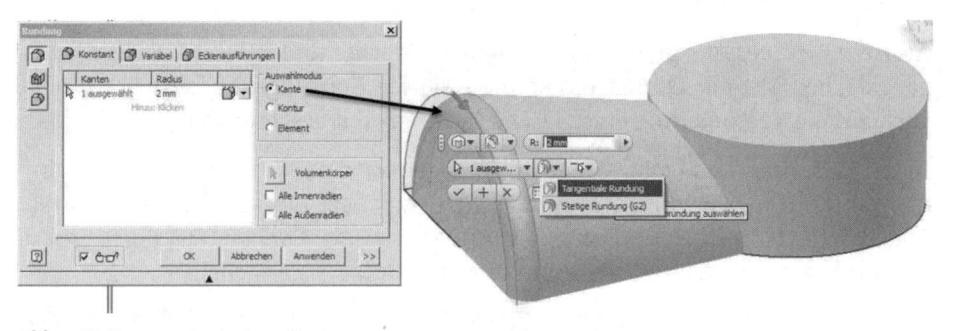

Abb. 5.6: RUNDUNG an einer Kante

Mit der Option KONTUR können Sie durch geschicktes Anklicken der richtigen Kontur gleich mehrere Kanten auf einmal abrunden (Abbildung 5.7).

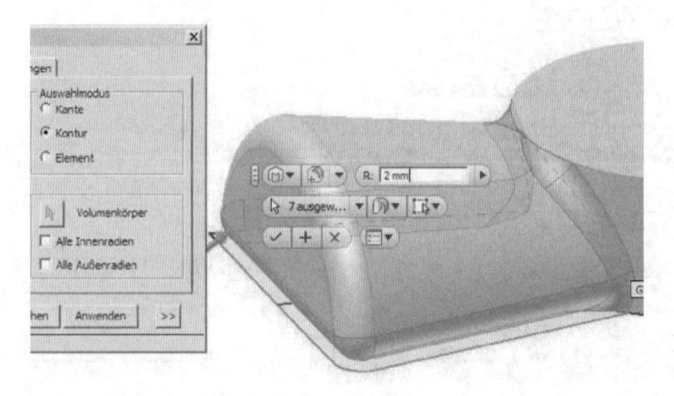

Abb. 5.7: RUNDUNG entlang einer Kontur

Mit ELEMENT können Sie auswählen, welche(s) Element(e) in Ihrem BROWSER abgerundet werden soll(en).

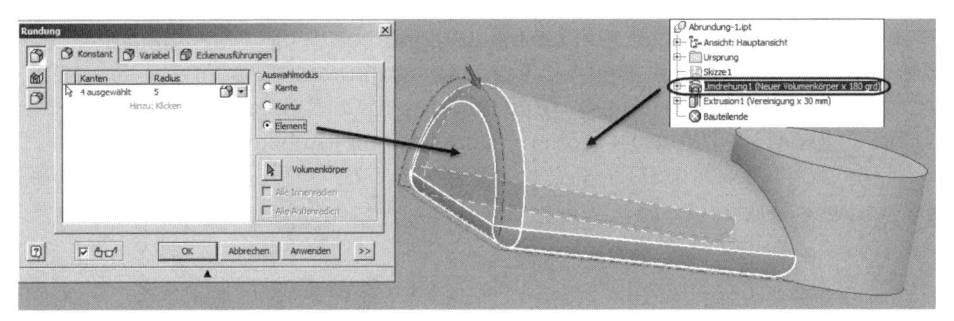

Abb. 5.8: Mehrere Rundungen am Volumenkörper

Wenn es mehrere Volumenkörper in Ihrem Teil gibt, können Sie den/die Körper auswählen und dann auch noch abgeben, ob ALLE AUßENKANTEN und/oder ALLE INNENKANTEN (hier nur eine vorhanden) gerundet werden sollen. Wenn mehrere Rundungen zusammenstoßen, wird die OPTION ROLLENDE KUGEL wenn möglich im Aufklappmenü ▼ wirksam. Es wird dann versucht, alles so abzurunden, als ob eine Kugel mit konstantem Radius an allen Kanten und auch zwischen den Rundungen entlangrollt. Ist diese Option deaktiviert, dann entsteht an den Schnittstellen mehrerer Rundungen ein größerer Radius bzw. ein glatterer Übergang.

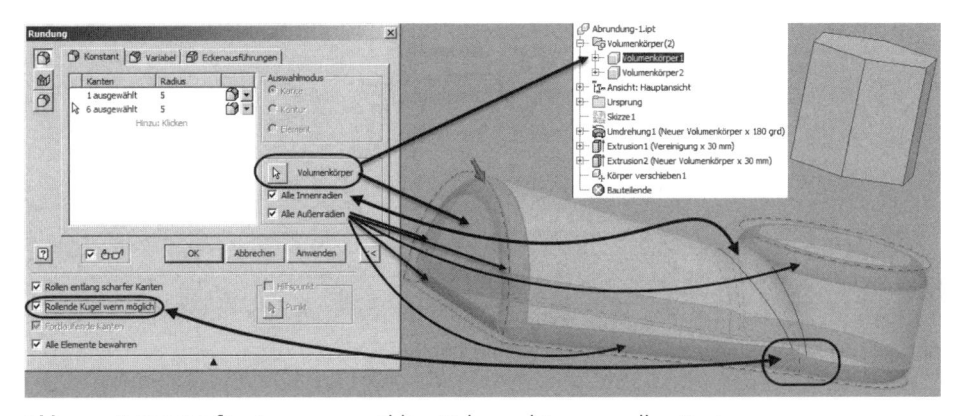

Abb. 5.9: RUNDUNG für einen ausgewählten Volumenkörper an allen Kanten

Im Register VARIABEL können Sie Rundungen mit variablem Radius erstellen. Um die Kanten und die Positionen für die angegebenen Radien wählen zu können, müssen Sie in die Dialogbereiche links bzw. recht hineinklicken, wo es heißt: HIER KLICKEN. Danach können Sie Kanten oder Punktpositionen entlang

Kapitel 5
Volumenkörper bearbeiten

der Kanten wählen. Jede Kante ist mit dem Startparameter 0 und dem Endparameter 1 parametrisiert. Inventor erscheint mit einem Pfeilsymbol an der gewählten Position.

Wenn mehrere Kanten zusammenstoßen, ergibt sich eine Ecken-Situation. Für die Ecke können Sie im Register ECKENAUSFÜHRUNGEN die Option SCHEITELPUNKT aktivieren (Abbildung 5.10) oder rechts für die einzelnen Kanten in der Spalte ECKENAUSFÜHRUNGEN größere Radien wählen (Abbildung 5.11).

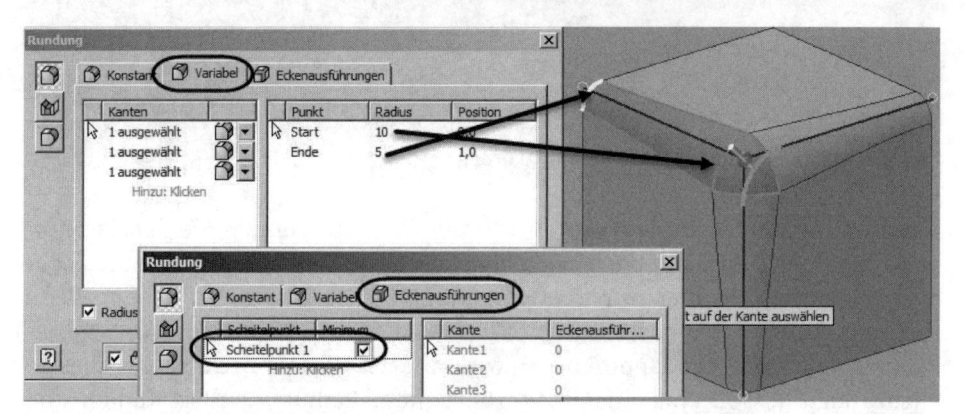

Abb. 5.10: Variable Rundung, Ecke = Scheitelpunkt

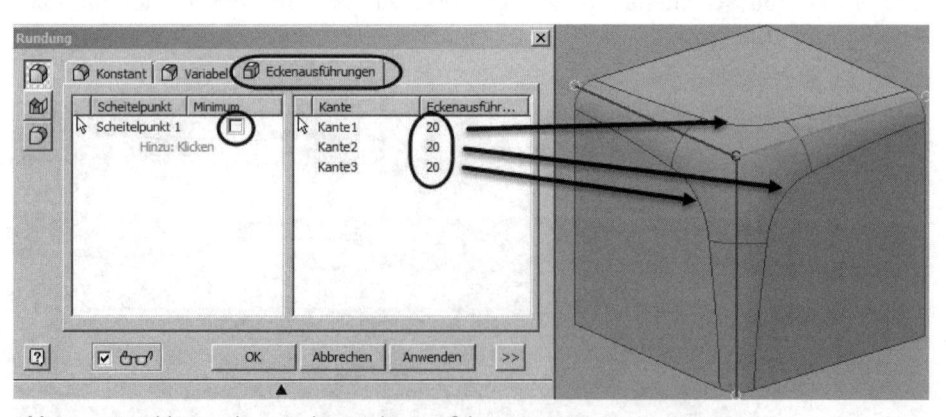

Abb. 5.11: Variable Rundung, Ecke = Eckenausführung mit R20

Mit der Methode FLÄCHENABRUNDUNG wählen Sie die abzurundenden Flächen aus und Inventor schlägt dann einen möglichst großen Radius vor, den Sie aber überschreiben können (Abbildung 5.12). Ein sehr großer Radius kann auch dazu führen, dass Flächen, die nicht direkt an der Rundung beteiligt sind, modifiziert werden (Abbildung 5.13).

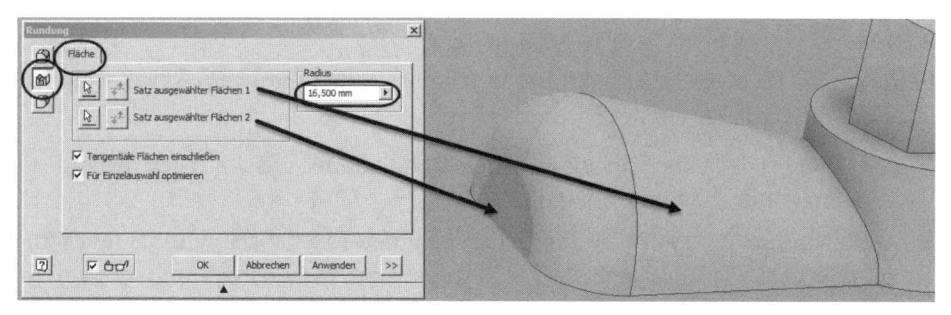

Abb. 5.12: Flächenabrundung mit Auswahl der Flächen

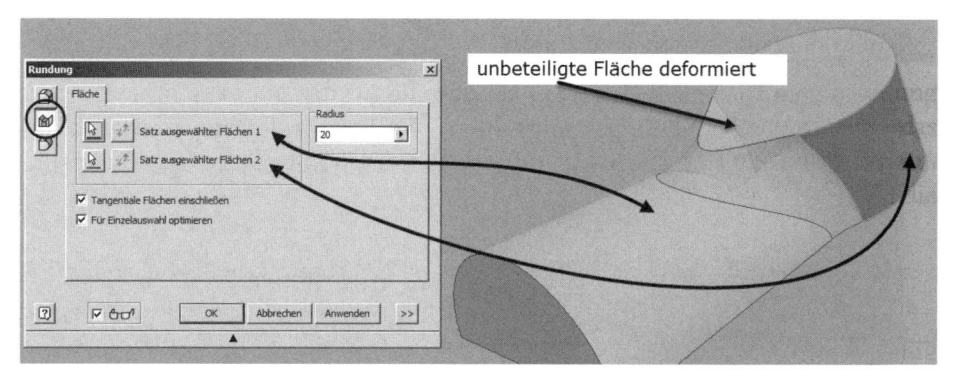

Abb. 5.13: Verzerrung einer Fläche, die nicht für die RUNDUNG gewählt wurde

Die dritte Methode für RUNDUNGEN heißt VOLLE ABRUNDUNG. Hiermit können Sie ohne Angabe eines Radius eine Wandung mit eckigem Querschnitt komplett in eine Rundung verwandeln bzw. über drei Flächen abrunden. Wenn die erste und letzte Fläche nicht parallel sind, entsteht sogar eine variable Rundung.

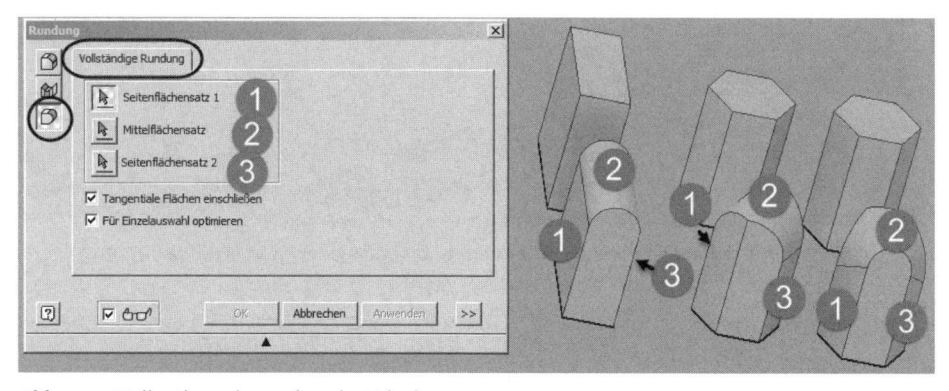

Abb. 5.14: Volle Abrundung über drei Flächen

5.1.3 Fasen

Beim Befehl 3D-MODELL|ÄNDERN|FASEN ⌀ gibt es die schon vom Skizziermodus her bekannten drei Arten der Fasendefinition:

- ABSTAND – Für beide Flächen an einer Kante gilt der gleiche Fasenabstand, es ist deshalb nur die Kante anzuklicken,
- ABSTAND UND WINKEL – Die Fase ist durch einen Fasenabstand und einen Winkel definiert. Dafür ist zuerst eine Bezugsfläche für Abstand und Winkel zu wählen, danach die Kante.
- ZWEI ABSTÄNDE – Die Fase wird durch zwei verschiedene Abstände definiert und es gibt zusätzlich zur Wahl der Kante noch einen Umkehrbutton, um die Zuordnung der Abstände zu ändern.

Im erweiterten Dialogfeld (unter >>) können alle TANGENTIAL VERBUNDENEN KANTEN oder EINZELNE KANTEN gewählt werden. Wo Fasen aufeinandertreffen, kann zwischen zwei ECKENAUSFÜHRUNGEN gewählt werden mit gefaster Ecke oder spitzer Ecke.

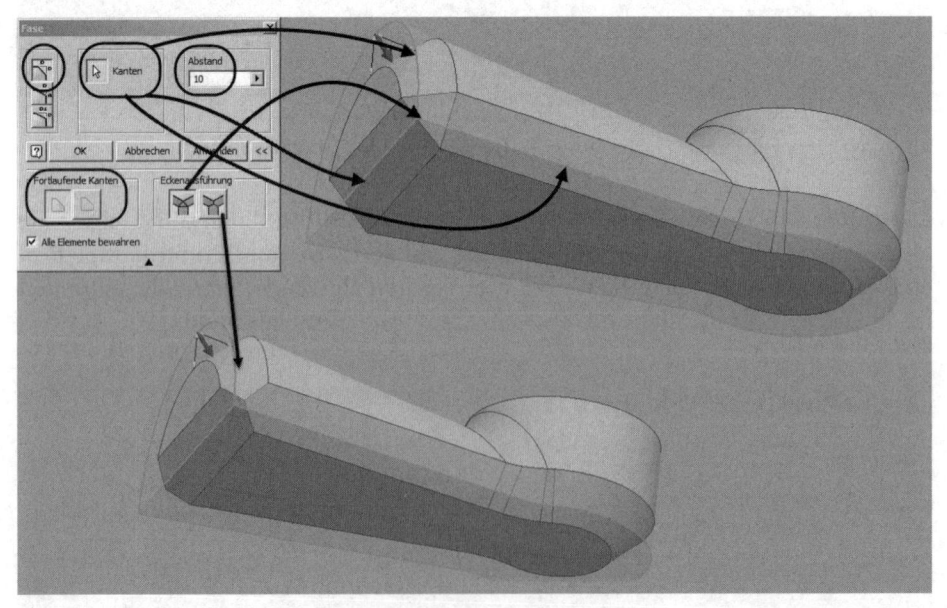

Abb. 5.15: FASEN mit teilweise tangentialen Kanten und verschiedenen ECKENAUSFÜHRUNGEN

5.1.4 Wandung

Der Befehl WANDUNG 🔲 höhlt einen Volumenkörper bis zu einer anzugebenden Wandstärke aus. Sie können bei mehreren Volumenkörpern im Bauteil zuerst die gewünschten Volumenkörper auswählen. Die Wand-STÄRKE wird grundsätzlich auf alle Wände angewendet. Der Körper bliebe also komplett geschlossen und innen hohl, wenn Sie nicht die Flächen, die offen bleiben sollen, mit FLÄCHEN ENTFERNEN herausnehmen.

Im Erweiterungsdialogfeld (>>) können Sie einzelne Wände wählen, die eine abweichende Wandstärke bekommen sollen.

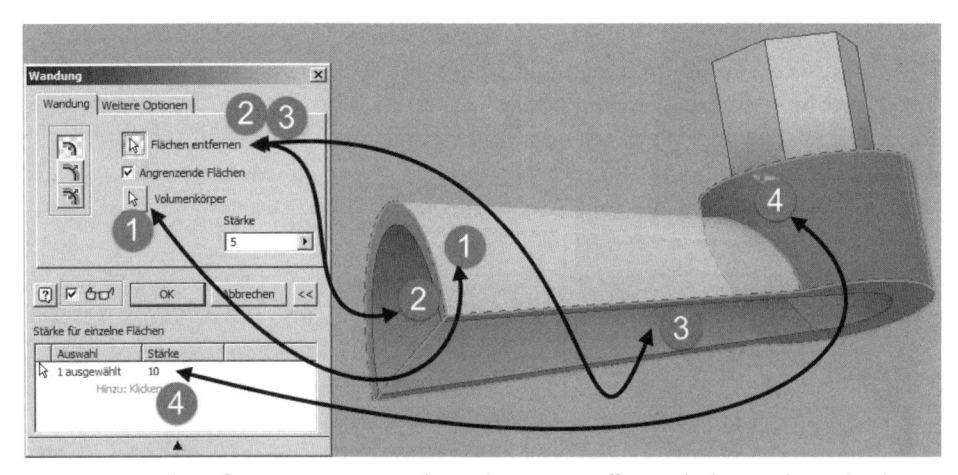

Abb. 5.16: Wandung für einen einzigen Volumenkörper mit offenen Flächen und verschiedenen Wandstärken

5.1.5 Flächenverjüngung

Mit 3D-MODELL|ÄNDERN|FLÄCHENVERJÜNGUNG verändern Sie den *Neigungswinkel* einzelner oder mehrerer Flächen, um konische Teile zu erhalten. In der Praxis ist das zur Gestaltung von Abzugsschrägen oft nötig. Es gibt drei Varianten der Verjüngung:

- FESTE KANTE – Als Bezugskante (bleibt fixiert) wird eine Kante der Fläche(n) verwendet, die gegenüberliegenden Kanten werden dann durch die Flächenneigung natürlich modifiziert. Bei der Flächenwahl wird die Bezugskante automatisch mitgewählt, es wird nämlich die Kante, die dem Cursor bei der Flächenwahl am nächsten liegt, zur Bezugskante (Abbildung 5.17).

- FESTE EBENE – Die Bezugskante ist die Schnittkurve einer Ebene mit den Flächen. Von dort aus werden die oberen und unteren Teile der Flächen mit einem einzigen oder auch mit verschiedenen Winkeln unterschiedlich geneigt (Abbildung 5.18). Die Ebene kann eine Arbeitsebene oder eine ebene Fläche des Bauteils sein.

Kapitel 5
Volumenkörper bearbeiten

- TRENNFUGE – Die Bezugskante kann durch eine Ebene oder Skizze definiert werden. Die oberen und unteren Teile der Flächen können unterschiedlich geneigt werden, und Sie legen zusätzlich fest, ob die Trennfuge oder die Ober- und Unterkanten der Flächen fixiert bleiben (Abbildung 5.19).
- TEILEN – Wenn die Trennfuge durch eine sehr komplexe Geometrie beschrieben wird, ist es einfacher, mit dem Befehl TEILEN (s. Abschnitt 5.1.6 »Teilen«) zunächst die Flächen des Volumenkörpers an der Trennfugengeometrie zu unterteilen und danach die FLÄCHENVERJÜNGUNG anzuwenden.

Nach Wahl der Verjüngungsmethode ist eine ZUGRICHTUNG gefragt. Das ist die Bezugsrichtung für die *Neigungswinkel*. Dazu suchen Sie sich am besten eine ebene Fläche aus, die als Deckel- oder Bodenfläche des Volumenkörpers dient. Als Bezugsrichtung wird dann die Flächennormale dieser Fläche verwendet. Bei der Option FESTE EBENE definiert die Arbeitsebene die Zugrichtung.

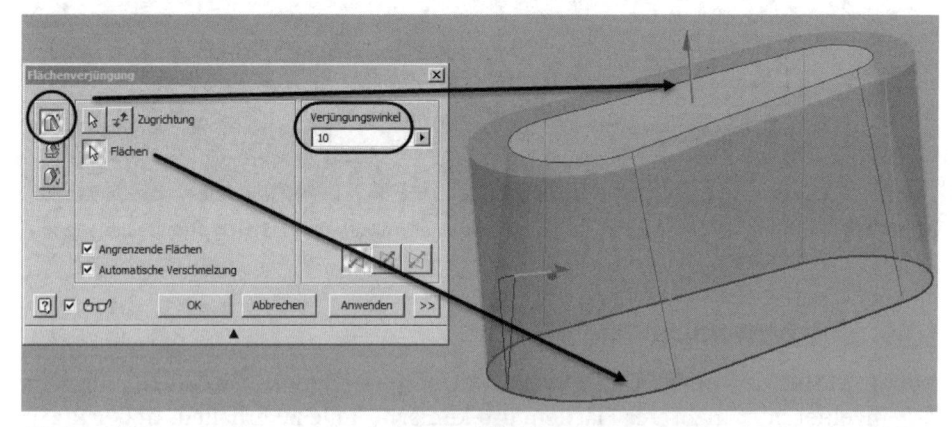

Abb. 5.17: FLÄCHENVERJÜNGUNG von der unteren Flächenkante aus

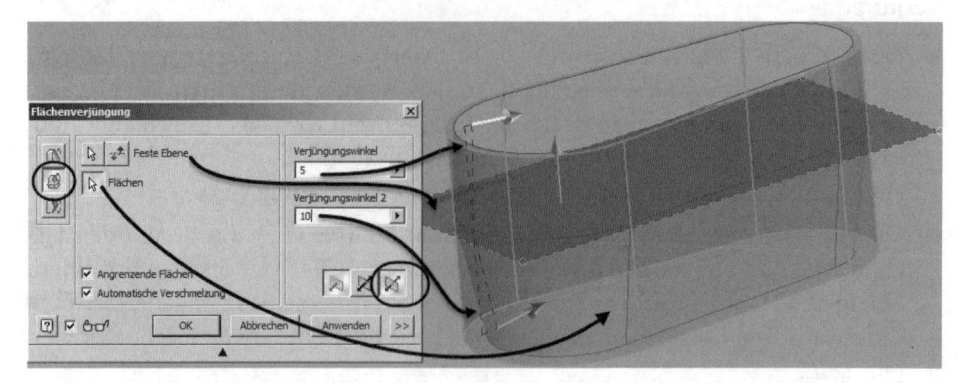

Abb. 5.18: FLÄCHENVERJÜNGUNG von einer ARBEITSEBENE aus in beide Richtungen mit unterschiedlichen Winkeln

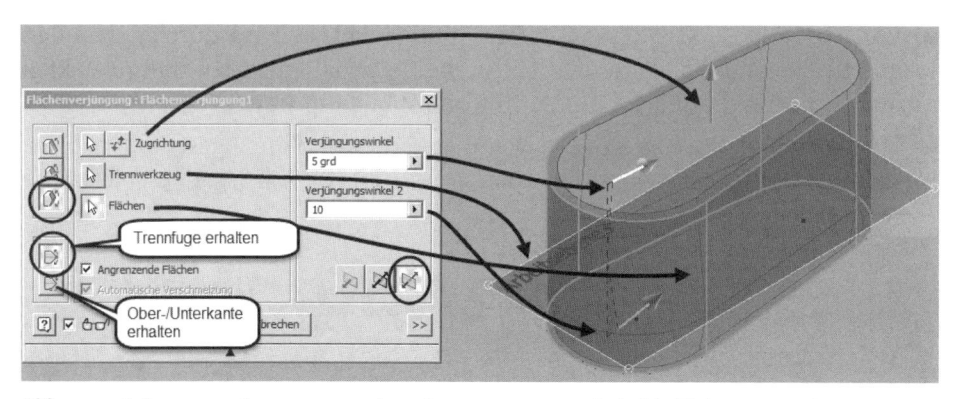

Abb. 5.19: FLÄCHENVERJÜNGUNG von einer ARBEITSEBENE aus in beide Richtungen mit unterschiedlichen Winkeln und Erhaltung der Trennfuge

5.1.6 Teilen

Der Befehl 3D-MODELL|ÄNDERN|TEILEN kann Flächen eines Volumenkörpers unterteilen, Volumenkörper stutzen oder einen Volumenkörper in zwei Teile zerteilen.

Für das Demo-Beispiel wurden zwei Skizzen erstellt, die geschlossene Kontur in der xy-Ebene und die offene Kontur in der xz-Ebene. Die geschlossene Kontur wurde um 30 mm nach oben extrudiert, die offene Kontur ebenfalls um 30, aber nach beiden Seiten gleich. So entstanden ein Volumenkörper und eine Fläche.

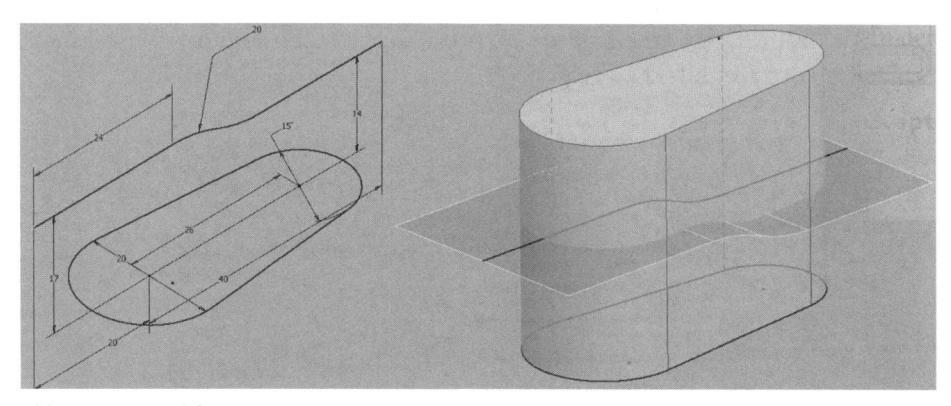

Abb. 5.20: Bauteil für TEILEN

Folgende Optionen sind möglich:

- FLÄCHE TRENNEN – Der Volumenkörper bleibt in seiner äußeren Form identisch erhalten, nur die Flächen werden unterteilt. Diese Option ist nützlich, wenn Sie eine Weiterbearbeitung mit Flächenverjüngung beabsichtigen (Abbildung 5.21).

Kapitel 5
Volumenkörper bearbeiten

- VOLUMENKÖRPER STUTZEN – Der Volumenkörper wird durchgeschnitten und Sie können die Hälfte auswählen, die Sie behalten wollen. Ein roter Pfeil markiert dann die Seite, die entfernt wird (Abbildung 5.23).
- VOLUMENKÖRPER TEILEN – Der Volumenkörper wird durchgeschnitten, beide Teile bleiben erhalten, und Sie können nun die Einzelkörper beispielsweise verschieben.

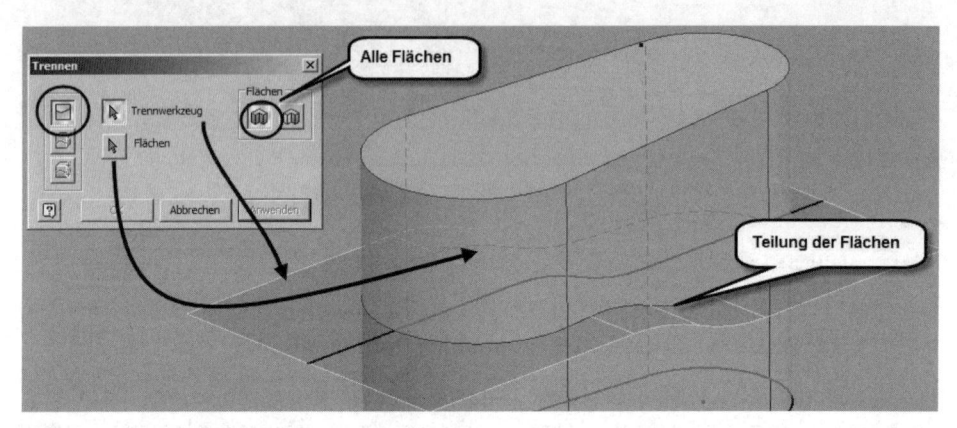

Abb. 5.21: TEILEN mit Option FLÄCHEN TRENNEN

Die Option FLÄCHE TRENNEN kann ideal als Vorbereitung für FLÄCHENVERJÜNGUNG an einer Fläche mit komplexerer Geometrie verwendet werden (Abbildung 5.22). Die Trennfuge wurde hier als fixierte Kante gewählt und der Winkel möglichst groß, um den Effekt zu zeigen.

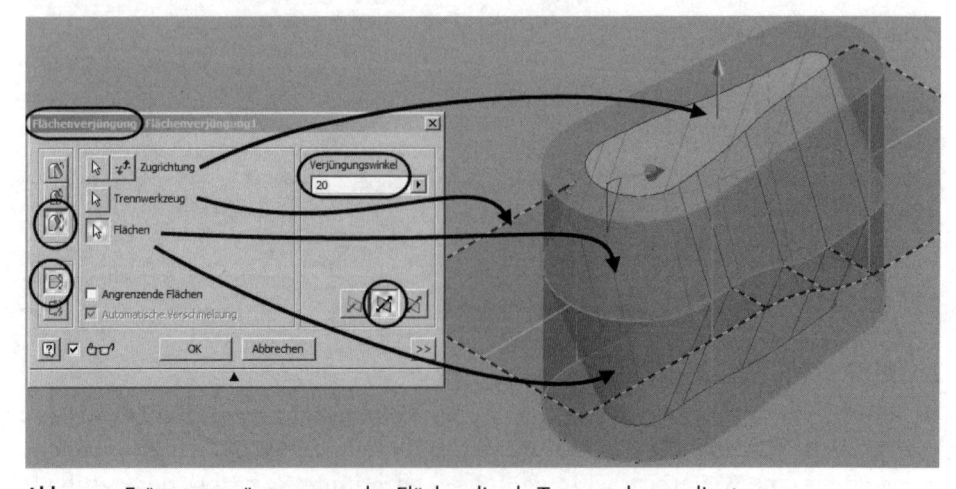

Abb. 5.22: FLÄCHENVERJÜNGUNG an der Fläche, die als Trennwerkzeug diente

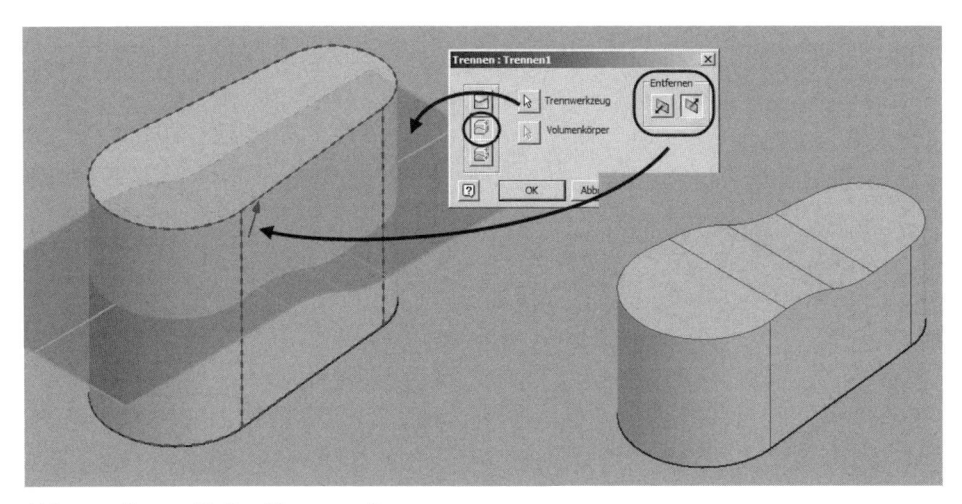

Abb. 5.23: TEILEN, Option VOLUMENKÖRPER STUTZEN

Bei der Option VOLUMENKÖRPER TEILEN bleiben beide Teile erhalten und können danach einzeln mit 3D-MODELL|ÄNDERN ▼ KÖRPER VERSCHIEBEN individuell verschoben werden (Abbildung 5.25).

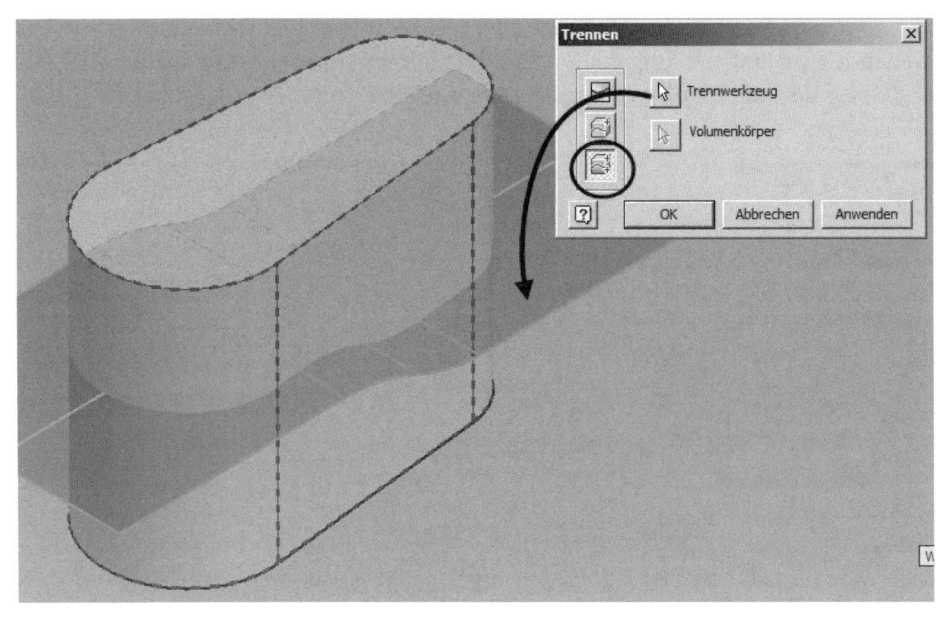

Abb. 5.24: TEILEN, Option VOLUMENKÖRPER TEILEN

Kapitel 5
Volumenkörper bearbeiten

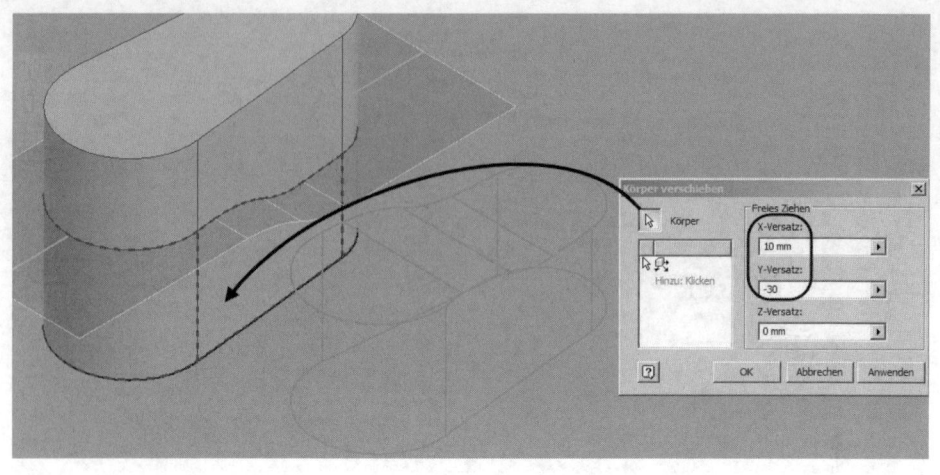

Abb. 5.25: Verschieben eines der geteilten Volumenkörpers

5.1.7 Gewinde

Die Funktion GEWINDE dient dazu, auf zylindrischen Körpern eine Gewindeandeutung aufzubringen. Das ist kein 3D-mäßig auskonstruiertes Gewinde. Dazu müsste man mit dem Werkzeug SPIRALE und einem dreieckigen Profil ein echtes Gewinde auskonstruieren. Das wäre aber viel zu aufwendig. Deshalb wird hier das Gewinde nur grafisch angedeutet. Bei der Zeichnungserstellung später wird dieses Gewinde aber erkannt und zeichentechnisch korrekt wiedergegeben.

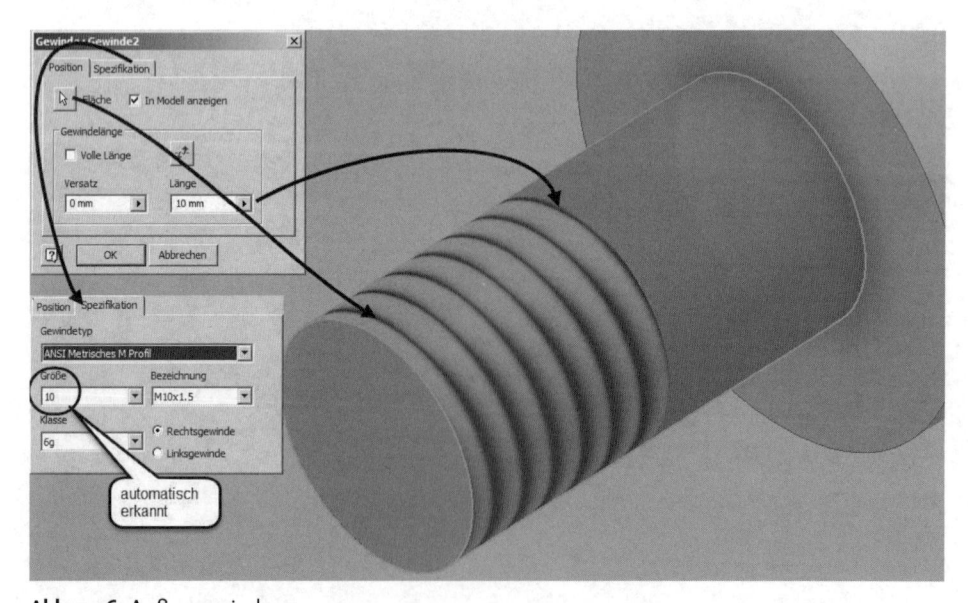

Abb. 5.26: Außengewinde

5.1.8 Biegungsteil

Der Befehl 3D-MODELL|ÄNDERN ▼ BIEGUNGSTEIL 🎭 kann ebene Teile an einer *Biegungslinie* mit wählbarem Radius und Winkel in verschiedene Richtungen verbiegen.

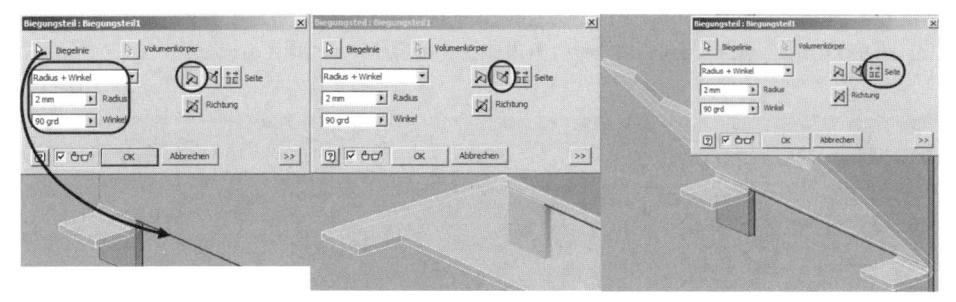

Abb. 5.27: BIEGUNGSTEIL mit verschiedenen Richtungen

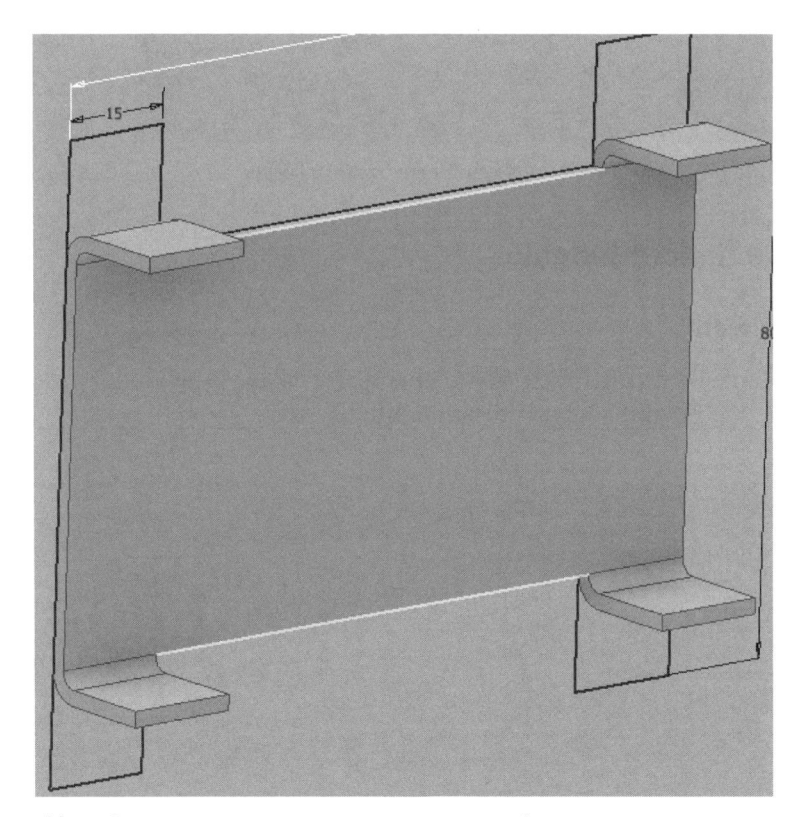

Abb. 5.28: Fertiges BIEGUNGSTEIL mit zwei Biegungslinien

Kapitel 5
Volumenkörper bearbeiten

5.1.9 Verdickung/Versatz

Mit VERDICKUNG/VERSATZ können Sie auf Flächen eines Volumenkörpers eine Verdickung aufbringen. Die Verdickung kann aber auch umgekehrt werden und dann als Differenz vom Originalkörper abgezogen werden. Auch die Schnittmenge oder ein getrennter Volumenkörper ist hier möglich. In der zweiten Registerkarte können noch Toleranzen für kritische Fälle spezifiziert werden.

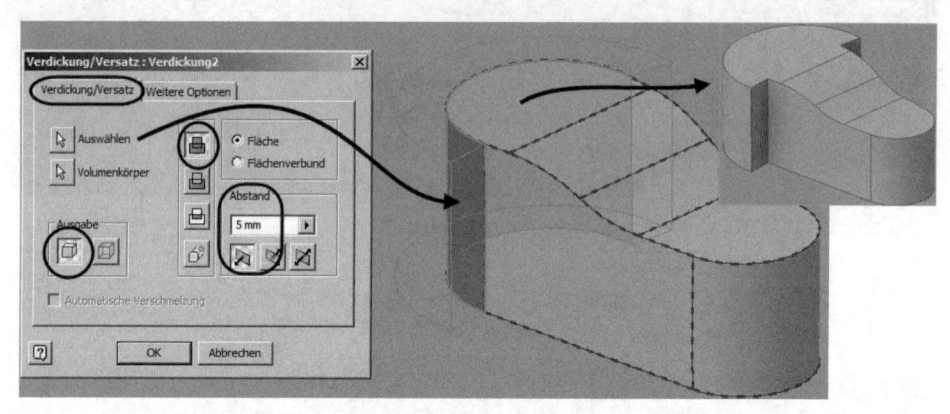

Abb. 5.29: VERDICKUNG um **5 mm** als VEREINIGUNG mit dem Volumenkörper

5.2 Weitere Ändern-Befehle

5.2.1 Kombinieren

Wenn Sie ein Bauteil mit mehreren Volumenkörpern haben (Abbildung 5.30), können Sie diese mit KOMBINIEREN zusammenfügen.

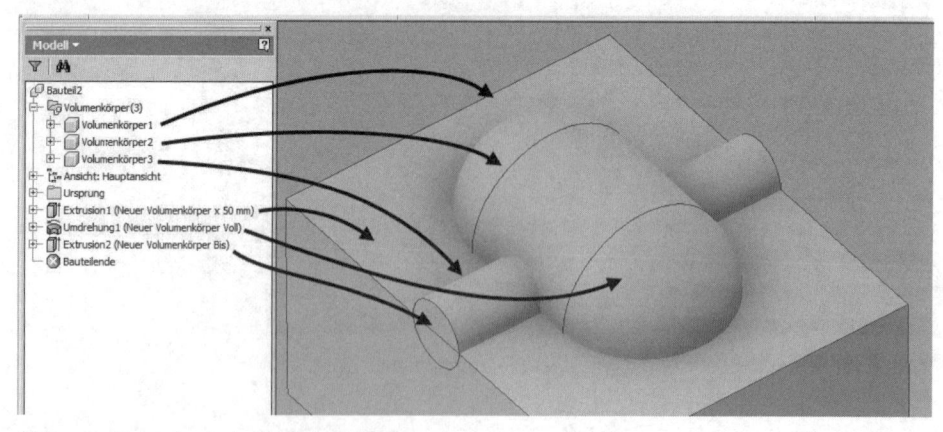

Abb. 5.30: Bauteil mit drei Volumenkörpern

Der Befehl bietet die bekannten booleschen Operationen VEREINIGUNG, DIFFERENZ und SCHNITTMENGE. Der Befehl verlangt ein BASISTEIL und ein oder mehrere ARBEITSTEILE. Das Arbeitsteil ist bei DIFFERENZ das erste, von dem andere dann abgezogen werden (Abbildung 5.31).

Abb. 5.31: Kombinieren mit DIFFERENZ, aber Beibehalten des Arbeitsteils

Der Befehl erlaubt nun aber, dass die Original-Volumenkörper auch erhalten bleiben. Dadurch gibt es dann die Möglichkeit, später die Teile einzeln über den BROWSER wieder sichtbar zu machen (Abbildung 5.32). Auch später bei der Zeichnungsableitung können die Teile, die durch Kombinieren unsichtbar geworden sind, wieder sichtbar und die anderen unsichtbar gemacht werden. Dadurch ist es möglich, in der abgeleiteten Zeichnung auch Ansichten mit den verarbeiteten Arbeitsteilen zu zeigen und zu bemaßen.

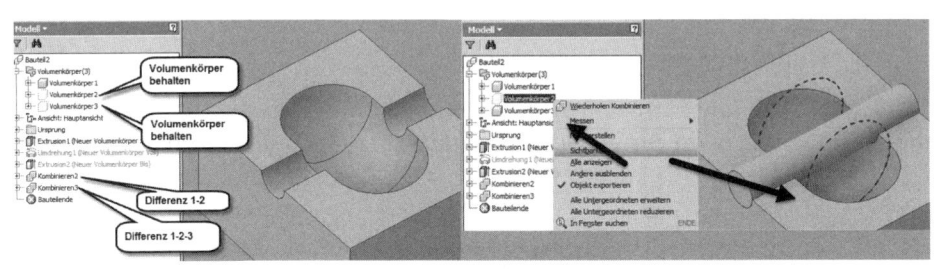

Abb. 5.32: Nach Kombinieren und Erhalten der Volumenkörper können diese später wieder sichtbar gemacht werden.

5.2.2 Fläche löschen

Mit FLÄCHE LÖSCHEN können Sie Flächen aus einem Volumenkörper entfernen, mit der Option KORRIGIEREN wird dann versucht, den Flächenverbund wieder zu schließen.

Kapitel 5
Volumenkörper bearbeiten

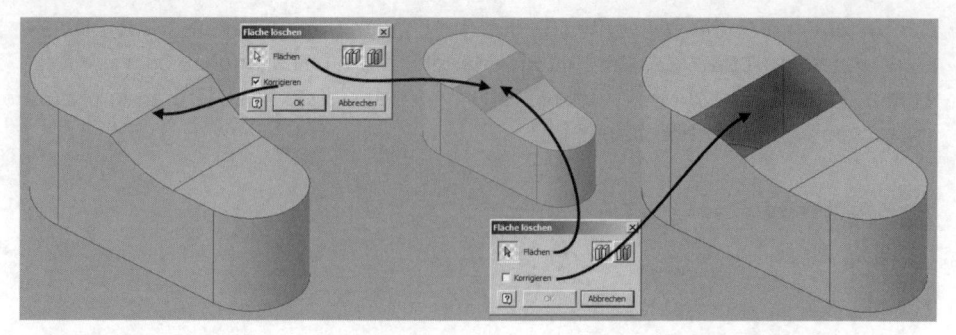

Abb. 5.33: FLÄCHE LÖSCHEN mit und ohne KORRIGIEREN

5.2.3 Körper verschieben

Die Funktion KÖRPER VERSCHIEBEN liegt etwas versteckt unter 3D-MODELL|ÄNDERN ▾ KÖRPER VERSCHIEBEN. Damit ist auch mehr möglich als nur eine Verschiebung. Nach Auswahl eines oder mehrerer Körper mit dem Pfeil-Icon werden folgende Optionen angeboten:

- FREIES ZIEHEN – erlaubt eine Verschiebung um bestimmte Beträge in x-, in y- und in z-Richtung.
- VERSCHIEBEN entlang eines Strahls – verlangt eine Körperkante, eine Koordinatenachse oder ein anderes richtungweisendes Element sowie eine Entfernung für eine Verschiebung.
- DREHUNG UM EINE LINIE – benötigt ebenfalls eine Kante oder ein anderes lineares Element und einen Drehwinkel.

Bei den letzten Optionen können die Richtungen umgekehrt werden. Es können durch Klicken links im Dialogfeld auch *mehrere* der Optionen nacheinander angewendet werden, um eine kombinierte Dreh-Kipp-Bewegung auszuführen.

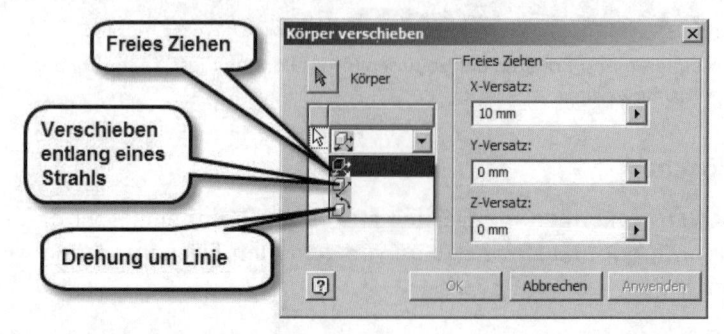

Abb. 5.34: Optionen in KÖRPER VERSCHIEBEN

5.2.4 Objekt kopieren

Auch die Funktion OBJEKT KOPIEREN sitzt im Aufklappmenü unter 3D-MODELL|ÄNDERN|OBJEKT KOPIEREN. Ihre Standard-Einstellung ist nicht das Kopieren von einem Ort an einen anderen, sondern bedeutet das Kopieren in einen anderen Objekttyp. So wird mit Normaleinstellungen ein Volumenkörper in einen *Flächenverband* kopiert.

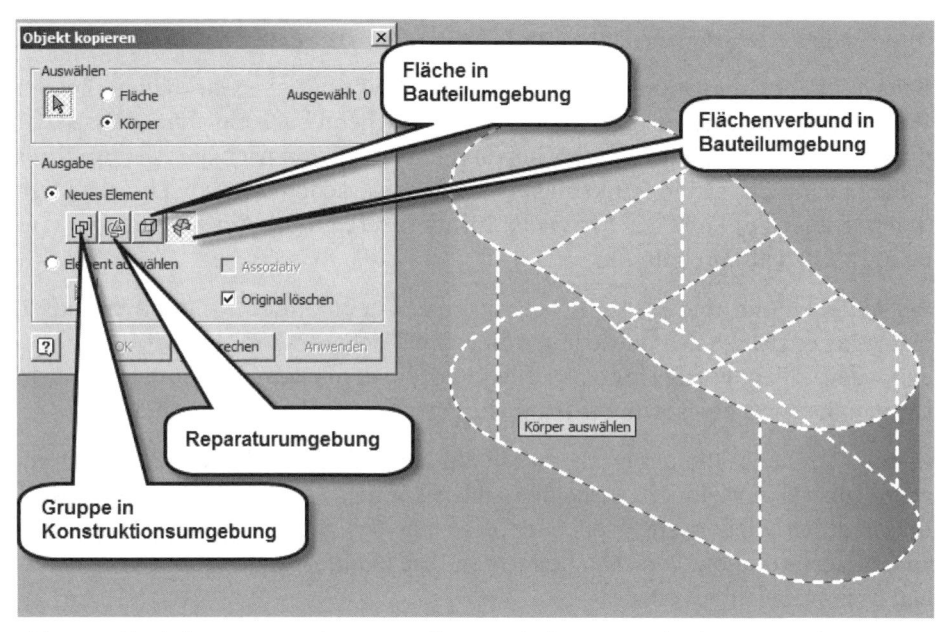

Abb. 5.35: Objekt kopieren zwecks Umwandlung in Flächen in verschiedenen Umgebungen

Die Optionen haben folgende Wirkung:

- GRUPPE – kopiert als Flächen in die *Konstruktionsumgebung*.
- REPARIERTE GEOMETRIE – kopiert als Flächen in die *Reparaturumgebung*.
- FLÄCHE – kopiert als Flächen in die aktuelle *Bauteilumgebung*.
- ZUSAMMENGESETZT – kopiert als Flächenverbund in die aktuelle *Bauteilumgebung*.

Die REPARATURUMGEBUNG und KONSTRUKTIONSUMGEBUNG sind Bereiche für die Bearbeitung von *Flächen*, damit Sie problematische Volumenkörper über die Außenflächen gestalten und reparieren können. Die REPARATURUMGEBUNG verfügt über eine eigene Fehler-Such- und Korrektur-Funktion. In der KONSTRUKTIONSUMGEBUNG ist eine Qualitätsprüfung möglich, die Topologie (geometrische Konsistenz), Geometrie und Modellierungsunbestimmtheit überprüft.

5.3 Direkt bearbeiten

Die Funktion 3D-MODELL|ÄNDERN|DIREKTBEARBEITUNG ist eine sehr universelle Funktion zur Bearbeitung eines Volumenkörpers. Bei allen Aktionen ist darauf zu achten, dass natürlich *keine geometrisch unmöglichen Formen* entstehen dürfen. Sollte das passieren, werden Sie mit einem gelben Warndreieck darauf aufmerksam gemacht. Auch anhand der Vorschau sehen Sie, wie sich Ihr Teil entwickelt. Wenn Sie keine Vorschau mehr sehen, dann haben Sie die Geometrie des Teils zu sehr mit Ihrer Aktion verzerrt, dann ist bestimmt auch schon das gelbe Warndreieck da.

Bei allen Funktionen außer MASSSTAB geht es darum, Flächen zu wählen. Bei der Wahl werden die Flächen *rot* markiert und es erscheint auch ein *grüner* Punkt, der mit einem Kreissymbol besonders hervorgehoben wird. Je nach der Position Ihres Cursors kann der grüne Punkt an verschiedenen Flächenkanten oder -ecken auftreten. Dieser Punkt ist der *Basispunkt* für die Bearbeitung. Am wichtigsten ist er beim DREHEN als Drehpunkt.

Bei Aktionen, die eine Richtung benötigen, erscheint außerdem ein Achsendreibein. Dieses richtet sich entweder an linearen Flächenkanten aus, sofern vorhanden, oder es liegt parallel zum aktuellen Koordinatensystem. An diesem Dreibein können Sie dann den gewünschten Richtungspfeil für Ihre Aktion anklicken.

Bei den Drehen-Aktionen erscheint ein ähnliches Symbol, an dem Sie die Drehebene auswählen können. In beiden Fällen können Sie Ihre Aktion dann dynamisch durch Ziehen am Pfeil oder Bewegen des Symbols in der Drehebene ausprobieren und die Vorschau betrachten. Die konkreten Werte geben Sie natürlich in Eingabefeldern ein.

Die DIREKTBEARBEITUNG beinhaltet mehrere sehr interaktiv zu bedienende Aktionen:

Abb. 5.36: Menü der DIREKTBEARBEITUNG

- VERSCHIEBEN – verschiebt eine oder mehrere Flächen eines Volumenkörpers. Das klappt, sofern die restlichen Flächen durch Verlängerung oder Verkürzung angepasst werden können.
- GRÖSSE – dient zum Vergrößern runder Flächen. Tangential angrenzende Flächen werden mit vergrößert.

- MAßSTAB – bedeutet eigentlich *Skalieren* (falsche Übersetzung von engl. scale). Damit können Sie ganze Volumenkörper einheitlich skalieren, aber auch eine Option zum uneinheitlichen Skalieren wählen. Oft möchte man ein Teil nur in Z-Richtung stärker machen. Dann wäre nur der Z-Skalierfaktor größer als **1** zu setzen.
- DREHEN – erlaubt, einzelne oder mehrere Flächen zu verdrehen. Der Basispunkt an der ersten Fläche definiert den Drehpunkt. Bei vielen Teilen ist als Drehachse die Innenfläche einer Bohrung mit Ihrer Achse eine sehr sinnvolle Wahl. Die eigentlich zu drehende Fläche ist dann oft die zweite gewählte.
- LÖSCHEN – löscht eine oder mehrere Flächen des Volumenkörpers. Hier ist es auch wieder ganz wichtig, dass das nur funktioniert, wenn die verbleibenden Flächen die entstehende Lücke durch Erweiterungen schließen können.

5.3.1 Verschieben

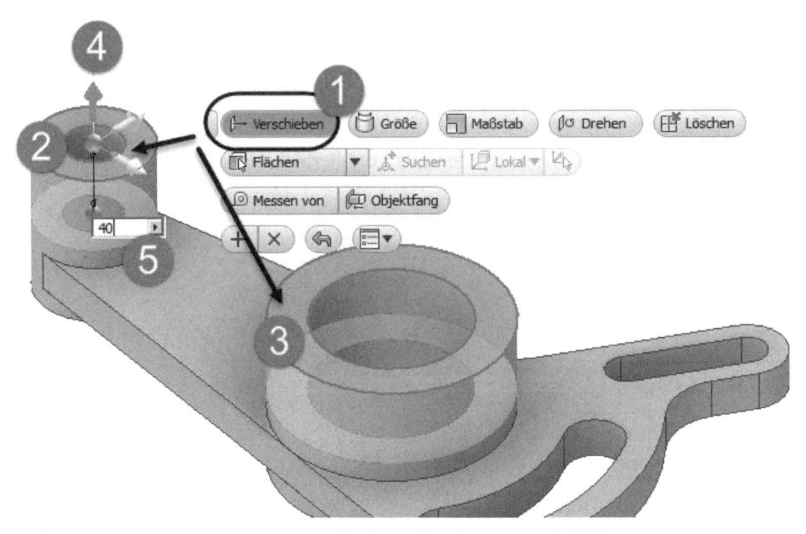

Abb. 5.37: VERSCHIEBEN von zwei Flächen gleichzeitig in Z-Richtung

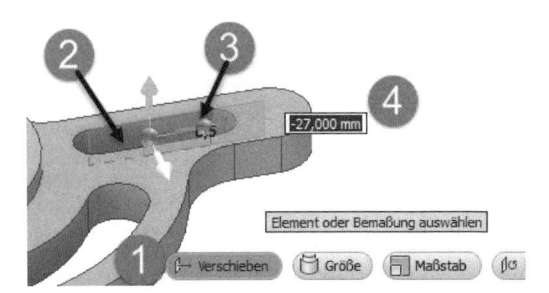

Abb. 5.38: VERSCHIEBEN des gesamten Langlochs anhand einer gewählten Fläche, über ABHÄNGIGKEIT PARALLEL verbundene gehen mit.

Kapitel 5
Volumenkörper bearbeiten

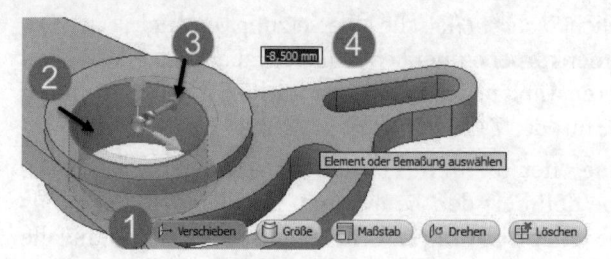

Abb. 5.39: VERSCHIEBEN der Bohrung in Y-Richtung

5.3.2 Größe

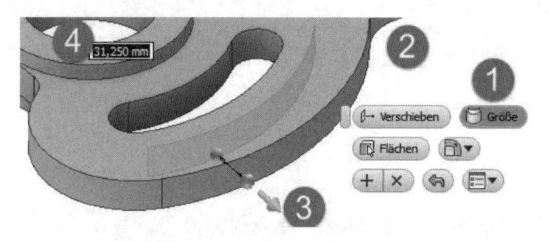

Abb. 5.40: Größenänderung anhand einer einzelnen Fläche, über ABHÄNGIGKEIT TANGENTIAL verbundene gehen mit.

5.3.3 Maßstab (Skalieren)

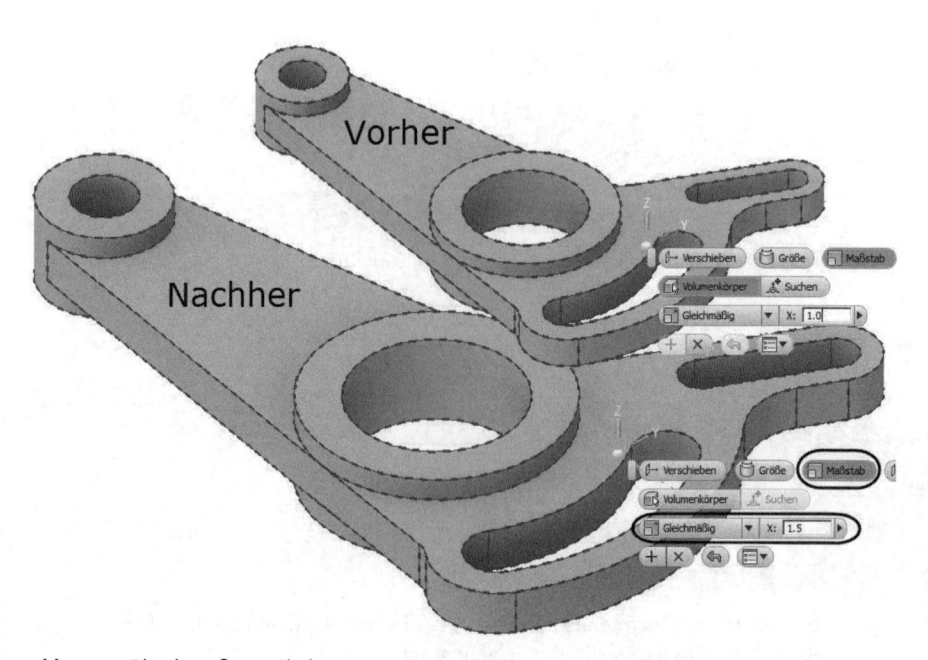

Abb. 5.41: Gleichmäßiges Skalieren

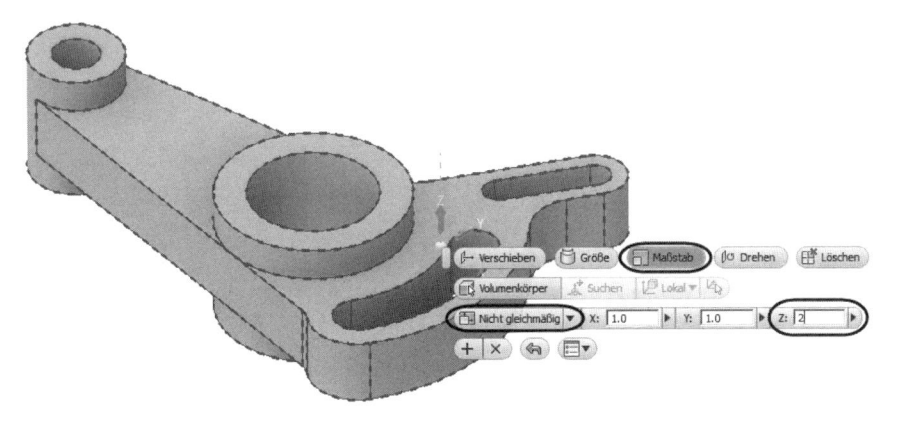

Abb. 5.42: Skalieren nur in Z-Richtung

5.3.4 Drehen

Abb. 5.43: DREHEN anhand einer einzigen Fläche, über ABHÄNGIGKEIT PARALLEL verbundene gehen mit.

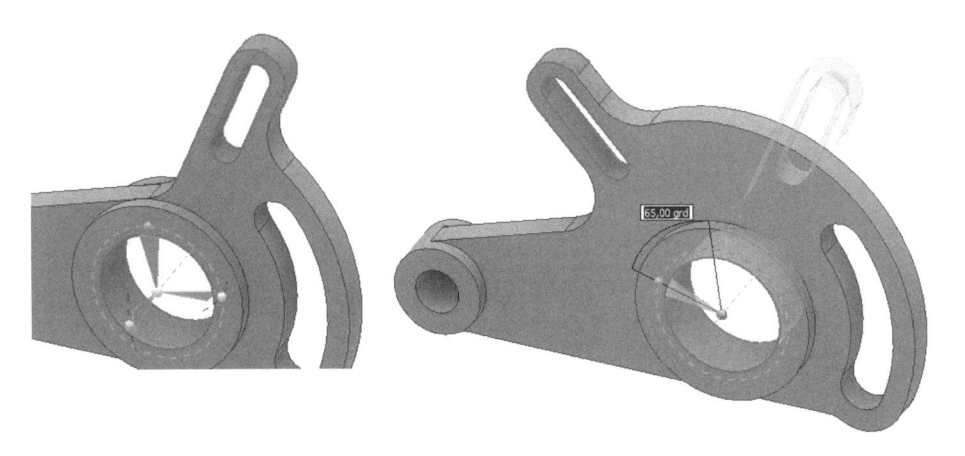

Abb. 5.44: DREHEN um die Achse einer Bohrung (erste Fläche)

Kapitel 5
Volumenkörper bearbeiten

5.3.5 Löschen

Abb. 5.45: LÖSCHEN einer Fläche

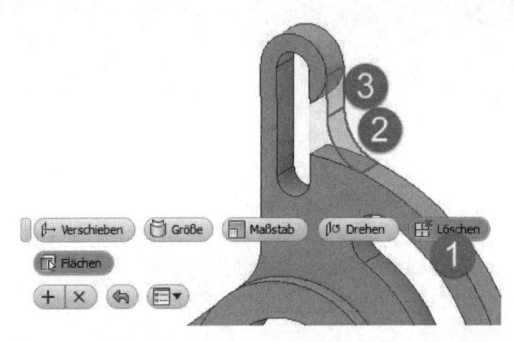

Abb. 5.46: LÖSCHEN mehrerer Flächen, Lücke wird von den Restflächen geschlossen.

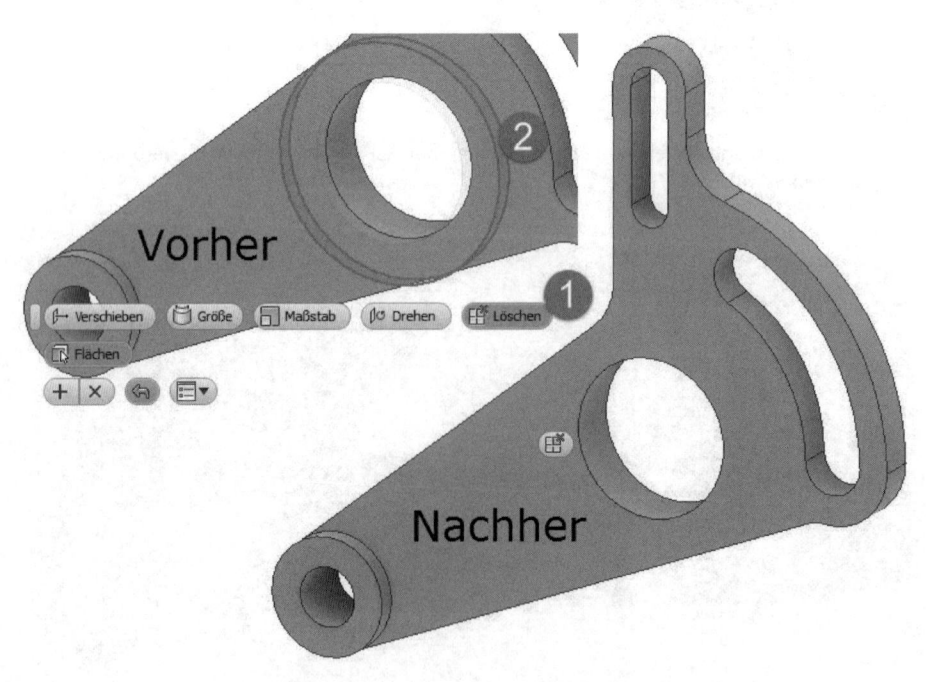

Abb. 5.47: LÖSCHEN einer geschlossenen Fläche, obere Ringfläche geht verloren.

5.4 Benutzer-Koordinaten-Systeme

Mit der Funktion 3D-MODELL|ARBEITSELEMENTE|BKS können Sie in Ihrer Konstruktion ein weiteres Koordinatensystem mit den drei Koordinatenachsen, einem neuen Nullpunkt und den drei Arbeitsebenen erstellen. *BKS* steht für *Benutzer-Koordinaten-System*. Es ist nützlich, wenn Sie dann Skizzen in so einem gedrehten System erstellen müssen. Das neue Koordinatensystem wird über drei Punkte festgelegt, der erste definiert den *Nullpunkt*, der zweite die *X-Richtung* und der dritte muss nicht exakt in Y-Richtung liegen, aber er definiert die *positive XY-Halbebene*, d.h. den Teil der XY-Ebene, in dem Y positiv ist. Die Punkte können Flächenecken des bisherigen Bauteils sein.

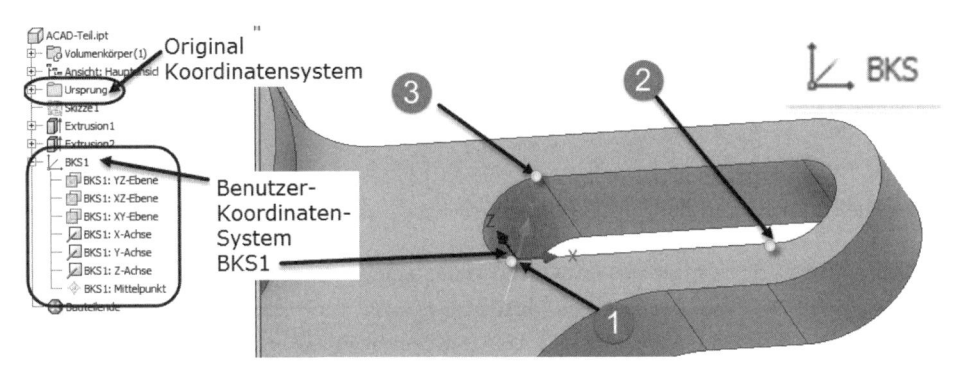

Abb. 5.48: Definition eines neuen Benutzer-Koordinaten-Systems

5.5 Zwischen Bauteil und Baugruppe

Konstruktionen mit mehreren Bauteilen sind auch mit INVENTOR LT möglich, wenn innerhalb eines Bauteils mehrere einzelne Volumenkörper erstellt werden. Der Vorteil dieser Vorgehensweise besteht darin, dass die Teile nacheinander konstruiert werden. Die Skizzen der einzelnen Teile verwenden natürlich projizierte Konturen vorangegangener Teile und sind damit automatisch miteinander adaptiv verknüpft. Beim Ändern der Grundplatte wird sich dann die gesamte Konstruktion anpassen. Damit lässt sich eine Art Baugruppe auch in der LT-Version realisieren.

Kapitel 5
Volumenkörper bearbeiten

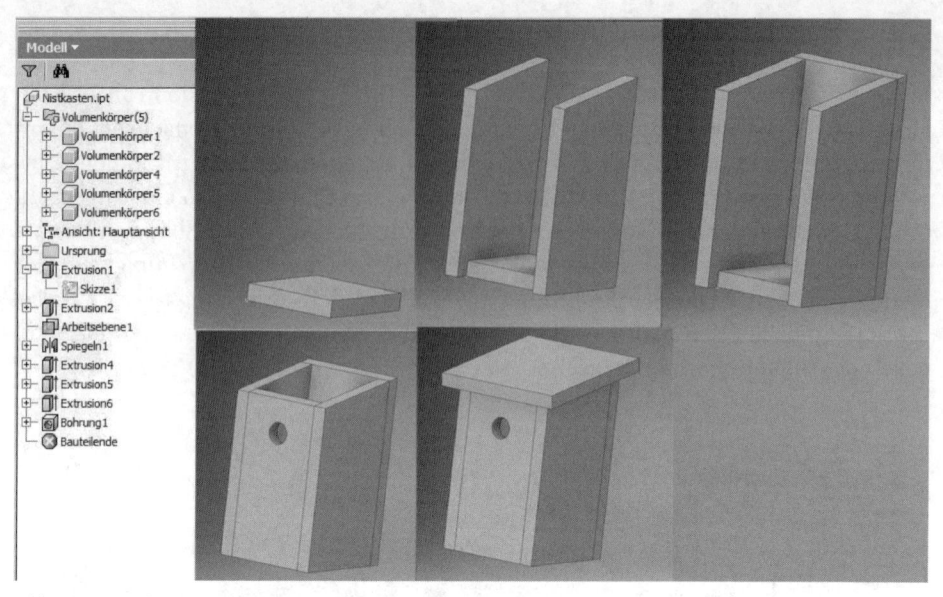

Abb. 5.49: Multipart-Konstruktion für einen Nistkasten

Wenn es nun aber weiter gehen soll zu einer echten Baugruppe, dann kann mit der Inventor-Vollversion aus dem Multipart-Bauteil eine Baugruppe erstellt werden. Mit der Funktion VERWALTEN|LAYOUT|KOMPONENTEN ERSTELLEN entsteht die neue Baugruppe.

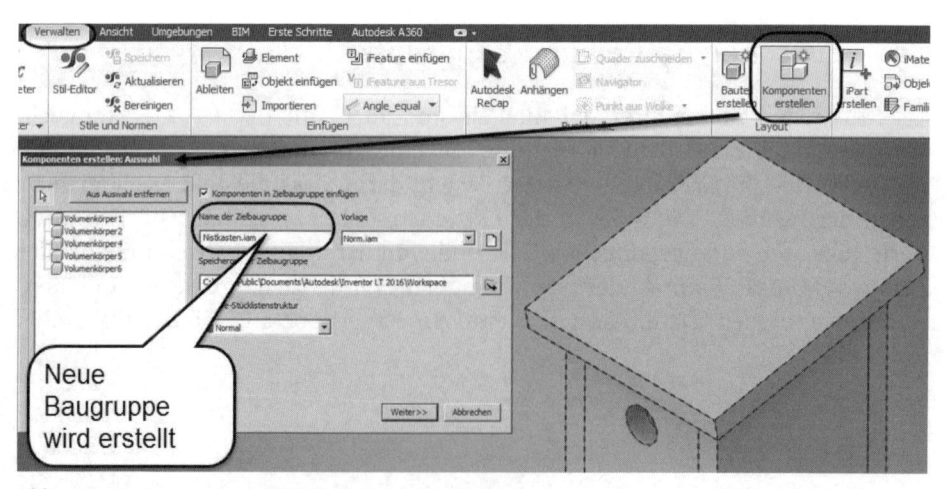

Abb. 5.50: Baugruppe aus Multipart-Bauteil erstellen

5.5 Zwischen Bauteil und Baugruppe

Sieht man sich diese Baugruppe im Browser an, dann zeigt sich, dass alle Bauteile *fixiert* sind. Abhängigkeiten zwischen Bauteilen, wie sie im nächsten Kapitel besprochen werden, können nicht automatisch generiert werden, sondern müssen dann vom Konstrukteur in sinnvoller Weise angebracht werden, In Abbildung 5.51 wurden die automatischen Fixierungen der Teile durch nachträglich erstellte Abhängigkeiten ersetzt.

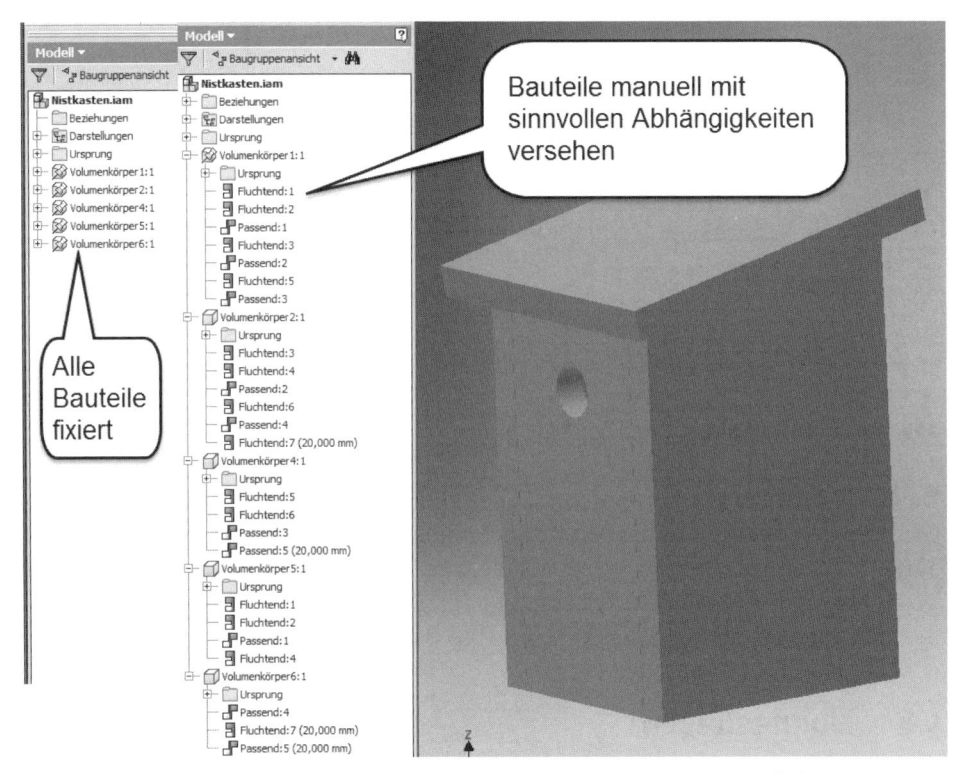

Abb. 5.51: Baugruppe mit automatisch fixierten Bauteilen links und mit sinnvoll abhängig gemachten Bauteilen rechts

Auch eine Stückliste der Baugruppe lässt sich mit ZUSAMMENFÜGEN|VERWALTEN|STÜCKLISTE unkompliziert erstellen. Die Bilder der Bauteile in dieser Liste erhalten Sie nach Rechtsklick in der THUMBNAIL-Spalte mit ÖFFNEN und Einstellen der gewünschten Ansicht in der kurzfristig geöffneten Zeichnungsansicht, die Sie dann wieder schließen.

Kapitel 5
Volumenkörper bearbeiten

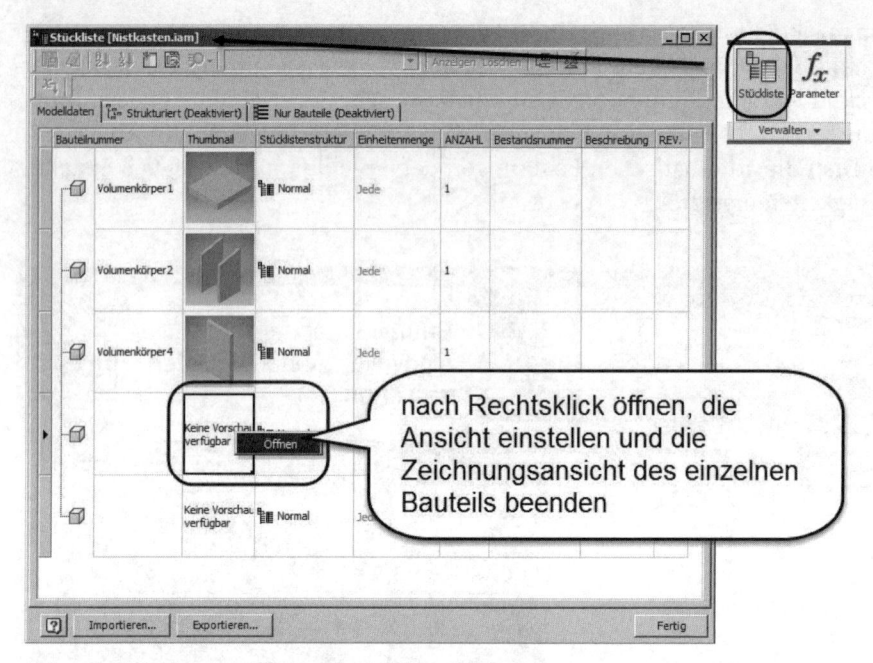

Abb. 5.52: Stückliste erstellen und mit Bildern ergänzen

Da die Dateien nun adaptiv miteinander verknüpft sind, müssten Sie für Konstruktionsänderungen in das Multipart-Bauteil gehen (hier `Nistkasten.ipt`), um Maße zu ändern. Danach werden Sie dann in der Baugruppe (hier `Nistkasten.iam`) das Aktualisierungs-Logo im Schnellzugriff-Werkzeugkasten finden. Ein Klick darauf aktualisiert sofort Ihre Baugruppe.

5.6 Übungsfragen

1. Welche Operationen gibt es bei DIREKT BEARBEITEN?
2. Womit legen Sie die Position der Bohrung beim Modus KONZENTRISCH fest?
3. Was ist der Unterschied zwischen Bohrungsmodus AUF PUNKT UND NACH SKIZZE?
4. Wie kann bei RUNDUNG der Umfang der Aktion festgelegt werden?
5. Was bedeutet die Funktion WANDUNG?
6. Wozu dient KOMBINIEREN?
7. Wie können Sie eine Fläche eines Volumenkörpers schräg stellen?
8. Welche Möglichkeiten bietet der Befehl VERDICKUNG?
9. Was erzeugt der Befehl AUFKLEBER?
10. Was wird beim Befehl PRÄGEN mit der Option VON FLÄCHE GRAVIEREN erzeugt?

Kapitel 6

Baugruppen zusammenstellen (nicht in LT)

Eine Baugruppe wird aus mehreren Bauteilen zusammengesetzt, die miteinander in bestimmter Weise verbunden sind, damit ein sinnvoller Mechanismus entsteht. Der Zusammenbau beginnt mit einem Basisteil, dem dann weitere hinzugefügt werden.

6.1 Projekt erstellen

Sobald Sie Konstruktionen mit mehreren Bauteilen erstellen, ist es empfehlenswert, dass Sie ein *Projekt* einrichten. Durch ein Projekt werden alle Dateien, die zum Projekt gehören, in einem extra eingerichteten Ordner gespeichert. Zum Projekt gehören mindestens die *Bauteile* (*.ipt-Dateien), die *Baugruppen* (*.iam-Dateien) und die *Zeichnungen* (*.dwg- oder *.idw-Dateien).

Eventuell erstellen Sie noch *Explosionsdarstellungen*, auch *Präsentationen* genannt (*.ipn-Dateien). Dann werden Sie aus den Bibliotheken *Normteile* in die Konstruktionen einbauen. Diese landen dann in einem extra Unterverzeichnis mit dem Namen Content Center. Wenn Sie den KONSTRUKTIONSASSISTENTEN benutzen, um *Zahnräder*, *Gestelle*, *Wellen* oder andere spezielle Konstruktionsaufgaben zu lösen, werden Hilfsgeometrien in extra Unterverzeichnissen wie Konstruktions-Assistent oder Frame gespeichert. *Sicherungsdateien* entstehen immer dann aus den alten Dateiversionen, wenn Sie eine Datei speichern. Diese werden im Ordner OldVersions abgelegt.

Damit diese Dateien und Verzeichnisse in einer soliden Struktur abgelegt werden, sollten Sie mit jeder neuen BAUGRUPPE ein PROJEKT starten (Abbildung 6.1). Der Aufruf lautet ERSTE SCHRITTE|PROJEKTE|NEU, und dann wählen Sie NEUES EINZELBENUTZER-PROJEKT. Die Alternative, das VAULT-PROJEKT, ist für Arbeitsgruppen gedacht, wo die Zugriffsrechte auf die Projektdateien durch die *Vault-Software* gesteuert werden können. Sie müssen dann nur noch den Projektnamen eingeben. Das *Projektverzeichnis* wird standardmäßig unter EIGENE DOKUMENTE|INVENTOR angelegt. Sie können aber auch ein anderes Projektverzeichnis wählen oder eingeben. Mit FERTIGSTELLEN geht es weiter. Wenn das Projektverzeichnis neu ist, müssen Sie die Anfrage zum Einrichten mit OK beantworten.

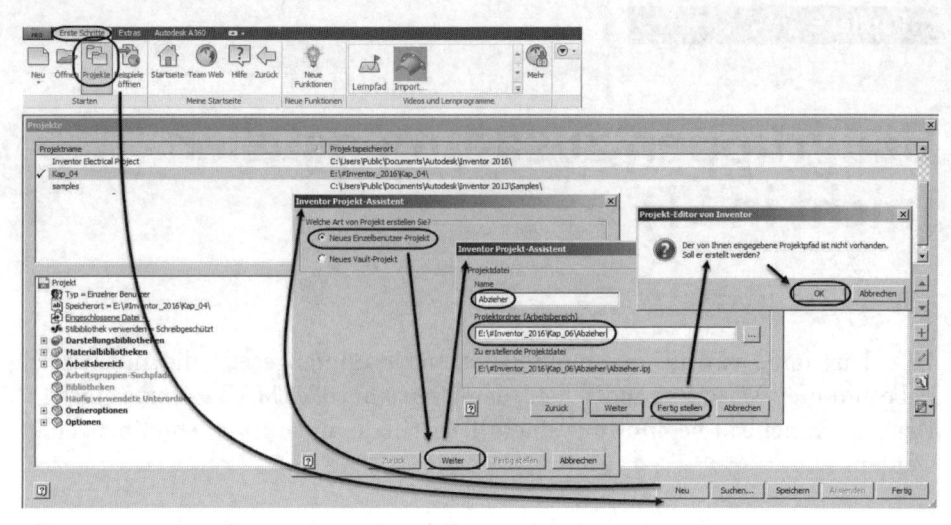

Kapitel 6
Baugruppen zusammenstellen (nicht in LT)

Abb. 6.1: Neues Einzelbenutzer-Projekt erstellen

Immer wenn Sie nun speichern oder öffnen, wird das Arbeitsverzeichnis des aktuellen Projekts verwendet, auch nach Neustart des Programms (Abbildung 6.2).

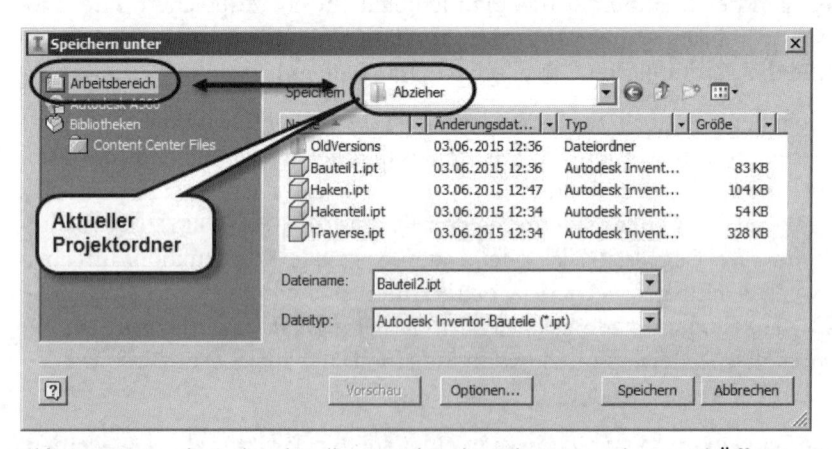

Abb. 6.2: Verwendung des aktuellen Projektordners beim Speichern und Öffnen

Wenn Sie zu einem anderen Projekt wechseln wollen, müssen Sie nur in der Projektverwaltung ERSTE SCHRITTE|PROJEKTE auf das gewünschte Projekt doppelklicken.

6.2 Funktionsübersicht Baugruppen

Die wichtigste Multifunktionsleiste in der Benutzeroberfläche für Baugruppen ist ZUSAMMENFÜGEN.

6.2 Funktionsübersicht Baugruppen

Unter KOMPONENTE können Sie mit PLATZIEREN die Bauteile in Ihre Baugruppe einfügen (Abbildung 6.3). Die Funktion AUS INHALTSCENTER PLATZIEREN bietet Ihnen die Normteilebibliothek von Inventor an. Daraus können Sie verschiedenste Normteile nach Typ und mit den angebotenen Abmessungen auswählen. Nach Ihrer Auswahl wird dann entsprechend den gewählten Abmessungen das Normteil als Bauteil erzeugt, unter dem Projekt-Unterordner `Content Center` gespeichert und nun in die Baugruppe eingefügt. Wenn Sie Bauteile aus anderen CAD-Programmen haben, können Sie diese mit IMPORTIERTE CAD-DATEIEN PLATZIEREN einfügen.

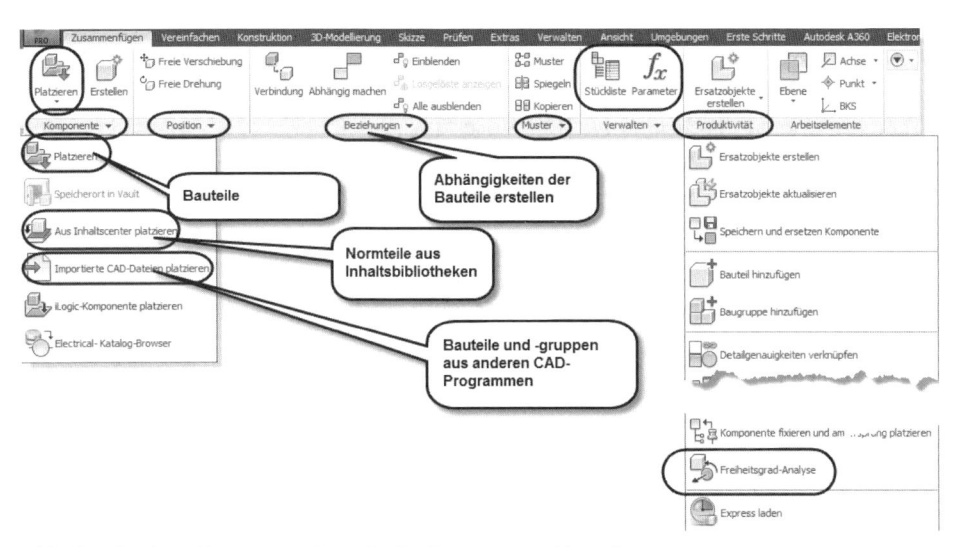

Abb. 6.3: Register ZUSAMMENFÜGEN in der Baugruppen-Umgebung

Nach dem Einfügen haben die Bauteile noch keine spezifische Position. Diese erhalten sie erst durch *Abhängigkeiten* mit dem Basisteil bzw. anderen Bauteilen. In der Gruppe BEZIEHUNGEN finden sich die Funktionen zum Erstellen dieser Abhängigkeiten.

Damit die Beziehungen einfacher, teilweise auch automatisch erkannt und erstellt werden können, ist es manchmal nötig, sie nach dem Einfügen in eine brauchbarere Position zu bringen. Dazu bietet die Gruppe POSITION einige Werkzeuge.

Regelmäßige Anordnungen von Bauteilen können durch die Funktionen unter MUSTER erzeugt werden.

Unter VERWALTEN finden Sie eine STÜCKLISTEN-Funktion und die Liste der PARAMETER der Baugruppe.

Unter der Gruppe PRODUKTIVITÄT wird zunächst die FREIHEITSGRAD-ANALYSE interessant sein, um zu prüfen, ob alle Bauteile die nötigen ABHÄNGIGKEITEN besitzen.

Im Register KONSTRUKTION finden Sie zahlreiche Spezialkonstruktionen des Konstruktions-Assistenten bzw. des Gestell-Generators.

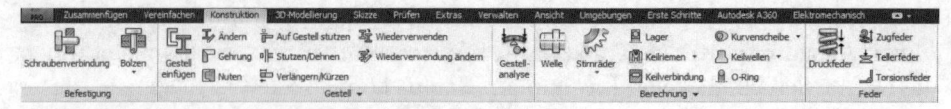

Kapitel 6
Baugruppen zusammenstellen (nicht in LT)

Abb. 6.4: Register KONSTRUKTION

Das Register ANSICHT bietet einige nützliche Unterstützungsfunktionen an. Unter SICHTBARKEIT können Sie den SCHWERPUNKT aktuell anzeigen lassen und die FREIHEITSGRADE. So erfahren Sie dann, ob sich ein Bauteil noch verschieben und drehen lässt und in welcher Richtung.

Unter VISUELLER STIL lässt sich die Darstellung der Konstruktion als Drahtmodell oder schattiertes Modell oder auch schattiert mit verdeckten Kanten anzeigen, je nachdem, wie Sie es brauchen. Bei VIERTELSCHNITT können Sie natürlich auch den beliebten HALBSCHNITT mit dynamisch verschiebbarer Schnittfläche aktivieren und wieder abschalten. Das hilft insbesondere beim Platzieren von Bauteilen innerhalb einer Hüllgeometrie.

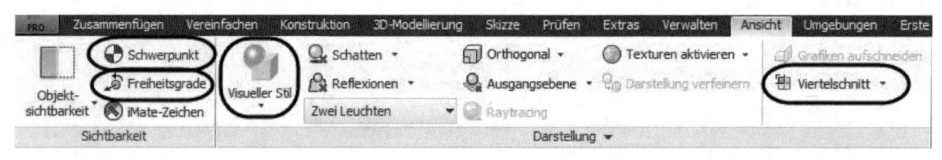

Abb. 6.5: Register ANSICHT

Das Register UMGEBUNGEN bietet noch einmal zahlreiche Zusatz-Funktionen an wie die DYNAMISCHE SIMULATION, eine FE-BELASTUNGSANALYSE und SCHWEISS-KONSTRUKTIONEN.

Abb. 6.6: Register UMGEBUNGEN

6.3 Erster Zusammenbau

Das erste Beispiel für eine Baugruppe stellt eine ganz einfache Mechanik dar, bei der sich ein Bauteil linear in einer Führungsschiene bewegen soll.

6.3.1 Die Bauteile

Die erste Baugruppe besteht aus zwei Bauteilen, die durch Extrusion einfacher Skizzen entstehen (siehe Abbildung 6.7, Abbildung 6.8).

6.3
Erster Zusammenbau

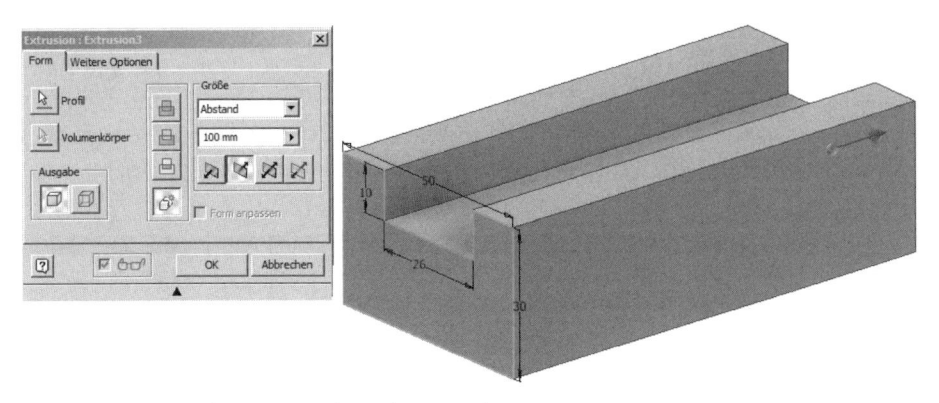

Abb. 6.7: SKIZZE und EXTRUSION des Führungsteils

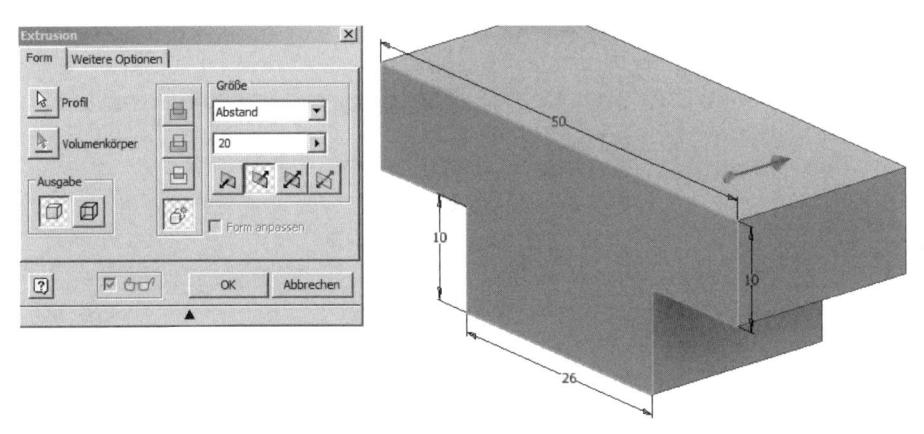

Abb. 6.8: SKIZZE und EXTRUSION des zweiten Teils

6.3.2 Das Platzieren

Beginnen Sie nun eine neue Baugruppe, in die Sie dann die Bauteile einbauen und mit den nötigen Abhängigkeiten versehen.

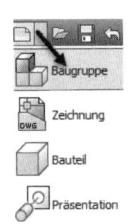

Abb. 6.9: Baugruppe neu beginnen

Das Einfügen der Bauteile geschieht dann mit dem Befehl ZUSAMMENFÜGEN|PLATZIEREN (Abbildung 6.10). Das erste Bauteil spielt eine besondere Rolle,

Kapitel 6
Baugruppen zusammenstellen (nicht in LT)

es ist das *Basisteil*, an das meist alle übrigen Teile angebaut werden. Im Prinzip könnte man es beliebig positionieren, aber die sauberste Art wäre, das Teil nach Rechtsklick mit der Option AM URSPRUNG FIXIERT zu platzieren. Damit liegt das Teil dann mit seinem Nullpunkt (linke untere Ecke der ursprünglichen Skizze) auch sauber auf dem Nullpunkt der Bauteilkoordinaten (Abbildung 6.11).

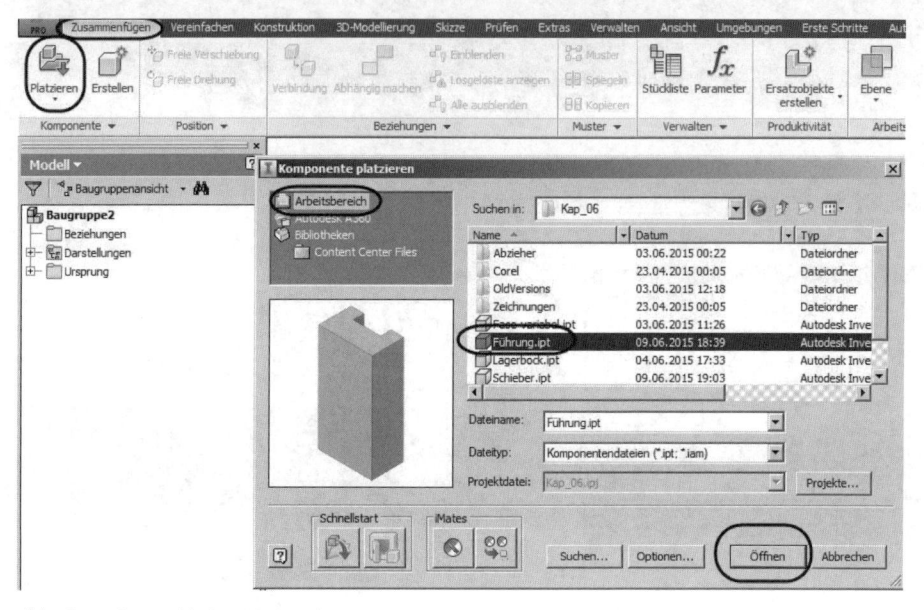

Abb. 6.10: Auswahl des Basisteils

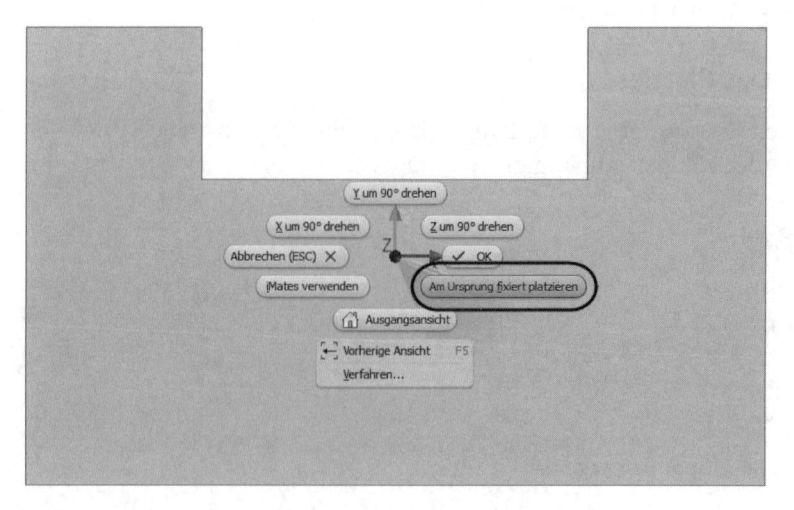

Abb. 6.11: PLATZIEREN des Basisteils

6.3 Erster Zusammenbau

Das zweite Teil **Schieber.ipt** wird per Klick an beliebiger Position platziert. Seine endgültige Position wird in der Folge über die Abhängigkeiten zum Basisteil festgelegt. Über ANSICHT|SICHTBARKEIT|FREIHEITSGRADE lassen sich die Freiheitsgrade aller Bauteile einer Baugruppe sichtbar machen. Im momentanen Zustand werden das keine Freiheitsgrade beim Basisteil sein, denn das ist ja fixiert, aber es gibt sechs Freiheitsgrade beim zweiten Teil (Abbildung 6.13). Jeder Volumenkörper, der keinen Bedingungen unterliegt, hat stets sechs Freiheitsgrade:

- DREI FREIHEITSGRADE DER TRANSLATION, also der Bewegung in den orthogonalen Achsrichtungen x, y und z
- DREI FREIHEITSGRADE DER ROTATION, also zur Drehung um jede dieser drei Achsen

Wenn das zweite Teil nun in der Nut des Basisteils verschiebbar werden soll, darf von den Freiheitsgraden nur noch der Freiheitsgrad der Translation in z-Richtung übrig bleiben.

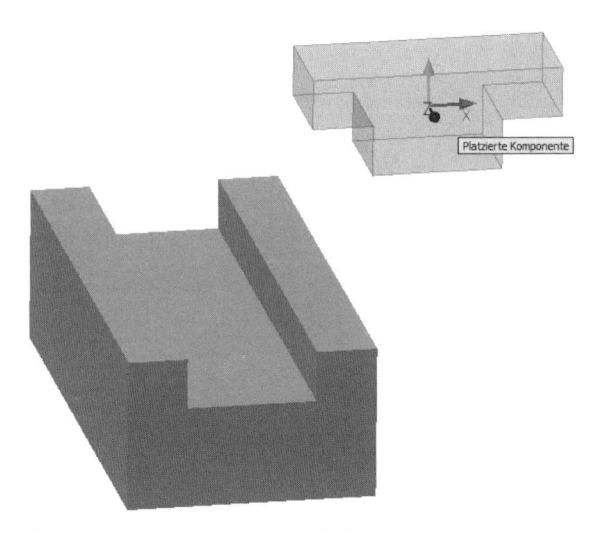

Abb. 6.12: PLATZIEREN ohne Position

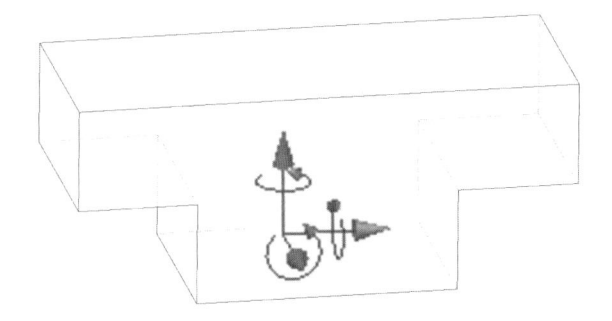

Abb. 6.13: FREIHEITSGRADE des zweiten Teils

6.3.3 Abhängigkeiten erstellen

Die Reduzierung der Freiheitsgrade wird mit ZUSAMMENFÜGEN|BEZIEHUNGEN|ABHÄNGIG MACHEN durch verschiedenartige Abhängigkeiten erreicht. Die einfachste Abhängigkeit ist PASSEND. PASSEND richtet zwei Flächen koplanar aus, und zwar so, dass beide Flächennormalen entgegengerichtet sind. Mit dieser Abhängigkeit werden nun die Fläche der Nut (Abbildung 6.14) und die unterste Fläche des Schiebers verknüpft.

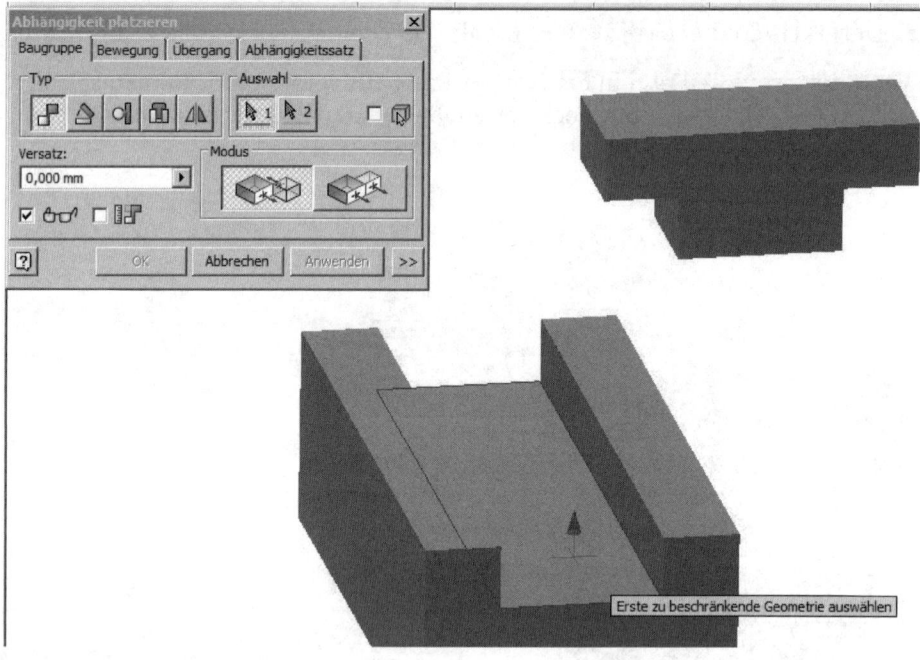

Abb. 6.14: Erste Fläche für Abhängigkeit PASSEND

Beim Schieber besteht nun die Schwierigkeit darin, dass die untere Fläche aus der aktuellen Ansicht heraus kompliziert zu wählen ist. Inventor bietet als Vorgabe die Frontfläche an.

In solch einem Fall können Sie per Rechtsklick das Kontextmenü aktivieren und darin die Option ANDERE AUSWÄHLEN (Abbildung 6.15). Wenn Sie diese Option anklicken, zeigt Ihnen Inventor eine Liste weiterer wählbarer Elemente für diese Stelle an. Darunter wird auch die untere Fläche sein, deren rote Flächennormale nach unten zeigt.

Eine weitere Methode, andere Objekte zu wählen, besteht darin, so lange zu warten, bis Inventor automatisch die Liste weiterer wählbarer Elemente anbietet.

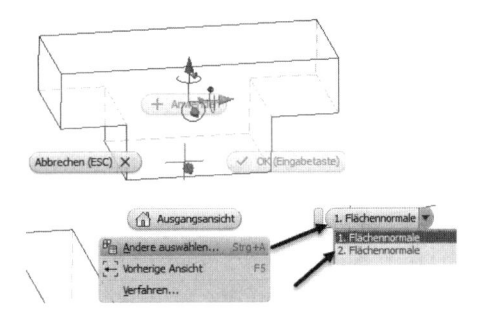

Abb. 6.15: Zweite nicht direkt sichtbare Fläche über ANDERE AUSWÄHLEN

Nachdem Sie diese erste Abhängigkeit nun erstellt haben, reduzieren sich die Freiheitsgrade auf drei. Der Schieber ist jetzt an die xz-Ebene gefesselt (Abbildung 6.16). Die Translation (lineare Bewegung) in y-Richtung ist verloren gegangen, und als einzige Drehung ist nur noch die Drehung um die y-Achse möglich (siehe Abbildung 6.12 wegen der Achsenrichtungen).

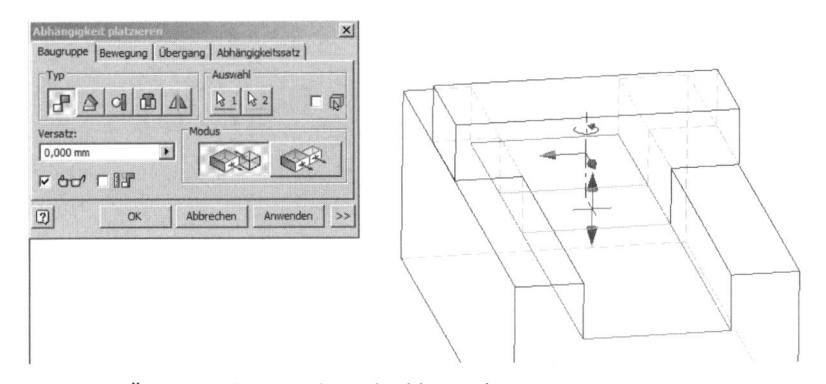

Abb. 6.16: Übrige Freiheitsgrade nach Abhängigkeit PASSEND

Als zweite Abhängigkeit werden die Seitenflächen des Schiebers und der Nut passend ausgerichtet (Abbildung 6.17). Dadurch bleibt dann wirklich nur noch ein einziger Freiheitsgrad in Nut-Richtung übrig.

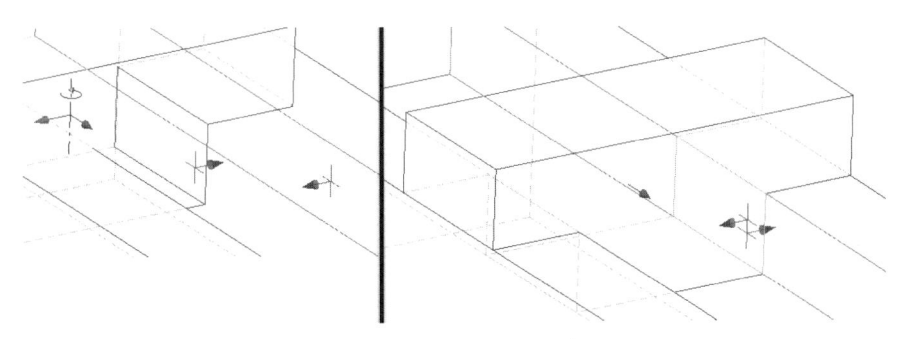

Abb. 6.17: Nächste Flächen mit PASSEND abhängig gemacht

Kapitel 6
Baugruppen zusammenstellen (nicht in LT)

Damit der Schieber sich nur innerhalb der Vorder- und Hinterkante der Nut bewegen kann, soll nun auch noch die restliche Bewegung wenigstens beschränkt werden. Dazu werden die beiden vorderen Flächen jetzt fluchtend ausgerichtet. Im Erweiterungsbereich des Dialogfensters können nun für diesen Abstand der beiden Flächen GRENZWERTE angegeben werden. Der Standardabstand wurde unter VERSATZ auf **50** eingestellt. Das MINIMUM ist **0** und das MAXIMUM **80** (Abbildung 6.18). Da der Schieber 20 mm dick ist, liegt die hintere Kante dann bei 100, und das ist exakt die Länge der Führung. Damit bleibt dem Schieber in dieser Richtung etwas Beweglichkeit. Mit dem Cursor lässt sich nun der Schieber innerhalb der GRENZWERTE verschieben.

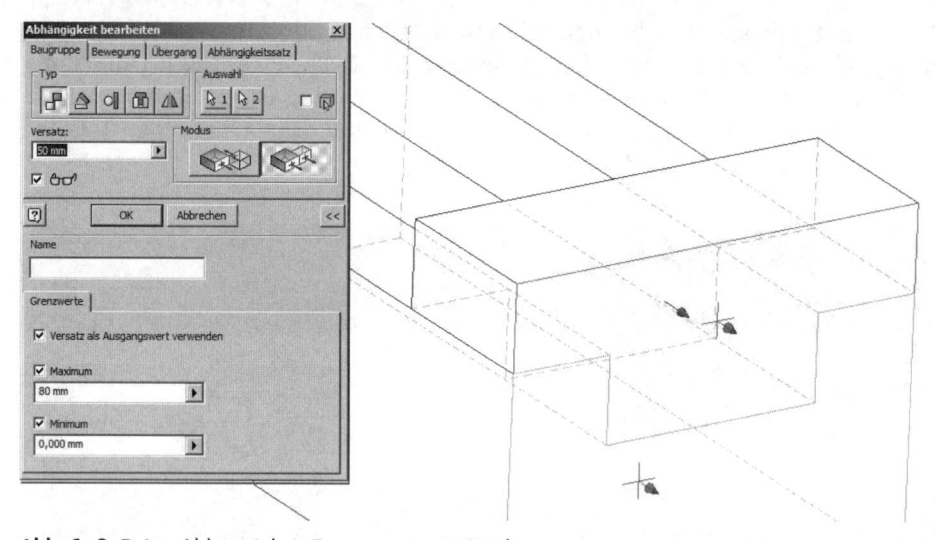

Abb. 6.18: Dritte Abhängigkeit FLUCHTEND mit Spielraum

Die erstellten Abhängigkeiten werden auch im BROWSER bei jedem betroffenen Bauteil angezeigt (Abbildung 6.19).

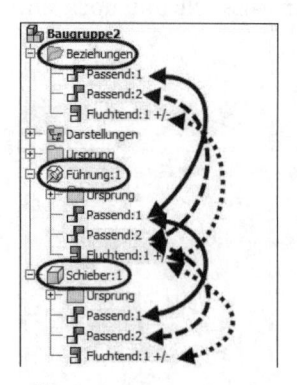

Abb. 6.19: Anzeige der ABHÄNGIGKEITEN im BROWSER

6.3.4 Bewegungsanzeige

Sobald Sie Abhängigkeiten erstellt haben, können Sie die Teile nach diesen Abhängigkeiten bewegen, auch wenn vorher keine Grenzwerte bestimmt wurden. Nach Rechtsklick auf FLUCHTEND wird die Funktion BEWEGUNG angeboten. Dort wird der Spielraum für die Bewegung unter START und ENDE eingetragen. Unter INKREMENT kann die Schrittweite als WERTGRÖSSE eingegeben werden, hier **1,0 mm**. Bei WIEDERHOLUNGEN kann auch eine Endlos-Bewegung mit START/ENDE/START und der gewünschten Anzahl eingetragen werden. Hier steht **10 oE**, das bedeutet **o**hne **E**inheiten, weil das eine dimensionslose Zahl ist. Mit diesen Einstellungen wird sich der Schieber zehnmal hin- und herbewegen, wenn Sie unter START auf ▸ klicken.

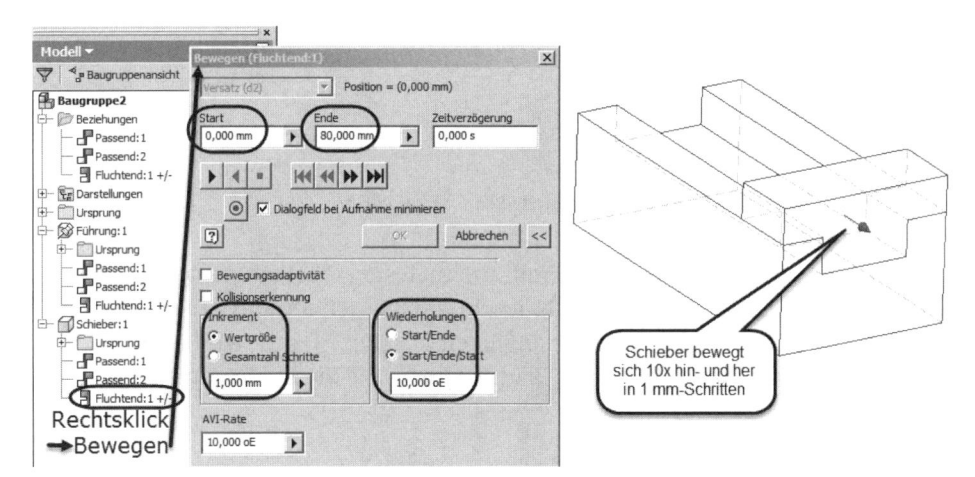

Abb. 6.20: Bewegung gemäß der Abhängigkeit FLUCHTEND

6.4 Baugruppen-Abhängigkeiten

Baugruppen-Abhängigkeiten sind Abhängigkeiten, die für das statische Zusammenfügen der Bauteile zu einer Baugruppe nötig sind. Die nachfolgenden Abhängigkeiten werden zur statischen Zuweisung für Bauteile angeboten:

6.4.1 Passend/Fluchtend

PASSEND/FLUCHTEND richtet Flächen, Achsen, Punkte oder Kanten aneinander aus. Daraus ergibt sich eine Vielzahl von Kombinationen.

Lassen Sie uns zwei grundlegende Geometrien betrachten: eine quaderförmige Platte und einen Zylinder. Um zu sehen, was bei einer Abhängigkeit alles möglich ist, gehen Sie am besten an den Flächenrand und wählen im Kontextmenü (erscheint auch ohne Rechtsklick, wenn Sie genügend lange warten) ANDERE AUSWÄHLEN.

Bei der Platte sind *Kante, Scheitelpunkt* und *Flächennormale* möglich, und zwar von der direkt sichtbaren Fläche oder den hinten liegenden. Beim Zylinder werden *Mittelpunkt, Flächennormale* und *Achse* angeboten (Abbildung 6.21). Machen Sie sich einmal klar, welche Bewegungsmöglichkeiten sich bei den verschiedenen Kombinationen noch ergeben. Wenn Sie beispielsweise Scheitelpunkt und Mittelpunkt abhängig machen, verlieren Sie die drei Freiheitsgrade der Translation. Sie können nichts mehr linear verschieben, aber Sie behalten alle drei Freiheitsgrade der Rotation. Der Zylinder kann also bei fixiertem Mittelpunkt noch in beliebige Richtungen geschwenkt werden.

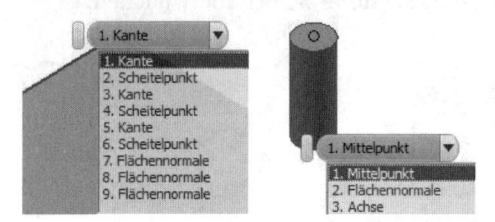

Abb. 6.21: Was man bei PASSEND/FLUCHTEND alles wählen kann!

Die Abhängigkeiten können auch mit einem festen Abstand versehen werden. Dazu aktivieren Sie am besten die Option VORAUSSICHTLICHEN VERSATZ UND AUSRICHTUNG ANZEIGEN im Abhängigkeits-Dialog. Dann wird der aktuelle Abstand zunächst als fester Versatz übernommen, bis Sie ihn ändern.

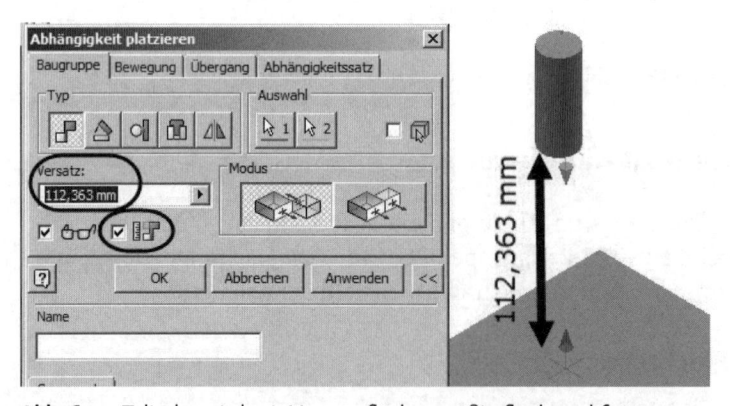

Abb. 6.22: Zylinder wird mit Versatz flächenmäßig fluchtend fixiert.

6.4.2 Hilfsmittel Freie Verschiebung/Freie Drehung

Manchmal liegen die Teile, die Sie in irgendeiner Weise voneinander abhängig machen wollen, vom erstmaligen Platzieren her ungünstig. Das kann sogar so weit gehen, dass Sie die gewünschte Abhängigkeit nie erreichen können, auch unter Ausnutzung aller angebotenen Optionen und Auswahl-Alternativen. Dann ist es sehr nützlich, wenn Sie vor dem Generieren der Abhängigkeiten die Teile in geeigneter Weise vorpositionieren können. Dazu gibt es die Gruppe ZUSAMMENFÜGEN|POSITION (Abbildung 6.23). Mit den Befehlen FREIE VERSCHIEBUNG und FREIE DREHUNG können Sie die Teile so lange drehen und verschieben, bis sie sich besser abhängig machen lassen. Auch bereits abhängige Teile können damit gedreht werden, kehren aber bei der leichtesten Berührung mit dem Cursor wieder in ihre Abhängigkeit zurück, sobald Sie das FREIE DREHEN / VERSCHIEBEN verlassen haben. Beim freien Drehen arbeitet Inventor wie beim ORBIT-Befehl praktisch mit einer durchsichtigen Plastikkugel, die das gewählte Objekt umschließt und das Teil kontinuierlich dreht, als ob Sie einen durchsichtigen Ball drehen.

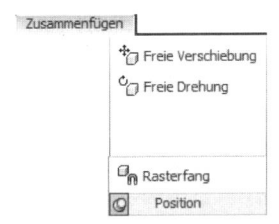

Abb. 6.23: Gruppe ZUSAMMENFÜGEN|POSITION

Im Gegensatz dazu gibt es im Aufklappmenü den RASTERFANG. Hierbei können Sie über ein Menü nach Anklicken des Objekts *Bezugskanten* wählen, die Sie für Ihre Aktionen nutzen können. Während der Aktionen können auch Abstände und Winkel eingegeben werden.

Abb. 6.24: RASTERFANG-Optionen für einen Zylinder

6.4.3 Winkel

Die Abhängigkeit WINKEL legt einen Winkel zwischen Flächen, Kanten oder Achsen fest, ggf. unter Verwendung einer Drehachse. Wenn die beiden Kanten in einer gemeinsamen Ebene liegen, müssen Sie nur die Kanten wählen. Wenn es sich um zwei Flächen mit gemeinsamer Kante als Drehachse handelt, brauchen Sie auch keine dritte Achse oder Kante. Sonst ist eine Drehachse als dritte Referenzkante anzugeben.

Kapitel 6
Baugruppen zusammenstellen (nicht in LT)

Die beiden Optionen GERICHTETER WINKEL und UNGELEITETER WINKEL unterscheiden sich insofern, als beim UNGELEITETEN WINKEL das Vorzeichen keine Rolle spielt.

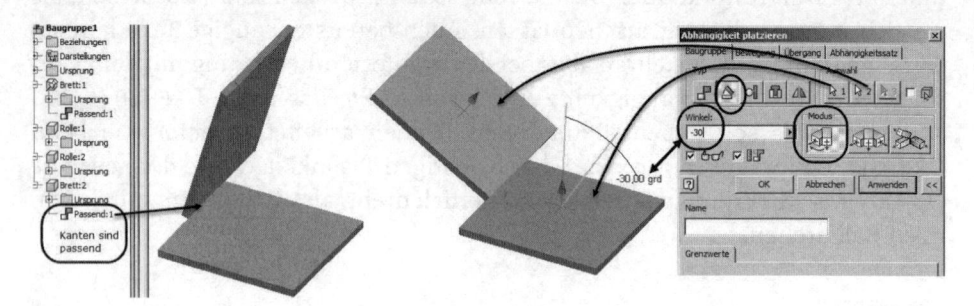

Abb. 6.25: WINKEL-ABHÄNGIGKEIT mit gemeinsamer Kante

Abbildung 6.26 zeigt, wie zwei Zylinderachsen eine WINKEL-Abhängigkeit bekommen. Als dritte Referenzkante wurde hier die X-ACHSE des Koordinatensystems aus dem BROWSER gewählt. Die wahre Drehachse ist in diesem Fall eine Parallele zur X-Achse.

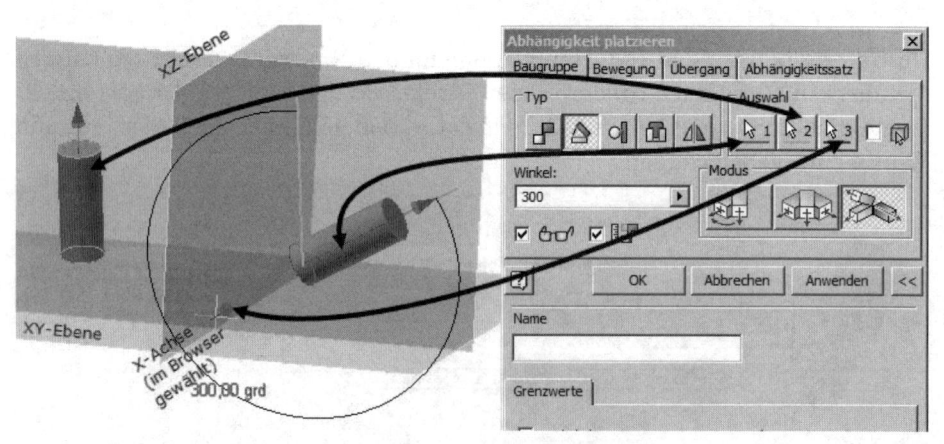

Abb. 6.26: WINKEL-ABHÄNGIGKEIT, Option EXPLIZITER REFERENZVEKTOR

6.4.4 Tangential

TANGENTIAL definiert einen Berührkontakt zwischen zwei Flächen. Die Flächen können sich dann mit der Berührstelle frei bewegen. Es ist nicht darunter zu verstehen, dass sie aneinander gleiten oder abrollen müssen. Zu beachten ist hier auch, dass dieser Kontakt für die mathematische Fläche gilt, die ja unendlich groß ist. Wenn eine Kugel tangential zu einer ebenen Fläche adaptiv ist, dann hört das nicht an den Kanten der Fläche auf, sondern geht unendlich weiter, sofern nicht andere Abhängigkeiten das weiter einschränken.

6.4.5 Einfügen

EINFÜGEN definiert die Abhängigkeiten, die typisch für die Kombination Bohrung-Schraube nötig sind, nämlich zwei Achsen (Loch/Bohrung) passend zueinander und zusätzlich zwei Kontaktflächen zueinander (meist lotrecht dazu).

6.4.6 Symmetrie

SYMMETRIE definiert eine Symmetrie zwischen zwei Flächen bzw. deren Flächennormalen bezüglich einer Symmetriefläche. Das kann man z.B. für gewisse Scharnier- und Klappmechanismen nutzen, die symmetrisch ablaufen müssen.

6.4.7 Abhängigkeiten unterdrücken

Bei den Versuchen, komplexe Baugruppen mit verschiedensten Abhängigkeiten zu erstellen, kann es immer wieder passieren, dass welche untereinander unverträglich sind. Dann müssen Sie probieren, woran das liegt. Dazu ist es nützlich, dass man Abhängigkeiten unterdrücken kann. Im BROWSER finden Sie die Option bei jeder Abhängigkeit im Kontextmenü. Sie können auch komplette Bauteile unterdrücken. Das Gute daran ist, dass sie später mit einem einzigen Klick wieder aktiviert werden können.

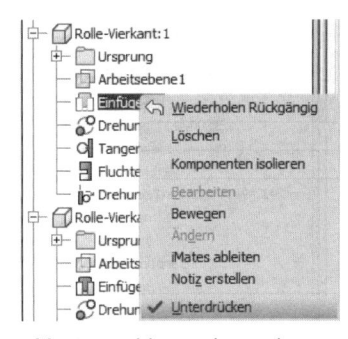

Abb. 6.27: Abhängigkeiten können für Testzwecke unterdrückt und wieder aktiviert werden.

6.4.8 Passend/Fluchtend-Beispiel

Obwohl das erste Abhängigkeitsbeispiel schon zum Thema PASSEND/FLUCHTEND gehört, soll hier noch ein zweites folgen. Es soll eine Handkurbel modelliert werden.

Der Griff ist ein Rotationsteil mit einer Freiform-Kontur. Sie wurde mit einer Splinekurve des Typs `Interpolation` zunächst freihändig entworfen. Um eine vollständig bestimmte Skizze zu erhalten, wurde dann die automatische Bemaßung aktiviert. Das spart viel Arbeit mit den Einzelbemaßungen. Nur mussten die Bemaßungen händisch verschoben werden, um lesbar zu sein. Um die spätere Arbeit und Maßkontrolle zu vereinfachen, wurden die Maße mit glatten Werten überschrieben.

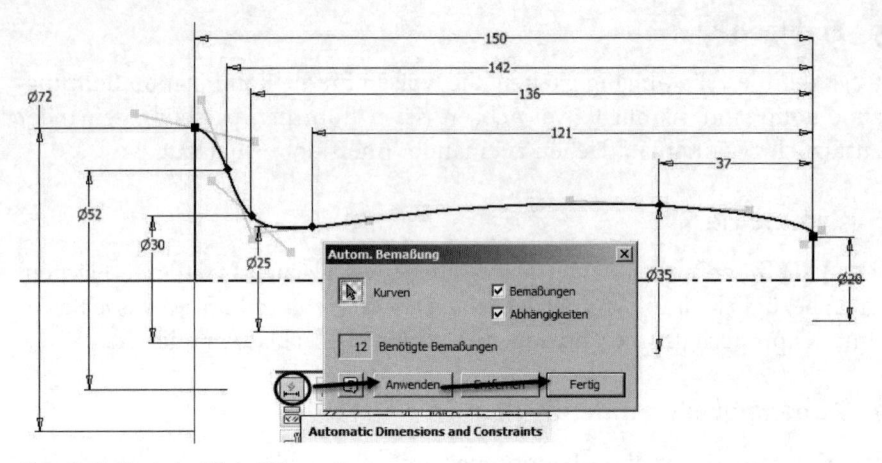

Kapitel 6
Baugruppen zusammenstellen (nicht in LT)

Abb. 6.28: Kurbelgriff als Skizze

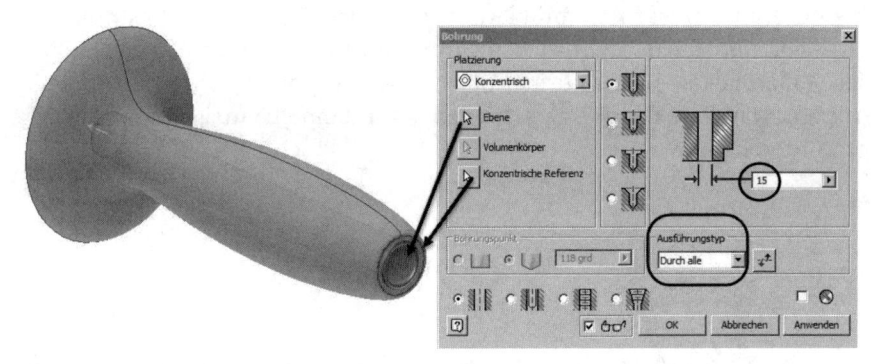

Abb. 6.29: Griff nach Drehung und konzentrischer Bohrung

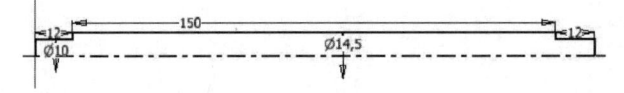

Abb. 6.30: Skizze für Griffachse

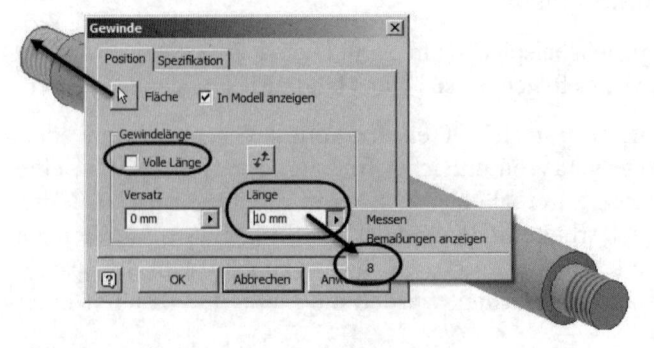

Abb. 6.31: Griffachse mit Gewinden versehen

6.4 Baugruppen-Abhängigkeiten

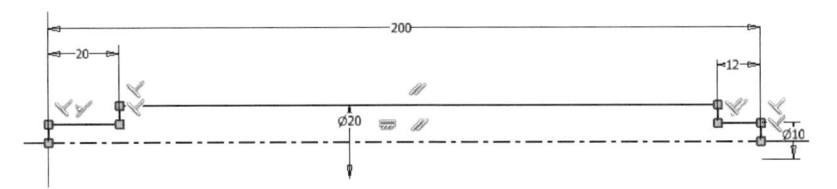

Abb. 6.32: Skizze für Kurbelwelle

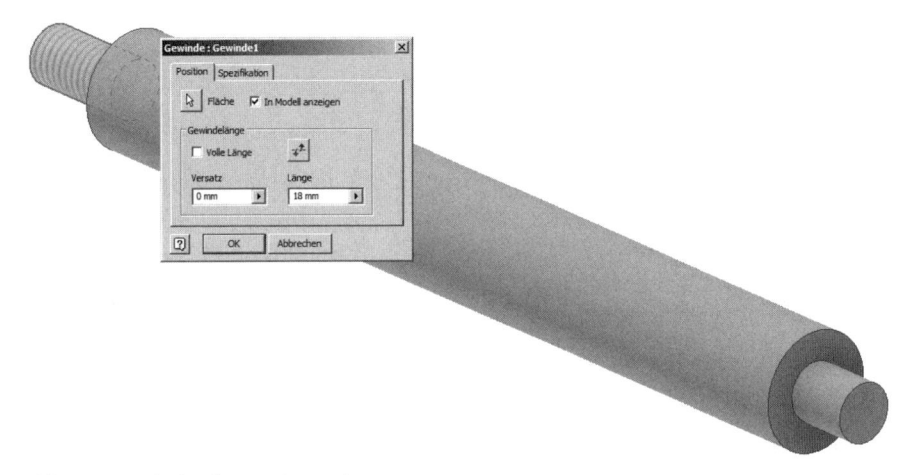

Abb. 6.33: Kurbelwelle mit Gewinden

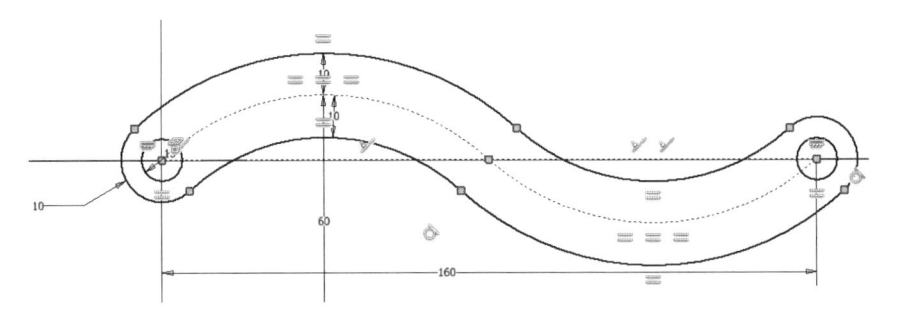

Abb. 6.34: Skizze für Schwengel

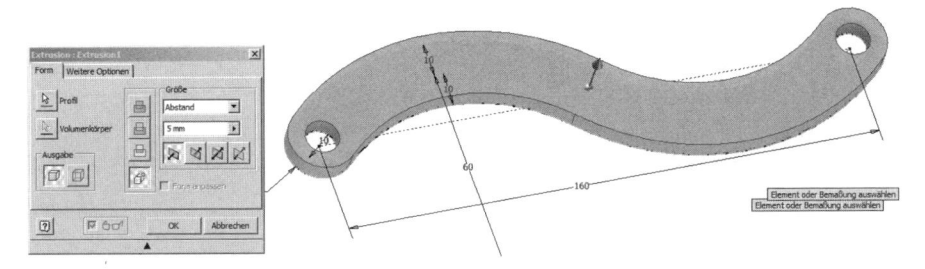

Abb. 6.35: Schwengel extrudiert

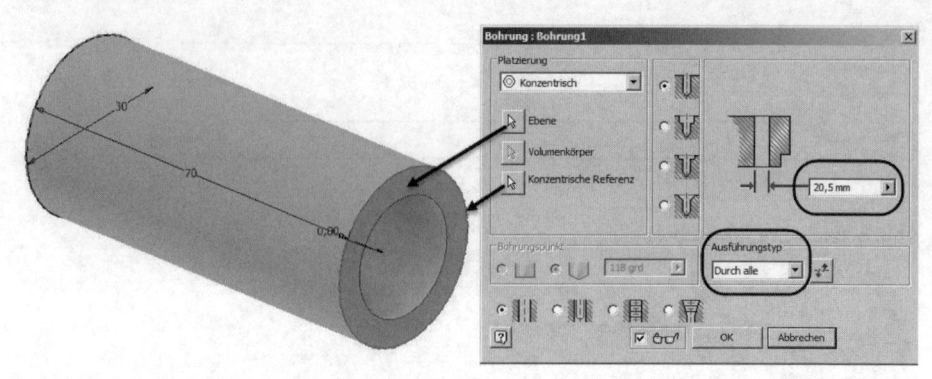

Kapitel 6
Baugruppen zusammenstellen (nicht in LT)

Abb. 6.36: Lagerbuchse aus Zylinder und mit Bohrung

Nachdem die Einzelteile für unsere nächsten Übungsbeispiele gebaut sind, soll nun der Zusammenbau beginnen. Starten Sie wie im Anfang des Kapitels beschrieben eine neue BAUGRUPPE, speichern Sie diese unter **Kurbel.iam** ab und platzieren Sie als Basisteil die Lagerbuchse mit der Kontextmenü-Funktion AM URSPRUNG FIXIERT PLATZIEREN.

Die Kurbelwelle wird dann als zweites Teil zunächst beliebig platziert und mit ZUSAMMENFÜGEN|BEZIEHUNGEN|ABGHÄNGIG MACHEN und der ABHÄNGIGKEIT PASSEND in die Buchse eingebaut. Bei der Wahl von Zylinderflächen wird diese Abhängigkeit auf die *Achsen* angewendet (Abbildung 6.37). Die beiden Zylinderachsen liegen damit aufeinander. Sie sind aber noch axial verschiebbar und natürlich gegeneinander drehbar. Die Anzeige der Freiheitsgrade zeigt nur noch zwei Freiheitsgrade an (Abbildung 6.38), einen Freiheitsgrad der Translation, nämlich axial, und einen Freiheitsgrad der Rotation um diese Achse.

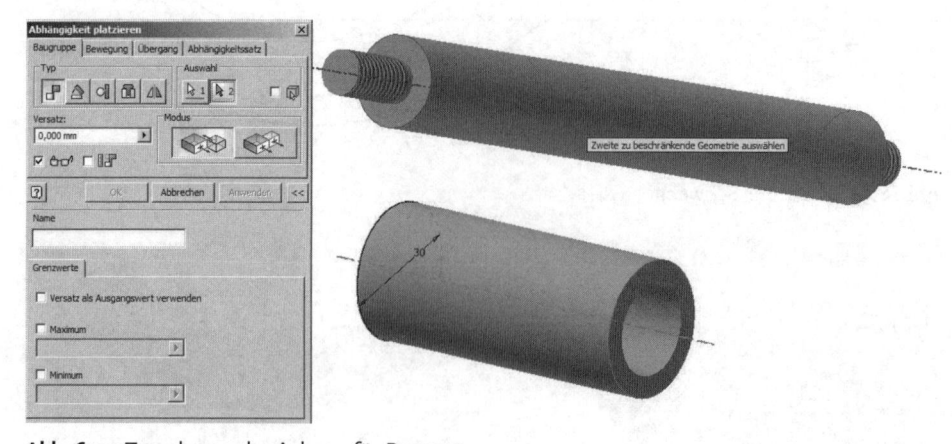

Abb. 6.37: Zuordnung der Achsen für PASSEND

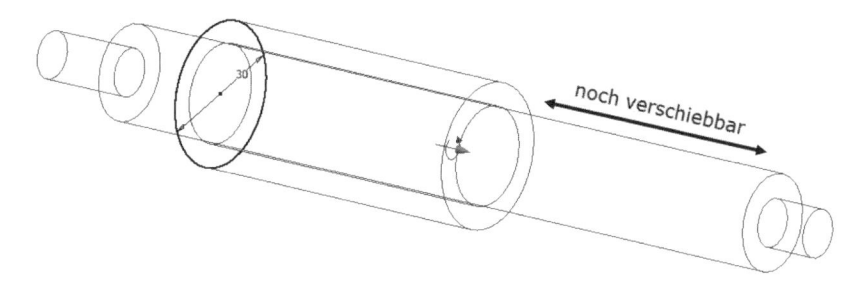

Abb. 6.38: Restliche Freiheitsgrade: axial verschiebbar und drehbar

Um die axiale Verschiebbarkeit auf bestimmte Grenzen zu reduzieren, müssen die zwei Zylinderböden von Buchse und Achse fluchtend mit geeigneten Grenzwerten gemacht werden. Damit sich die Welle bei Betätigung noch bis 20 mm hinausschieben lässt, wurden für die hinteren Flächen die Grenzen auf **0 mm** bis **20 mm** gesetzt.

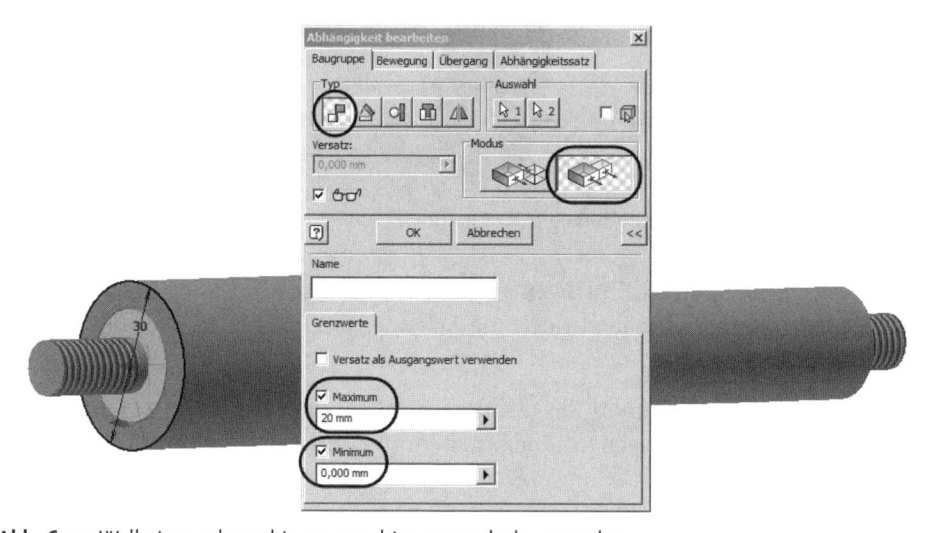

Abb. 6.39: Welle innen kann bis 20 mm hinausgeschoben werden

Um als Nächstes den Schwengel vorn auf die Welle zu setzen, könnte man wieder daran denken, Welle und Bohrung im Schwengel passend zu machen und danach Wellenende und Schwengelfläche fluchtend, aber diesmal mit Abstand 0 mm. Für diese Kombination gibt es aber eine spezielle Abhängigkeit, nämlich EINFÜGEN.

6.4.9 Einfügen-Beispiel

Denken Sie an eine Schraube, die in eine Gewindebohrung eingesetzt werden soll. Da liegen dieselben Verhältnisse vor. Das Gewinde muss passend zur Bohrungs-

Kapitel 6
Baugruppen zusammenstellen (nicht in LT)

achse sein und die Anschlagsfläche der Schraube passend zur Teileoberfläche. Da dies sehr oft vorkommt, gibt es eben für diese Kombination von Abhängigkeiten extra noch die Abhängigkeit EINFÜGEN. Sie wählen hier immer zwei Kreisflächen, die zwei Bedingungen auf beiden Teilen erfüllen müssen. Sie müssen die richtige Drehachse definieren, die lotrecht zum Kreis durch den Mittelpunkt verläuft, und sie müssen auf den Flächen liegen, die dann fluchtend oder passend werden sollen. Es gilt hier, zwischen zwei Modi zu wählen, je nachdem, ob die Achsen gleich- oder gegengerichtet sind.

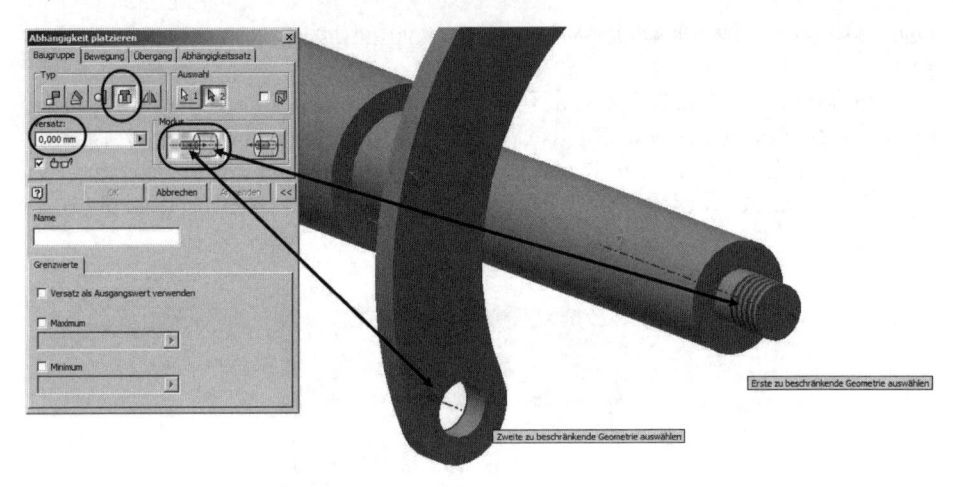

Abb. 6.40: Welle-Bohrung mit Abhängigkeit EINFÜGEN

Mit dieser Abhängigkeit EINFÜGEN können Sie dann den Rest der Kurbel zusammenbauen. Zwar fehlen jetzt noch die Scheiben und Muttern, aber das wird in Kürze erklärt.

Die Abhängigkeiten können Sie mit dem Kontextmenü im Browser auch in der Darstellung sichtbar machen und auch dort dann anklicken und bearbeiten (Abbildung 6.41).

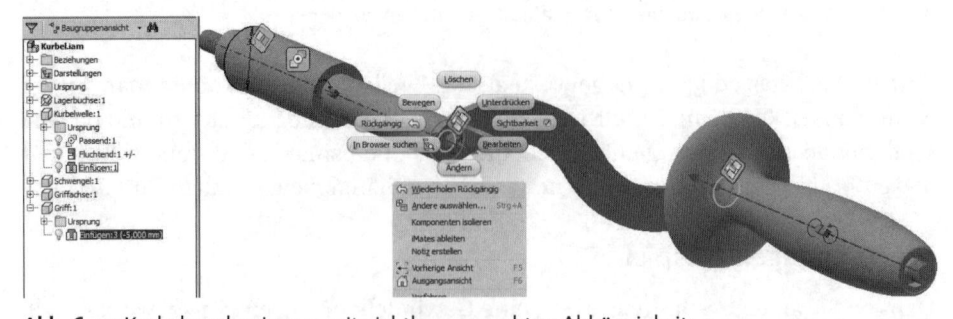

Abb. 6.41: Kurbelmechanismus mit sichtbar gemachten Abhängigkeiten

6.4.10 Winkel-Beispiel

Es wäre schön, wenn man nun den Schwengel über einen Winkel definiert drehen könnte. Da der Schwengel nirgends eine lineare Kante hat, lässt sich da auch kein Winkel definieren. In solch einem Fall braucht man eine Arbeitsachse. Wir müssen also in das Bauteil Schwengel eine Arbeitsachse einbauen, die beispielsweise von einem Bohrungsmittelpunkt zum anderen läuft.

Da wir uns momentan in der Baugruppe befinden, ist es möglich, gleich dort in das einzelne Bauteil zu wechseln. Sie müssen nur auf das Bauteil Schwengel entweder im Zeichenbereich oder im Browser (Abbildung 6.42) doppelklicken.

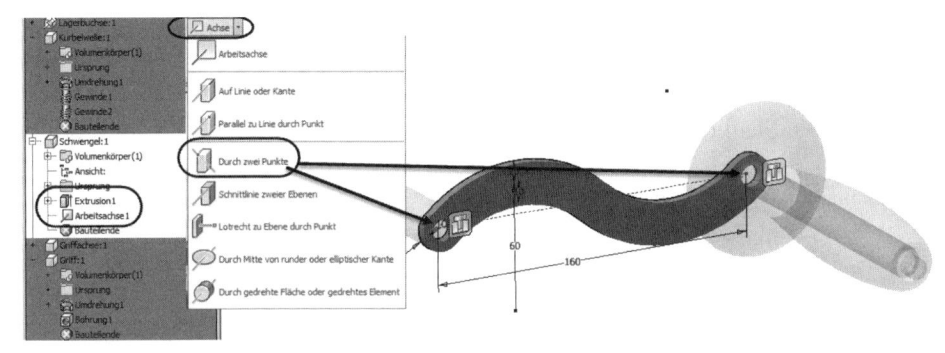

Abb. 6.42: Bauteil mit Doppelklick in Baugruppenumgebung aktiviert

Gegebenenfalls müssen Sie nun die Skizze über das +-Zeichen vor EXTRUSION1 aktivieren und über das Kontextmenü sichtbar schalten. Sie müssen aber nicht direkt in die Skizzenumgebung hineinwechseln. Sie brauchen die sichtbare Skizze nur, um über die Kreismittelpunkte die Arbeitsachse zu definieren. Diese Arbeitsachse bekommen Sie mit der Funktion 3D-MODELL|ARBEITSELEMENTE|ACHSE|DURCH ZWEI PUNKTE.

Nach dieser Aktion können Sie wieder zurückkehren in die Baugruppen-Umgebung. Das geschieht ganz einfach durch einen Doppelklick auf den obersten Browserknoten, die Baugruppe.

Nun können Sie die gewünschte Winkel-Abhängigkeit zwischen der Arbeitsachse und beispielsweise der X-Achse mit Bezug auf die Achse der Kurbelwelle definieren. Die dritte Bezugsachse ist hier notwendig, weil die beiden Winkelrichtungen 1 und 2 in verschiedenen Ebenen liegen.

Im BROWSER können Sie im Kontextmenü zur Winkelabhängigkeit nun auch wieder die BEWEGUNGS-Option finden.

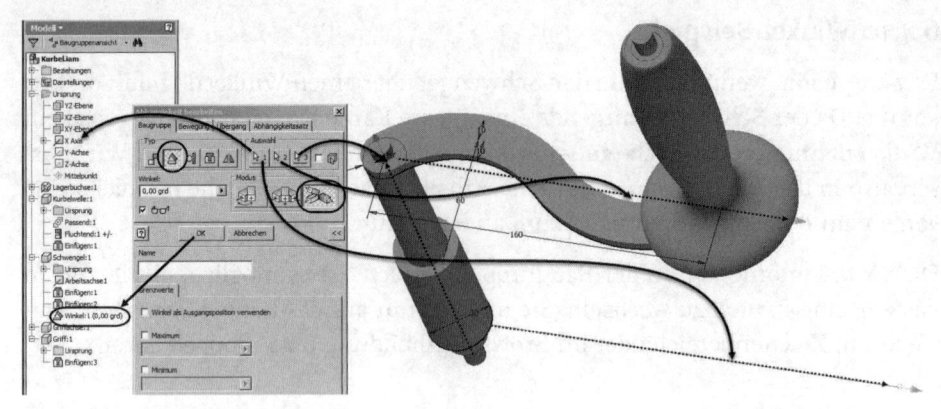

Kapitel 6
Baugruppen zusammenstellen (nicht in LT)

Abb. 6.43: Winkelabhängigkeit zwischen X-Achse und Arbeitsachse des Schwengels bzgl. Kurbelwelle

Dann können Sie die Kurbel in beliebigen Winkelbereichen drehen lassen.

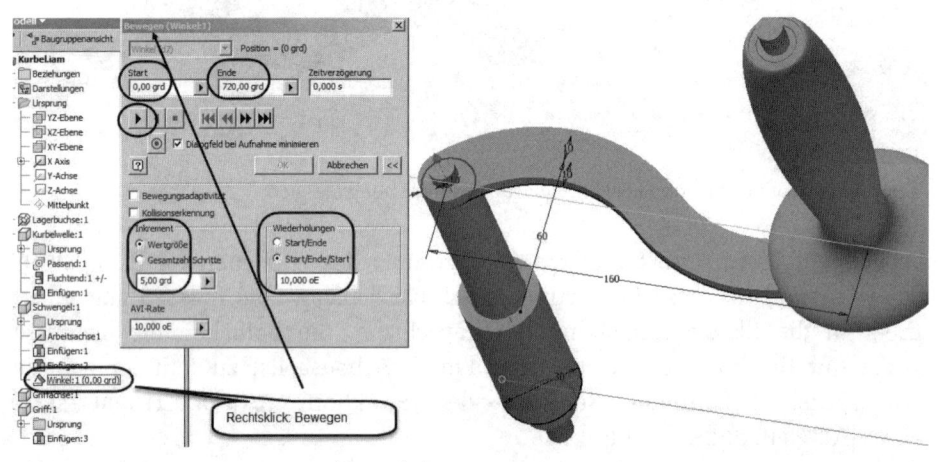

Abb. 6.44: Bewegungsanimation der Kurbel

6.4.11 Tangential-Beispiel

Wenn zwei *Flächen in Berührung* bleiben sollen, dann wählen Sie die Abhängigkeit TANGENTIAL. In der Beispiel-Konstruktion haben wir als Basisteil eine Platte 200x100 groß und 10 stark und als zweites Teil einen Zylinder mit Durchmesser 20 und 50 hoch. Wenn beide TANGENTIAL gemacht werden, können Sie den Zylinder mit dem Cursor noch ziemlich frei bewegen, aber er hebt nicht mehr von der Platte ab. Manchmal scheint es so, als sei er abgehoben, aber wenn Sie das Teil von der Seite ansehen, dann sehen Sie, dass der Zylinder vielleicht außerhalb der Platte liegt, aber er hat nicht abgehoben. Das kommt daher, dass sich all diese Abhängigkeitsbedingungen auf eine unendliche Geometrie beziehen. Die Plattenoberfläche ist für die Bedingung TANGENTIAL (und das gilt auch für alle anderen Abhängigkeiten) unendlich groß, eine unendliche Ebene. So sind auch die Achsen in den vorherigen Beispielen unendlich lang.

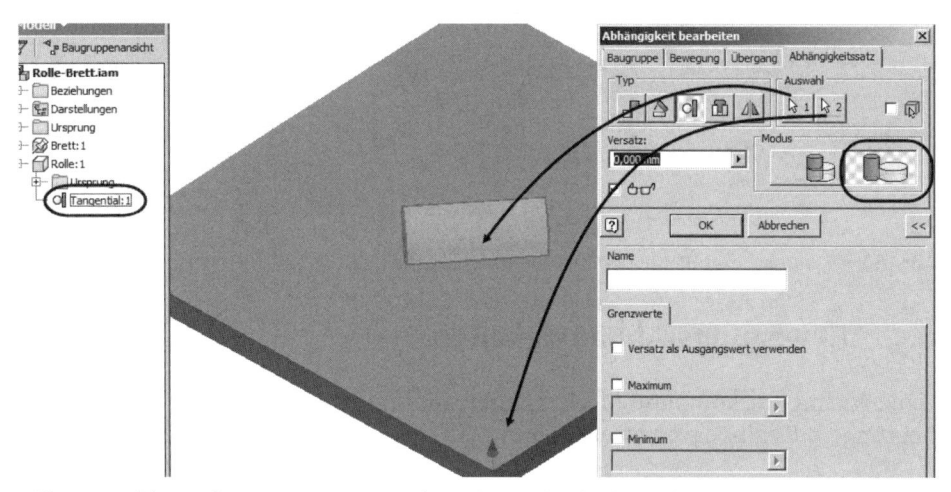

Abb. 6.45: Abhängigkeit TANGENTIAL zwischen Plattenoberfläche und Zylinder

Es gibt noch eine zweite Option zur Zuordnung der Oberflächen. Dabei werden die Flächennormalen umgekehrt berechnet. Infolgedessen berührt nun der Zylinder die Plattenoberfläche von unten.

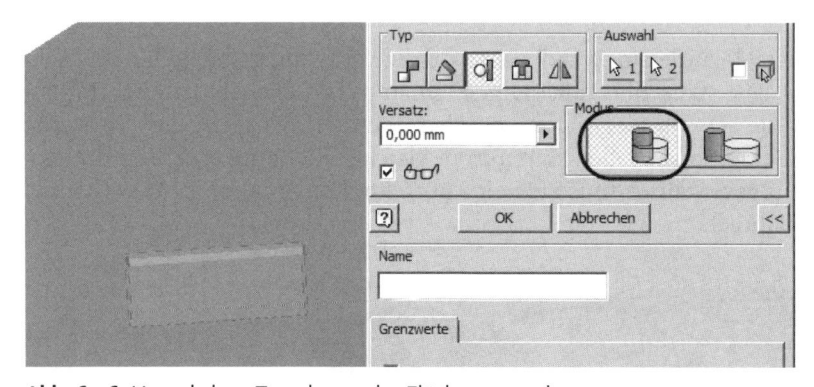

Abb. 6.46: Umgekehrte Zuordnung der Flächennormalen

6.4.12 Symmetrie-Beispiel

Die Abhängigkeit SYMMETRIE hält zwei Flächen symmetrisch zu einer dritten.

Als typisches Beispiel wird eine Klappbrücke gezeigt. Die beiden Brückenteile sind hier symmetrisch zur YZ-Ebene. Wenn Sie eine der Klappen bewegen, geht die andere automatisch mit.

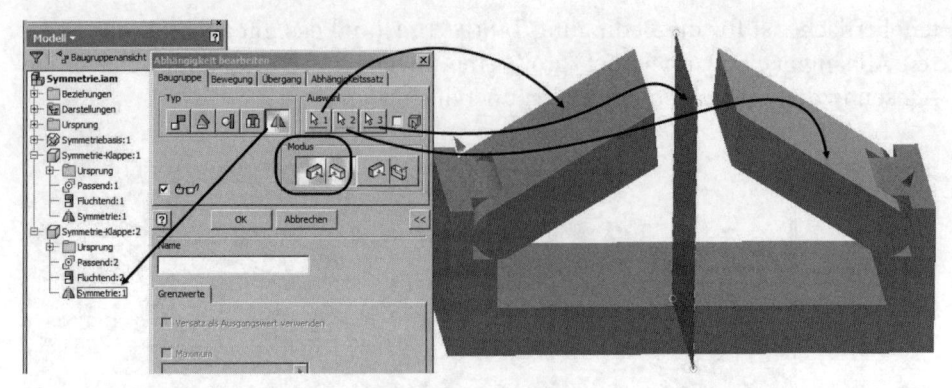

Kapitel 6
Baugruppen zusammenstellen (nicht in LT)

Abb. 6.47: Symmetrie-Abhängigkeit für eine Klappbrücke

6.5 Bewegungs-Abhängigkeiten

Ganz wichtig für komplexe Mechanismen sind Abhängigkeiten, die Bewegungen übertragen. Es gibt davon zwei Arten:

DREHUNG – überträgt die Drehung von einem rotierenden Teil auf ein anderes mit einstellbarem Übersetzungsverhältnis,

DREHUNG-TRANSLATION – überträgt die Drehbewegung eines zylindrischen Teils auf die lineare Bewegung der linearen Kante eines anderen Teils und umgekehrt. Auch hier ist das Verhältnis einstellbar.

6.5.1 Beispiel für Drehung

In diesem Beispiel wurde ein Gestell gebaut, das zwei zylindrische Rollen mit Achsen aufnimmt. Die statischen Abhängigkeiten sind die üblichen, nämlich EINFÜGEN. Damit die Drehbewegungen sichtbar werden, wurden die Vierkante hinzugefügt. Beide Rollen sollen sich nun in gleicher Richtung synchron drehen. Das Übersetzungsverhältnis muss für eine korrekte Konstruktion dem Verhältnis der Radien entsprechen.

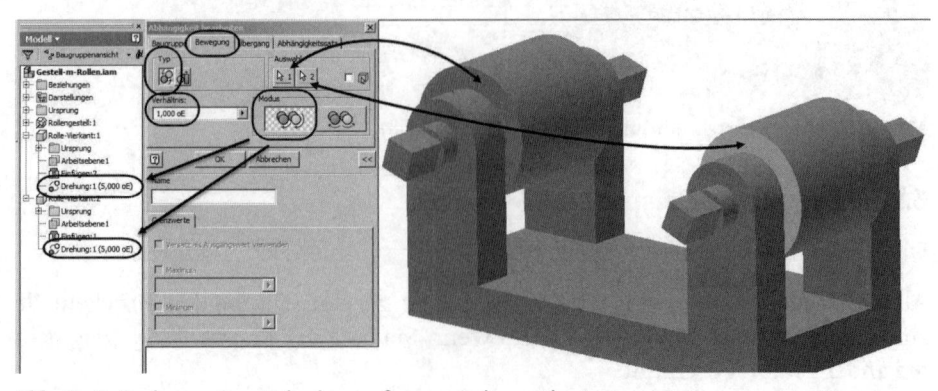

Abb. 6.48: Drehung eines Zylinders auf einen anderen übertragen

6.5.2 Beispiel für Drehung-Translation

Der Konstruktion wurde noch eine Leiste hinzugefügt, die tangential auf den Rollen liegt. Damit sie seitlich nicht wegrutschen kann, muss sie auch fluchtend zu den Rollen ausgerichtet werden. Damit die Rollen nun die Leiste verschieben können, muss die Rollenkante (1) für die Drehung und die Kante der Leiste (2) (nur Kante, keine Fläche) gewählt werden. Damit das Abrollen den physikalischen Gegebenheiten entspricht, sollte der Übersetzungsfaktor p*D betragen. Als Formel können Sie dann eingeben: **30 mm * PI**. Achten Sie auf die Großschreibung bei PI!

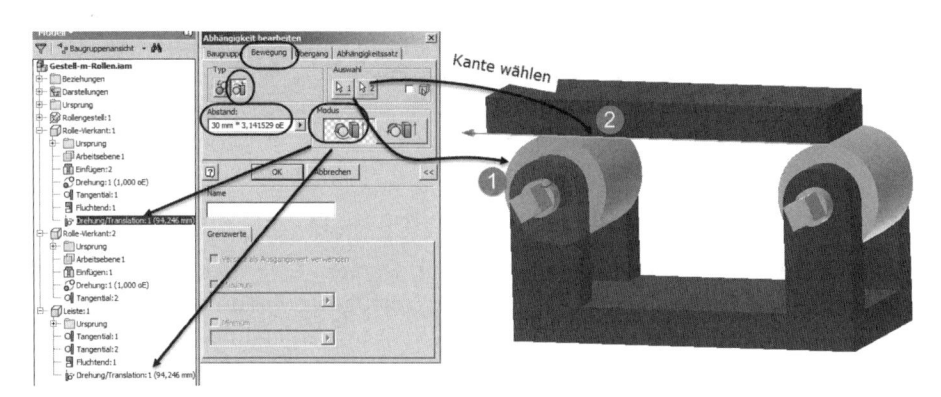

Abb. 6.49: Beispiel für synchronisierte Dreh- und Schiebe-Bewegungen

6.5.3 Schraubbewegung

Auch eine Schraubbewegung kann durch die Abhängigkeit DREHUNG/TRANSLATION realisiert werden. Im Beispiel (Abbildung 6.50) wurde der rechte Quader als Basisteil fixiert. Beide Quader wurden zweimal mit Abhängigkeit FLUCHTEND versehen, sodass sich der hintere nur noch in Richtung des Pfeils bewegen kann. Beide Quader besitzen eine Bohrung, darin läuft die Spindel. Die Spindel sitzt mit Abhängigkeit EINFÜGEN im rechten Quader zwar drehbar, aber axial fixiert. Die WINKEL-Abhängigkeit zwischen den markierten Flächen erlaubt später, die Spindel in Drehbewegung zu versetzen.

Die Abhängigkeit DREHUNG/TRANSLATION wurde nun zwischen der Spindel und der Kante des hinteren Quaders etabliert. Das Verhältnis wurde so eingestellt, dass sich der Quader bei einer Umdrehung um 1 mm verschiebt.

Mit Rechtsklick auf die WINKEL-Abhängigkeit im BROWSER erreicht man die Option BEWEGEN, um die Spindel in Bewegung zu setzen.

Für die Demonstration wurden hier übrigens alle Abhängigkeiten im BROWSER auf SICHTBAR geschaltet.

Damit die Bewegung stoppt, wenn sich die beiden Quader berühren, wurde für beide im BROWSER die Option KONTAKTSATZ aktiviert. Damit diese Einstellung die beabsichtigte Wirkung hat, muss allerdings im Register PRÜFEN die Funktion KONTAKTLÖSER AKTIVIEREN eingeschaltet werden, sonst wirkt die KONTAKTSATZ-Einstellung nicht.

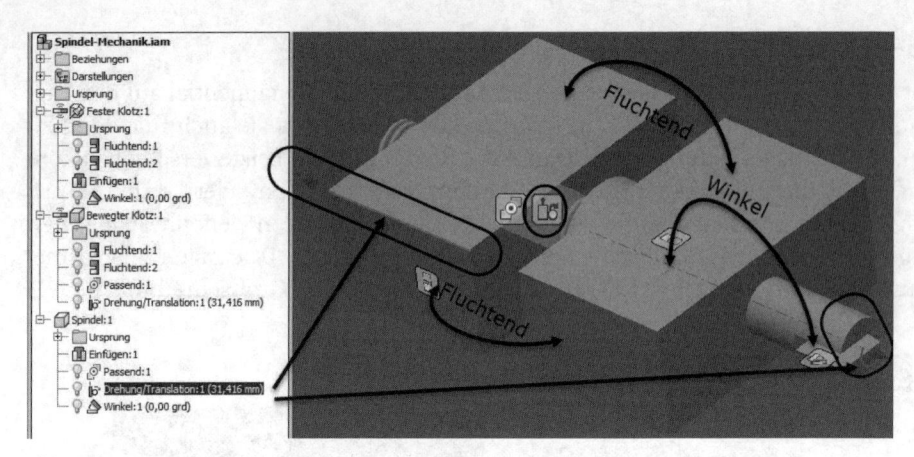

Kapitel 6
Baugruppen zusammenstellen (nicht in LT)

Abb. 6.50: Schraubbewegung über DREHUNG/TRANSLATION

6.5.4 Schraubbewegung über Parametermanager

Die Schraubbewegung spielt natürlich in vielen Geräten eine wichtige Rolle, und nicht immer steht die Kante eines Quaders zur Verfügung wie im letzten Beispiel. Hier muss eine Drehbewegung in anderer Weise mit einer linearen Bewegung gekoppelt werden Abbildung 6.51 zeigt einen Abzieher, dessen Spindel mit der Spindelachse passend zur Bohrungsachse (PASSEND 1) zugeordnet wurde. Dann wurde eine Winkelabhängigkeit zwischen den markierten Flächen auf der Traverse und dem Sechskant etabliert. Über diese Winkelabhängigkeit kann nach einem Rechtsklick im Browser die Drehbewegung erzeugt werden. Schließlich wurde noch eine PASSEND-Abhängigkeit zwischen Unterkante Sechskant und Oberkante Traverse mit ursprünglich 30 mm Abstand eingerichtet. Die zugehörige Entfernung soll nun je nach Drehwinkel variieren.

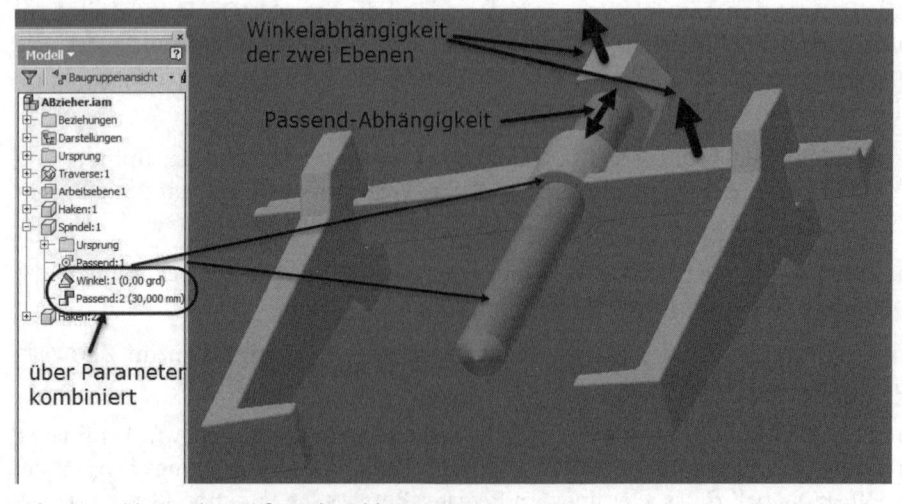

Abb. 6.51: Abhängigkeiten für Schraubbewegung

6.5 Bewegungs-Abhängigkeiten

In der Parametertabelle, die Sie mit der Funktion ZUSAMMENFÜGEN|VERWALTEN|PARAMETER aktivieren, sind der Winkel d9 und das Maß d16 = 30 mm leicht zu identifizieren. Dort tragen Sie die Formel ein, die pro Umdrehung die Spindel um 1 mm weiterschiebt oder anders ausgedrückt pro Grad um 1/360 mm: **30mm+d9/360 grd** (Abbildung 6.52).

Abb. 6.52: Parametertabelle mit der Formel für Schraubbewegung

Nachdem die Formel in die Parametertabelle eingetragen ist, können Sie die Konstruktion in Bewegung setzen. Mit einem Rechtsklick auf die Winkelabhängigkeit im BROWSER starten Sie die Bewegungsanimation. Als Endposition für den Winkel tragen Sie ruhig einen großen Wert ein (hier 1800°), damit die Animation über mehrere Umdrehungen läuft. Dann starten Sie den Bewegungsablauf mit ▶. Über die Erweiterungsdialogfläche >> können Sie die Animation auch mehrfach hin- und herlaufen lassen.

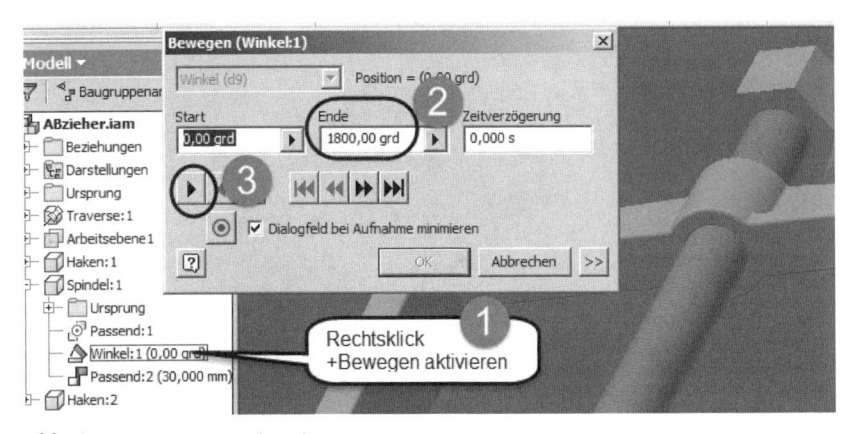

Abb. 6.53: Bewegungsanimation

Kapitel 6
Baugruppen zusammenstellen (nicht in LT)

6.6 Adaptive Bauteile

Adaptive Bauteile sind Teile, die an andere Bauteile angepasst sind und sich mit diesen auch automatisch stets ändern.

6.6.1 Adaptivität nachrüsten

Sie können Bauteile nachträglich adaptiv machen. Das soll am Beispiel der ersten Konstruktion des Kapitels gezeigt werden. Nehmen wir an, dass Sie den **Schieber** genauso lang machen wollen wie die **Führung**. Damit die Adaptivität wirken kann, müssen vorher die Grenzwerte aus der Abhängigkeit **Fluchtend 1** durch BEARBEITEN herausgenommen werden.

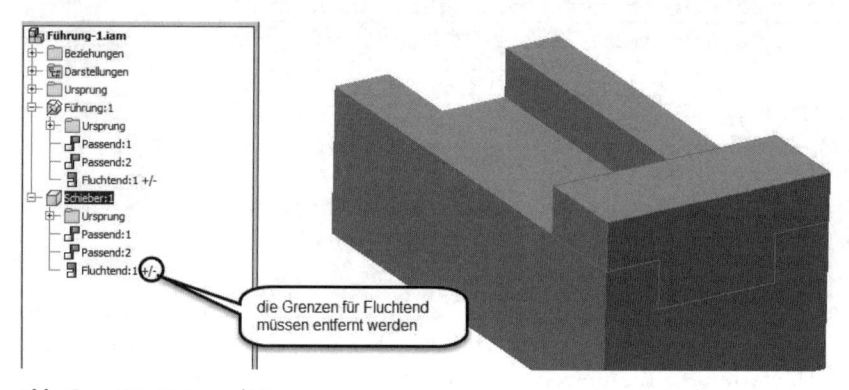

Abb. 6.54: SCHIEBER und FÜHRUNG

Dann müssen Sie die Länge des **Schiebers** adaptiv machen. Dazu wechseln Sie von der Baugruppen-Umgebung durch Doppelklick auf das Bauteil **Schieber** in die Bauteil-Umgebung. Im Bauteil **Schieber** bearbeiten Sie per Rechtsklick die EXTRUSION und aktivieren ADAPTIV (Abbildung 6.55).

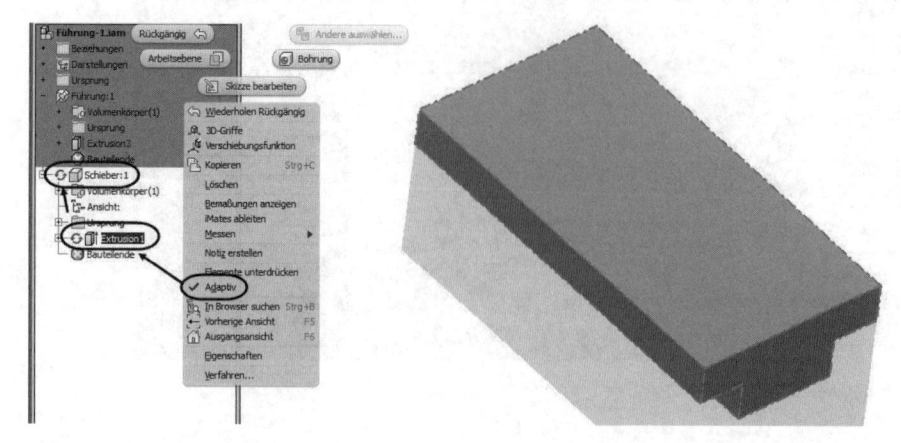

Abb. 6.55: Die Extrusion in SCHIEBER wird auf ADAPTIV geschaltet.

Danach gehen Sie zurück per Doppelklick in die Baugruppe und stellen für die zweite Endfläche des **Schiebers** die Abhängigkeit FLUCHTEND mit der hinteren Fläche der Führung her, und der Schieber passt sich automatisch an. Damit wirkt nun die Adaptivität.

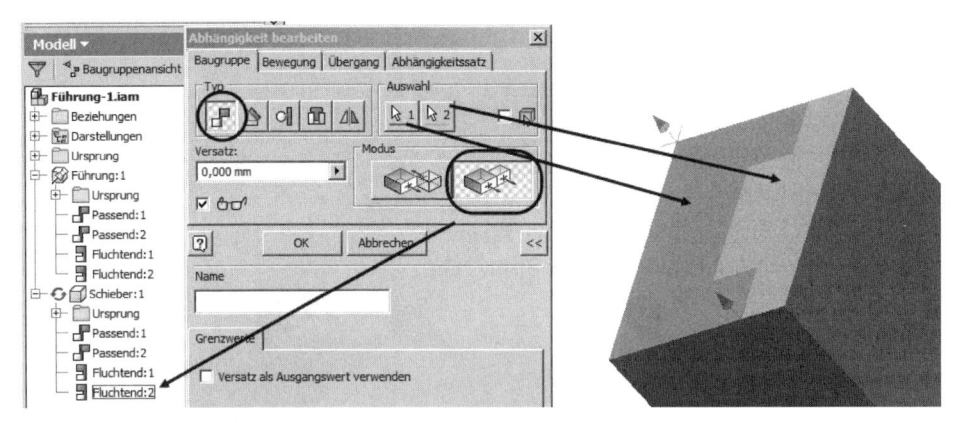

Abb. 6.56: Endflächen fluchtend machen, die Adaptivität macht's möglich.

Wie immer Sie die Extrusionslänge im Bauteil **Führung** einstellen, die Länge des Schiebers passt sich automatisch an. Das können Sie leicht ausprobieren, indem Sie die Extrusionslänge der Führung ändern (siehe Abbildung 6.57 und Abbildung 6.58).

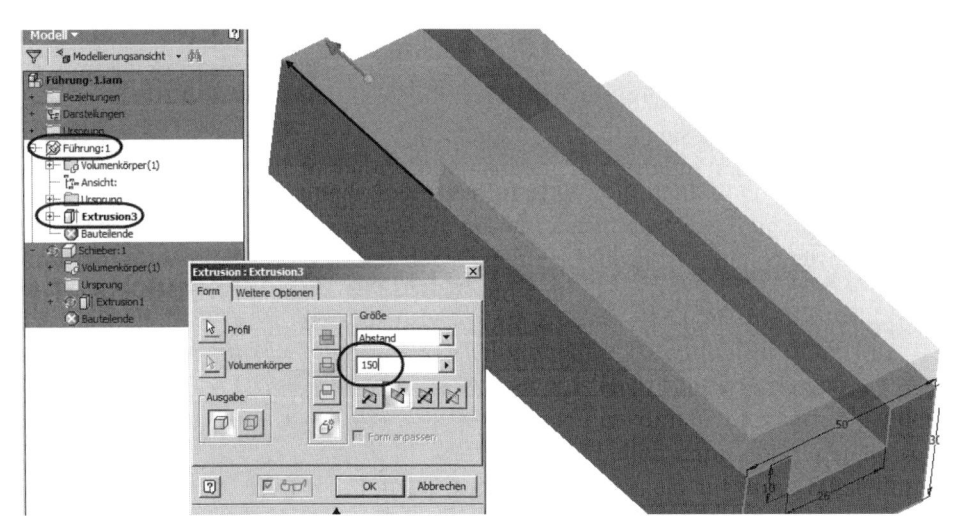

Abb. 6.57: Die Extrusionslänge der Führung wird nach Doppelklick geändert.

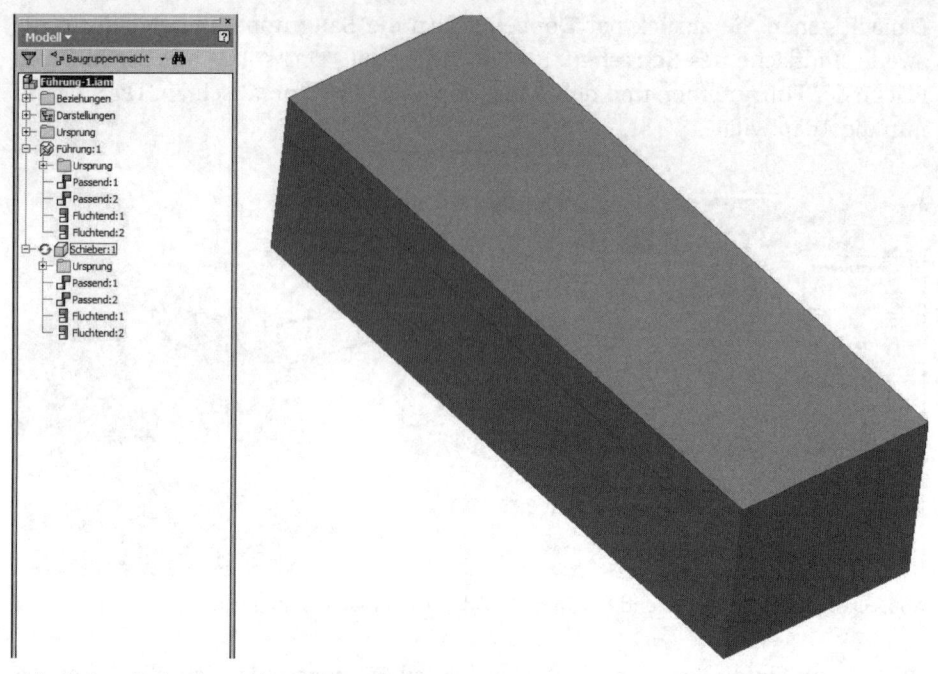

Kapitel 6
Baugruppen zusammenstellen (nicht in LT)

Abb. 6.58: Schieber hat sich automatisch angepasst

6.6.2 Bauteil in Baugruppe erstellen

Es gibt eine andere Möglichkeit, dass ein Teil *von Anfang an adaptiv* zu anderen Teilen erstellt wird. Dazu müssen Sie das Teil *in der Baugruppenumgebung* mit der Funktion ZUSAMMENFÜGEN|KOMPONENTE|ERSTELLEN konstruieren. Es sei der unten gezeigte Kurbelsteg gegeben (Abbildung 6.60), in den ein passender Lagerbock oben eingebaut werden soll.

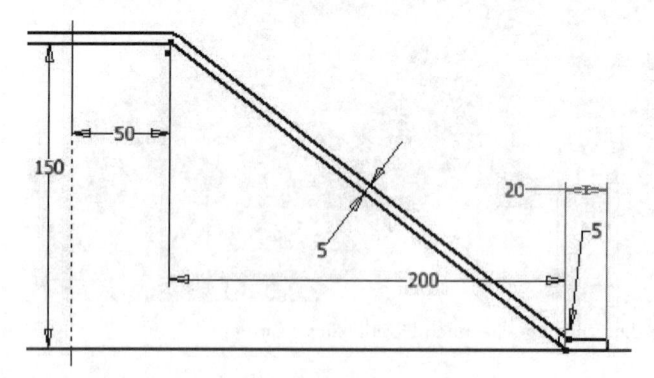

Abb. 6.59: Skizze für symmetrischen Kurbelsteg

6.6 Adaptive Bauteile

Abb. 6.60: Kurbelsteg als 20-mm-Extrusion

Erstellen Sie eine Baugruppe, in die der Kurbelsteg eingebaut wird, entweder als Basisteil oder als weiteres platziertes Bauteil. Dann wählen Sie den Befehl ERSTELLEN, geben im Dialogfeld den Namen für das neue Bauteil ein und wählen danach die Skizzierebene dafür (Abbildung 6.61). Sie befinden sich nun im neuen Bauteil und müssen eine Skizze beginnen, in der Sie dann die Geometrie projizieren, die Sie für das neue Bauteil brauchen. Durch diese Geometrieprojektion wird das neue Teil adaptiv.

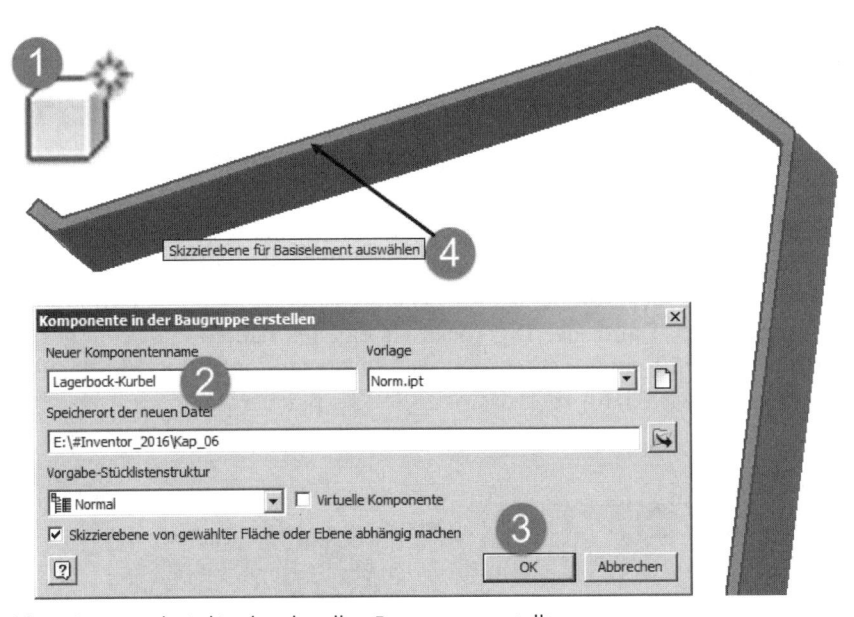

Abb. 6.61: Bauteil wird in der aktuellen Baugruppe erstellt

Rufen Sie nun in der Bauteilumgebung 2D-SKIZZE ERSTELLEN auf und wählen Sie die XY-Ebene als Skizzierebene.

Kapitel 6
Baugruppen zusammenstellen (nicht in LT)

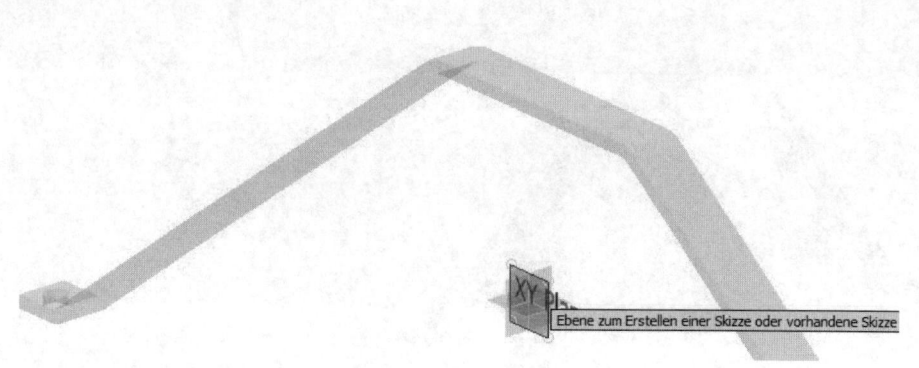

Abb. 6.62: Auswahl der XY-Ebene für die Skizze

In der Skizzenumgebung wählen Sie GEOMETRIE PROJIZIEREN, um die Kanten für die Kontur abzugreifen, und zeichnen Sie danach Ihre eigene Linie und den Kreis mit Abhängigkeiten und Bemaßung.

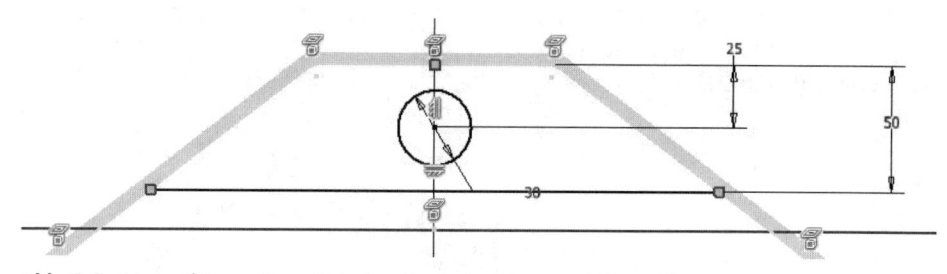

Abb. 6.63: Neue Skizze mit projizierten Kanten und neuen Skizzenelementen

Wenn die Skizze vollständig bestimmt ist, rufen Sie im Bauteil die Extrusion auf, schon an den Symbolen erkennen Sie, dass ein adaptives Bauteil entstanden ist. Jede Veränderung an der Kontur des Kurbelstegs wird sich automatisch auf den Lagerbock auswirken. Damit der Lagerbock als eigenes Bauteil endgültig gespeichert wird, müssen Sie nur noch einmal das SPEICHERN aufrufen. Mit der Baugruppe zusammen wird dann auch das neue Teil gespeichert.

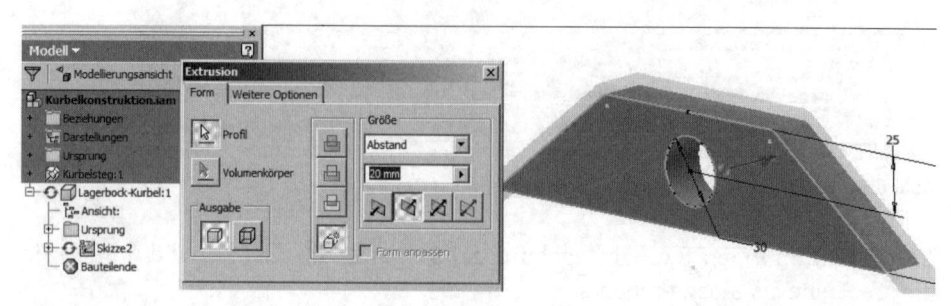

Abb. 6.64: Extrusion für das neue adaptive Bauteil

6.7 Teile aus dem Inhaltscenter einfügen

6.7.1 Beispiel Kugellager

An einem Übungsteil für eine Welle soll nun demonstriert werden, wie der Einbau von Bibliotheksteilen verläuft. Abbildung 6.65 zeigt die Skizze mit dem Rotationsteil der Welle. Die Welle wurde in eine Baugruppe zwecks Ergänzung eingefügt. In der Baugruppe wird dann unter PLATZIEREN die Option AUS INHALTSCENTER PLATZIEREN gewählt.

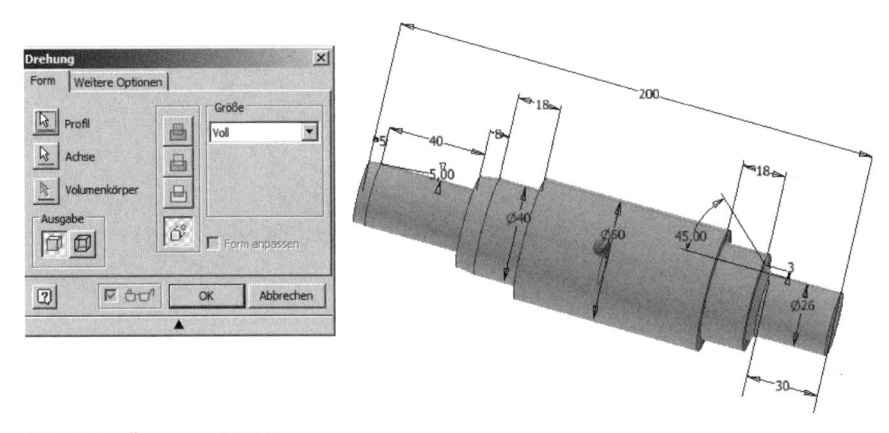

Abb. 6.65: Übungsteil Welle

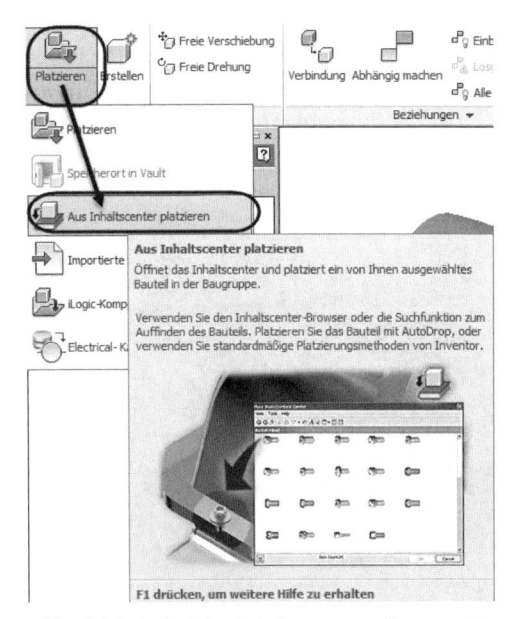

Abb. 6.66: Aufruf des Inhaltscenters (Content Center)

Kapitel 6
Baugruppen zusammenstellen (nicht in LT)

Bei Standard-Installation sind im Inhaltscenter sehr viele Normen zu finden. Mit dem FILTER-Werkzeug können Sie diese Vielfalt erst einmal auf DIN reduzieren. Es soll nun ein normales Rillenkugellager eingebaut werden. Sie finden es im Pfad WELLENTEILE|LAGER|KUGELLAGER|RILLENKUGELLAGER.

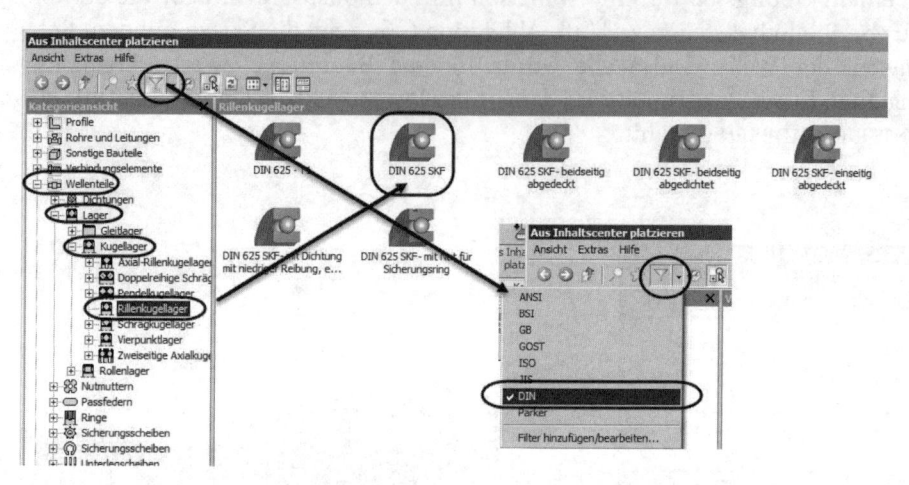

Abb. 6.67: Im Inhaltscenter Normenvielfalt verringern, Kugellager wählen

Die Lager sind besonders benutzerfreundliche Bauteile, die nicht normal eingefügt und dann hinterher abhängig gemacht werden, sondern sie werden nach einem Doppelklick automatisch nach Anfahren der betreffenden Teile-Geometrie positioniert und gleich auch dimensioniert. Wenn Sie also mit dem Lager am Cursor die Kreiskontur zwischen 40er-Durchmesser und der hinteren Anschlagfläche rot markiert sehen, dürfen Sie *zum Positionieren klicken*. Dann erscheint das Lager erst einmal vielleicht mit einer ganz falschen Größe, denn es ist nun erst innen angepasst. Nun erscheinen *vier rote Pfeile* am Außenrand. In diese gehen Sie mit dem Cursor hinein und *ziehen* so lange mit gedrückter Maustaste, bis die *gewünschte Größe* erreicht ist. In unserem Fall wäre es das Lager 6208.

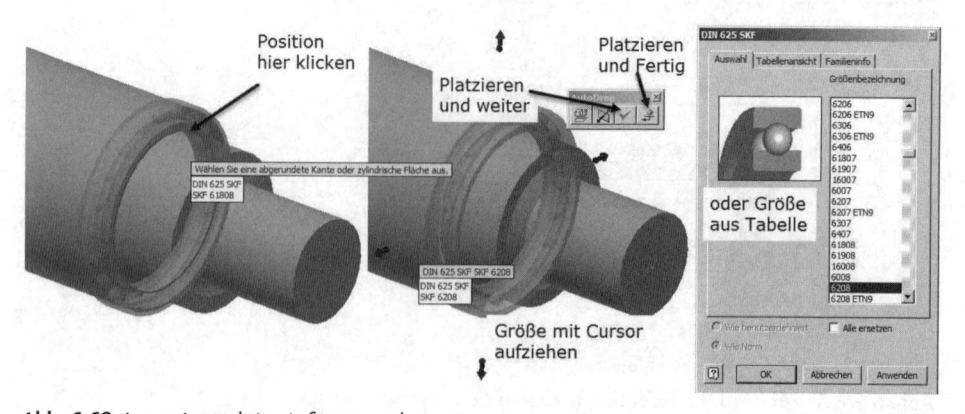

Abb. 6.68: Lager interaktiv einfügen und anpassen

6.7 Teile aus dem Inhaltscenter einfügen

Seit der Positionierung haben Sie ein Begleitmenü mit vier Werkzeugen auf dem Bildschirm. Das Werkzeug ganz links GRÖSSE ÄNDERN könnten Sie alternativ benutzen, um die Lagergröße auszuwählen. Wenn Sie die Größenangaben nicht kennen, zeigt Ihnen Inventor über das Register TABELLENANSICHT die charakteristischen Daten an, insbesondere Innen- und Außendurchmesser. Auch hier können Sie auswählen und mit OK dann das Lager bestätigen. Falls es mehrere Typen mit gleichen Abmessungen gibt, käme jetzt noch ein weiteres Tabellendialogfeld zur Auswahl.

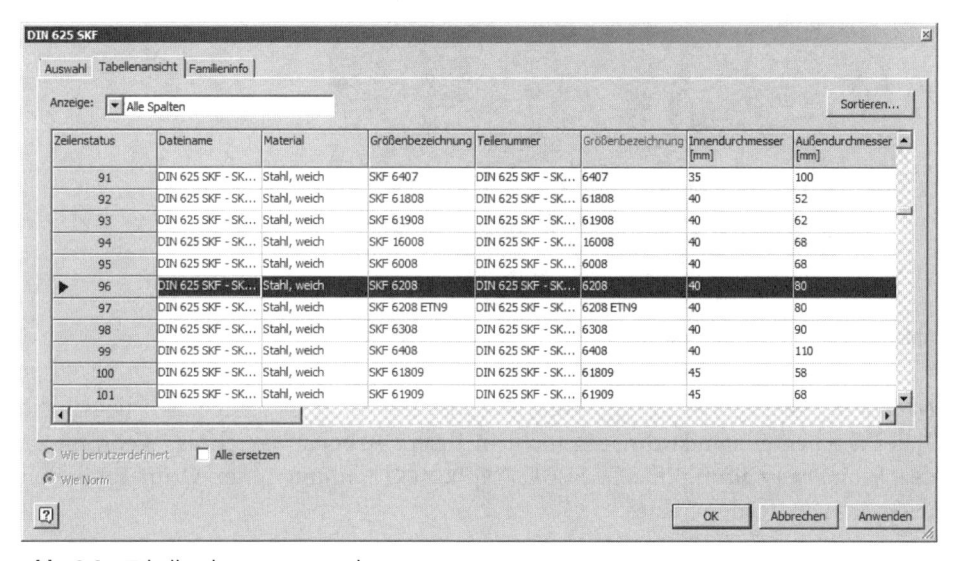

Abb. 6.69: Tabellendaten anzeigen lassen

Da Sie noch ein weiteres Lager brauchen, können Sie das erste Lager mit dem Button PLATZIEREN UND WEITER abschließen und dann gleich zum nächsten Durchmesser weitergehen. Erst nach dem zweiten Lager schließen Sie endgültig mit PLATZIEREN UND FERTIG ab.

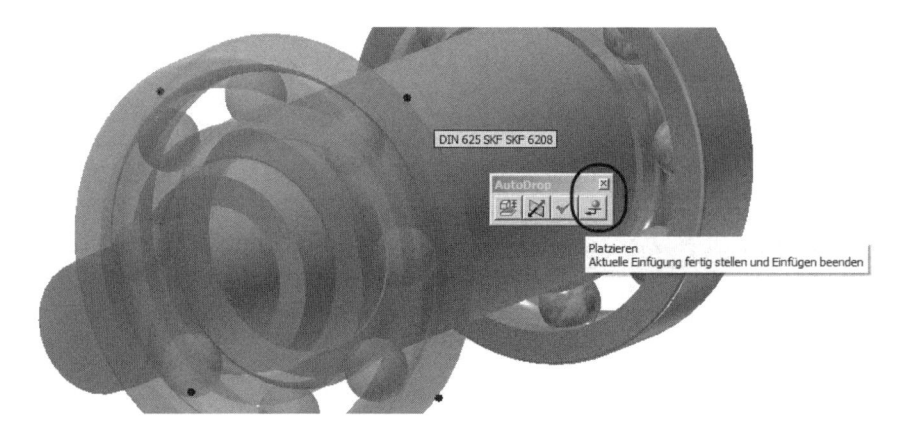

Abb. 6.70: Nach zweitem Lager beenden

Kapitel 6
Baugruppen zusammenstellen (nicht in LT)

Wenn die Welle falsch konstruiert ist und kein normgerechtes Lager gefunden werden kann, wird alles in rötlichem Ton angezeigt und eine entsprechende Meldung angezeigt.

Abb. 6.71: Fehler, wenn Welle nicht zum Lager passt

Nachdem die Lager nun eingefügt sind, ist natürlich die Frage: Wo liegen die Teile? Sie liegen standardmäßig nicht in Ihrem Arbeitsverzeichnis. Wenn Sie in der Projektverwaltung ERSTE SCHRITTE|PROJEKTE unten unter Ordneroptionen nachschauen, finden Sie:

C:\User\Benutzername\Documents\Inventor\Content Center Files\R2016 (Abbildung 6.72).

Während das Inhaltscenter selbst nur eine Datenbank mit Tabellen für die Generierung der Teile ist, sind die Teile unter CONTENT CENTER FILES nun echte Bauteile.

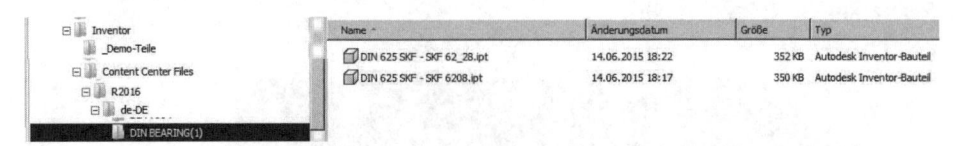

Abb. 6.72: Unter Benutzernamen und Eigene Dateien liegen die Inhaltscenter-Dateien.

6.7.2 Beispiel Schrauben

Für die Schrauben ist es wichtig, dass bei Senkungen und Durchmessern schon im Bohrungsmanager die richtigen Typen gewählt wurden, damit hier nun die korrekten Schrauben automatisch platziert werden können.

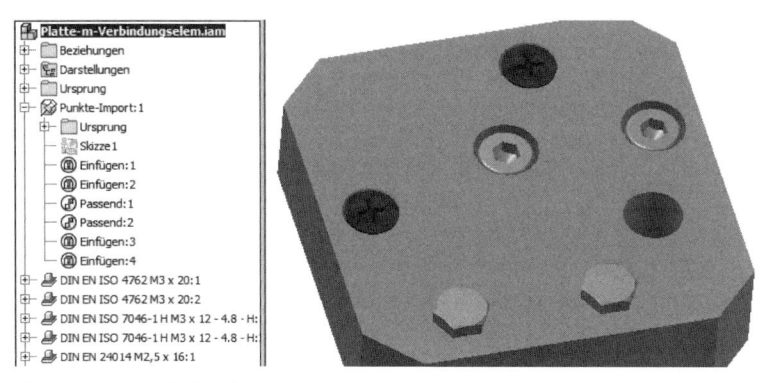

Abb. 6.73: So soll die Platte nun mit Schrauben bestückt werden.

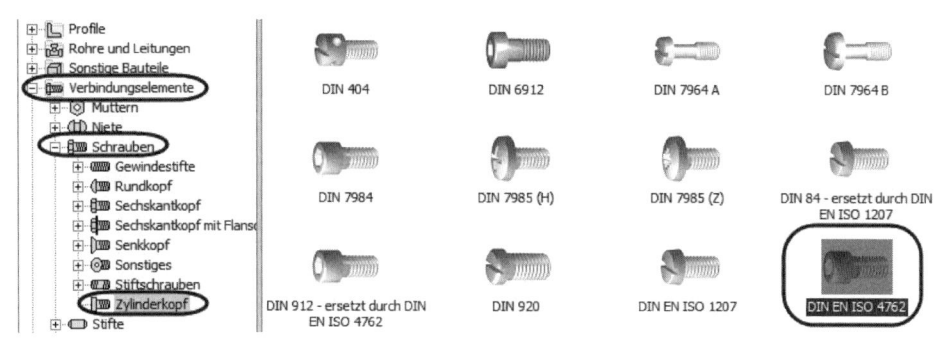

Abb. 6.74: Auswahl der Inbus-Schraube

Die Schrauben-Typen finden Sie leicht unter den VERBINDUNGSELEMENTEN. Auch hier wird jedes Mal der Typ mit Doppelklick aktiviert und dann die passende Bohrung angeklickt. Dadurch stellt sich automatisch der Durchmesser zur Bohrung ein. Danach kann die Schraubenlänge wieder durch Ziehen am roten Doppelpfeilsymbol ausgewählt werden. Automatisch werden hier die übrigen identischen Bohrungen gefunden und bei Abschluss des Befehls mit Schrauben bestückt. Die Option zum Mehrfacheinfügen wurde hier automatisch aktiviert, weil Inventor die identischen Bohrungen erkennt.

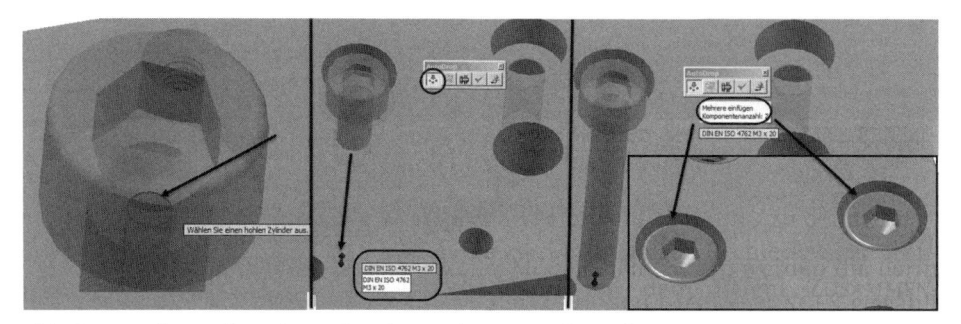

Abb. 6.75: Einfügen aller Inbus-Schrauben in die passenden Bohrungen

Kapitel 6
Baugruppen zusammenstellen (nicht in LT)

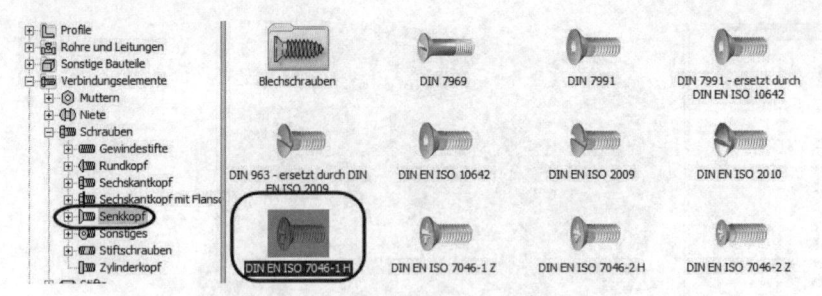

Abb. 6.76: Auswahl der Senkkopf-Schraube

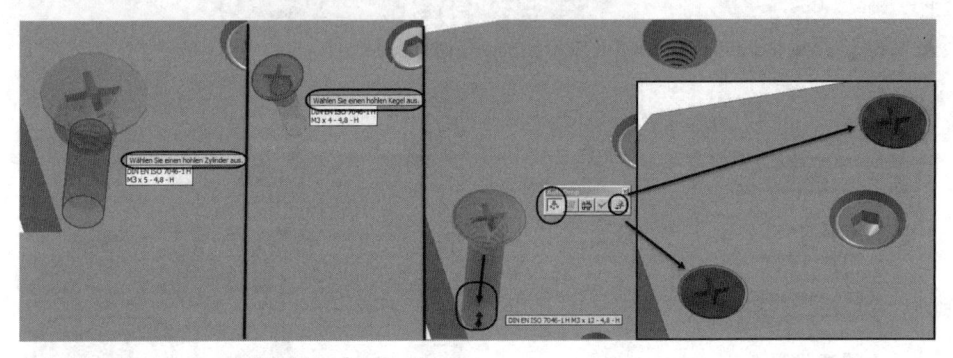

Abb. 6.77: Platzieren der Senkkopf-Schrauben

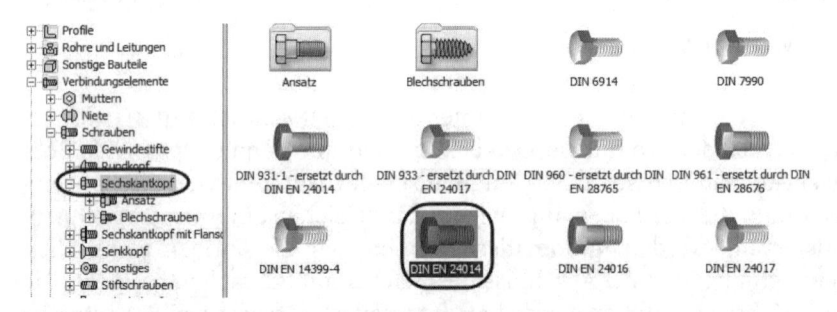

Abb. 6.78: Auswahl der Sechskantkopf-Schrauben

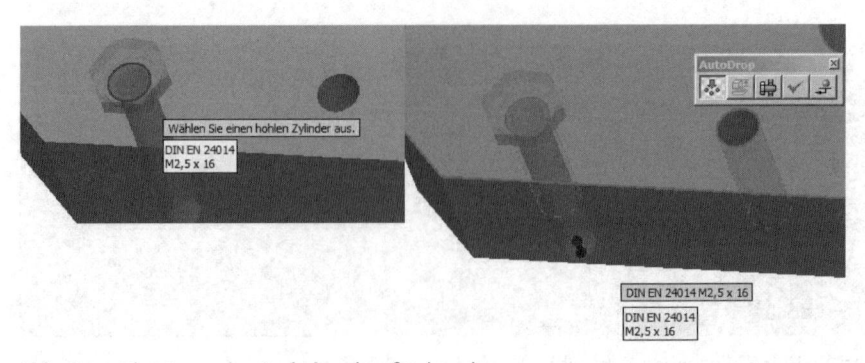

Abb. 6.79: Platzieren der Sechskantkopf-Schrauben

6.8 Übungsfragen

1. Mit welcher Option platzieren Sie das Basisteil?
2. Welche BAUTEILABHÄNGIGKEITEN gibt es?
3. Was ist der Unterschied zwischen FLUCHTEND und PASSEND?
4. Wozu brauchen Sie die Funktionen FREIE DREHUNG/FREIE VERSCHIEBUNG?
5. Geben Sie ein Beispiel für die Abhängigkeit TANGENTIAL.
6. Welche Freiheitsgrade gibt es noch, nachdem Sie zwei Achsen mit Abhängigkeit PASSEND versehen haben?
7. Welche BEWEGUNGSABHÄNGIGKEITEN gibt es?
8. Beschreiben Sie den Unterschied zwischen TANGENTIAL und DREHUNG-TRANSLATION.
9. Mit welchen Verfahren können Sie Bauteile adaptiv machen?
10. Mit welchem Befehl werden Bibliotheksteile eingefügt?

Kapitel 7

Zeichnungen erstellen

Eine neue Zeichnung beginnen Sie entweder über den SCHNELLZUGRIFF-WERKZEUGKASTEN oder über MEINE AUSGANGSANSICHT. Inventor startet diese Zeichnung mit DIN-gerechten Einstellungen. Wenn Sie *alle* verfügbaren Normen sehen wollen, können Sie sie über das Anwendungsmenü aufrufen I|NEU|NEU ERSTELLEN EINER DATEI ANHAND EINER LISTE VON VORLAGEN.

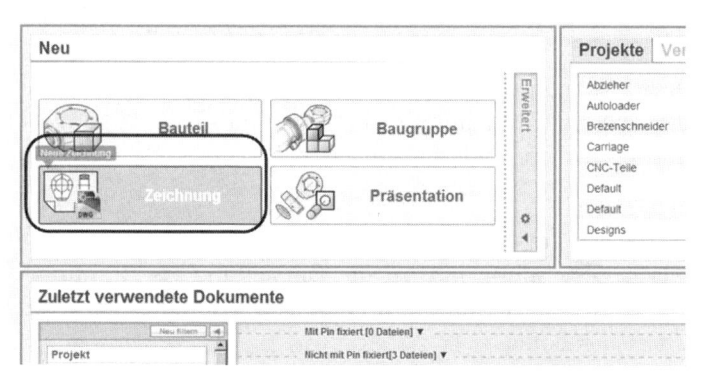

Abb. 7.1: Neue Zeichnung mit DIN-Vorlage starten

Inventor startet die neue Zeichnung mit einem vorgegebenen Blatt der Größe DIN A2. Für ein anderes Format nutzen Sie das Kontextmenü von BLATT im BROWSER und stellen GRÖSSE und AUSRICHTUNG ein.

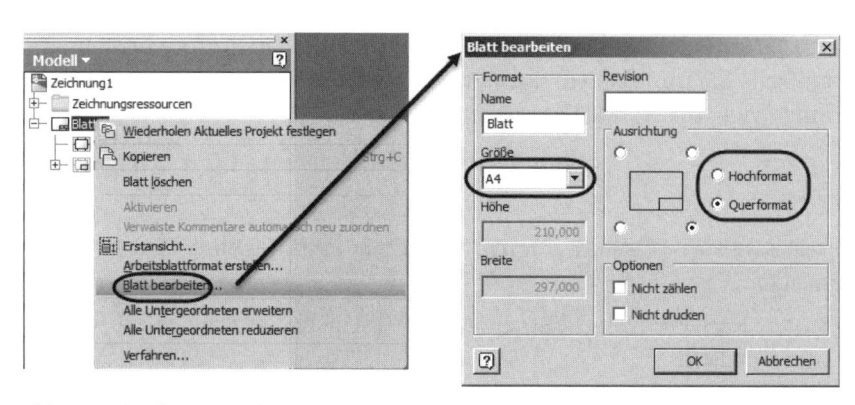

Abb. 7.2: Blattformat ändern

Weitere Zeichnungsblätter erstellen Sie mit Rechtsklick auf den obersten BROW-SER-Knoten und NEUES BLATT.

7.1 Ansichten erzeugen

7.1.1 Standard-Ansichten

Als Erstes müssen die gewünschten Ansichten erstellt werden. Im Register ANSICH-TEN PLATZIEREN finden Sie dazu die Funktion ERSTANSICHT (Abbildung 7.3).

Abb. 7.3: Ansichtsarten

Zu Beginn ist natürlich das Bauteil oder die Baugruppe zu wählen, die dargestellt werden soll. Es wird automatisch das vorher aktive Teil angeboten. Falls Sie eine Zeichnung für ein anderes Teil erstellen wollen, können Sie die Dateiwahl ❶ ändern.

Als Nächstes wäre der Stil der Darstellung zu wählen. Vorgegeben ist wie für eine technische Zeichnung normal die Darstellung als Drahtmodell mit verdeckten Kanten ❷. Als Alternativen werden noch Drahtmodell ohne verdeckte Kanten und schattiert angeboten.

Dann wäre die Ansichtsrichtung für diese Ansicht über einen VIEWCUBE ❸ zu wählen. Die Erstansicht sollte diejenige Ansicht sein, die in die linke obere Ecke des Blatts kommt. Das ist nach Norm die Ansicht VORNE. Ob das der Ansicht *Vorne* in Ihrem Bauteil oder in der Baugruppe entspricht, ist unsicher, weil das von der Wahl der Skizzierebene bzw. des ersten Koordinatensystems abhängt. Deshalb haben Sie über den VIEWCUBE hier die Möglichkeit für eine Neudefinition.

Der Maßstab ❹ wird von Inventor so angelegt, dass drei Standard-Ansichten aufs Blatt passen. Falls Sie nur eine einzige Ansicht darstellen wollen, können Sie hier natürlich einen viel größeren Maßstab wählen.

Nach Wechsel ins Register ANZEIGEOPTIONEN ❺ können Sie noch Darstellungsdetails aktivieren:

- GEWINDEELEMENTE – ❻ wird automatisch die nötigen Gewindekanten gestrichelt anzeigen.
- TANGENTIALE KANTEN – zeigt Kanten an, wo eine gebogene Fläche an eine andere glatt anschließt.

- ARBEITSELEMENTE DES BENUTZERS – wird Arbeitsachsen, -punkte oder -flächen anzeigen.
- ALLE MODELLBEMAẞUNGEN – ❼ fügt automatisch alle Bemaßungen hinzu, die in Ihren Skizzen stecken. Das sollten Sie sich gut überlegen, denn oft wollen Sie das Bauteil fertigungsgerecht anders bemaßen, als es für die Konstruktion sinnvoll war.

Klicken Sie jetzt nicht auf OK, sondern verschieben Sie erst diese Ansicht auf die gewünschte Zielposition. Die Ansicht wurde zwar mittig auf dem Blatt angeboten, aber sie gehört in die Ecke oben links. Fahren Sie in das grünlich berandete Rechteck der Erstansicht hinein ❽, drücken Sie die Maustaste und ziehen Sie diese Ansicht an die richtige Stelle. Dort erst lassen Sie los.

Wenn Sie sich jetzt nach rechts von der positionierten Erstansicht wegbewegen, erscheint ein neues grün punktiertes Ansichtsfenster für die Ansicht LINKS. Bewegen Sie sich also auf die gewünschte Position für die Ansicht LINKS und klicken Sie zum Positionieren ❾.

Dann fahren Sie mit dem nächsten angedeuteten Ansichtsfenster von der Erstansicht aus nach unten und positionieren mit Klick dort die Ansicht OBEN.

Zu guter Letzt können Sie noch schräg unterhalb der Erstansicht eine isometrische Ansicht positionieren und mit Rechtsklick und OK abschließen.

Abb. 7.4: Auswahl und Platzierung für Erstansicht

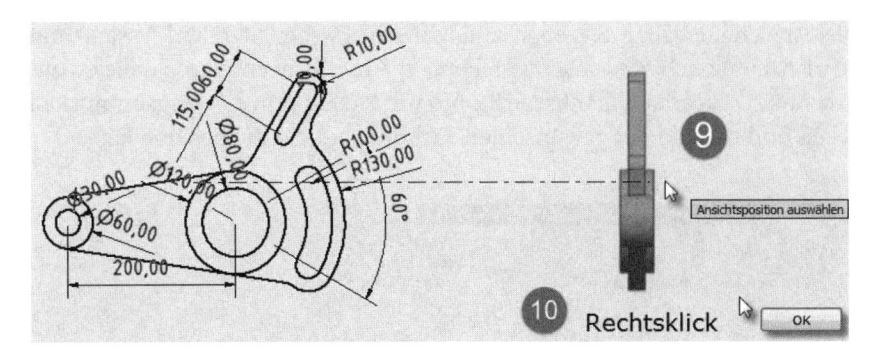

Abb. 7.5: Weitere Ansichten platzieren

Kapitel 7
Zeichnungen erstellen

Jede Ansicht können Sie jederzeit nachträglich anklicken und bearbeiten und andere Darstellungen oder andere Details ein- und ausblenden. Bei der automatischen Ableitung der Parallel-Ansichten werden die Ansichten automatisch gekoppelt und erhalten dann identische Einstellungen. Ein Entkoppeln ist über die Häkchen vor den Logos möglich. Im Register ANZEIGEOPTIONEN finden Sie noch weitere Feineinstellungen wie die automatische Anzeige von GEWINDEELEMENTEN, von TANGENTIALEN KANTEN, ARBEITSELEMENTEN oder MODELLBEMAßUNGEN.

Auch sind die orthogonalen Projektionen horizontal und vertikal gekoppelt. Wenn Sie einfach ohne extra Befehl eine Ansicht anfahren, bekommen Sie das Verschiebungssymbol angezeigt und können nun den rot gepunkteten Ansichtsrahmen mit gedrückter Maustaste verschieben. Dabei werden Sie feststellen, dass die Parallel-Ansichten mitlaufen. Eine Parallel-Ansicht lässt sich allein nur in der Projektionsrichtung verschieben, nicht senkrecht dazu. Diese Kopplung kann mit dem Werkzeug ANSICHTEN PLATZIEREN|ÄNDERN|AUSRICHTUNG AUFHEBEN gelöst werden.

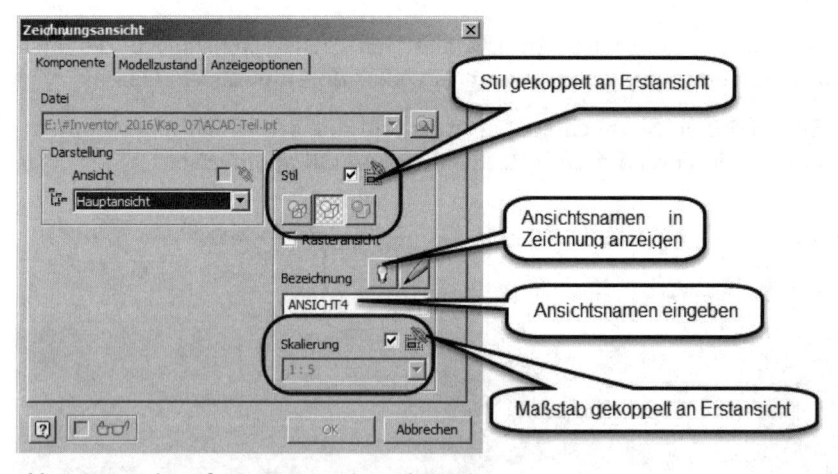

Abb. 7.6: Ansicht ggf. von Erstansicht entkoppeln

7.1.2 Parallel-Ansicht

Die Parallel-Ansichten haben Sie oben automatisch mit der Standard-Ansicht mit erzeugt. Um nachträglich von einer bestehenden Ansicht noch eine parallele bzw. orthogonale Ansicht zu erhalten, müssen Sie nur mit PARALLEL in die Ausgangsansicht hineinklicken und dann in der gewünschten Richtung auf die Zielposition klicken.

Abb. 7.7: Parallel-Ansicht

7.1.3 Hilfsansicht

Die Hilfsansicht ist etwas Spezielles. Hiermit wird eine Ansicht abgeleitet, die parallel oder lotrecht zu einer vorhandenen Kante der Ausgangsansicht projiziert wird. Zuerst wählen Sie die Ausgangsansicht ❶, dann die betreffende Kante ❷ und zuletzt die Richtung für die Projektion ❸.

Abb. 7.8: Hilfsansicht

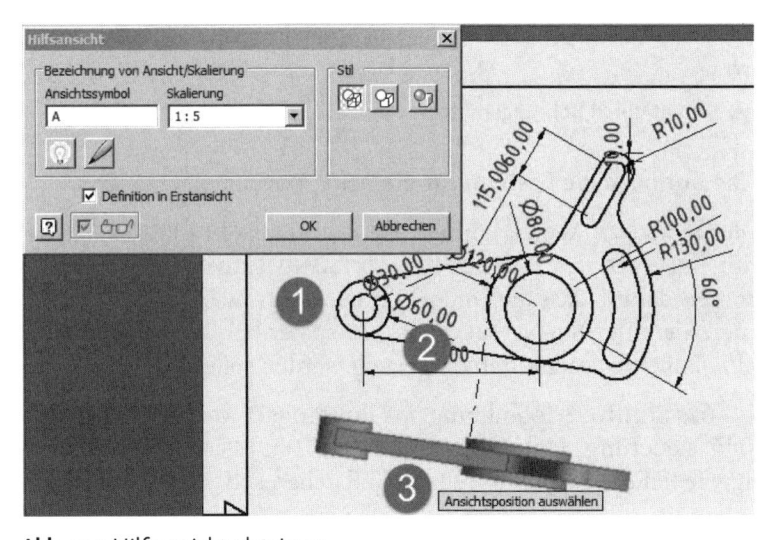

Abb. 7.9: Hilfsansicht platzieren

7.1.4 Schnittansicht

Eine Schnittansicht kann als einfacher Querschnitt oder mit einem komplexen Schnittverlauf mit mehreren Knickstellen erzeugt werden. Sie wählen als Erstes wieder die Ausgangsansicht ❶. Um den Schnitt exakt durch eine Bohrung zu legen, müssen Sie als Nächstes auf den Bohrungsmittelpunkt fahren ❷, damit die Position als Fangpunkt wirkt. Danach fahren Sie auf der Spurlinie nach oben und klicken ❸ und fahren mit vertikalem Einrasten ganz nach unten und klicken wieder ❹. Denken Sie daran, die Schnittlinie weit genug zu ziehen, um das komplette Teil abzudecken.

Kapitel 7
Zeichnungen erstellen

Abb. 7.10: Schnittansicht

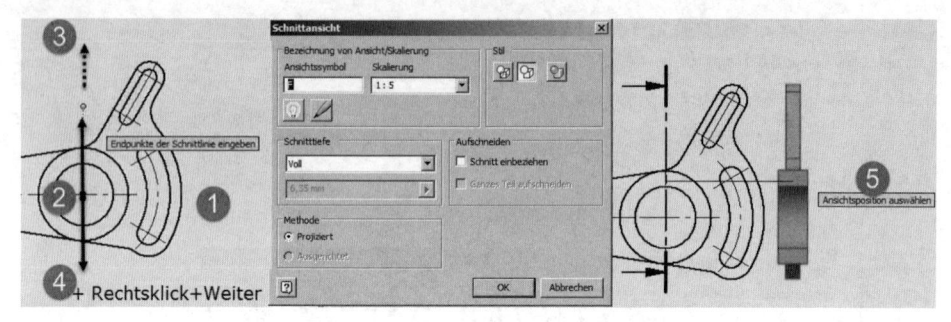

Abb. 7.11: Senkrechter Schnitt durch Bohrungsmittelpunkt

Danach müssen Sie nur noch die Position für die neue Ansicht angeben ❺.

Die Darstellung der *verdeckten Kanten* können Sie mit VERDECKTE LINIEN aktivieren, indem Sie im BROWSER das BAUTEIL-KONTEXTMENÜ aktivieren (Abbildung 7.12 rechts). Achten Sie darauf, dass die Option TRANSPARENT nicht aktiviert ist. An dieser Stelle können Sie unter SCHNITTBETEILIGUNG später bei Baugruppen auch steuern, ob einzelne Bauteile geschnitten dargestellt werden sollen oder nicht.

Das KONTEXTMENÜ DES SCHNITTS (Abbildung 7.11 links) bietet weitere Möglichkeiten zur Darstellungssteuerung. Unter SCHNITTEIGENSCHAFTEN BEARBEITEN können Sie einstellen, wie tief der Schnitt durch das Teil gehen soll.

- Mit der Tiefeneinstellung VOLL wird das komplette Teil von der Schnittebene an projiziert gezeigt.
- Bei der Methode ABSTAND können Sie eine Scheibe bis zu einer bestimmten Tiefe schneiden und erhalten die Projektion dieser Scheibe.
- Wenn Sie dann unter AUFGESCHNITTEN beide Häkchen setzen, erhalten Sie nur die Schnittebene mit Tiefe null.

Unter AUTOMATISCHE MITTELLINIEN gibt es im Kontextmenü des Schnitts noch die Möglichkeit, in der Ansicht Mittellinien und Mittelpunkte automatisch erzeugen zu lassen. Die Elemente, die zu Mittellinien führen, können Sie in dem Menü einstellen: BOHRUNG, RUNDUNG, ZYLINDRISCHE ELEMENTE, DREHELEMENTE, BIEGUNGEN (BLECH) und STANZUNGEN (BLECH) sowie ANORDNUNGEN, SKIZZIERGEOMETRIE und ARBEITSELEMENTE. Für das aktuelle Beispiel war es nur nötig, die Mittellinien für ZYLINDRISCHE ELEMENTE zu aktivieren. Achten Sie auch darauf, auf der rechten Seite die gewünschten Projektionsrichtungen zu aktivieren.

7.1 Ansichten erzeugen

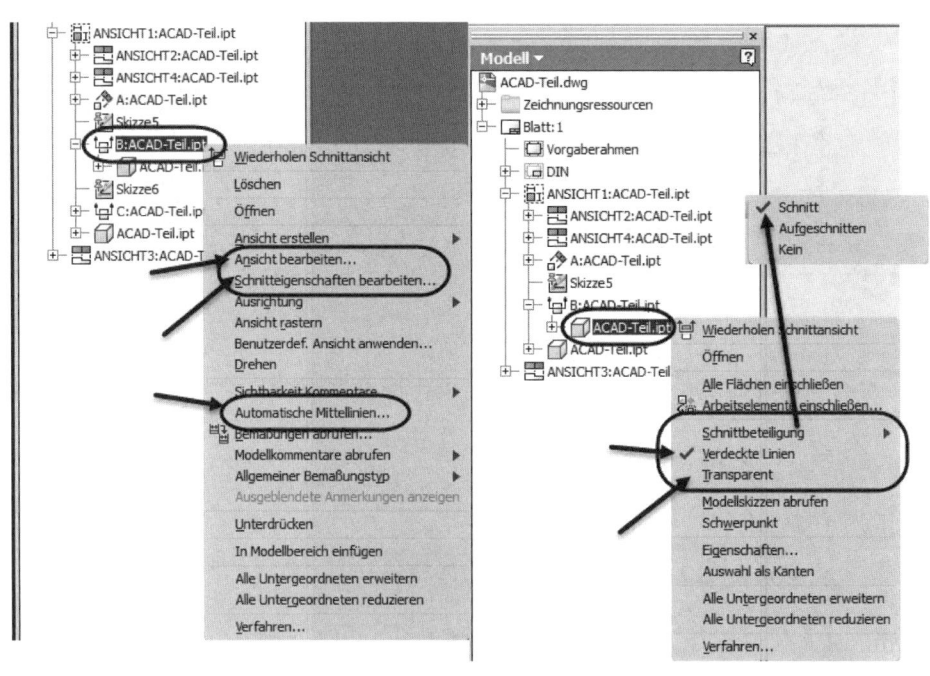

Abb. 7.12: Wichtige Funktionen in den Kontextmenüs von Schnitt und Bauteil

Abb. 7.13: AUTOMATISCHE MITTELLINIEN

Beim komplexen Schnitt ❶ – ❷ – ❸ (Abbildung 7.14) können Sie die Projektionsrichtungen lotrecht zu jeder der Schnittkanten wählen. Außerdem gibt es noch die Wahl zwischen der Methode AUSGERICHTET und PROJIZIERT. Bei AUSGERICHTET wird auf beide Schnittkanten projiziert, während bei PROJIZIERT nur eine der beiden Kanten wirkt (Abbildung 7.15).

Kapitel 7
Zeichnungen erstellen

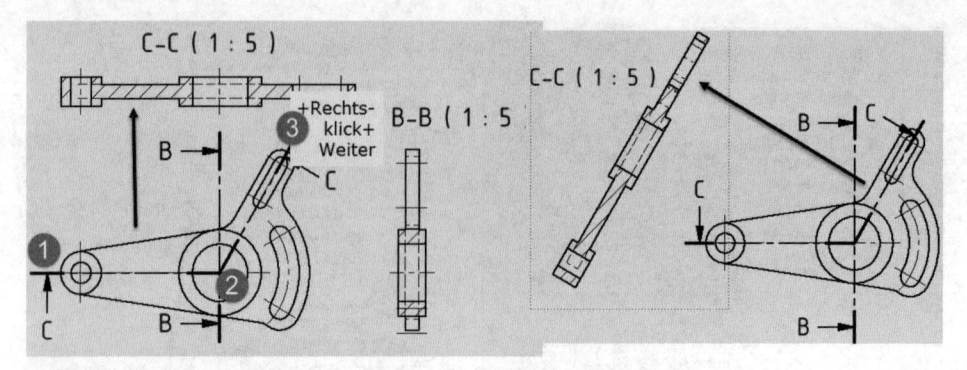

Abb. 7.14: Schnitt mit Knick und verschiedenen Projektionsrichtungen

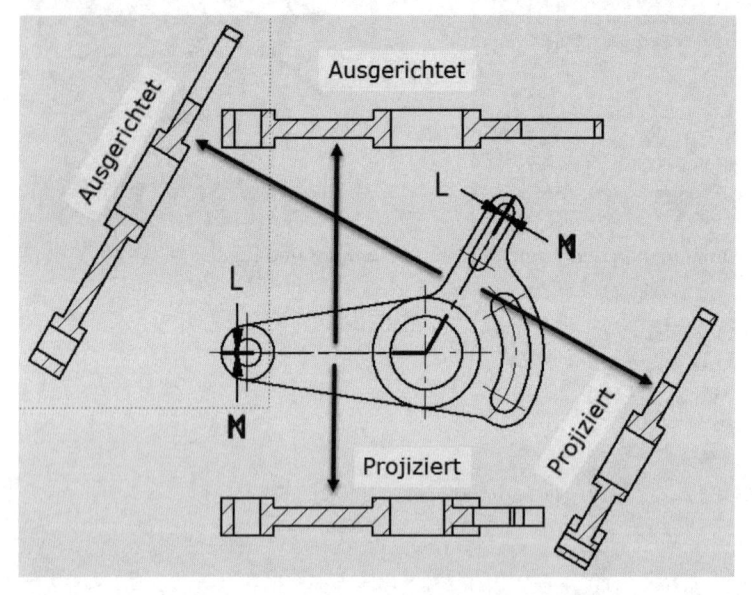

Abb. 7.15: Ausgerichtete und projizierte Schnittdarstellungen

7.1.5 Detailansicht

Eine Detailansicht ist ein Ausschnitt mit meist größerem Maßstab als das Original. Es können verschiedene Formen der Berandung gewählt werden.

Abb. 7.16: Detailansicht

Sie beginnen mit der Auswahl der Ausgangsansicht. Dann spezifizieren Sie erst einmal die Angaben im Dialogfenster, aber klicken Sie *nicht* auf OK! Wählen Sie den *Maßstab*, dann die Form: *rund* oder *rechteckig*. Der Ausschnitt kann einen *gezackten* oder *glatten Rand* haben. Bei glattem Rand können Sie zwischen *vollständiger Umrahmung* oder nur *teilweise* wählen. Und bei vollständiger Umrahmung ist noch eine Verbindungslinie verfügbar. Wenn das alles eingestellt ist, klicken Sie auf die Position für den *Mittelpunkt* des Detailbereichs und auf eine zweite Position für den *Rand*.

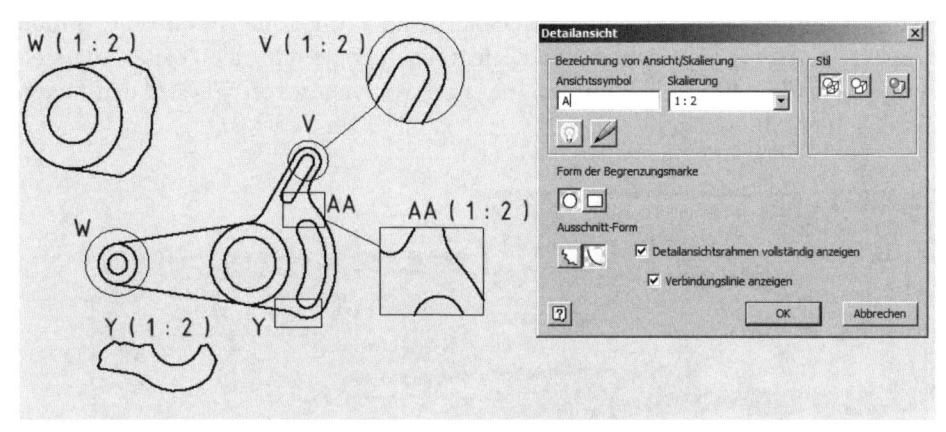

Abb. 7.17: Varianten für Detailansichten

7.1.6 Überlagerung

Die Funktion ÜBERLAGERUNG dient dazu, ein bewegliches Teil in mehreren Positionsdarstellungen zu zeigen.

Abb. 7.18: Überlagerung mehrerer Positionsdarstellungen

Damit Sie Positionsdarstellungen in einer Zeichnung zeigen können, muss es in der Baugruppe entsprechende POSITIONEN geben. Abbildung 7.19 zeigt eine Baugruppe mit beweglichen Rollen und der BEWEGUNGS-Abhängigkeit DREHUNG-TRANSLATION zwischen den Rollen und der oberen Platte. Außerdem besteht zwischen den Vierkant-Enden der Rollen und dem Basisbauteil eine WINKELABHÄNGIGKEIT, über die der Drehwinkel der Rollen gesteuert werden kann. Die

Kapitel 7
Zeichnungen erstellen

verschiedenen Positionen zeigen nun die Rollen und damit verbunden auch die Platte in anderen Positionen an.

Eine neue Positionsansicht wird nun erstellt, indem Sie den BROWSER zu den DARSTELLUNGEN und dann zu POSITION ❶ aufblättern. Dort ist zunächst nur eine HAUPTANSICHT sichtbar. Nach Rechtsklick auf POSITION wählen Sie im Kontextmenü die Option NEU ❷. Das erzeugt die neue Ansicht.

Für diese Ansicht müssen Sie nun durch eine neue Winkeleingabe die Bewegung auf die neue Position auslösen. Dazu gehen Sie im BROWSER zur Rolle mit WINKEL-Abhängigkeit ❸ und wählen nach Rechtsklick im Kontextmenü die Option ÜBERSCHREIBEN ❹. Es erscheint ein Dialogfenster, in dem Sie die Positionsdarstellung Position 2 ❺ wählen können und nach Aktivieren von WERT ❻ den neuen Winkel, hier z.B. **-45 grd**.

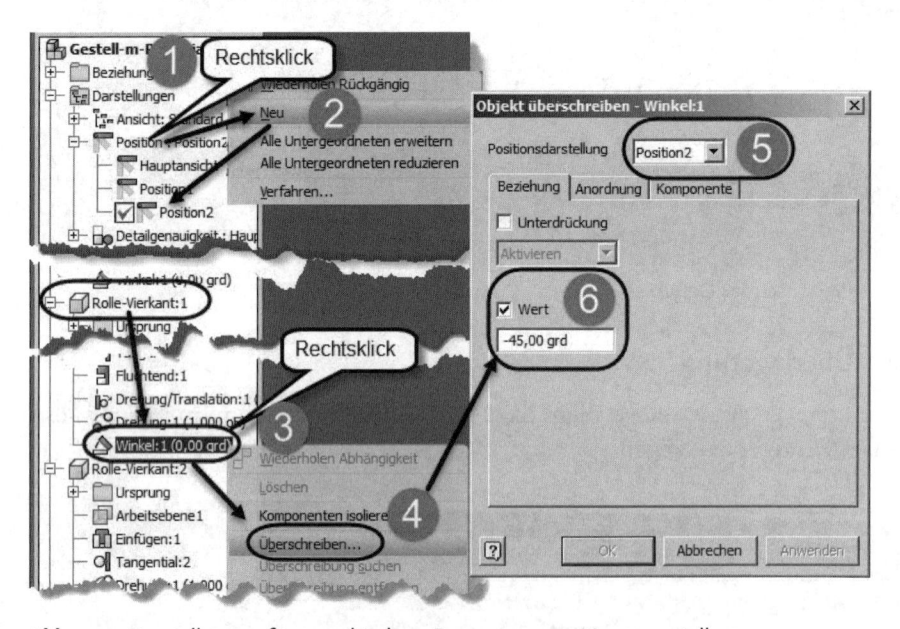

Abb. 7.19: Darstellungen für verschiedene Bewegungspositionen erstellen

Nachdem die Positionsdarstellung in der BAUGRUPPE erstellt wurde, können Sie in der Zeichnung zusätzlich zur normalen Hauptansicht mit ÜBERLAGERUNG von jeder Positionsdarstellung eine zusätzliche Darstellung mit strichpunktierten Linien hinzufügen. Nach Aufruf von ÜBERLAGERUNG ❶ können Sie zunächst die ANSICHT wählen ❷, zu der eine neue Position hinzugefügt werden soll. Dann wählen Sie im Dialogfeld die gewünschte Position wie hier Position2 ❸ aus, die dann in der Zeichnung und im BROWSER erscheint.

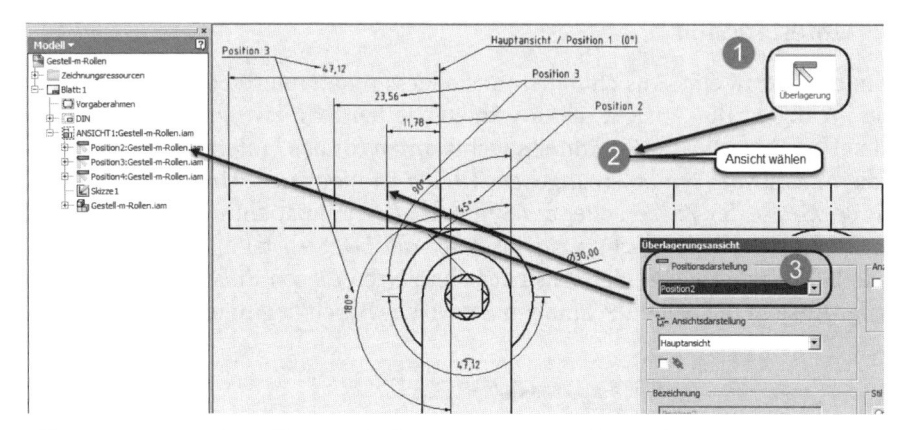

Abb. 7.20: Positionsdarstellungen als ÜBERLAGERUNGEN in der Zeichnung anzeigen

> **Tipp**
>
> Die Bemaßung dieser Zeichnung zeigt einige trickreiche Maßnahmen. Der Winkel 180° kann so nicht erstellt werden. Deshalb wurde in einer SKIZZE eine Hilfslinie erzeugt, die zunächst unter einem kleineren Winkel von etwa 170° stand. Nach Bemaßen dieses Winkels über drei Punkte (erster Winkelendpunkt, Scheitelpunkt und zweiter Winkelendpunkt) kann die Hilfslinie in der SKIZZE auf 180° gedreht werden.

> **Tipp**
>
> Ein zweiter Trick diente zur Bemaßung der *Bogenlänge*. Dazu wurde in der SKIZZE ein Halbkreis auf der Kontur der Rolle gezeichnet. Dieser Halbkreis kann dann nach Beenden der SKIZZE mit der Option BOGENLÄNGE bemaßt werden. Allerdings liegen die Hilfslinien dann noch nicht ganz optimal. Nach Markieren der Bogenbemaßung können Sie die angezeigte Bemaßung über die Option GEGENÜBERLIEGENDE WINKEL erhalten.

7.2 Ansichten bearbeiten

Fertige Ansichten können nachträglich noch bearbeitet werden. Dafür gibt es fünf Bearbeitungsfunktionen.

Abb. 7.21: Ansichten ändern

Kapitel 7
Zeichnungen erstellen

7.2.1 Unterbrochen

Sie können hiermit eine Ansicht horizontal oder vertikal unterbrechen. Zuerst wählen Sie im Befehl die Ansicht, dann wählen Sie bei STIL zwischen GEZACKT und UNTERBRECHUNGSSYMBOL. Sie können rechts unten für das Unterbrechungssymbol auch die Anzahl von Symbolen angeben. Üblich ist hier nur 1. Unter ANZEIGE passen Sie die Größe der Zacken oder des Symbols an. Die Ausrichtung sollte natürlich zur beabsichtigten Unterbrechungsrichtung passen. Der Abstand ist dann die resultierende Lücke zwischen beiden Ansichtsteilen. Nach diesen Einstellungen klicken Sie in der Ansicht die beiden Positionen an, wo der Bruch beginnen und enden soll.

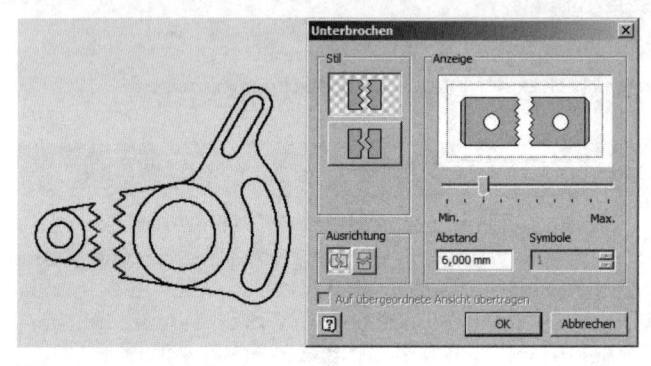

Abb. 7.22: Unterbrechen einer Ansicht

7.2.2 Ausschnitt

AUSSCHNITT sollte eigentlich *Ausbruch* heißen. Damit das Zeichnen eines Ausbruchs auch Sinn macht, wird nun in das Demo-Teil ein Gewinde seitlich bis zur Tiefe der markierten Fläche eingebaut.

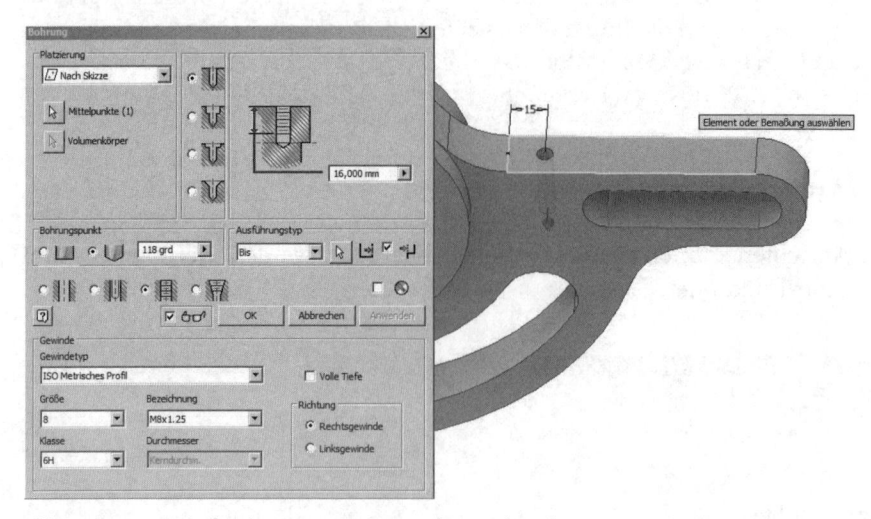

Abb. 7.23: Gewinde für die Demonstration des Ausbruchs

Bevor der Ausbruch in eine Ansicht eingebaut wird, muss dort dafür eine *geschlossene Kontur* gezeichnet werden. Es ist unbedingt darauf zu achten, dass die Skizze in der richtigen Ansicht entsteht (Abbildung 7.24). Markieren Sie also die Ansicht und starten Sie ANSICHT PLATZIEREN|SKIZZE|SKIZZE STARTEN. Nach Anklicken der Bohrung gehen Sie auf OK (Abbildung 7.25). Alternativ können Sie die Ausbruch-Tiefe natürlich auch bezüglich eines Punktes angeben.

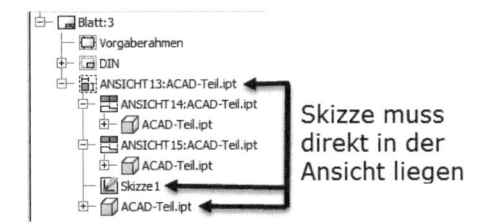

Abb. 7.24: BROWSER-Struktur nach Erstellen der Skizze

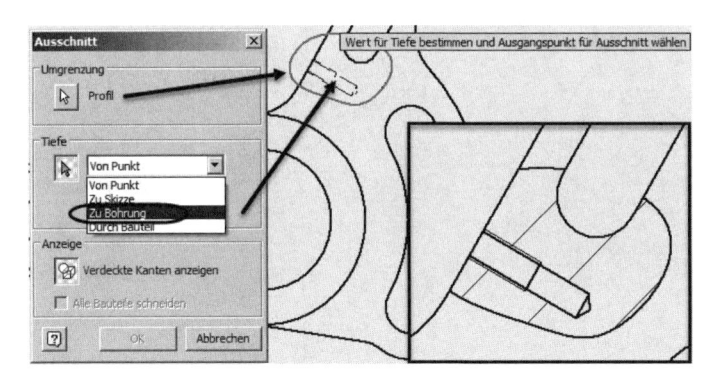

Abb. 7.25: Profil und Bohrungstiefe für Ausbruch wählen

7.2.3 Aufgeschnitten

Mit der Änderung AUFGESCHNITTEN kann eine Ansicht praktisch in Scheiben geschnitten werden. Dazu ist es nötig, in einer Ansicht mit einer Skizze zunächst die Schnitte in Form ebener Kurven zu definieren. Für die Schnitte werden dann intern Schnittebenen benutzt, die senkrecht zu dieser Ansicht mit der Skizze stehen.

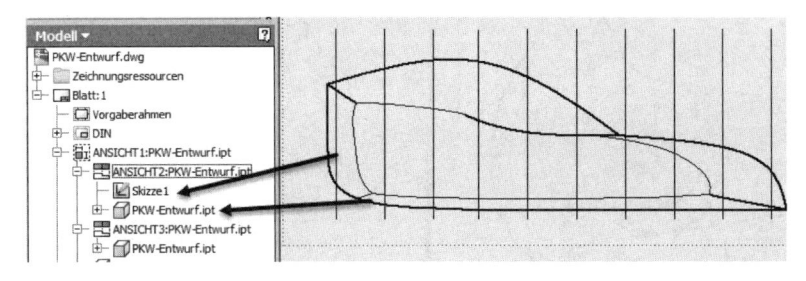

Abb. 7.26: Skizze für das Aufschneiden in einer anderen Ansicht

Nach Aufruf des Befehls AUFGESCHNITTEN ❶ wählen Sie zuerst die Ansicht, die dann geschnitten werden soll ❷ und klicken nach Erscheinen des Dialogfelds auf die Skizze in der anderen Ansicht ❸. Aktivieren Sie GANZES TEIL AUFSCHNEIDEN ❹ und OK ❺. Als Ergebnis wird dann diese Ansicht die Schnitte zeigen (Abbildung 7.27).

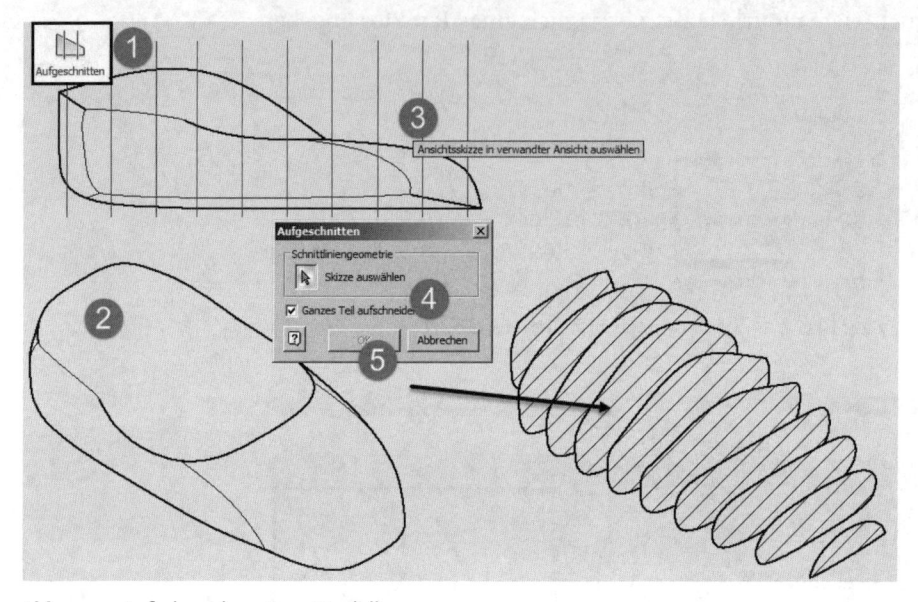

Abb. 7.27: Aufschneiden eines Modells

7.2.4 Zuschneiden

Mit ZUSCHNEIDEN können Sie eine Ansicht rechteckig zuschneiden oder mithilfe einer zuvor erstellten Skizze auf eine beliebige Form zurechtschneiden. Das rechteckige ZUSCHNEIDEN beginnt mit dem Befehl, dann wählen Sie die Ansicht ❶ und danach zwei diagonale Eckpositionen ❷, ❸ für den erwünschten Ausschnitt. Wenn Sie eine Skizze in dieser Ansicht erstellt haben, müssen Sie diese nur anklicken.

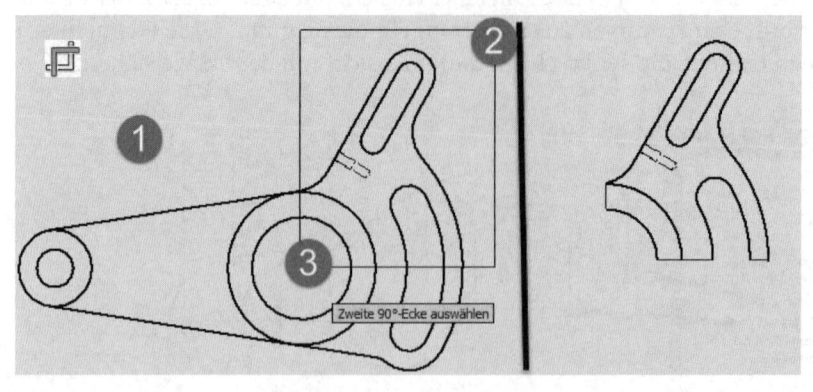

Abb. 7.28: ZUSCHNEIDEN einer Ansicht über zwei diagonale Positionen

7.2.5 Ausrichtung

Wenn Sie am Anfang des Kapitels die Standard-Ansichten erstellt haben, dann habe Sie vielleicht gemerkt, dass bei Verschieben der Erstansicht die anderen Ansichten orthogonal bleiben und mitgezogen werden. Um diese automatische Ausrichtung von Ansichten aufzuheben, gibt es die Funktion AUSRICHTUNG AUFHEBEN (Abbildung 7.29). Umgekehrt können Sie mit den Funktionen HORIZONTAL und VERTIKAL eine Ansicht wieder mit ihrer Erstansicht ausrichten.

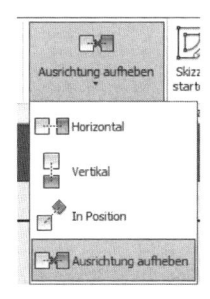

Abb. 7.29: AUSRICHTUNG AUFHEBEN und wieder erstellen

Mit IN POSITION können Sie Ansichten auch schräg zueinander fixieren. Abbildung 7.30 zeigt, nachdem die Iso-Ansicht mit IN POSITION schräg ausgerichtet wurde, wie die Ansichten beim Verschieben der Erstansicht mitlaufen.

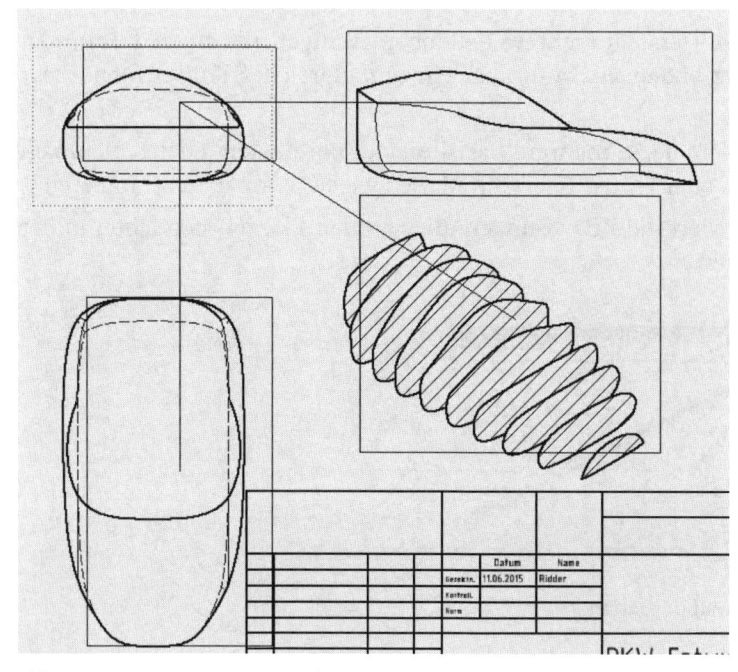

Abb. 7.30: Mit IN POSITION wurde die vierte Ansicht auch mit der Erstansicht gekoppelt.

7.3 Bemaßungen

Im Register MIT ANMERKUNG VERSEHEN finden Sie die Bemaßungsbefehle und viele Spezialbefehle für die technisch nötigen Beschriftungen und Symbole.

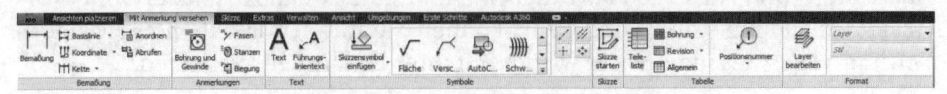

Abb. 7.31: Multifunktionsleiste mit Bemaßungs- und Beschriftungsbefehlen

Die erste Gruppe BEMAßUNGEN enthält folgende Bemaßungsbefehle:

- BEMAßUNG – erstellt je nach angeklicktem Objekt die verschiedensten Bemaßungen.
- BASISLINIE – BASISLINIE – erstellt mehrere Bezugsbemaßungen.
- BASISLINIE – BASISLINIENSATZ – erstellt mehrere Bezugsbemaßungen, die einen zusammenhängenden Satz bilden. Er kann über ein umfangreiches Kontextmenü bearbeitet werden.
- KOORDINATE – KOORDINATE – erstellt mehrere Absolutbemaßungen für die x- oder y-Koordinaten.
- KOORDINATE – KOORDINATENSATZ – erstellt mehrere Absolutbemaßungen für die x- oder y-Koordinaten, die in einem Satz zusammengefasst sind.
- KETTE – KETTE – erstellt mehrere Kettenbemaßungen.
- KETTE – GRUPPE – erstellt mehrere Kettenbemaßungen, die einen zusammenhängenden Satz bilden. Er kann über ein umfangreiches Kontextmenü bearbeitet werden.
- ANORDNEN – dient dazu, mehrere Basislinien-, Koordinaten- oder Kettenmaße nach Entfernen oder Hinzufügen von Maßen wieder korrekt zu arrangieren.
- ABRUFEN – aktiviert die Bemaßungen, die von den Skizzen her schon in den Bauteilen stecken.

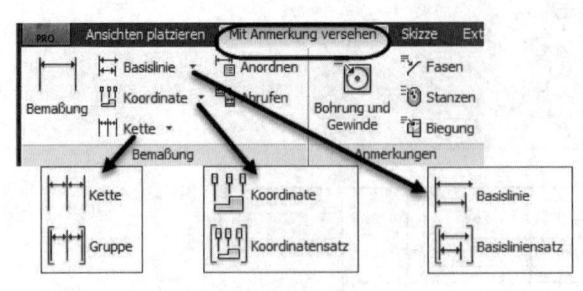

Abb. 7.32: Lineare Bemaßungsarten

Bemaßungsstil

Bevor mit den Bemaßungen begonnen wird, sollen noch zwei Änderungen am Bemaßungsstil vorgenommen werden. Den Stil finden Sie unter VERWALTEN|STIL-EDITOR. Dort sollten unter BEMAßUNG und dem Stil STANDARD (DIN) die NACHFOLGENDEN NULLEN nicht angezeigt werden. Außerdem sollte unter TEXT|NOTIZTEXT die Höhe **2,50** gewählt werden. Das ist nämlich die vorgegebene Maßtexthöhe. Für Maße mit Toleranzangaben wäre auch deren Texthöhe anzupassen. Sie ist im Bemaßungsstil im Register TEXT unter TOLERANZTEXTSTIL zu finden. Stellen Sie auch dort ein: `Notiztext (DIN)`.

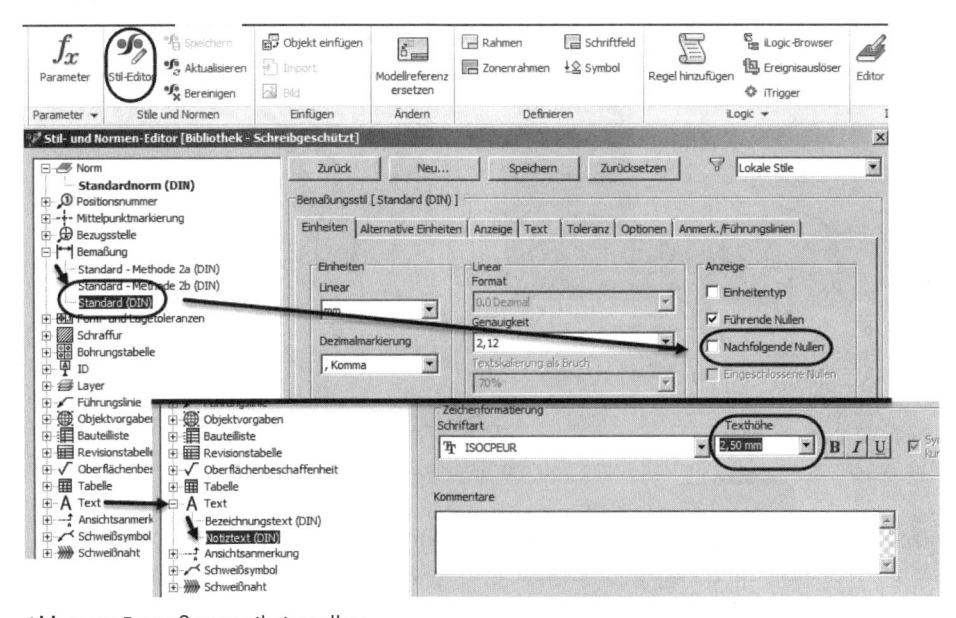

Abb. 7.33: Bemaßungsstil einstellen

Bemaßung

Mit dem Universalbefehl BEMAßUNG entstehen je nach Objektwahl die verschiedensten Bemaßungen (Abbildung 7.34). Klicken Sie zwei Punktpositionen an, dann entsteht eine lineare Bemaßung, vorzugsweise horizontal und vertikal. Eine ausgerichtete Bemaßung erhalten Sie, wenn Sie nahe der Verbindungslinie der Punkte bleiben oder über Rechtsklick explizit AUSGERICHTET wählen. Wenn Sie Bögen und Kreise anklicken, erhalten Sie Radiusbemaßungen oder auch Durchmesserbemaßungen.

Gehen Sie also mit Rechtsklick beim Bemaßen ins Kontextmenü, wenn Sie andere Einstellungen brauchen. An einem Bogen gibt es beispielsweise im Kontextmenü sieben verschiedene BEMAßUNGSTYPEN (Abbildung 7.34). Eine Winkelbemaßung ergibt sich aus zwei Linien oder aus drei Punkten: erster Winkelendpunkt, Scheitelpunkt und zweiter Winkelendpunkt. Die Zentrumspunkte von Kreisen oder Bögen können Sie immer fangen, wenn Sie vorher kurz den Kreis oder Bogen selbst berührt haben.

Im Kontextmenü erscheinen neben den BEMAẞUNGSTYPEN auch Optionen wie beim Bogen etwa PFEILSPITZEN INNEN oder FÜHRUNGSLINIE VOM MITTELPUNKT.

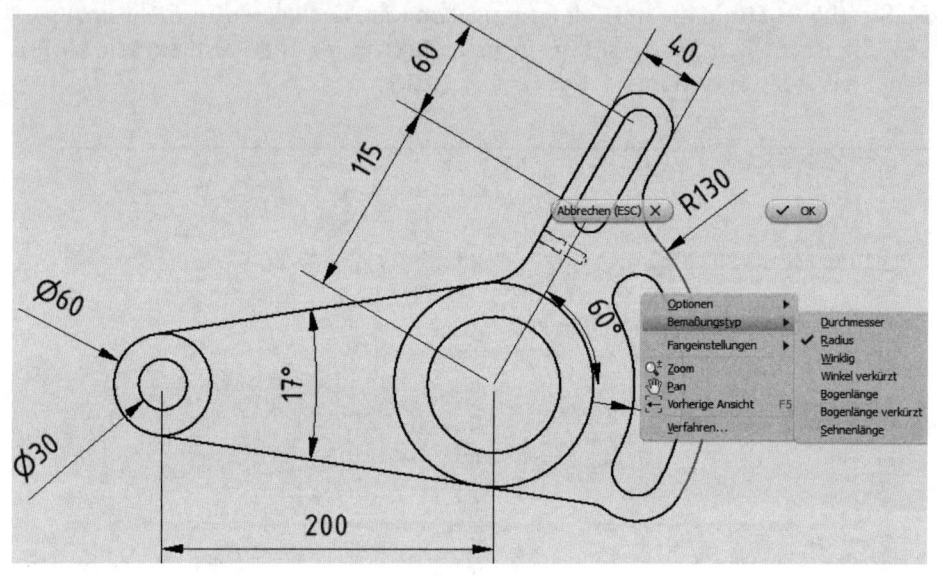

Abb. 7.34: Verschiedene Bemaßungstypen mit BEMAẞUNG erstellt

Nach Erstellen der Bemaßungen können Sie diese verschieben. Dabei werden Sie feststellen, dass die Maßlinien bei bestimmten Abständen einrasten und gleichzeitig punktiert erscheinen. So können Sie die vorschriftsmäßigen Abstände der Maßlinien von der Geometrie einhalten.

Im Kontextmenü der fertigen Bemaßungen können Sie auch nachträglich noch Typen und Genauigkeiten einstellen oder die Option BEARBEITEN aktivieren.

Sie versehen hiermit die Bemaßungen noch mit allen möglichen Textergänzungen (Abbildung 7.35). Beim Durchmesser-Symbol gibt es zwei Varianten, die untere sieht besser aus. Die Zeichenkette <<>> ist der Platzhalter für die Original-Maßzahl, die natürlich nicht verändert werden sollte. Über das Register TEXT können Sie vor oder hinter der Maßzahl noch Zeichen hinzufügen.

Im Register GENAUIGKEIT UND TOLERANZ lassen sich noch Toleranz- und Passungsangaben zu den Maßzahlen hinzufügen (Abbildung 7.36). Im letzten Register PRÜFBEMAẞUNG werden noch die nötigen Zeichen und die Prüfrate zur Bemaßung hinzugefügt.

7.3 Bemaßungen

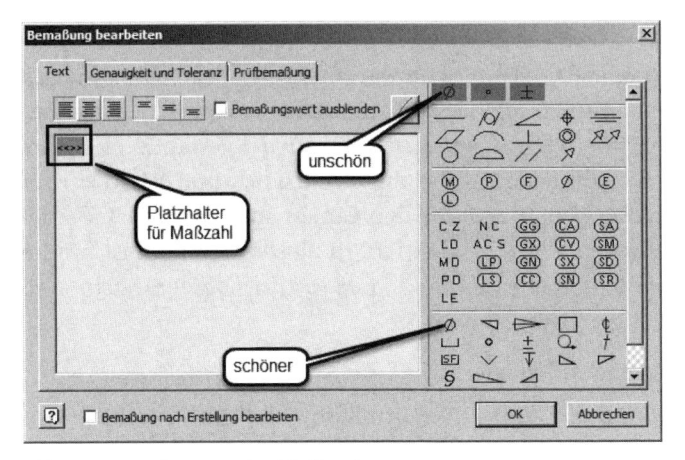

Abb. 7.35: Bearbeitung der Maßtexte

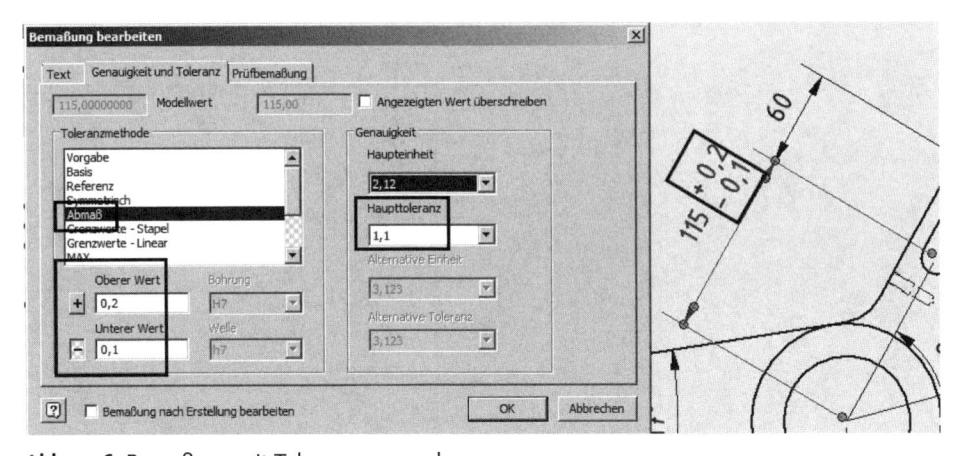

Abb. 7.36: Bemaßung mit Toleranzen versehen

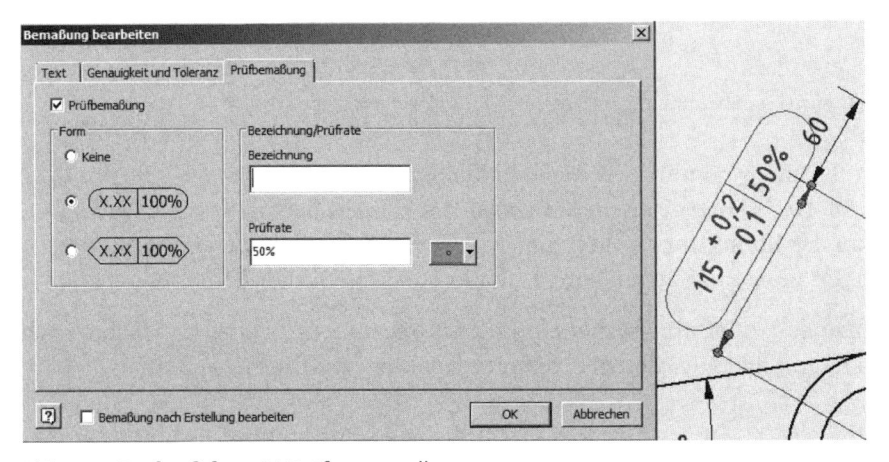

Abb. 7.37: Prüfmaß für 50% Prüfrate erstellen

Basislinie, Option Basislinie

Mit BASISLINIE, Unteroption BASISLINIE können mehrere *Bezugsbemaßungen* zusammen erstellt werden. Wählen Sie die zu bemaßenden Geometrien mit der Objektwahl KREUZEN oder FENSTER und entfernen Sie zu viel gewählte Elemente mit ⇧ + Klick. Die Objektwahl beenden Sie mit Rechtsklick und WEITER. Nun positionieren Sie die Bemaßungen, indem Sie den Cursor so lange vom Teil wegbewegen, bis die *Bemaßungen punktiert* erscheinen. In diesem Moment ist für die innerste Maßlinie der vorgeschriebene *Abstand 10 mm von der Kontur* erreicht, und Sie können mit Klick bestätigen. Nun können Sie

- noch weitere Punkte hinzuwählen oder
- einen Punkt anfahren und die Kontextmenüfunktion URSPRUNG wählen, um den *Basispunkt* der Bezugsbemaßung neu zu bestimmen oder
- mit Rechtsklick und ERSTELLEN beenden.

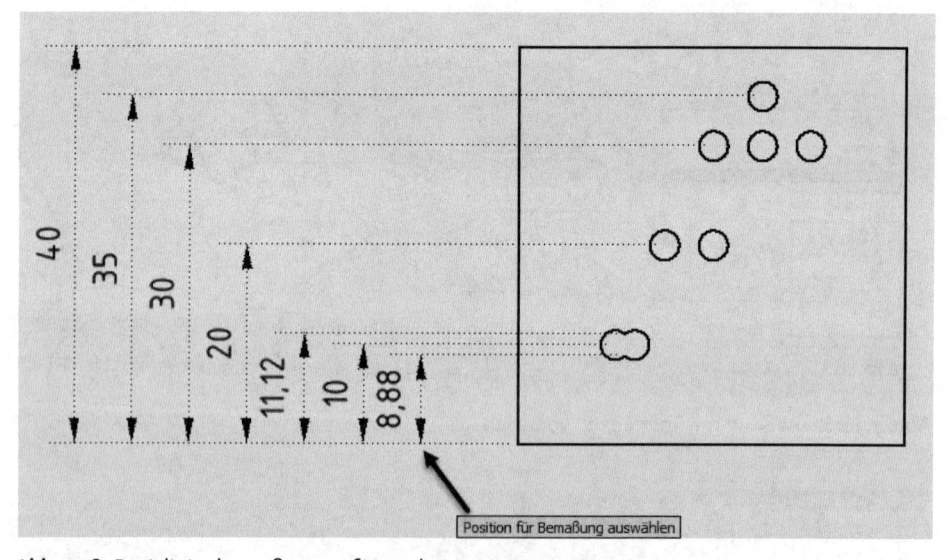

Abb. 7.38: Basislinienbemaßung auf Vorgabeposition eingerastet

In dem Beispiel sind nun zwei Maße enthalten, die gelöscht werden sollen: **11,12** und **8,88**. Nach Ende des Bemaßungsbefehls können Sie diese einfach anklicken und über das Kontextmenü oder mit Entf löschen. Mit dem Befehl ANORDNEN wählen Sie alle Bemaßungen zum erneuten Ausrichten aller Bemaßungen.

Jede einzelne Bemaßung ist hier ein Einzelobjekt und kann einzeln beliebig nach Anklicken mit den Funktionen des Kontextmenüs modifiziert werden.

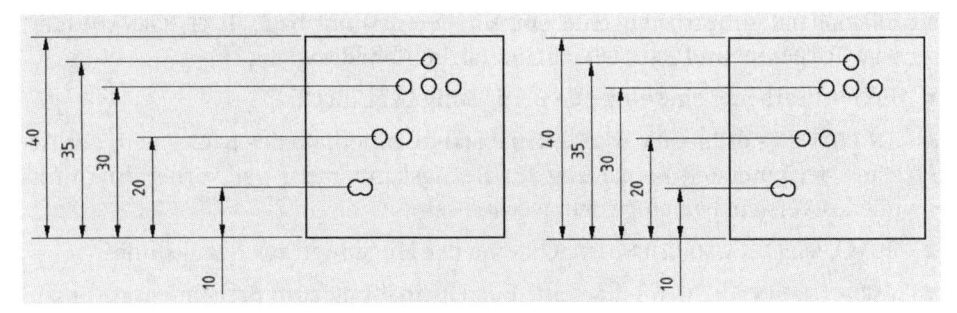

Abb. 7.39: Links Bemaßungen gelöscht, rechts nach ANORDNEN

Basislinie, Option Basisliniensatz

Bei dieser Art der Bezugsbemaßung wird nun ein zusammenhängender Satz von Bemaßungen erstellt, der dann auch wieder bearbeitet werden kann, aber diesmal über das Kontextmenü. Das Erstellen der Bemaßung läuft wie im vorangegangenen Abschnitt. Nur die Änderungen laufen nun alle über das Kontextmenü.

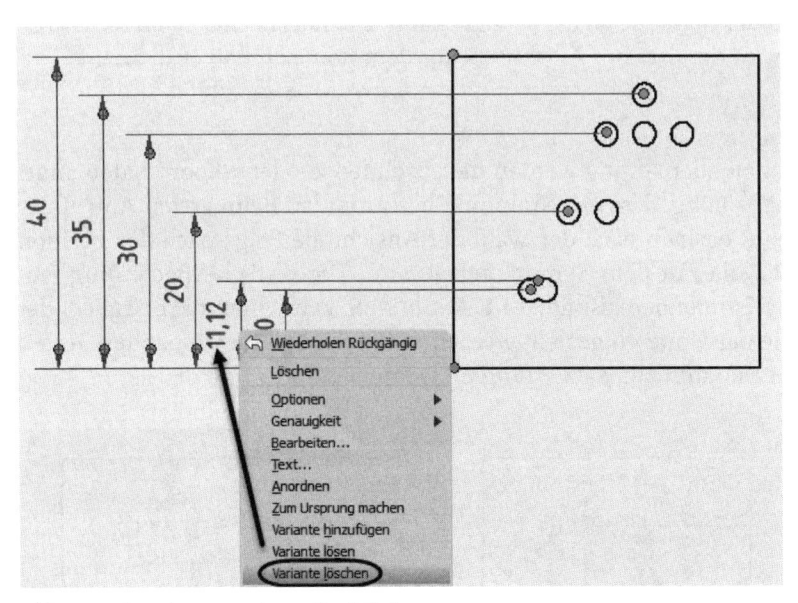

Abb. 7.40: Löschen aus einem Basisliniensatz

Im Kontextmenü bedeutet:

- LÖSCHEN – löscht den gesamten Basisliniensatz.
- OPTIONEN – ändert die Lage der Pfeilspitzen oder die Führungslinie für eine einzelne Maßlinie.
- GENAUIGKEIT – stellt die Anzahl Nachkommastellen für den gesamten Satz ein.

Kapitel 7
Zeichnungen erstellen

- BEARBEITEN – bearbeitet eine einzelne Bemaßung bzgl. TEXT, GENAUIGKEIT UND TOLERANZ und PRÜFBEMAẞUNG (siehe Abbildung 7.35 ff.).
- TEXT – bearbeitet eine einzelne Bemaßung bzgl. TEXT.
- ANORDNEN – ordnet die Maßlinienabstände innerhalb des Satzes neu, der Abstand der innersten Bemaßung zur Bezugskante muss ggf. vorher durch manuelles Verschieben eingestellt worden sein.
- ZUM URSPRUNG MACHEN – macht eine der Hilfslinien zur Bezugslinie.
- VARIANTE HINZUFÜGEN – fügt eine Einzelbemaßung zum Basisliniensatz hinzu.
- VARIANTE LÖSEN – löst eine Bemaßung aus dem Satz heraus und macht sie zu einer normalen Einzelbemaßung.
- VARIANTE LÖSCHEN – löscht eine Bemaßung aus dem Satz komplett heraus.

Für die Bearbeitung einzelner Elemente ist es wichtig, dass Sie das Kontextmenü auf dem betreffenden Element mit Rechtsklick starten.

Um im Beispiel die beiden nicht benötigten Bemaßungen nun aus dem Satz herauszunehmen, werden beide mit VARIANTE LÖSCHEN entfernt, dann wird die innerste Bemaßung mit der Maßlinie an die Kontur manuell herangeschoben, bis sie einrastet, und dann wird der Satz mit ANORDNEN aus dem Kontextmenü egalisiert.

Koordinaten

Bei der Koordinatenbemaßung werden die absoluten x- oder y-Koordinaten angezeigt. Dafür ist es nötig, dass ein Nullpunkt bestimmt ist. Beim ersten Aufruf des Befehls erscheint deshalb nach der Wahl der Ansicht die Frage nach der Position des Nullpunkts, die mit dem Symbol belegt wird. Die restliche Bedienung entspricht der Basislinienbemaßung. Mit ANORDNEN kann hier nachträglich der Abstand zur Bezugskante eingestellt werden und auch bei überlappenden Texten der Platz wie im Koordinatensatz arrangiert werden.

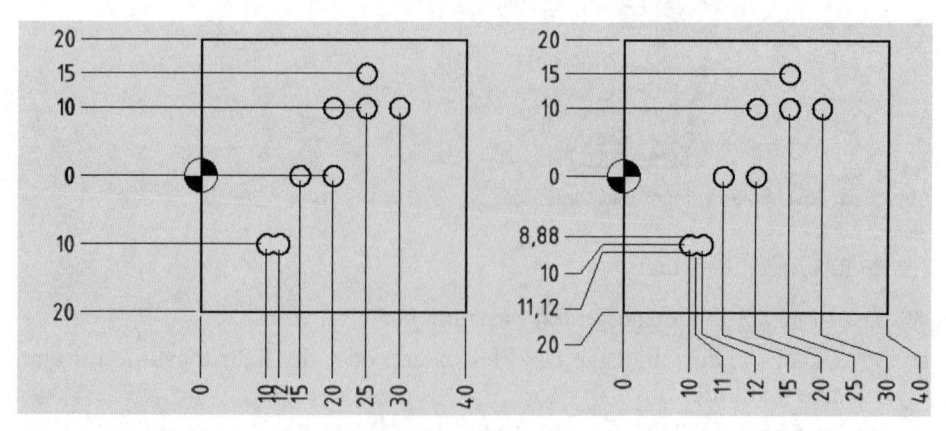

Abb. 7.41: Koordinatenbemaßung einzeln (li.) oder als Satz (re.)

Die Bemaßung mit dem Koordinatensatz ist hier klar von Vorteil, weil die Bemaßung dann im Abstand relativ zur Kontur einrastet und zudem die Maßzahlen mit geknickten Führungslinien erscheinen, wo es sonst zu eng wird.

Zum *Entfernen des Nullpunktsymbols* muss man es anklicken und im Kontextmenü URSPRUNGSINDIKATOR ENTFERNEN wählen. Wenn auch das Symbol weg ist, so ist nun der Nullpunkt für zukünftige Koordinatenbemaßungen gesetzt, das Symbol wird nicht mehr im Bemaßungsbefehl angeboten. Um es wieder zu aktivieren, müssen Sie eine Koordinatenbemaßung erzeugt haben. In deren Kontextmenü können Sie dann vor der Option URSPRUNGSINDIKATOR AUSBLENDEN das Häkchen wegnehmen. Dieser Ursprungsindikator kann auch ohne weitere Befehle mit dem Cursor angeklickt und an beliebige Positionen verschoben werden. Die Bemaßungen werden sich dann automatisch an den neuen Nullpunkt anpassen.

Kette

Für die *Kettenbemaßung* heißt die Einzelbemaßung KETTE und die Bemaßung als Satz GRUPPE. Beides ist wieder wie bei der BASISLINIE zu bedienen. Hier rastet die Bemaßung in beiden Fällen wieder im Abstand 10 mm von der Kontur ein.

Bei der Auswahl für die zweite Maßkette ist darauf zu achten, dass Sie bei einer Kreuzen-Wahl nicht die Maßobjekte der ersten Kette mitwählen. Man kann Bemaßungsobjekte nicht bemaßen! Wenden Sie deshalb Fenster-Wahl an und wählen Sie nur Geometrieobjekte.

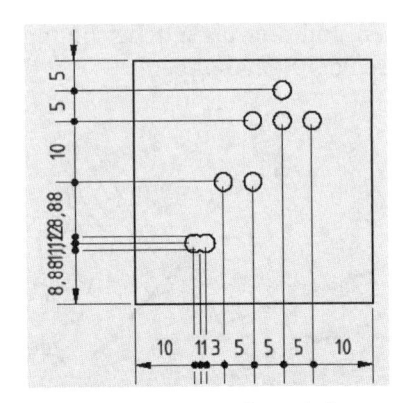

Abb. 7.42: Kettenbemaßung, links KETTE, unten GRUPPE

Anordnen

Mit ANORDNEN können Sie die Abstände der Maßlinien von Einzelbemaßungen wieder gleichmäßig anpassen. Es sind die Bemaßungen zu wählen und, falls die Bezugskante eine andere ist, dann über das Kontextmenü noch das KONTUROBJEKT.

Die Funktion kann auch auf *Maßketten* und *Koordinatenbemaßungen* angewendet werden, um diese wieder fluchtend und auszurichten.

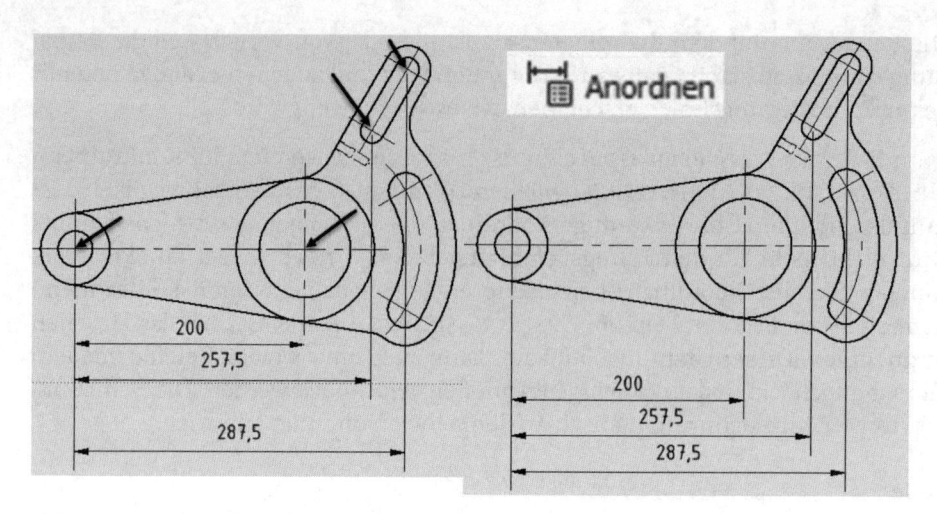

Abb. 7.43: Basislinienbemaßung (li.) mit Anordnen (re.) bearbeitet

Abrufen

Dieser Befehl gestattet den Abruf einzelner oder auch aller Bemaßungen, die schon in der Skizze enthalten sind. Die Option wird ja auch bei Erstellung der Erstansicht für alle Skizzenbemaßungen angeboten, aber hier können nun einzelne relevante Bemaßungen ausgewählt werden.

Interessant ist dies deshalb, weil Sie bestimmte Maße ja schon in der Skizze mit Toleranzen oder Passungsangaben versehen haben und dies bis zur Zeichnung weiterreichen möchten. Das geht nur durch Abrufen der Bemaßungen.

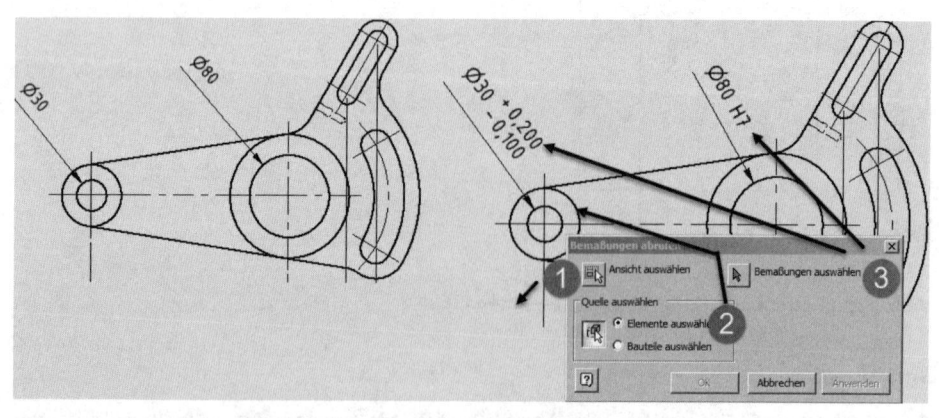

Abb. 7.44: Normale Bemaßung links, Abrufen einzelner Maße rechts

Sie wählen zuerst die ANSICHT ❶, die bei der Wahl am Bildschirm als schwach rot punktierte Kontur unter dem Cursor erscheint. Dann können Sie entscheiden, ob einzelne ELEMENTE der Konstruktion wie EXTRUSIONEN oder DREHUNGEN usw. oder BAUTEILE ❷ gewählt werden sollen. Es werden dann alle verfügbaren Bemaßungen angezeigt, aus denen Sie mit BEMASSUNGEN AUSWÄHLEN ❸ schließlich die gewünschten wählen.

7.4 Symbole

7.4.1 Gewindekanten

Schon über die Einstellungen der ANSICHT lassen sich zeichnungsspezifische Details automatisch generieren. Dazu gehören die *Gewindekanten*. Notfalls lässt sich das durch ANSICHT BEARBEITEN über Rechtsklick auch noch ändern.

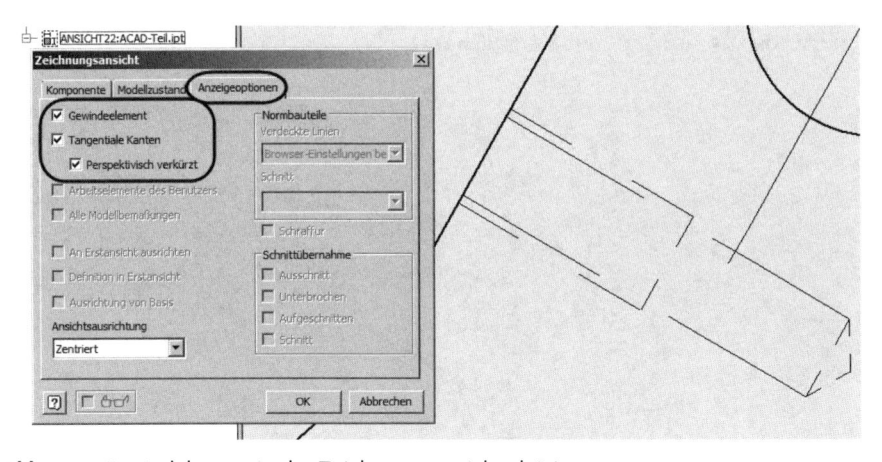

Abb. 7.45: Gewindekanten in der Zeichnungsansicht aktiviert

7.4.2 Mittellinien

Auch zum Erstellen automatischer Mittellinien gibt es im Kontextmenü der Ansicht ❶ eine Option ❷. Sie können dann im Dialogfeld auswählen, welche Objekte ❸ zu automatischen Mittellinien verwendet werden sollen (Abbildung 7.46). Auch an die PROJEKTIONSRICHTUNG ❹ sollten Sie denken, um passend dazu Mittellinien oder Zentrumsmarken zu erhalten. Unerwünschte Mittellinien können Sie natürlich nach Erstellung ❺ jederzeit einfach löschen. Mittellinien in Draufsicht ergeben Mittelpunktkreuze (Abbildung 7.47).

Kapitel 7
Zeichnungen erstellen

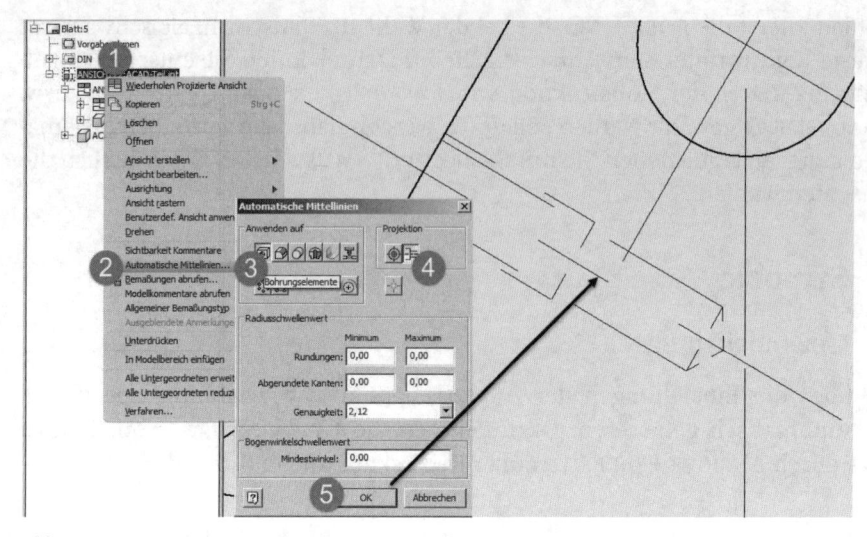

Abb. 7.46: AUTOMATISCHE MITTELLINIEN erstellen

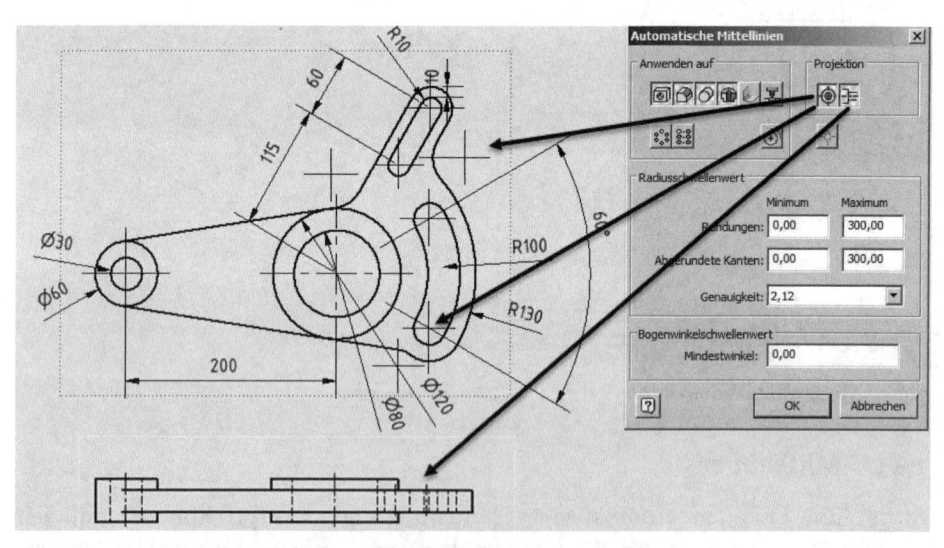

Abb. 7.47: Automatisch Mittellinien und Zentrumsmarken erstellen

Was nicht automatisch erzeugt wird, müssen Sie dann einzeichnen. Dafür gibt es vier Funktionen, die die diversen Mittellinien zeichnen:

- MITTELLINIE – ist eine einfache Mittellinie, die über zwei Punktpositionen erstellt wird. Wenn die beiden Punkte ❷, ❸ wie im Beispiel Mittelpunkte oder Zentrumspunkte auf Bogenstücken sind, entstehen zusätzlich zur Mittellinie die Mittelpunktmarken.

- SYMMETRIELINIE DER MITTELLINIE – Das ist eine Mittelinie, die eine Symmetrieachse darstellt. Sie wird durch Anklicken der symmetrischen Objekte ❺, ❻ erzeugt.
- MITTELPUNKTSMARKIERUNG – erzeugt für angeklickte Kreise oder Bögen die Mittelpunktkreuze ❽, ❾.
- ZENTRIERTE ANORDNUNG – generiert einen Teilkreis mit Mittelpunktmarken. Zuerst wird das Objekt angeklickt, das als Zentrum der Anordnung dient, wie hier der Kreis ⓫. Dann folgt das Objekt für den ersten Mittelpunkt ⓬, dann das nächste ⓭ usw. Mit Rechtsklick und ERSTELLEN wird abgeschlossen.

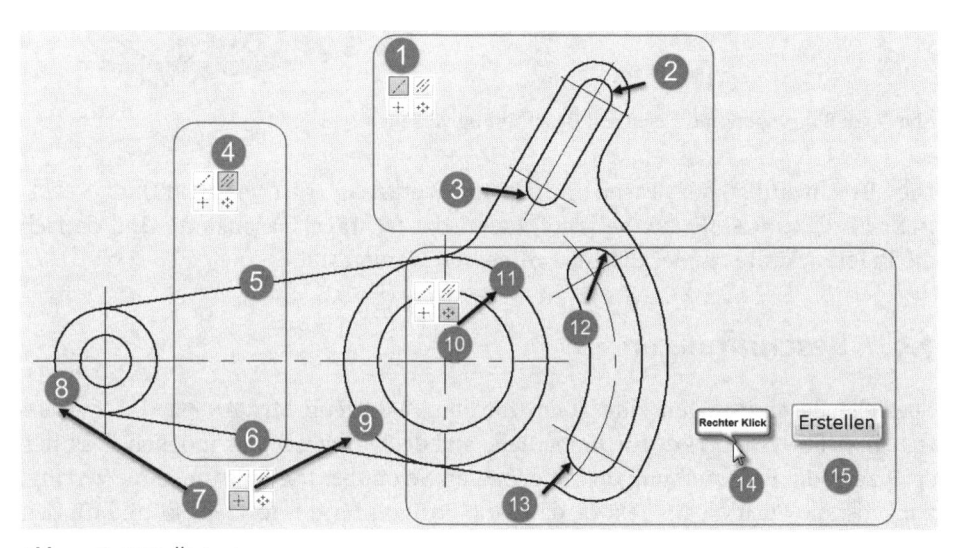

Abb. 7.48: Mittellinientypen

7.4.3 Bohrungssymbole

Mit dem Werkzeug MIT ANMERKUNG VERSEHEN|ANMERKUNGEN|BOHRUNGEN UND GEWINDE erstellen Sie die speziellen Beschriftungen mit allen nötigen Angaben automatisch. Die Informationen stammen vom Bohrungsmanager. Wenn Sie Bohrungen nicht mit dem Bohrungsmanager erstellt haben, gibt es hier nur die Information über Durchmesser und Tiefe.

Abb. 7.49: Anmerkungen für Bohrungen, Fasen etc.

Kapitel 7
Zeichnungen erstellen

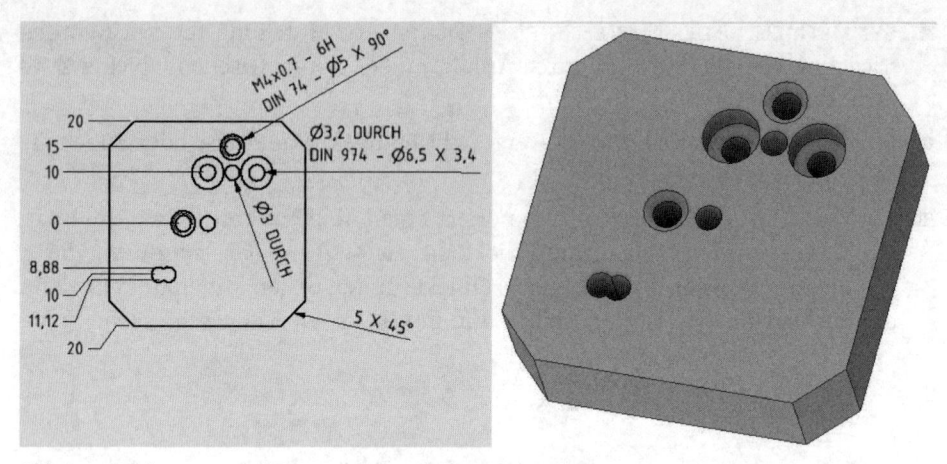

Abb. 7.50: Bohrungen und Fasen mit Beschriftung versehen

Die Beschriftung der Fasen mit dem Werkzeug MIT ANMERKUNG VERSEHEN|ANMERKUNGEN|FASEN verlangt zuerst die (schräge) Fasenkante und danach die Referenzkante, zu der die Fase gemessen werden soll.

7.5   Beschriftungen

Spezielle Beschriftungen sind auch mit dem Werkzeug MIT ANMERKUNG VERSEHEN|TEXT|FÜHRUNGSTEXT für Einbauteile aus dem Inhaltscenter möglich. Das Beispiel zeigt die Beschreibung der eingebauten Schraube. Die Führungslinie verlangt zunächst die Position am Text ❶, dann die Position für die Textzeile ❷ und für den Textstart ❸. Nach Rechtsklick und WEITER erscheint das Dialogfeld für den Text. Um Daten aus dem Modell abzurufen, wählen Sie im Feld TYP ❹ EIGENSCHAFTEN – MODELL. Im Feld EIGENSCHAFT ❺ liefert BAUTEILNUMMER dann im Text die Daten des Bauteils. Nicht vergessen dürfen Sie TEXTPARAMETER HINZUFÜGEN ❻, um die BAUTEILNUMMER auch in die Textzeile zu kopieren. Mit OK ❼ beenden Sie.

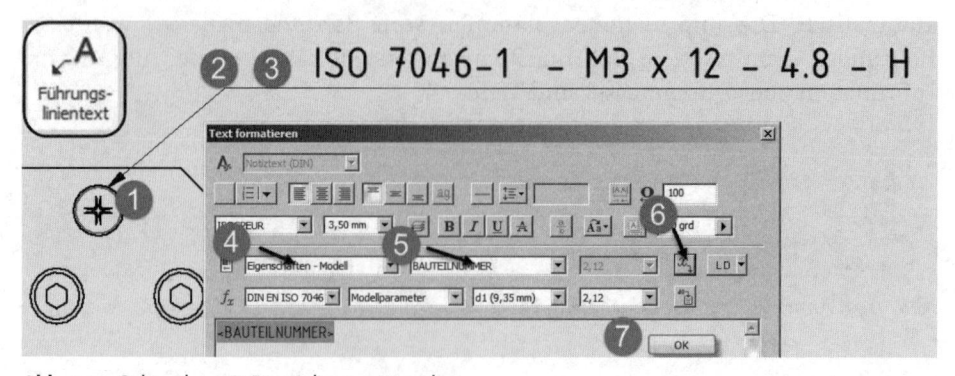

Abb. 7.51: Schraube mit Bezeichnung versehen

Sie können zu einem Führungstext ❶ mit dem Kontextmenü ❷ auf einem Knoten auch weitere Führungspfeile hinzufügen ❸ – ❹. Den Führungstext mit dem Faktor **2x** davor müssen Sie aber händisch ergänzen.

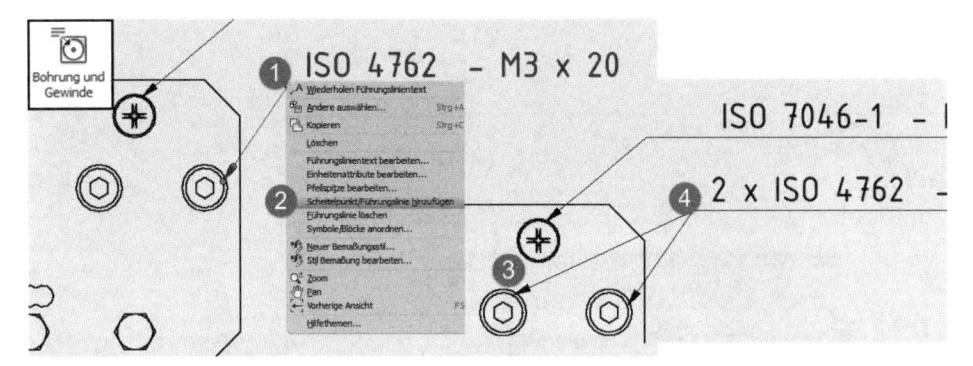

Abb. 7.52: Zusätzliche Führungspfeile

Mit dem Befehl TEXT können freie Texte, aber auch Parameter aus der Zeichnung oder aus dem Modell ausgegeben werden.

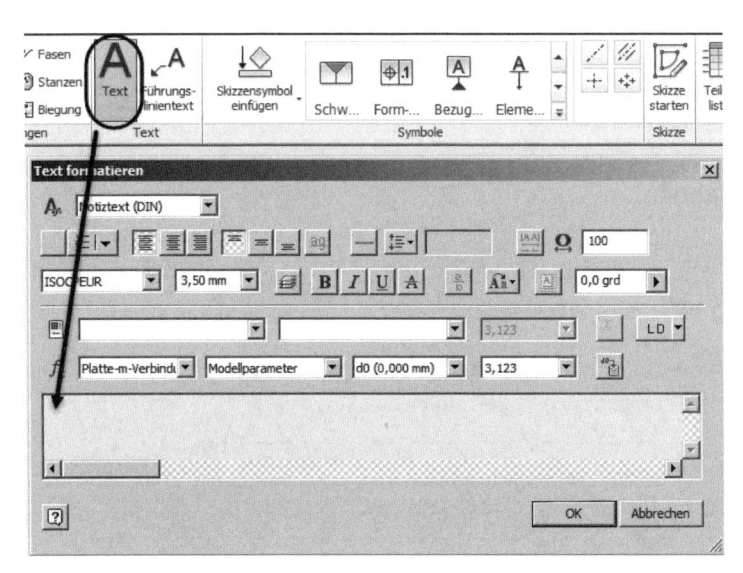

Abb. 7.53: TEXT-Befehl

7.5.1 Form-/Lagetoleranzen

Unter MIT ANMERKUNG VERSEHEN|SYMBOLE|ELEMENTSYMBOL finden Sie die *Form- und Lagetoleranzen*. An der gleichen Stelle sind auch die Bezugssymbole zu finden. Für die *Form- und Lagetoleranz* wählen Sie zuerst das zu tolerierende Objekt ❶ und

Kapitel 7
Zeichnungen erstellen

geben dann die nächsten beiden Punkte ❷ bis ❸ für die Führungslinie ein. Nach Rechtsklick und WEITER wählen Sie im Dialogfenster unter SYM das Symbol aus ❹ und geben schließlich den Wert für TOLERANZ ❺ und den Bezugsbuchstaben ❻ ein.

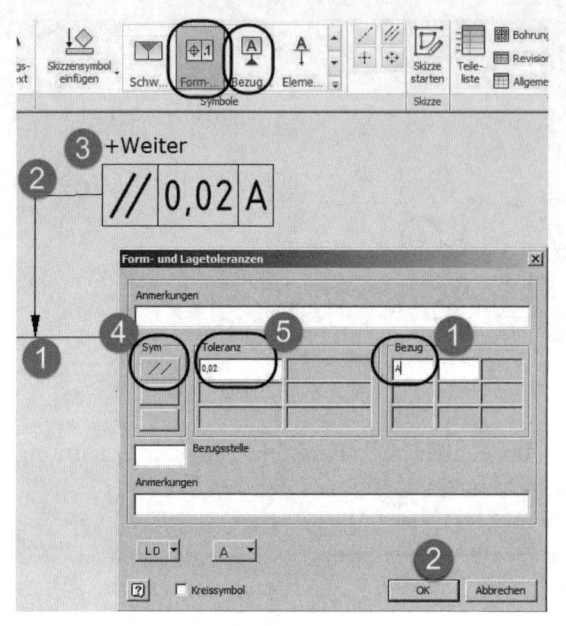

Abb. 7.54: Form- und Lagetoleranz

7.5.2 Bohrungstabelle

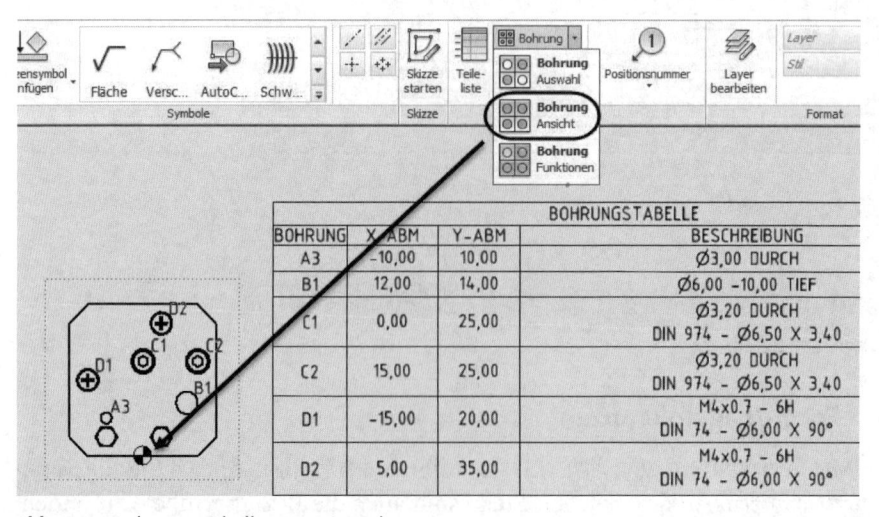

BOHRUNG	X-ABM	Y-ABM	BESCHREIBUNG
A3	-10,00	10,00	Ø3,00 DURCH
B1	12,00	14,00	Ø6,00 -10,00 TIEF
C1	0,00	25,00	Ø3,20 DURCH DIN 974 - Ø6,50 X 3,40
C2	15,00	25,00	Ø3,20 DURCH DIN 974 - Ø6,50 X 3,40
D1	-15,00	20,00	M4x0.7 - 6H DIN 74 - Ø6,00 X 90°
D2	5,00	35,00	M4x0.7 - 6H DIN 74 - Ø6,00 X 90°

Abb. 7.55: Bohrungstabelle einer Ansicht

Unter MIT ANMERKUNG VERSEHEN|TABELLE|BOHRUNG finden Sie drei Optionen zur automatischen Erstellung einer Bohrungstabelle. Im Beispiel wurde die Option BOHRUNG – ANSICHT gewählt, um eine automatische Tabelle für alle Bohrungen einer Ansicht zu erstellen (Abbildung 7.55). Der Befehl verlangt als Erstes die Positionierung des *Nullpunktsymbols*. Erst danach erscheint die Tabelle. Sie können die einzelnen Spalten und Zeilen verschieben oder die komplette Tabelle über die äußeren Berandungslinien verschieben. Mit einem Doppelklick auf die Oberkante kann die Tabelle auch formatiert werden.

7.5.3 Stückliste

Als Beispiel wurde hier die Zeichnung einer Baugruppe für eine Kurbel verwendet. Zwei Schritte führen zur Stückliste mit Positionsnummern. Zunächst wird unter MIT ANMERKUNG VERSEHEN|TABELLE|POSITIONSNUMMER die AUTOMATISCHE POSITIONSNUMMER aufgerufen. Zuerst wählen Sie die Ansicht ❶ und dann markieren Sie alle Komponenten darin ❷. Schließlich geben Sie eine Position für die PLATZIERUNG der Positionsnummern an ❸. Im Beispiel wurde die kreisförmige Anordnung gewählt, sie können aber auch linear horizontal oder vertikal angeordnet werden. Die Positionsnummern haben vielleicht nicht die ideale Lage, aber sie können nach Anklicken verschoben werden. Auch die Pfeilspitzen können verschoben werden, damit die Zuordnung eindeutig wird. Wichtig dabei ist jedoch, dass die Pfeilspitzen am selben Objekt hängen bleiben.

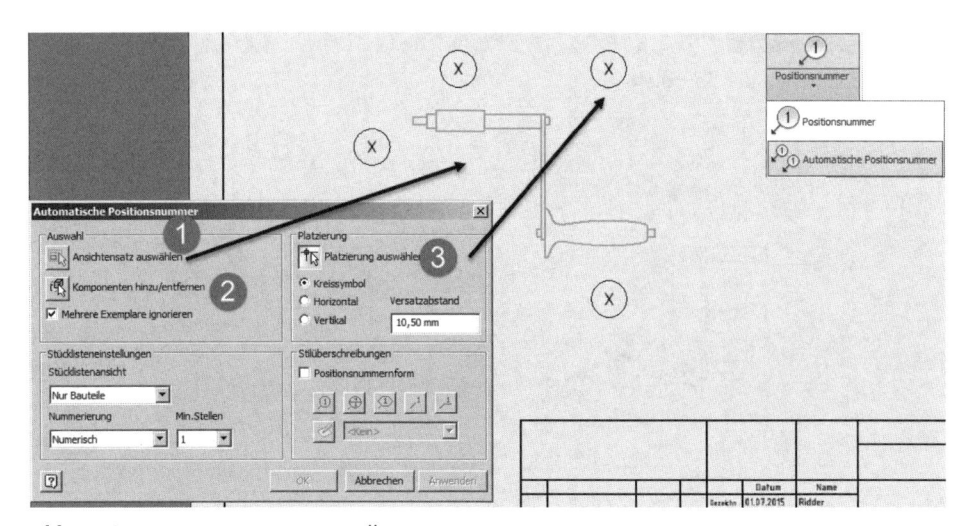

Abb. 7.56: Positionsnummern erstellen

Nach den Positionsnummern kann dann die Teileliste über MIT ANMERKUNG VERSEHEN|TABELLE|TEILELISTE erzeugt werden. Zuerst wählen Sie wieder die Ansicht ❶. Dann beenden Sie mit OK den Dialog ❷ und können die Teileliste positionieren. Die

Kapitel 7
Zeichnungen erstellen

Zeilen und Spalten der Teileliste lassen sich manuell verschieben. Nach Doppelklick auf die Liste können Sie diese bearbeiten und ggf. noch weiter ergänzen.

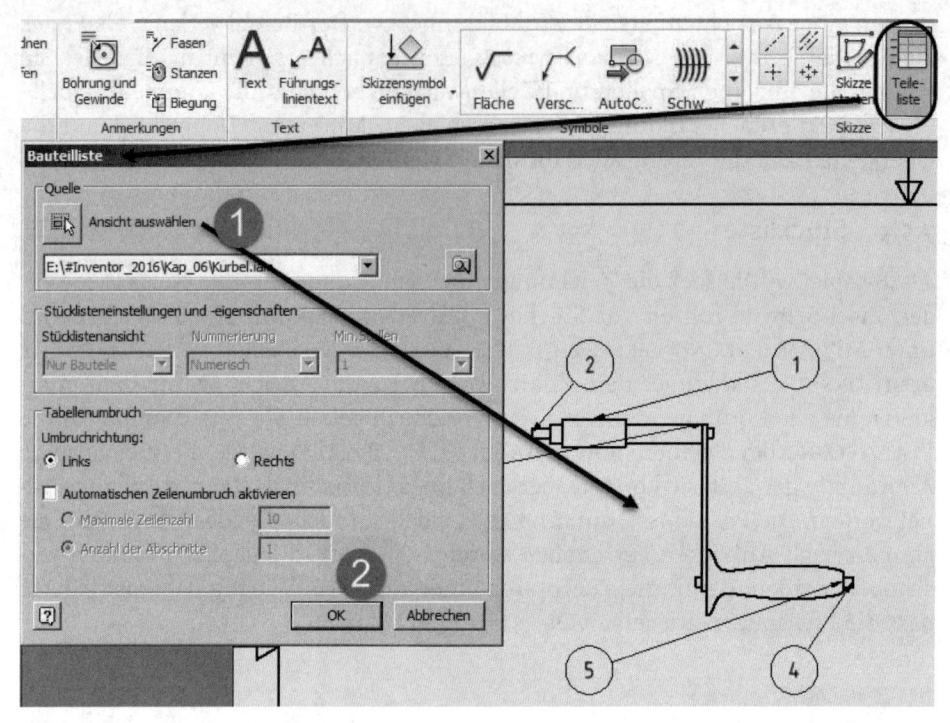

Abb. 7.57: Erstellen der Stückliste

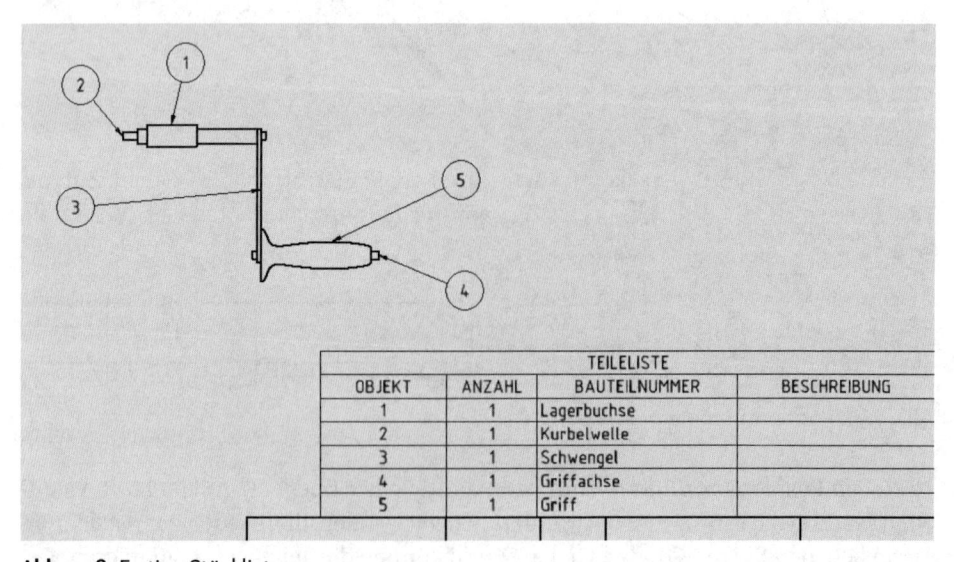

TEILELISTE			
OBJEKT	ANZAHL	BAUTEILNUMMER	BESCHREIBUNG
1	1	Lagerbuchse	
2	1	Kurbelwelle	
3	1	Schwengel	
4	1	Griffachse	
5	1	Griff	

Abb. 7.58: Fertige Stückliste

7.6 Übungsfragen

1. Mit welcher Blattgröße startet Inventor eine Zeichnung?
2. Wie wählen Sie die Richtung für die Erstansicht aus?
3. Wo stellen Sie die automatischen Mittellinien ein?
4. Wo stellen Sie die Sichtbarkeit verdeckter Kanten ein?
5. Welche Optionen gibt es für eine Detailansicht?
6. Was bedeutet die Ansichts-Änderung AUSSCHNITT?
7. Was ist zum Zuschneiden einer Ansicht nötig?
8. Nennen Sie die Unterschiede zwischen den Bemaßungen BASISLINIE und BASISLINIENSATZ.
9. Wie können Sie eine Bemaßung aus der Skizze übernehmen?
10. Erläutern Sie die vier Arten von Mittellinien/Mittelpunkten.

Kapitel 8

Präsentationen, realistische Darstellungen und Rendern

8.1 Präsentationen – Explosionsdarstellung

Unter der Bezeichnung PRÄSENTATION ist im Inventor die *Explosionsdarstellung* zu verstehen. Als Eingabe wird eine Baugruppe verlangt, die Ausgabedatei hat die Endung *.ipn.

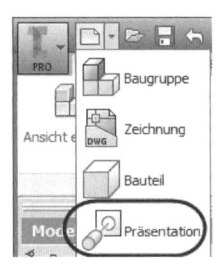

Abb. 8.1: Neue PRÄSENTATION erstellen

8.1.1 Funktionsübersicht

Die PRÄSENTATION beginnt mit ANSICHT ERSTELLEN und verlangt die Wahl einer Baugruppendatei. Es kann eine automatische Explosion erfolgen. Dabei ist es wichtig, einen brauchbaren ABSTAND einzugeben (Abbildung 8.2). Die Option ALLE EBENEN explodiert auch Unterbaugruppen, EINE EBENE nur die oberste Hierarchieebene. Zur Erzeugung der Pfade, sprich der sichtbaren Explosionswege, gibt es vier Optionen (Abbildung 8.3):

- KEINE – Es werden keine sichtbaren Linien zur Pfadanzeige erstellt.
- ALLE KOMPONENTEN – Pfade werden für Bauteile und Baugruppen erstellt, Pfade für Bauteile, die in Baugruppen enthalten sind, werden innerhalb der Baugruppen nur unter der Option ALLE EBENEN generiert.
- ALLE BAUTEILE – Pfade werden für Bauteile, nicht für Baugruppen erstellt.
- EINZELN – Es wird für jede einzelne Positionsveränderung ein einzelner Pfad erstellt.

Kapitel 8
Präsentationen, realistische Darstellungen und Rendern

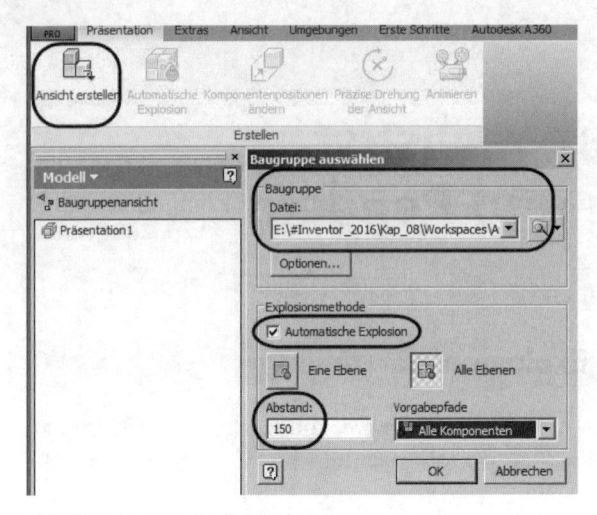

Abb. 8.2: Automatische Explosion

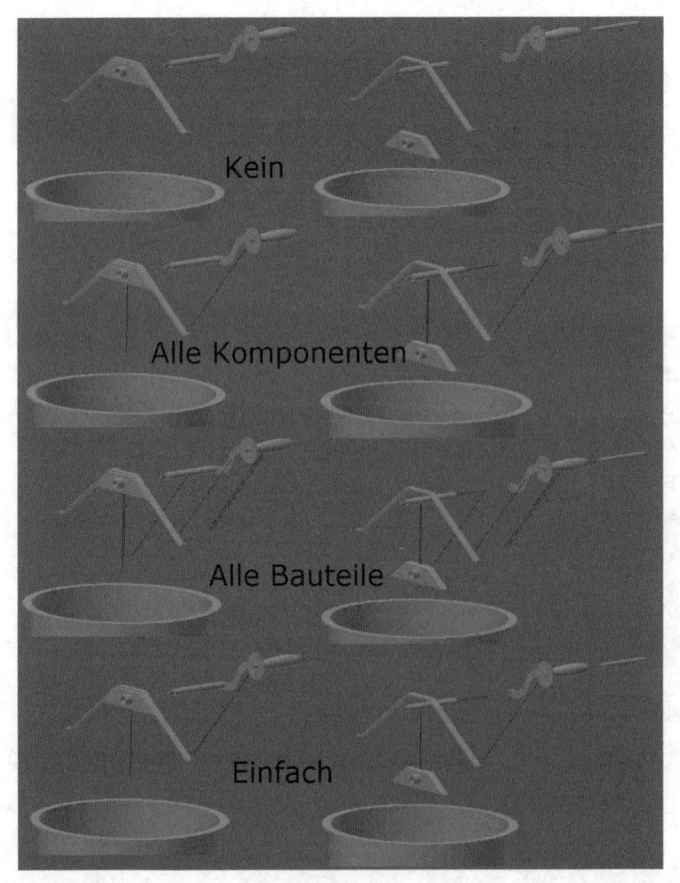

Abb. 8.3: Varianten der automatischen Explosion, links Option EINE EBENE, rechts ALLE EBENEN

8.1.2 Automatisch explodieren

Die automatisch erstellten Explosionswege entsprechen nicht immer den gewünschten Pfaden (Abbildung 8.4). Die Pfade können auch im BROWSER angezeigt und der Größe nach verändert werden. Bei falscher Ausrichtung der Pfade können Sie diese nach Rechtsklick übers Kontextmenü löschen (Abbildung 8.5).

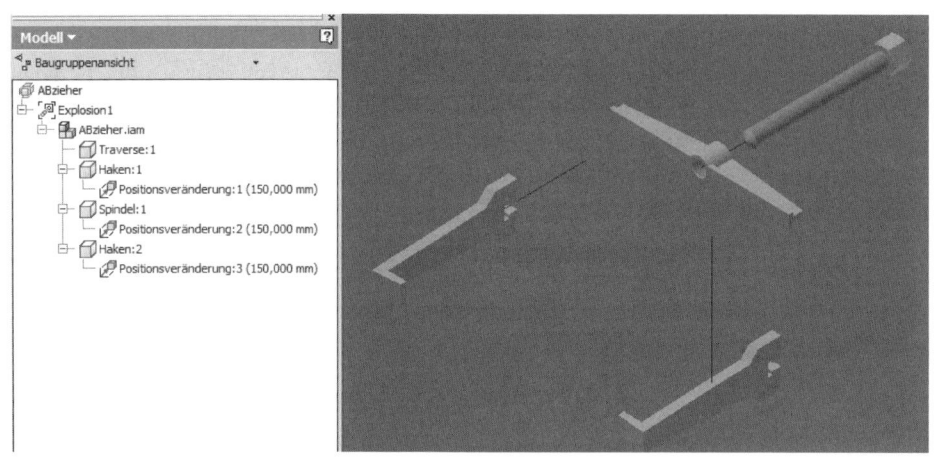

Abb. 8.4: Automatisch explodierter Abzieher

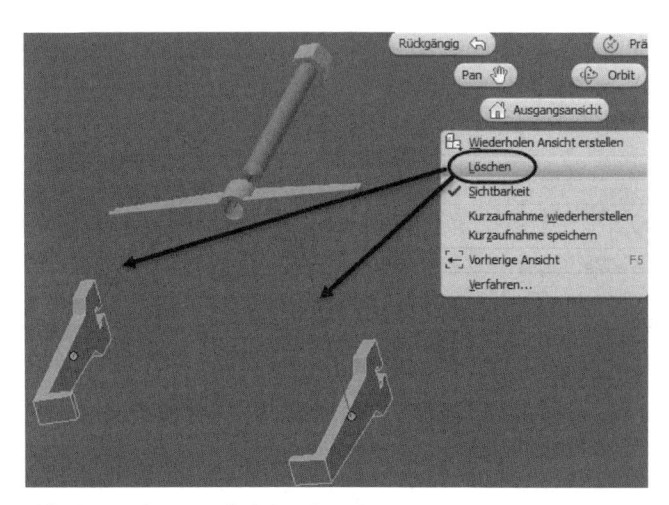

Abb. 8.5: Explosionspfade löschen

8.1.3 Individuell explodieren

Neue oder zusätzliche Explosionspfade können Sie mit dem Werkzeug PRÄSENTATION|ERSTELLEN|KOMPONENTENPOSITIONEN ÄNDERN erstellen (Abbildung 8.6). Zum Dialog erscheint ein Mini-Menü mit den Optionen VERSCHIEBEN, DURCHGEHENDE VERSCHIEBUNG und DREHEN.

Kapitel 8
Präsentationen, realistische Darstellungen und Rendern

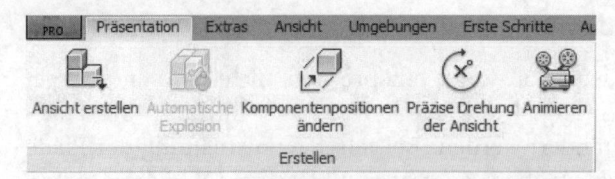

Abb. 8.6: Funktionen für Präsentationen

Bei VERSCHIEBEN wird ein linearer Explosionspfad erstellt. Dazu erscheint dann ein Koordinaten-Dreibein, das Sie auf eine ebene Fläche setzen können. Es wird davon ausgegangen, dass dieses Element auch verschoben werden soll. Wenn das gewählte Element nicht verschoben werden soll, sondern nur als Referenzposition dient, müssen Sie es mit [Strg] + Klick abwählen und dafür ein oder mehrere andere Elemente wählen.

Zur Objektwahl gibt es noch zwei Methoden:

BAUTEIL – Sie können jedes einzelne Bauteil wählen, egal ob es Teil einer Baugruppe ist oder nicht.

KOMPONENTE – Hiermit wählen Sie Bauteile oder Baugruppen, aber keine Bauteile innerhalb der Baugruppen.

Unter VORGABEPFADE können Sie dieselbe Auswahl für die zu erzeugenden Pfade wählen wie in der automatischen Explosion (Abbildung 8.2).

Nach Positionieren des Dreibeins können Sie eine der drei Koordinatenachsen für die Richtung auswählen (Abbildung 8.7) und die Entfernung eintippen oder einfach dynamisch daran ziehen (Abbildung 8.8).

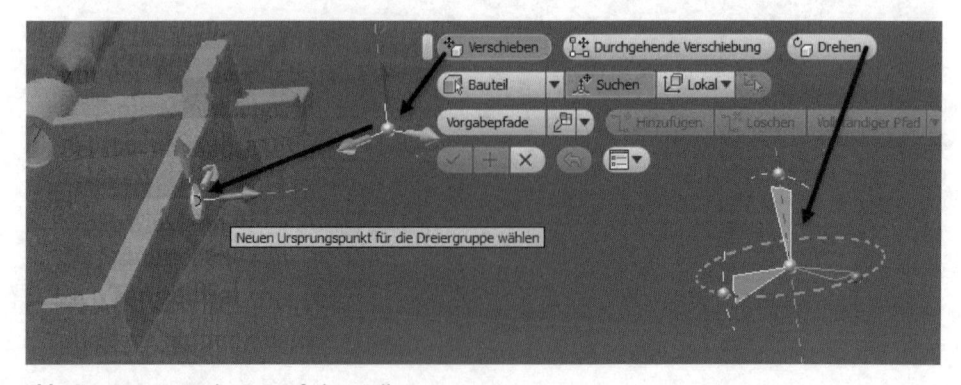

Abb. 8.7: Neuen Explosionspfad erstellen

Unter DURCHGEHENDE VERSCHIEBUNG können Sie einen Gesamt-Pfad bestehend aus mehreren linearen Segmenten erstellen.

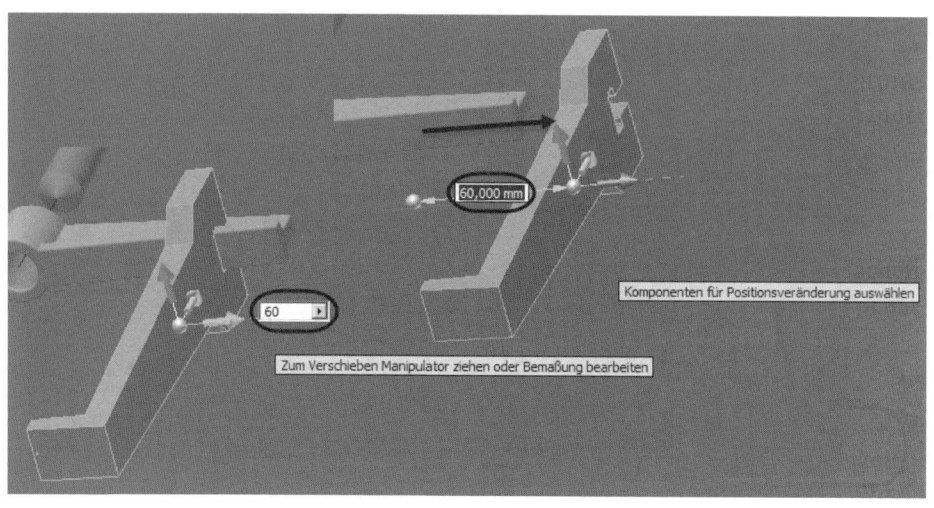

Abb. 8.8: Entfernungseingabe

Die Option DREHEN bietet wieder ein Dreibein zum Positionieren und zur Auswahl der Drehachse an (Abbildung 8.7 und Abbildung 8.9). Damit können dann in die Pfade auch Drehungen eingebaut werden. Die Winkel können als diskrete Zahlen eingegeben werden oder durch Ziehen an den gezeigten Kugeln über den Winkelsymbolen erzeugt werden.

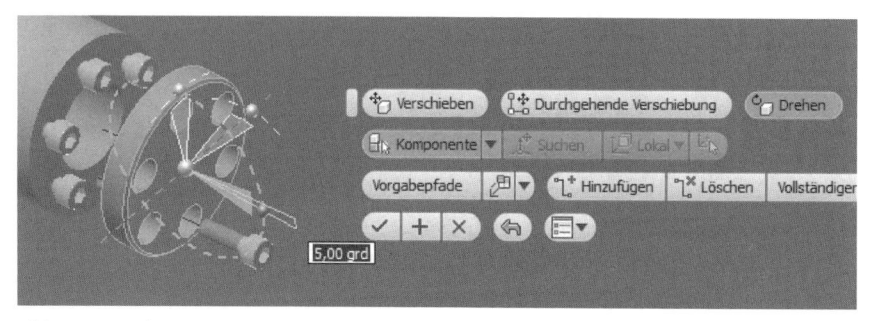

Abb. 8.9: Drehen im Explosionspfad

Abbildung 8.10 zeigt eine explodierte Baugruppe, die auf einer Seite mehrere Schrauben enthält, die einzeln eingefügt wurden, auf der anderen Seite eine Komponentenanordnung (siehe Browserdiagramm der Baugruppendarstellung in Abbildung 8.11). Es zeigt sich, dass bei der automatischen Explosion die Komponentenanordnung nicht mitgenommen wird, lediglich die erste Schraube der Anordnung wird hier korrekt verschoben.

Kapitel 8
Präsentationen, realistische Darstellungen und Rendern

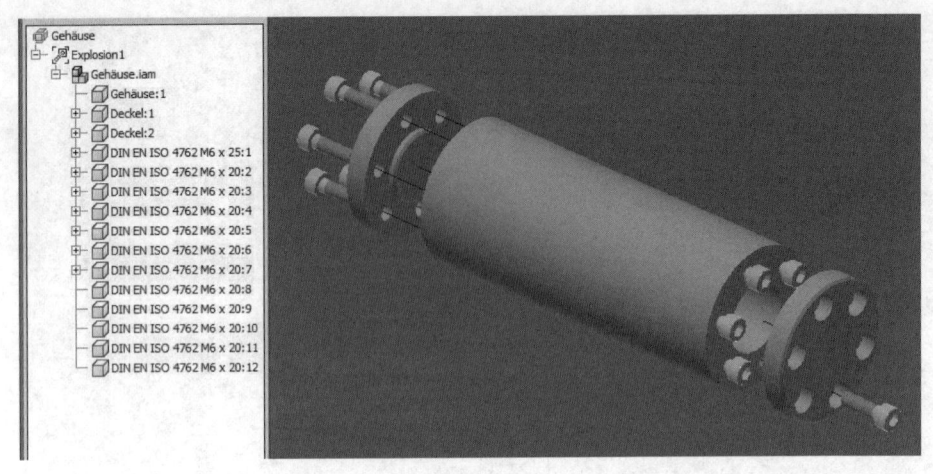

Abb. 8.10: Explosion und Komponentenanordnung

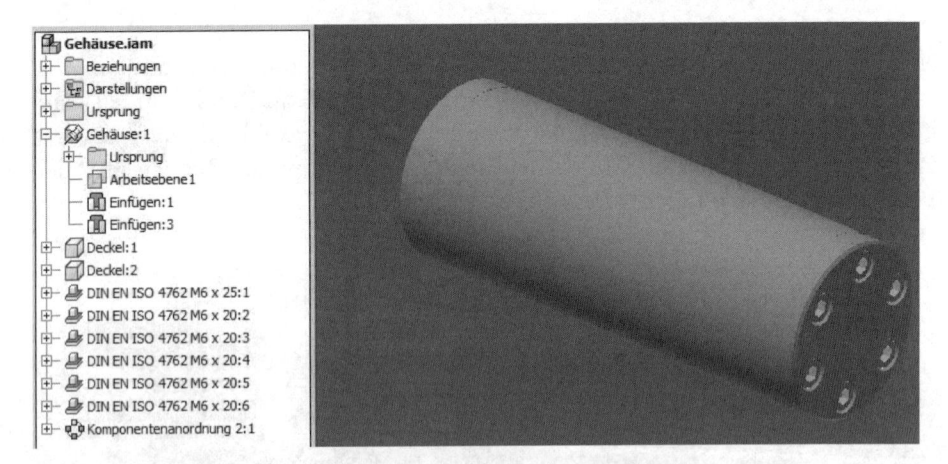

Abb. 8.11: Baugruppe mit Einzel-Komponenten und Anordnung

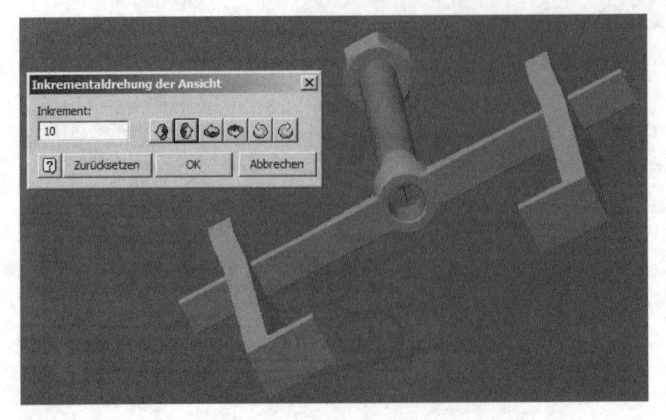

Abb. 8.12: Schrittweise Ansicht drehen

Unter der Funktion PRÄSENTATION|ERSTELLEN|PRÄZISE DREHUNG DER ANSICHT finden Sie Möglichkeiten, um die Ansicht in festen Winkelschritten um alle Achsen zu drehen (Abbildung 8.12). Mit ZURÜCKSETZEN lässt sich der Winkelschritt auf einen anderen Wert einstellen.

8.1.4 Animieren der Explosion

Eine Explosionsdarstellung können Sie auch mit der Funktion PRÄSENTATION|ERSTELLEN|ANIMIEREN wie einen Film abspielen. Im Aufklappmenü des ANIMIEREN-Befehls finden Sie die Liste der einzelnen Explosionspfade. Die Animation können Sie mit ▶ dynamisch abspielen oder mit ▶▶| in einem Schritt bewegen. Das Werkzeug |◀▶| fährt die Animation hin und her.

Beim dynamischen Abspielen werden das INTERVALL und die WIEDERHOLUNGEN verwendet, die Sie links im Dialogfenster finden. Das Intervall ist die Zeit für eine Pfadbewegung etwa in 1/10 Sekunden. Mit ZURÜCKSETZEN lassen sich die Werte ändern und mit ANWENDEN dann die Änderungen übernehmen.

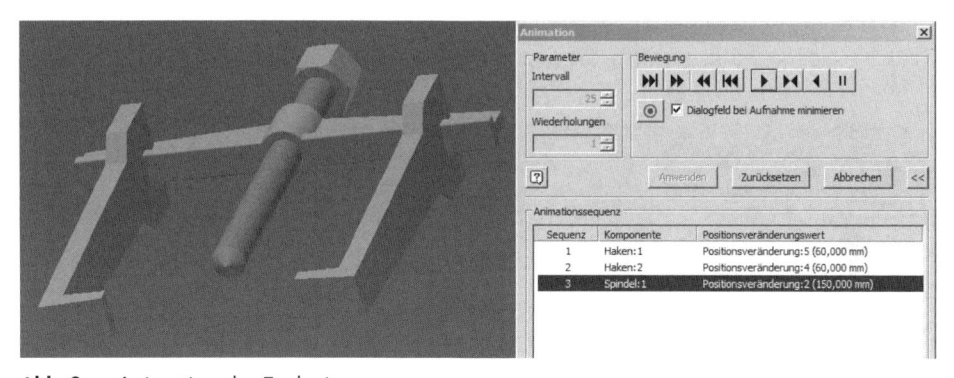

Abb. 8.13: Animation der Explosion

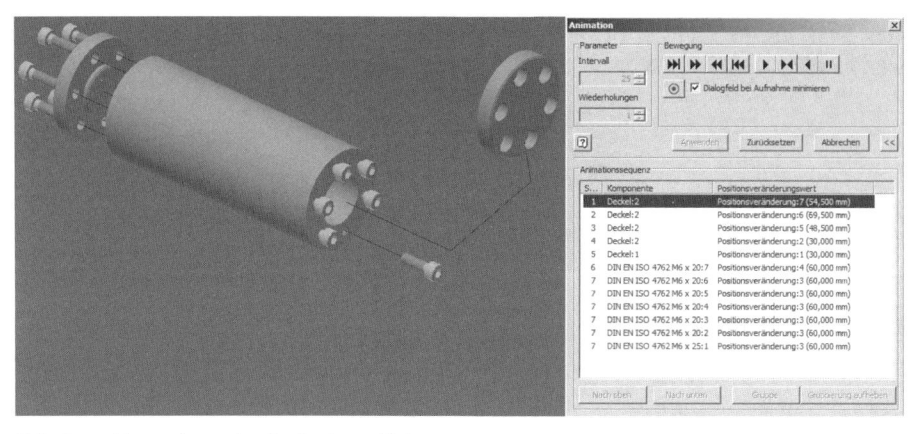

Abb. 8.14: Neuordnen der Explosionspfade

Kapitel 8
Präsentationen, realistische Darstellungen und Rendern

Mit den Schaltflächen NACH OBEN und NACH UNTEN ändern Sie die Reihenfolge der Pfade. Das ist nützlich, um eine sinnvolle Bewegungsfolge einzustellen. Auch lassen sich mehrere Pfadbewegungen mit GRUPPE zu einer Bewegung zusammenfassen.

8.2 Darstellungsarten

Die Bauteile und Baugruppen in Inventor können sehr unterschiedlich dargestellt werden. Alle diese Einstellungen finden Sie im Register ANSICHT.

8.2.1 iProperties einstellen

Um die Werkstücke in realistischer Darstellung zu sehen, müssen Sie zuerst die Materialeigenschaften über die IPROPERTIES eingeben. Wenn Sie in der Baugruppe sind, können Sie mit Doppelklick auf ein Bauteil in die Bauteilumgebung wechseln. Dort erreichen Sie über Rechtsklick auf das Bauteil die IPROPERTIES. Darin werden die Daten des Bauteils gespeichert und insbesondere im Register PHYSIKALISCH die Materialeigenschaften. Im Beispielteil wurde für das Gehäuse Stahl, Guss gewählt und für die Deckel Messing.

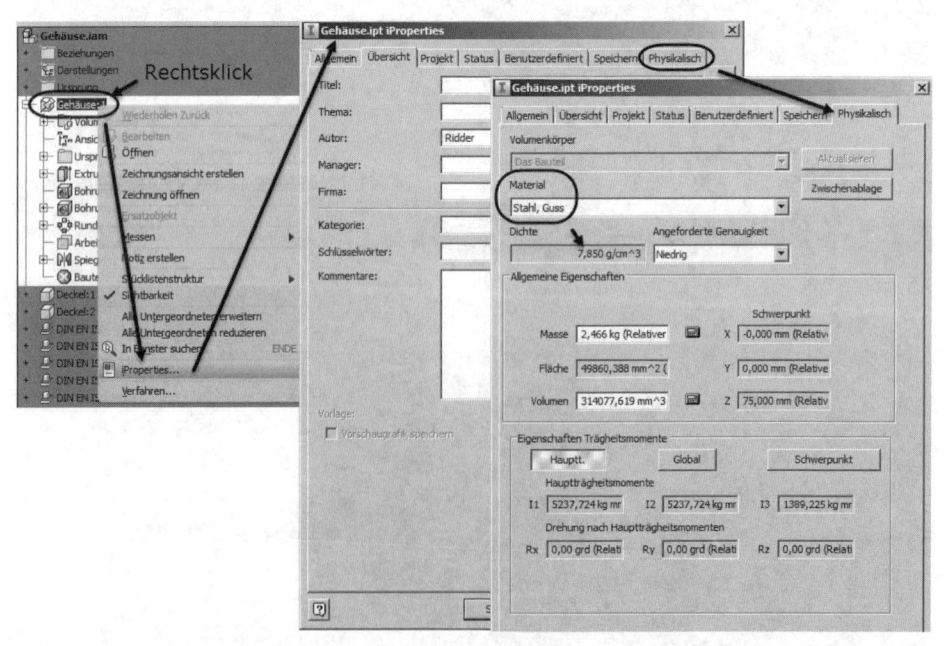

Abb. 8.15: IPROPERTIES einstellen

8.2.2 Die verschiedenen visuellen Stile

Unter ANSICHT|VISUELLER STIL finden Sie eine Vielzahl von Darstellungsarten (Abbildung 8.16):

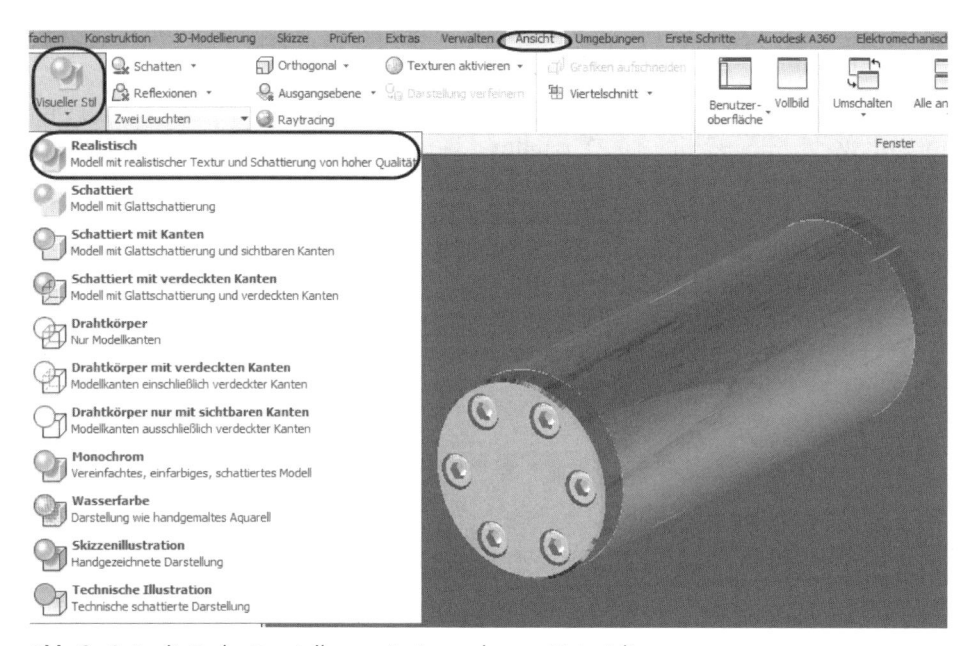

Abb. 8.16: Realistische Darstellung mit eingegebenen Materialien

- REALISTISCH – Vornehmste Darstellungsart, bei der Textur, d.h. materialabhängige Oberflächenmuster, und Schattierungen voll wirksam werden.
- SCHATTIERT – Wie REALISTISCH, aber ohne Texturen.
- SCHATTIERT MIT KANTEN – Wie SCHATTIERT, nur werden nun die sichtbaren Kanten zusätzlich hervorgehoben.
- SCHATTIERT MIT VERDECKTEN KANTEN – Wie SCHATTIERT MIT KANTEN, nur werden nun die verdeckten Kanten auch noch gestrichelt angezeigt.
- DRAHTKÖRPER – Es werden keine Oberflächenschattierungen mehr angezeigt, sondern nur alle Kanten, sichtbare und unsichtbare gleichermaßen.
- DRAHTKÖRPER MIT VERDECKTEN KANTEN – Wie DRAHTKÖRPER, nur werden nun die verdeckten Kanten als gestrichelte Konturen dargestellt.
- DRAHTKÖRPER NUR SICHTBARE KANTEN – Wie DRAHTKÖRPER, nur werden nun die verdeckten Kanten ausgeblendet.
- MONOCHROM – Einfarbige Darstellung in Grautönen, nützlich für Druckvorschau ohne Farbe.

Kapitel 8
Präsentationen, realistische Darstellungen und Rendern

- WASSERFARBE – Skizzenhafte Darstellung mit dickem Stift für die Kanten und farbiger Flächenfüllung, Texturen sind schwach angedeutet.
- SKIZZENILLUSTRATION – Skizzenhafte Darstellung mit dickem Stift nur für die Kanten, keine Farbfüllung der Oberflächen.
- TECHNISCHE ILLUSTRATION – Präzise Darstellung der Kanten mit dünnem Stift und Farbfüllung der Oberflächen.

Beim Stil REALISTISCH tragen die Optionen SCHATTEN und REFLEXIONEN noch weiter zur Wirklichkeitsnähe der Darstellung bei (Abbildung 8.17). Die Anzeige des Spiegelbilds erfolgt vorgabemäßig bezüglich der XY-Ebene. Deshalb sollte man sich die Lage der XY-EBENE für ein Basisteil einer Baugruppe gut überlegen. Änderungen dieser Ebene kann man über REFLEXION ▼ EINSTELLUNGEN|MANUELLE ANPASSUNG AN MODELL oder über AUSGANGSEBENE ▼ ...|... erreichen. Dazu muss dann über das Kontextmenü des VIEWCUBE trickreich eine andere Ansichtsebene eingestellt werden, z.B. mit der Option AKTUELLE ANSICHT FESTLEGEN ALS|VORNE oder ...|OBEN (Abbildung 8.18).

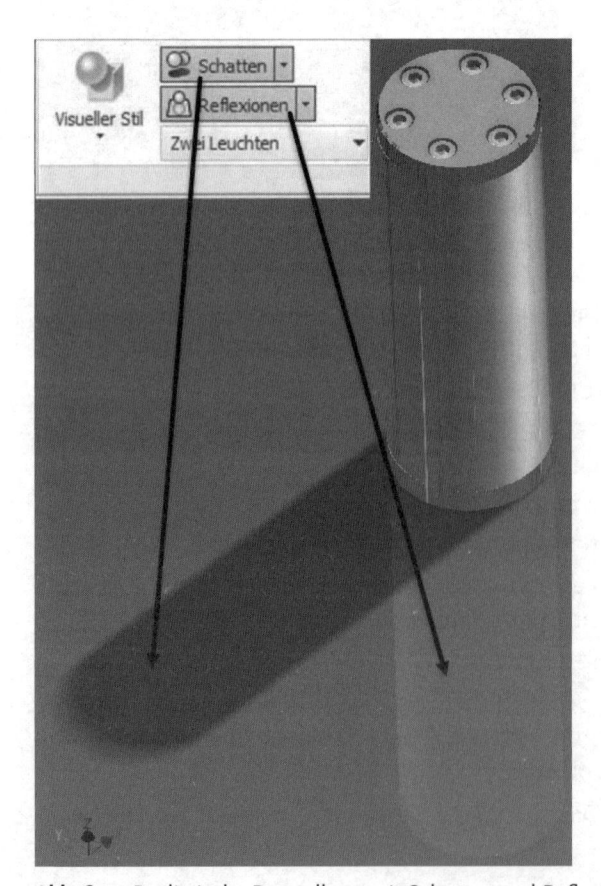

Abb. 8.17: Realistische Darstellung mit Schatten und Reflexion an der Basisebene

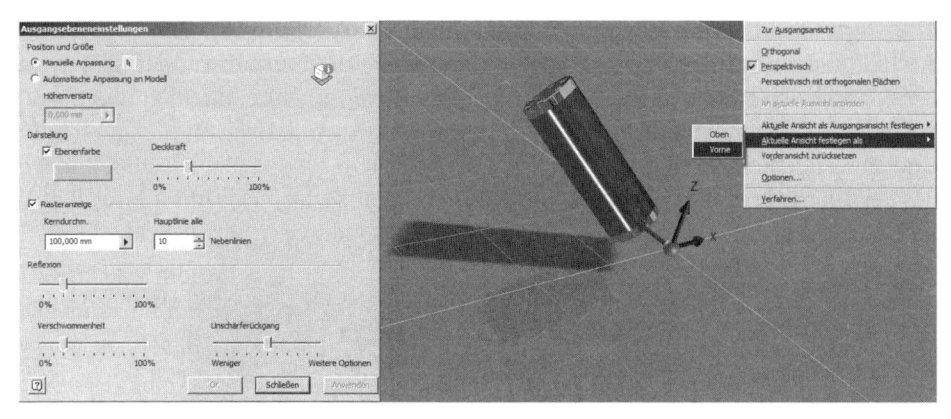

Abb. 8.18: Darstellung mit veränderter Ansichtsebene

Eine weitere Steigerung hin zur natürlichen Darstellung bieten die Beleuchtungseinstellungen mit integriertem Hintergrundbild. Der englische Begriff heißt IBL = *Image Based Lightning* (bildbasierte Beleuchtung). Dazu werden verschiedene Umgebungsdarstellungen angeboten, teilweise sogar über 360°, in die Ihre Konstruktion hineingesetzt wird. Im Beispiel (Abbildung 8.19) wurde die Umgebung LEERES LABOR verwendet. Dadurch wird sowohl die Szene bestimmt als auch die Beleuchtung.

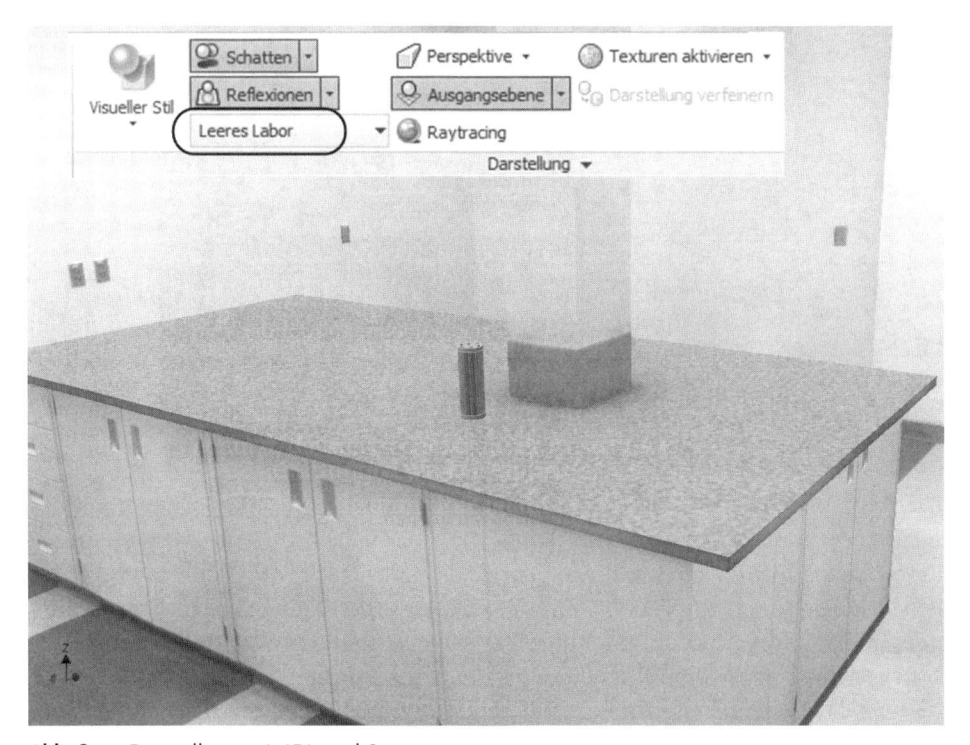

Abb. 8.19: Darstellung mit IBL und Szene

Kapitel 8
Präsentationen, realistische Darstellungen und Rendern

Die vornehmste Darstellungsart ist das RAYTRACING (nicht LT), das auch unter ANSICHT| DARSTELLUNG zu aktivieren ist. Bei diesem Verfahren, das übersetzt *Strahlverfolgung* bedeutet, werden die Sichtstrahlen, die Ihre Augen von den verschiedenen Gegenständen der Konstruktion treffen, praktisch zurückgerechnet und dabei alle Reflexionen und Brechungen des Lichts an den Oberflächen und im Material berücksichtigt. Diese Berechnungen kosten viel Zeit (Abbildung 8.20), sodass man das RAYTRACING nur bei echtem Bedarf aktiviert.

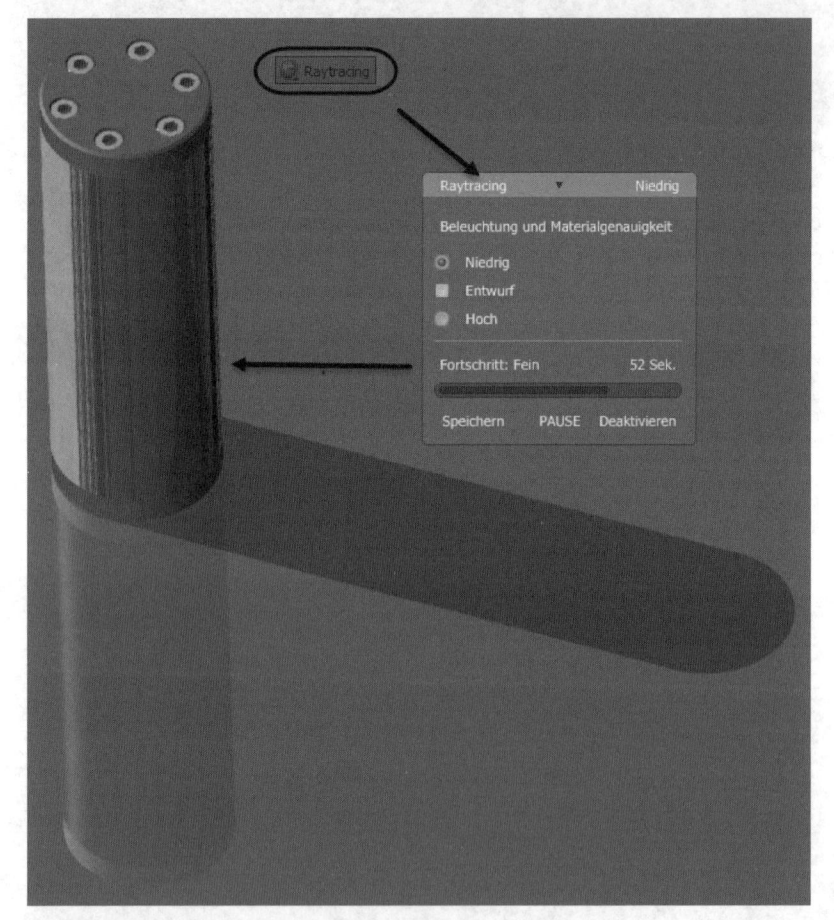

Abb. 8.20: Darstellung mit aktiviertem Raytracing

Eine Darstellung, die auch während der Konstruktion sehr nützlich ist, wird unter ANSICHT|DARSTELLUNG|VIERTELSCHNITT ▼ HALBSCHNITT angeboten. Damit können Sie Ihre Konstruktion geschnitten anzeigen (Abbildung 8.21). Für den HALBSCHNITT müssen Sie eine *Bezugsebene* wählen und können danach einen relativen *Abstand* davon eingeben. Als Bezugsebene kommen alle ebenen Flächen der Konstruktion und auch die Modellebenen unter URSPRUNG im BROWSER sowie alle

Arbeitsebenen infrage. Wenn Sie diese Schnittdarstellung öfter brauchen, können Sie sie im BROWSER unter DARSTELLUNGEN|ANSICHT mit Rechtsklick und NEU speichern. Andernfalls verlassen Sie den HALBSCHNITT im gleichen Menüpunkt mit SCHNITT BEENDEN.

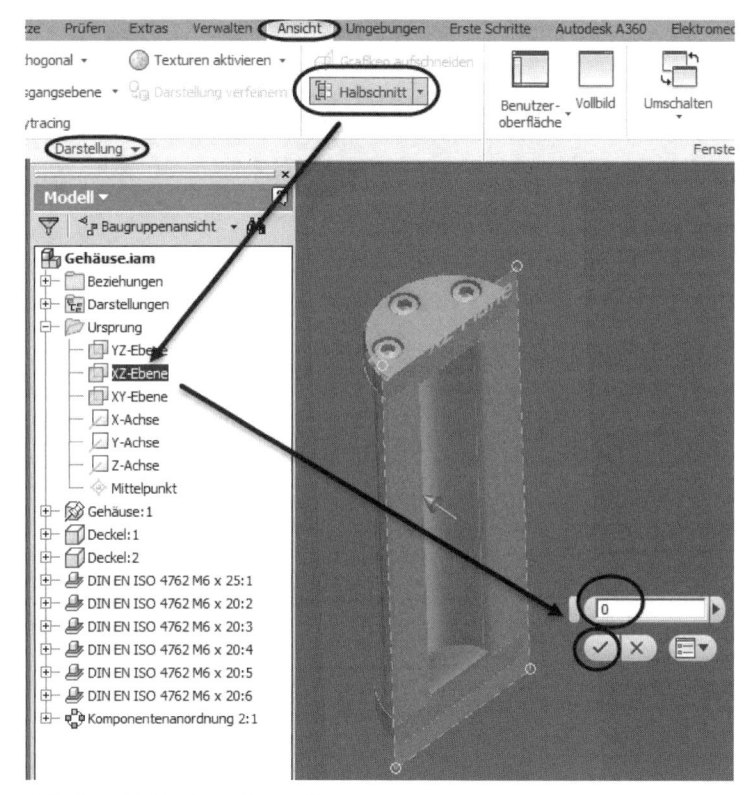

Abb. 8.21: Halbschnitt-Darstellung

8.3 Inventor Studio

Die erweiterten Funktionen des Inventors finden Sie unter dem Register UMGEBUNGEN (Abbildung 8.22). Das Zusatzfunktionen, die meist automatisch geladen werden. Wenn bestimmte Umgebungen noch fehlen, können Sie diese unter UMGEBUNGEN|VERWALTUNG|ZUSATZMODULE nachträglich starten.

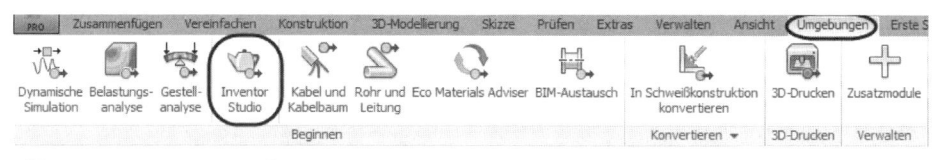

Abb. 8.22: Inventors Umgebungen

Kapitel 8
Präsentationen, realistische Darstellungen und Rendern

INVENTOR STUDIO ist ein Zusatzmodul zum Erstellen von fotorealistischen Bildern mit dem Befehl BILD RENDERN bzw. von Animationen mit ANIMATION RENDERN (Abbildung 8.23). Das Register des INVENTOR STUDIO heißt deshalb RENDERN. Mit dem Befehl BILD RENDERN werden Rasterbilder von fotorealistisch dargestellten Konstruktionen erstellt, die getrennt von Baugruppe oder Bauteil in einem der gängigen Pixelformate gespeichert werden können.

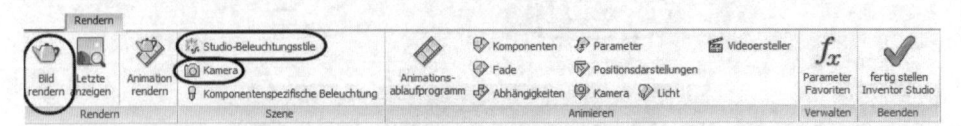

Abb. 8.23: Wichtigste RENDER-Befehle des Inventor Studio

8.3.1 Beleuchtung und Szene

Zuerst sollten Sie unter STUDIO-BELEUCHTUNGSSTILE die Beleuchtung einstellen (Abbildung 8.24). Sie können hier aus verschiedenen IBL-Stilen auswählen ❶, aber auch eigene Beleuchtungsstile kreieren. Wenn Sie im Render-Bild später auch die IBL-Szene sehen wollen, müssen Sie explizit SZENENBILD ANZEIGEN aktivieren ❷.

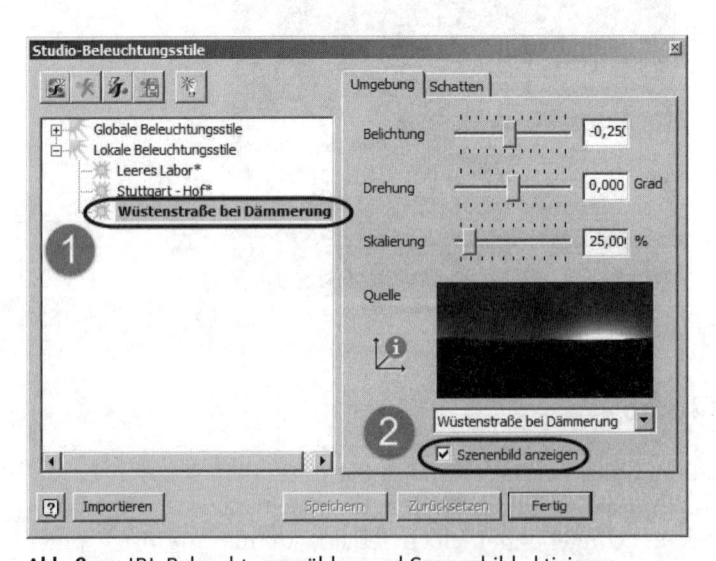

Abb. 8.24: IBL-Beleuchtung wählen und Szenenbild aktivieren

Abbildung 8.25 zeigt eine 360°-Szene, in der Sie dann auch die Kamera noch frei positionieren können.

Abb. 8.25: Übersicht über eine Szene

8.3.2 Kamera einstellen

Die Funktion RENDERN|SZENE|KAMERA stellt die KAMERA ein (Abbildung 8.26). Zunächst wäre mit BEZUG das Kameraziel anzugeben und mit POSITION der Kamera-Standort. Die Funktionen aktivieren *Koordinaten-Dreibeine*, mit deren Hilfe die Positionen verschoben werden können. Klicken Sie auf die Spitze einer Achse, um entlang dieser Richtung positiv oder negativ zu verschieben. Der ROLLWINKEL ermöglicht eine Drehung der Kamera um die Sichtachse. Den Öffnungswinkel des Bildes können Sie unter ZOOM eingeben oder über den Schieber für den Vergrößerungsfaktor wählen.

Zusätzlich kann noch die TIEFENSCHÄRFE eines Fotos simuliert werden, wenn Sie AKTIVIEREN einschalten und FOKUSGRENZWERTE für NAH und FERN einstellen. Praktisch für die Einstellungen von NAH und FERN ist es, die Option FOKUSEBENE MIT KAMERAZIEL VERKNÜPFEN zu wählen. Dann rechnen die Entfernungen vom Kameraziel aus.

Alternativ kann die Kameraposition auch indirekt über die Ansicht eingestellt werden. Verwenden Sie dazu die ORBIT-Funktion aus dem NAVIGATOR und stellen Sie die gewünschte Ansicht ein (Abbildung 8.27). Dann wählen Sie nach Rechtsklick im Kontextmenü des KAMERA-Objekts oder im BROWSER die Funktion KAMERA AUF ANSICHT EINSTELLEN.

Kapitel 8
Präsentationen, realistische Darstellungen und Rendern

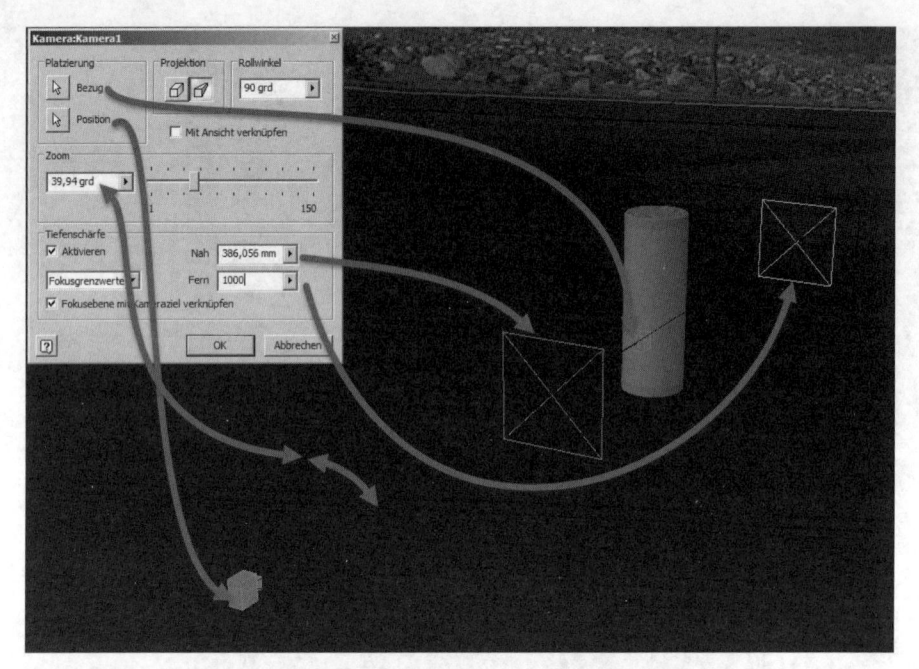

Abb. 8.26: Detaillierte Kamera-Einstellungen

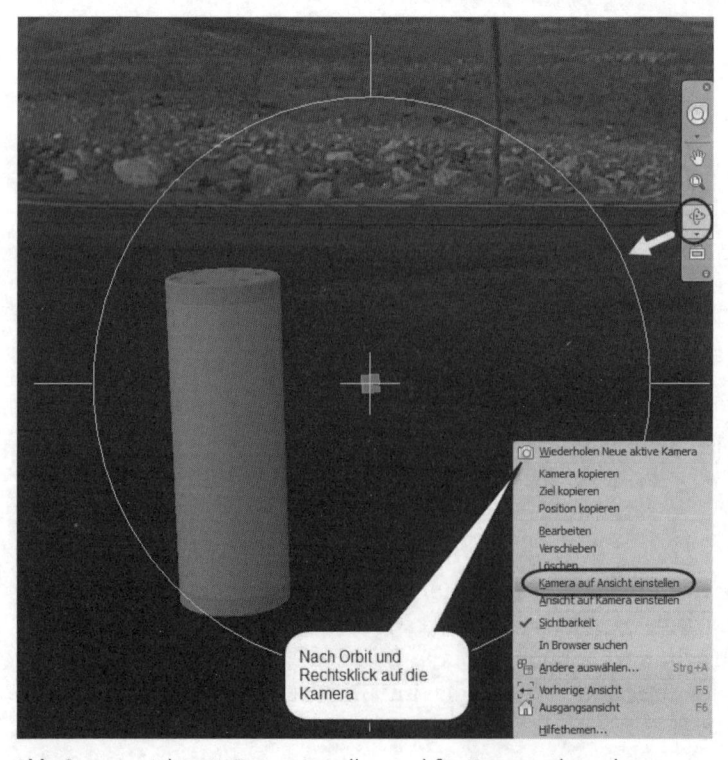

Abb. 8.27: Ansicht mit ORBIT einstellen und für Kamera übernehmen

8.3.3 Rendern

Nach den Einstellungen für Beleuchtung, Szene und Kamera können Sie BILD RENDERN starten. Im Register ALLGEMEIN geht es zuerst bei BREITE und HÖHE um die Größe des Bildes in Pixeln. Rechts daneben können Sie auch die aktuelle Pixelgröße der Bildschirmanzeige unter AKTIVE ANSICHT wählen ❶. Dann suchen Sie die gewünschte KAMERA ❷ und den BELEUCHTUNGSSTIL ❸ aus. Im Register AUSGABE geben Sie den Namen und Ort der Rasterdatei an ❹. Das Register RENDER entscheidet über die Dauer oder Güte des Render-Vorgangs. Einerseits kann die Zeit ❺ vorgegeben werden, andererseits kann mit BIS ZUFRIEDENSTELLEND so lange gerendert werden, bis Sie den Vorgang abbrechen. Abbildung 8.29 zeigt ein Render-Bild, das so lange gerendert wurde, bis sich in der metallischen Spiegelung des Bauteils die Berggipfel im Rücken des Betrachters zeigten. Es waren auch hier nur einige Minuten.

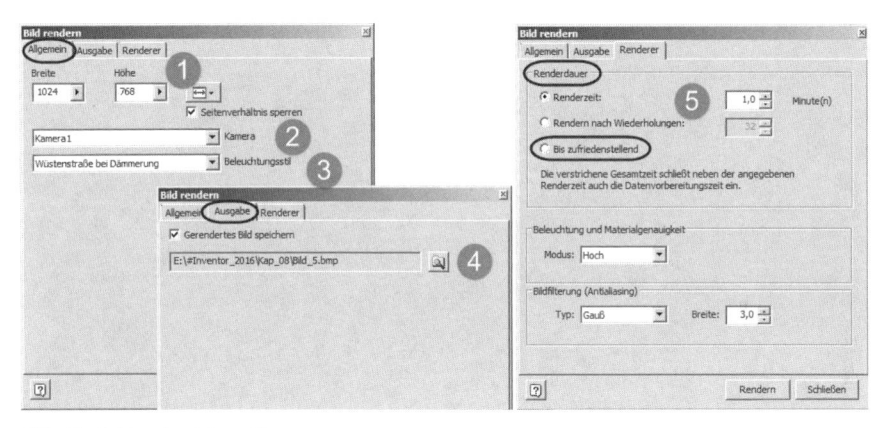

Abb. 8.28: Render-Einstellungen

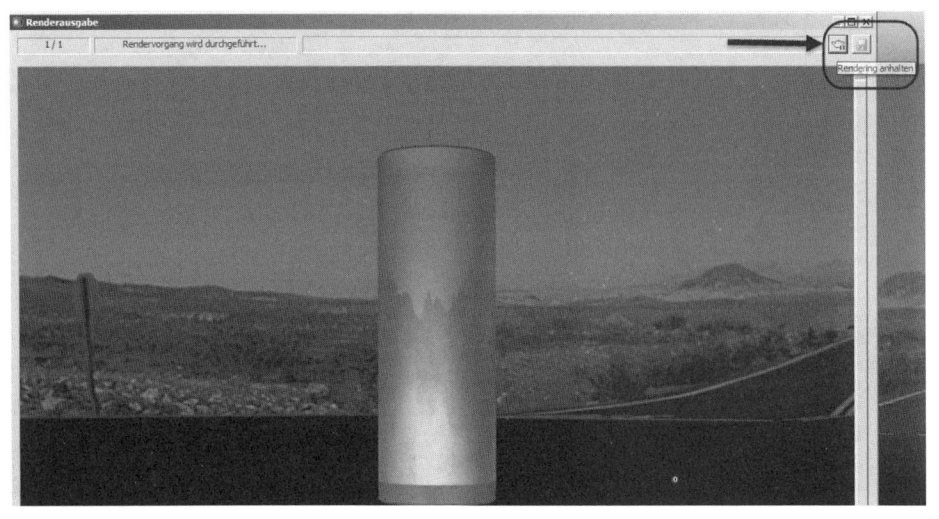

Abb. 8.29: Render-Variante BIS ZUFRIEDENSTELLEND mit Abbruch-Option oben rechts

8.4 Übungsfragen

1. Was ist die wichtigste Einstellung bei Präsentationen für die automatische Explosion?
2. Wie erstellen Sie eigene Explosionspfade?
3. Wie drehen Sie einzelne Komponenten?
4. Was bedeutet bei den Explosionspfaden DURCHGEHENDE VERSCHIEBUNG?
5. Was macht die Funktion PRÄZISE DREHUNG DER ANSICHT?
6. Wo kann die Reihenfolge der ANIMATION in PRÄSENTATIONEN geändert werden?
7. Wo können Sie Materialeigenschaften eingeben?
8. Womit können Sie den visuellen Stil REALISTISCH noch optimieren?
9. Was bedeutet RAYTRACING?
10. Wie erstellen Sie einen Halbschnitt?

Kapitel 9

Umgebungen – Erweiterungen

9.1 Pack and Go

Die Funktion PACK AND GO ist eigentlich keine Programmerweiterung, aber sie ist ein so nützliches und oft benutztes Hilfsmittel für den Datentransport, dass sie wenigstens noch im letzten Kapitel erwähnt werden sollte. Der Aufruf ist im Anwendungsmenü unter I|SPEICHERN UNTER|PACK AND GO zu finden. Die Funktion erlaubt Ihnen, die aktuelle Baugruppe und alle damit zusammenhängenden Dateien in ein anderes Verzeichnis für ein anderes Projekt zu transportieren.

Abb. 9.1: PACK AND GO-Aufruf

Mit dem Aufruf wird die aktuelle Baugruppe automatisch als Quelldatei gewählt. Dann können Sie einen Zielordner ❶ für die Kopie angeben. Als Nächstes müssen Sie entscheiden, ob alle damit zusammenhängenden Dateien in ein einzelnes Verzeichnis (Pfad) kopiert werden sollen oder eine bestehende Ordnerstruktur beibehalten werden soll ❷. Letzteres ist wichtig für die in den nachfolgenden Abschnitten vorgestellten Baugruppen, die über einen Konstruktionsassistenten entstehen und eine passende Ordnerstruktur für Unterkomponenten bedingen.

Unter PROJEKTDATEI sollte nun auch der aktuelle Projektordner angezeigt werden. Mit JETZT SUCHEN ❸ starten Sie die Suche nach referenzierten Dateien, die dann ganz unten unter GEFUNDENE DATEIEN angezeigt werden.

Kapitel 9
Umgebungen – Erweiterungen

Unter NACH REFERENZIERENDEN DATEIEN SUCHEN starten Sie noch mal mit JETZT SUCHEN ❹ eine Suche nach Dateien, die auf die aktuelle Baugruppe Bezug nehmen wie beispielsweise Zeichnungen oder übergeordnete Baugruppen.

Dann starten Sie den Dateitransfer mit START ❺ und beenden die Funktion mit FERTIG ❻.

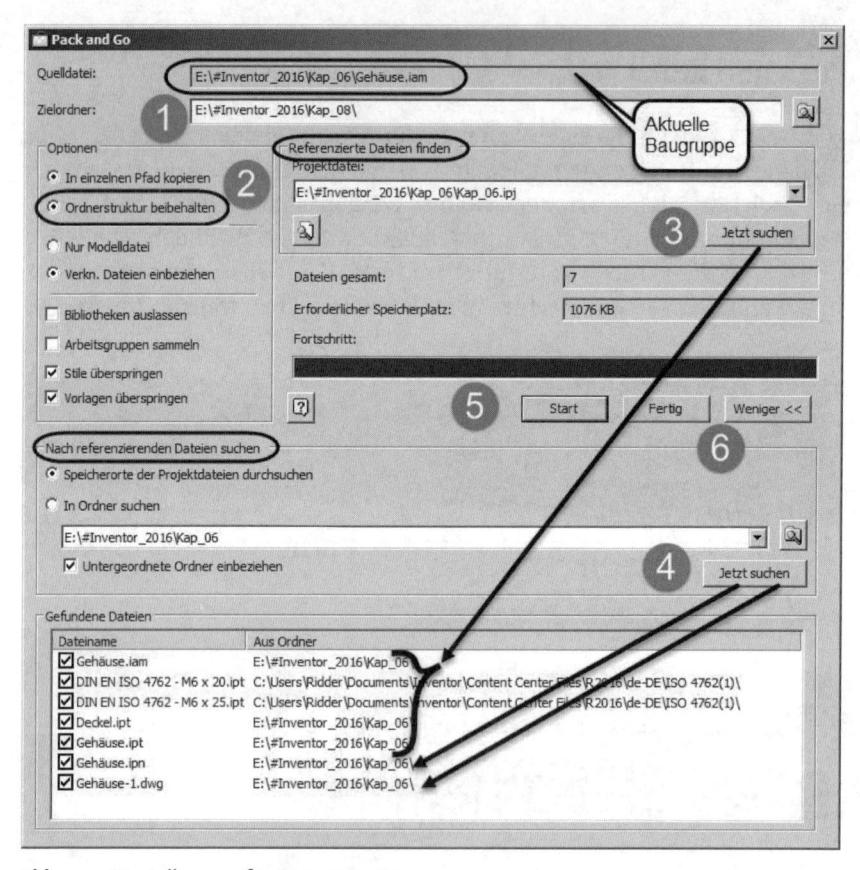

Abb. 9.2: Einstellungen für PACK AND GO

Wenn Sie die Option ORDNERSTRUKTUR BEIBEHALTEN gewählt haben, finden Sie nach dem Transfer die Projektdatei (*.ipj) im *Zielordner*, die einzelnen Dateien aber im Unterverzeichnis Zielordner\Workspaces\Arbeitsbereich.

9.2 Blechteile

Blechteile können mit dem Blechmodul direkt mit den spezifischen Blechbefehlen ausgehend von der speziellen Blech-Vorlage erstellt werden. Als erstes sollten Sie die Blechstandards festlegen, die mindestens die Blechstärke definieren müssen.

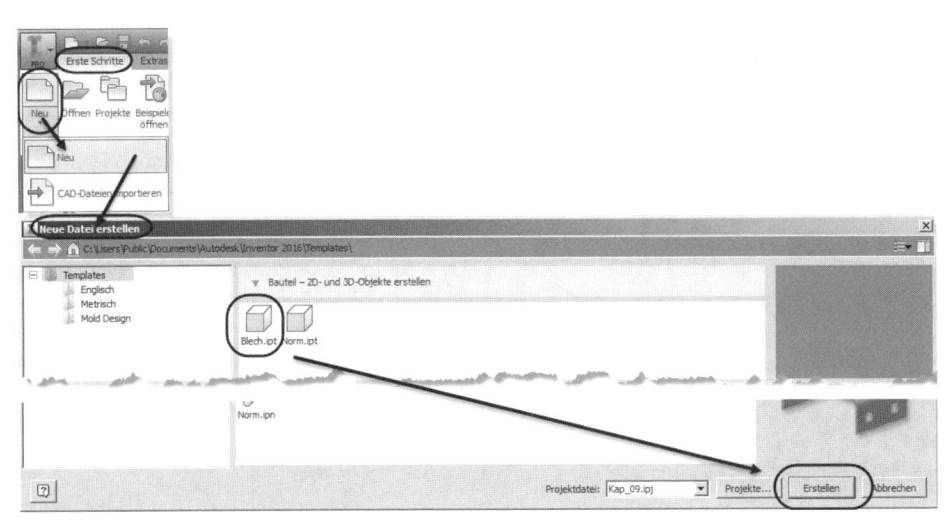

Abb. 9.3: Blechteil mit Blech-Vorlage starten

Alternativ können Sie auch mit einem normalen Bauteil starten. Normale Bauteile können in Blechteile umgewandelt werden, wenn sie dafür geeignet sind. Das bedeutet, dass sie einem Blechteil mit einer eindeutigen Blechstärke entsprechen oder dass sie noch gar keine Geometrie enthalten. Mit 3D-MODELL|KONVERTIEREN|IN BLECH KONVERTIEREN können Sie das Bauteil in ein Blechbauteil umwandeln. Beim Umwandeln werden Sie sofort nach den Blechstandards gefragt, d.h. nach den Standard-Einstellungen für die Blechstärke und die gewünschten Abmessungen und Geometriebedingungen für Biegungen und Ecken. Wenn Sie mit der Blech-Vorlage beginnen, aktivieren Sie die Funktion unter BLECH|DIALOGFELD|BLECHSTANDARDS manuell.

9.2.1 Blechstandards

Die wichtigste Einstellung bei den Blechstandards ist die Blechstärke. Deshalb gehen Sie im Dialogfeld BLECHVORGABEN als Erstes auf das Editierwerkzeug , um eine eigene Blechregel zu erstellen (Abbildung 9.4). Oft genügt es, im Register BLECH die Blechstärke korrekt einzugeben. Die weiteren geometrischen Einstellungen der Blechregel finden Sie in den Registern BIEGUNG und ECKE.

> **Wichtig**
>
> Vergessen Sie am Schluss nicht, die Blechregel im Dialogfeld BLECHVORGABEN auch zu wählen!

Kapitel 9
Umgebungen – Erweiterungen

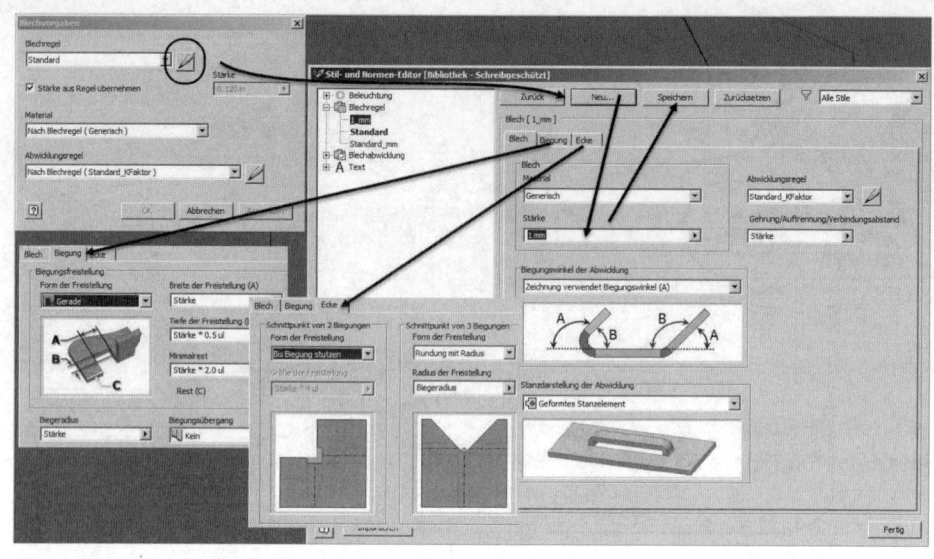

Abb. 9.4: Blechregel bearbeiten

9.2.2 Blech erstellen

Blechteile können aus 2D-Skizzen erzeugt werden. Aus einer geschlossenen 2D-Skizze können Sie die erste Blech-Fläche erstellen.

Fläche

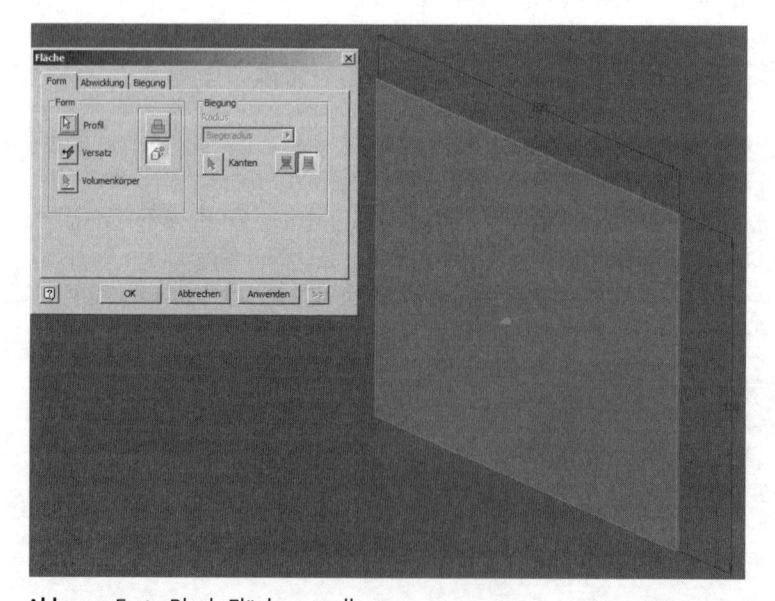

Abb. 9.5: Erste Blech-Fläche erstellen

Der Befehl FLÄCHE erstellt aus einem geschlossenen Profil durch Extrusion um die Blechstärke aus der obigen Blechregel ein Blechteil. Sie können damit auch weitere Blechteile aus anderen Skizzen erstellen oder aus Konturerweiterungen der ersten Skizze. Mit VERSATZ wählen Sie, ob die Blechstärke von der Skizze nach vorn oder nach hinten gerechnet wird.

Lasche

Die Abkantungen des Blechteils entstehen durch die Funktion LASCHE. Sie wählen die Kante für die Lasche und geben den LASCHENWINKEL und den ABSTAND ein. Bei gleichen geometrischen Werten können die Laschen für mehrere Kanten erstellt werden. Neben ABSTAND finden Sie das Werkzeug zum *Umkehren* der Winkelrichtung. Die spezifischen Biegungsbedingungen können gemäß den eindeutigen Grafiken unter HÖHENBEZUGSPUNKT und BIEGERADIUS eingestellt werden.

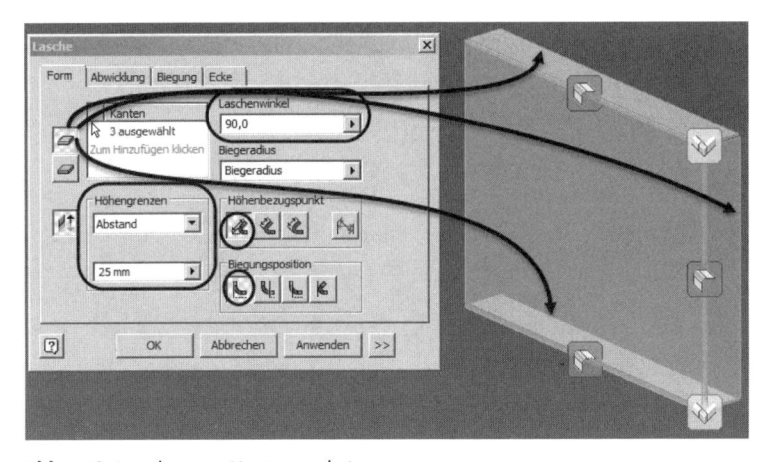

Abb. 9.6: Laschen an Kanten anbringen

Wenn Sie Laschen an vorhandene Laschen anfügen, könnten Kollisionen entstehen, die aber automatisch bereinigt werden (Abbildung 9.7).

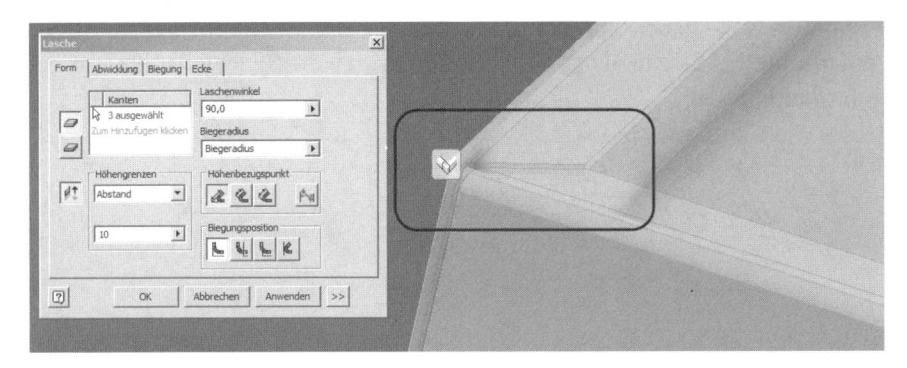

Abb. 9.7: Automatisches Kürzen bei Laschen

An den Kanten und Ecken des Blechteils erscheinen nun Bearbeitungssymbole zum Bearbeiten derselben. Die Symbole erscheinen im laufenden Befehl oder nach Markieren des Blechteils. Bei den Laschen gibt es vier Optionen der Breitenangabe:

- KANTE – Bedeutet, dass die Lasche die komplette Kantenbreite einnimmt, ausgenommen nur die an den Ecken nötigen Ausklinkungen.
- BREITE – Sie können die Gesamtbreite der Lasche angeben und diese mittig zur Kante oder mit einem seitlichen Versatz positionieren.
- VERSATZ – Die beiden Versätze zu den Endpunkten der Kante definieren die Breite.
- VON BIS – Start- und Endpunkt der Lasche werden über zwei Referenzpunkte im Blechteil bestimmt.

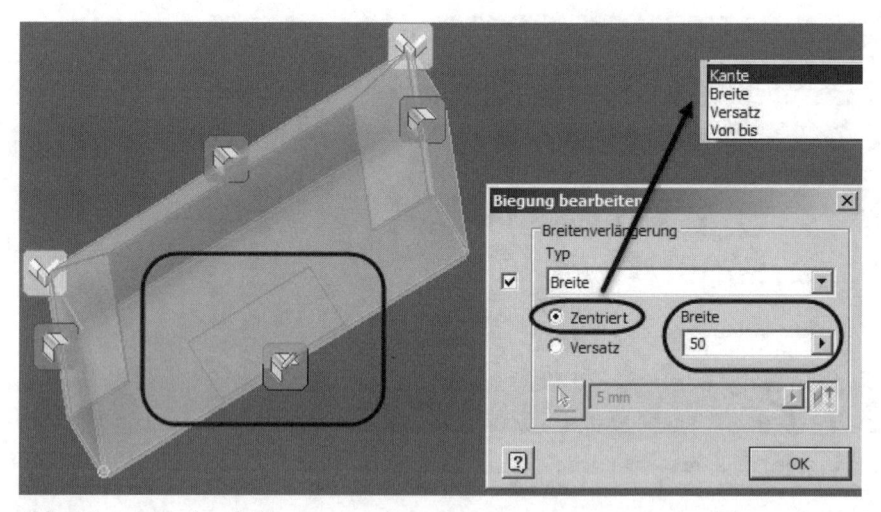

Abb. 9.8: Laschen bearbeiten

Konturlasche

Bei der Konturlasche geben Sie eine 2D-SKIZZE vor, die die Kontur bestimmt. Sie wählen dann die 2D-Skizze als PROFIL und die KANTE des Blechteils, die mit der Lasche verbunden wird.

9.2
Blechteile

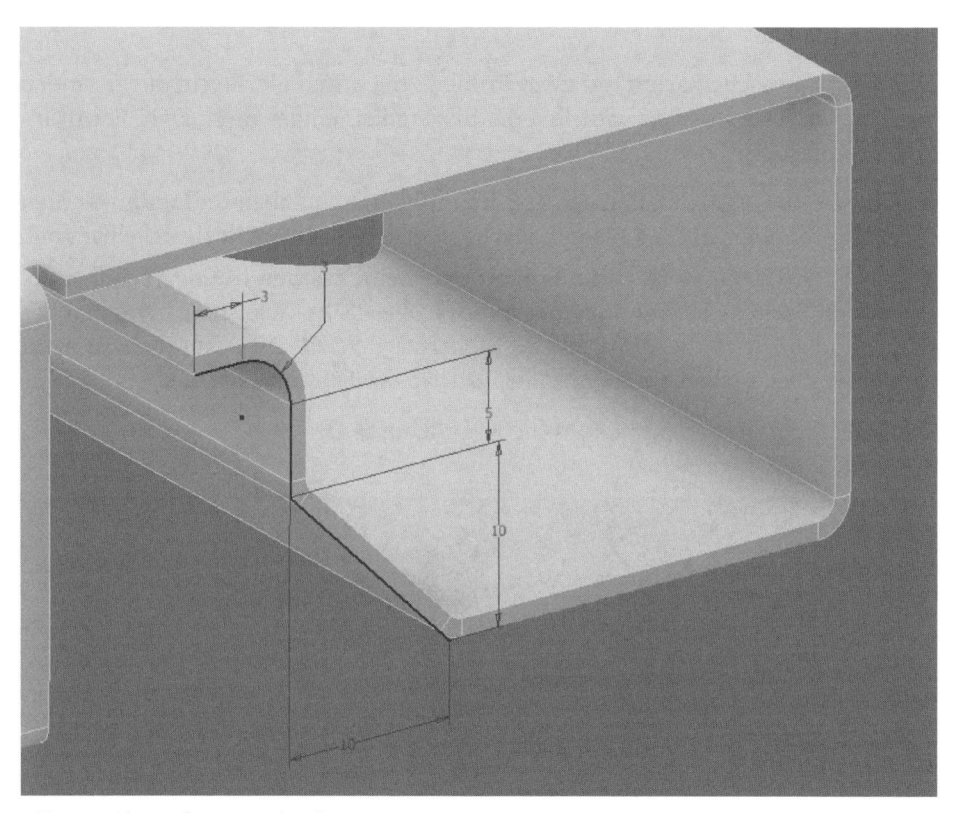

Abb. 9.9: Skizze für Konturlasche

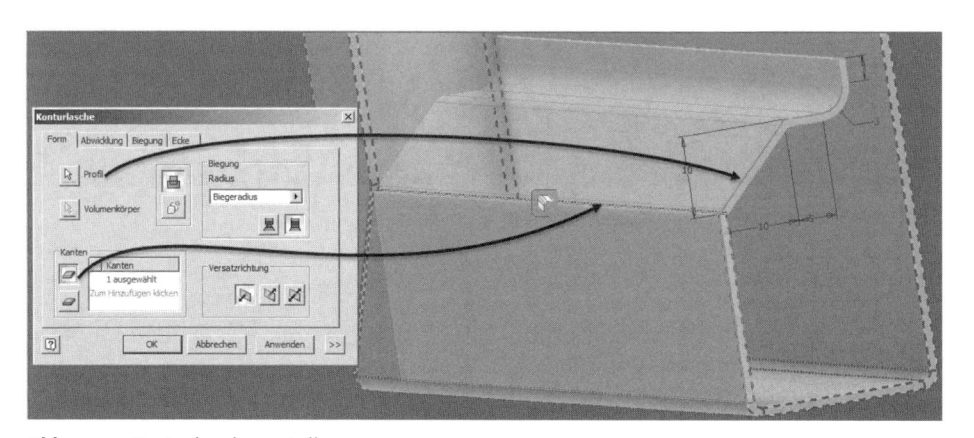

Abb. 9.10: Konturlasche erstellen

345

Kapitel 9
Umgebungen – Erweiterungen

Übergangslasche

Die Überganglasche basiert auf zwei Profilen, die durch ein Blechteil verbunden werden. An Ecken werden natürlich die Biegeradien eingehalten. Zwei Formvarianten werden angeboten:

- GUSSGEFORMT ❶ – Radien aus den Konturelementen oben und unten werden glatt verbunden, aber es können Flächen entstehen, die nicht abwickelbar sind.
- GESENKBIEGEPRESSE ❷ – Runde Konturelemente werden in lineare Teilstücke zerlegt. Es entsteht eine Facettierung der Oberfläche. Wie stark polygonal das Profil dann wird, bestimmt die SEHNENTOLERANZ ❸. Zwischen den Facetten werden Biegeradien eingefügt. Die Oberfläche ist abwickelbar.

Die Reihenfolge der gewählten Profile ist beliebig ❹ ❺.

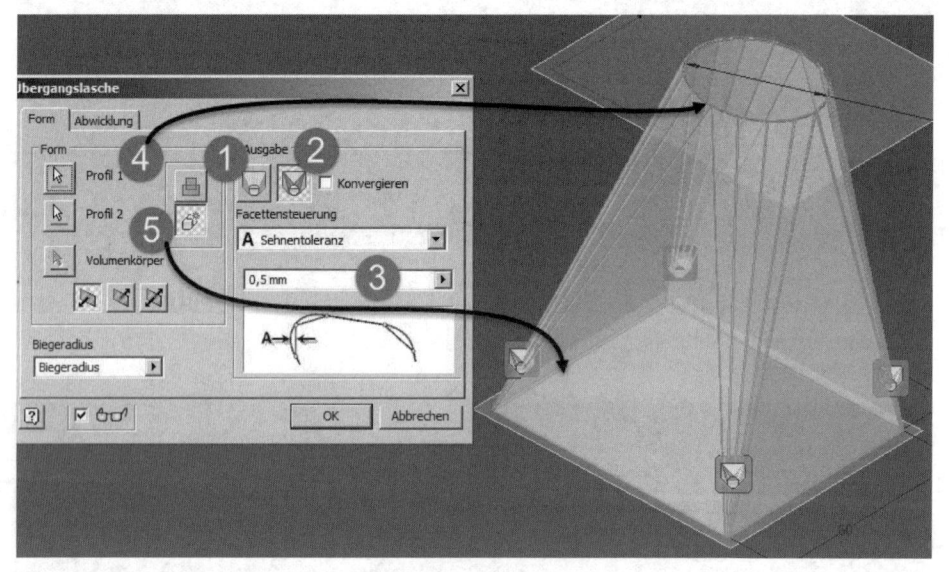

Abb. 9.11: Übergangslasche aus zwei Profilen

Konturrolle

Auch gerollte Blechteile lassen sich im Blechmodul generieren. Dazu ist ein PROFIL nötig und eine ACHSE, hier die Z-Achse. Als Abrollmethode gibt es die Varianten ABGEWICKELTE LÄNGE, BENUTZERDEFINIERTER ZYLINDER, NEUTRALER RADIUS und SCHWERPUNKTZYLINDER. Auch die KONTURROLLE kann abgewickelt werden.

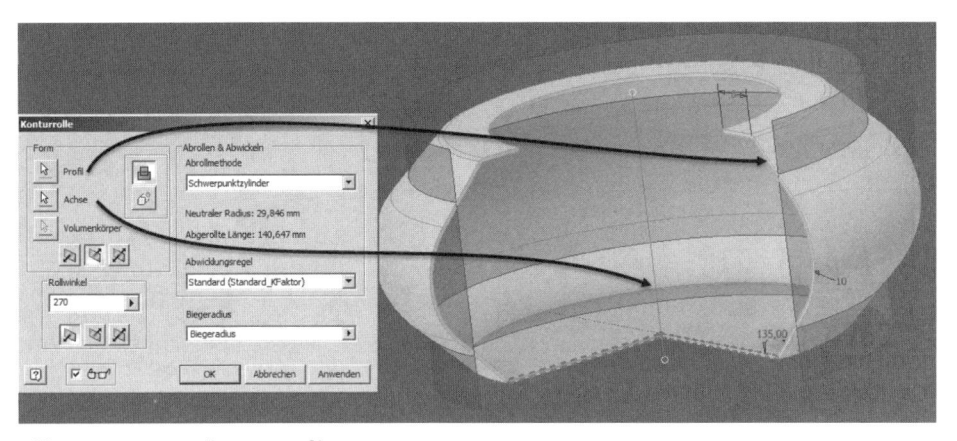

Abb. 9.12: Konturrolle aus Profil

Falz

Beim FALZ gibt es vier TYPEN für die Geometrie (Abbildung 9.13). Unter FORM wird die Kante gewählt und die Richtung spezifiziert. Der ABSTAND ist auf die halbe Blechstärke voreingestellt und unter LÄNGE geben Sie die Breite für den Falz an.

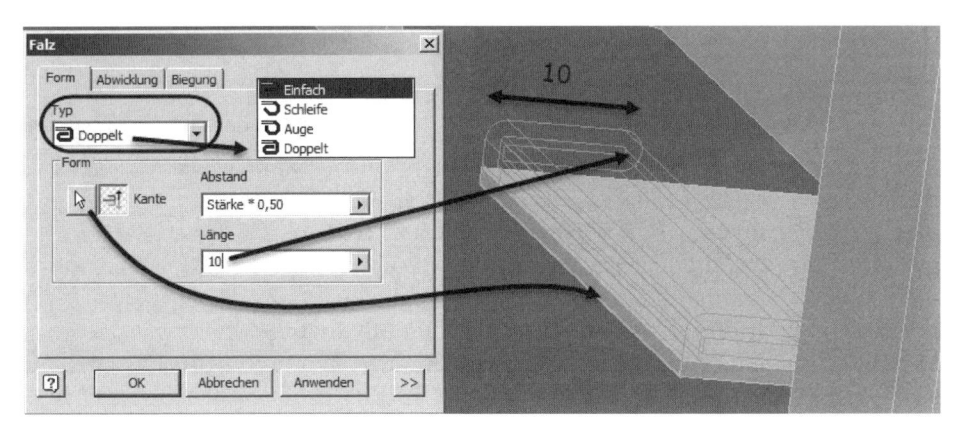

Abb. 9.13: Doppelter Falz

Biegung

Mit dem Befehl BIEGEN können zwei Kanten auf eine Ecke hin verlängert werden und mit dem Biegungsradius versehen werden. Die Originalflächen werden damit verlängert.

Kapitel 9
Umgebungen – Erweiterungen

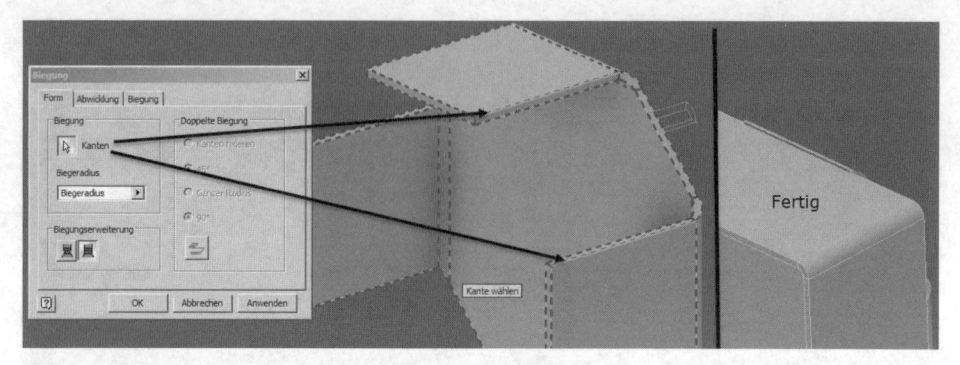

Abb. 9.14: BIEGUNG zwischen zwei Kanten einfügen

Wenn die Flächen parallel laufen (Abbildung 9.15), gibt es zwei Möglichkeiten:

- GANZER RADIUS – Es wird eine bogenförmige Fläche eingefügt.
- 90° – Es wird eine Fläche senkrecht zu den vorhandenen mit Biegeradius angeschlossen.

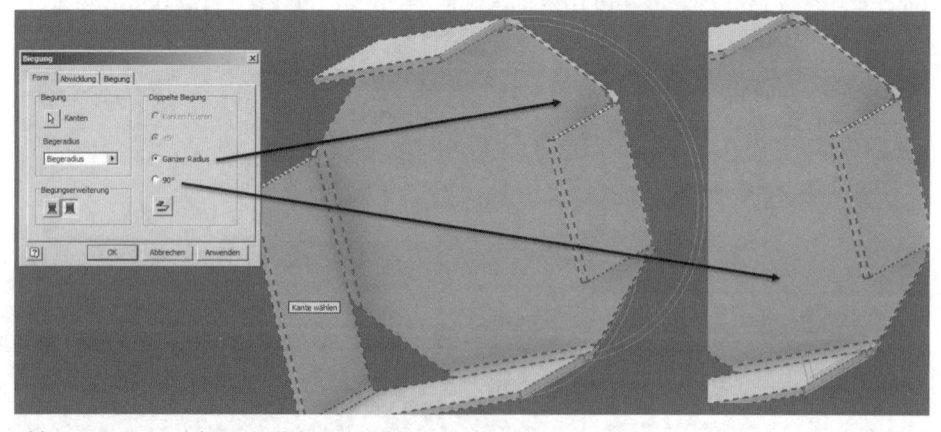

Abb. 9.15: BIEGUNG bei parallelen Kanten

Falten

Mit FALTEN können Sie an skizzierten Kanten eine individuelle Biegung einbauen. Nach Wahl der Kante ❶ geben Sie den Winkel ❷ und Radius ❸ ein. Dann suchen Sie noch unter SPIEGELUNGSSTEUERUNG ❹ die korrekte Richtung aus.

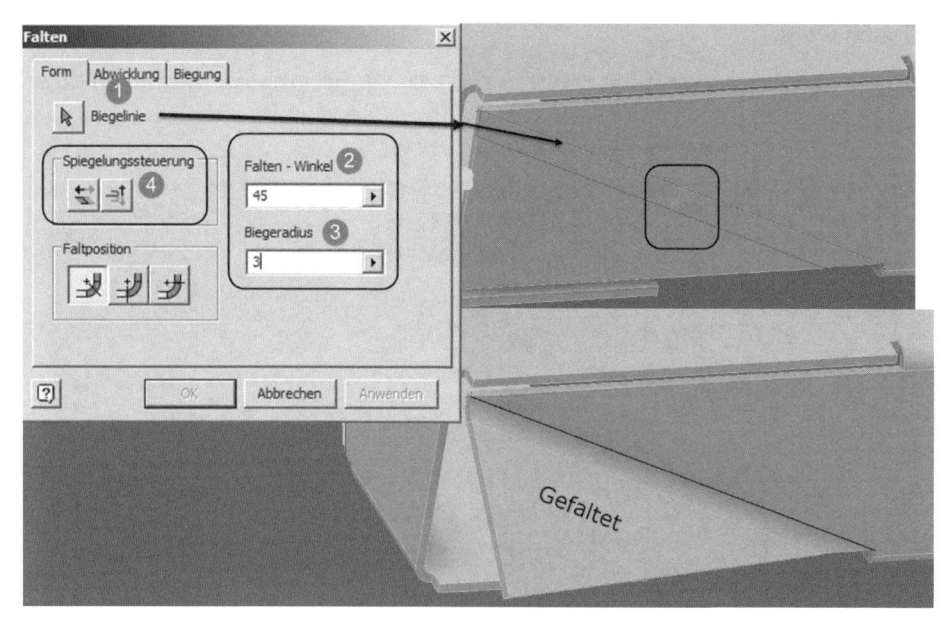

Abb. 9.16: An einer Biegekante falten

Ausschneiden

Mit einem geschlossenen Profil aus einer Skizze lässt sich mit AUSSCHNEIDEN eine AUSKLINKUNG realisieren. Die AUSKLINKUNG kann auch über Biegungen hinweg fortgesetzt werden (Abbildung 9.17).

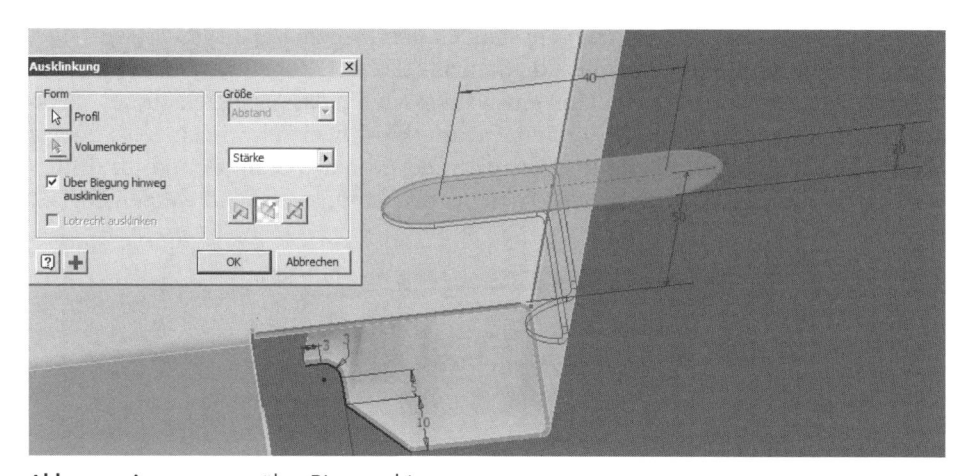

Abb. 9.17: AUSKLINKUNG über Biegung hinweg

Kapitel 9
Umgebungen – Erweiterungen

Eckverbindung

Mit ECKVERBINDUNG kann die Länge der Kanten an Ecken noch individuell zugeschnitten werden.

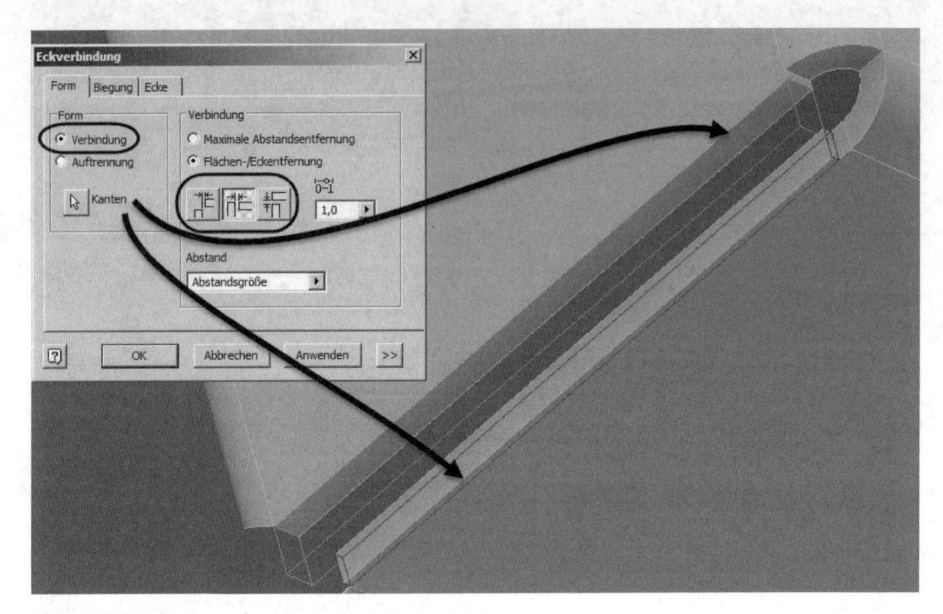

Abb. 9.18: Verlängern der Kanten mit ECKVERBINDUNG

Stanzwerkzeug

Mit dem STANZWERKZEUG können Sie stanzen und biegen. Vorausgesetzt wird hier, dass eine Skizze mit den Punkten fürs Stanzen existiert. Zuerst wird eine Liste von Werkzeugen angeboten. Nach dieser Auswahl erscheint das Dialogfeld dieses Werkzeugs. Im ersten Register ❶ können Sie merkwürdigerweise noch ein anderes Werkzeug wählen. Das zweite Register dient der Punktauswahl ❷ und im dritten Register können die geometrischen Daten des Werkzeugs verändert werden ❸.

Abb. 9.19: Stanzwerkzeuge

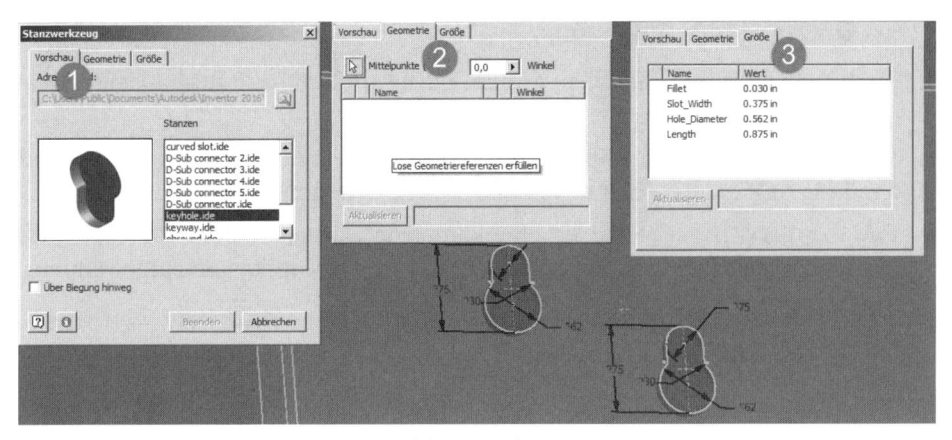

Abb. 9.20: Werkzeug wählen – Punkte wählen – Maße anpassen

9.2.3 Abwicklungen

Abwicklungen gibt es im Blechmodul mit unterschiedlichen Bedeutungen. Einmal können Sie jede Biegung individuell abwickeln und wieder zurückfalten, um die Konstruktion zu prüfen. Andererseits gibt es die Möglichkeit, neben dem 3D-Blechteil die Abwicklung zu speichern, sodass Sie nach Bedarf zwischen beiden Modellen hin- und herschalten können.

Auftrennung

Bei geschlossenen Blechteilen wie der ÜBERGANGSLASCHE ist es vor der Abwicklung nötig, das Teil aufzutrennen.

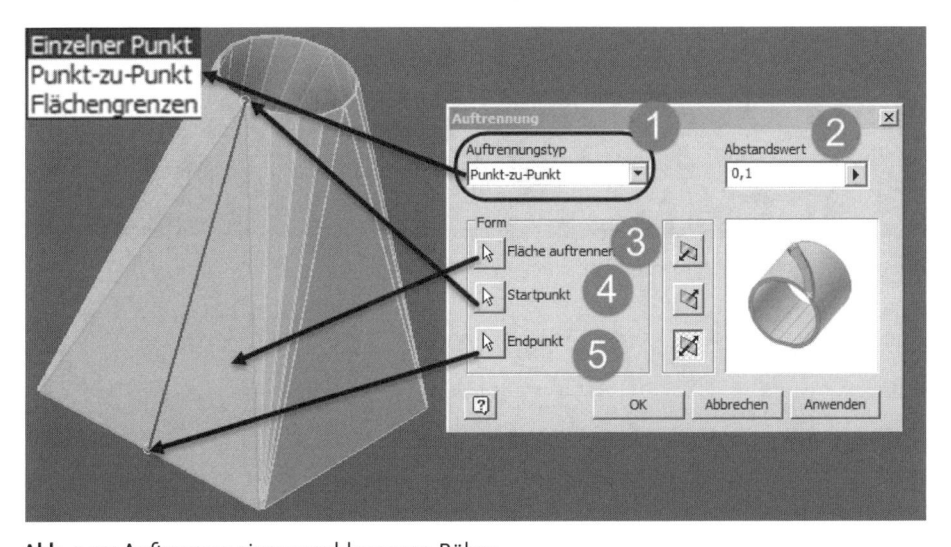

Abb. 9.21: Auftrennen einer geschlossenen Röhre

Kapitel 9
Umgebungen – Erweiterungen

Zuerst ❶ legen Sie den Auftrennungstyp fest:

- EINZELNER PUNKT – Sie wählen eine Fläche und einen Punkt an einer Flächenkante. Diese Kante dient zum Trennen.
- PUNKT-ZU-PUNKT – Sie wählen eine Fläche und einen Punkt am oberen und am unteren Rand der Fläche. So können Sie Flächen mittig aufschneiden.
- FLÄCHENGRENZEN – Sie wählen eine komplette Fläche, die dann entfernt wird. Das wird oft auf Biegungen angewendet, um an Biegungskanten aufzutrennen.

Den ABSTANDSWERT ❷ können Sie wenn nötig auf einen sehr kleinen Wert setzen, aber nicht auf null.

Mit der Methode PUNKT-ZU-PUNKT wählen Sie nun zuerst die FLÄCHE ❸, dann den STARTPUNKT oben ❹ und die Kantenmitte ❺ unten als ENDPUNKT.

Abwickeln

Mit ABWICKELN können Sie alle Biegungen einzeln oder insgesamt zurückbiegen, sofern geometrisch möglich. Zuerst müssen Sie diejenige Fläche anklicken, die in ihrer Lage erhalten bleibt: die STATIONÄRE REFERENZ. Danach können Sie die gewünschten Biegungen anklicken, die abgewickelt werden sollen (Abbildung 9.22), oder Sie wählen ALLE BIEGUNGEN HINZUFÜGEN (Abbildung 9.23).

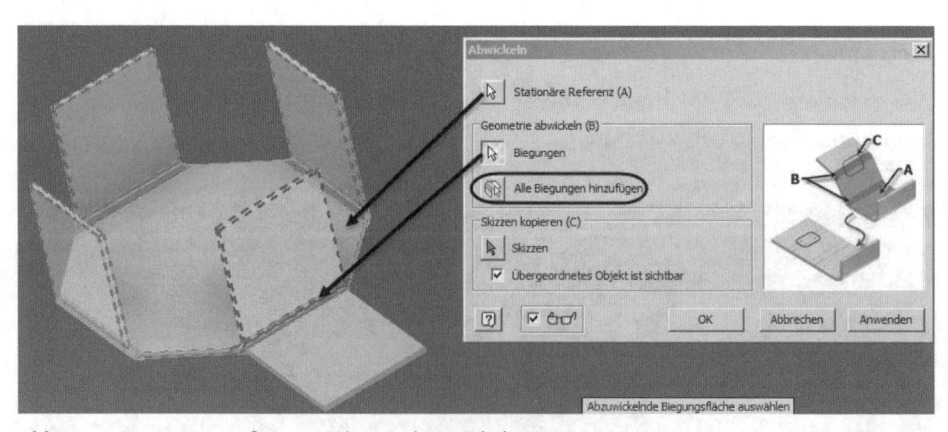

Abb. 9.22: Stationäre Referenz und eine abgewickelte Biegung

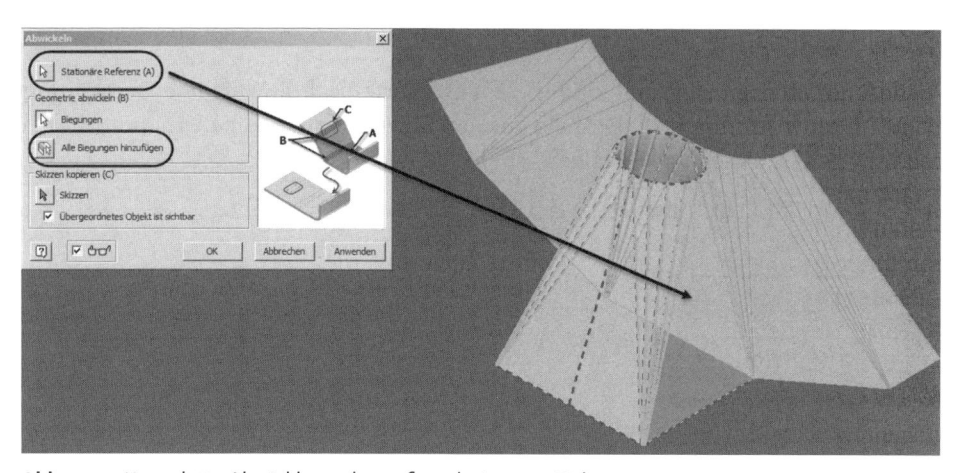

Abb. 9.23: Komplette Abwicklung der aufgeschnittenen Röhre

Auch die Konturrolle kann abgewickelt werden, diesmal aber in zwei Richtungen. Das zeigt Abbildung 9.24.

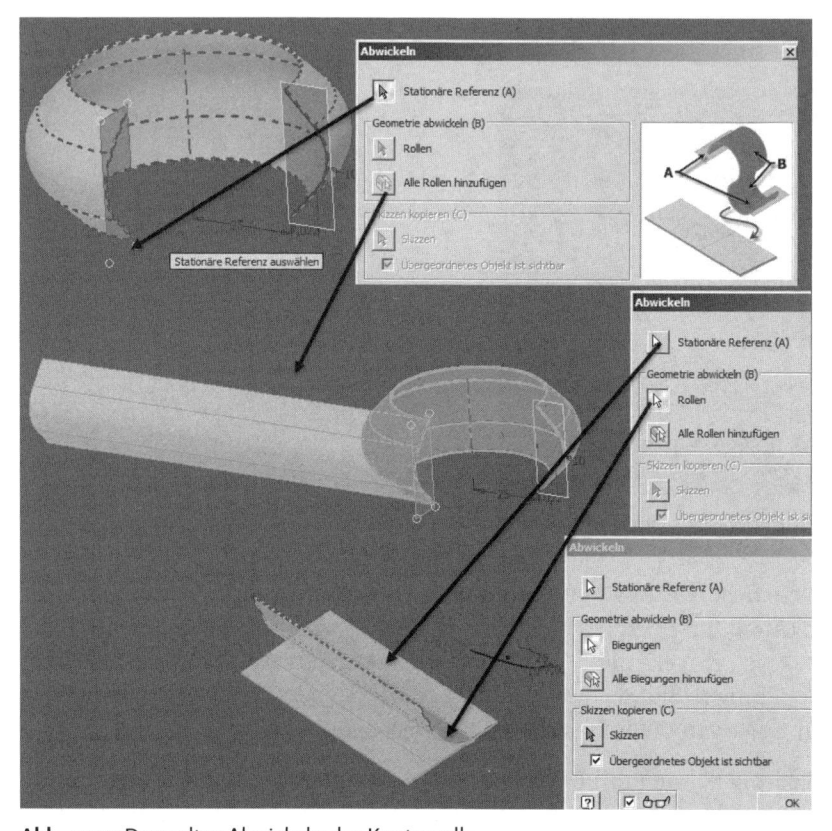

Abb. 9.24: Doppeltes Abwickeln der Konturrolle

9.2.4 Abwicklung und gefaltetes Modell

Auch beim fertigen Blechteil sind die abgewickelte und die gefaltete Darstellung beide nützlich und sinnvoll. Deshalb können Sie die abgewickelte Variante parallel zum gefalteten Modell bereithalten.

In der Gruppe BLECH|ABWICKLUNG finden Sie dazu zwei Befehle.

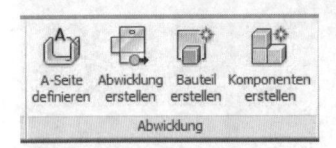

Abb. 9.25: Befehle zum Abwickeln

Mit A-SEITE DEFINIEREN legen Sie für das Bauteil die Oberseite fest (Abbildung 9.26), hier A-Seite genannt.

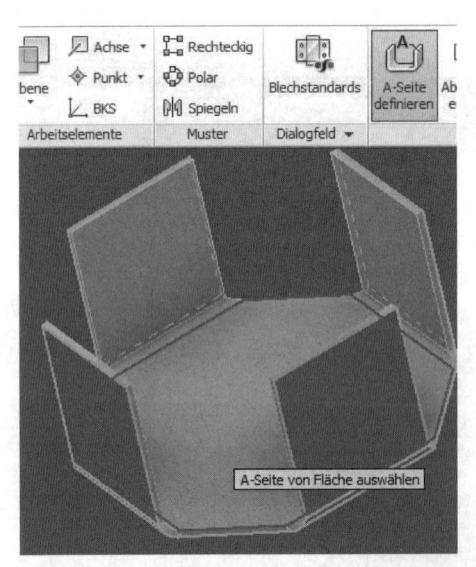

Abb. 9.26: Bestimmen der Oberseite (A-Seite)

Mit dem zweiten Befehl ABWICKLUNG ERSTELLEN wird nun nicht nur die Abwicklung erstellt (Abbildung 9.27), sondern im BROWSER wird eine neue Kategorie für die ABWICKLUNG eingerichtet. Zwischen dem GEFALTETEN MODELL und der ABWICKLUNG können Sie ab jetzt mit den Schaltflächen GEHE ZU GEFALTETEM MODELL und GEHE ZU ABWICKLUNG beliebig wechseln.

In der Abwicklung können mit BIEGEREIHENFOLGE-ANMERKUNG die Zahlen für die Biegereihenfolge aktiviert werden. Da die automatisch erstellten Zahlen wahrscheinlich nicht der technologisch sinnvollen Reihenfolge entsprechen, können Sie diese Zahlen bearbeiten und umnummerieren. Auch wenn es dabei zeitweise Doppelnummern gibt, können Sie die einfach neu nummerieren. Am Ende muss allerdings eine eindeutige Nummerierung stehen.

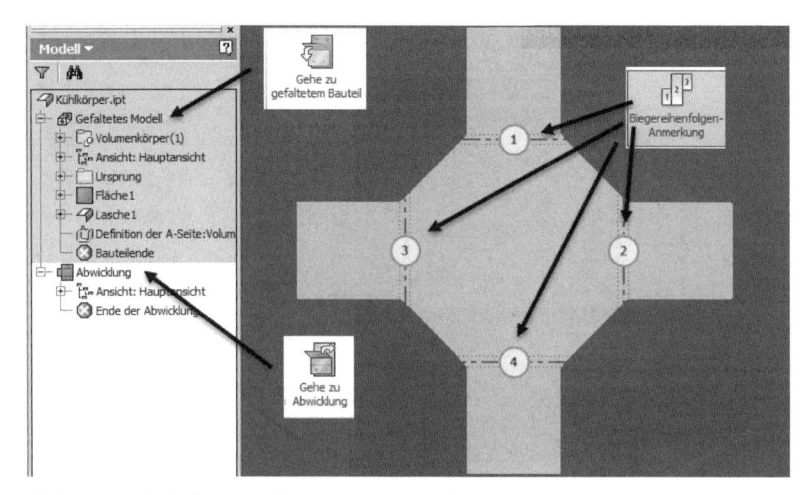

Abb. 9.27: Abwicklung und gefaltetes Modell

9.2.5 Zeichnung erstellen

Bei Erstellen der Zeichnung eines Blechteils können Sie zwischen der Darstellung als GEFALTETES MODELL und ABWICKLUNG wählen (Abbildung 9.28). Bei der Abwicklung können die STANZMITTELPUNKTE und die BIEGUNGSENDEN mitgezeichnet werden.

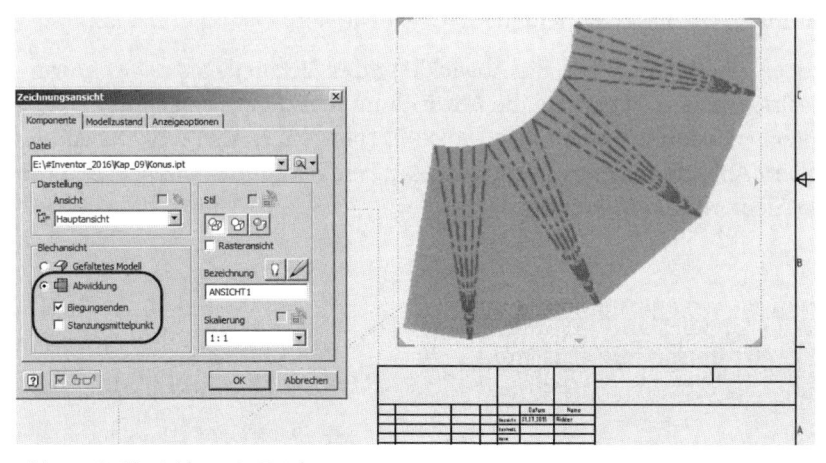

Abb. 9.28: Abwicklung in Zeichnung

Sie können auch die Biegungskanten mit dem Werkzeug MIT ANMERKUNGEN VERSEHEN|ANMERKUNG|BIEGUNG beschriften, um den Biegungswinkel und Biegungsradius anzuzeigen (Abbildung 9.29). Beim Positionieren der Biegungstexte werden diese zunächst auf die Mittellinien der Biegungen direkt draufgesetzt. Nach Anklicken lassen sich die Texte aber leicht so verschieben, dass eine gut lesbare Zeichnung entsteht.

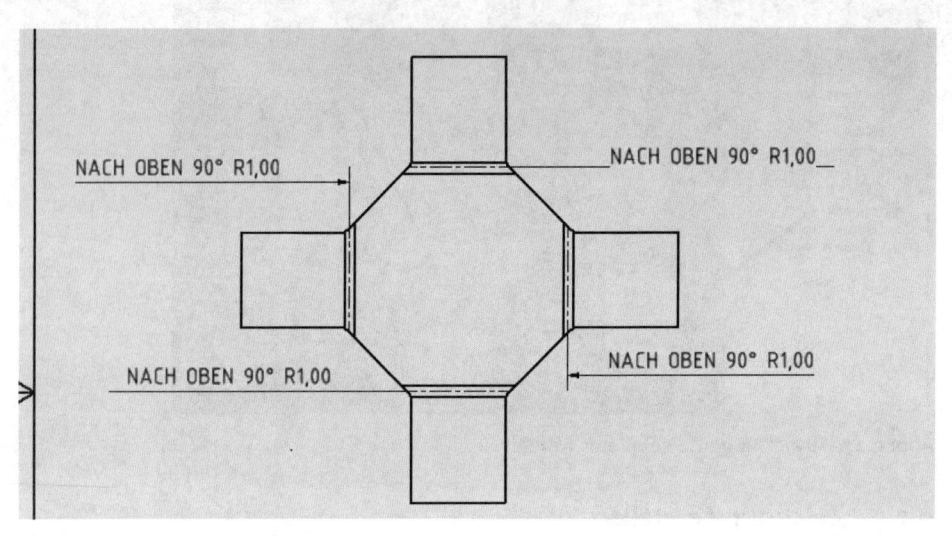

Abb. 9.29: Zeichnung mit Biegungsmarkierung

9.2.6 DXF-Ausgabe

Das Austauschdatei-Format von AutoCAD (DXF = Data eXchange Format) wird oft auch von Maschinensteuerungen im CNC-Bereich eingelesen, insbesondere für 2D-Bearbeitungen wie Laserschneiden, Stanzen, Nibbeln.

Deshalb gibt es eine Möglichkeit, die Abwicklung des Blechteils als 2D-Kontur im DXF-Format zu erhalten. Wenn Sie die Abwicklung markieren, erscheint im Kontextmenü (Rechtsklick) die Option FLÄCHE EXPORTIEREN ALS. Als DATEITYP ist hier *.DXF möglich (Abbildung 9.30). Die in AutoCAD eingelesene DXF-Datei des Beispiels sehen Sie in Abbildung 9.31.

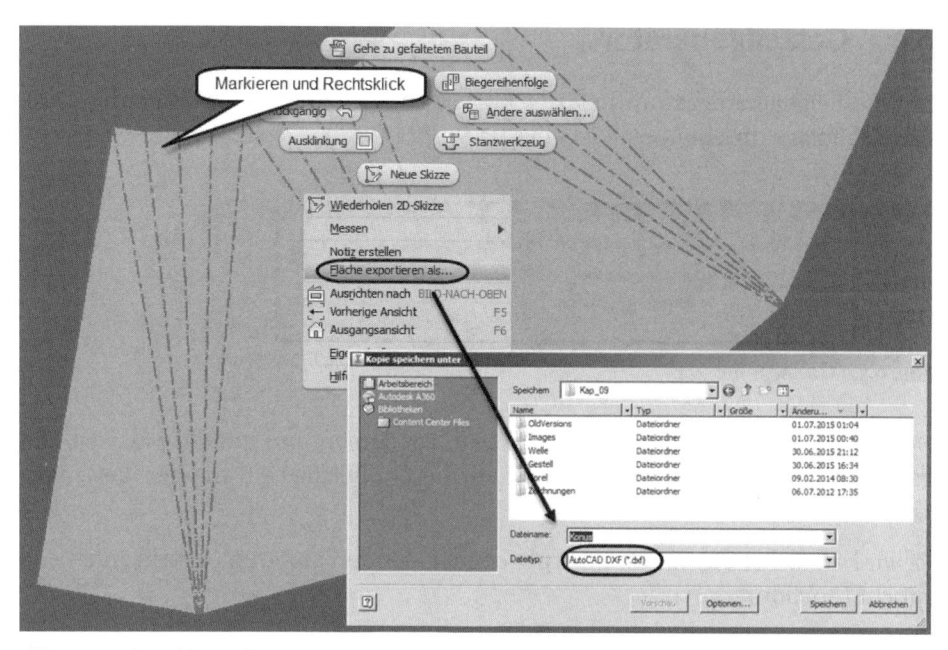

Abb. 9.30: Abwicklung als DXF-Datei ausgeben

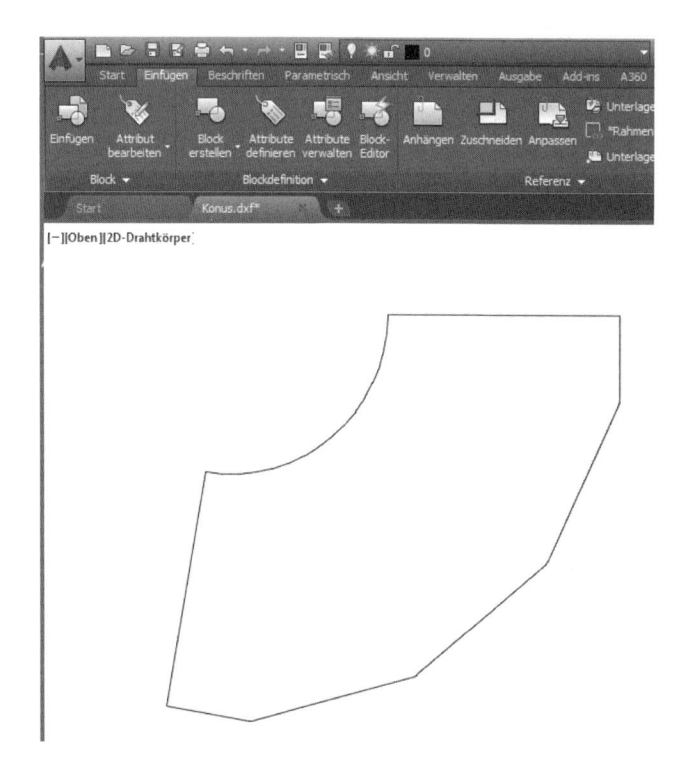

Abb. 9.31: DXF-Datei in AutoCAD eingelesen

9.3 Gestellgenerator

Der Gestellgenerator ist im Register KONSTRUKTION zu finden (Abbildung 9.32). Die Grundlage für ein Gestell ist eine 3D-SKIZZE für die Gestellkanten.

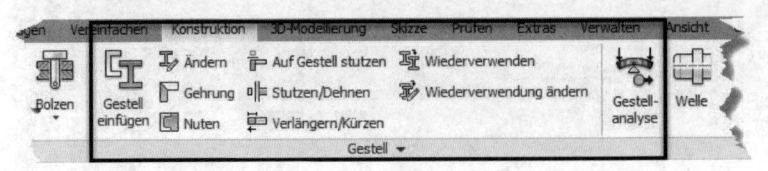

Abb. 9.32: Gestellgenerator

Nun ist das Erstellen einer 3D-Skizze allein aus Linien und mit der präzisen Eingabe nicht gerade einfach. Deshalb wird in diesem Beispiel ein anderer Weg eingeschlagen.

Es wird zunächst ein Volumenkörper erstellt, der den äußeren Gestellkanten entspricht (Abbildung 9.33).

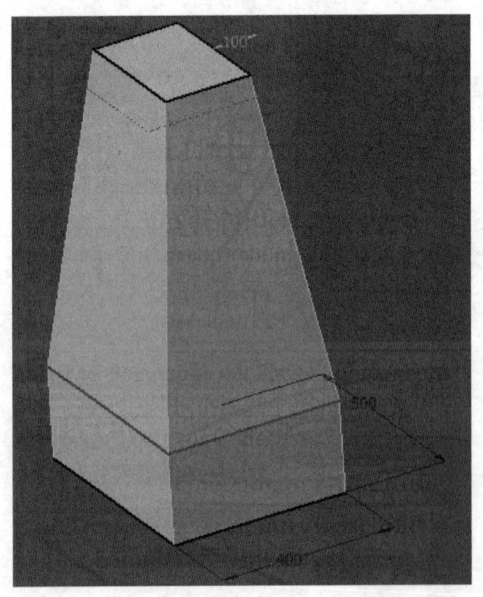

Abb. 9.33: Volumenkörper zur Vorbereitung der 3D-SKIZZE

Dessen Kanten werden dann für die 3D-SKIZZE des Gestells genutzt. Dazu wird der Volumenkörper in einer Baugruppe platziert. Mit der Funktion ZUSAMMENFÜGEN|KOMPONENTE|ERSTELLEN wird nun ein neues Bauteil innerhalb der Baugruppe beginnend mit einer 3D-Skizze erstellt. Im Skizziermodus dient dann die

Funktion GEOMETRIE EINSCHLIEßEN dazu, die Kanten des ersten Volumenkörpers abzugreifen.

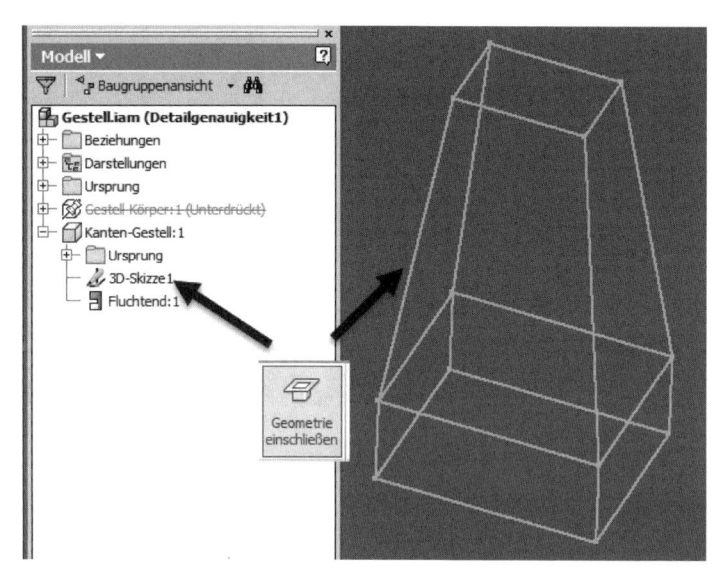

Abb. 9.34: 3D-SKIZZE über GEOMETRIE EINSCHLIEßEN

Nachdem die 3D-SKIZZE damit fertig erstellt ist, kann der ursprüngliche Volumenkörper *unterdrückt* werden.

Somit ist nun nur noch die 3D-Skizze sichtbar und kann jetzt mit dem Gestellgenerator mit den Profilen überzogen werden.

Die Profile werden dann mit den verschiedensten Werkzeugen des Gestellgenerators abschließend bearbeitet.

9.3.1 Gestell erzeugen

Die erste Aufgabe des Gestellgenerators (Abbildung 9.35) besteht darin, die 3D-Skizze mit Profilen zu bestücken ❶. Dafür rufen Sie GESTELL EINFÜGEN auf. Im Dialogfeld wählen Sie als NORM DIN ❷, dann unter FAMILIE die Profile ❸, die GRÖßE ❹ und das MATERIAL ❺. Die Platzierungsmethode kann auf Kante ❻ eingestellt werden. Dann klicken Sie eine Kante an ❼ und wählen im Dialogfenster die zu positionierende Kante ❽ und evtl. den Drehwinkel ❾. Im Kontextmenü können Sie die Auswahlmethode für die Kanten auch auf KETTE schalten und dann mehrere zusammenlaufende Kanten mit den gleichen Einstellungen zusammen mit Profilen bestücken (Abbildung 9.36). Dort, wo die Kanten nicht rechtwinklig zusammenstoßen, wird die Kantenausrichtung evtl. schwierig. Hier können Sie im Dialogfenster AUSRICHTEN markieren und eine geeignete Bezugskante wählen (Abbildung 9.37).

Kapitel 9
Umgebungen – Erweiterungen

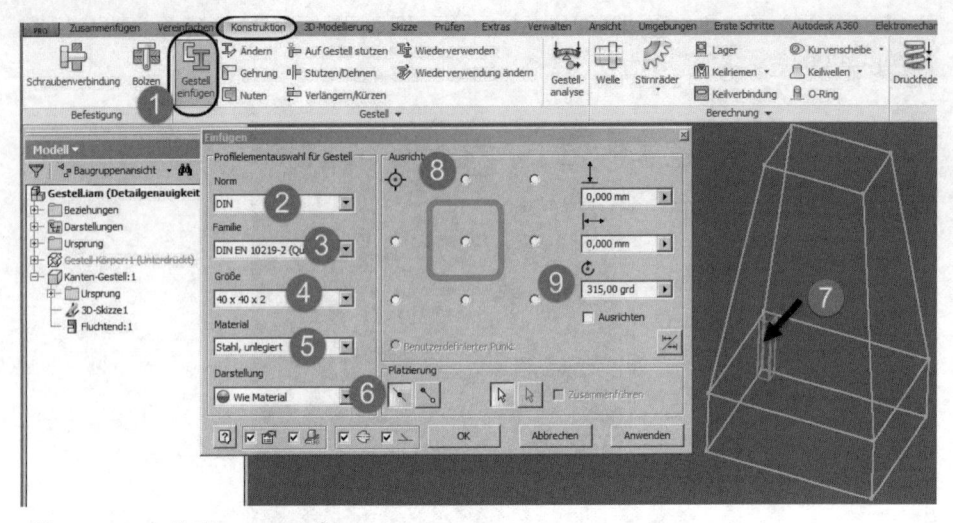

Abb. 9.35: Gestell-Elemente einfügen

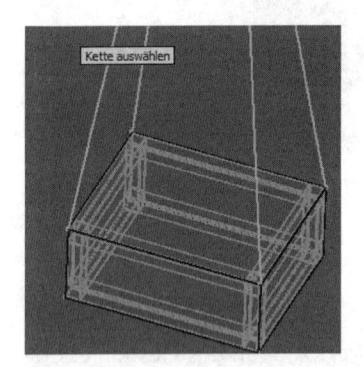

Abb. 9.36: Mehrere Kanten als KETTE wählen

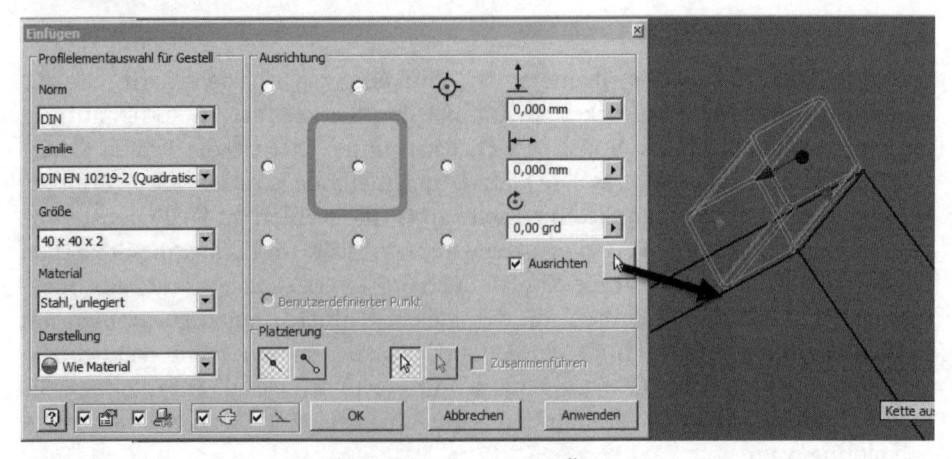

Abb. 9.37: Mit AUSRICHTEN die richtige Orientierung erstellen

9.3.2 Profile bearbeiten

Ändern

Mit ÄNDERN ❶ können Sie einzelne Profile noch nachträglich bearbeiten. Im Beispiel (Abbildung 9.38) wird das Profil ❸ mit AUSRICHTEN ❷ nachträglich angepasst.

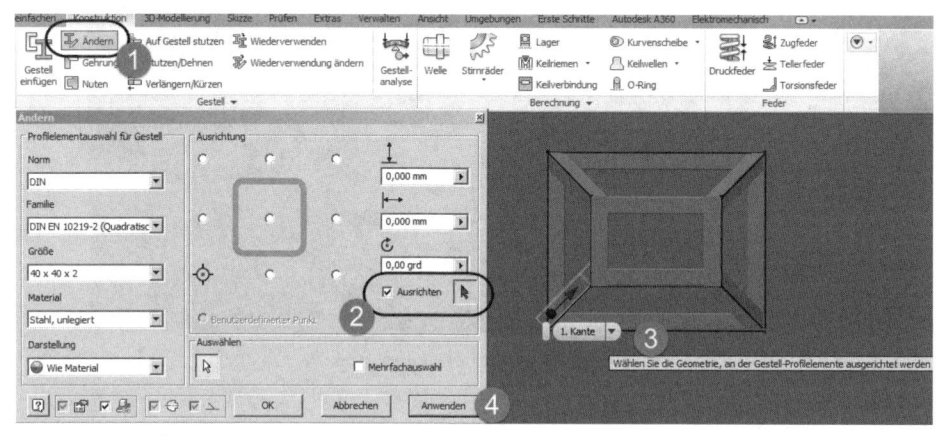

Abb. 9.38: Mit ÄNDERN die AUSRICHTUNG nachträglich anpassen

Gehrung

Die Funktion GEHRUNG ❶ berechnet die Gehrung zwischen zwei Profilen. Sie können einen Abstand ❷ für die Schweißnaht angeben und darunter wählen, ob eine Kante auf der Winkelhalbierenden stehen bleibt oder symmetrisch abgeschnitten wird. Wenn GEHRUNG TEILEN ❸ aktiviert ist, wird bei unterschiedlichen Profilbreiten mit der Winkelhalbierenden von den Profilmitten ausgehend geschnitten. Ist GEHRUNG TEILEN deaktiviert, berechnet sich die Schnittlinie aus den Schnittpunkten der Außenkanten. Die Profile ❹ und ❶ können in beliebiger Reihenfolge gewählt werden.

In dieser Funktion und den folgenden finden Sie immer wieder die Option VORHANDENE ENDENBEARBEITUNG(EN) LÖSCHEN. Das dient dazu, vor der jeweiligen Funktion die durch andere Funktionen eventuell schon bearbeiteten Enden zurückzusetzen, weil für die Enden meist nur eine Bearbeitung möglich ist.

Kapitel 9
Umgebungen – Erweiterungen

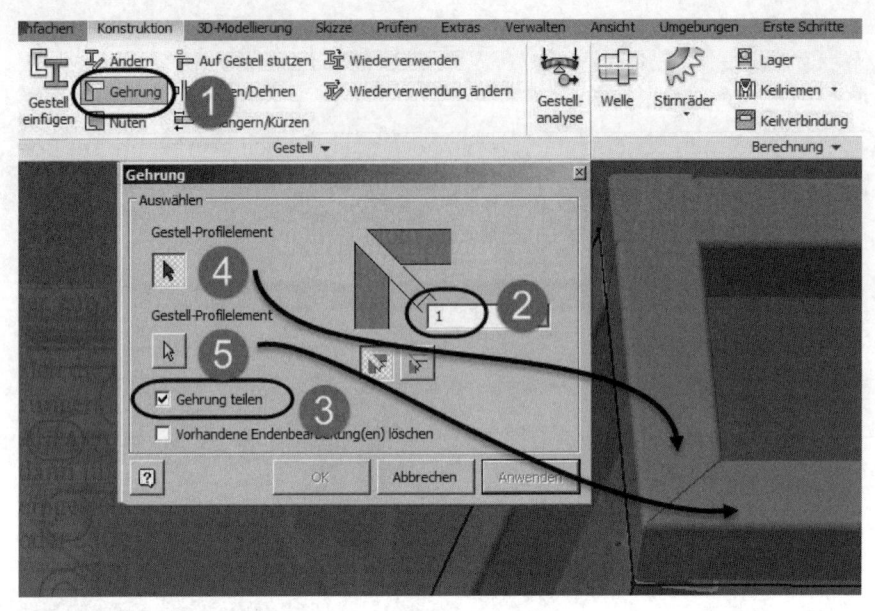

Abb. 9.39: Symmetrische GEHRUNG mit Abstand erstellen

Auf Gestell stutzen

Die Funktion AUF GESTELL STUTZEN ❶ schneidet ein Profil dort ab, wo es auf ein anderes stößt. Zuerst wählen Sie das Profil ❷, das als Begrenzung wirkt, dann dasjenige ❸, das gestutzt werden soll.

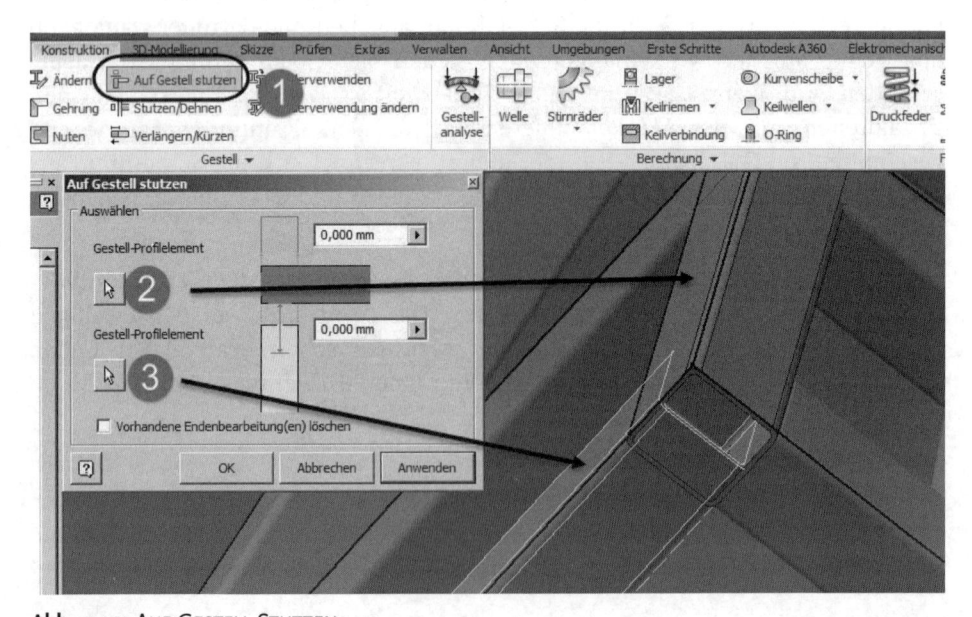

Abb. 9.40: AUF GESTELL STUTZEN

Stutzen/Dehnen

Wenn Sie mehrere Stutzen-Aktionen an einer Fläche durchführen wollen, benutzen Sie die Funktion STUTZEN/DEHNEN ❶. Zuerst sind die zu stutzenden oder dehnenden Profile ❷ zu wählen, dann eine passende ebene Fläche ❸.

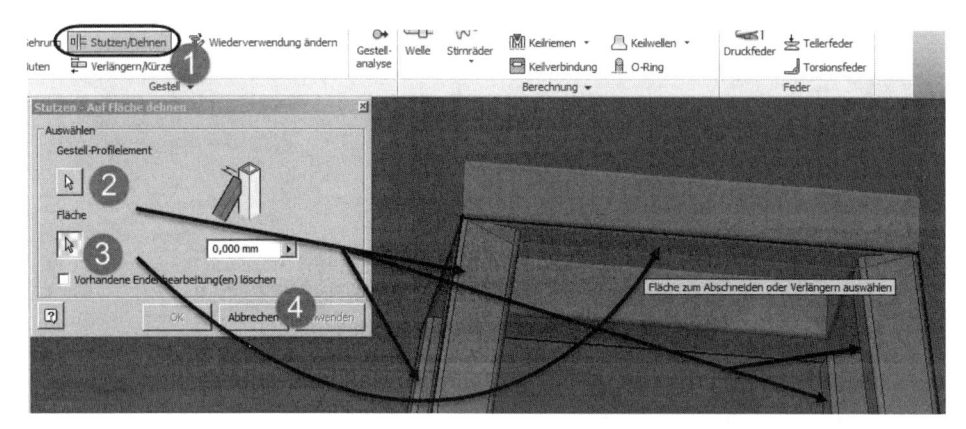

Abb. 9.41: STUTZEN/DEHNEN auf Fläche

Verlängern/Kürzen

Mit VERLÄNGERN/KÜRZEN ❶ können Sie ein Ende ❷ oder beide eines Profils um einen eingestellten Abstand ❸ verlängern oder kürzen. Zuletzt wählen Sie die Profile ❹.

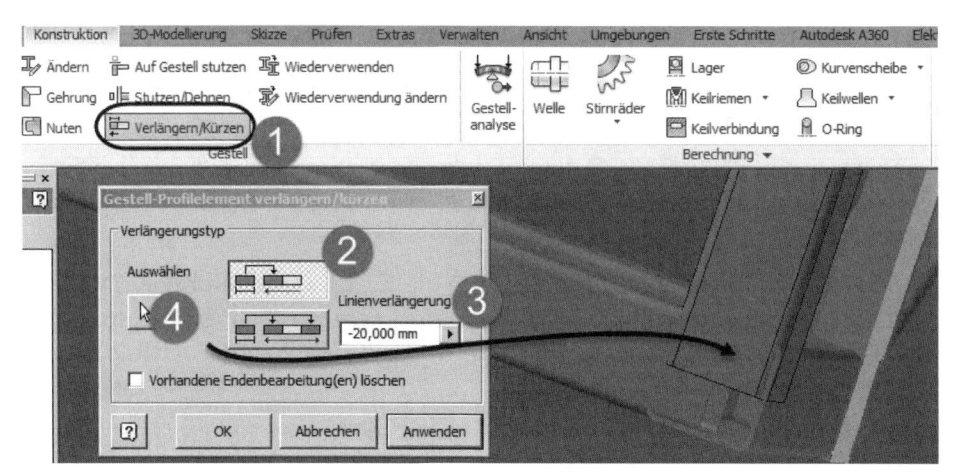

Abb. 9.42: Verkürzen

Nuten

Mit NUTEN ❶ können Profile aufeinander zugeschnitten werden. Als Erstes wählen Sie das zuzuschneidende Profil ❷ und danach das Profil ❸, das als Ziel dient. Abbildung 9.43 zeigt oben die Profilwahl und unten das Ergebnis bei unterdrückten Zielprofilen.

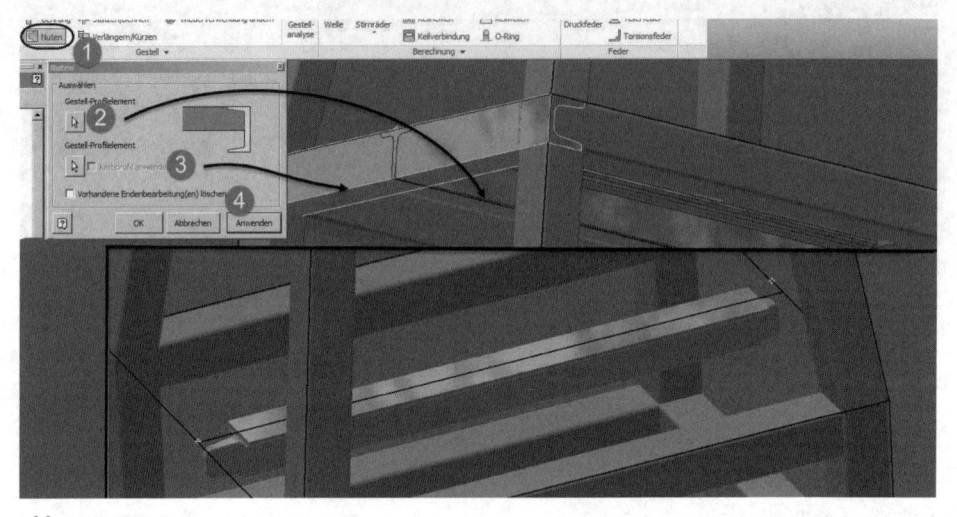

Abb. 9.43: Nuten

Gestellanalyse

Die GESTELLANALYSE ❶ kann den Belastungsfall simulieren und die Verformungen berechnen. Sie beginnen mit SIMULATION ERSTELLEN ❷. Das Gestell wird dazu wieder durch eine Stabkonstruktion repräsentiert, damit nach der Methode der finiten Elemente der Lastfall berechnet werden kann.

Dann wären mit FESTGELEGT ❸ die Fixpunkte zu bestimmen. Dazu klicken Sie in diesem Beispiel die untersten der angezeigten Knotenpunkte an, auf denen das Gestell ruht.

Als Nächstes können Sie nun mit KRAFT ❹ die Belastungen aufbringen. Wichtig ist dabei, dass Sie die Richtungspfeile der Kräfte in die beabsichtigte Richtung drehen. Das kann dynamisch am Bildschirm durch Schwenken der Kraft-Pfeilsymbole geschehen oder über einen Dialog.

Wichtig ist auch, die SCHWERKRAFT-Richtung ❺ korrekt zu orientieren. Das gelingt am einfachsten über das Kontextmenü.

Mit SIMULIEREN ❻ wird schließlich die Berechnung gestartet, die einige Zeit braucht. Im aktuellen Beispiel wurde für jede der vier Lasten eine Kraft von 100 N aufgewendet. Die maximale Verformung liegt dann bei ca. 2 µm.

Mit der Funktion GESTELLANALYSE|PUBLIZIEREN|BERICHT kann ein ausführlicher Ergebnisbericht im RTF- oder HTML-Format ausgegeben werden. Das RTF-Format (Rich-Text-Format) kann mit Word gelesen werden, das HTML-Format mit jedem Internet-Browser.

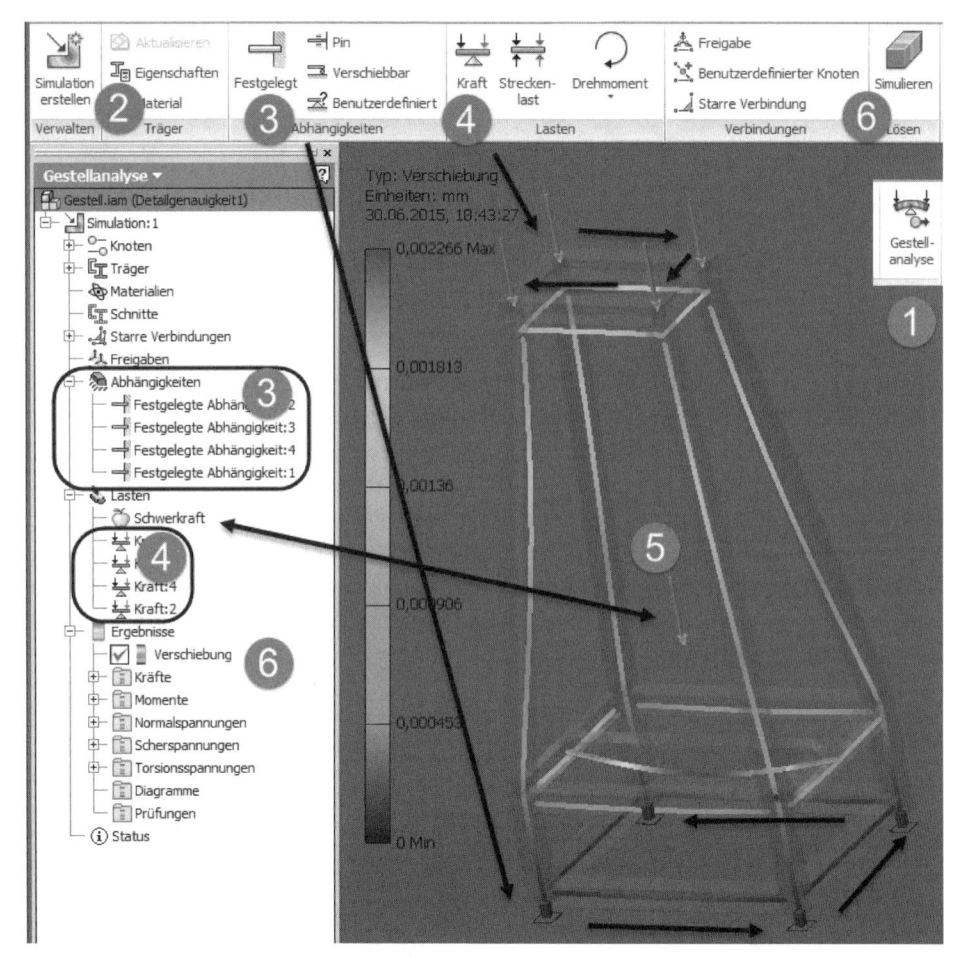

Abb. 9.44: Simulation mit Lasten

9.4 Wellengenerator

Die in Abbildung 9.45 gezeigte Welle soll nun mit dem Wellengenerator erstellt werden.

Kapitel 9
Umgebungen – Erweiterungen

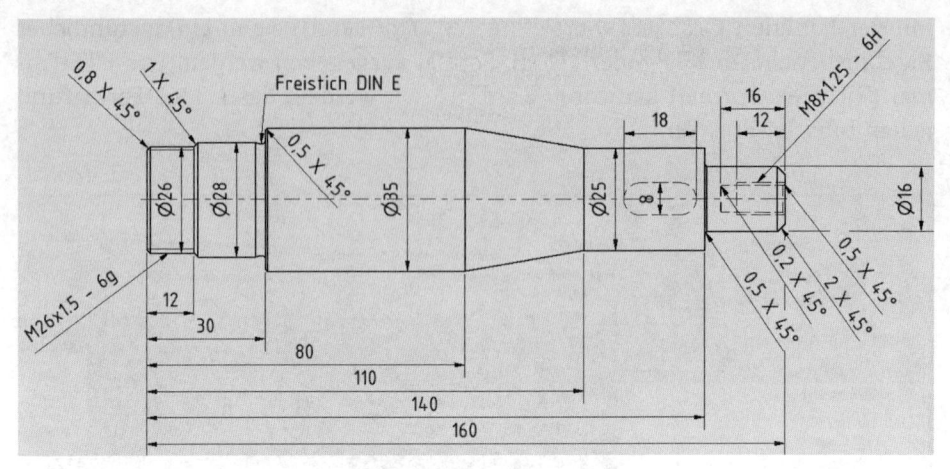

Abb. 9.45: Beispiel für Wellenkonstruktion

Dazu müssen Sie wieder eine Baugruppe starten und dann unter KONSTRUKTION|BERECHNUNG|WELLE den Wellengenerator aktivieren. Sie befinden sich dann in einem KONSTRUKTIONSASSISTENTEN, der die Welle als Baugruppe aus einzelnen Teilen für Sie aufbaut (Abbildung 9.46). Jedes einzelne Segment der Welle wird dann aus den Grundformen Zylinder, Kegel oder Polygon gestaltet. An den Enden jedes Segments können RUNDUNGEN, FASEN, GEWINDE und weitere Formelemente hinzugefügt werden. Auch können auf den Segmenten noch Formelemente wie Keilnutrillen, Durchgangsbohrungen u.Ä. angebracht werden. Auf diese Weise besteht dann die Welle aus vielen einzelnen dieser Elemente.

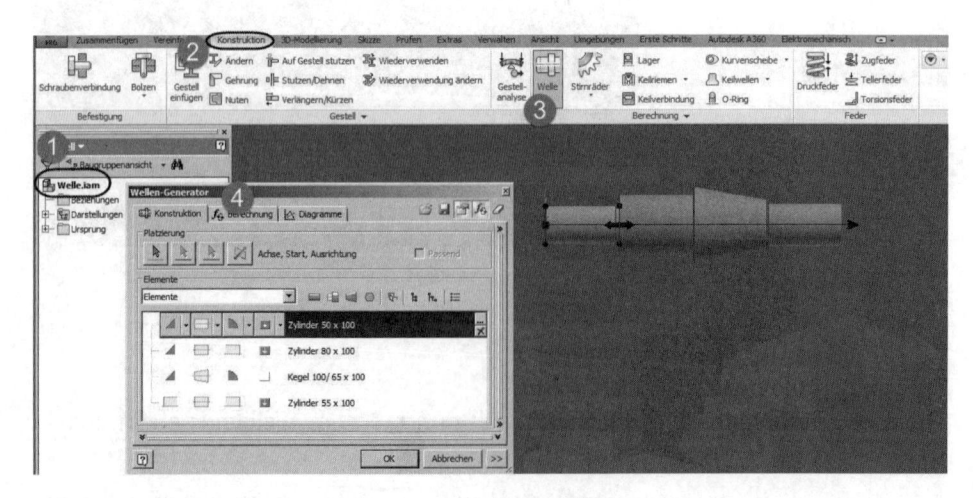

Abb. 9.46: Welle mit dem Konstruktionsassistenten erstellen

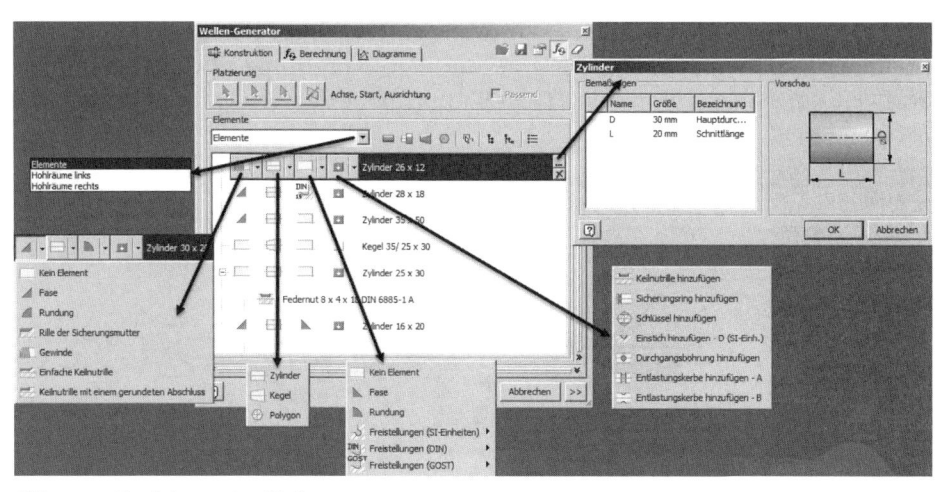

Abb. 9.47: Funktionen im Wellengenerator

Zusätzlich können an den Wellenenden noch Hohlräume links und rechts generiert werden, also Bohrungen mit verschiedensten Spezifikationen. Bei den Hohlräumen ist die Richtung etwas trickreich definiert. Deshalb zeigt Abbildung 9.48 noch einmal die gesamte Struktur des Beispielteils. Man beachte die Spezifikationen für die Gewindebohrung auf der rechten Seite.

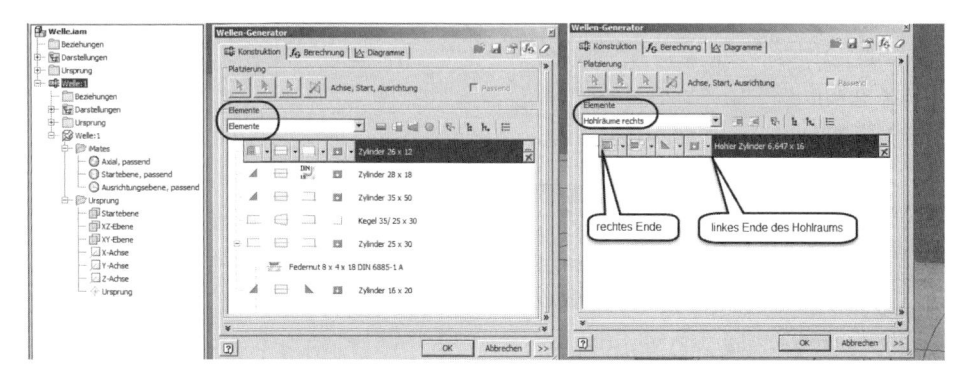

Abb. 9.48: Struktur des Wellenbeispiels

9.5 Schweißen

Das Schweißen findet in der Baugruppenumgebung statt. Alle zu verschweißenden Teile werden in der Schweißbaugruppe dann verbunden. Die Schweißbaugruppe kann nicht in eine normale Baugruppe zurückkonvertiert werden. Das entspricht ja auch der Realität. Die verschweißten Teile sind fest zusammengefügt.

Kapitel 9
Umgebungen – Erweiterungen

Sie beginnen also entweder mit der Wahl einer Schweißbaugruppen-Vorlage (Abbildung 9.49) oder wandeln eine normale Baugruppe mit UMGEBUNG|IN SCHWEISSKONSTRUKTION KONVERTIEREN um (Abbildung 9.50).

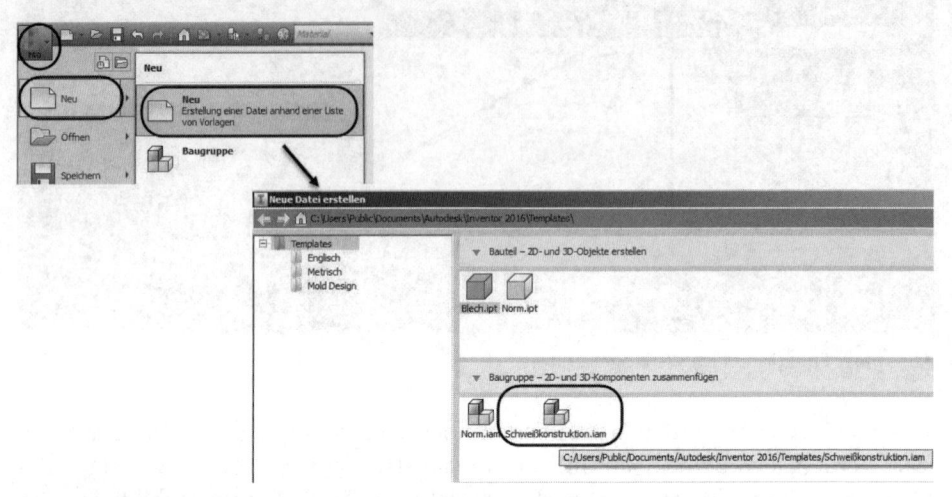

Abb. 9.49: Schweißbaugruppe erstellen

Abb. 9.50: Baugruppe zum Schweißen konvertieren

Die Schweißbearbeitung besteht aus drei Schritten:

- Vorbereitung der Teile bzw. der zu verschweißenden Kanten
- Erstellen der gewünschten Schweißnaht
- Nacharbeiten der Schweißnähte

9.5.1 Schweißvorbereitung

Für eine Füllnaht müssen die betreffenden Kanten abgeschrägt werden. Für diese Bearbeitung stehen einige Volumen-Bearbeitungsbefehle zur Verfügung (Abbildung 9.51). Meist ist FASE nötig. Diese Bearbeitung wird unter der Kategorie VORBEREITUNGEN im BROWSER auch sichtbar.

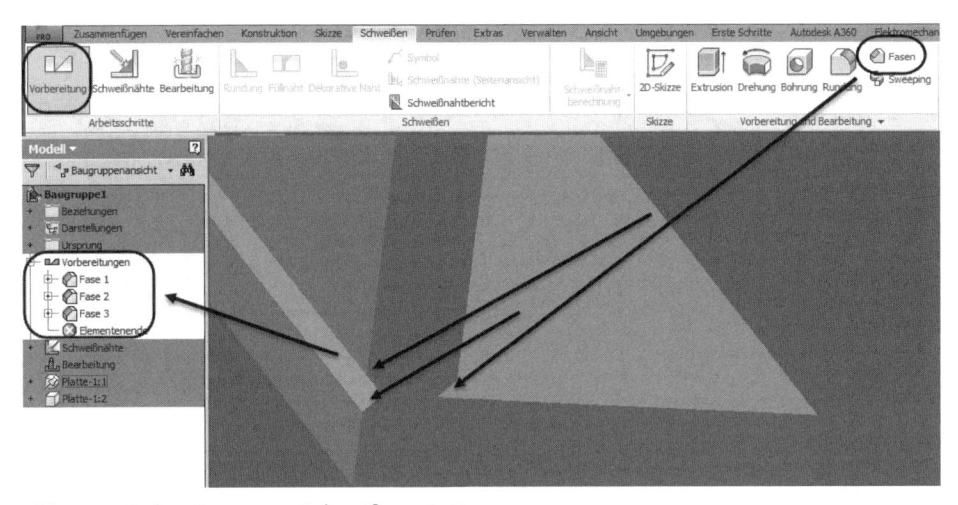

Abb. 9.51: Vorbereitung zum Schweißen mit Fase

> **Wichtig**
>
> Die hier gezeigten Platten sind natürlich logisch schon durch Abhängigkeiten so miteinander verbunden, dass sie nicht mehr beweglich sind.

9.5.2 Erstellen der Schweißnähte

Für die Schweißnähte gibt es drei Funktionen:

- RUNDUNG – erzeugt die unter *Kehlnaht* bekannte Schweißverbindung. Sie benötigt ggf. eine Nachbearbeitung.
- FÜLLNAHT – besser als *V-Naht* bekannt, benötigt eine Vorbereitung durch Abschrägen der Kanten.
- DEKORATIVE NAHT – sonst auch als *Stumpfnaht* bezeichnet, wird im Inventor lediglich durch eine dickere Linie markiert.

V-Naht

Mit der Funktion FÜLLNAHT können Sie eine *V-Naht* erstellen. Wenn beide Kanten mit FASEN vorbereitet sind, dann wählen Sie beide Fasenflächen und aktivieren VOLLSTÄNDIGE FLÄCHE SCHWEIßEN.

Falls nur eine Kante mit Fase bearbeitet ist, dann aktivieren Sie auch nur bei dieser Fasenfläche VOLLSTÄNDIGE FLÄCHE SCHWEIßEN. Dann benötigt das Programm eine FÜLLRICHTUNG, das ist eine Richtung, die das Schweißmaterial begrenzt. Im Beispiel konnte die Kante der unteren Platte verwendet werden (Abbildung 9.53).

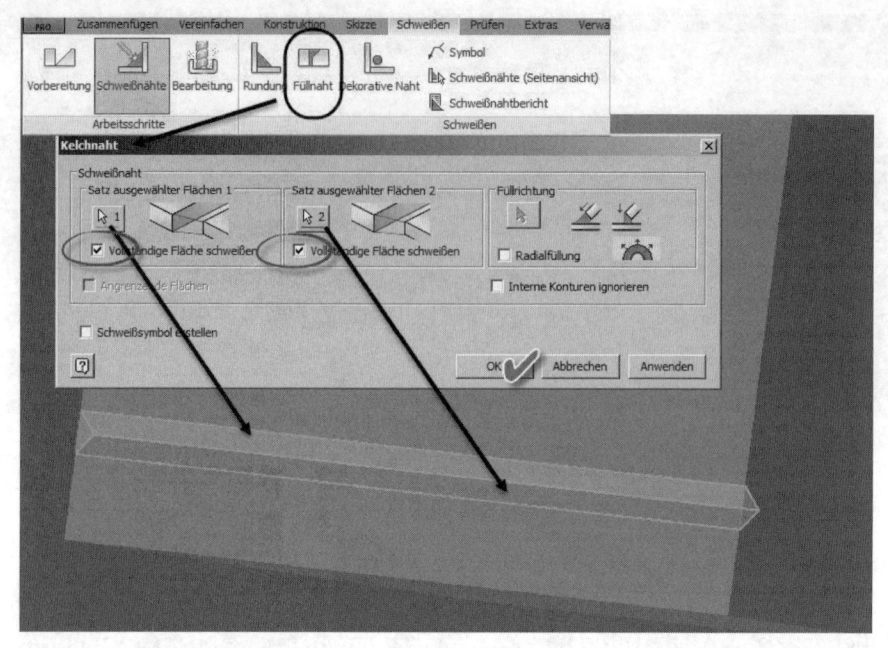

Abb. 9.52: Füllnaht erstellen

Eine andere Möglichkeit für die einseitig gefaste Kante bietet die Option RADIAL-FÜLLUNG (Abbildung 9.54). In diesem Fall wird die Schweißnaht durch einen Radius begrenzt, der hier aber nur als Linie zu sehen ist.

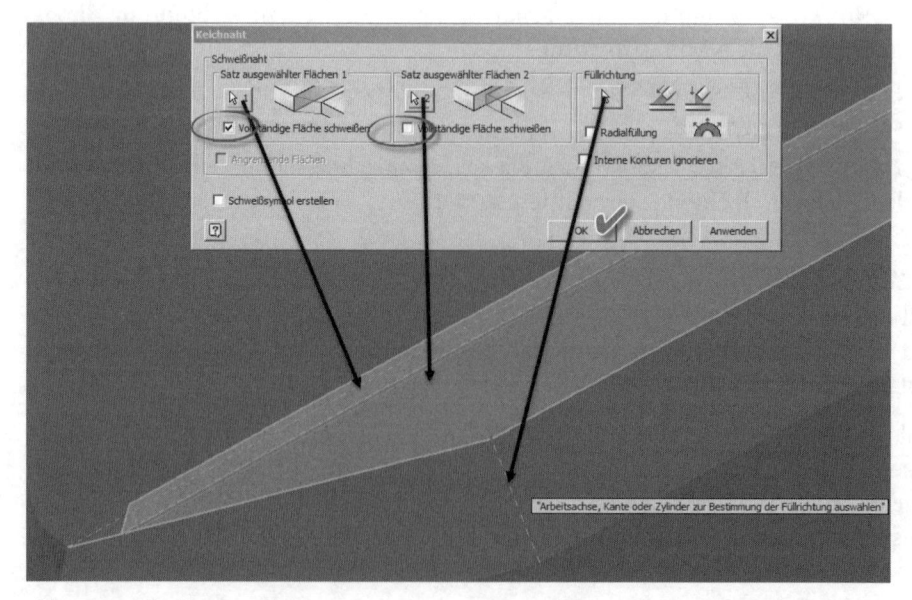

Abb. 9.53: Füllnaht mit Füllrichtung

9.5
Schweißen

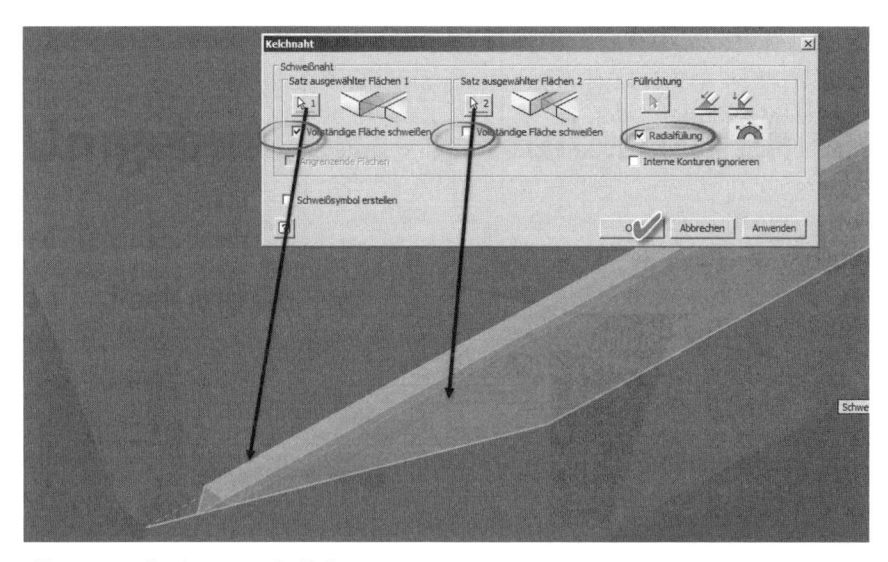

Abb. 9.54: Füllnaht mit Radialfüllung

Kehlnaht

Die Funktion RUNDUNG führt zum Dialogfenster KEHLNAHT. Hierfür ist keine Vorbereitung nötig. Es können diverse Formen der Schweißnaht gewählt werden und die Naht auch durch einzelne Schweißraupen realisiert werden.

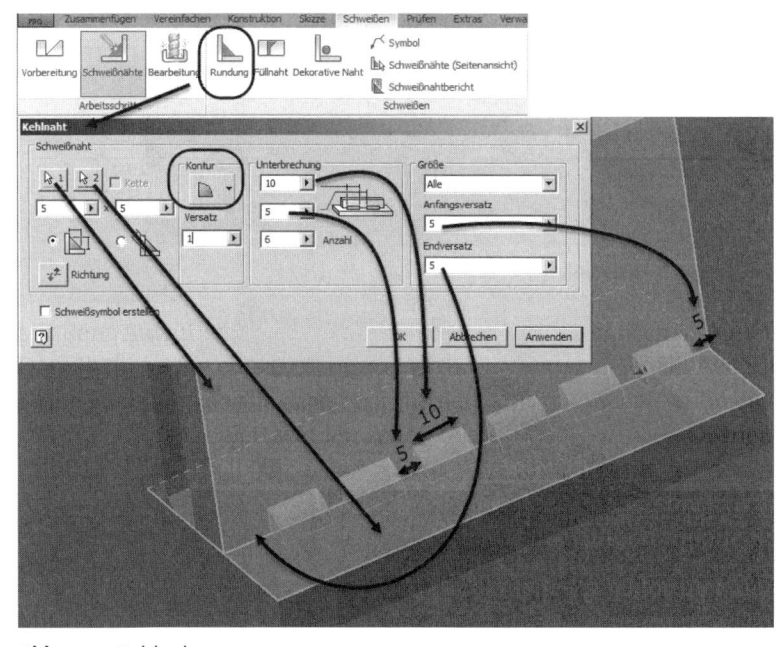

Abb. 9.55: Kehlnaht

Kapitel 9
Umgebungen – Erweiterungen

Stumpfnaht

Die DEKORATIVE NAHT wird für stumpf zusammenstoßende Teile verwendet. Hier werden einzelne Kanten oder Ketten von Kanten oder Konturen einer Fläche gewählt. Die Naht wird durch eine dickere gelbe Linie dargestellt.

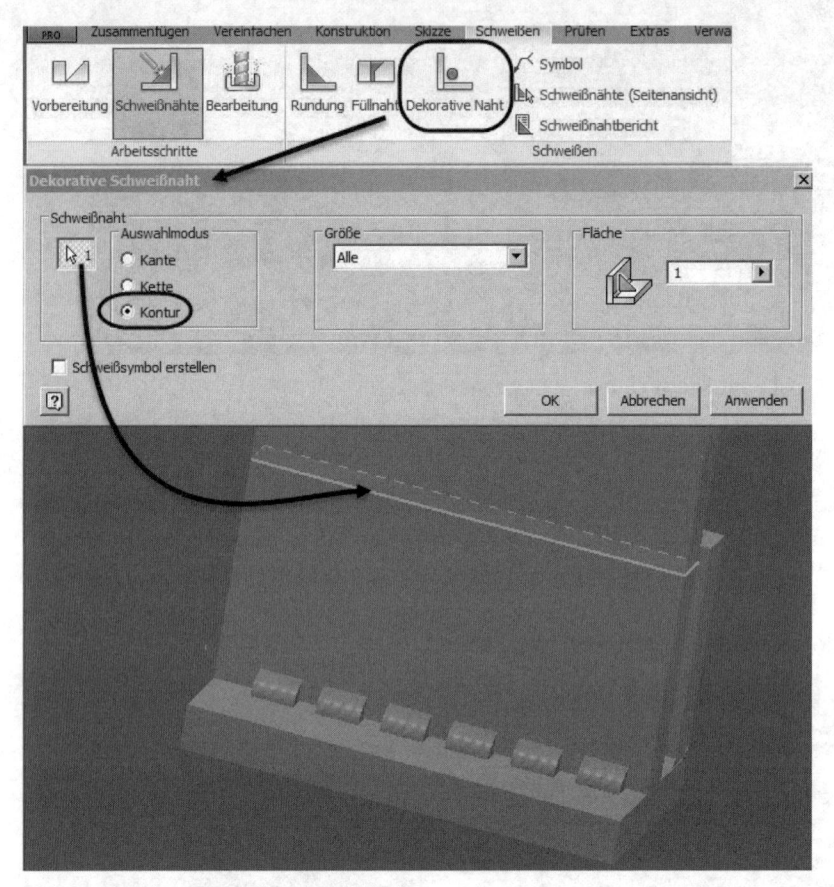

Abb. 9.56: Dekorative Naht – Stumpfnaht

9.6 Übungsfragen

1. Was ist die wichtigste Einstellung in den Blechstandards?
2. Wie werden Bleche erstellt?
3. Nennen Sie einige Standard-Funktionen für Blechteile.
4. Womit erstellen Sie eine Ausklinkung?
5. Wozu dient die DXF-Ausgabe der Blechabwicklungen?
6. Was ist die Grundlage für ein Gestell?
7. Was ist in der GESTELL-ANALYSE die Vorgaberichtung der SCHWERKRAFT?
8. Welche Grundbestandteile hat die Wellenbaugruppe?
9. Welche Schweißnaht benötigt eine Vorbereitung?
10. Welche Schweißnaht kann mit Schweißraupen gestaltet werden?

Anhang A

Fragen und Antworten

A.1 Kapitel 1

A.1.1 Übungsfragen

1. Nennen Sie die Phasen einer typischen Inventor-Konstruktion.
2. Wie lauten die Datei-Endungen der Inventor-Dateien?
3. Welche Grundkörper bietet Inventor an?
4. Welche Befehle für Bewegungskörper gibt es?
5. Mit welchem Befehl erzeugen Sie aus einem geschlossenen Ensemble von Flächen einen Volumenkörper?
6. Wie heißen die booleschen Operationen?
7. Welche Konstruktionselemente nennt man Features?
8. Welche Hilfsmittel zum Schwenken einer Ansicht gibt es?
9. Welchen Vorteil bietet die ORBIT-Funktion gegenüber dem dynamischen Schwenken?
10. Was bedeutet es, wenn eine Skizze vollständig bestimmt ist?

A.1.2 Antworten

1. Konstruktion eines Bauteils, zuerst Erstellung einer Skizze, dann 3D-Modellierung

   Zusammenbau mehrerer Bauteile zu einer Baugruppe

   Erstellung der Zeichnungen

   Gegebenenfalls Generieren einer Explosionsdarstellung (Präsentation)

2. Bauteildatei: *.ipt

   Baugruppendatei: *.iam

   Zeichnungsdatei *.dwg oder *.idw

   Präsentationsdatei: *.ipn

3. QUADER, ZYLINDER, KUGEL, TORUS
4. EXTRUSION, DREHUNG, SWEEPING, ERHEBUNG (Lofting), SPIRALE
5. 3D-MODELL|OBERFLÄCHE|FORMEN

6. Vereinigung, Differenz, Schnittmenge
7. Bohrung, Rundung, Fase, Wandung, Flächenverjüngung, Gewinde
8. ViewCube

   Navigationsleiste: Orbit

   Navigationsleiste: Abhängiger Orbit

   Dynamisch Schwenken: ⇧ + Mausrad drücken
9. Mit Orbit kann auch um die Sichtachse und um die horizontale bzw. vertikale Achse geschwenkt werden.
10. Es sind alle nötigen geometrischen Abhängigkeiten und Bemaßungsabhängigkeiten vorhanden, um die Skizzengeometrie eindeutig zu definieren.

A.2 Kapitel 2

A.2.1 Übungsfragen

1. Welche Windows-Versionen können für Inventor benutzt werden?
2. Welche Bereiche fallen bei Inventor LT weg?
3. Welche Dateiextensionen bzw. -erweiterungen (*.xxx) sind wichtig für die Inventor-Dateien?
4. Wie aktivieren Sie den Browser, wenn er ausgeschaltet wurde?
5. Wie schwenken Sie 3D-Darstellungen mit der Maus?
6. Was kann die Orbit-Funktion mehr verglichen mit dem Schwenken mit der Maus?
7. Wo finden Sie eine Funktion, um Inventor auf Werkseinstellungen zurückzusetzen?
8. Wie rufen Sie am schnellsten elementspezifische Funktionen auf?
9. Wie beenden Sie Befehle?
10. Wo können Sie die Befehlszeile an den Cursor heften?

A.2.2 Antworten

1. Windows 7 und Windows 8.1
2. Inventor LT hat keine Baugruppen und auch keine Präsentation.
3. Bauteildatei: *.ipt

   Baugruppendatei: *.iam

   Zeichnungsdatei *.dwg oder *.idw

   Präsentationsdatei: *.ipn
4. Über Ansicht|Fenster|Benutzeroberfläche|Browser

5. ⇧ + Mausrad drücken und die Maus bewegen
6. Mit Orbit kann auch um die Sichtachse und um die horizontale bzw. vertikale Achse geschwenkt werden.
7. Windows-Startmenü: START|ALLE PROGRAMME|AUTODESK|AUTODESK INVENTOR 2016|WERKZEUGE|DIENSTPROGRAMM ZUM ZURÜCKSETZEN VON INVENTOR
8. Die Elemente (Kanten, Flächen, Volumenkörper) mit dem Cursor anklicken und warten, bis die Icons der elementspezifischen Funktionen erscheinen
9. Entweder mit ESC oder übers Kontextmenü (Rechtsklick) und OK
10. In der Multifunktionsleiste EXTRAS in Gruppe OPTIONEN die ANWENDUNGSOPTIONEN aufrufen, dort im Register ALLGEMEIN im Abschnitt EINGABEAUFFORDERUNG ZU INTERAKTION aktivieren Sie die Option BEFEHLSZEILE ANZEIGEN (DYNAMISCHE EINGABEAUFFORDERUNGEN).

A.3 Kapitel 3

A.3.1 Übungsfragen

1. Nennen und erklären Sie die möglichen geometrischen Abhängigkeiten.
2. Was ist der Unterschied zwischen ABHÄNGIGKEIT HORIZONTAL und PARALLEL?
3. Wie wirkt sich der Linientyp MITTELLINIE auf Bemaßungen aus?
4. Wie sieht die Konstruktionslinie aus?
5. Welche Zeichen kennzeichnen absolute und relative Koordinaten?
6. Wie fügen Sie Objekte bei der Objektwahl hinzu?
7. Wozu kann man Abhängigkeiten lockern?
8. Was bedeutet bei der Koordinatenanzeige AUSDRUCK?
9. Wie ist die Excel-Punkte-Tabelle gestaltet?
10. Welche Konturen sind unter der RECHTECK-Funktion zu finden?

A.3.2 Antworten

1. KOINZIDENT: Zwei Punkte fallen zusammen oder ein Punkt liegt auf einer Kurve.
KOLLINEAR: Zwei Linien fluchten.
KONZENTRISCH: Mittelpunkte von Kreisen, Bögen und Ellipsen fallen zusammen.
FEST: Eine Punktposition wird absolut festgelegt.
PARALLEL: Zwei Linien oder eine Linie und eine Ellipsenachse laufen parallel.
LOTRECHT: Zwei Linien oder eine Linie und eine Ellipsenachse laufen lotrecht. Auch Enden von verbundenen Kurven (Bogen und Linie oder Bogen und Bogen) können in einem gemeinsamen Punkt lotrecht gemacht werden.

HORIZONTAL: Eine Linie, eine Ellipsenachse oder zwei Punktpositionen können absolut horizontal ausgerichtet werden.

VERTIKAL: Eine Linie, eine Ellipsenachse oder zwei Punktpositionen können absolut horizontal ausgerichtet werden.

TANGENTIAL: Zwei Kurven können tangential gemacht werden. Ausgenommen sind Splinekurven. Splines können in den Endpunkten tangential zu anschließenden Kurven gemacht werden.

STETIG (G2): Macht zwei Splinekurven oder eine Splinekurve und eine andere Kurve im gemeinsamen Endpunkt krümmungsstetig, das heißt, passt den Radius der Splinekurve im Endpunkt an.

SYMMETRISCH: Macht zwei Kurven bezüglich einer Achse (als Drittes wählen) symmetrisch.

GLEICH: Setzt bei Linien die Länge gleich, bei Kreisen oder Bögen den Radius.

2. HORIZONTAL legt eine Linie oder eine Ellipsenachse parallel zur X-Richtung. Parallel legt eine Linie oder eine Ellipsenachse parallel zu einer anderen.
3. Eine Maßlinie von einer Konturposition senkrecht zu einer MITTELLINIE wird in eine Durchmesser-Bemaßung umgewandelt.
4. Die Konstruktionslinie wird punktiert angezeigt.
5. # steht für absolute und @ für relative Koordinaten.
6. Mit ⌈Strg⌉ + Klick oder ⌈⇧⌉ + Klick auf noch nicht gewählte Objekte werden diese zur Objektwahl hinzugefügt.
7. Man lockert Abhängigkeiten, um eine Skizze manuell per Cursor modifizieren zu können, ohne durch Abhängigkeiten beschränkt zu werden.
8. Bei der Koordinatenanzeige AUSDRUCK werden der Parametername und der Wert angezeigt.
9. Die Excel-Punkte-Tabelle zeigt in der ersten Zeile und Spalte die Einheiten an, in der nächsten Zeile die Koordinatenbezeichnungen für jede der 2–3 Spalten. Danach folgen die Koordinatenwerte. Jede Position entspricht einer Zeile.
10. Unter der RECHTECK-Funktion finden Sie verschiedene Versionen von Rechtecken, Langlöchern, gebogenen Langlöchern und das Polygon.

A.4 Kapitel 4

A.4.1 Übungsfragen

1. Wie können Sie in der Skizze eine Linienkonstruktion mit einem Bogen fortsetzen?
2. Welcher Punkt aus einer Skizze wird automatisch vom Bohrungsmanager verwendet, MITTELPUNKT oder SKIZZIERPUNKT? Beschreiben Sie das Aussehen beider Objekte.

3. Was ist der Unterschied zwischen den Abhängigkeiten VERTIKAL und LOTRECHT?
4. Was ist der Unterschied zwischen den Abhängigkeiten PARALLEL und KOLLINEAR?
5. Welche Möglichkeiten zur Überprüfung gibt es bei einer nicht voll bestimmten Skizze?
6. Worin ähneln sich die Volumenkörper-Erstellungen EXTRUSION und SWEEPING?
7. Welche Abhängigkeit ist für ein POLYGON noch nötig, wenn Mittelpunkt und ein Punkt auf In- oder Umkreis schon bestimmt sind?
8. Was bedeutet FLÄCHENVERJÜNGUNG?
9. Können Sie in einem Bauteil *mehrere Volumenkörper* erstellen?

A.4.2 Antworten

1. Eine Linienkonstruktion wird mit einem Bogen fortgesetzt, indem man vom aktuellen Punkt der Linie mit gedrückter Maustaste weiterzieht.
2. Der MITTELPUNKT aus einer Skizze wird später automatisch vom Bohrungsmanager als Bohrungszentrum verwendet. Der MITTELPUNKT wird durch ein Kreuz dargestellt. Der SKIZZIERPUNKT dagegen erscheint punktförmig.
3. Die Abhängigkeit VERTIKAL richtet eine Linie oder Ellipsenachse oder zwei Punktpositionen parallel zur y-Achse aus. LOTRECHT stellt eine Linie oder Ellipsenachse senkrecht zu einer anderen.
4. Mit der Abhängigkeit PARALLEL erhalten zwei Linien oder Ellipsenachsen die gleiche Ausrichtung bzw. den gleichen Winkel zur x-Achse (oder y-Achse). Bei KOLLINEAR liegt dann ein Element zusätzlich noch auf der gedachten Verlängerung des anderen.
5. Bei einer nicht voll bestimmten Skizze können Sie sich die FREIHEITSGRADE über das Kontextmenü anzeigen lassen. Über die Funktion SKIZZE|ABHÄNGIGMACHEN|AUTOMATIC DIMENSIONS AND CONSTRAINTS können Sie sich anzeigen lassen, wo Inventor noch Abhängigkeiten und Bemaßungen einfügen würde. Aber *Vorsicht*: Diese automatischen Bemaßungen sind meist technisch nicht sinnvoll, also das gleich wieder rückgängig machen und nur zur Ideenfindung nutzen! Schließlich können Sie über das Kontextmenü die SKIZZENANALYSE starten.
6. Bei EXTRUSION und SWEEPING werden Profile bewegt, bei der EXTRUSION senkrecht zur Normalen auf der Profilebene, beim SWEEPING stets punktuell senkrecht zur Pfadkurve.
7. Für ein POLYGON muss neben Mittelpunkt und Abstand zum Punkt auf In- oder Umkreis noch die Ausrichtung oder der Winkel einer Seite bemaßt werden.

8. Bei der FLÄCHENVERJÜNGUNG wird eine Seitenfläche eines Volumenkörpers mit einer Neigung versehen. Das geht auch bei zylindrischen Flächen.
9. Man kann in einem Bauteil *mehrere Volumenkörper* erzeugen und diese auch nachträglich noch bei Bedarf mit dem Befehl KOMBINIEREN mittels der booleschen Operationen zu einem einzigen Volumenkörper zusammenfügen?

A.5 Kapitel 5

A.5.1 Übungsfragen

1. Welche Operationen gibt es bei DIREKT BEARBEITEN?
2. Womit legen Sie die Position der Bohrung beim Modus KONZENTRISCH fest?
3. Was ist der Unterschied zwischen Bohrungsmodus AUF PUNKT und NACH SKIZZE?
4. Wie kann bei RUNDUNG der Umfang der Aktion festgelegt werden?
5. Was bedeutet die Funktion WANDUNG?
6. Wozu dient KOMBINIEREN?
7. Wie können Sie eine Fläche eines Volumenkörpers schräg stellen?
8. Welche Möglichkeiten bietet der Befehl VERDICKUNG?
9. Was erzeugt der Befehl AUFKLEBER?
10. Was wird beim Befehl PRÄGEN mit der Option VON FLÄCHE GRAVIEREN erzeugt?

A.5.2 Antworten

1. Bei DIREKT BEARBEITEN gibt es für Flächen oder Volumenkörper die Optionen:
   VERSCHIEBEN zum Verschieben
   GRÖSSE zum Vergrößern gewölbter Elemente in radialer Richtung
   MASSSTAB zum Skalieren
   DREHEN zum Verdrehen
   LÖSCHEN zum Entfernen von Elementen
2. Beim Modus KONZENTRISCH wird die Bohrungsposition über eine Fläche und durch eine konzentrische Referenz definiert, z.B. einen Bogen oder Kreis.
3. AUF PUNKT erzeugt eine Bohrung basierend auf einer Punktposition mit einer wählbaren Richtung. NACH SKIZZE erzeugt eine Bohrung basierend auf einem MITTELPUNKT und lotrecht zur Fläche.
4. Es gibt die Optionen
   KANTE – einzeln zu wählende Kanten bzw. tangential (z.B. über Bögen) miteinander verbundene Kantenzüge.

KONTUR – alle zu einer Fläche gehörige Kanten.

ELEMENTE – alle zu einem Element im Strukturbaum (z.B. einer Extrusion) gehörigen Kanten.

ALLE INNENKANTEN – wählt alle Innenkanten eines Volumenkörpers.

ALLE AUßENKANTEN – wählt alle Außenkanten eines Volumenkörpers.

5. WANDUNG erzeugt aus einem Volumenkörper eine Hohlform mit einer angegebenen Wandstärke. Sie können Flächen des Volumenkörpers entfernen. Dadurch entstehen dann Öffnungen in der Hülle.
6. KOMBINIEREN kann mehrere Volumenkörper in einem Multiparts-Bauteil mit den booleschen Operationen verknüpfen.
7. Mit der Funktion VERJÜNGUNG
8. VERDICKUNG kann eine Fläche zum Volumenkörper verdicken oder die Fläche eines Volumenkörpers verdicken.
9. Die Projektion einer Pixeldatei auf Flächen eines Volumenkörpers
10. Eine Gravur

A.6 Kapitel 6

A.6.1 Übungsfragen

1. Mit welcher Option platzieren Sie das Basisteil?
2. Welche BAUTEILABHÄNGIGKEITEN gibt es?
3. Was ist der Unterschied zwischen FLUCHTEND und PASSEND?
4. Wozu brauchen Sie die Funktionen FREIE DREHUNG/FREIE VERSCHIEBUNG?
5. Geben Sie ein Beispiel für die Abhängigkeit TANGENTIAL.
6. Welche Freiheitsgrade gibt es noch, nachdem Sie zwei Achsen mit Abhängigkeit PASSEND versehen haben?
7. Welche BEWEGUNGSABHÄNGIGKEITEN gibt es?
8. Beschreiben Sie den Unterschied zwischen TANGENTIAL und DREHUNG-TRANSLATION.
9. Mit welchen Verfahren können Sie Bauteile adaptiv machen?
10. Mit welchem Befehl werden Bibliotheksteile eingefügt?

A.6.2 Antworten

1. ZUSAMMENFÜGEN|KOMPONENTE|PLATZIEREN
2. PASSEND, WINKEL, TANGENTIAL, EINFÜGEN, SYMMETRIE
3. Bei fluchtend sind die Flächennormalen gleichgerichtet, bei PASSEND entgegengesetzt.

4. Zum Vorpositionieren eines Bauteils, damit es nicht durch die Abhängigkeiten evtl. verkehrt herum eingebaut wird
5. Ein Ski auf der Piste (solange er nicht abhebt)
6. Es verbleibt die Drehung um die Achse und die Verschiebung entlang der Achse.
7. DREHUNG koppelt zwei Drehbewegungen miteinander, DREHUNG-TRANSLATION koppelt eine Drehbewegung und eine Verschiebung.
8. Bei der Abhängigkeit TANGENTIAL werden lediglich zwei Flächen miteinander so gekoppelt, dass sie in Berührung bleiben, es wird aber keine Bewegung von einer Fläche auf die andere übertragen. Bei DREHUNG-TRANSLATION führt die Drehung des einen Bauteils zur Verschiebung des anderen und umgekehrt.
9. Für ein Bauteil, z.B. eine Extrusion, kann beim Platzieren die *Adaptivität aktiviert* werden. Dann kann dieses Bauteil über geeignete Abhängigkeiten in die Länge gezogen werden.

    In einem Bauteil kann eine Bemaßung als *getriebene Bemaßung* deklariert werden. Dann kann dieses Bauteil über geeignete Abhängigkeiten ebenfalls an die Maße des Basisteils angepasst werden.

    Ein Bauteil kann von vornherein adaptiv konstruiert werden. Das geschieht, indem es *in der Baugruppe* mit der Funktion ZUSAMMENFÜGEN|KOMPONENTE|ERSTELLEN generiert wird.
10. ZUSAMMENFÜGEN|KOMPONENTE|AUS INHALTSCENTER PLATZIEREN

A.7 Kapitel 7

A.7.1 Übungsfragen

1. Mit welcher Blattgröße startet Inventor eine Zeichnung?
2. Wie wählen Sie die Richtung für die Erstansicht aus?
3. Wo stellen Sie die automatischen Mittellinien ein?
4. Wo stellen Sie die Sichtbarkeit verdeckter Kanten ein?
5. Welche Optionen gibt es für eine Detailansicht?
6. Was bedeutet die Ansichts-Änderung AUSSCHNITT?
7. Was ist zum Zuschneiden einer Ansicht nötig?
8. Nennen Sie die Unterschiede zwischen den Bemaßungen BASISLINIE und BASISLINIENSATZ.
9. Wie können Sie eine Bemaßung aus der Skizze übernehmen?
10. Erläutern Sie die vier Arten von Mittellinien/Mittelpunkten.

A.7.2 Antworten

1. Mit A2
2. Über den VIEWCUBE, der rechts neben Dialogfeld und Vorschau angezeigt wird
3. Im Kontextmenü der Ansicht
4. Im Kontextmenü der Baugruppe oder des Bauteils innerhalb der Ansicht
5. Bei der DETAILANSICHT gibt es zwei Begrenzungsrahmen, KREIS oder RECHTECK. Dann kann der Ausschnitt GEZACKT oder GLATT sein. Beim glatten Ausschnitt kann der Rahmen VOLLSTÄNDIG sein oder nicht, und beim vollständigen Rahmen kann noch die VERBINDUNGSLINIE aktiviert werden.
6. Unter der Ansichts-Änderung AUSSCHNITT versteht man einen Ausbruch mit wählbarer Tiefe.
7. Zum ZUSCHNEIDEN einer Ansicht sind zwei diagonal liegende Punkte nötig, die eine Box für den Ausschnitt definieren, oder eine Skizze als Ausschnittsrahmen.
8. BASISLINIE erstellt für gewählte Geometrien eine Anzahl Bezugsbemaßungen automatisch. BASISLINIENSATZ erstellt einen zusammengehörigen Satz von Bezugsbemaßungen, der mit speziellen Kontextmenüfunktionen auch intern bearbeitet werden kann.
9. Eine Bemaßung aus der Skizze wird über MIT ANMERKUNGEN VERSEHEN|BEMAßUNG|ABRUFEN übernommen.
10. MITTELLINIE erzeugt eine *Mittellinie* von Kanten-Mittelpunkt zu Kanten-Mittelpunkt.

    MITTELPUNKTSMARKIERUNG erzeugt ein *Mittellinienkreuz* zu einem Kreis bzw. einer Bohrung.

    SYMMETRIELINIE erzeugt eine Mittellinie als *Symmetrielinie* zweier Kanten.

    ZENTRIERTE ANORDNUNG erzeugt zu einem kreisförmigen Bohrungsmuster den *Teilkreis* und die *Bohrungszentren*.

A.8 Kapitel 8

A.8.1 Übungsfragen

1. Was ist die wichtigste Einstellung bei Präsentationen für die automatische Explosion?
2. Wie erstellen Sie eigene Explosionspfade?
3. Wie drehen Sie einzelne Komponenten?
4. Was bedeutet bei den Explosionspfaden DURCHGEHENDE VERSCHIEBUNG?
5. Was macht die Funktion PRÄZISE DREHUNG DER ANSICHT?

6. Wo kann die Reihenfolge der ANIMATION in PRÄSENTATIONEN geändert werden?
7. Wo können Sie Materialeigenschaften eingeben?
8. Womit können Sie den visuellen Stil REALISTISCH noch optimieren?
9. Was bedeutet RAYTRACING?
10. Wie erstellen Sie einen Halbschnitt?

A.8.2 Antworten

1. Der Abstand muss passend zur Konstruktion gewählt werden.
2. Mit ERSTELLEN|KOMPONENTENPOSITIONEN ÄNDERN.
3. Mit Option DREHEN in ERSTELLEN|KOMPONENTENPOSITIONEN ÄNDERN
4. Es entsteht ein Gesamtpfad mit mehreren linearen Segmenten.
5. Die Funktion dient der Drehung der Ansicht in diskreten Winkelschritten.
6. Im Aufklappdialog des Befehls ANIMIEREN kann die Reihenfolge der Pfade mit NACH OBEN/NACH UNTEN verändert werden.
7. In den IPROPERTIES des einzelnen Bauteils werden im Register PHYSIKALISCH die Materialien gewählt.
8. Mit Schatten, Reflexionen und Beleuchtungsstilen (mit IBL).
9. RAYTRACING verfolgt die Sehstrahlen ausgehend von Ihrem Auge rückwärts zu den Objekten, dort durch Spiegelungen und Reflexionen bis zu den Lichtquellen und bietet damit eine optimale realistische Darstellung.
10. Unter ANSICHT|DARSTELLUNG|VIERTELSCHNITT ▼ ist der Halbschnitt zu finden. Zuerst ist eine Bezugsfläche, dann ein Abstand zu wählen.

A.9 Kapitel 9

A.9.1 Übungsfragen

1. Was ist die wichtigste Einstellung in den Blechstandards?
2. Wie werden Bleche erstellt?
3. Nennen Sie einige Standard-Funktionen für Blechteile.
4. Womit erstellen Sie eine Ausklinkung?
5. Wozu dient die DXF-Ausgabe der Blechabwicklungen?
6. Was ist die Grundlage für ein Gestell?
7. Was ist in der GESTELL-ANALYSE die Vorgaberichtung der SCHWERKRAFT?
8. Welche Grundbestandteile hat die Wellenbaugruppe?
9. Welche Schweißnaht benötigt eine Vorbereitung?
10. Welche Schweißnaht kann mit Schweißraupen gestaltet werden?

A.9.2 Antworten

1. Die Blechstärke
2. Aus 2D-Skizzen mit der Funktion FLÄCHE
3. Lasche, Konturlasche, Übergangslasche, Falz
4. Mit der Funktion AUSSCHNEIDEN
5. Zur Übergabe der Daten an CNC-Schneidemaschinen
6. Eine 3D-Skizze der Kanten
7. Merkwürdigerweise die Y-Richtung, das heißt, sie wirkt in waagerechter Richtung.
8. Die Elemente (Zylinder etc. mit Start und Endbedingungen), Hohlräume links und Hohlräume rechts (für die Bohrungen und Gewinde dort)
9. Die V-Naht, auch Füllnaht oder Kelchnaht genannt, benötigt Fasen.
10. Die Kehlnaht (Funktion RUNDUNG)

Anhang B

Benutzte Zeichnungen

Wer neben den Anleitungen und Zeichnungen im Buch noch die kompletten Projekte der 3D-Beispiele inklusive der Bauteile, Baugruppen und Zeichnungen verwenden möchte, kann sich diese kostenlos auf der Webseite der Verlages herunterladen unter www.mitp.de/9704.

B.1 Kapitel 1

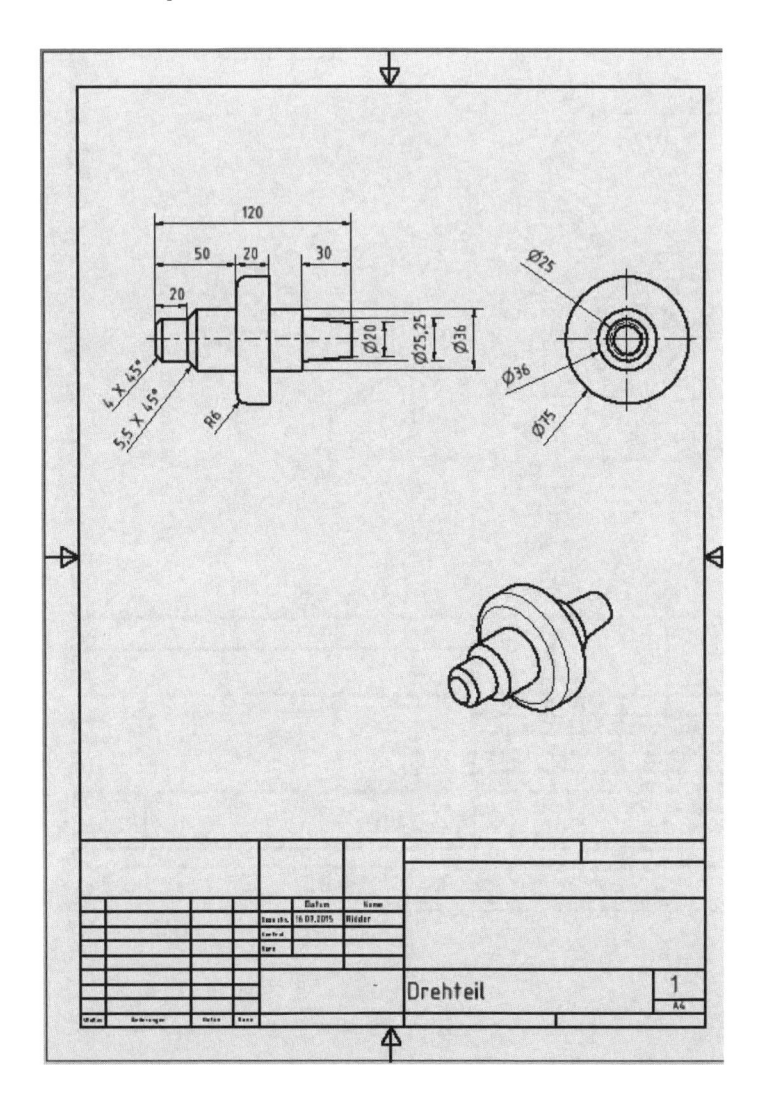

Anhang B
Benutzte Zeichnungen

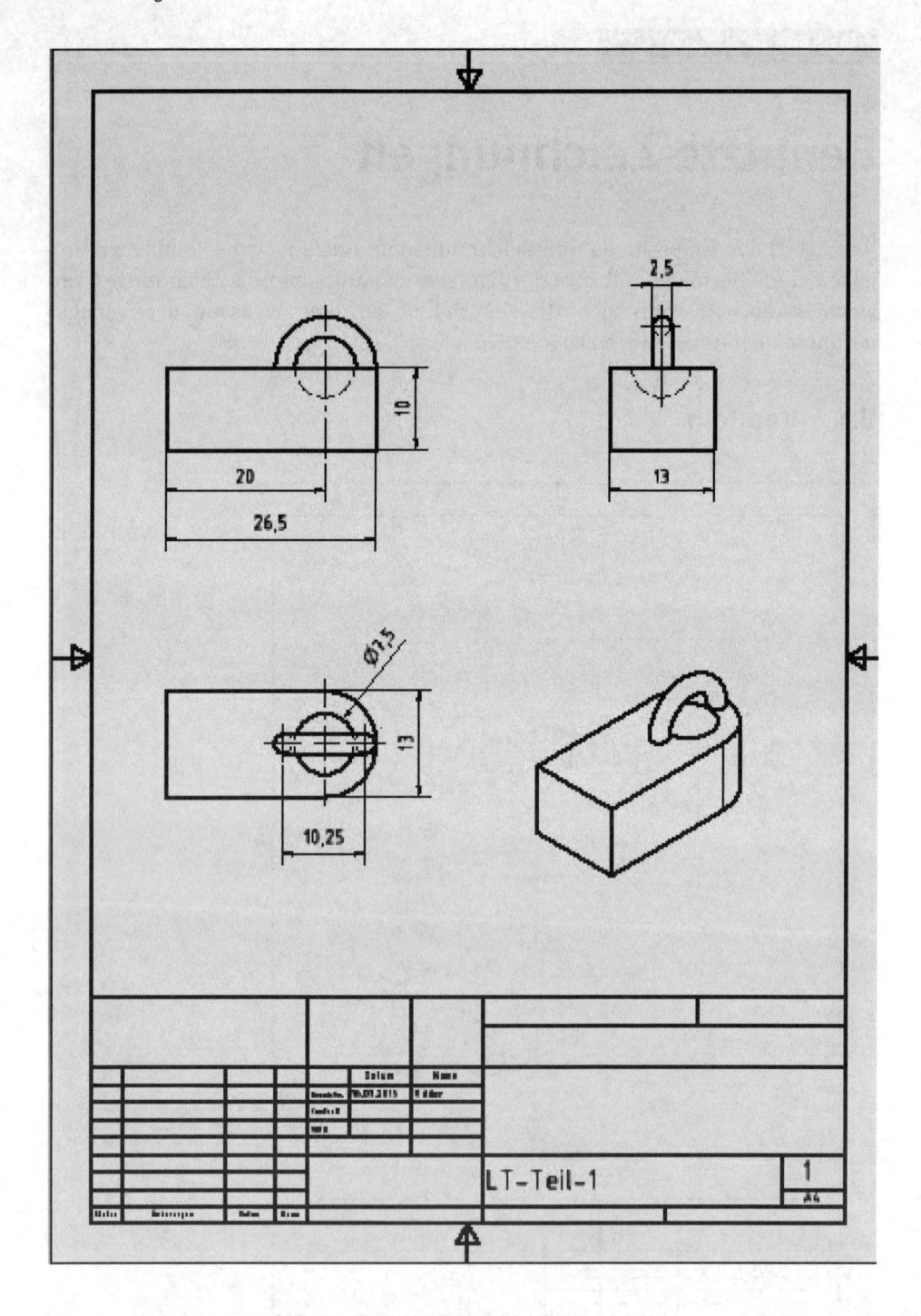

B.2 Kapitel 2

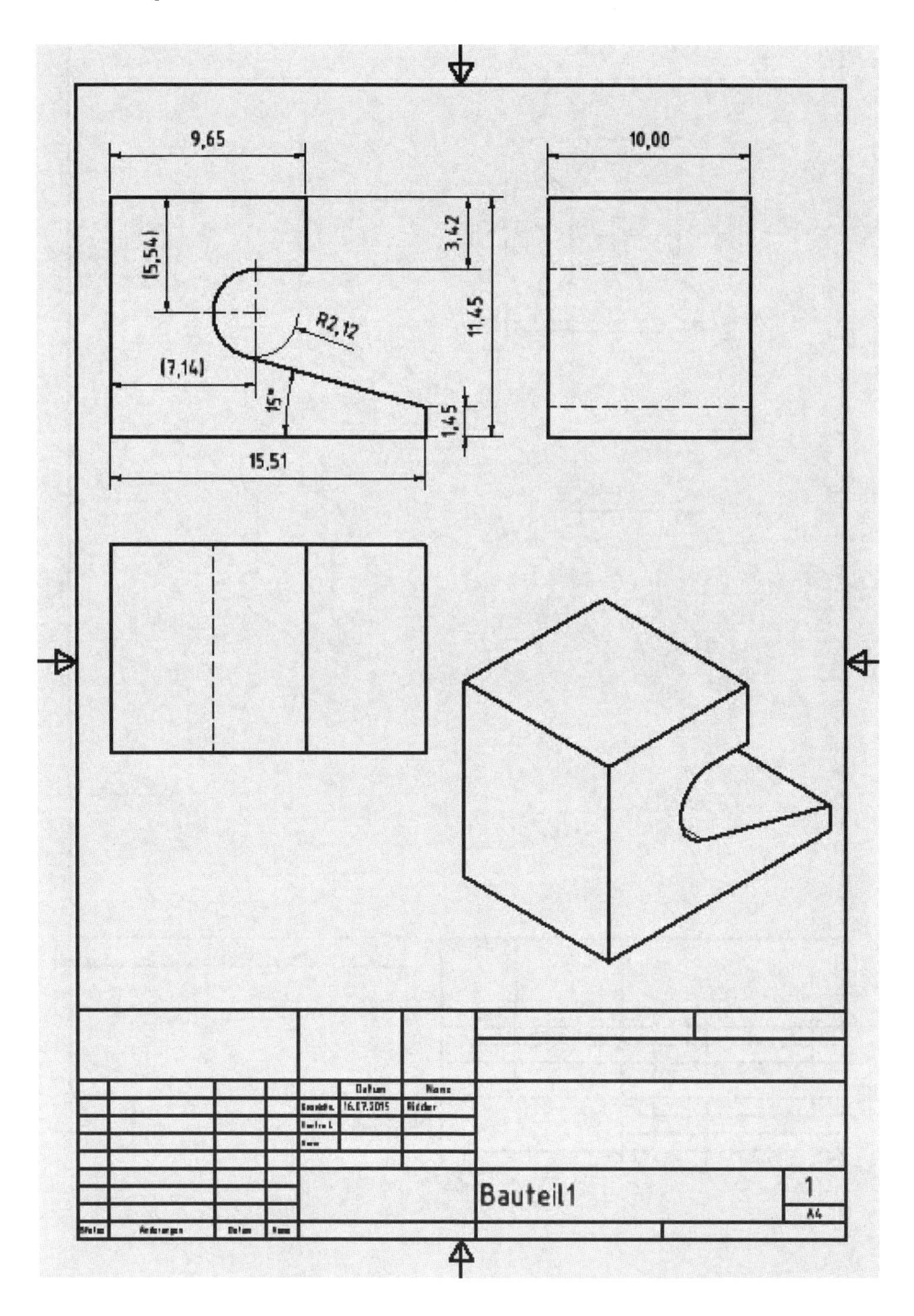

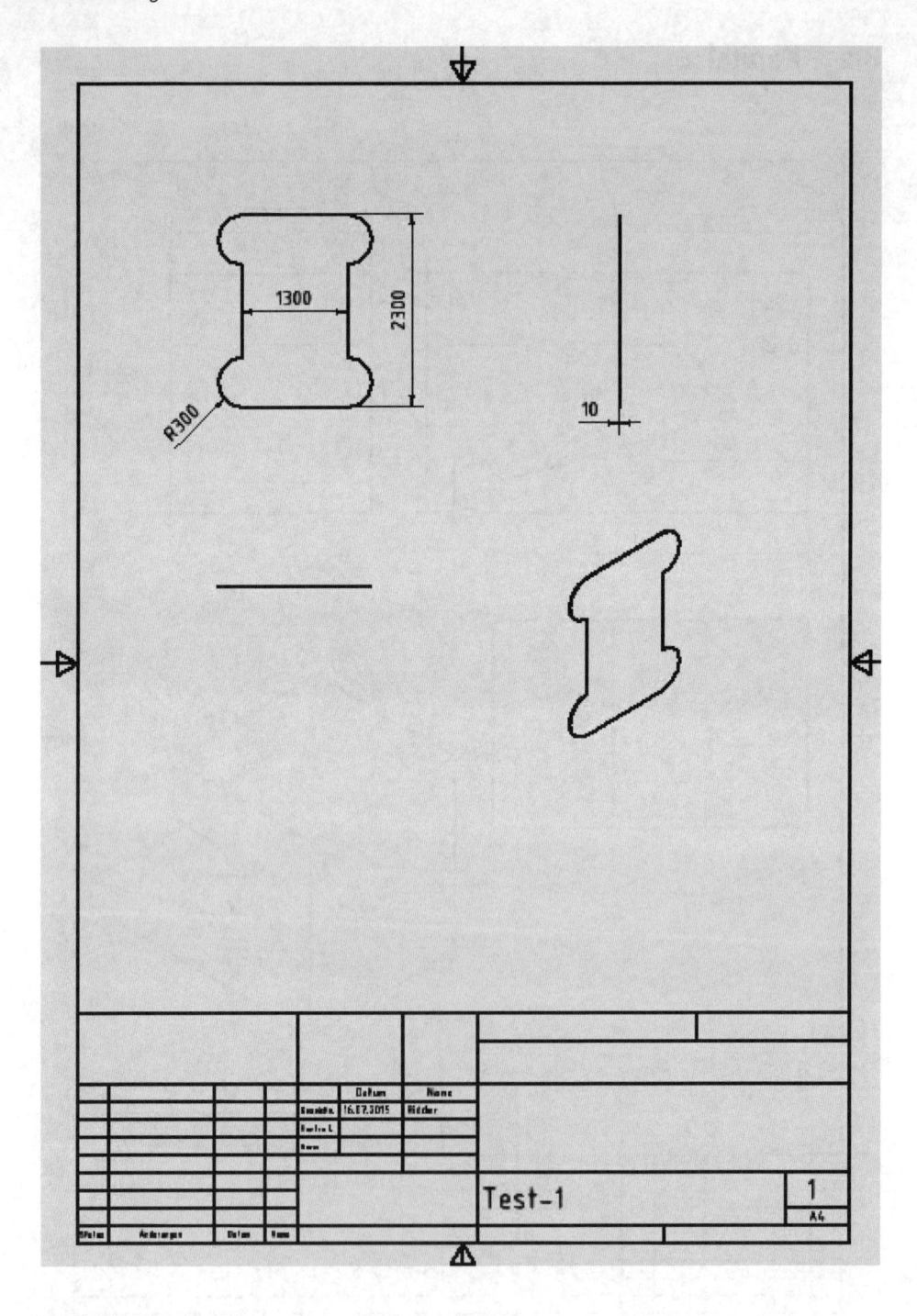

Anhang B
Benutzte Zeichnungen

B.3 Kapitel 3

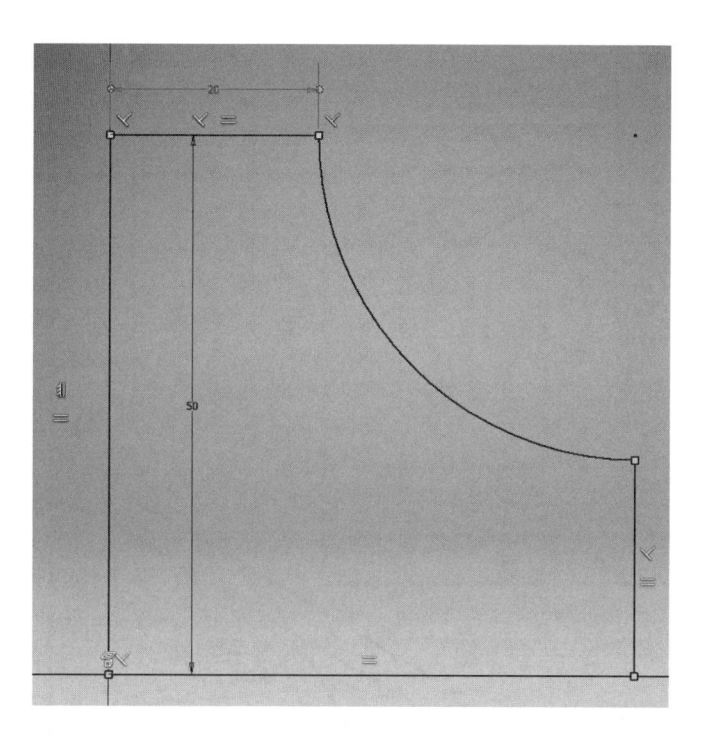

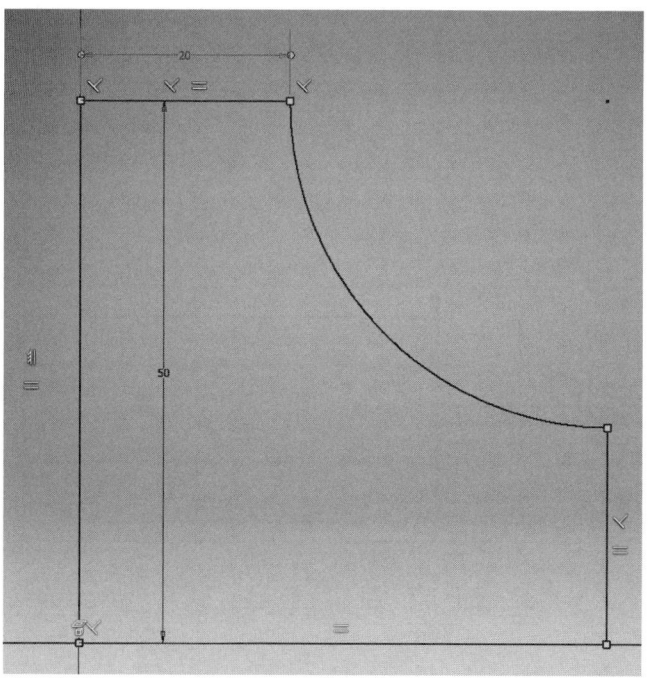

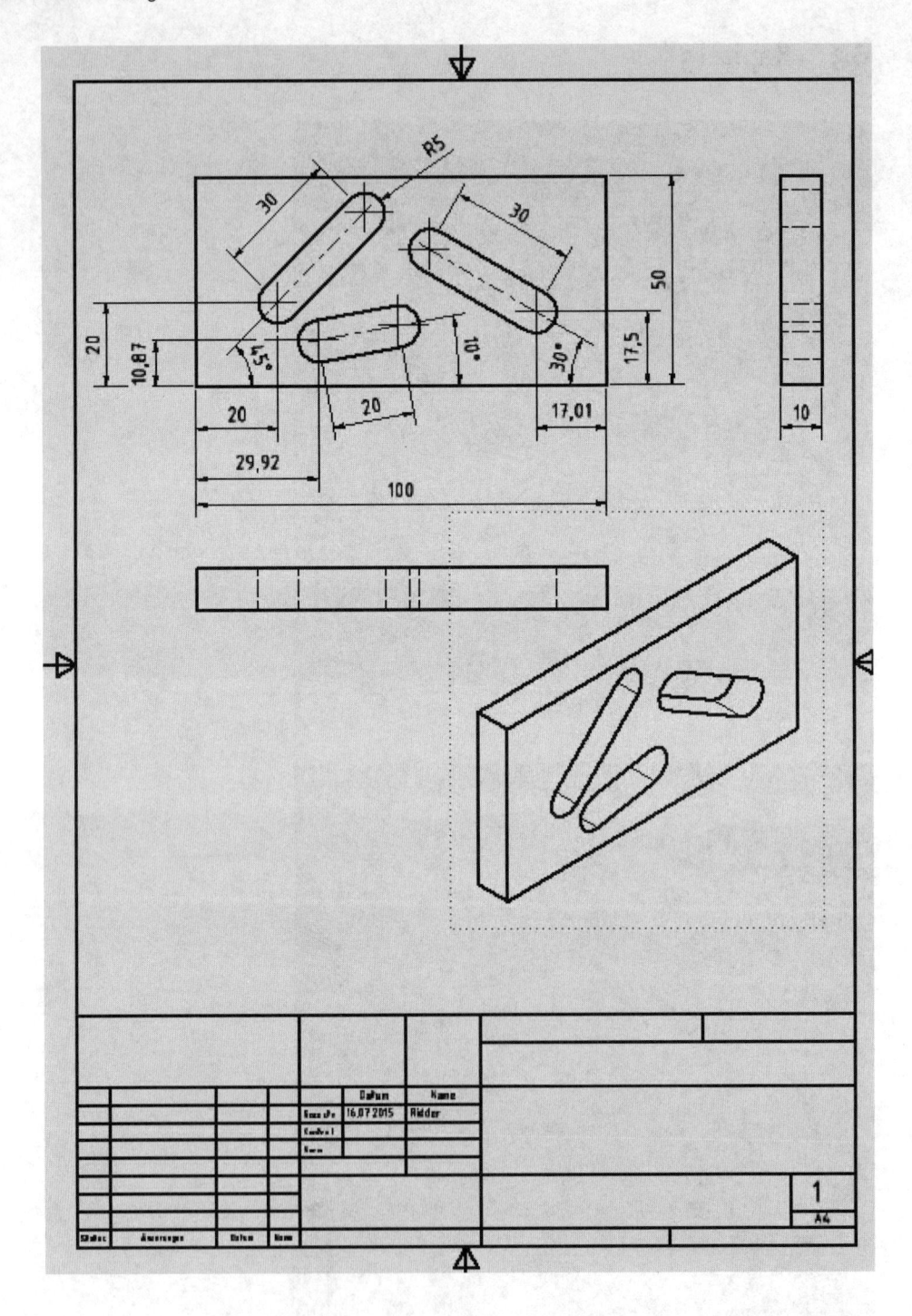

Anhang B
Benutzte Zeichnungen

B.3
Kapitel 3

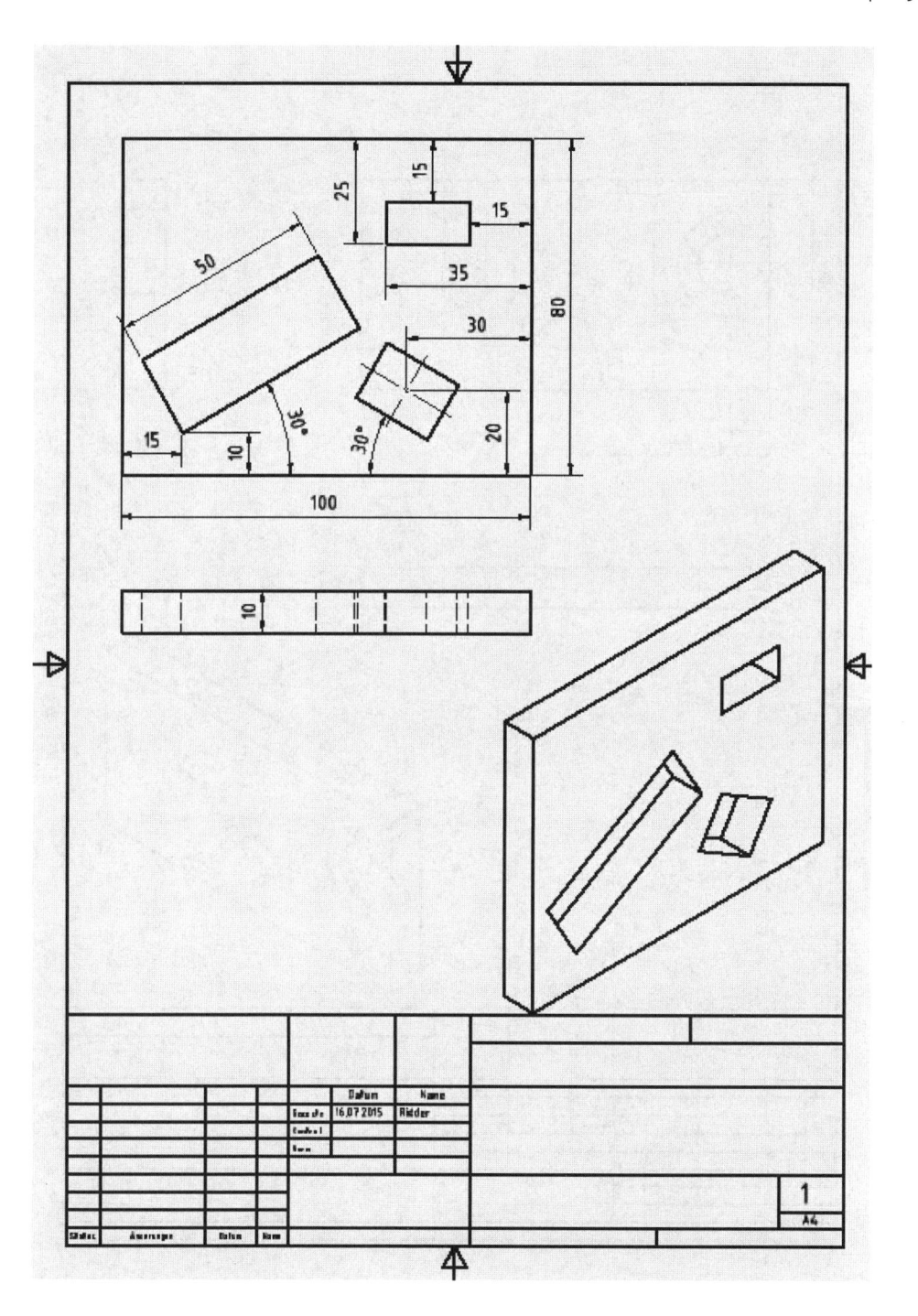

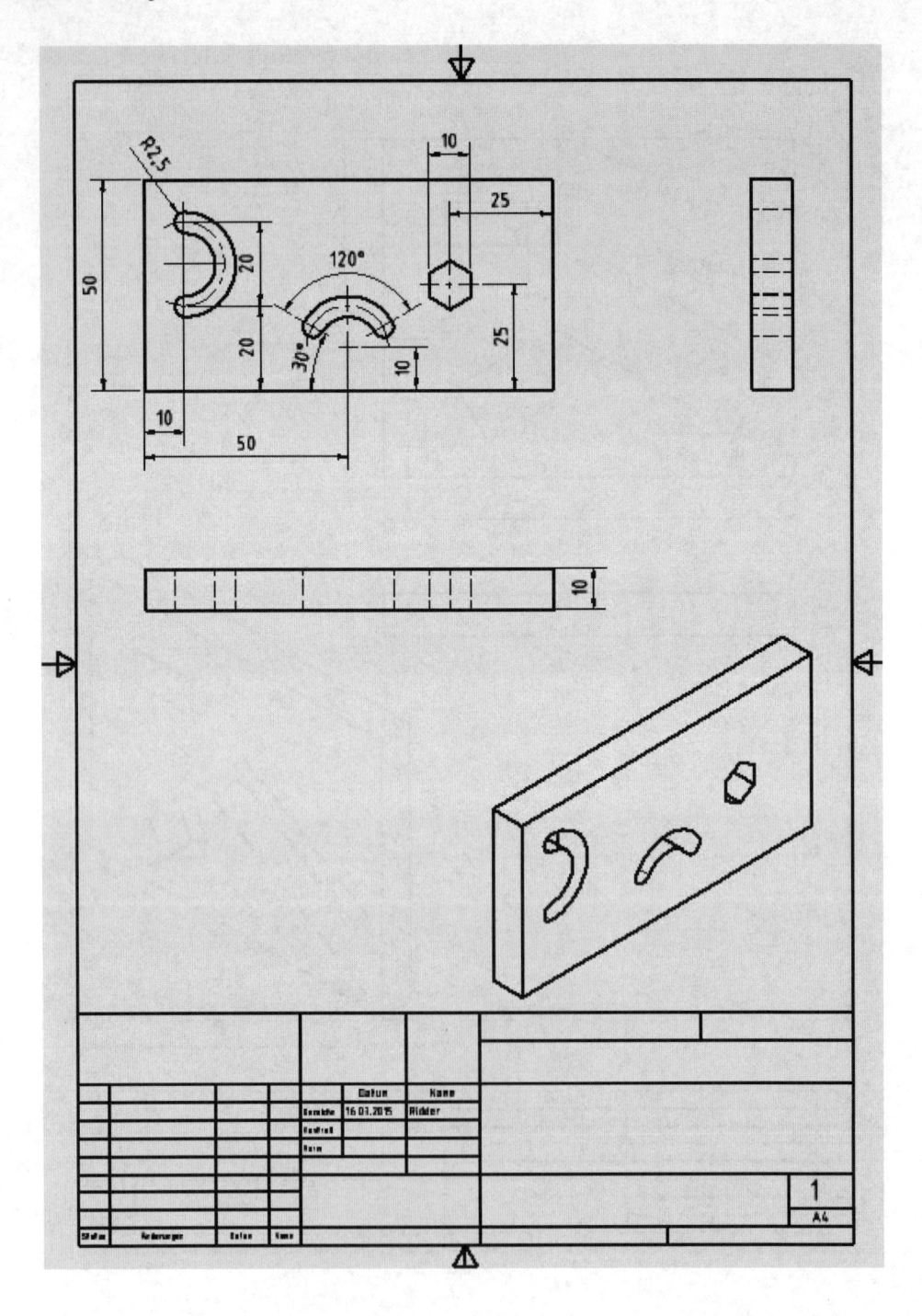

Anhang B
Benutzte Zeichnungen

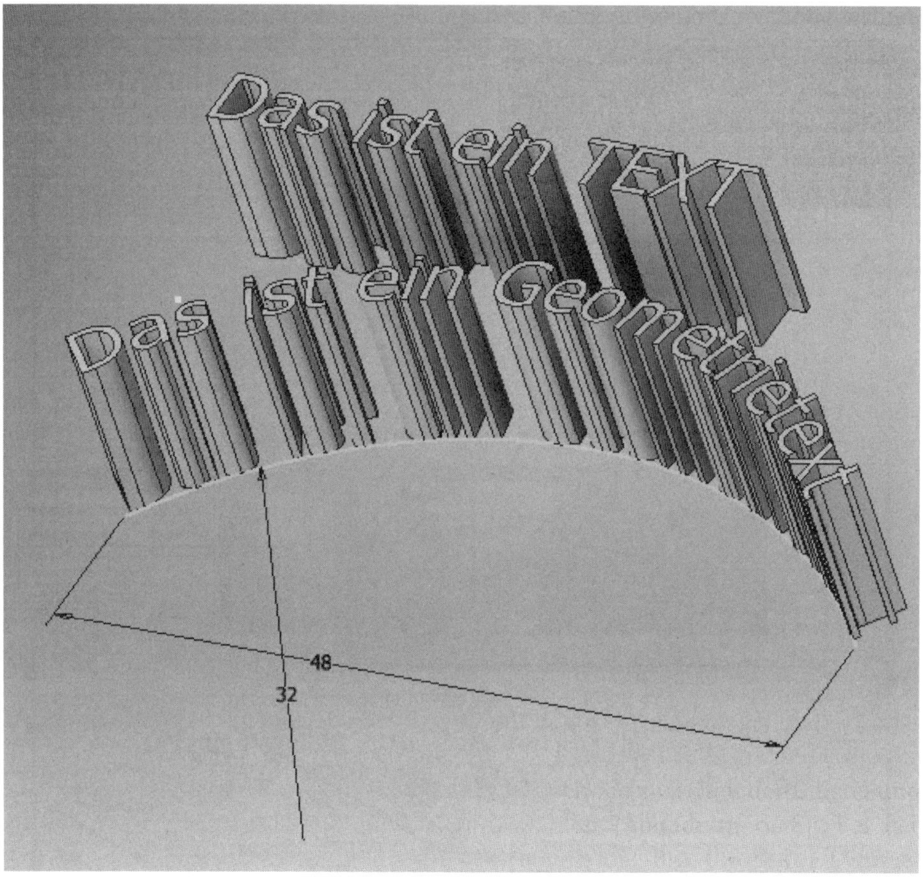
Das ist ein TEXT
Das ist ein Geometrietext
48
32

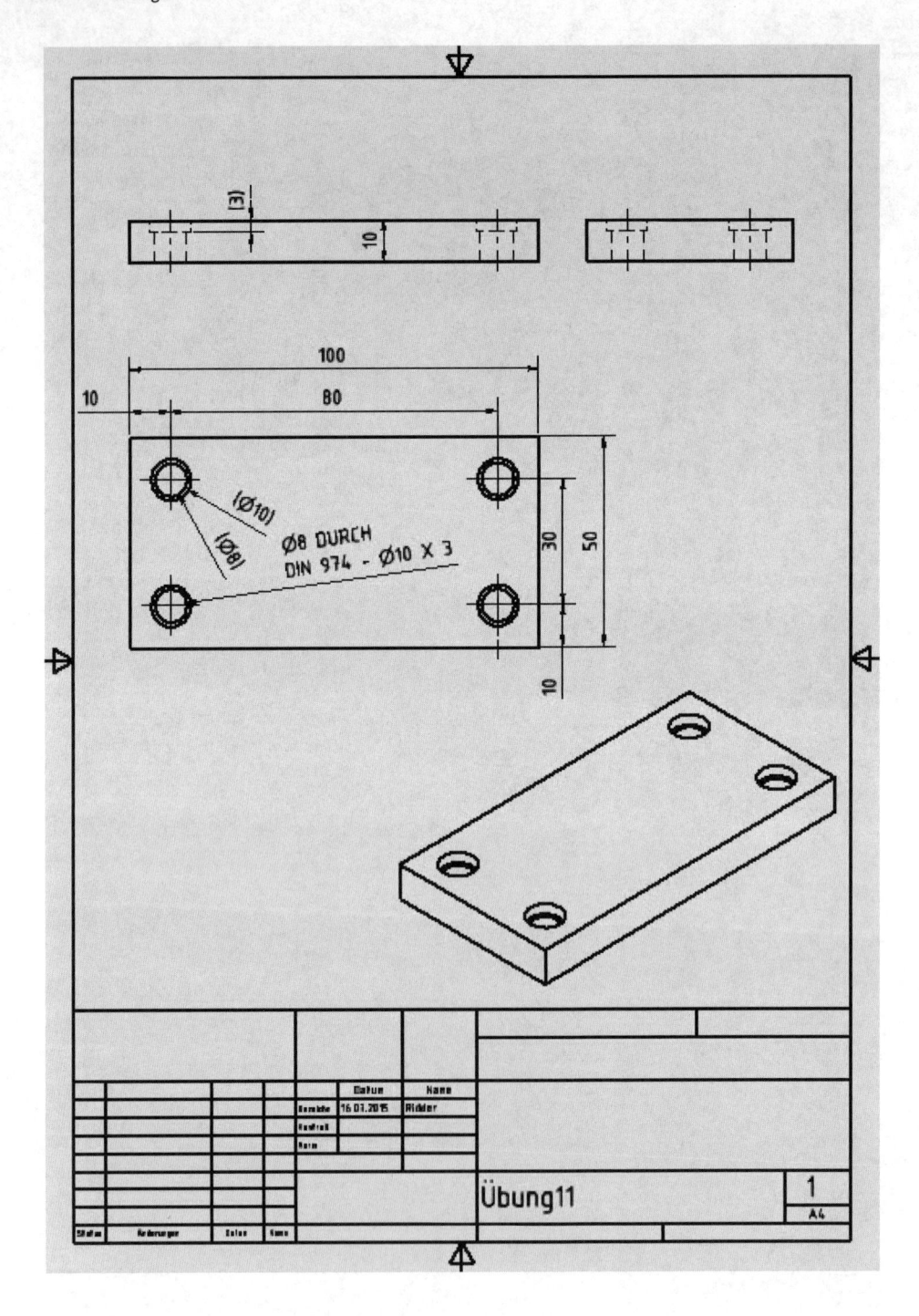

Anhang B
Benutzte Zeichnungen

Lagerbock

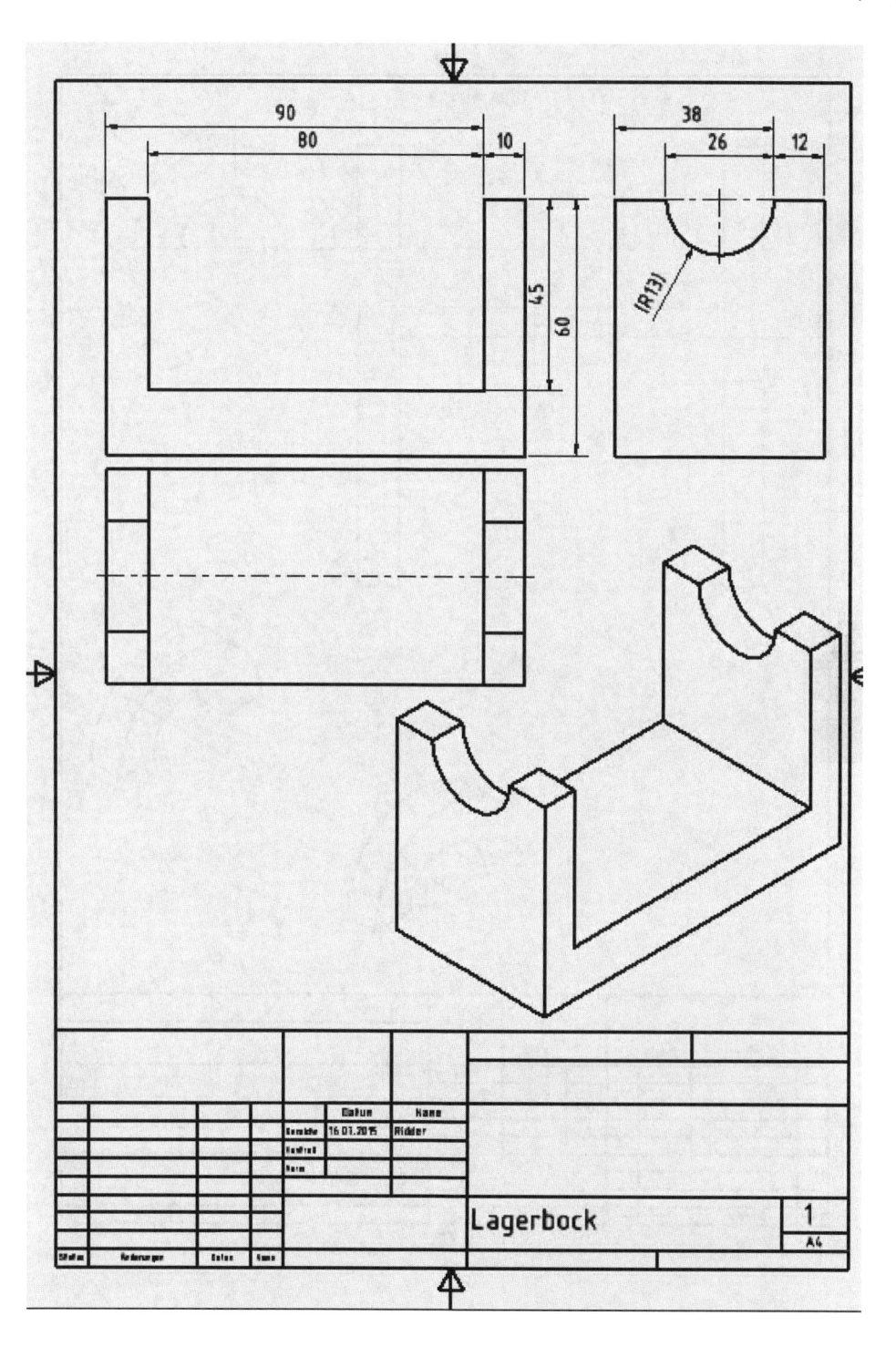

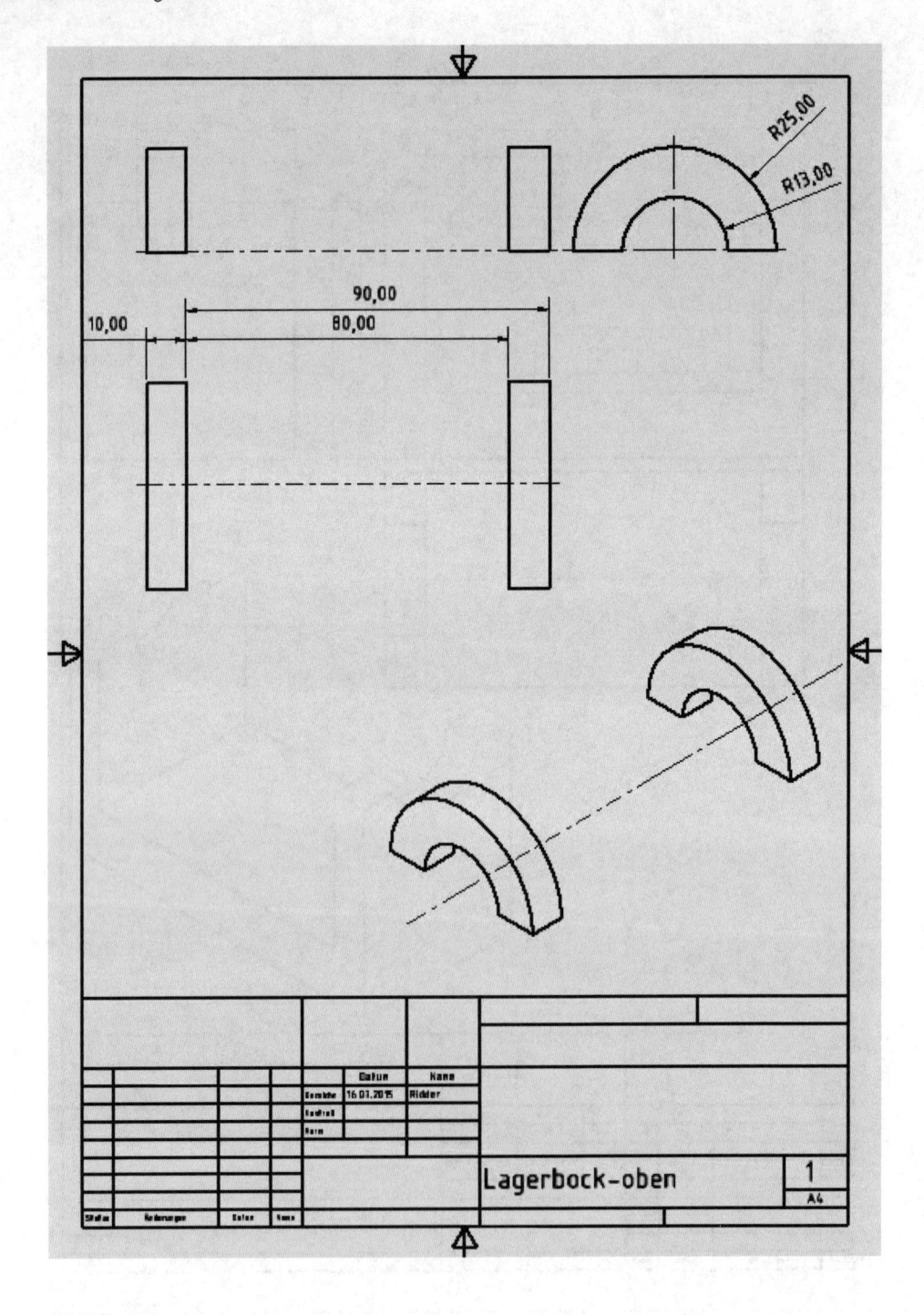

Anhang B
Benutzte Zeichnungen

Lagerbock-oben

Punkte-Import

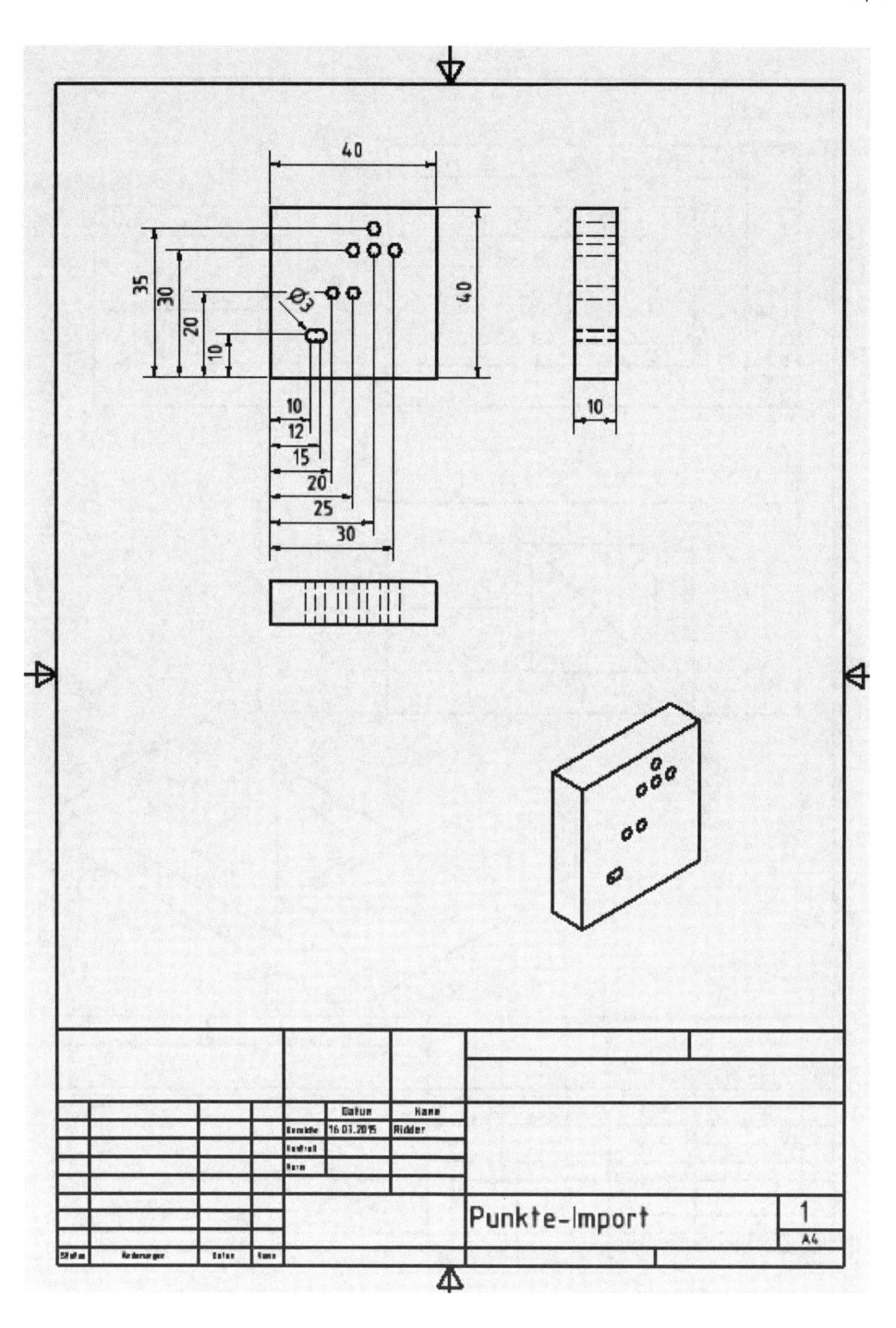

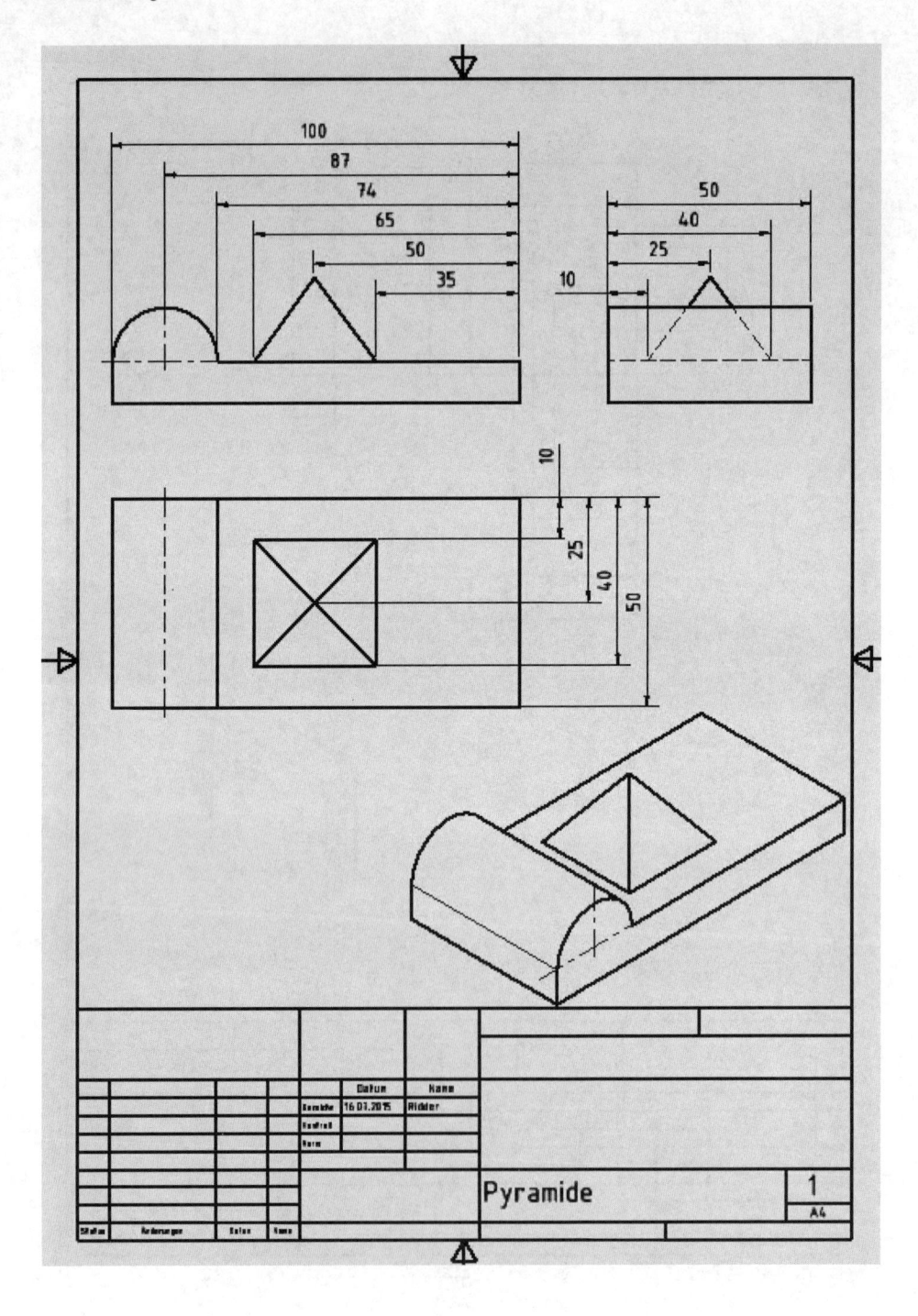

Anhang B
Benutzte Zeichnungen

Gehäuse

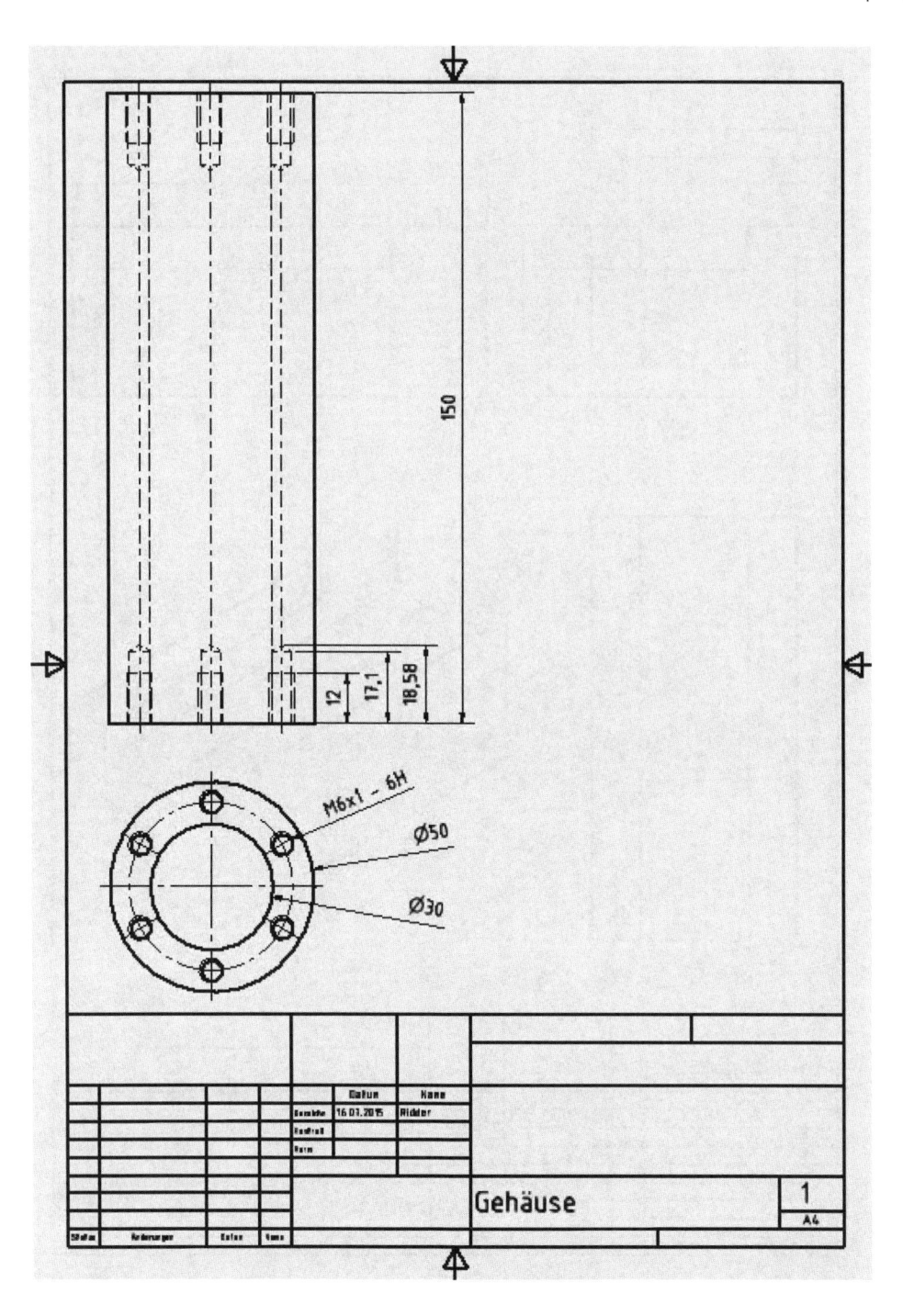

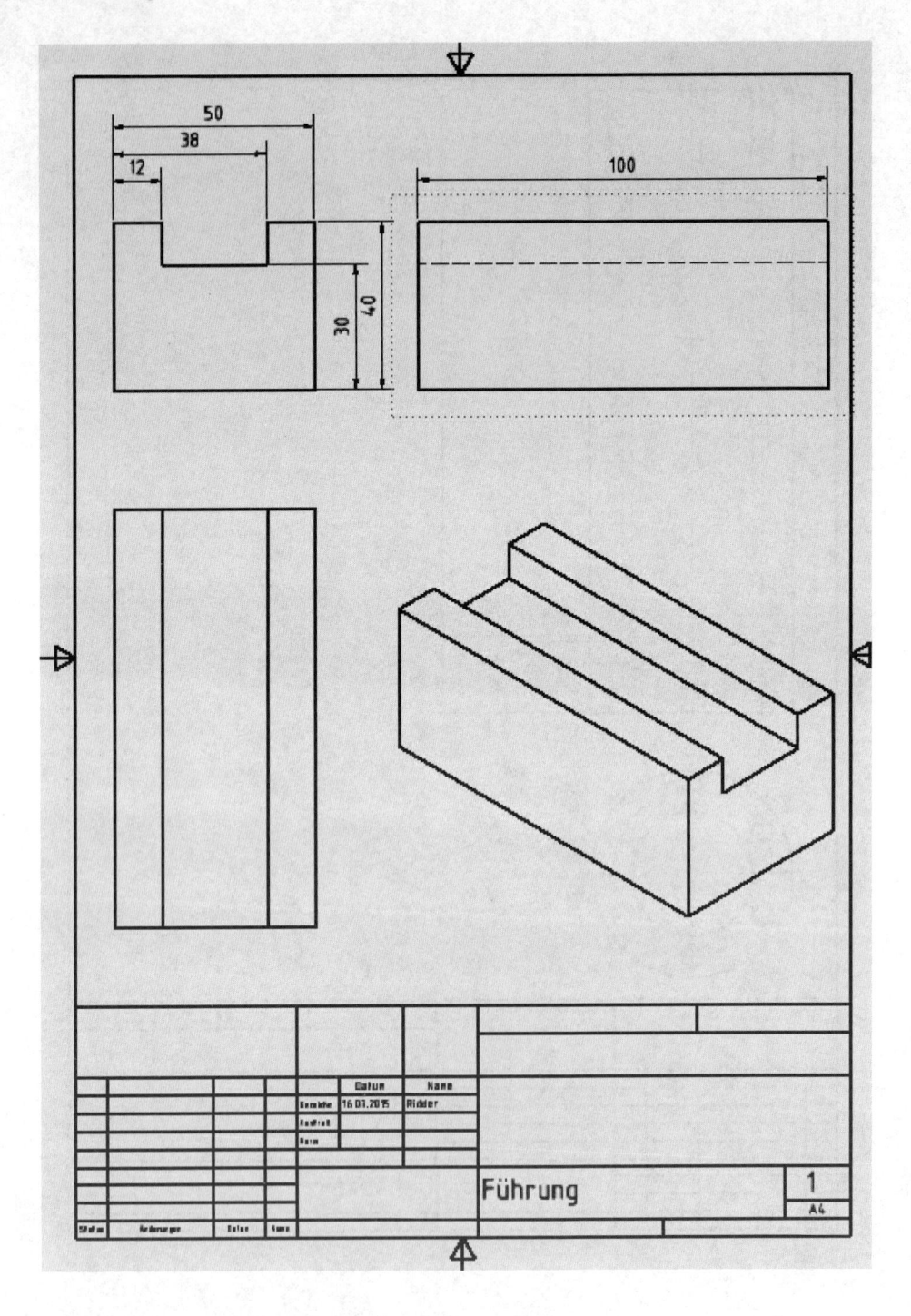

Anhang B
Benutzte Zeichnungen

Führung 1 A4

Alle unbemaßten Radien R30

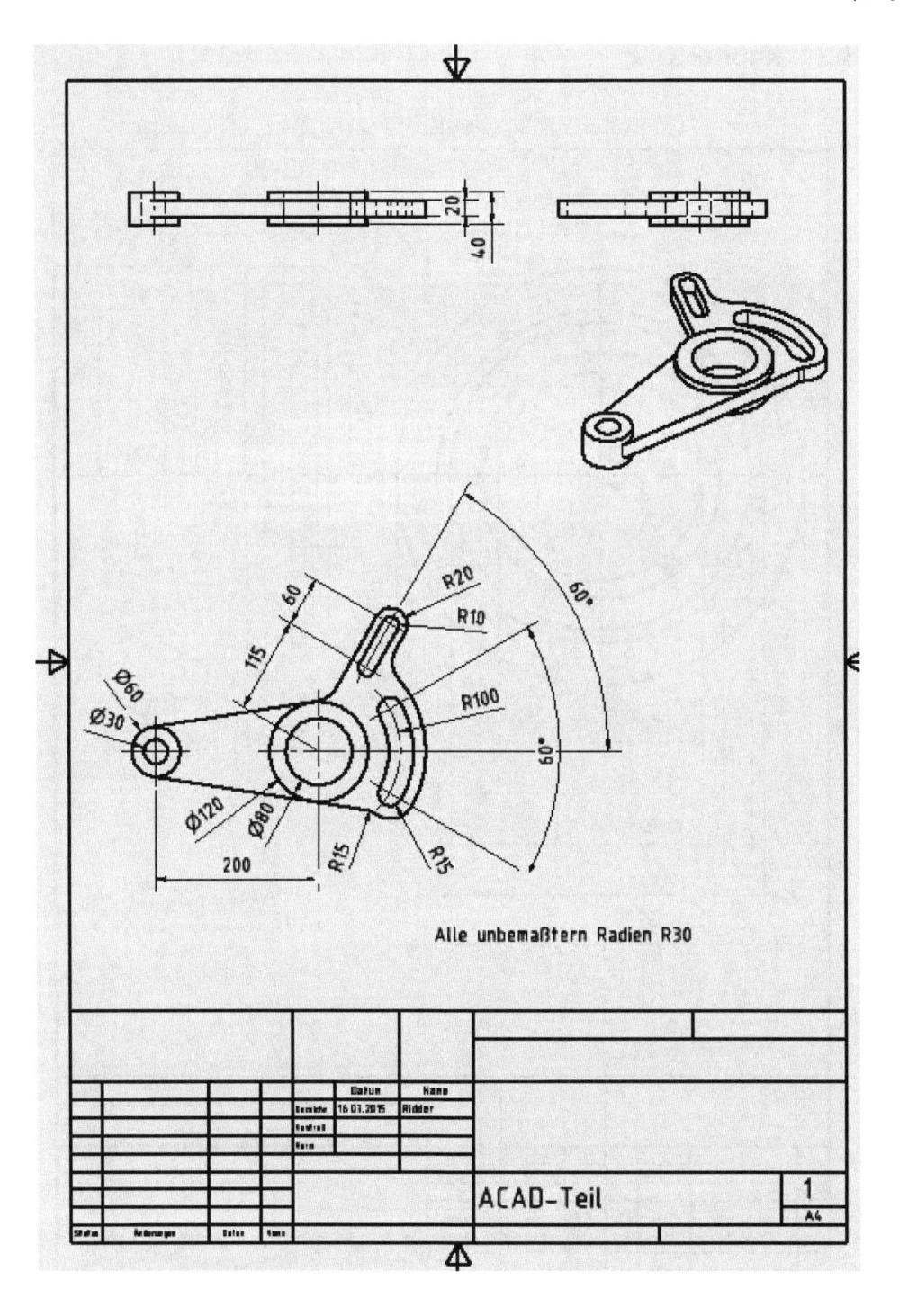

ACAD-Teil

Anhang B
Benutzte Zeichnungen

B.4 Kapitel 4

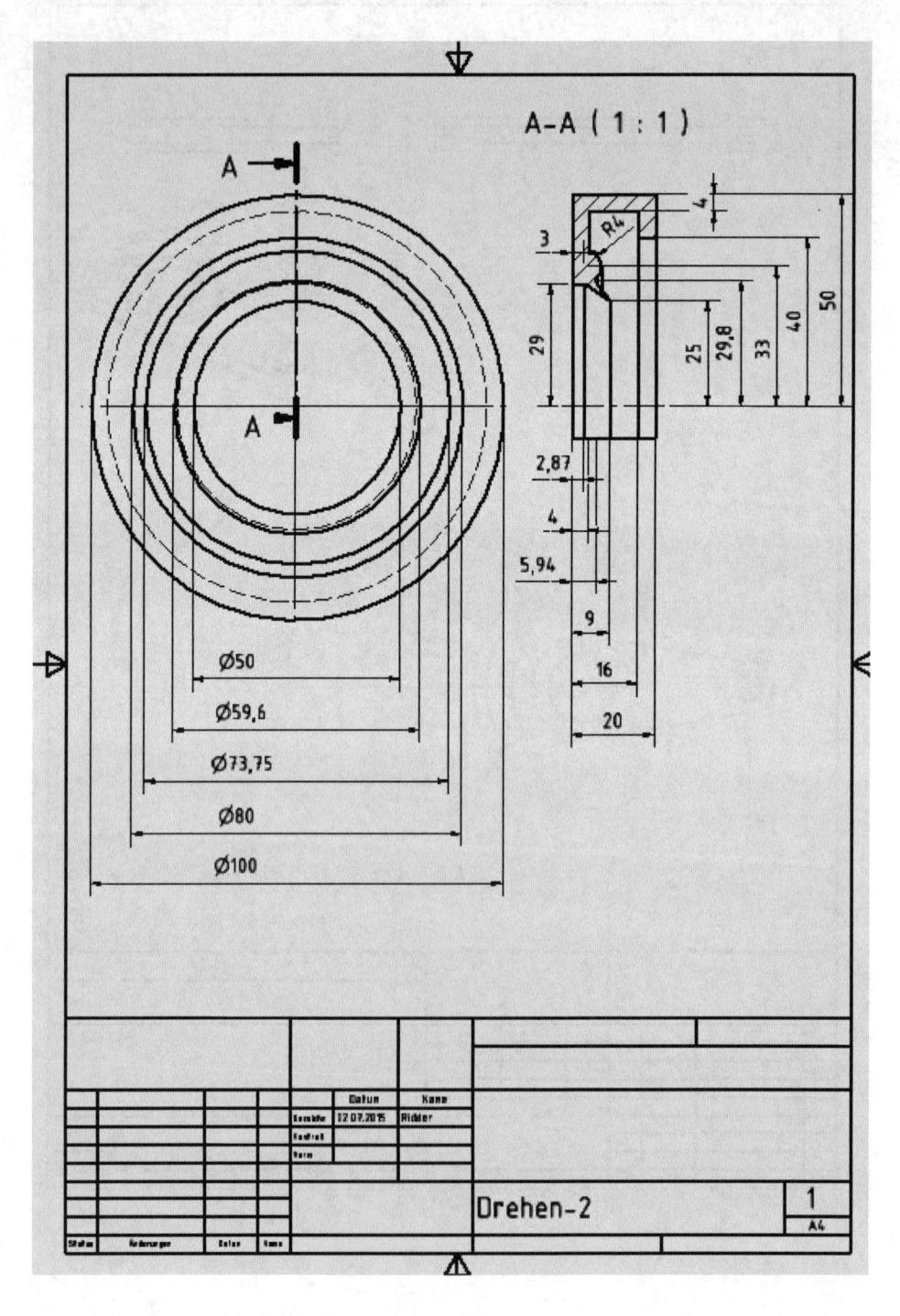

Drehen-1

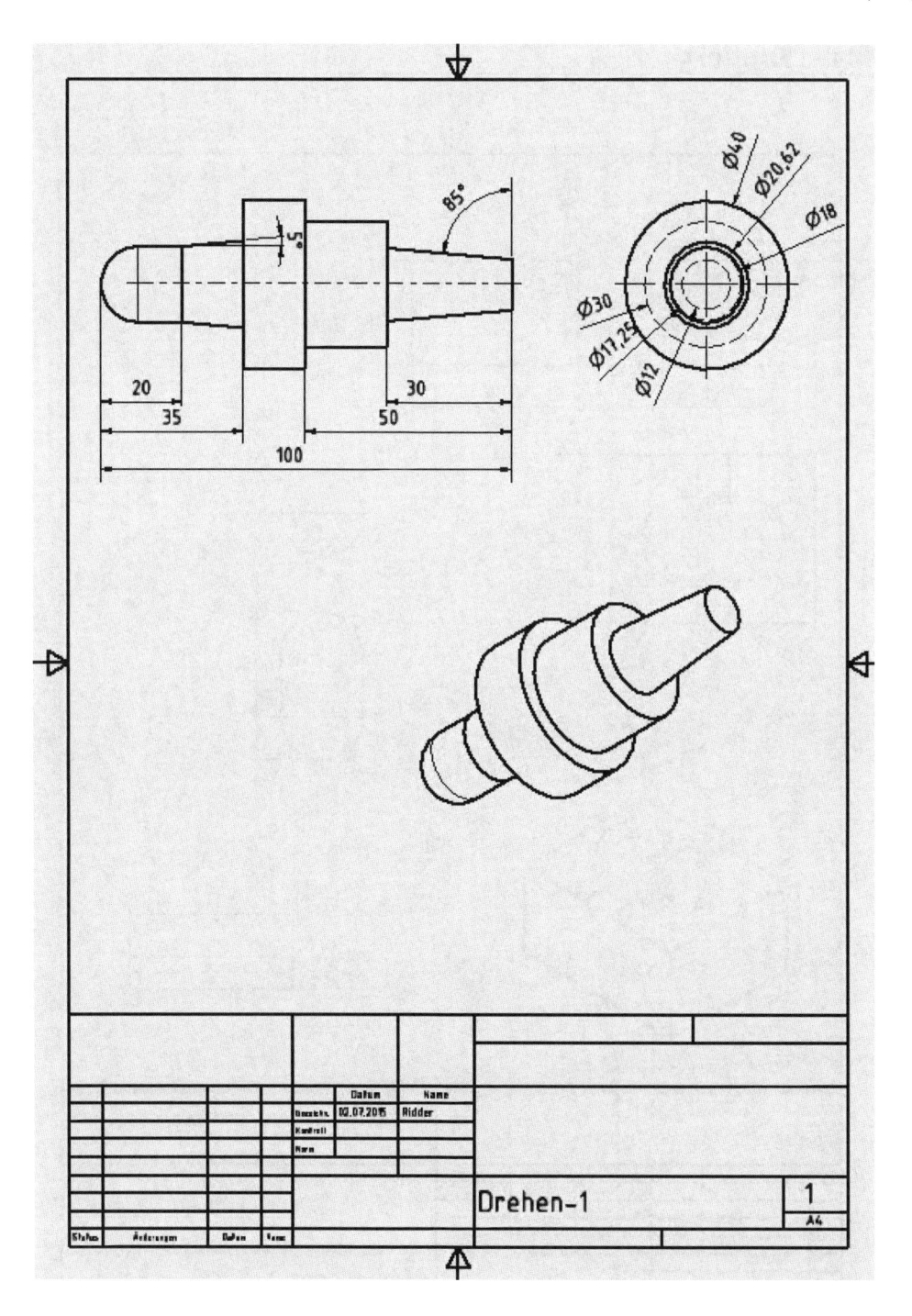

Anhang B
Benutzte Zeichnungen

B.5 Kapitel 5

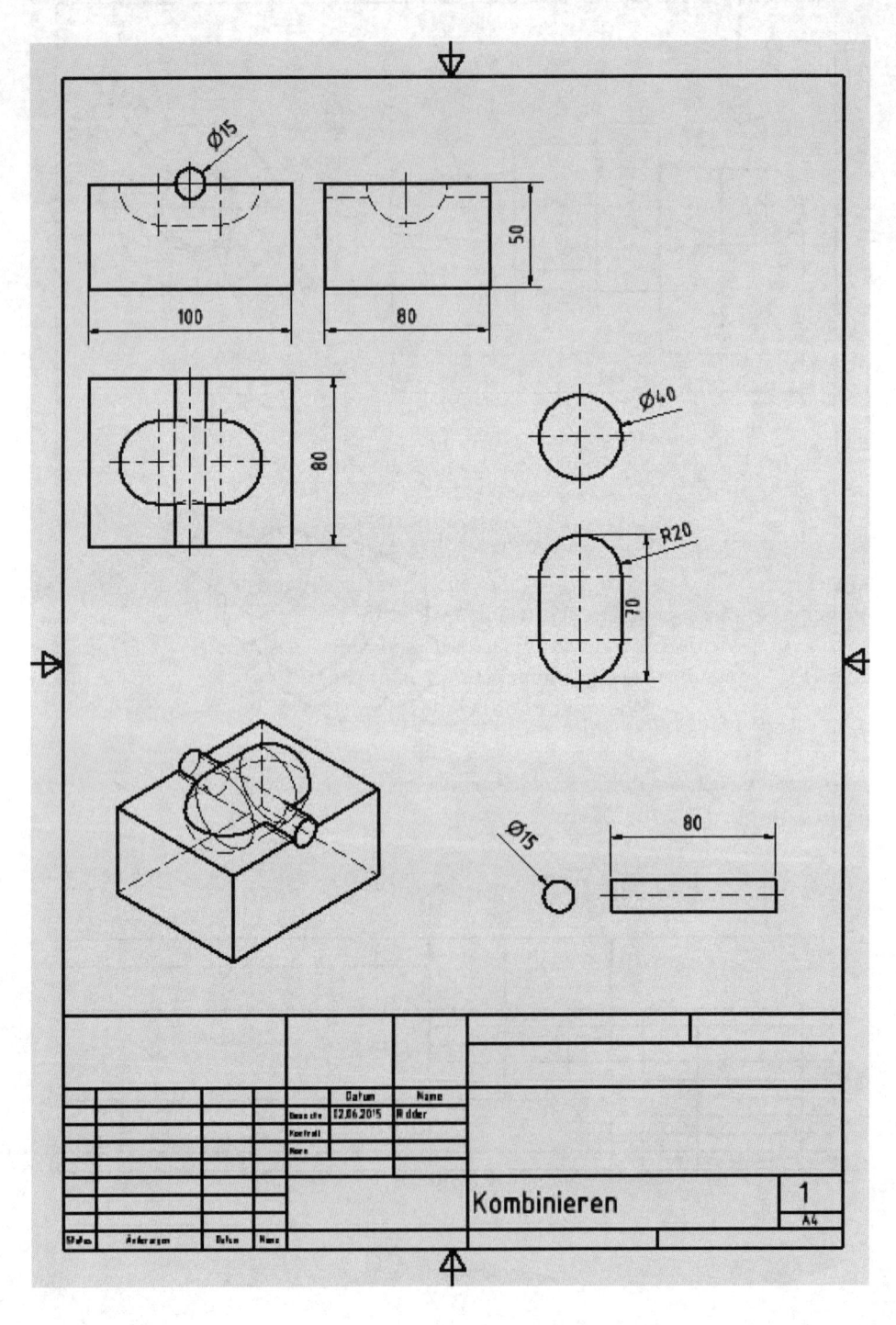

B.6 Kapitel 6

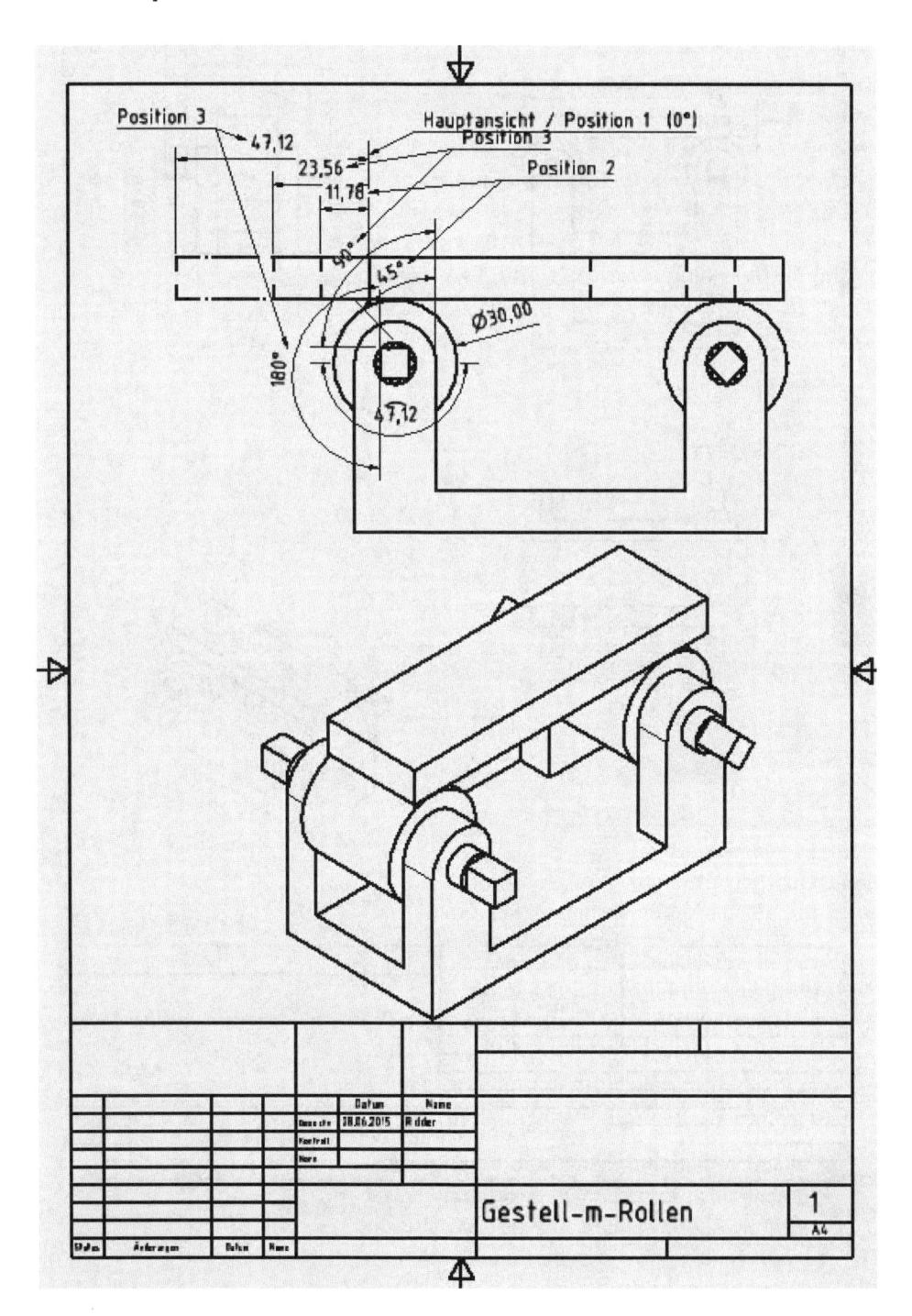

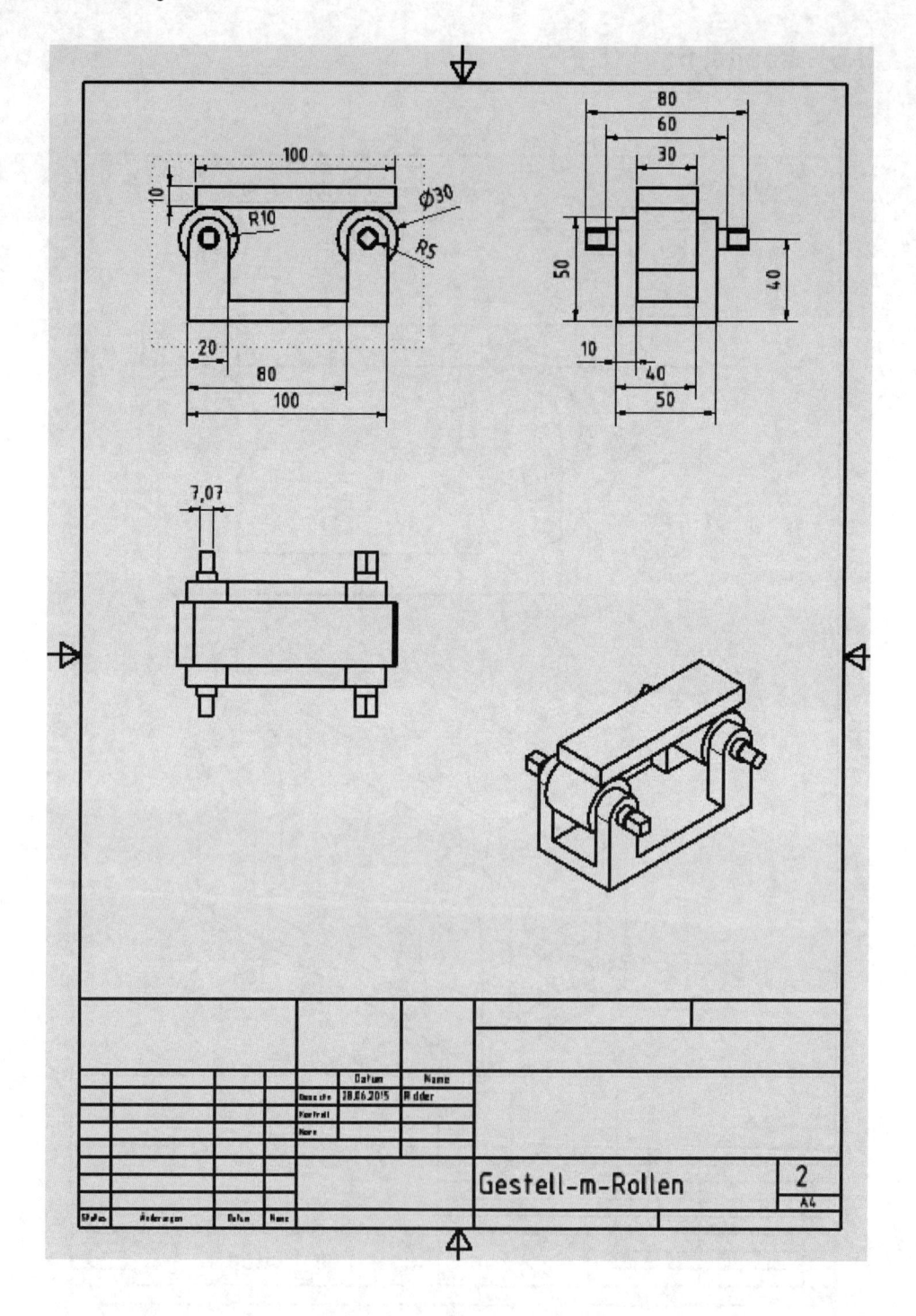

Anhang B
Benutzte Zeichnungen

Gestell-m-Rollen

B.6
Kapitel 6

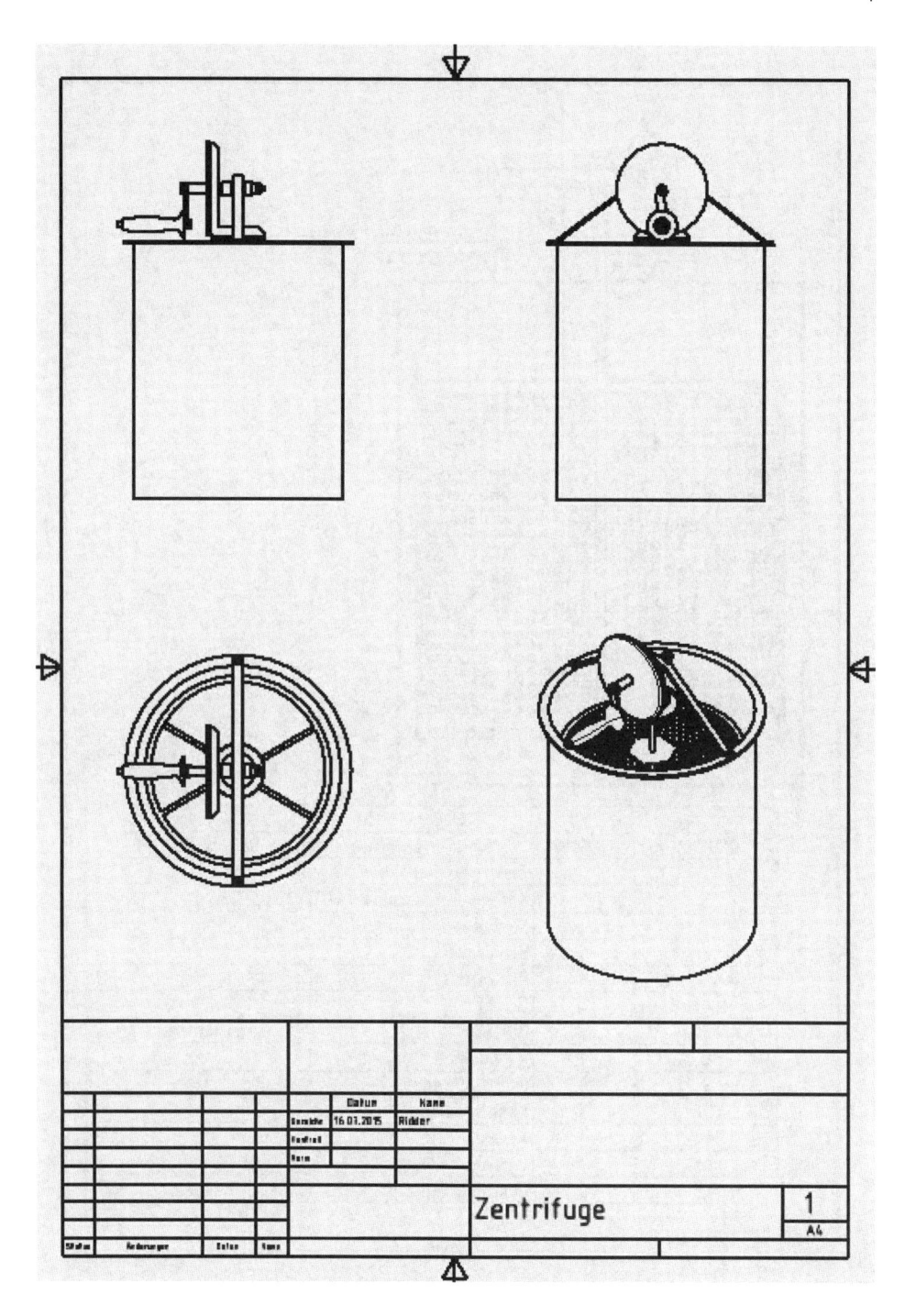

Zentrifuge

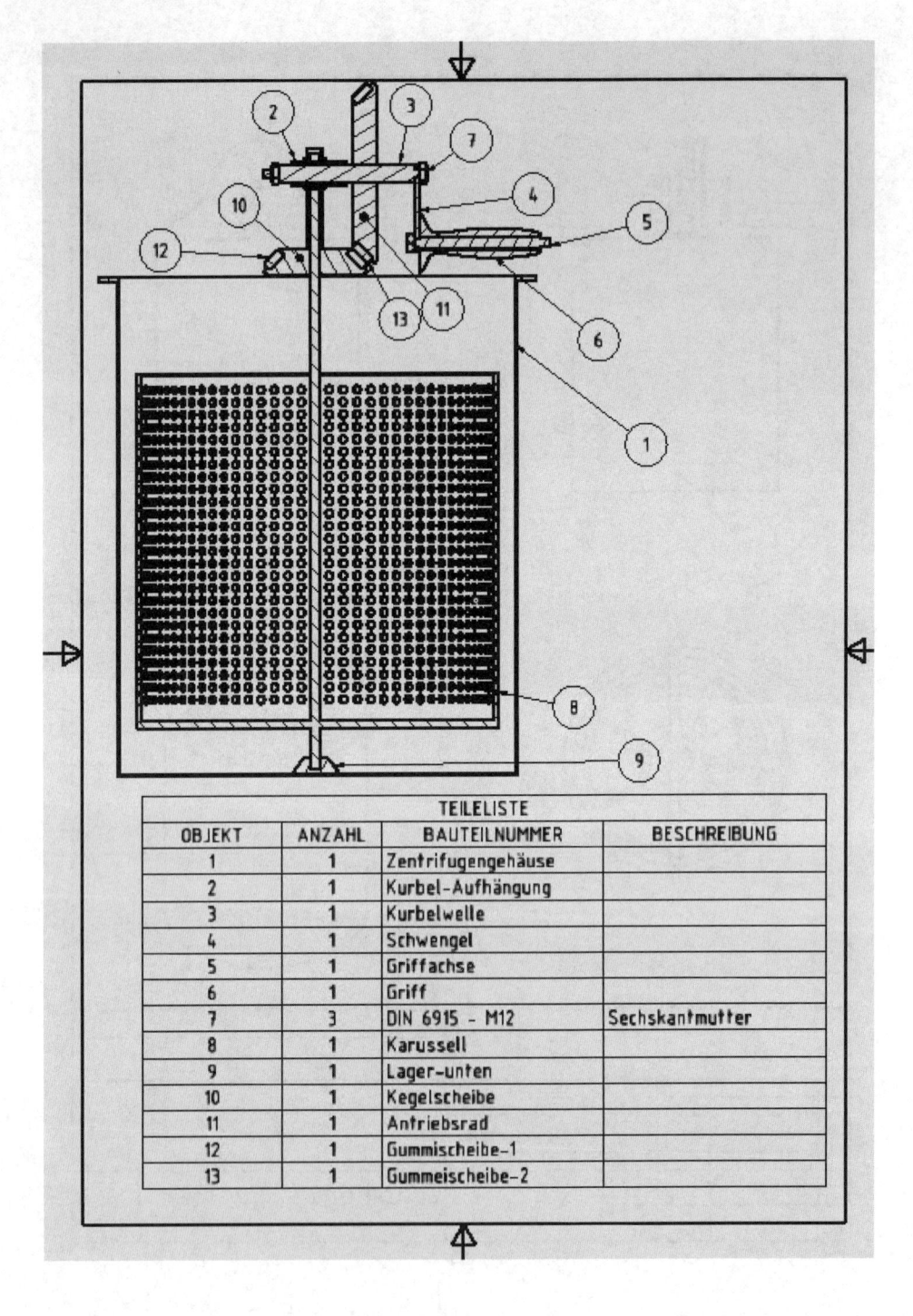

Anhang B
Benutzte Zeichnungen

TEILELISTE			
OBJEKT	ANZAHL	BAUTEILNUMMER	BESCHREIBUNG
1	1	Zentrifugengehäuse	
2	1	Kurbel-Aufhängung	
3	1	Kurbelwelle	
4	1	Schwengel	
5	1	Griffachse	
6	1	Griff	
7	3	DIN 6915 - M12	Sechskantmutter
8	1	Karussell	
9	1	Lager-unten	
10	1	Kegelscheibe	
11	1	Antriebsrad	
12	1	Gummischeibe-1	
13	1	Gummeischeibe-2	

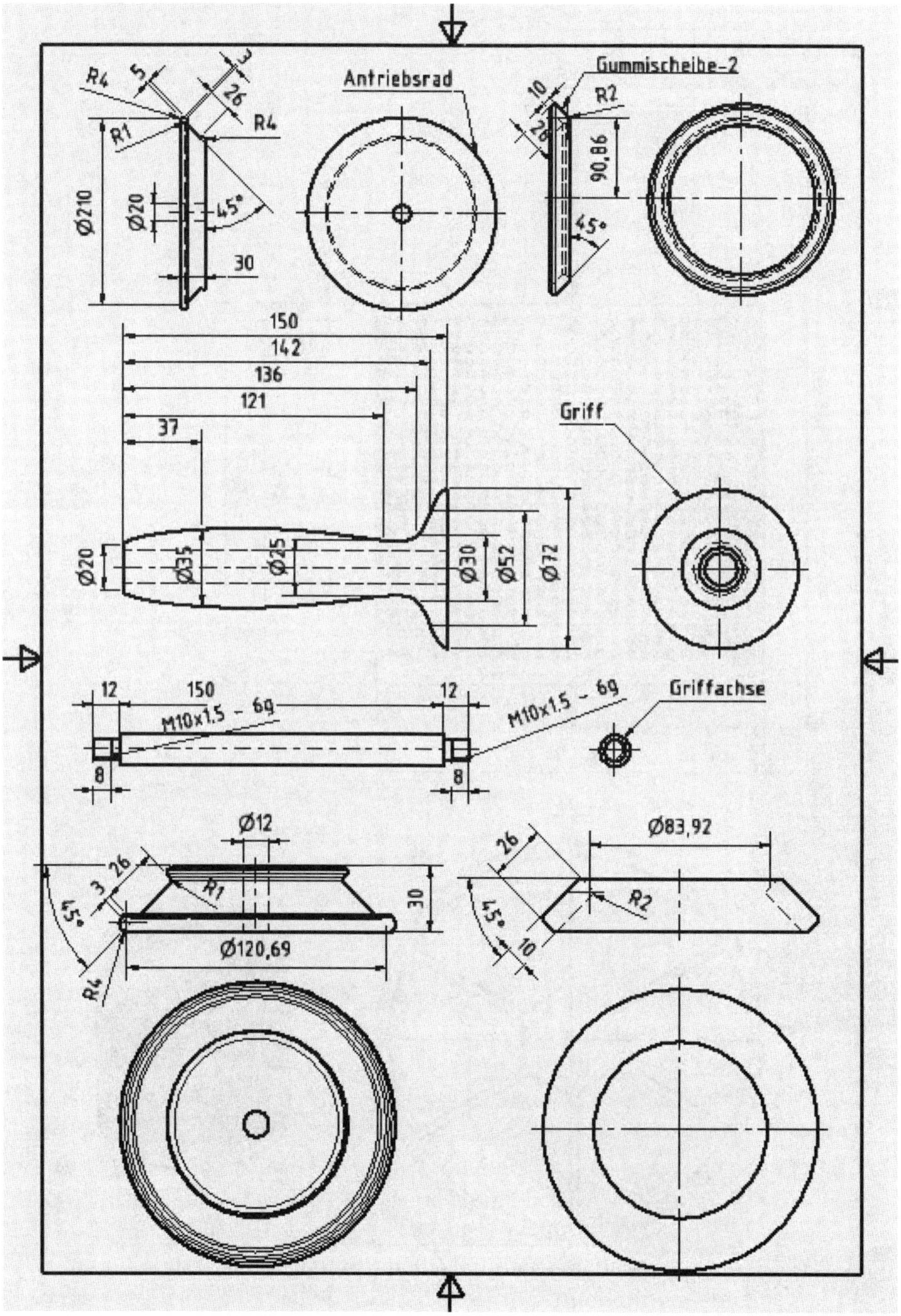
Antriebsrad
Gummischeibe-2
Griff
Griffachse
R4
5
3
26
R1
R4
Ø210
Ø20
45°
30
10
26
R2
90,86
45°
150
142
136
121
37
Ø20
Ø35
Ø25
Ø30
Ø52
Ø72
12
150
12
M10x1,5 - 6g
M10x1,5 - 6g
8
8
Ø12
26
3
R1
30
45°
R4
Ø120,69
26
Ø83,92
R2
45°
10

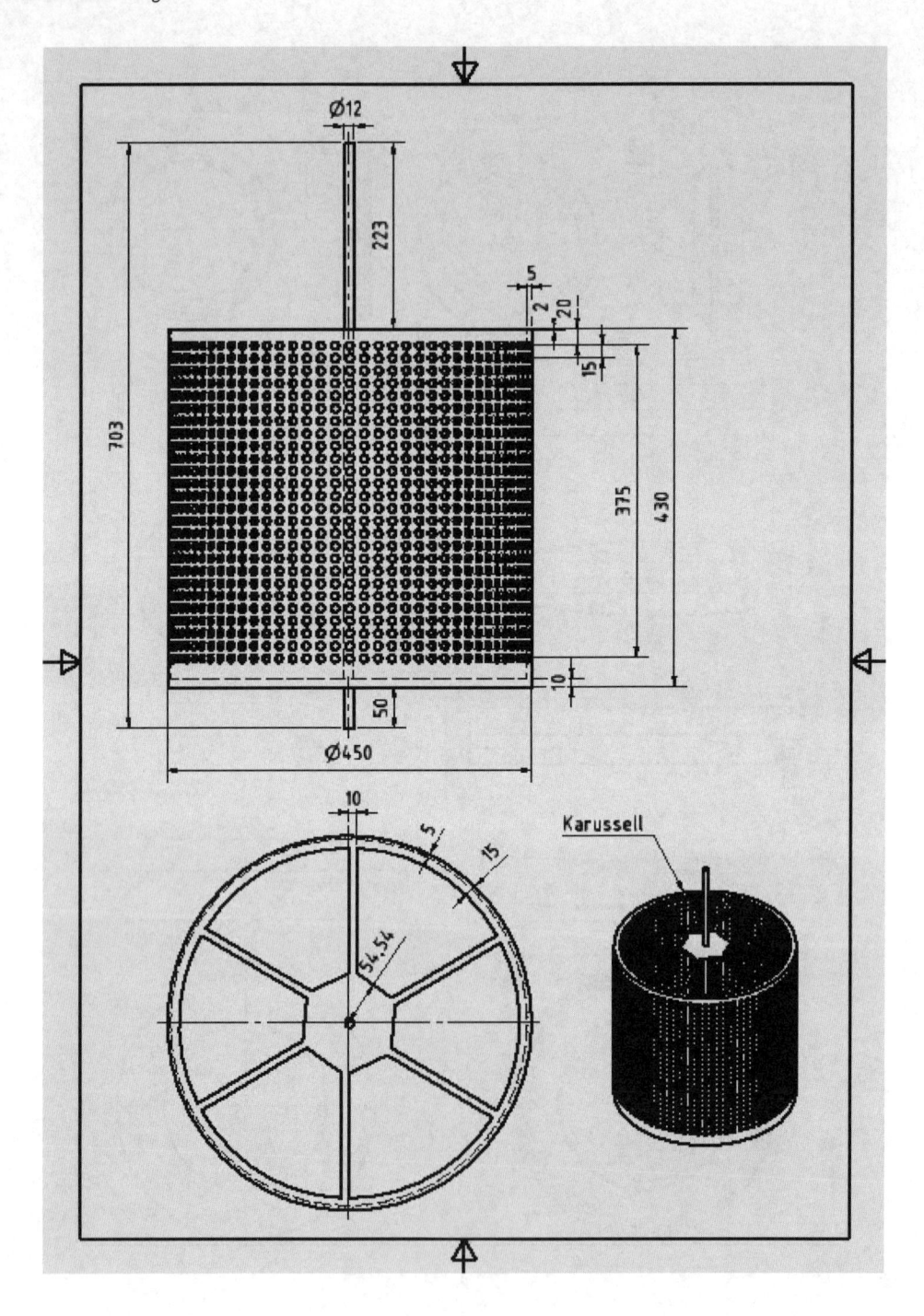

Anhang B
Benutzte Zeichnungen

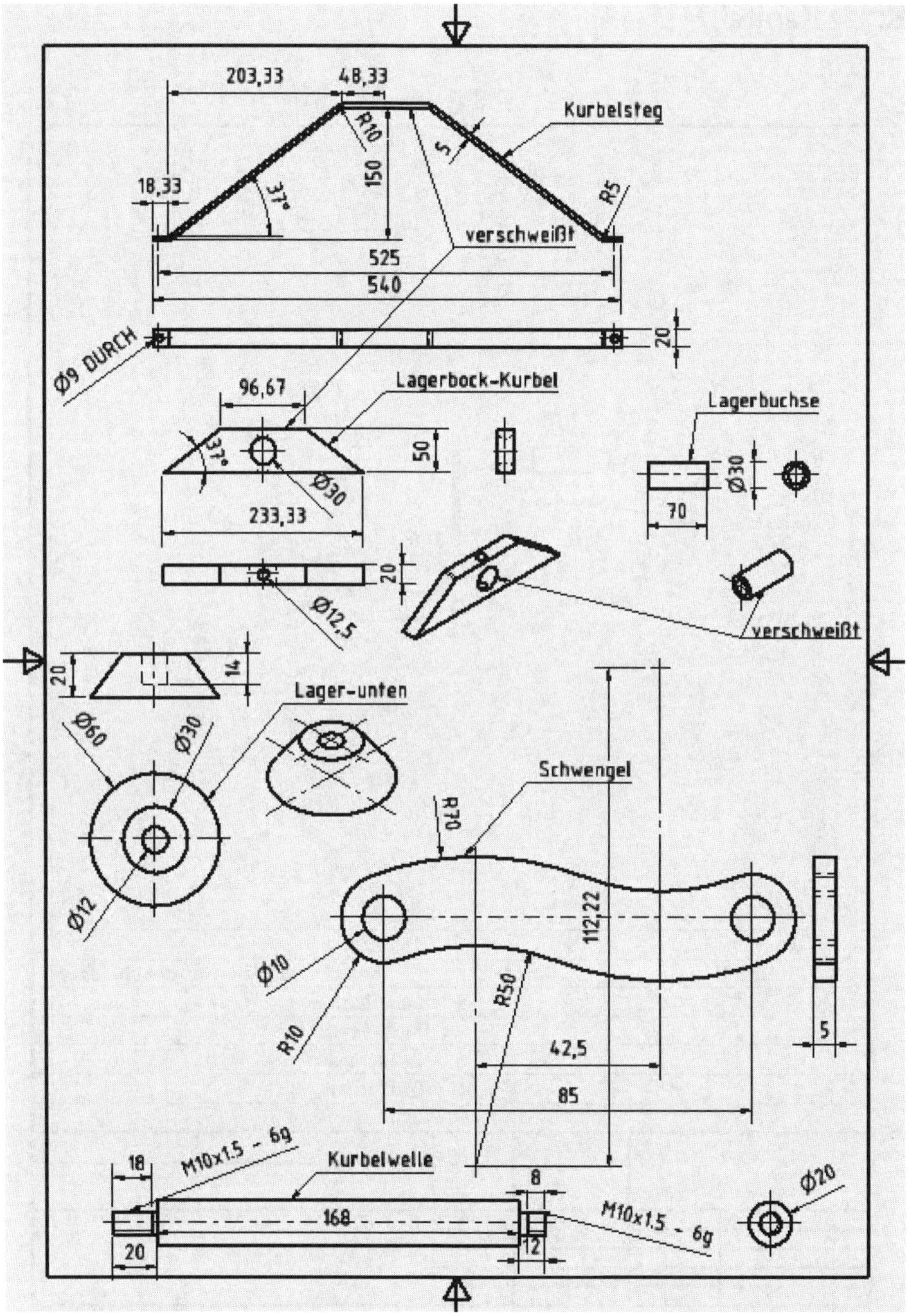
203,33
48,33
Kurbelsteg
R10
5
150
18,33
37°
R5
verschweißt
525
540
20
Ø9 DURCH
96,67
Lagerbock-Kurbel
Lagerbuchse
37°
50
Ø30
Ø30
233,33
70
20
Ø12,5
verschweißt
20
14
Lager-unten
Ø60
Ø30
Schwengel
R70
Ø12
112,22
Ø10
R50
R10
42,5
85
5
18
M10x1,5 - 6g
Kurbelwelle
8
168
M10x1,5 - 6g
Ø20
20
12

Anhang B
Benutzte Zeichnungen

B.7 Kapitel 7

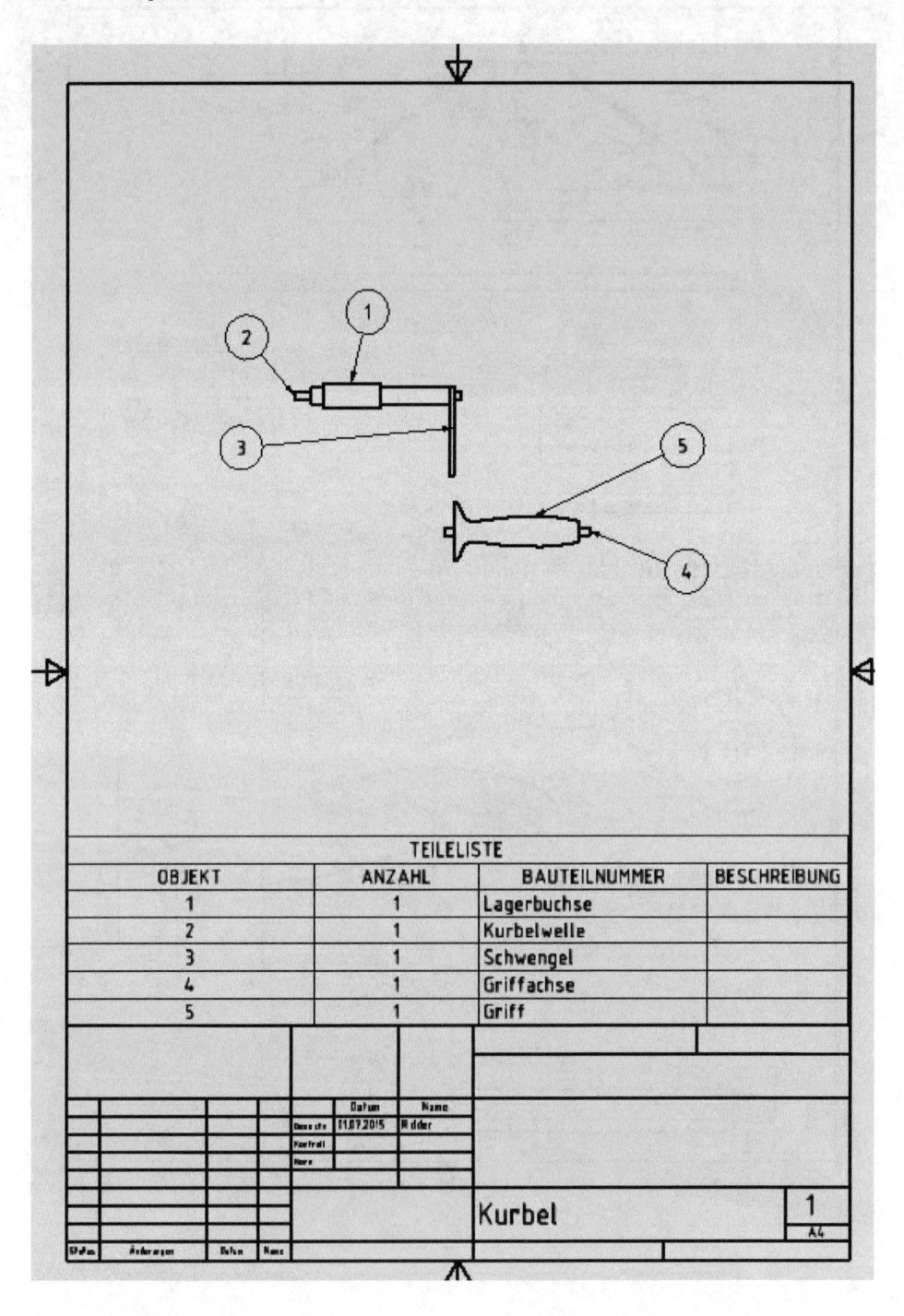

	TEILELISTE		
OBJEKT	ANZAHL	BAUTEILNUMMER	BESCHREIBUNG
1	1	Lagerbuchse	
2	1	Kurbelwelle	
3	1	Schwengel	
4	1	Griffachse	
5	1	Griff	

Kurbel

B.8 Kapitel 8

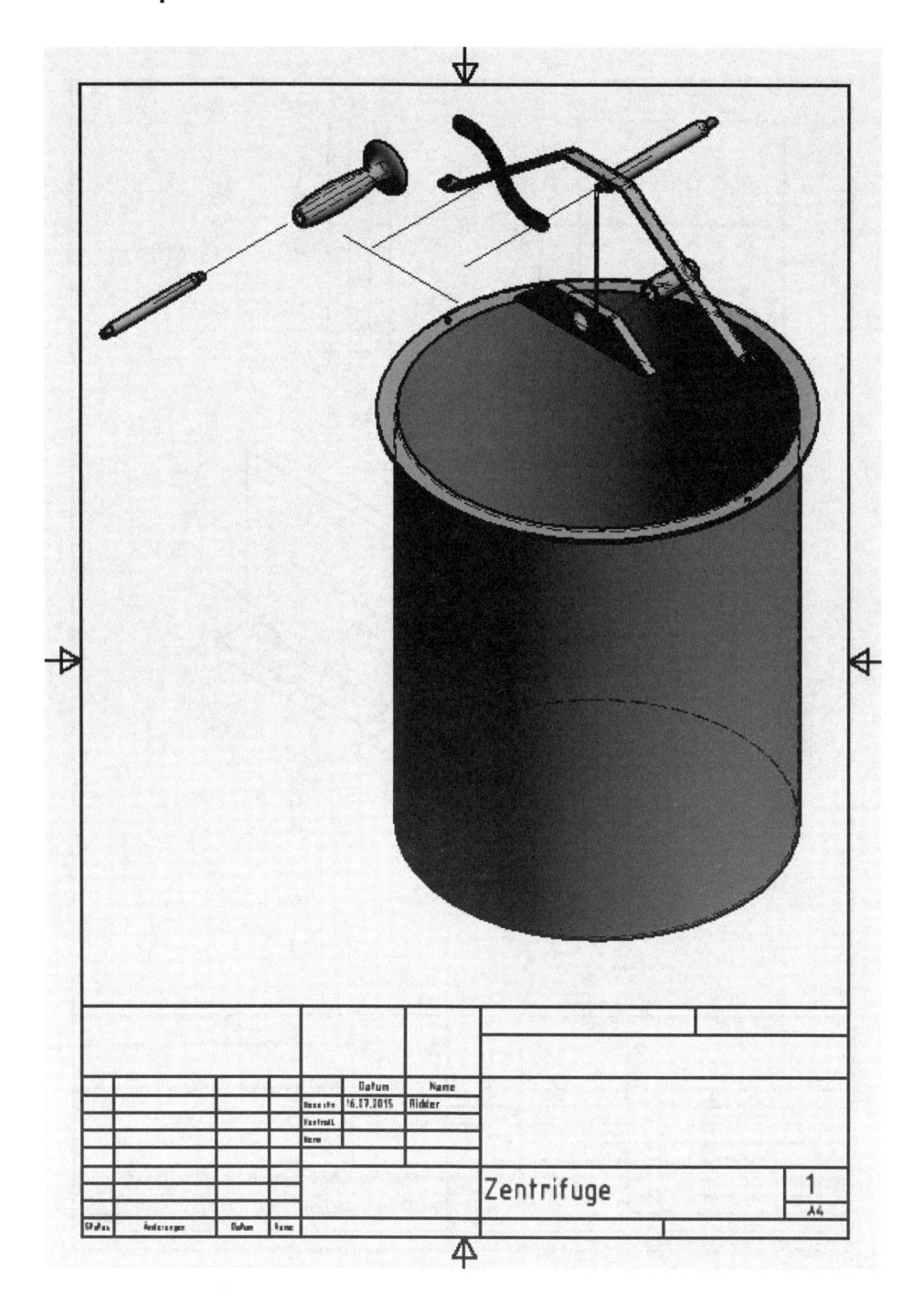

Anhang B
Benutzte Zeichnungen

B.9 Kapitel 9

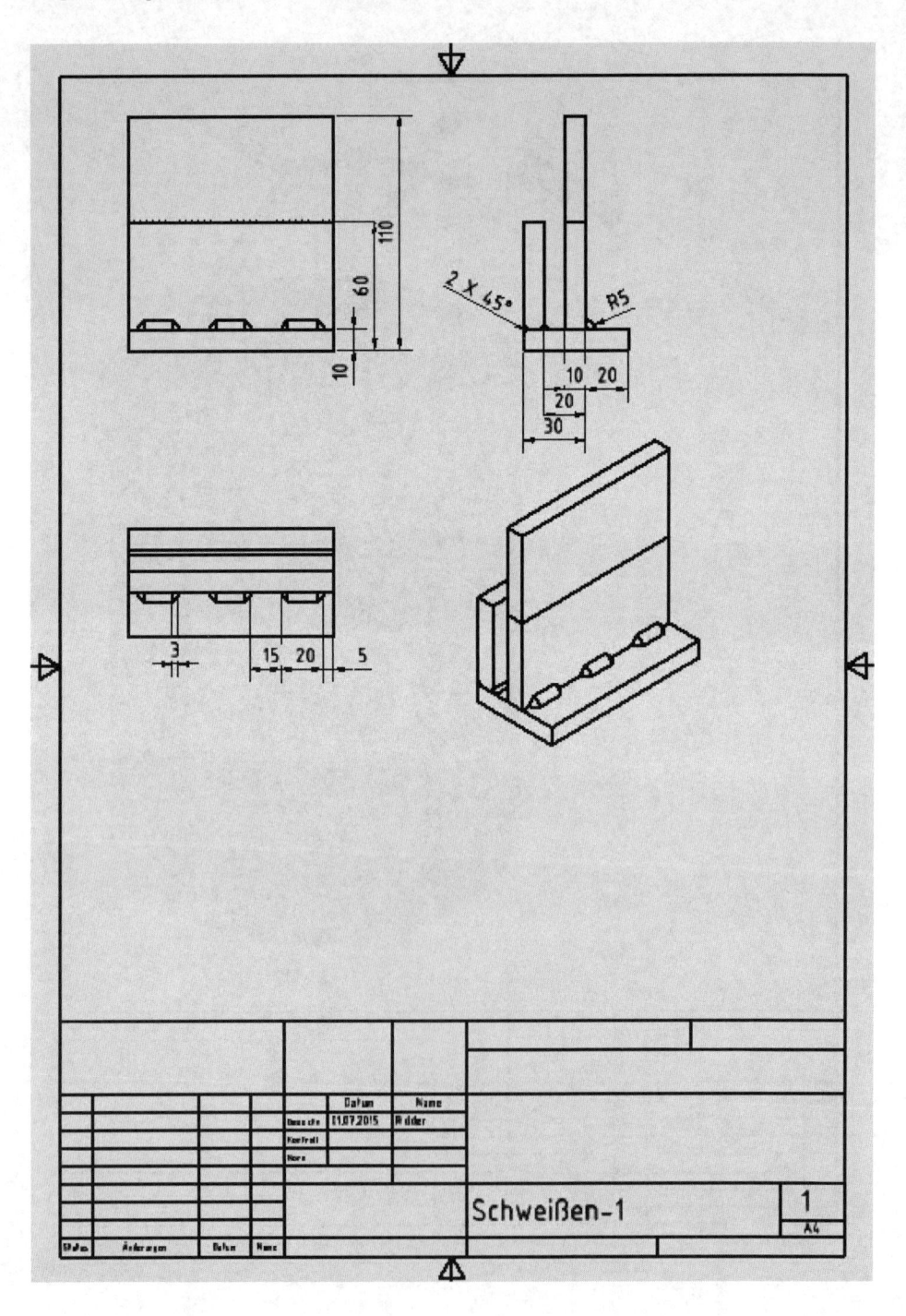

96,52

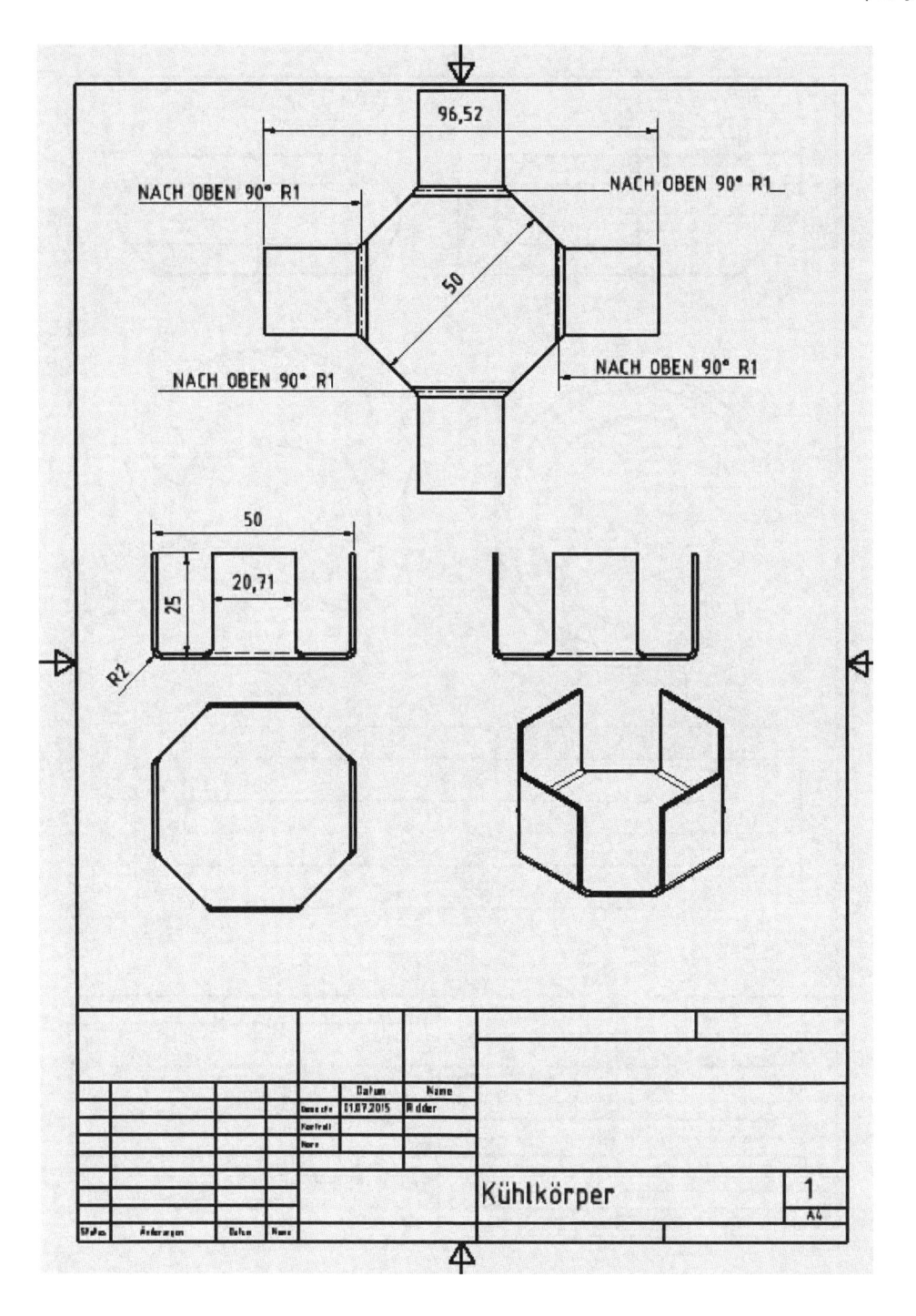

NACH OBEN 90° R1   NACH OBEN 90° R1

50

NACH OBEN 90° R1   NACH OBEN 90° R1

50
20,71
25
R2

Kühlkörper

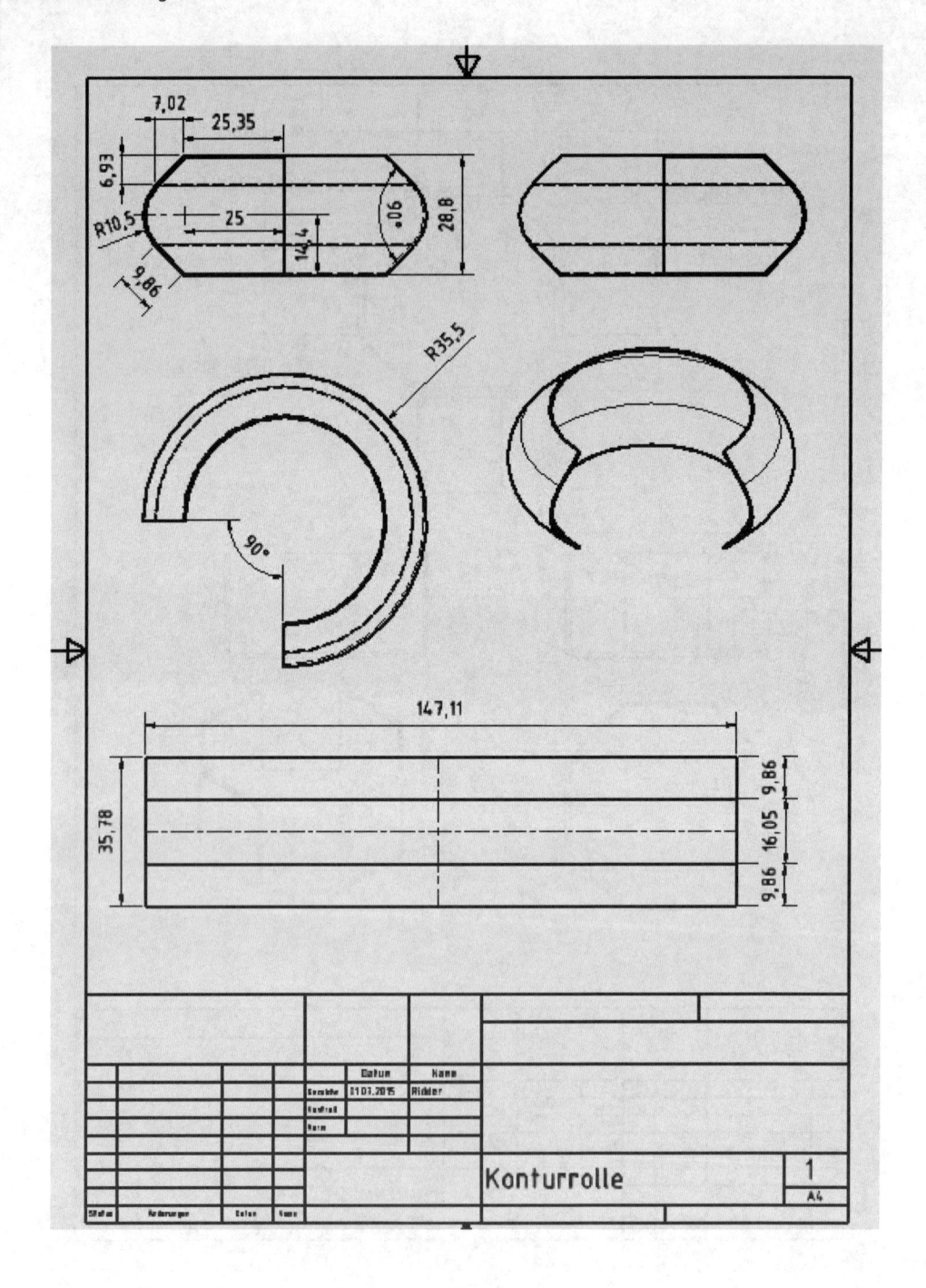

Anhang B
Benutzte Zeichnungen

Konturrolle

Stichwortverzeichnis

Symbole
.dwg 18, 247
.iam 18, 247
.idw 18, 247
.ipn 247
.ipt 18, 74, 197, 247

Numerisch
2D-Darstellung 31
2D-Skizze 112
3D 65
3D-Koordinate 137
3D-Kurve
    projizieren 144
3D-Skizze 137

A
Abhängigkeit 106, 254
    anzeigen 161
    Baugruppe 257
    Einfügen 266
    Koinzident 162
    lockern 111
    Symmetrie 269
    Tangential 268
    Typen 108
    unterdrücken 261
    Winkel 259
Abhängigkeitssymbol
    ausschalten 160
Ableiten 197
Abwicklung 351
Adaptives Bauteil 274
Aktualisierung 74, 76, 81, 199ff, 205, 207
Animieren
    Explosionsdarstellung 327
Anpassungspunkt 124
Ansicht
    aufgeschnitten 299
    ausrichten 40, 301

Ausschnitt 298
    bearbeiten 297
    Detailansicht 294
    Hilfsansicht 291
    orthogonale 290
    parallel 290
    Schnittansicht 291
    Standard 288
    unterbrochen 298
    zuschneiden 300
Ansichtssteuerung
    Maus 86
    Navigationsleiste 86
Anwendungsmenü 74
Anwendungsoptionen 84
Arbeitsachse 143, 176
Arbeitsebene
    definieren 167
Arbeitselemente 166
Arbeitspunkt 176, 220
Arbeitsteil 26
Aufkleber 204
Ausrichtung
    aufheben 301
Ausschnitt 298
Auswahlprioritäten 76
AutoCAD 13, 18, 70, 86, 356
    Skizze importieren 133ff, 180, 205ff
Autodesk Apps-Store 78

B
Basisebene
    auswählen 38
Basislinie 306
Basisteil 252
Baugruppe 248
    Abhängigkeiten 257
Bauteil
    adaptives 274
    Basisteil 251
Bauteilumgebung 79

Stichwortverzeichnis

Bearbeiten
    mit Doppelklick 91
Befehl
    eingeben 88
Befehlsalias 85
Befehlszeile 84f
Beleuchtung 334
Bemaßung 54, 302, 303
    abrufen 310
    anzeigen 155
    Arten 153
    Bezugsbemaßungen 306
    Kettenbemaßung 309
    Koordinatenbemaßung 308
    Skizze 153
Bemaßungsbefehl 302
Bemaßungsstil 303
Benutzer-Koordinaten-System 243
Benutzeroberfläche 74, 82
Beschriftung 314
Betriebssystem 64
Bewegung
    anzeigen 257
Bewegungs-Abhängigkeit 270
Bewegungskörper 21
Bezugsbemaßung 306
Biegung
    3D-Skizze 141
Biegungsteil 233
BKS 243
Blechstandards 341
Blechteile 340
Bogen 118, 140
    mit Knick von 90 116
Bohrung 219
    Typen 221
Bohrungssymbole 313
Bohrungstabelle 316
Boolesche Operation 26
Browser 82, 83
Brückenkurve 124

D

Dateiregister 83
Dehnen
    Flächen 216
    Skizze 148
Detailansicht 294
Dezimalzahl
    Schreibweise 113

Direktbearbeitung 238
D-Linie
    verrunden 139
Dokumenteinstellungen 84
Drehen 22, 241
    Skizze 147
Drehung 184
    Abhängigkeit 270
    freie 259
Drehung-Translation 271
Dreitafelbild 31
DXF-Ausgabe
    Blech 356

E

Ebene 166
Einfügen 265
    Abhängigkeit 265
Element
    platziertes 219
Ellipse 119
Erhebung 186
Explosionsdarstellung 247, 321
Explosionsweg 321
Express Tools 68
Extrusion 21, 29, 58, 180
    Optionen 59
Extrusionsteil 46

F

Fase
    definieren 58
Fasen 57, 226
    Skizze 127
Feature 33, 219
Fläche 212
    durch Extrusion 141
    ersetzen 216
    löschen 235, 242
    über Drehung 143
    verdicken 26
Flächenverbund 27
Flächenverjüngung 227
Fluchtend-Abhängigkeit 257
Flyout 79
Formel
    für Kurve 126
Formen 214
Freie Drehung 259
Freie Verschiebung 259

Freiheitsgrad 160
Funktionsbeschreibung
    für Kurve 126

G
Gefaltetes Modell 354
Geometrie
    projizieren 145
Geometrietext 129
Geometrische Abhängigkeiten 161
Gestell 358
Gestreckt
    Skizze 149
Gewinde 232
Gewindekante 311
Gleichheitszeichen im Dialogfenster 57
Gleichung Kurve 141
Grafikkarte 65
Größenänderung 240
Grundeinstellung 75
Grundkörper 20, 207
Gruppe 79

H
Halbkugel 44
Hardware-Voraussetzung 65
Heften 213
Hilfe 78, 92
Hilfsansicht 291
Hilfsgeometrie 100
Hilfslinie 165

I
IBL 13, 331, 334
Importieren 205
Inhaltscenter 279
Installation 65
Inventor Studio 13, 333 ff
Inventorkonstruktion
    Phasen 17
iProperties 328

K
Kamera 341
Kettenbemaßung 309
Kombinieren 234
Konstruktion
    freigeben 83
Konstruktionsumgebung 237
Kontextmenü 90

Koordinate 138
    Typen 104
Koordinatenbemaßung 308
Koordinatensystem 243
    ändern 136
Koordinatentyp 104
Kopieren
    Skizze 147
Körper
    reparieren 217
    verschieben 236
Kreis 119
Kugel 210
Kugellager 279
Kurve 126
    3D-Skizzen 139
    spiralförmige 140
Kurven
    über Formel 126, 141

L
Längeneingabe
    ermöglichen 48
Linie-Funktion 49
Linienarten 100
Lizenzübertragung 69
Lockerungsmodus 111
Lofting 24, 180, 186
Löschen
    Fläche 242
LT-Version
    Unterschiede Vollversion 71

M
Maßlinie
    Abstand anpassen 309
Maßstab 240
Maßwert
    übernehmen 158
Materialdarstellung 77
Maus
    Ansichtssteuerung 86
Mausrad
    Pan 87
Mittellinie 165
    erstellen 311
Modell
    aus zwei Extrusionen 29
Multifunktionsleiste 88
Multipart-Konstruktion 179

Muster
   in Skizzen 151
   Skizze 151

N
Navigationsleiste 86
Nullpunkt 100
Nullpunktsymbol
   entfernen 309

O
Objekt
   kopieren 237
   wählen 105
Online-Hilfe 78
   herunterladen 93
Orbit 87
Orthogonale Ansicht 290

P
Pack and Go 339
Pan 87
Parabel 126
Parallel-Ansicht 290
Parameter
   für Schraubbewegung 272
Passend
   Abhängigkeit 257
Pfad 23
   dreidimensional 193
Platzieren 251
Polar
   Skizze 151
Prägen 196
Präsentation 247, 321
Profile 361
Programmleiste 74
Projekt 72, 247
   anlegen 36
Projektverzeichnis 247
Projizieren
   Geometrie 145
   Schnittkanten 145
Punkt
   Arbeitspunkt 220
   Arbeitspunkte 176
   aus Excel importieren 132, 138
   in 3D-Skizze 141
   Skizze 131
Punktfänge 101

Q
Quader 207
Qualitätsprüfung 237

R
RAM-Speicher 65
Rasterfang 103, 259
Rastergitter 103
Rasterlinie 103
Rechteck 120
Rechteckig
   Skizzen-Muster 151
Regelfläche 215
Register 79
Rendern 337
Reparaturumgebung 237
Reparieren
   Körper 217
Rippe 201
Rotation 22
Rotationsteil 60
Rücksetzen
   AutoCAD-Einstellungen 70
Rundung 57, 222
   Skizze 127

S
Schnellzugriff-Werkzeugkasten 76
Schnittansicht 291
Schnittkanten
   projizieren 145
Schnittkurve
   3D-Skizze 141
Schraubbewegung 271
   über Parameter 272
Schraube 282
Schweißen 367
   Nähte 368
   Vorbereitung 368
Schwenken
   Ansicht 40
Sicherungsdatei 247
Silhouettenkurve
   3D-Skizze 143
Skalieren 240
   Skizze 149
Skizze
   3D 137
   aus AutoCAD importieren 133
   Bemaßung 153
   erstellen 46

Fasen 127
Kurve 139
prüfen 159
Punkt 131
Rundung 127
Text 129
Skizzenanalyse 164
Skizzierebene
    ausrichten 47
Skizzierebene beim Skizzieren aktivieren 42
Skizzierfunktion 98
Skizziermodus 38
Skizzierpunkt 132
Software-Voraussetzung 64
Spante 24
Speichern 40
Speicherplatzanforderung 68
Spiegeln 152
Spirale 194
Spiralförmige Kurve 140
Spline 124, 140
Splinekurve 125
Stanzmodell 32
Start
    Zeichnung 95
Statusleiste 84
Stückliste 317
Studentenversion 63
Stutzen
    Flächen 216
    Skizze 148
Stützpunktpolygon 124
Sweep 23
Sweeping 192
Symbole 311
Symmetrie
    Abhängigkeit 269
Symmetrielinie 100
Szene 334

T
Tangential
    Abhängigkeit 268
Teilen 229
Testversion 63
Text 129
    Skizze 129
Torus 45, 211
Trennen
    Skizze 148
Trimmen Siehe Stutzen

U
Überlagerung
    in Ansichten 295
Unterbrochene Ansicht 298
Unterdrücken
    Abhängigkeiten 261

V
Verdickung 234
    Flächen 26
Verjüngung 140
Versatz 234
    Skizze 150
Verschieben 239
    Skizzengeometrie 146
Verschiebung
    freie 259
ViewCube 87
Visuelle Stile 329
Volumen
    analysieren 28
Volumenkörper
    erstellen 26, 179
    Multipart-Konstruktion 179

W
Wandung 226
Wellengenerator 365
Werkzeugkasten 88
Willkommensbildschirm 71
Winkel 267
    Abhängigkeit 259

Z
Zeichenfunktion
    Fasen 57
    Linie-Funktion 49
    Rundung 57
    Übersicht 49
Zeichnen
    Funktionen 99
Zeichnung
    Blech 355
    erstellen 287
Zeichnungsdatei 74
Zeichnungsressource 70
Zeichnungsstart 95
Zoomen 87
Zylinder 43, 208

AUTOCAD & Inventor MAGAZIN

Bild: fotolia.com

weil Qualität entscheidend ist

AUTOCAD & Inventor Magazin – denn Erfolg ist buchbar!

- Fachinformationen für Konstrukteure, Ingenieure, Architekten und GIS-Planer
- Seit über 25 Jahren das Fachmedium für alle, die Autodesk-Programme einsetzen
- Weil 85 % der professionellen Entscheider Fachmedien lesen
- Die crossmediale Plattform für Ihre Werbebotschaften
- Mit exklusiver Tool-CD (LISP- und .NET-Programme) für Professionals

Autocad Magazin **Probeabo**

Autocad Magazin **ePaper & App**

www.autocad-magazin.de